U0720435

国家出版基金项目
NATIONAL PUBLICATION FOUNDATION

抗日战争专题研究

张宪文　主
朱庆葆　编

第一辑
日本侵略者
研究

日本"大陆浪人"与侵华战争

赵　军　著

江苏人民出版社

图书在版编目(CIP)数据

日本"大陆浪人"与侵华战争/赵军著. —南京:
江苏人民出版社,2022.8(2025.7重印)
(抗日战争专题研究/张宪文,朱庆葆主编)
ISBN 978 - 7 - 214 - 26059 - 8

Ⅰ. ①日… Ⅱ. ①赵… Ⅲ. ①浪人—关系—侵华战争
—研究 Ⅳ. ①K265.307

中国版本图书馆 CIP 数据核字(2021)第 066421 号

书　　　名 日本"大陆浪人"与侵华战争
著　　　者 赵军
责 任 编 辑 张惠玲
装 帧 设 计 刘葶葶
责 任 监 制 王娟
出 版 发 行 江苏人民出版社
地　　　址 南京市湖南路 1 号 A 楼,邮编:210009
照　　　排 江苏凤凰制版有限公司
印　　　刷 南京爱德印刷有限公司
开　　　本 652 毫米×960 毫米　1/16
印　　　张 37.5　插页 4
字　　　数 430 千字
版　　　次 2022 年 8 月第 1 版
印　　　次 2025 年 7 月第 2 次印刷
标 准 书 号 ISBN 978 - 7 - 214 - 26059 - 8
定　　　价 138.00 元

(江苏人民出版社图书凡印装错误可向承印厂调换)

教育部哲学社会科学研究重大委托项目
2021年度国家出版基金资助项目
南京大学"双一流"建设卓越计划项目
"十四五"国家重点出版物出版专项规划项目

合作单位

南京大学　北京大学　南开大学　武汉大学

复旦大学　浙江大学　山东大学

台湾中国近代史学会

学术顾问

金冲及　章开沅　魏宏运　张玉法　张海鹏

姜义华　杨冬权　胡德坤　吕芳上　王建朗

编 纂 委 员 会

主　　　编　张宪文　朱庆葆

副　主　编　吴景平　陈红民　臧运祜　江　沛　宋志勇　王月清

　　　　　　张　生　马振犊　彭敦文　赵兴胜　陈立文　林桶法

常 务 编 委　洪小夏　张燕萍　刘　颖　吕　晶　张晓薇

审稿委员会

　　主　任　马　敏　陈谦平

　　副主任　叶美兰　张连红　戚如高　王保顶　王卫星　姜良芹

　　委　员　关　捷　郑会欣　何友良　田　玄　刘金田　朱汉国　程兆奇

　　　　　　黄正林　李继锋　马俊亚　李　玉　曹大臣　徐　畅　齐春风

总　序

张宪文　朱庆葆

　　日本侵华与中国抗日战争是近代中国最重大的历史事件。中国人民经过 14 年艰苦卓绝的英勇奋战,付出惨重的生命和财产的代价,终于取得伟大的胜利。

　　自 1945 年抗日战争结束至 2015 年,度过了漫长的 70 年。对这一影响中国和世界历史进程的重大事件,国内外历史学界已经做过大量的学术研究,出版了许多论著。2015 年 7 月 30 日,在抗日战争胜利 70 周年前夕,中共中央政治局就中国人民抗日战争的回顾和思考进行集体学习,习近平总书记发表重要讲话,指示学术界应该广为搜集整理历史资料,大力加强对抗日战争历史的研究。半个月后,中共中央宣传部迅速制定抗日战争研究的专项规划。8 月下旬,时任中共中央宣传部部长刘奇葆召开中央各有关部委、国家科研机构和部分高校代表出席的专题会议,动员全面贯彻习总书记的讲话精神,武汉大学和南京大学的代表出席该会。

　　在这一形势下,教育部部领导和社会科学司决定推动全国高校积极投入抗战历史研究,积极支持南京大学联合有关高校建立抗战研究协同创新中心,并于南京中央饭店召开了由数十所高校的百余位教授、学者参加的抗战历史研讨会。台湾也有吕芳上、陈立文等十多位教授出席会议,共同协商在新时代深入开展抗战历史研究的具体方案。台湾著名资深教授蒋永敬在会议上发表了热情洋溢的讲话。经过几个月的酝酿和准备,南京大学决定牵头联合我国在抗战历史研究方面有深厚学术基础的北京大学、南开大学、武汉大学、复旦大学、浙江大学、山东大学及台湾学者共同组建编纂委员会,深入开展抗日战争专题研究。中央档案馆和中国第二历史档案馆也积极支持。在南京中央饭店学术会议基础上,编纂委员会初步筛选出130个备选课题。

南京大学多次举行党政联席会议和校学术委员会会议,专门研究支持这一重大学术工程。学校两届领导班子均提出具体措施支持本项工作,还派出时任校党委副书记朱庆葆教授直接领导,校社科处也做了大量工作。南京大学将本项目纳入学校"双一流"建设卓越计划,并陆续提供大量经费支持。

江苏省委、省政府以及江苏省委宣传部,均曾批示支持抗战历史研究项目。国家教育部社科司将本项研究列为哲学社会科学研究重大委托项目,并要求项目完成和出版后,努力成为高等学校代表性、标志性的优秀成果。

本项目编纂委员会考察了抗战历史研究的学术史和已有的成果状况,坚持把学术创新放在第一位,坚持填补以往学术研究的空白,不做重复性、整体性的发展史研究,以此推动抗战历史研究在已有基础上不断向前发展。

本项目坚持学术创新,扩大研究方向和范围。从以往十分关注的九一八事变向前延伸至日本国内,研究日本为什么发动侵华战争,日本在早期做了哪些战争准备,其中包括思想、政治、物质、军事、人力等方面的准备。而在战争进入中国南方之后,日本开始逐步将战争引出中国国境,即引向广大亚太地区,对东南亚各国及东南亚地区的西方盟国势力发动残酷战争。研究亚太地区的抗日战争,有利于进一步揭露日本妄图占领中国、侵占亚洲、独霸世界的阴谋。

本项目以民族战争、全民抗战、敌后和正面战场相互支持相互依靠的抗战整体,来分析和认识中国抗日战争全局。课题以国共两党合作为基础,运用大量史实,明确两党在抗日战争中的地位和作用,正确认识各民族、各阶级对抗日战争的贡献。本项目内容涉及中日双方战争准备、战时军事斗争、战时政治外交、战时经济文化、战时社会变迁、中共抗战、敌后根据地建设以及日本在华统治和暴行等方面,从不同视角和不同层面,深入阐明抗日战争的曲折艰难历程,以深刻说明中国抗日战争的重大意义,进一步促进中华民族的伟大复兴。

对于学界已经研究得甚为完善的课题,本项目进一步开拓新的研究角度和深化研究内容。如对山西抗战的研究更加侧重于国共合作抗战;对武汉会战的研究将进一步厘清武汉会战前后中国政治、经济、社会的变迁及国共之间新的友好关系。抗战前期国民党军队丢失大片国土,而中国共产党在十分艰难的状况下,在敌后逐步收复失地,建立抗日根据地。本项目要求对各根据地相关研究课题,应在以往学界成果基础上,着力考察根据地在社会改造、经济、政治、人才培养等方面,如何探索和积累经验,为1949年后的新中国建设提供有益的借鉴。抗战时期文学艺术界以其特有的文化功能,在揭露日军罪行、动员广大民众投入抗战方面,发挥了重要作用。我们尝试与艺术界合作,动员南京艺术学院的教授撰写了与抗日战争相关的电影、美术、音乐等方面的著作。

本项目编纂委员会坚持鼓励各位作者努力挖掘、搜集第一手历史资料,为建立创新性的学术观点打下坚实基础。编纂委员会要求全体作者坚决贯彻严谨的治学作风,坚持严肃的学术道德,恪守学术规范,不得出现任何抄袭行为。对此,编纂委员会对全部书稿进行了两次"查重",以争取各个研究课题达到较高的学术水平,减少学术差错。同时,还聘请了数十位资深专家,对每部书稿从不同角度进行了五轮审稿。

本项目自 2015 年酝酿、启动,至 2021 年开始编辑出版,是一项巨大的学术工程,它是教育部重点研究基地南京大学中华民国史研究中心一直坚持的重大学术方向。百余位学者、教授,六年时间里付出了艰辛的劳动,对抗战历史研究做出了重要贡献! 编纂委员会向全体作者,向教育部、江苏省委省政府以及各学术合作院校,向江苏凤凰出版传媒集团暨江苏人民出版社,向全体编辑人员,表示最崇高的敬意和诚挚的感谢!

目 录

导论　何谓"浪人"？"浪人"何为？

此胸腔吞吐天地，
此心肠看破世事；
虽无金肠铁躯，
却视权势富贵如粪土。
压制迫害何所惧，
为拯救天下的弱者，
为杀尽不义之徒，
吾辈拼将性命赌一个你死我活。
……
吾辈以四百余州（指中国）为战场，
握东洋和平之关键于股掌；
不起则已，起则纵横天下，
统领"马贼""回回""海贼""狼匪"，
横扫黄毛碧眼人之胆魄。
请尝尝浪人天下的滋味如何？
……①

---

① 渡边龙策：《近代日中民衆交流外史（近代日中民众交流外史）》，东京：雄山阁 1981
年，179—181 页。

　　流传于明治末年到大正初年的这首题名《浪人天下》的歌谣，据说出自化名"钝牛庵霸王琏"的一个日本人之手。歌词中"吞吐天地"之"胸腔"，"看破世事"之"心肠"，"视权势富贵如粪土"之"气势"，"拼将性命赌一个你死我活"之性格，还有"以四百余州为战场""统领'马贼''回回''海贼''狼匪'"之手腕，活画出了当年的日本浪人以"国士"自居，陶醉于半是现实、半是梦境的以"握东洋和平之关键于股掌"为使命的精神风貌。而以"东洋"众豪杰之领袖自居，欲与"黄毛碧眼人"一决雌雄的"国际对决"的视野，也是以前的"凡庸浪人"辈们所不具备的。

　　还有一首据说是池田龟鉴作词(也有人说是著名的"大陆浪人"宫崎滔天所作，但征诸宫崎本人的著作及其思想脉络，几乎可以断定为误传)的《马贼之歌》，虽然大致流传于同一个时代，却传输了稍有不同的心理状态。

> 我就要启程了，你也来吧！
> 狭窄的日本让我住腻了。
> 波涛滚滚的对岸有支那，
> 支那那里有四亿的民众在等待。
> ……
> 长白山的晨风下，我按剑俯望，
> 北满洲的大平原，做我家还嫌太窄。
> 抛却故国十余载，如今是满洲的大马贼；
> 穿过亚洲高原的树丛，派出喽啰五千人。
> 今日衔枚吉林城外，明日袭击奉天府；
> 风拂长鬏，电光霹雳，今天已夺五万两！①

---

① 添田知道：《演歌の明治大正史(演歌的明治大正史)》(岩波新书)，东京：岩波书店 1963 年，226—227 页。衔枚：古代军队秘密行动时口中衔以形如筷子的枚，以防喧哗或叫喊。

　　在日本"住腻了"的日本人，从古至今除了这个时代之外可谓极其罕见。短短数行歌词的背后，可以读到对当时日本的"失望""绝望"和一旦到了"支那大陆"说不定可以成为四亿民众的"救世主"的期待，对血气方刚、野心勃勃却又朦胧无知、对世界大势不甚了了的青年人来说，无疑是"山重水复疑无路"的困境下突然展现出来的"柳暗花明又一村"般的梦境。从这首歌词又可以看出，虽然明知"浪人""马贼"之类的勾当未必光彩，但对于在当时社会现实状况下看不到出头之日又难以冲破种种限制、压迫的一部分日本青年而言，跻身"浪人""马贼"的队伍拼搏一番，似乎也未必不是一个散发着魅力乃至魔力的"人生游戏"的选项。

　　歌若史，史即歌。事实上，从20世纪初叶开始，就有许多日本青年哼唱着这些歌曲或者在类似歌词的感召、激荡之下，离开"狭窄"的日本来到中国大陆，开始了希冀通过冒险、拼赌来实现人生志望乃至"一攫千金"等五花八门梦想的"乾坤一掷"的人生。仅仅由于故国的"狭窄""沉闷"，这些人就真的能够抛弃父老和故国，去人地生疏的邻国"赌上"自己的人生吗？今天的日本青年人，已经很难相信历史上曾经有过这样的"日本人"，对他们当时的心境与情怀更是无论如何也觉得"不可思议""无法理解"，或者有人还会进一步追问："何以至此？！"然而，这些人的存在，毕竟是无法隐去和抹杀的历史真实；他们的所作所为，也应当得到历史的说明、甄别和清算。这些人，就是本书将要介绍的一个特殊的历史人物群体——"日本浪人"。

一、捉摸不定的"日本浪人"

　　在近代中日关系史上，"浪人""日本浪人"是日本对华进行经济渗透、政治压迫和军事侵略活动中重要的一翼,也是屡屡见诸报刊的热门字眼之一。若简单搜寻一下从 1920 年代到 1930 年代国内发行的报刊,就可以看到"日本浪人"的身影在各种不同事件、不同场合频频出现,涉及"日本浪人"的报道比比皆是。与此同时,此类报道以及有关"日本浪人""浪人"的回忆、记忆史料中也存在着不少共通的疑点和问题。

如《晨报》1920 年 5 月 18 日第 2 版《日本浪人扰乱中东路》一文报道:"据确实消息,政府近接吉林省长徐鼐霖之急电,报告日本浪人近在中东路哈满一带勾结土匪,劫掠旅客,扰乱路政。该路局与日军交涉,请其剿捕,刻仍置若罔闻。此种不法行为,我国应如何取缔,设法剿捕,务恳迅示机宜以便有所遵循云云。"①这篇报道以行政电文形式,揭露了"日本浪人"在当地"勾结土匪,劫掠旅客,扰乱路政"的行径,甚至使吉林省长也深感头痛,但由于这些人在当时的中国享有治外法权等种种特权,使地方当局取缔时不免投鼠忌器,只好请当时的中央政府指示机宜。这是活画出当时"日本浪人"在中国东北地区无法无天、胡作非为的局面已经发展到何等严重程度的一篇报道,但可惜缺少具体的细节铺垫和说明。

第二篇是《益世报》1922 年 12 月 9 日第 2 版的报道《王熊赴青岛与青岛治安 隋石卿已被释出 日本浪人又图劫掠外侨 王熊七日赴青十日接收 或不致再有问题》:

"关于青岛匪讯,本报已迭有详细报告,日本方面对于我国外交当局之抗议,虽饰词诡避,然无论如何,日人之纵匪阴谋,已不免

---

① 资料来源:《中国历史文献总库　近代报纸数据库》(http://bz.nlcpress.com/library/publish/default/Login.jsp),标点为引者所加。

有多少之破绽，即不然而日人治匪不力，在我国未接收以前，亦当然负完全之责任，现此事以外侨治安关系，已引起各友邦之注意，据使馆界消息，青岛归客谓刻下土匪蠢动，皆日侨居留民及日下级官吏，暗中鼓动，并种种之资助，自各报得日人秘谋宣布后，日当局已取严厉之办法，又山东一混成旅已到城阳，由此至海滨，作一防线，使外边土匪，不致侵入青岛界内云。据某外报本月六日青岛通讯云，日人纵匪扰乱青岛地方一节，兹经详细调查，知前所报告，业已证实，盖吾人欲希望日本人欲任剿匪之责，不啻缘木求鱼，查匪徒安居胶澳，已阅两月，前两星期内，竟公然出而滋扰，盘据中国各大旅馆，任意逍遥法外，华人赋性愚怯，不知防范，而反与言和，十一月三十日，有设宴与匪磋商之举，匪首及各大商人，均经列席，后因小有龃龉，商会会长遂被匪房，直至昨日，始见释出，现匪众横行市场，势焰正盛，日本军警，竟置若罔闻，毫不加以制止，中国之驻青军警，共只一千五百名，又仅三分之一备有武装；日本方面，不肯以已撤军警之武装，转移应用，第允另由日本运入，新式武装，以供中国之需，然此项运入之品，非至本月十二日不能到青，实际上中国军警，遂难有剿匪能力，故居住青地之殷富华人，已迁移一空，中国商店，均已歇业，即日本银行，亦不过每晨略事开张，敷衍门面而已……四处谣言蜂起，风传有日本浪人二百名，与匪勾结，意图劫掠外人住宅，架房外人，以便勒索金钱，外人得此消息，今晚即召集会议，讨论防范办法，咸希望英美军舰能开至青地，以资保护云，王正廷出京赴鲁，已志前报，兹闻王氏已有阳电致某方面[日本？]报告本早[七日]行抵济南，当即谒晤田督军熊省长，协商接收办法，并定即晚协同熊省长专车赴青，先与主管各日员分别接洽,以便届期交接,至青岛治安,现已完全恢复……"①

　　这篇报道中值得关注的是,"日本浪人"与中国当地的"土匪"遥相呼应,相互串通,以借机各自谋取利益的局面。由于当时中国在山东半岛的主权丧失殆尽,不要说俨然以统治者自居的日本军政界人士,即便以"民间人士"身份出现的日本浪人,也纷纷借机攫取最大限度的"国益(日本的国家利益)"和"私利",以致出现"日人纵匪扰乱青岛地方""居住青地之殷富华人,已迁移一空,中国商店,均已歇业"的恶果。笔者现已查明,当时的日文情报中已有日本浪人赴青岛之传言报道,可与此消息相互印证。只可惜当时《益世报》的这篇报道,大概由于消息来源不确的缘故,只是以"风传"形式对此加以报道,既无法确凿地指认事实,也无法举证出具体人数、行动,更以查明的事实对日方的行径提出批评和抗议。所谓"功亏一篑",无不类此。

　　第三篇是刊发在1925年4月1日《京报》第3版上的报道《评某西报之祖日攻俄 根本上罢工系正当否 华工不应加以救济乎 救济华工与排日何涉? 第三国际与日本浪人》。该文曰:"因上海日人所设纱厂华工罢工问题,某西报忽发为祖日攻俄之论,其思想之专制陈腐,且与我国多数国民之心里〔心理?〕完全相反,居然形之笔墨,作为报纸上之评论,此无论何人读之,皆不能不大为惊讶者,其所谓'日厂罢工系由俄人主使'之说,既属羌无故实,不过'想当然尔'之词,是蔑视华工之人格,已为我国人所断难承认……与所谓'排日'问题,岂非如风马牛之不相及? 其挑衅中俄日三国之恶感而欲助长其纠纷,又安知非为某国所主使耶? 又如第三国际之行

━━━━━━━━━━━━━━━━━

① 资料来源:《中国历史文献总库　近代报纸数据库》(http://bz.nlcpress.com/library/publish/default/Login.jsp)。(标点依据原文,未作修改)

动,强拉为即系俄国政府所为,无论如上之所说明,救济华工,不得即指为宣传主义,且与排日完全无关,俄国政府闻知与否,不成问题,试以日本在我国各处跳梁跋扈之'浪人'言之,为其政府实行侵略主义之先锋,与区区消极救济华工之行动比较,不可同日而语,然在外交上不能即以一二日本浪人之故,坐实日本政府之罪,日政府亦绝不认浪人之行动,为即系该政府自身所为,然则以第三国际与俄国政府混合为一,何其对俄独酷,而对日独恕耶?"①这篇报道,实际上未能坐实第三国际与日本浪人之间存在任何关系,只是认为舆论对俄国政府过于严责,有失公正而已。不过,其中关于日本浪人"在我国各处跳梁跋扈""为其政府实行侵略主义之先锋"之评论,却也代表了当时中国人民对"日本浪人"的普遍认识。

1929年10月25日《华北日报》第9版的报道《胶东 日本浪人欲利用会匪 图乘机捣乱》,是指斥日本浪人勾结中国当地无极会、大刀会之类"会匪",欲乘时局之混乱兴风作浪的行径:

"(烟台讯)招远县之无极会大刀会等等。本极繁多。上月间新编第三师剿办蓬黄会匪时。曾分派政治宣传队。赴招远讲演劝导。该会匪等。鉴于难以抵抗。深恐亦被剿办。乃稍行敛迹。故县政府及各团体代表。虽呈请刘珍年师长。派队前往痛剿。刘氏认为劝导。可以收效。讫未实行派兵。不料当此时局变化。鲁省谣言盛行之际。而招远县属各村镇之会匪等。又复召集党徒。设坛立社。从事活动。日来该县绅商富室。迁居烟台威海者。络绎不绝。据谓此次招属会匪。骤然猖獗情形。内幕颇不简单。不纯系会匪性质。因半月以来。由青岛一带。到招远属之外乡人。非

---

① 资料来源:《中国历史文献总库　近代报纸数据库》(http://bz.nlcpress.com/library/publish/default/Login.jsp)。

常之多。均加入无极会大刀会之内。盛传系军阀余孽。前直鲁之落魄军官等。勾结一般浪人。拟乘时局不靖。利用会匪等。出而捣乱。再作扰乱胶东之企图云（十九日）。"①1929 年前后，确实有日本浪人在山东半岛联络中国地方民间组织，蓄意制造纠纷和混乱之局面，为日军继续强占该地区制造借口。这篇报道当指当时的这类事件。只可惜行文过于笼统，人员的数量、组织状况等具体信息一概阙如，止于传闻、推测，可见记者很可能也未作过直接的访查或核实。

再如 1936 年《南宁民国日报》的一篇报道《日本浪人 图炸徐州海关稽查处 馈赠炸弹两枚交与华人带徐 幸早发觉追查送物人已失踪》：

"徐州六日电 海关驻徐稽查处，昨晚十二时忽有人携包裹一件，谓系友人赠主任王作民礼物，请其亲拆，该人即去，王得悉，恐系行贿，当邀公安局及路警官兵会同开拆，则赫然发现炸弹两颗，幸未爆炸，追查送物人已失踪，王于今晨关文，将弹送交驻军当局，并电呈海关，闻此弹系日本浪人交华人带徐，意在轰炸海关，恐吓关员以图泄愤……"②这段报道的前半部分看似普通的炸弹恐吓案件，事实俱在，且有关联人员的真名实姓。然而后半部分牵进日本浪人，却突然语焉不详，最终仍不出传闻程度，且缺少事实佐证。然而对于一般民众来说，此类报道符合有关"日本浪人"的思维定式，宁信其有，不信其无，相信仍具有一定的社会影响力。

---

① 资料来源：《中国历史文献总库 近代报纸数据库》(http://bz. nlcpress. com/library/publish/default/Login. jsp)。（标点依据原文，未作修改）

②《南宁民国日报》1936 年 7 月 7 日第 3 版，资料来源：《中国历史文献总库 近代报纸数据库》(http://bz. nlcpress. com/library/publish/default/Login. jsp)。（标点依据原文，未作修改）

以上数例，当然不能代表中文媒体对"日本浪人"认知的整体状况，本书后半章节也会引用一些较为详尽的报道作为史实的重要佐证。但是大致来看，当时中文媒体关于"日本浪人"的报道，还是有一些约略共通的特点。

一是对对方的人数、职业、姓名等，往往语焉不详，对事实经过的取证未必严谨，风闻与真情混杂，所以不少报道较为笼统，用来作为追究历史真实的资料，还需要大量的考证和其他资料的补充说明。

二是报道的内容多限于日本浪人的公开活动，对对方的活动目的等多限于推测，且无后续报道，对日本浪人活动的连续性关注不够，更没有对其活动背景和心理状态等进行深度关注和挖掘，使读者对日本浪人的形象得出"脸谱化（例如人人皆是流氓、恶棍般人物）""平面化（一出面就捣乱，无恶不作等等）"和"神秘化（来无踪去无影，捉摸不定等等）"的观察结果。其中某些较为隔膜和肤浅的认知，一直延续至今，成为某些不需要史学考证的文学作品乃至抗日神剧处理"日本浪人"题材时的思维定式。

例如，当代还有大众读物的作者论证说："孙中山身边的宫崎滔天，直接接受日本外务省的派遣和经费，渗透、影响、参与中国革命党的活动，向日本政要汇报中国的情报，利用反清势力牵制清廷的反日政策。而负责此项牵制策略的，正是外务大臣大隈重信的重要智囊犬养毅（后出任日本首相）。孙中山之外，其他著名革命党人也都有日本特务追随和施加影响，如黄兴身边的萱野长知，宋教仁身边的北一辉。兴中会最早见诸名单的 129 名会员中，即有犬养毅、宫崎兄弟、六原太琢、副岛、寺尾、山田兄弟、菊池、萱野等多名日本人。实际参与者远不止这几位。据萱野记载，跟着孙中山积极活动的日本人，大约有 300 人。仅惠州之役，参加暴动的日本人便有平山周、山田良政、尾崎行昌、岛田径一、宫崎寅藏等六七人,其中山田战死。""这些同情中国革命的'日本友人',往好里说是帮助中国推翻专制王朝,往坏里说都是些对中国深怀幻想的扩张主义冒险家,是土肥原贤二一类'对华活动家'的先驱。除了政界名人,还有财界人士。更多的是所谓'大陆浪人',他们由山县有朋、桂太郎等政党和军部首脑提供经费,同时也接受政党和军方的操纵。"①因为不是学术著作,所以作者不需要列出参考书目和论据出处;而且从作者关于这些人物的姓名、活动经历等行文来看,显然还是作了史料调查等准备功课的。但是,其中关于兴中会的日本人会员以及六原太琢、岛田径一等人物及其相关史实的叙述明显失实②,将"大陆浪人""一勺烩"地说成都是"对中国深怀幻想的扩张主义冒险家,是土肥原贤二一类'对华活动家'的先驱","由山县有朋、桂太郎等政党和军部首脑提供经费,同时也接受政党和军方的操纵"之辈,也与历史的真实不符。这段历史的叙述,还真不能因为需要"辣说"就把历史人物"辣"得面目全非、一塌糊涂。

因此,从历史学的角度对"日本浪人"的言行,尤其是对华侵略战争过程中所发挥的种种作用等进行系统和全面的梳理、概括,其必要性和重要性已不言而喻。

二、"日本浪人"与"支那浪人""大陆浪人"

所谓"日本浪人",其实是一个中文词语。遍查日文的各种历史词典或者事典,应该都找不到这个词。本书将要论及的"日本浪

---

① 赵无眠:《赵无眠辣说历史》,广州:花城出版社 2010 年,100—101 页。
② 《东亚先觉志士记传》等书中查找不到"六原太琢"或者"大原太琢";又大陆浪人中有名为"岛田经一"者,却没有找到该人曾参加过兴中会的记述。

人"，日本一般称为"浪人"，而近代以来以中国大陆为舞台，在近代中日关系史上处处留下痕迹的那些浪人，在日本则称为"大陆浪人"，或者按照当时流行的称呼是"支那浪人"，即"中国浪人"。这里的"支那""中国"云云不是就国籍而言，而是专指这些人的活动舞台，亦即这些人言必称"支那"，常年在"支那"活动之意。也就是说，在近代中国习惯被称作"日本浪人"的这一特定的社会集团、社会群伙，就是近代日本历史上的"大陆浪人""支那浪人"。

叙述"大陆浪人""支那浪人"的缘起之前，先需考察"浪人"的由来和内涵。日本平凡社出版的《日本史大事典》的"浪人"词条是这样阐释的。

> 浪人　没有主公的武士，也写作"牢人"①。幕府对大名实施的"改易""减封"，是江户时代产生浪人的最大成因。由于关之原大战、大阪大战的战败，或者由于触犯了幕府的忌讳，违反了幕法，或者由于子嗣的断绝等原因，在德川家康、德川秀忠、德川家光三代即幕府统治初年的五十年时间里，被改易和减封的大名，实际有二百一十七家，俸禄数高达八百七十五万石有余。据推算，到了德川家光晚年的 1650 年（庆安三年），已出现了 40 万到 50 万的浪人。……这样大量产生的浪人中，有的又改换门庭从属于一些新兴大名的帐下，有的成为农民、工商户，有的则前往海外（但其后由于锁国政策则不再可能），但其数量都不会太多。剩下的大多数，则被迫过上"浪人生活"。他们虽然无日不在期待重登仕途，但为了实现这个愿望，就有必要借一些事端作乱。幕府和各藩（的当政者）视浪人为危险（因素），很早就采取了"追放（驱赶）浪人""武家奉

---

① "浪人""牢人"在日语中发音相同。

公构(针对武士的刑罚之一,受罚者禁止再投靠其他主公)"
"寄宿限制"等对策。这些对策又严重威胁了浪人们的生
活……①

这里所说的"浪人"及其处境,还是明治维新之前江户幕府时
代的情形。失去了主公的浪人已经是日本社会不安定因素之一,
并受到当政者们的限制和压制。早期的浪人虽然也曾远赴海外寻
求出路,但为期不长、人数有限,故还无法兴风作浪。

明治维新之后,日本国内政治、经济、社会局势大变,整个"士
族"即武士阶层走向没落,"浪人"不再是零星出现的个别现象,而
成为足以影响政治走向和社会安定的社会势力之一。又由于"锁
国"政策的解除和海运交通条件的改善,失去主公和固定职业的浪
人们也获得了远赴海外求生存的手段和环境。于是,新兴"浪
人"——"大陆浪人"或曰"支那浪人"便应运而生。

　　大陆浪人　也称支那浪人。指从明治初年到日中战争战
　　败为止期间,居住或浪迹以中国为中心的大陆各地,开展了种
　　种谋划的一群日本人。他们的行动多种多样,也有人抱有某
　　种政治理想(且不问其是侵略性的还是友好性的),但从当时
　　的语感来说,指的是一群怀抱日本成为亚洲强国的愿望,并出
　　于为对外政策的形成和实施有所贡献的自负而展开个人活动
　　的群体。如果强调"浪人"的侧面,其成员也包括国家意志薄
　　弱的谋求利权者和无赖流氓,官吏、军人和普通侨民中的有识
　　之士则被排斥在外。但这些人中的一部分人除了公职和固定

---

① "浪人"词条撰写者:北原章男,《日本史大事典》第 6 卷,东京:平凡社 1994 年,1255
页。同文词条,还出现在《世界大百科事典》第 30 卷,东京:平凡社 1988 年初版,
303 页。

职业活动之外，也进行暗地的策划和行动，所以简单地根据职业来区分大陆浪人并不符合实情。这里（指该词典）将所有秉承上述志向并从事非公开活动的人士，统称为大陆浪人。

明治维新以后，（心怀）不平的士族和冒险企业家等前往中国大陆，大陆浪人的雏形应该就从这些人中产生。他们以开埠口岸的日本人商店等为立足之地，刺探中国各地的风俗习惯以及政治、经济信息，还在（日本）军部直接或间接的支援下从事军事、地理情报的调查。由于当时的中国依据地域不同各方面情况都有很大差异并带有封闭性，所以有必要按照地域经济圈来搜集情报。很多（大陆浪）人跟玄洋社、黑龙会、东亚同文会等国家主义、亚洲主义团体保持联系；为了规避清朝（政府）对外国人的严格限制，（大陆浪人中）也涌现出精通汉语和中国社会风习的所谓"支那通"。在日清战争（即甲午战争）、日俄战争中，大陆浪人在翻译、谍报、破坏活动等方面发挥了重要作用。辛亥革命之后，有些人充任中国政府机构以及各地军阀的顾问，此后随着时代的推移，其作用也日益多样化，他们依仗（日本）政府和各官厅、军队、政党以及企业的特定资金援助，积极从事搜集情报和攫取利权等活动。尤其是陆军的各特务机构，驱使大陆浪人大肆进行谍报和谋略活动。此外，日本进行大陆经营的骨干机构——南满洲铁道株式会社（满铁）也拥有大量的大陆浪人。但随着中国国民革命的进展，军阀割据的状况被打破，此后大陆浪人的活动空间和必然性受到压缩。尤其是满洲事变（即九一八事变）之后到日中战争期间，日本的对华政策采取了在占领地建立傀儡政权、然后日本的行政官厅直接向这些政权派遣官吏和顾问的形式，大陆浪人于是也被吸收到这个体制之中。

　　大陆浪人,可以说是近代不平等的日中关系和日本对中国的统治政策的产物,是旅居海外日本人的一种异常存在形态。他们的言行时时挑动起青少年的浪漫主义、异国情调(的思绪),同时也不能忽视他们鼓吹的大陆雄飞乃至蔑视中国观念的精神史侧面的因素。明治时代的岸田吟香、荒尾精、横川省三、石光真清,大正时代的西原龟三,昭和时代的小日向白朗、甘粕正彦等等,可说是上述意义上的大陆浪人的代表。①

　　上述词条虽然不能说已经是学术界的共识或公认的"大陆浪人"的标准解释,尤其是在一些具体史实的叙述和人物的列举上,还有仁者见仁、智者见智的空间,但至少可以说是日本学术界最具代表性的观点之一。归纳一下上述词条的解释,可以说"大陆浪人"这个概念的基本内涵主要包括以下几个方面:

　　(1)大陆浪人是自明治初年到日本战败投降为止,居住或浪迹在中国各地的日本人中的一个特殊群体,是那个"海外发展"受到异常推崇和憧憬时代的年轻人的"异常存在形态"。其成员固然包括大量觊觎中国利权的阴谋家、特务间谍和无赖流氓,也包括一部分在华日本官吏、军人和普通侨民中的所谓"有识之士"或曰"有志者(有志之士)"。

　　(2)大陆浪人中有些人抱有某种政治理想,不少人同国家主义、亚洲主义团体有组织上或精神上的关联,其中也不乏熟知中国内情的所谓"支那通",但也有更多的人未必有浓厚的"国家意识",

---

① "大陆浪人"词条撰写者:冈部牧夫,《日本史大事典》第6卷,东京:平凡社1993年,603页。同文词条,还出现在《世界大百科事典》第30卷,东京:平凡社1988年初版,157—158页。

而属于"唯利是图"的所谓"冒险家""阴谋家"或者"无赖泼皮"之流。

（3）大陆浪人的活动方式，早期以刺探中国各地政治、经济、社会生活等各种情报为主，随着近代日本对华渗透、侵略步伐的加快，更多地转向谍报、破坏活动为主，甚至直接参与到日本政府、军部的所谓对华"谋略"活动之中。因此，他们在活动经费的提供、任务的制定和实施、意外状态下的脱险、庇护等环节上，都同日本政府、军部以及"满铁"等日本在华企业、机构之间存在着各种各样的联系和支援渠道。

（4）大陆浪人的代表性人物，首推明治时代的岸田吟香、荒尾精、横川省三、石光真清，大正时代的西原龟三，昭和时代的小日向白朗、甘粕正彦等人。

笔者对于上述概括，基本持赞同意见，但对于其中许多表述的深度、广度以及具体史实、人物的列举，仍保留不同观点和修正意见。通过对"日本浪人"亦即"大陆浪人""支那浪人"从产生到灭亡的历史脉络的概述和对这个群体在侵华战争过程中言论与行动的梳理、辨识与分析，完整和深化对"日本浪人""大陆浪人"的认知和理解，正是本书的写作宗旨。

三、"大陆浪人"研究方法论

然而，概念是抽象的，而历史的真实是丰富多彩且流动多变的。

首先是定义的外延应如何界定的问题。

谁是大陆浪人？什么样的人是大陆浪人？什么样的人在什么时候、什么情况下可以自称大陆浪人，或者被他人看作大陆浪人（且不管其本人是否赞同或可能赞同）？其实都可以找出几乎数不清的具体案例,导引出大概数不清的结论。本书在后面的一些章节里,将会探讨若干有代表性的人物"成长为"或"沦落为"大陆浪人的不同情形或者道路,以及"被称为(或曰被看作)"大陆浪人的若干情形和由此带来的大陆浪人概念在各个不同时期的共通性以及具体时期的特异性。其实,不仅是在日语语境中虽略带贬义但基本属于中性词的"大陆浪人""支那浪人",哪怕是更看重思想、意识形态属性并在当代日语语境中明显带有贬义的"右翼""国家主义"等概念,也都存在着程度不同的类似难题,即难以用抽象的概念整理、限定相关历史现象的概念外延的模糊性(横向坐标)和时间上的漂移性(纵向坐标)等问题。因此,本书对"浪人""大陆浪人""支那浪人""日本浪人"等概念,拟采取以下视角展开分析与考察:第一,厘清这一概念的基本内涵;第二,同时相对放宽其外延的"具体化而不过分拘泥,既重视具体活动又不过分重视'清理门户',以避免因拘泥于学术概念的'纯净化'而可能出现的有意无意地将一部分相关史实逐出考察视野"的"概念至上"的做法,适当地放宽视野,拓展考察范围,不是作为一个固定的、"静止的"群体,而是作为一个因时、因地、因人而会发生形变和质变的"流动的"对象来考察,以便将大陆浪人与周边的政治势力、人际关联、社会环境等相关诸元也纳入观察和思考的视野,试图对"大陆浪人"这一社会现象作出一些有别于迄今"历史叙述"的观察。因此,由于"日本浪人""浪人"以及"大陆浪人""支那浪人"等概念在本书所论及的时空范围内基本指向相同,所以本书将上述诸称谓一般作为内涵与外延基本接近的概念根据行文和引文的方便混同使用,文中不再一一区别。

　　其实,作为一个历史学的概念,"大陆浪人"这个词的第一重含义是职业选择的结果。即"立志于在中国大陆等地求取发展的日本武士阶层及其后代"这样一个社会群体。意识形态的含义,还未必包含在内。

在日语语境里，"大陆浪人"或者"支那浪人"本来只是针对某些特殊人生道路取向的个人或群体的概括性称谓，概念的外延本来就带有模糊性和不确定性，"大陆"的概念本来就不限于地理学的含义，"浪人"则更不仅限于"失业"后的武士阶层及其子弟们。而中文语境里的"日本浪人"或者其简称"浪人"，其符号性特点更强，模糊性和不确定性更明显，这一点我们从当时中文报刊的相关报道中可以得到确认已如前述。

但上述称谓都有一个共同的特点，那就是主要从行为方式的角度来指谓这个群体，尚未结合政治倾向和意识形态方面对这个群体展开综合的考察。假如结合政治倾向和意识形态方面作些综合分析的话，则"大陆浪人"或者"支那浪人"中，以持"世界人类一家说"和"支那革命主义"的宫崎滔天为代表的一批人，和持"国权主义""国家主义"等主张的头山满、内田良平乃至一心一意分裂中国"满蒙"地区的川岛浪速等人之间，虽然在世人眼中似乎是同类，而且他们时常也共同行动、共同发声，相互"提携"；但是在是否应当向日本政府、军部和警察提供中国革命党的内部信息，出于什么样的目的向日本政府献计献策的关键时刻，他们之间的态度有明显的区别。例如，宫崎滔天在1892年第一次来中国时，原计划在上海附近逗留一段时间学习汉语，但因旅费被同乡借去不还而进退两难。这时宗方小太郎劝他去"日清贸易研究所"解决食宿问题，而宫崎"目其校长荒尾精及其一派为'支那占领主义'之集团、不同主见之集团而不愿食其粟"，宁肯中断原定计划毅然返回日本。① 又如中国同盟会时期的 1909 年初,东京赤坂警察署长本堂平四郎曾经向常年为家庭生活费用无着而处于赤贫状态中的宫崎滔天提议,只要提供中国革命党活动的内部情报,警方就可以付给报酬。宫崎这时选择的是不同日本官方配合,当场予以拒绝。事后,孙中山从新加坡写信给宫崎,表彰他对中国革命的忠诚:"比接克强兄[即黄兴]来书,述足下近况穷困非常,然而警吏欲贿足下,足下反迎头痛击之。克强兄谓足下为血性男子,固穷不滥,廉洁可风,要弟作书慰谢。弟素知此种行为,固是足下天性,无足为异;然足下为他人国事,坚贞自操,艰苦备尝如此,吾人自问,惭愧何如!弟以此事宣之同志,人人皆为感激奋励。则此足下天性流露之微,已有造于吾人多矣!"②因此,在长时段、广范围指谓大陆浪人时,固然可以将人数既少又较早时期就销声匿迹的宫崎滔天等人"忽略不计",但深入研究这个群体的具体构成时,却不应忘记这个笼统的称谓里面其实包含着不同时期、不同状态下复杂的内涵。

其次是"右翼"概念的导入与"大陆浪人"的关联问题。

由于"浪人"本身代表的职业选择的含义极重,因此在考察大陆浪人的对华活动之际,还有必要导入"左翼""右翼"的政治概念,结合大陆浪人不同成员、群体的政治意识、价值观取向等因素,对其不同个人、不同"右翼势力""右翼团体"言行背后的政治意识和行为动机等进行具体的考量。

"右翼"概念的产生,始于 18 世纪末法国大革命时期的"国民会议 la Convention Nationale(1792—1795)",跟"左翼"是相生相

---

① 宫崎滔天:《三十三年の夢(三十三年之梦)》,宫崎龙介、小野川秀美编辑、解题:《宫崎滔天全集》第 1 卷,东京:平凡社 1971 年,58—59 页。

② 孙中山:《致宫崎寅藏函》,广东省社会科学院历史研究室等合编:《孙中山全集》第 1 卷,北京:中华书局 1981 年,403 页。

辅的一对概念。从主席台方向观看当时国民会议的座席分布,左侧是急进的雅各宾党或称山岳党(Jacobins)成员,中央是中间派的平原党或称沼泽党成员,右侧则是稳健派或曰保守派的吉伦特派(Girondins)成员。用"左翼"代指激进派势力,用"右翼"代指稳健派、保守派势力的称谓方法由此产生。

在日本,近代以来的"右翼",按照《日本大百科全书》(小学馆1998年电子版)的定义来解释:日本的右翼,"现在,一般用来指称具有反共、反社会主义、反民主主义、保守反动的国家主义、超国家主义的精神或者意识形态的法西斯主义团体或个人"。此外,平凡社出版的《世界大百科事典》从更为广泛的意义上提出:"现在,右翼用来指称反民主主义派、反自由主义派、所谓超国家主义派、法西斯主义等。另外,也可以从相对的意义上指称各集团内部的右翼。"①笔者认为,平凡社《世界大百科事典》里广义的提法虽然从学术上来讲囊括力更强而且表达得更为完整,但是从日本社会一般民众和日本国外媒体及其受众对日本右翼的理解和表述来看,《日本大百科全书》的表述更接近右翼的主体,更接近右翼的真实,因此也更有利于对右翼的理解和认识,因此本书采用"具有反共、反社会主义、反民主主义、保守反动的国家主义、超国家主义的精神或者意识形态的法西斯主义团体或个人"的概念来界定日本右翼,并且把参与侵华、反华活动也作为对右翼团体的重点考察内容。

至于人们一般所说的"日本右翼势力",实际上包括"右翼团体"和"右翼运动"两个方面。右翼团体是右翼在组织上的依托,右翼运动则是右翼团体或者其成员个人开展的政治运动、社会运动、

---

① 《世界大百科事典》,东京:平凡社1964年,687—688页。

思想宣传运动的总称。

　　右翼起源于明治维新之后不久近代日本的资本主义上升时期。近现代日本右翼势力的发展和右翼运动的变迁,伴随着日本社会政治环境的动荡和变化,也在不同时代各有消长起伏。大致来说,从明治维新到第二次世界大战结束的近代时期和从 1945 年日本战败投降到现在的现代时期,日本右翼势力的发展和右翼运动的变迁,经历了以下三个历史时期。

　　第一个时期开始于明治初期资本主义制度的确立,结束于1920 年代末期日本军事帝国主义体制的基本完成。这是日本右翼从无到有、初步定型的时期。这一时期,为了推动民主主义政治在日本的实现,出现了波及全国范围的声势浩大的"自由民权运动"。但是在国内外局势的影响下,"国权"逐渐取代"民权"成为舆论的主流,对外侵略扩张的欲望一步步地推动日本走上帝国主义道路。通过甲午战争的胜利、参加八国联军对义和团运动的镇压以及《辛丑和约》谈判中对中国的共同压榨,日本不但彻底摆脱了沦为列强殖民地的危机,而且成功地挤进了列强的行列,成为一个后起的然而更加迫不及待地、穷凶极恶地压迫亚洲邻国的帝国主义国家。尤其是在 1914—1918 年的第一次世界大战期间,日本趁欧美列强忙于欧洲战事无暇东顾之机,大规模地扩张了在中国的政治、经济权益。这一时期,中国相继发生了戊戌维新、义和团运动、辛亥革命、北洋军阀的割据与混战、国民革命的爆发与第一次国共合作、五四运动与新文化运动等重大历史事件,早期日本右翼以中国的资产阶级革命运动为中心,积极参与了中国政局的变更和重组。然而在当时,"右翼"这个名称并没有为人们所广泛认知,人们用"大陆浪人""支那浪人"或者"右翼浪人"等名称,来泛指当时的日本右翼。

第二个时期开始于 1930 年代初日本发动九一八事变,公开侵略我国东北地区,其后经过七七事变日本军国主义发动全面侵华战争到 1945 年日本战败投降,中国人民的抗日战争取得全面胜利为止。这是日本右翼为寻找解决日本国内重重社会矛盾和复杂国际环境的困扰,迅速走向军国主义化、法西斯主义化,最后自取灭亡的时期。这一时期,中国社会内部经历了国共内战和新军阀割据、国民党政权的独裁统治以及国统区民众反对内战呼吁一致抗日等重大历史事件,而日本右翼一反早期从中国革命阵营内部参与革命运动、控制革命走向的做法,彻头彻尾地与中国人民为敌,扼杀反战舆论,打击反战势力,直接参加对华军事、政治、文化侵略等行动,成为直接策划、参与侵略中国的军国主义战争的重要推动力量之一。这一时期的日本右翼,抛弃第一个时期游离于日本现行政治体制之外的姿态,积极地配合日本政府、军部的侵华政策,在日本国内和国外都扮演了对外侵略政策的"喉舌""尖兵"和"别动队"的角色。

第三个时期开始于 1945 年日本战败投降,在美国占领军司令部主导下实施的战后民主改革,到 1972 年中日邦交正常化以后,中国实行改革开放政策中日关系走向一个新的时代为止。这是日本右翼在战后新的国内、国际环境下死灰复燃,在日美关系等问题上标榜"革新"的新右翼逐步崛起的时期。而战后由于"浪人"不再存在,右翼的主体人员构成被无业游民等所取代。

可以看出,在第一个和第二个时期,"右翼"与"大陆浪人""支那浪人"乃至中文里的"日本浪人"等概念,皆指向内涵(成员、政治理念、行为方式等等)基本相同的社会群体,因此可以说是基本同位的概念,只不过"右翼""右翼势力"的概念更多地关注其政治取向,而"大陆浪人"等概念更多地强调了其活动、行为方式而已。其

实,长期以来,密切关注着日本"右翼运动"的日本警方,就是把玄
洋社、黑龙会等大陆浪人的团体看作"国粹主义"等保守政治理念
影响下的右翼运动主体的:"如明治十四年(1881)头山满、平冈浩
太郎率领的玄洋社,明治三十四年(1901)内田良平主宰的黑龙会
等,都是从大正进入昭和时代,历来的国粹主义内涵在国内局势刺
激下嵌入政治思想、经济思想使其内容得到充实之结果。其运动
亦由'国粹保存运动'发展到'国家改造运动'之阶段。"①

　　中文语境里的"日本浪人""浪人"等概念的内涵,基本上指站
在"国权主义""国家主义""军国主义"立场上的大陆浪人,亦即构
成第二次世界大战前和战争期间"右翼"势力主体及其先锋力量的
"右翼大陆浪人"。这种指谓,在大多数情况下是成立的,但如果将
早期的"大陆浪人"也放到视野中予以考察,则不能不指出它的相
对性,即在1930年代以后到1945年9月日本战败投降的时段里,
这种用法基本符合历史事实;而在此前的历史时段里,则需要根据
历史的实际表现,进行更为细密和全面的考察。

　　最后,还有一个重要的方法论考量,那就是史料与史料批判
问题。

　　研究大陆浪人的历史,自然少不了搜集、整理、甄别各种相关
史料,从纷纭的众说中挖掘历史的真相,从而还原历史、解释历史
发展的规律、经验与教训。

　　但是,研究大陆浪人问题,搜集、整理史料需要花费很大的精
力,甄别与批判性地分析史料,尤其需要付出更多的劳动。这是因

---

① 岛村一:《高等警察概要》,大阪:大阪府警察练习所发行,1944年,49页。资料来源:
　《国立国会图书馆数码收藏(国立国会図書館デジタルコレクション)》(https://dl.
　ndl. go. jp/info:ndljp/pid/1449949)。

为，撰写者的写作立场、时代背景直接影响了史料对史实的取舍角度、范围和视点，这些因素又无一不通过史料一一反映出来。后世的研究者如果不对这些史料进行全面的"史料批判"工作，就很难重新接近和观测到真正的历史，更无从还原和解释历史。

　　具体到有关大陆浪人的史料，如内田良平在全面侵华战争即将爆发的 1936 年 10 月，在给《东亚先觉志士记传》下卷所写的《跋》中，就谈到黑龙会给自己以及大陆浪人的同伙们撰写传记的缘由："历史须阐明所有事实，遍无遗漏。而明治以来发展到今日之隆运的历史上，民间先觉志士的行动、事迹却被等闲视之，无人闻问，其真相亦决无法得以传录。在历来官府等记录中，为了制定国是、国策以及将其加以实施而献身、奋斗之国士、浪人们之行动，几乎毫无踪迹可寻。鉴于此一实际情形，而今如若不留下此方面历史之记录，则恐国运发展之由来的半面历史被遮蔽，真相无从传录。即便欲留给后人于他日阐述，亦无由依靠记录或口碑而追寻矣。"①也就是说，黑龙会编写的《东亚先觉志士记传》、东亚同文会编写的《对支回顾录》《续对支回顾录》等自传和传记类著述，都是站在当事人或者当事人后代、亲属、友人等角度撰写的资料。它们虽然也是了解历史进程尤其是大陆浪人们具体活动的时间与内容等方面的第一手资料，但由于基本上不是出于学术研究目的而撰写的，作者既缺乏史学的专门训练，又缺乏实事求是、严格考证的科学精神，其叙述内容亦存在着片面、偏执、前后矛盾等多方面缺陷。即如《东亚先觉志士记传》而言，作者对粉饰当时日本政府、军部的对华侵略、扩张政策，渲染所谓"先觉志士"们在所谓"大陆雄飞"活动

---

① 黑龙会编：《東亜先覚志士記伝》下卷，《跋》，东京：原书房〈明治百年史丛书〉，昭和四十一年(1966)，3 页。

中的"功劳",歪曲事实以宣示近代日本对中国采取的军事、经济、政治侵略和干涉活动是"不得已"或者是为了"开导"中国朝野的撰写目的毫不掩饰。因此,后世的研究者在利用这些资料时,尤其要注意从政治和学术的双重角度加以批判地参考、引用。

至于当时警方等日本政府当局、相关机构以及军部有关机构、人员留下来的记录,自然也是基于当时的具体政策、方针或者战略目标的产物,是更忠实地反映了这些政策、方针、战略的性质和既定要求的"作品",使用时更不可不注意其既定的立场和倾向。如当时的内务省警保局保安课编写的《战时下国家主义运动的取缔方针》等资料,就完全是站在当时日本政府的立场上对大陆浪人等右翼团体的观察结果和处置意见。我们不仅应注意这些史料"反映"了什么? 更应该注意其"省略""隐藏"了什么? 不然,就等于我们还没有完全发掘出这些史料最重要的价值。

基于以上考量,本书拟结合各种基本史料和旁证资料等,从思想、组织的渊源着手,来梳理日本大陆浪人与侵华战争从酝酿、爆发、展开到最终失败、投降各个关键时期的群体活动与个人活动,揭示这个特殊群体在近现代中日关系史上的地位、作用及其影响。

第一章　通往"大陆"的"浪人"之路

　　从明治到大正这两个时代，是日本近代民族主义从萌生、勃发到持续扩大、膨胀的时代，也是近代日本青年的个人意识、个人主张如脱缰野马般膨胀、爆炸的时代。即便是 1890 年代出生在"伊势国铃鹿那个偏僻的乡村"的冈田酉次[①]那样的孩子们，由于时常听到"荣归故里"的复员军人们描述战场上的种种"武勇故事"，据说也不由得产生了"将来要么做大将，要么做大臣"的念头，"立身出世主义不知不觉地融入头脑里"。[②] 身居似乎各种机会都会不断涌来的时代大潮中，"出人头地"的"野心"和"欲望"逐渐深深浸透到了明治、大正时代青少年们的意识之中。这种野心和欲望的实现途径如果在日本国内受阻，一部分人就会转而将目光朝向海外。地理距离最近的"海外"——亚洲大陆，自然就吸引了他们的视线，

[①] 冈田酉次，1897 年生于三重县，陆军经理学校毕业后进入东京帝国大学经济学部，1933 年毕业后进入参谋本部支那课，后担任日本驻上海武官府武官，侵华战争期间负责物资调配并担任伪维新政府和汪伪政府顾问、经济顾问等。日本战败投降时任陆军主计（即会计）少将。

[②] 冈田酉次：《日中戦争裏方記（日中战争幕后记）》，《自序》，东京：东洋经济新报社，昭和四十九年（1974），6 页。

为他们展现了另一条人生之路。

一、"大陆浪人"的拓荒者及其秘密"使命"

要么是过于自信，要么是过于不自信，大陆浪人们常常自称"先觉志士"或者"先忧先觉"之士，以"先天下之忧而忧，先天下之觉而觉"的"救世主"降临东亚大地的"气概"，把自己前往"大陆"的动机说给自己和别人听："明治二十三年（1890）帝国宪法颁布，不仅在我国历史上划出一大新时代，在国内有志之士中也蔚然兴起兴亚思想，基于开国进取之国是，奠定东洋之和平，成为先忧先觉之士遵奉之一大理想。而此辈先忧先觉之士，不忍坐视清国之暴戾与俄国之侵略，于是毅然奋起，涌动出以身而殉国难之壮志。分赴四方，纠集同志，既组建东方协会，又创办日清贸易研究所，打下对外发展之第一步。口舌之论辩又有何益？好男儿应雄飞海外，勇做发展国力之牺牲，即便尸横高原或化作海波之藻屑亦在所不辞！于是陆续前往支那，深入大陆，各自奔赴向往的地方。真乃一代之壮观也。"①

这里所说的"先忧先觉"之士，大部分都可看作大陆浪人的先驱人物。按照他们自身的表述，这些最早的大陆浪人，明治初年就在日本政府所谓"对外进取"方针的感召下，成为"前往支那，深入大陆"的拓荒者，而且胸怀"以身而殉国难""即便尸横高原或化作海波之藻屑亦在所不辞"的"一大理想"。所以，早期大陆浪人的拓荒者们，几乎无一不怀有极强烈的"国权主义"理念，一切服从于"国益"即"国家利益"是他们的行为准则。

---

① 东亚同文会编：《对支回顾录》上卷，东京：原书房《明治百年史丛书第69卷》，昭和四十三年复刻版，4—5页。

当时由于近代国家关系建立未久,中日两国间的交通航路尚未通畅,所以居住在中国各地的日本常住人口并不多。"幕末以来,日本人来上海游历者虽逐渐增加,但常住者为数寥寥。明治三年(1870)仅有 7 人。但日清建立国交①后,仅六年就增加到五十余人,十年后又超过百人,二十年后达到二百五十余人。"②再从全国范围来看,甲午战前居住在中国的日本人为数不多,且主要集中在上海:"明治二十三年(1890)居住支那内地日本人,总数不过 863 人,其中的 734 人居住在上海。而散住在广漠的支那大陆者,不过一百三十人。"③当然,这区区的几百人,未必都是大陆浪人,其中有正当职业、从事正当事业的普通日本人,应当也占有一定的比例。但考虑到毕竟这个时候前往风云莫测的中国大陆,没有足够的"冒险""赌博"的心理考量或者不惜为实现"国益"牺牲自身的心理准备难以成行,因此除却其中的外交人员、现役、预备役军人之外,将其余的大部分人看作大陆浪人或大陆浪人的"预备军"亦并不为过。而到了 1906 年,根据日本驻上海领事馆的统计,居住在上海的日本人已经增加到 4973 人,而且其行业也是五花八门,其中自然不乏雄心勃勃的"冒险者"以及由于职业、收入无定而生活困窘的"浮浪者"④。这些"浮浪者"中的某些人与"大陆雄飞"的理念碰撞之后,就成为早期的大陆浪人。

早期"大陆浪人"的代表,首推荒尾精。

---

① 指 1871 年《中日修好通商条约》的签订。

②《東本願寺上海開教六十年史》,转引自大学史编纂委员会编《東亜同文書院大学史》,东京:社团法人"沪友会",1982 年,12 页。

③ 东亚同文会编:《对支回顧録》上卷,5—6 页。

④ 刘建辉著,甘慧杰译:《魔都上海——日本知识人的"近代"体验》,上海:上海古籍出版社 2003 年,117 页。

　　荒尾精(1858—1896),名义行,号耕云、东方斋,生于尾张国琵琶岛(今爱知县境内)。其父荒尾义济,是旧尾张国的"藩士",所以荒尾家是地地道道的"武士"或"前武士"家庭。但及至荒尾精出世后武士阶层已经走向没落,他本人幼年时即因家计贫穷不得不寄食他人家中。稍长后,荒尾谋求传统武士以外的生路,遂入外国语学校学习法语。明治初期"征韩论"喧嚣一时,他从这时起开始关心所谓"清韩问题",将目光转向"大陆",1878年进入日本陆军教导团学习军事,同时也留意中国局势的发展。据说他时常与学习军事的同伴"日夜叩柴扉,慷慨悲愤,互相诘问,诉说清国将来之可怖,大有高谈惊四壁之慨"①。陆军教导团毕业后成为军曹的他不久进入陆军士官学校深造,1882年听说朝鲜发生京城事变(壬午事变),"想到国家之荣辱、东亚之前途,不忍坐视",于是不顾军校学生的身份请求面见陆军卿大山严,"滔滔倾诉胸中怀抱之对韩政策,大胆献出自认甚得时宜之策略"②。在同龄青年中堪称"出格"的此类行为,其实已开始型塑日后被目为"大陆浪人"共同特征之一的"为所谓国益可以无视任何法律和条规"做派之先例。从这个意义上,"从二位公爵"近卫笃麿认为荒尾精的此举其实具有"开风气"的先导作用:"当此时,举世滔滔,心醉泰西文物,偶有谈清事〔指清国局势〕者,辄被诟为迂愚。而一朝君〔指荒尾精〕唱西力东渐东亚危急之说也,所在官民倾听感悟,由是海内心目,翕然趋向东亚时局。"③可见荒尾精首先在对国际局势的认识和应对方策上,

① 东亚同文会编:《对支回顾録》下卷,461页。

② 井上雅二:《荒尾精——大陆经营の先覚者》,上田健二郎编:《東亜の風雲と人物(东亚的风云与人物)》,东京:近代小说社,昭和十八年(1943),5—6页。

③ 近卫笃麿:《東方斋荒尾君之碑》,井上雅二:《巨人荒尾精》,东京:左久良书房,明治四十三年(1910),4页。原文为中文。

已有自己的境界,这也是他后来被看作大陆浪人群体先驱的主要原因之一。

同年冬天,士官学校毕业后的荒尾精被任命为少尉,后调任熊本步兵第十三连队,开始学习汉语并研读王阳明的《传习录》。1885年他被调任参谋本部支那课(科),翌年春作为间谍受参谋本部派遣,换上西服前往中国。抵岸后他先拜访了在上海开办"乐善堂"商店出售药品、书籍的日本商人岸田吟香,诉说"大陆经营"之志向和陆军当局所交付的任务。据说,当时的岸田吟香看到"欧美各国垂涎支那利权,玩弄种种手腕,大力扶植本国之势力"的现状,也"为东亚之前途而深感忧虑,痛感有必要为将来的日本在支那培育胸怀大志人物之必要,倘有胸怀大志来华者,无不欣然邀住,极力扶持",堪称培养年轻一代大陆浪人的精神领袖和财政支柱。[1]荒尾遇到岸田,两人自然是一拍即合。在岸田的资助下,荒尾在长江中游贸易重镇的汉口开办了乐善堂支店"自任店主,经销书籍、药品、杂货等,表面装作商人风度,暗地全力研究支那之国情"[2],通过实地观察、勘察搜集有关中国的各种情报。身兼明暗双重"使命"的荒尾在汉口扎下了营盘。

荒尾精不仅是大陆浪人深入中国内地开展活动的拓荒者,更是这个特殊的日本群体的火种。为了展开"调查",搜集第一手的中国情报,他把分散在上海、天津各地的日本浪人井深彦三郎、高

---

① 井上雅二:《荒尾精——大陸経営の先覚者》,上田健二郎编:《東亜の風雲と人物》,12页。

② 黑龙会编:《東亜先覚志士記伝》下卷,608页。

桥谦、宗方小太郎、山内嵓、浦敬一①、中野二郎、中西正树②、石川伍一、田锅安之助等 30 余人都召集到汉口,编写《同志之心得书(手册)》作为活动准则,并分派了搜集土地、人口、风俗、阵营(政治势力)、运输、粮食、薪炭(资源)、兵制及各兵工厂等中国各地军事、经济情报的任务,组建了一支在他领导下的有军方背景的民间谍报队。

在荒尾精的统率下,汉口乐善堂支店的成员们确定了如下活动方针:

(1)讲求阻遏俄国由西伯利亚铁道向中国扩展势力的办法;

(2)帮助汉民族的革命运动,革除腐败已极而又敌视日本,"不解协同防御之大义"的清政府,实现"中日提携";

(3)在上海开办学校,培养实现"东亚经纶"的人才;

(4)派浦敬一赴新疆,劝说伊犁总督刘锦棠设法阻止俄国的东进等等。③

荒尾精等人把抵抗俄国势力南下、改造敌视日本的中国统治集团、实现"中日提携"等近代日本的"国家利益"当作超越自身荣辱甚至生命安全的"天职"(事实上,浦敬一、广冈安太等人执行"调查"任务出发后一去不回,生死不明),显示了早期的日本大陆浪人与生俱来的一个特质,那就是服务于所谓"国益",以"大和民族"命

---

① 浦敬一(1860—1889?),肥前平户藩藩士之子,1879 年任平户警察署巡查,1881 年入东京专门学校学习。1885 年入《内外新报》社工作,两年后来华,成为"汉口乐善堂"支店成员。1888 年 6 月受荒尾精派遣赴新疆活动,出兰州后消息断绝。

② 中西正树(1857—1922),旧美浓岩村藩藩士之子。幼学汉学,并从中国人刘香锦学习汉语。1883 年 8 月被参谋本部派遣来华,翌年转为外务省留学生。毕业后遍游中国各地,是"汉口乐善堂"支店成员之一。1899 年参与创立同文会及东亚同文会,1902 年至北京参加创办《顺天时报》,1908 年又成为《盛京时报》撰稿人。

③ 大学史编纂委员会编:《東亜同文書院大学史》,16 页。

运为最高使命的强烈的国权主义、扩张主义色彩。荒尾精本人虽然 39 岁即因病早逝于台湾,却因此博得了"侯爵"桂太郎的"抱有为之才,终身奔波于道,空怀壮志而英华早逝,人生恨事,无过于此"①的感叹。而荒尾及汉口乐善堂成员们的活动,也奠定了日本大陆浪人在中国各地通过情报、阴谋活动服务于近代日本对华侵略、扩张政策的方向和基石。

在早期的大陆浪人中,荒尾精之所以格外引人注目,除了精干的组织能力、超乎常人的活动能力之外,还由于他已经开始思索所谓"兴亚论"的对外战略并规划出了实施步骤。

1880 年代后期的日本,经济、军事实力的羽翼尚未丰满,对于即将到来的同西欧列强的殖民地争夺缺乏足够的自信,因而以联合或者征服亚洲为主旨的各种"经略亚洲"的大亚洲主义思想逐步抬头。这个时候的荒尾精不希望日本在同西洋的竞争中成为失败者或者只是一个扶弱振衰、打抱不平的莽夫。他希望日本能够把握住时机,扩大自身的势力,成为执亚洲牛耳的盟主。

> 古人云:苟好其道,强可易弱,弱可易强。今夫清国之形势如此,我国倘能巧加利用,乘机加以活动,则转祸为福,确立我国万世之大业当非难事。故今日之形势,虽正值危急存亡之秋,倘有能执其牛耳而崛起者,足以一跃而雄视宇内,亚洲振兴治安之机亦系于此。是岂非天赐我国之一大良机耶?②

后来荒尾精又写下了《对清意见》一文,剖析中国及东亚的形势,为日本统治集团部署对华外交出谋划策。作为日本"振兴亚洲"进而"雄视宇内"的具体方策,他提出了日本在战后(指甲午中

---

① 桂太郎:《序》,井上雅二:《巨人荒尾精》,无页码。
② 荒尾精:《复命书》,东亚同文会编:《对支回顾録》下卷,491 页。

日战争)缔约时应当压迫清廷接受的"三大要件"。

（1）为了保卫"朝鲜之独立"和"东洋之和平"，日本必须在渤海湾占领一处重要军港，作为迫使清政府缔结盟约和履行条约的担保；

（2）讲和告成之后，日本须用"适当之办法"，向中国民众"说明我国宣战之大旨，使其皆能了解我国之真意"；

（3）为了增进"日清两国之福利"及"东洋和平与兴隆"，日本须一扫对华贸易中的"不便不利"之处，迫使清廷订立一个"比诸欧美各国更优等、更亲切之通商条约"①。

"三大要件"无一不是对中国领土主权、政治经济权益的攫夺与侵犯，清楚地展示出了荒尾精所谓"兴亚论"的本质所在。与日本政坛稍早的国权主义者、"对外硬集团"的主张以及近卫笃麿等人四年后提出的"支那保全论"相比，遣词用语虽有不同，基本精神却完全一致。在情报搜集方面，荒尾通过在汉口等地三年的活动，于 1899 年 4 月返回日本，遂即向日军参谋本部提交了一份长达2.6万多字的《复命书(报告书)》，"这份复命书所收情报、资料，涉及诸多方面，且极为精密，其整理、分析亦正中要害。作为了解当时清国实情之资料，受到高度评价"②。

大陆浪人的"先驱者"荒尾精在华期间的活动，至少可以概括出两个特点：其一，无论是否获得足够的政府背景与财政支持，均不惜身冒风险，遍尝辛苦，克服困难与障碍，开拓与创造出在华生活的环境与条件；其二，"浪人"生活走上"正轨"后，即积极地为日本侵华战略与政策的酝酿、制定与"完善"献计献策，主动地充当起

---

① 荒尾精：《对清意见》，104—106 页。

② 大学史编纂委员会编：《東亜同文書院大学史》，17 页。

近代日本对外侵略、扩张活动的"国士"。这些特点，为此后的大多数大陆浪人所继承，荒尾精本人也成为"国益型"大陆浪人名副其实的先驱者。

二、"国益"与"私欲"的蛊惑

尽管有荒尾精这样的"先驱者"以身示范，但对当时的青年来讲，走上大陆浪人的道路仍非易事。

"大陆浪人"，其实是近代日本对外关系史上的一个"怪胎"，从当时日本"普通人"的人生价值观来看，无疑是一条一旦误入便不容回头的"歧途"，是一种溢出"中规中矩"常规"出世道路"的人生选择。在"文明开化"实际上意味着"全盘西化"、崇尚欧美文化的心理风行一时的当时，学习已经被公认"落伍于时代"的"支那语"，把人生目标定位到"支那"去"闯荡一番"的"大陆浪人"，几乎毫无悬念地会遭到周边所有亲友、同学、同伴们怀疑、不安的眼光。每个人的人生，都会遇到一到数次的"舍弃什么""留取什么"的选择的重要关口，选择"正常的"人生道路的人几乎在每个时代都是绝大多数。而在当时，选择当一个"大陆浪人"这个看似"绝途""歧途"的人，实在是微乎其微。

由此，我们似乎可以做一个预定假设：走上"大陆浪人"这条不归路的日本青年们，首先必须舍弃包括升学、就业、"出世"（即飞黄腾达）等等在内的很多现实利益与个人考量，经历一番或痛苦、或曲折的心路历程。在东方式家庭伦理道德的影响力几乎不亚于同时代的中国和朝鲜半岛的近代日本，早期大陆浪人走上这条道路其实要克服诸多心理的、家庭的、社会的障碍。那么，驱使他们走上这条道路的"诱因""诱惑"或"契机"等等，到底是什么呢？

江户时代的"浪人""牢人"摇身一变为明治时代的"大陆浪

人",是多种外在环境变数和这个群体每个人自身精神、文化等因素合力作用的结果。这其中,日本国内外政治局势的变化是最重要的环境变数,所谓"国益"(国家利益)或者"私欲"的考量、诱惑,则是"大陆浪人"最终走上近代中日关系舞台最重要的"催产素"和"成长激素"。

"国益"的内涵并非固定不变的口号、纲领或政策,而是随每个近代民族国家在不同时代、时期所处的国际环境和国内外政治局势的不同而不断地变化的变数。

从国际政治学的角度来看,国家在执行对外政策时,不应基于抽象的道德原则或者理想主义的概念,而应以"现实条件下可能产生的国家利益"或曰"具体的国家利益"为指针。"单一而纯粹"的国家利益其实并不存在,"国家目标"的设定亦即对"国家利益"的追求,是依据参与政策制定过程的一部分人的视角而判断、而决定的。所谓"国家利益",就是参与政策形成过程中能够对其施加或大或小各种影响的多种多样的价值观保持者(如个人、集团、组织等)相互之间通过反复作用(即所谓"政治过程")所产生的、被选择出来的各种"国家目标"。[①] 换言之,"国家利益"的内涵,取决于对"国家目标"的设定,亦即参与政策形成过程的各个利益集团之间的调整和磨合。放在近代日本的政治环境中去考量,决定"国家利益"内涵的主要政治势力和利益集团,毋庸赘言是形成执政权力社会背景的大资产阶级(包括"财阀""政商"等各种社会势力)、大地主阶级以及军部等所谓"主流社会",而中小资产阶级、农民、市民等下层民众及其利益代言人(如"自由民权派"的政治家和知识阶

---

① 卫藤沈吉、渡边昭夫、公文俊平、平野健一郎:《国際関係論》上,东京:东京大学出版会1981年,49—55页。

层等)只能起到微乎其微的制衡和修正作用。至于以"在野"的身份为政治招牌的"大陆浪人",他们对政策形成过程施加影响的途径十分特别,后文还将详述;但就一般在华活动的浪人们来讲,"国益"则更多的是一面旗帜,一句被压缩成"大陆雄飞""大陆经纶"几个字的抽象口号,浅显易懂且便于任意解释。

国际政治学在"国益"问题上还认为:"虽说政策决定者对国家乃至国民的利益之考虑即为国益,但在议论对国家来讲何为最佳选择之际,实际上从来就不存在绝对的、超然的权威解释者。"①也就是说,"国益"的界定,实际上是由诸多主观因素所确定、所左右的,它其实带有相当多的主观判断的因素,也可以给不确定的多数人或人群提供自我解释乃至想象的可能性和空间。"国益"本身存在着的这种不确定性、模糊性的特点,自然也给大陆浪人们按照自身的需求任意解释"国益"的内涵提供了足够的想象空间。

早期的大陆浪人大多出身于没落武士家庭。明治维新之后,武士们在江户时代以前拥有的各种特权被逐渐废除,明治政府又多次严厉镇压了武士们的叛乱,武士阶级的势力随之日渐削弱。一部分武士通过经营近代工矿企业或金融、高利贷活动,逐渐转变为近代工业资产阶级或金融资产阶级,而大部分"前武士"们,则因生计支绌,或做工,或务农,或沦为乞丐流氓,逐渐与平民阶级合流。但是,长期的封建社会给武士们留下的种种习气,如动辄以国民、大众的天然统治者、捍卫者自居的优越感,任侠尚武、目空一切、藐视权威的"武士道"精神,以及贪爱享乐、贪图功名的生活习惯等,却依然残存。自由民权运动中,许多失意不平、对现状不满的武士在反对藩阀政府专制主义统治的目标上跟自由民权派取得

---

① 卫藤沈吉、渡边昭夫、公文俊平、平野健一郎:《国際関係論》上,50、51 页。

一致,参加了争取自由与民主权利的斗争。自由民权运动失败后,随着国权主义思潮的抬头和"征韩论"论争、"对外硬运动"的勃兴,所谓不平士族的视线逐渐被转移到了海外,被他们称作"大陆经纶"或者"经营大陆"论之类的思想开始迅速蔓延,以没落武士为主体的国权主义、保守主义势力从此同对外活动结下了因缘。换句话说,参与对外活动,就是对明治政权的施策深感不满的"不平浪人"们为避免同现政权发生不必要的冲突而为自己找到的新的活动天地。

《东亚先觉志士记传》一书的作者在追述"经营大陆"之类思想的缘起时说:

> 若对先觉志士所怀抱之大陆经营论稍加考察,即可知其思想之根底为热烈之爱国心与民族之自信心也。十九世纪后半,滔滔帝国主义大波席卷世界之际,初得与海外交往机会之日本人,顿感本国国土之狭小与国力之微弱。以如此狭小之国土和微弱之国力与世界各强国相对峙,怎样保证国家之光荣独立,乃时时刻刻刺激着日本人爱国心之紧切问题。……倘若处于四海安宴风平浪静之时代,邻邦之支那、朝鲜又足以引为凭恃,携其手而共同对抗欧洲各国,或可共保国家之独立。然而当今四海汹涌,东亚之安危朝不虑夕,邻邦非但不示以友邦之实,自身亦老朽欲倾。而与我唇齿相依之清、韩(二国)一旦为列强所侵略,我国必受其余波之震荡,存亡将不可逆料。此一趋势,目下已然洞若观火。拥有三千年光辉传统之我国,若不主动启发诱导邻邦实行改善,或直接在邻邦扶植我之势力,扩大我之国防线,以保全东亚,则唯有坐视现今形势之演进而已。……各先觉志士痛感强固本国和向大陆宣扬我皇威国光之必要,于是抱定各自之经纶勇往直前,掀起复兴

东亚之运动。"大陆经营"之一语，正乃包容此一运动全部内容之词汇也。①

这段叙述，固然是大陆浪人们为了给自身的行动寻找"正当"理由而作的辩白，对周边国际环境危机状态的强调，也是用来掩饰此辈在中国大陆公然进行刺探军情、挑动纠纷、制造武装叛乱等干涉他国内政行径时惯用的护身符。另一方面也可以看出，他们心中的所谓"国益"，其实是非常抽象的"热烈之爱国心与民族之自信心""复兴东亚"之类字眼堆砌出来的"大义名分"，不过是用来进行对外宣传以及劝诱他人参与的手段。真正的内涵或者被刻意隐藏起来（例如在一部分领袖人物那里），或者竟无意深究（主要是在一般浪人群体成员那里）。

古代的侠士剑客，把自身种种杀人不偿命、恃强凌弱或者"打抱不平"的行为打扮成"正当行为"时，最方便的道德旗号是"义"。近代中日关系史上的大陆浪人们把自身恃强凌弱，欺压他国、他民族，挑动种族纠纷甚至战争的种种无法无天行为"正当化"的最方便的道德旗号，就是"国益"。他们不但把自己看作"国益"的执行者，更看作"国益"的定义者。在他们看来，官僚机构的考量、政府的决策等等，无不掺杂了政党和特定政治集团的私利私欲，唯有不求名利、不计成败的大陆浪人自身，才是"真正的""国益"的代言人和执

---

① 黑龙会编：《東亜先覚志士記伝》上卷，310—313页。

行者。头山满曾经大书"破邪显正"四字,鼓舞自己,也鼓舞玄洋社手下的喽啰们,把何为"邪"、何为"正"的解释权留在自己手中。①内田良平则在《日韩合并的回忆（日韓合併の思ひ出話）》一文中,以"一文不名的穷浪人"自诩,认为"无私无欲"就是浪人最大的特点:"跟那些日益傲慢的官僚们以高官厚禄为后盾、将天下的财富纳入私囊的行为正相反,吾辈浪人们,除了干活所需的活动费用之外,没有任何欲望,也没有任何好处。……吾辈所想的,只是东洋千年的大计,只是以日本为中心的全世界的和平。除此以外,别无他望。吾辈浪人就是一门心思集中于此的穷光蛋的集团。所以,吾辈头脑里,没有什么放不下的东西。政治利益、政治策略、党团利益、党团策略等等东西,一概没有。想要做事情时,也是自带干粮无偿奉献,一开始就是这样打算的。本来就是一无所有的流浪汉们,所以头脑里除了公平至诚之外,别无他物。"②他们宛然是"正义"的化身,把自身放到了无偿奉献的"国益"的代言人和执行者的道德高度。

可是,内田良平为首的黑龙会等大陆浪人,从政府和军部手里接受"机密费""调查费"等资助从事情报、"谋略"活动,却又是无论内田本人如何强辩都无法否认的事实。黑龙会一派"国权主义"大陆浪人在其早期的活动中,主动充当日本政府和军部的"义工型""智囊""情报员""尖兵"乃至打手等多重角色,都是有众多史料可以佐证的不争的事实。内田将其扩展到全部时段的所有"流浪汉

---

① 头山满书影引自田中健之编《内田良平翁五十年祭追慕录》,东京:日本兴亚协会皇极社出版部,昭和六十二年(1987),卷首影集,非卖品。

② 内田良平述,梦野久作采访、笔录:《日韓合併の思ひ出話》,田中健之编:《内田良平翁五十年祭追慕録》,东京:日本兴亚协会皇极社出版部,昭和六十二年(1987),非卖品,57 页(原文载梦野久作《近世怪人伝》,东京:黑白书房,昭和十年(1935)12 月刊)。

们"——"浪人"整个群体,自然因夸张而失实,但仅就早期黑龙会以及部分大陆浪人的活动来看,也确实存在着这样一批专注于"政治利益、政治策略、党团利益、党团策略等等东西"之外的"穷光蛋们"。当然他们并不是真正的"无私无欲",而是怀抱着一个超出个人欲望之外的"想要做的事情",那就是近代日本的"国益"。对早期走向"大陆"的浪人们而言,"国益"的需要确实是一个解释"离奇""不凡"行为动因的解答,因此而在早期大陆浪人中带有一定的普遍性。

"国益"如何驱使浪人们走向"大陆"的具体过程,可通过某些当事人的回忆或者亲身体验作些考察。

例如《马贼 天鬼将军传》的作者朽木寒三(1925 年生于北海道,在东京农工大学上学时被召集入伍,曾在中国大陆服役)叙述自己在当时萌发走向"大陆"愿望的心态时说:"说起明治三十九年(1906 年),正是日俄战争结束后的第二年。日本虽然勉勉强强打了个胜仗,但是国力也疲惫到了极点。而且即使是那场胜仗,打败的也只是俄罗斯派遣海外的军队,而且是位于孤悬在外的满洲,并没有在俄罗斯本土把人家打败。'真没想到,那么强大的俄罗斯,居然这么狼狈地被打败!''看吧! 他们一定会卷土重来的。''要是那样的话,日俄战争又要从头再打一遍了!'这样一种沉闷的预感,笼罩着整个日本。当时的日本人,特别是我这样血气方刚的青少年,是那样真诚地开始忧虑起俄罗斯问题,忧虑起全世界'白色人种列强'对亚洲的侵略来了:'只有满蒙才是日本的生命线!''必须死守大陆的非常线!'等等,内心里燃起了一股名副其实的被逼得走投无路的悲壮感。那种感受,现在即使想向读者作出说明,也是找不到合适的语言来表达的。无论如何,在这个辽阔的亚洲,能够打破'白色人种列强'的支配,使亚洲免除沦为殖民地命运的,只能靠我们日本一个国家的努力了。日本的独立,亚洲的独立,不管付出多么巨大的代价都要实现! '为了保卫亚洲的独立,俺要到大陆去'!"①于是,冲动的激情很快变成了现实,作者经过火车—轮船—火车的长途跋涉来到了大陆。

也正是在该书的作者产生了这种想法的时候,已经成为"满洲""马贼"日本人头目的叔父薄益三②给他寄来了这样的信件:"'守次君(指该书作者):身体可好?'……'今后,日本的年轻人,应当源源不断地来大陆雄飞,为国效劳。你也不应当待在乡下游手好闲。我可以提供旅费,你考虑一下吧'!"③瞬间的冲动很可能不久之后又会在瞬间破灭,但若加上了长辈的劝诱或推动,年轻人则往往会义无反顾地选择离乡背井的人生征途。类似这样的情况,在当时应不在少数。

另一个日后在日俄战争中成为"马贼"头目的边见勇彦,经历了一条更为典型的从"在东京学校混不下去"的"野小子"到率领"满洲义军"大战俄军的"大陆豪杰""天涯居士",以后又在侵华战争期间在北京组织"大亚细亚黎明会""黎明语学会"并自任会长的道路。

据说,少年时代的边见狂傲不羁,是一个人见人烦的野小子。而指引他走上大陆浪人道路的,是当年跟孙中山也有过面识的所谓"日本女子教育的先驱""女杰""歌人(即诗人)"下田歌子:

---

① 朽木寒三:《馬賊　天鬼将軍伝》,东京:德间书店 1981 年,6 页。
② 薄益三,日本新潟县津川町人,明治四十年(1907)28 岁时来中国闯荡,在边见勇彦的关照下经营赌场,此后纠合其他大陆浪人组建马贼团伙,自号"天鬼",有时又被人称作"天鬼将军"。
③ 朽木寒三:《馬賊　天鬼将軍伝》,11 页。

年轻时，我是个让谁都无可奈何的野小子。及至六十多岁的今天，能够为亚洲民族的大团结倾注心血，效绵薄之力，全都是曾经有机会面见下田歌子先生，遵循先生的指教，走上自己应该投身之道路的结果……①

边见几乎是在人生的绝望期中，通过姐夫的关系从北海道前往东京，见到了实践女学校的创办人和经营者下田歌子。见面之前，边见从世俗的眼光出发，以为下田歌子充其量是个女流，对我这样的"粗汉"肯定无可奈何。没想到，下田看到在日本已经"混不出名堂"的边见，反而意想不到地给他指引了一条前往中国大陆的奇特"出路"。据说下田是这样"开导"这个青年人的：

　　……现在日本的教育，是把人拼命地卡到一个模子里去。所以像你这样的豪杰之士，在日本的学校里，或者落第，或者成为脱缰野马，终不得其所。这归根结底是日本教育制度的问题。不如干脆对日本死了这条心，到支那去闯闯吧！如今谁都没有把支那看作一个问题，但我的直觉是，日本的兴亡，归根结蒂在于如何处理对支问题。日本和支那（之间）的现状如果放置不管，肯定陷入可怕的结局。具体着手的第一步，是相互认清彼此的人情、风俗、制度和文物，这是双方提携的前提。从支那已经来了很多的留学生，但前往支那的日本留学生却少得可怜。你有决心为了日本，率先去支那闯荡一番吗？②

下田歌子的提议，让边见如同当头棒喝般感到震动：

---

① 藤村善吉编：《下田歌子先生伝》（非卖品），东京：故下田校长先生传记编纂所，昭和十八年，424—425页。
② 藤村善吉编：《下田歌子先生伝》，426页。

　　我内心里虽（因为下田歌子是女性）轻侮过女人，但从前故乡的父兄们对我的种种忠告也不及这次见面让我深感敬佩。我觉得（下田歌子）先生似乎有一种莫可言状的神灵气息，背后似乎笼罩着光环，于是衷心敬服地低下头，立刻回答："务必请派我到支那去。我愿埋骨支那！"先生回答道："这样的话，有些准备工作要做。首先是学习支那语。我也一起学习。明晚你就过来！"说做就做，第二天（我们）就开始学习支那语。①

　　此后，"野心勃勃一青年"的边见勇彦前往上海，创办了出版为主、贸易为辅的出版商社"作新社"，出版月刊杂志《大陆》，翻译、刊行日文版的政治、经济类图书，同时又深入四川、湖北、湖南、福建等地，调查、搜集当地的各类民情和经济、政治情报。日俄战争爆发后，他混迹于"马贼"之中成为其头领，直接为日本在华的军事活动效力。日俄战争结束后，据说甚至被当时的中国政府授予陆军少将的待遇。② 多年后日本全面侵华战争爆发，边见回忆起当年从日本来到中国的情形，还深有体会地感慨道："日俄战争开始后，我甚至当上马贼，走上所谓'绿林'的道路。今天，又看到日本以支那为敌手，开始了这场意义深刻的'圣战'。时至今日，追忆四十年前下田先生对支那局势的敏锐洞察，以及对我神国日本深怀忧虑的赤诚之心，自己依然感慨无量，深愧弗如。"③看来，在"野心勃勃一青年"走向"大陆浪人"的人生转折关头，像下田歌子这样的"青年

---

① 藤村善吉编：《下田歌子先生传》，427 页。
② 兰交会编：《麦秋　驹井德三》，东京：株式会社音羽服务中心（音羽サービス・センター），昭和三十九年（1964），499 页。
③ 藤村善吉编：《下田歌子先生传》，428 页。

导师",实际上发挥着"方向标""指路人"的重要作用。而下田歌子等人激励起青年们舍弃个人的"前程"甚至生命,以近乎狂热般的执着而追求的目标,就是近代日本的"国益"。这个时代的所谓"国益"已不是某种内涵和边缘都模糊不清、难以捉摸的政治概念,而是被明治天皇用"开拓万里之波涛,布国威于四方"等象征性语言标示的国家奋斗大目标之一①,更是时时被媒体和"青年导师""先觉志士"们提及的"海外雄飞""大陆经纶"等种种似乎稍作拼搏即可触及的目标,就是后起的资本——帝国主义国家要在欧美列强环伺中为自身争得尽可能广的海外殖民地和尽可能多的海外权益,而似乎不得不以全力的拼搏才能获取的那个"望外"的果实,或者是血腥争斗后的猎物。

早期的大陆浪人中,其实不乏因人生的失意或者事业的挫折等因素偏离"立身处世"之"正途",不得不闯荡海外,以通过"别树一帜"的手段,获得"绝路逢生"机遇再次降临之辈之存在。

例如梨本祐平②曾这样回忆离开东京前往"满洲"时的情形:"昭和三年(1928)9月中旬,27岁的我离开东京车站前往满洲。这个时候的我名副其实地形单影只,站台上没有一个友人前来送行,简直像个逃亡者。长到27岁,我都没有离开过母亲膝下半步,然而时至今日,不管是视作生命般的恋爱,还是年轻时的梦想,我对

---

① 唐木顺三、竹内好共编:《近代日本思想史講座第八卷　世界のなかの日本》,东京:筑摩书房1961年,12页。

② 梨本祐平,生于1900年,东京商科大学毕业后加入劳动总同盟,在劳动学校任教,后来前往"满洲",成为"满铁"总裁松冈洋右的智囊。著作有《北支农业政策大纲》《新生支那经营论》《太平天国革命》《中国里的日本人》《周恩来》《辛亥革命》等多种(《疑问关键词(はてなキーワード)》,http://d. hatena. ne. jp/keyword/％CD％FC％CB％DC％CD％B4％CA％BF,2019年7月23日)。

一切都已绝望,只想一个人偷偷地去那未知的满洲。'一切都一笔勾销,过去的事就再也不要考虑了吧!'我虽然内心对自己这样说,感伤的泪水却如泉水般涌出,久久不止。"①可见梨本祐平本人在出发前的这个时刻,对"大陆"、对"中国"、对自己未来的人生,似乎还只是一片迷茫的状态。"满洲"既是一个"未知的"天地,却也是一个可以使以往"糟糕的"或者"不堪回首"的人生瞬间"归零",人生的道路得以"重新启动"的神秘"按键"。这个抉择的结果虽然要等到踏上"大陆"的土地后才能见分晓,但"海外雄飞"的选项,至少为他这样的人提供了或为某种政治、人生理念而奋斗,或为私利私欲而奋斗等种种"再次"选择人生道路的空间。

　　或者可以说,正是这些人的存在,才造就了"大陆浪人"群体之诞生。既然已经是一无所有的"浪人",还有什么舍不得赌上一把呢? 这种人生歧途时的投机心理和畸形发展的"功名心",虽然未必也不是人之常情的一种表现,但却极易造成剑走偏锋的结果,诱发为达目的、不择手段的赌徒心理和"不计利钝"、将自身和相关他人的利益全部孤注一掷的亡命徒气质。"国益"对于这类人来说,既是他们的人生目的,更是向世人宣示自身行为的合理性、正当性的招牌、看板。我们姑且将此类人物称为"国益型"大陆浪人。

　　不过,即便在"国益型"大陆浪人中,大部分人虽未必邂逅过薄益三或者下田歌子等所谓"先觉志士"的"引路",却也殊途同归,走上了大陆浪人的不归路。引导这些青年成为"国益型"大陆浪人的过程中,教科书以及教师的传授等学校教育的力量,媒体、师生、亲属的力量,以及其他的多种社会教育手段,都程度不同地起到了"引路人"的作用。关于教科书等学校教育在培养青少年形成军国

---

① 梨本祐平:《中国のなかの日本人》第 1 部,东京:平凡社,昭和三十三年(1958),3 页。

主义、对外扩张主义人生志向方面所起的作用,本书在第五章第一节还将引用历史事例另作介绍、分析。

也有更多的"浪人",前往中国大陆打拼的目的中"私利""私欲"占了更多的比重。

出生于 1909 年(明治四十二年)的评论家、昭和时期著名媒体人之一的青地晨(1909—1984),曾经对同时代诗人、思想家石川啄木(1886—1912)提及的"时代闭塞的现状"的苦闷心情深感共鸣。他总结当时的日本青年为了打破或者逃避这种苦闷,无非是两条道路:"一个是移民美国,到美国去开辟一个新天地是当时青年的梦想。但是移民(美国)被禁止之后(指美国在 1875 年之后制定的几项限制外来移民的法律,尤其是 1924 年制定的《移民法》),就剩下前往(东亚)大陆。我上初中的时候,不少人想去满洲当马贼。成绩不好,总是留级、落榜的人,往往精力旺盛。这些人整天在那里议论:干脆去满洲当马贼好了!"①这些青年前往大陆的动机,已经没有或者很少"国益""兴亚"或者"征亚""抵抗欧美"之类政治目的,而是更为单纯的"求生""谋出路"等个人利益为主的生活目的、经济目的。虽然明知"马贼"属于实施暴力手段的强盗团伙、非法组织,依然把跻身其中当作自己的理想,可见此辈的初始动机中,已经蕴含着谋取私利的贪欲、为达此目的可以不择手段的人格和道德的下滑点。此外,这些人在校读书时就因学业不好等因素产生自暴自弃心理,到了法制不健全、流氓马贼横行天下的当时的中国,自然更容易走上非法和暴力的道路。

终身致力于多方面中国问题研究的新闻评论人橘朴(1881—

①　武田泰淳、青地晨:《対談:大陸をかける夢》,青地晨编辑:《現代日本記録全集 19 大陸を駆ける夢》,东京:筑摩书房 1969 年,8 页。

1945),在日俄战争期间据说也衷心期盼着日军能够一战打败俄国,为日本在"满蒙西伯利亚"开拓一片"广阔的新天地"。也许就是为了能够参与这个"新天地"的开拓,他才怀抱着梦想前往札幌应聘《北海泰晤士报》的记者。而这份《北海泰晤士报》的经营者,正是出自玄洋社系统"大陆派"浪人的中野天门,中野在办报之外,还开设了"露清语学校(即俄语汉语学校)",培养"大陆经营"的年轻一代。① 可见青年时代的橘朴,已然产生了成为"知识型"大陆浪人的愿望并开始付诸行动。

　　然而就是这些人成为"马贼"之后,又自觉不自觉地为日本的"国益"冲锋陷阵,成为"大日本帝国"在中国大陆侵略活动的尖兵和别动队:"当了马贼的日本人为数不少。他们起初是因为在狭窄的日本住腻了才跑出去的,结果又回归日本人的魂魄,为日本帝国尽忠尽力。"②这些人最终还是逃不脱"大日本帝国"的统治网络,最终还是成为"不自觉"的"国益型"大陆浪人。

三、"先天的自由民权家"的"支那革命主义"

　　另一个明治、大正时代著名的大陆浪人宫崎滔天,走向中国的道路更为曲折,并且带有更浓重的理想主义色彩。

　　宫崎滔天(本名虎藏,亦作寅藏,1871—1922),出生于九州熊本县玉名郡荒尾村,父亲宫崎长兵卫(又名宫崎长藏、宫崎政贤等)是居住在乡村的低级武士——"乡士",所以宫崎滔天跟荒尾精一样,也是武士的后代。

---

① 松竹纯:《橘樸の思想形成》,《暗河》杂志第 27 号,1980 年,76 页。

② 武田泰淳、青地晨:《対談:大陸をかける夢》,青地晨编辑:《現代日本記録全集 19 大陸を駆ける夢》,14 页。

不过,宫崎滔天及其两位兄长(宫崎民藏,1865—1928;宫崎弥藏,1867—1896)跟荒尾精最大的不同是从小受到特殊的家庭氛围的熏陶。据说宫崎长兵卫"天性豪放磊落,喜文尚武,胆略出众,积极进取,有为果敢,且敬神祭祖观念极强,义勇而易动情。憎恶横暴非道之行为,深忧民众之疾苦。投私财以救民众,虽倾产亦不为意。由是颇为乡党所敬重,乡民恃为依仗"①等。虽是不免溢美过实之处的身后评,倒也可以窥见一位不乏古之义侠风范的老武士的身影。

宫崎长兵卫虽未参加过政治运动,却时常教育子女"要做豪杰,当大将",用英雄主义的情操陶冶宫崎兄弟。宫崎兄弟中的长子宫崎八郎(本名真乡,1851—1877),年轻时适逢明治初期"文明开化"的时代风潮,且感受到西方列强"西力东渐"给亚洲各国带来的殖民地化的沉重压力,加之近代西方文化的强烈影响,遂成为对内主张实行"自由民权"、对外抵御西方列强欺凌的早熟青年。1870年代"自由民权运动"爆发后,八郎投身政治改革运动,在故乡组建"民权党",号召以民选户长(最基层的农村地方官吏)取代官选户长,在全县掀起轩然大波。八郎嗣又开办"植木学校",啸聚青年研读《万国公法》和卢梭的《民约论》,兼学"万国史"和"十八史略"等课程,指斥时弊,无所顾忌。1877年2月,西乡隆盛在鹿儿岛举兵反对明治政府,熊本民权党组织"熊本协同队"积极响应,八郎被推举为参谋长。但西乡的士族军并不是政府军的对手,战乱仅历时50余日即被击溃,宫崎八郎也在荻原堤附近战死,年仅26岁。

---

① 筑地宜雄:《宫崎滔天》,宫崎龙介、小野川秀美编辑、解题:《宫崎滔天全集》第5卷,东京:平凡社,昭和五十一年(1976),472页。

八郎虽然早死,但是他的言行给弟弟们留下了深刻的影响。如他的两首诗作,也是小弟滔天的最爱:

> 天下朦胧皆梦魂,
> 危言独欲贯乾坤;
> 谁知凄月悲风底,
> 泣读卢骚民约论。①

> 飞红柳绿各争春,
> 岂耐长为卑屈民?
> 沉思人生百年事,
> 自由二字是天真。②

由于出生在这样一个家庭,宫崎滔天自小以“先天的自由民权家”自任,萌发了虽不脱朦胧状态却也不乏反体制色彩的钟爱民主自由、厌恶专制压迫的思维:“当时余虽不知大将、豪杰为何等样人,而欲做大将、豪杰;虽不知自由民权为何物,而认定自由民权为善举。又视一切官军、官吏为强盗、恶徒之流,视‘贼军’‘谋叛’为大将、豪杰应为之事。”③

但指引宫崎滔天走上“大陆浪人”道路的,是他的另一个兄长——宫崎弥藏。

宫崎滔天在故乡中学读书时,看到为世风所靡的同学们的人生目标,不是想当官就是想为吏,便觉得在学校里“众寡悬殊,四面

---

① 诗作原文为汉文。上村希美雄:《宫崎兄弟伝　日本篇》上册,福冈:苇书房1985年,103页。
② 诗作原文为汉文。上村希美雄:《宫崎兄弟伝　日本篇》上册,122页。
③ 宫崎滔天:《三十三年の夢》,《宫崎滔天全集》第一卷,26—27页。

皆官军,贼军仅余一人",于是转学到德富苏峰开办的"大江义
塾"①。但在标榜以培养新一代"改革政治家"为宗旨的大江义塾,
滔天不久又窥见德富苏峰的同学们其实都隐藏着极重的名利心,
于是又告别这所义塾,到东京独辟天地。

此后的宫崎滔天,自述已经在胸中逐渐形成了"人类同胞主
义"和"世界一家之说"的理想:"余信仰人类同胞主义,故忌恨弱肉
强食之现状;余奉行世界一家之说,故憎恶现今之国家竞争。忌恨
之事,不可不除;憎恶之事,不可不破。……余因之遂以世界革命
者自任。"②为了寻求同时实现这两个理想的途径,他一度热衷于基
督教,苦心研读《圣经》,但不久即为宫崎弥藏的"支那革命主义"所
折服,将实现人生理想的舞台从"狭窄"的日本转移到辽阔的亚洲
大陆。

宫崎弥藏构思的"支那革命主义",是在中国发动"革命运动"
的计划。它大致可以概括为以下三个层次:

第一个层次是对人生目标和肩负使命的认识:"吾等兄弟,生
于自由民权之家庭,身受自由民权之教育,故以终生之力贯彻自由
民权,当为吾等之决心。"③然而,"世界之现状,已为一弱肉强食之
修罗场。强者逞其暴威日甚,弱者之权利、自由日削,此岂能漠然
视之! 苟欲重人权、尊自由,必先求恢复(人权、自由)之策。而今
倘若不事防拒,则恐黄人将永为白人所欺压矣"④! 在宫崎兄弟的
头脑里,几乎看不到被同龄人内田良平等津津乐道、视为使命的
"国益"的位置,反而是民众的"人权、自由"和黄色人种所遭受的殖

---

① 宫崎滔天:《三十三年の夢》,《宫崎滔天全集》第一卷,28页。

②《宫崎滔天全集》第一卷,12页。

③ 宫崎滔天:《支那革命物語》,《宫崎滔天全集》第一卷,295页。

④ 宫崎滔天:《三十三年の夢》,《宫崎滔天全集》第一卷,42页。

民主义欺凌占据了首要地位。"世界一家之说"显示了宫崎兄弟较之同时代的大陆浪人以至于普通日本青年,拥有更宽广的胸怀和对民众的生存与权益更多的关注。

　　第二个层次是对实现人生目标所需手段的选择。弥藏认为,要完成抵御西方列强侵略、贯彻自由民权理想的目标,"言论毕竟不能奏效",唯一可行的办法是行使"暴力之权"以暴易暴,用武力对不合理的现今世界进行革命的批判。[①] "社会改造学说与土地分配法案等等,皆为已陈腐之理论。最紧要者,惟在于能断然实施与否;而实行之道,又惟有恃暴力之权一法。"[②]由于民众的自由、权利受到掌握着暴力机器的当政者和外来侵略者的抑制和压制,要改变这种局面,"暴力"或者革命手段是必要的。但这种暴力针对的目标是当政者和外来侵略者,虽然还处于抽象构想的阶段,但似乎并不包含谋略、情报乃至诈骗等其他大陆浪人们惯用的手段。

　　第三个层次最为关键,是对实现人生目标实施过程和场所的选择。弥藏认为,在自由民权运动失败后的日本,实行资产阶级民主政治的改革已经十分困难,而且即便改革能够成功,对亚洲和世界的影响也极为有限。因此,发动亚洲民主革命的最佳地点应该选在中国:"其处有十数倍我国之面积,有十倍于我国之人口。"[③]革命一旦成功,进退攻守,无有不便,足以成为抵御欧美列强侵略、贯彻自由民权主义的根据地,这是中国的自然优势;"现朝(指清朝)执掌政柄凡三百年,以愚民为治世之要义,故人疲国危,终致自受其弊而几乎不能支撑,此岂非创革命大业之绝好时机哉"[④]! 这是

---

① 宫崎滔天:《三十三年の夢》,《宫崎滔天全集》第一卷,42 页。
②④ 宫崎滔天:《三十三年の夢》,《宫崎滔天全集》第一卷,54 页。
③ 宫崎滔天:《支那革命物语》,《宫崎滔天全集》第一卷,296 页。

弥藏已经看到的中国潜在的革命机缘。三个层次层层相扣，最终把实现"自由民权社会"理想的出发点和主战场定位于中国。由弥藏提出、滔天实际加以履行的"支那革命主义"的核心内容，也是引导在明治时代末期"浪人"中已属凤毛麟角般存在的"自由民权派"大陆浪人，将目光和行动转移到中国大陆的思想动力。

至于如何实现上述理想与计划，弥藏也有一些初步的思考。由于"支那革命主义"立足于反"官军"的"贼军（造反军）"这一出发点，弥藏的计划几乎完全建立在单枪匹马的个人努力之上："吾是以决心亲赴支那，遍寻英雄而说服之。若得其人，则效犬马之劳以助之；若不得，则自立而当其任。"①这是关于由谁来发动中国革命运动的设想。至于身为异国人且言语不通的宫崎兄弟如何才能接近心目中的活动舞台——中国，这实在是实施"支那革命主义"的第一步。对此，弥藏的提案是："吾等可移居该国，成为其国民，鼓吹自由民权主义，实行国政革命，富国强兵，在兹建设一理想国度。"②只有进入这一个层面，"支那革命主义"才代入了一些可供实际操作的内容，使其多少摆脱了"空想"的境地，成为一个虽然需要进一步摸索、完善，却已经可以操作的追求目标。

虽然有貌似合理的战略目标"亚洲的自由民权主义"共同体和似乎可行的战略部署，"由支那→而日本→进而亚洲大陆"等等行动步骤，但"支那革命主义"说到底毕竟是想象多于实证、一厢情愿的"愿景"多于可行性计划的"理想"。所以，无论是提倡者的宫崎弥藏还是追随者的宫崎滔天，都为此付出了"筚路蓝缕""梦寐以求"的努力和代价。从1892年起，弥藏和滔天进行了种种尝试和

① 宫崎滔天:《三十三年の夢》,《宫崎滔天全集》第一卷,42页。
② 宫崎滔天:《支那革命物語》,《宫崎滔天全集》第一卷,296页。

探索。如1892年,宫崎滔天只身先行来到上海,打算学习汉语和熟悉中国民情风俗。只是后来因为经费被同乡骗走,才不得不中途放弃。

此后,弥藏和滔天多方求助,向朝鲜流亡志士金玉均和日本矿业资本家渡边元等人筹措资助但均无结果。最后,滔天去暹罗(泰国)借参加殖民事业之机接近侨居曼谷的华人,弥藏则到横滨的中国商馆做管家,边学习汉语边接近华商。1895年到1896年,滔天两次前往暹罗,历尽风浪之苦和霍乱病的侵袭,九死一生。弥藏则积劳成疾,留下"梓弓未射身先死,常使英雄恨无穷"的悲叹于1896年7月去世。①

在同时代的大陆浪人中,宫崎弥藏和弟弟宫崎滔天堪称为了高远而纯洁的理想付出了身心两方面巨大代价的"殉道者",在当时非常稀见。不过,弥藏虽死,弟弟宫崎滔天却于1897年在人生的穷途邂逅了孙中山,几乎是奇迹般地走上了兄长弥藏设想的"遍寻英雄","若得其人,则效犬马之劳以助之"的中国革命之途。

"支那革命主义"的闪光之处在于提倡者和践行者纯真的热情与奋不顾身般的勇气,而其不足之处则在于对中国革命的发动及成功后可能对亚洲各国产生的波及效果的展望过于乐观,对实施这一计划的难度之预估远远不足。

宫崎兄弟的绝妙之处在于,宫崎弥藏虽然在提出了"支那革命主义"的理想之后不久便谢世,但他的同胞兄弟宫崎滔天和宫崎民藏却能够相当忠实地分别从政治学和经济学的角度,以近乎疯狂的热情和定力加以实施,最终通过孙中山和中国革命党人的共同

---

① 宫崎滔天:《三十三年の夢》,《宫崎滔天全集》第一卷,102页;译文据林启彦改译本《三十三年之梦》。

努力,居然将这个空想的一部分变成了现实。

弥藏、滔天两兄弟,或可称为近代日本"大陆浪人"中的"异数"(异例、例外),但滔天同时也是明治、大正时代"大陆浪人"的代表人物之一。以宫崎滔天为代表的"自由民权派"大陆浪人,虽然始终不曾占据多数派的主流位置,却是大陆浪人群体中郁郁而不得志、曲高而和寡的一翼,实属难能可贵。

关于明治初年日本青年的人生志向与选择倾向,吉野作造曾经有过这样的观察:"对于当时的有为青年来说,其前途大致有二:一是伸展骥足于官界,二是将志向推广于民间。而这后者又有两种类型:一是对藩阀政治痛心疾首而埋头于所谓政治改革运动者,这是普通型;二是偶尔也有人以为将理想实现于当世已无可能,于是向邻邦寻求友人,欲首先一变整个东洋之风气,而后逐步推进祖国之改革。这种类型人数虽少,但或早已暗结朝鲜,或远投支那,对于后年我国之大陆经营,提供或明或暗之助力。我辈之宫崎滔天,实乃连接支那与我国之典型志士之一人也。"①可见宫崎滔天即便在当时,也被看作明治初年日本青年中不"普通"的"异数"。

以宫崎滔天为代表的"自由民权派"大陆浪人走向"大陆"的动机,有纯粹而高尚的一面。但可惜的是,"理想"和"现实"之间的鸿沟,往往成为阉割理想使其成为服从于现实的工具。不管当事人有所警醒或者抵抗与否,这些如凤毛麟角般出现的"自由民权派"大陆浪人在近代中日关系史上不但人数十分有限,能够发挥的作用实际上也被限制到了极为可怜的程度。1930 年代以后,这些人

---

① 吉野作造:《〈三十三年の夢〉解题》,宫崎滔天著,宫崎龙介、卫藤沈吉校注:《東洋文庫100 三十三年の夢》,东京:平凡社 1967 年,253—254 页。

中仅剩下了萱野长知①、山田纯三郎②等屈指可数的几人（宫崎滔天已于1922年去世），而且他们再也没有像辛亥革命时代那样在"大陆浪人"的队伍中享有独树一帜的地位和影响力。

"自由民权派"大陆浪人的沦落，在1930年代已经成为不可逆转的态势。此后的日本大陆浪人群体中，再也难以看到类似"支那革命主义"那样虽然质朴粗放却不乏对亚洲各被压迫民族关爱与同情之念，超越国家、民族藩篱的"亚洲主义"的言论与行动。及至日本发动侵华战争之际，大陆浪人中再无"自由民权派"人物的存身之地。

四、从"摇篮"里出来的"浪人"——早期的日本在华教育机构

大陆浪人的人员来源，除了前文介绍过的由于个人原因，经过了各自不同的心路历程而改变了人生轨迹的案例之外，还有相当一部分人是来自团体和学校等教育机构的培养。这其中最著名的团体有早期的汉口乐善堂、黑龙会，学校类的机构则有日清贸易研究所、东亚同文书院等等。

荒尾精创办的汉口乐善堂，最主要的功能除了前文介绍的谍报活动之外，就是将分散在中国内地的为数不多的大陆浪人集中

---

① 萱野长知（1873—1947），别号凤梨，高知市人。幼年入高知公立学校读书，后以《东京日日新闻》通讯员身份派驻上海。1900年参加兴中会，1905年又加入同盟会，参加编辑《革命评论》及运送武器弹药等活动。武昌起义时应黄兴电召来华，参加战斗，"二次革命"失败后救助孙中山流亡日本。孙中山逝世前应召亲至病榻慰问，1926—1927年间又数次来华支援北伐战争，著有《中华民国革命秘笈》。

② 山田纯三郎（1876—1960），字子纯，青森县人，山田良政胞弟。东奥义塾毕业后，1899年由东亚同文会派赴南京同文书院学习，1901年任上海同文书院副教授。日俄战争时以翻译身份随军，1907年入"满铁"就职，被"满铁"派往三井物产公司上海支店工作，负责推销"满铁"所产煤炭。1915年受孙中山之托任上海《民国日报》社社长，后又多次担任中国各报社社长。

到一起,加强相互间的联系,确定统一的方针和行动计划,而后再分散到中国各地活动的有组织的行动。① 乐善堂虽然并未直接开展教育活动,但这两个功能无疑第一次使在华的大陆浪人拥有了全国范围的组织系统和情报系统,并大大提升了他们作为"大陆浪人"的生活能力和活动能力。不仅如此,从汉口乐善堂培养出来的宗方小太郎②、井手三郎③、中西正树等人,不久都成为日清贸易研究所、东亚同文书院等教育机构的柱石。

1. 日清贸易研究所

所谓"日清贸易研究所",是指 1890 年到 1893 年 6 月 1 日为止在上海英租界内创办的以日本学生为对象的教育机构。早在 1888 年,身负陆军参谋本部使命来华活动的荒尾精就感到日本在欧洲列强环视下扩张在华权益的不易和"急迫性",尤其需要首先开拓"对华商务","养成对抗西欧各国之实力";而"为达此目的,需要培养可从事日支贸易之合适人才",于是返回日本游说朝野各方,筹办在华教育机构。④ 荒尾精很快就获得了当时的总理大臣黑田清

---

① 汉口乐善堂开设在中国各地的支部,主要有北京、长沙、天津的"积善堂",以及重庆、福州的"乐善堂"等。参见大学史编纂委员会编《東亜同文書院大学史》,17 页。

② 宗方小太郎(1864—1923),肥后宇佐藩(在今熊本县)藩士之子。1884 年来华,先学习汉语及研究中国政情,后主持汉口乐善堂分店,又协助荒尾精创办"日清贸易研究所",负责学生的教育和管理。甲午战争中从事谍报活动,其后参加东亚同文会、上海同文书院的创立工作。1896 年 2 月收购《汉报》,是日本在华首家政论报纸。1914 年创办《东方通讯社》并任社长。1923 年死于上海。

③ 井手三郎(1863—1931),熊本县人。1887 年来华,是汉口乐善堂分店和北京分店的成员。甲午战争中充任随军翻译,战后在福州与前田彪等发行《闽报》,后又在上海发行《沪报》和《上海时报》(日文版)等。曾任东亚同文会上海支部长,1912 年起两次当选众议院议员。

④ 黑龙会编:《東亜先覚志士記伝》上卷,东京:原书房《明治百年史丛书》,昭和四十一年(1966),396—397 页。

隆、大藏大臣松方正义、农商务大臣岩村通俊、陆军参谋次长川上操六、陆军次官桂太郎等政界、军界核心人物的赞同,并从日本政府拿到了开办研究所的援助金,接着又前往日本各地讲演游说,居然动员了 500 多名学生前来报名。经体检和学识测验后,从中选出了 150 余名青年入学。

这些学生都来自什么样的家庭呢? 据野口武的统计,可以判明家庭出身的 47 个学生中,"华族"2 人,"士族"30 人,"平民"15人,其余的 205 人情况不明。① 也就是说,仅就这 47 个学生的家庭情况来看,出身武士阶层即多少有一定的社会地位者占据半数的优势。然而日本在明治维新的"废藩置县"和"秩禄处分"之后,以往武士阶层的大部分人不仅失去了受教育的机会,也失去了谋生的固定职业与手段,沦落为等同于失业者的"没落士族"。因此,这些人的子女不但重视受教育的机会,能够在"海外"学习"商贸"知识和外语无疑是获得就业的有利条件,日清贸易研究所的教育方针对他们的吸引力就在这里。

这些学生中,据说不少人也是入学前就受到荒尾精讲演的感召,萌生了为"国益"献身的念头。如当时在神户跟旅日华人一起开办了制造和销售火柴公司的福原林平,听了荒尾的宣传后抛弃公司的经营而赴东京"赶考"。他发现自己名落孙山后又直接找到荒尾陈述:"先生的计划,目的是为国家培养有用之人才吧? 然而,以英语和数学是否过得去为标准来决定取舍,不是明显有问题吗? 与其那样,不如将认真考量是否真正堪为国家有为之人才来作为

---

① 野口武:《日清贸易研究所出身者の「立身」と教育机会 (2)》,爱知大学《国研纪要》148号(2016 年 10 月),38—40 页。

取舍标准,才正当合理。小子不肖,其实也……"①据说,正是福原的此番表白打动了荒尾,破格允许他入学的。而在第一批 150 多名学生中,"怀抱与福原同样泼辣精神之青年占据多数"②。而这个福原林平本人,日清贸易研究所毕业后在甲午战争中"欲挺身为国家尽力,遂假扮中国人潜伏上海,侦察南中国之敌情向本国报告,以供大本营之参考";在他诈称湖北商人欲前往辽阳、奉天进一步探查军情的途中被中方识破,最后在南京的总督衙门以"军事侦探"的名义处斩。③ 临死前,据说他还高声呼喊:"汝等今天杀我,皇国之神兵不久就会到此地歼灭汝等"云云,可见其在精神层面上也变成一个以标榜"皇国精神"来效忠"国益"的忠实信徒。④

1890 年 9 月,日清贸易研究所在上海正式开学,教职员中,根津一⑤、西村忠一、高桥谦、山内嵩、中西正树、小山秋作、宗方小太郎、御幡雅文等均榜上有名,大陆浪人居然多人参加教学与经营。主要教学课程据说有"清语学(即汉语)""英语学""商业地理""支那商业史""簿记学""和汉文学"(即日中文学课)"作文""经济学""法律学"和"商务实习"等等。⑥

然而,这个研究所的经营由于资金短缺等,中途也遭遇过极其

---

① ② 黑龙会编:《東亜先覚志士記伝》上卷,399 页。

③《列传 福原林平》,黑龙会编:《東亜先覚志士記伝》下卷,530—531 页。

④《列传 福原林平》,黑龙会编:《東亜先覚志士記伝》下卷,531 页。

⑤ 根津一(1860—1927),姓根津,名一,幼名传次郎,号山洲,山梨县人。1877 年入教导团学习军事,1881 年任炮兵少尉,1885 年复入陆军大学。翌年编入东京炮兵联队。其后受参谋本部派遣来华,协助荒尾精经营"日清贸易研究所"三年有余。甲午战争前夕曾受命在上海等地刺探军事情报。1900 年受近卫笃麿之邀出任南京同文书院院长兼东亚同文会干事长。东亚同文书院在上海创立后,又任该院首任院长。

⑥ 大学史编纂委员会编:《東亜同文書院大学史》,31 页。但是该书还说明,这些只是学生们第一年的"预定"科目。

困窘的时期。当时正在东京筹款的荒尾精不失时机致函留在上海的师生们:"予每每逢人必语:当今我国经济之消长,惟在不可误判日清通商政略之方针。故欲议论当今之经济,宜先详细探讨日清贸易之状况;而欲探讨日清贸易之状况,又不可不先观察清国之枢机。所幸此言为朝野诸士所接受,共约以明年为期前往清国。噫,明年乃何等幸运之年乎? 岂非上天赐予我等同胞之良机哉? 岂非我等发奋励志,以国家问题为自身之事业,各自充任我国经济之构件、国家之构件,电运雷转,进而弘扬皇国之美名,建立挽回亚洲颓势基础之时耶? 望诸子猛省勉力之!""凡人欲为非常之事,必立非常之决心。……呜呼,燕雀焉知大鹏诸子之志?! 诸子实为当今实业社会之模范、一扫积弊之创业者、复兴亚洲之委员、我国富强之制造者,岂堪与区区燕雀为伍者哉?! 呜呼,诸子谨记谨记!"①这番"激励",虽然立足点仍然似乎还是"经济""贸易"领域,但内里已经是以"皇国精神"贯彻始终的精神训导了。

在大陆浪人中,荒尾精的"先驱"作用十分突出。他不仅自身从事情报的搜集、调查,直接为日本侵华军事活动服务,还首创了通过近代教育体制,在中国"现地"批量培养新一代"支那通"、大陆浪人的教育渠道,并且始终不忘用"国益"和"政略"等"精神维生素"来激励、引导首创期困难重重的"支那通"、大陆浪人的教育事业,无怪乎头山满不吝用"上天五百年给此世降一个伟人,以拯救人类。如果说现在就是最需要伟人的时候,俺认为荒尾(精)就是那个人了","荒尾实在是个了不起的人物。根津(一)继承了他。太可惜了,三十八岁就死了。……要是长命的话,会组建一个不错的内阁吧? 一定是的。一个人又当总理,又兼外务大臣和内务大

---

① 黑龙会编:《東亜先覚志士記伝》上卷,406,407—408 页。

臣。真想看到那一天"等最高级别的赞词,来评价荒尾精的"理想"和教育方针。①

1893 年 6 月,日清贸易研究所送出了 89 名毕业生。一部分毕业生继续在随后成立的"日清商品陈列所"实习,另外的毕业生有的返回日本,有的分散到中国各地。不久,甲午中日战争爆发,一半以上的毕业生或作为"随军翻译"跟随日军"出征"中国各地,或利用其语言特长充当刺探中国军政情报的间谍,后来被称为"征清殉难九烈士"中的六人,都是日清贸易研究所培养出来的学生。②

只培养了一届毕业生就寿终正寝的日清贸易研究所,有学者研究当初共招募了 153 名学生入学,这些学生当时大多是 19 岁、20 岁左右的年轻人,父母多经历了幕末维新时期的动乱年代,学生则大多在 24 岁前后迎来了甲午中日战争。③ 这场意外而来的侵略战争,无疑大幅度改变了这些学生的命运。

如钟崎三郎,出身于福冈县地方上一所普通寺庙——"天满宫""祠官(寺庙的神职人员)"的家庭。但他年幼时虽然刻苦修习了几年佛典,却以为"以区区浮屠之身终其一生乃男子所不屑为,应做国家有为之人物以警醒世人",于是立志从军。此后,由于长辈的阻拦和家庭状况的变故,已经进入陆军幼年学校学习的钟崎不得不中途退学,返回九州故乡蛰伏。正是在九州,他听到了荒尾精为创建日清贸易研究所而举办的一场演讲,"感奋而不能自抑",于是抛弃了养父母家庭和妻室,跟随荒尾进入研究所的"特别科"

---

① 黑龙会编:《東亜先覚志士記伝》上卷,395,413 页。
② 即楠内友次郎、福原林平、藤崎秀、钟崎三郎、大熊鹏、猪田正吉六人。另外三人是藤岛武彦、石川伍一和山崎羔三郎,为汉口乐善堂培养出来的大陆浪人。
③ 野口武:《日清貿易研究所出身者の「立身」と教育機会(1)》,爱知大学《国研纪要》147号(2016 年 3 月),55 页。

学习汉语及中国历史。毕业后,经荒尾推荐,钟崎进入安徽省芜湖的田中洋行就业,此后在上海、大阪间往返,如乃师般鼓动日本国内商人从事对华贸易。正当他的"商贸活动"似乎一帆风顺之时,甲午中日战争爆发,"彼看到我(国)陆海军常常苦于不知开战时应当事先采取何等预备行动,以为男儿报国当在此时,于是更名钟左武,身着清人服装,蓄辫发,假扮卖药商人往来于山东、直隶之间,到处侦察支那方面之军事动静"①。开战期间,他先是帮助日本海军大尉泷川具和秘密测量渤海湾,其后又与石川伍一潜入天津,"频频打探敌情,事无巨细速报本国。当时我国于朝鲜战场出师极为机敏适当,使支那方面不胜惊叹,据说实在是石川、钟崎之情报既准确又迅速,居功甚伟也"②。钟崎的情报活动甚至受到参谋次长川上操六的赞许,将他的"功绩"汇报给明治天皇,于是中途回国的钟崎在广岛大本营受到了天皇的接见并赏赐酒菜与茶果。一介浪人受到如此殊荣,使钟崎更加感奋,留下"无论何时赴死再无憾事"的死前遗言,再次充任陆军翻译官随日军第二军登陆辽宁金州半岛。三天后,假扮中国人执行侦察任务的钟崎等六人在碧流河被满州骑兵统领依克当阿部下发现拘捕,不日即被清军处斩。③

关于日清贸易研究所在培养年轻一代大陆浪人方面的作用,三度出任首相的军人政治家桂太郎曾言:"日清贸易研究所创立当初,余与川上(操六)大将共赞其举,共助其事。27、28 年战役(指1894—1895 年的甲午战争)兴,君动员门下经年教育之学生,悉数充任随军翻译之职。学生诸君均为忧国之志士,奋不顾身,贡献国

---

①《列传　钟崎三郎》,黑龙会编:《東亜先覚志士記伝》下卷,237—238 页。
②③《列传　钟崎三郎》,黑龙会编:《東亜先覚志士記伝》下卷,239 页。

家,中外皆赞不绝口。凡此无不源自君之训育。君之功可谓甚伟焉。"①桂太郎从有利于"国益"即近代日本军国主义扩张路线的角度给予荒尾精和他的学生们极高的评价。

　　关于日清贸易研究所学生在甲午战争之际充任随军翻译、直接为日本侵华战争服务一事,后世的日本学术界里既有学者基于该所学员所做的对华"调查"实际上是日本"战前对华调查"的一个组成部分,而把日清贸易研究所定位为"军事性谋略机构"②;也有学者主要从开设目的角度出发,认为"新开设的'日清贸易研究所'归根结蒂是一所商业学校(business school),其最大的目的是让学生们为此在中国当地学好汉语,体验中国的商业习惯。这也是(该校)最重要的特色",从而有意无意地为这些学生尤其是为研究所创立人荒尾精开脱。③ 但据对荒尾的才具和"器识"赞誉有加的近卫笃麿回忆,当甲午之役爆发,"皇师出征,问罪于清"之际,正是由于"君(指荒尾精)乃上疏,具陈敌国情势,及攻伐善后之方略,荐故旧门生二百余人于大本营,充侦候通译"的。④ 日清贸易研究所的学生们或许由于无知、身居被支配的地位而多少有些无辜,但正是他们的"导师"荒尾精将他们领上大陆浪人的人生道路的。

　　2. 东亚同文书院

　　东亚同文书院是东亚同文会在中国开办的学校,是近代历史

———————————

① 桂太郎:《序》,井上雅二:《巨人荒尾精》。

② 野间清:《日清貿易研究所の性格とその業績——わが国の組織的中国問題研究の第一步》,《歴史評論》第 167 号,1964 年,68—77 页。

③ 藤田佳久:《并非虚幻的东亚同文书院与东亚同文书院大学(「幻」ではない東亜同文書院と東亜同文書院大学)》,《東亜同文書院と愛知大学——一九四〇年代・学生たちの青春群像》,爱知县:爱知大学东亚同文书院大学纪念中心,1993 年 10 月发行,53 页。

④ 近卫笃麿:《東方斎荒尾君之碑》,井上雅二:《巨人荒尾精》,7 页。原文为中文。

上"日本最大的在外文化设施"①,也是近代日本在中国创办的旨在培养新一代"支那通"的高等教育机关。东亚同文书院起始于1900年在南京成立的"南京同文书院",终止于1945年日本战败投降后在上海被关闭的"东亚同文书院大学",前后共存在45年,在该校就读过的学生多达5 000余名,这些学生大多由日本各地方政府选派,后来也招收过一部分中国学生。

作为校址设在中国的日本教育机构,东亚同文书院不但得到了当时中国官方的认可,也是依据日本《专门学校令》获得法律认可的正式"高等专门学校"(其后又根据日本《大学令》的规定,升格为"东亚同文书院大学")。该校的经费,主要依靠"国费(政府补助金)"和"公费(由派遣留学生来华的日本各地方政府提供的派遣费)"来运作,因此可以说是一所具备浓厚"官方色彩"的"民办学校"。

南京同文书院的成立,起始于近卫文麿向两江总督刘坤一的游说与刘的响应。由于在当时的中国,外国人在租界以外的地区开办学校几乎没有可能,没有刘坤一的应允与支持,该书院自然无法成立。另一方面,该书院与日本政府和军方之间的关系也是值得注意的。例如,最初拟定前往南京同文书院担任第一任院长的佐藤正,就是甲午战争中率领元山支队参加过平壤争夺战等战役且立下"战功"并负伤的"独脚将军",只不过由于参谋本部顾及到"同文会假借于办学校名义派遣军人出身的佐藤去南京,会不会让人怀疑想在当时搞什么策动呢?"的可能性,因而这项任命才未能落实。② 然而,侵华战争爆发后,书院与日本军部的关系再也无需

---

① 大学史编纂委员会编:《東亜同文書院大学史》第三编　引言,69页。

② 大学史编纂委员会编:《東亜同文書院大学史》,78页。

遮掩,书院不仅积极地应军部的要求派遣学生充军,1938年向日本政府请求由"高等专门学校""升格"为大学之际,还特意在《设立主意书》中强调了书院迄今为止为所谓"圣战"所做的"贡献":"本会于上海创立东亚同文书院以来约四十年……往年'满洲事变',此次'支那事变'之际,从军以助皇军之行动,为国家所作贡献在所不少。日支之关系,以目前事变为契机正迎来划时代之变革,为将来能够向大陆输送更多有为之才,在培养方面更需愈发进步向上……"①希望该校作为培养"支那通"最高学府的地位能够名至实归的愿望溢于言表。1939年1月,东亚同文书院升格为大学的议案以"政府提案"方式送交日本国会审议并获通过,同年12月由总理大臣阿部信行和外务大臣河原田稼吉、文部大臣野村吉三郎等联名报请昭和天皇以"御名御玺"方式签名盖章后正式公布施行。②

以"同文"标榜的这所"书院",除招收日本学生之外,还开设有"清国学生部"招收中国学生。来自日本国内的学生,主体是各府、县等地方政府用"公费"派遣而来的学生和政府机构选派来的学生。这些学生中,有些人本来就是玄洋社系统的大陆浪人③,其他大多也都是怀抱种种"冒险心""野心"之辈。据当事人回忆,第一届学生在东京聚会时,场面就极为热闹:"来自全国的新生聚集到银座西泽旅馆。由于是北清事变(即义和团事变)之后,场所又在大陆,怀抱梦想和强烈冒险心的人自然都来报考。学生的年龄从18岁到35岁都有,社会身份也是五花八门,有政党支部的干事、县

---

① 大学史编纂委员会编:《東亜同文書院大学史》,155页。

② 大学史编纂委员会编:《東亜同文書院大学史》,156页。

③ 如第一批学生中的"农商务省海外实务练习生"安永东之助和柴田麟次郎,都是修猷馆中学出身的玄洋社成员,两人后来在日俄战争中又都参加了花田仲之助少佐率领的"满洲义军"。

议会议员,也有初中、女学的老师,政府机关的官吏,士官学校的肄业生,住持等等。在身着藏青色和服上衣、小仓式裤裙和脚蹬木屐的人群中,也有身穿西装、头戴礼帽的洋派人物,甚至还有威风凛凛的穿着大礼服来的人。大家以为'大礼服'是老师,后来经自我介绍才知道原来也是学生,于是敬意一扫而光。虽说是豪杰济济,大家也都怀着前赴险地的心情,匕首、短刀自不必说,还有人偷偷在行李里带上了手枪。"①这样的一群学生到了中国大陆,只会演变成比在日本国内更加多样化、更加复杂的群体。

东亚同文书院的《兴学要旨》规定了学校的建学精神:"讲求中外之实学,教育中日之英才,一以树立中国富强之基,二以巩固中日辑协之根本。(吾人)所期,在于保全中国,确定东亚久安之策,树立宇内永远和平之大计。"②对于最具实际意义的"实学"的教育内容,另一份纲领性文件《立教要纲》是这样规定的:"以德教为经,基于圣经贤传以施之;以智育为纬,对中国学生尤重日本语言文章,并教以泰西百科实用之学问;对日本学生,尤重中英之语言文章及中外制度律令,并教以商工业务之要点。以期各自通达强立,成为国家有用之士、当世必需之才。"③这里所说的"圣经贤传"方面的知识,据说主要指儒学的学说与理念;而"实学"的实际内容,则有外语及"泰西百科实用之学问"尤其是"中外制度律令"和"商工业务之要点"两大门类的课程设置。

书院当初的课程设置,是按照当时的高等商业学校和高中的教育水准制定的。"政治科"的学生主要学习伦理、清语(即汉语)、

① 内藤熊喜的回忆,大学史编纂委员会编:《東亜同文書院大学史》,87 页。
② 大学史编纂委员会编:《東亜同文書院大学史》,88 页。
③ 大学史编纂委员会编:《東亜同文書院大学史》,88—89 页。

英语、清国政治地理、清国商业地理、民法、商法、国际公法、清国近时外交史、汉文、汉文尺牍等课程,"商务科"的学生除了上述共通课程外,还学习清国商品学、商业学、簿记等等。[1]

东亚同文书院利用"在华文化事业"的特殊地位所开展的最重要的"事业"之一,就是以学生为主体,最大限度地发挥高年级学生以独立自主精神完成的所谓"中国内地大旅行"活动。这项活动从第一期学生开始,直到日本战败投降的 1945 年为止的 45 年间,几乎未曾中断,参加该活动的学生据说不下 5 000 人。"无论是规模之大,足迹遍及地域之广,还是留存至今的调查记录之丰富,都是任何地区的任何学校未曾完成过的一大壮举,是一项重要的学术事业。"[2]《东亚同文书院大学史》一书对东亚同文书院学生的"中国内地大旅行"的无条件赞誉虽然无法苟同,但不可否认的是,这个活动从构想到实施,从当时到而后若干年,对形塑东亚同文书院的形象和书院学生的人生道路,都发挥了难以估量的重要作用。

所谓"中国内地大旅行",是书院绝大部分学生利用临近毕业的前一年暑假,在领受中国官方发行的"执照(旅行许可证)"后,花两到三个月时间(有时甚至长达六个月)到中国内地的各省进行"调查旅行"。返校后经过整理、分析撰写出来的报告书,一般就作为毕业论文来判定学生的学业成绩。这种极具特色的"中国内地大旅行",据说是院长根津一提倡的"实学"精神用于教学实践的最具代表性的体现。

"中国内地大旅行"最初设定的目的,据早期任教的根岸佶所说,其实有一些不得已的因素。"当时,日本人对中国的知识十分

---

① 大学史编纂委员会编:《東亜同文書院大学史》,91 页。
② 大学史编纂委员会编:《東亜同文書院大学史》,183 页。

贫乏,尤其是在商业、经济领域,更是如此。在中国的日本人,如果不依靠买办,就无法直接跟中国人做生意。于是,根津院长就受命尝试着培养不必借重买办直接做生意的实务人员。但是教授们自身也没有这方面的知识,不得已就利用学生们以修学旅行的方式进行调查,然后让他们写成报告。这些报告书汇总成《支那经济全书》12卷出版,居然获得意外的好评,毕业生也可以不再利用买办就可以做生意了。"①从那之后,"中国内地大旅行"就成了书院学生毕业前最重要的一门课程。

1907年,看到书院学生通过"中国内地大旅行"撰写出来的报告书有着多方面的利用价值,日本外务省开始提供"中国内地旅行补助金"(每年1万日元,三年共3万日元)②,从1905年8月入学的第五期学生开始,"中国内地大旅行"就开始"被真正地制度化了,不光编进了课程,而且调查内容也变成了对中国国内真正意义上的实地调查旅行"③。

"中国内地大旅行"从酝酿到实施,其实背后早有来自日本政府方面的要求:"1902年(明治三十五年)出于对抗俄罗斯的考虑日英结成同盟,日本方面就需要通过调查掌握俄罗斯在中国西北部渗透状况的实情。跟外务省有关系的根津院长,就把这项调查交

---

① 小崎昌业:《愛知大学の原点は東亜同文書院大学—その建学精神の継承と発展(爱知大学的原点即东亚同文书院大学——其建学精神的继承与发展)》,《東亜同文書院大学と愛知大学——一九四〇年代·学生たちの青春群像》,24页。
② 大学史編纂委员会编:《東亜同文書院大学史》,101—102页。
③ 藤田佳久:《「幻」ではない東亜同文書院と東亜同文書院大学(并非虚幻的东亚同文書院与东亚同文書院大学)》,《東亜同文書院大学と愛知大学——一九四〇年代·学生たちの青春群像》,60页。

给了刚从东亚同文书院毕业的五个第二期的学生。"①这也是外务省之所以特意为"中国内地大旅行"提供资助的主要原因。因此,"中国内地大旅行"的调查对象区域设定,随着日本对华势力渗透的视线所及,日益向中国内地、边疆地区扩展。据学者统计,"到第40期学生为止实施的调查旅行路线,仅笔者已确认的部分,就达662条,全部(调查旅行)恐怕不少于700条路线";"虽说是通过学生们的双手,但历时半个世纪,对20世纪前半期的中国进行了密度如此之高,并且是有组织的调查,仅此一例"②。"由于大部分是日本人从未涉足的路线,而且各地通行的货币不同,书院为学生们预备了银两。(学生们)是带着锅、釜露营,还有步行加马车的旅行"③;"调查项目和调查地区确定后,几个人分为一个班,最盛时期有二十几个班出发(调查)。(学生们的)服装是盔型帽,开襟上衣,短裤长袜,高腰皮鞋,恰如前往非洲的探险队一般"④。"从十五期、十六期学生前后开始,调查课题确定为金融、交通与水运、农业等。到了丰硕期的第二十几期,搜集到了大量的情报信息,学术色彩也更强了";"(撰写)报告书以'书写真实''不讲道理(即不谈空泛理论)''不写暧昧模糊的事情'为基本原则,目的在于追求真实性和

① 藤田佳久:《「幻」ではない東亜同文書院と東亜同文書院大学(并非虚幻的东亚同文书院与东亚同文书院大学)》,《東亜同文書院大学と愛知大学——九四〇年代・学生たちの青春群像》,60页。

② 藤田佳久:《并非虚幻的东亚同文书院与东亚同文书院大学》,《東亜同文書院大学と愛知大学一九四〇年代・学生たちの青春群像》,64页。

③ 朝日新聞編輯委員毛井正胜:《上海にあった日本の学校　東亜同文書院(在上海的日本学校——东亚同文书院)3》,《爱知大学东亚同文书院大学纪念中心报》创刊号,爱知县:爱知大学东亚同文书院大学纪念中心,1994年3月,26页。

④ 小崎昌业:《愛知大学の原点は東亜同文書院大学—その建学精神の継承と発展(爱知大学的原点即东亚同文书院大学——其建学精神的继承与发展)》,《東亜同文書院大学と愛知大学——九四〇年代・学生たちの青春群像》,23页。

藉以了解学生的实力"①。

　　学生们提交的报告书,虽有笔致朴拙、提炼与分析不足等欠缺,但他们基于脚踏实地的查访并形诸文字的观感,却填补了当时有关中国情报领域的大面积空白,因而具有无可替代的价值。第一期学生中"神津班"和"大原班"的报告书,几乎原封不动地以《清国商业习惯与金融情形》为题公开出版,并获得良好的商业效果。此后,除了每年结集自费出版而外,学生们的报告书另外还成为东亚同文会编纂出版的《支那经济全书》和《支那省别全志》的重要素材与资料。在有关中国的类书极为欠缺的当时,这些出版物无疑是了解中国各类信息和情报的第一手资料。尤其是未经编辑的原始的调查报告书,据 1940 年出版的东亚同文书院《创立四十周年纪念志》介绍,每份报告书都会制作五份副本,除了同文会和同文书院各保留一份外,"每次分赠参谋本部、外务省、农商务省各一份"②。无论当事者本人是否有所自觉,尚未毕业的这些年轻人实际上已经成为近代日本对华"情报战""总力战"的马前卒、"蹚雷者"。

　　"中国内地大旅行"有时恰逢中国内地发生重要政治变动或者社会动荡的时期,学生们的"调查活动"也会引发重要的反响。如1919 年秋,东亚同文书院暑假组织学生临时进行了一次"华北大饥馑调查"。参加调查的学生共分五个"班",每班 4—5 人,共 22 人。这些学生 10 月 19 日出发,为期 20 日左右,沿着"上海→汉口→石家庄→太原→保定→北京→天津→济南→青岛"或者"上海→汉

---

① 朝日新闻编辑委员毛井正胜:《上海にあった日本の学校　東亜同文書院(在上海的日本学校——东亚同文书院)3》,《爱知大学东亚同文书院大学纪念中心报》创刊号,爱知县:爱知大学东亚同文书院大学纪念中心,1994 年 3 月,26 页。

② 大学史编纂委员会编:《東亜同文書院大学史》,194 页。

口→保定→高阳→任丘→河间→沧州→德州→济南→青岛"两条路线,对蔓延华北地区数省的大灾害以及随之而来的大饥荒的实际状况进行了调查。由于学生对灾区和灾情了解不足、心理准备和技术准备(知识、技巧)不到位等原因,调查计划目标粗泛,观察肤浅,致使调查结果主观认识和判断居多,亲身了解、采访较少,传闻较多,遗漏与模糊认识较多,作为调查资料不仅深度远远不够,可信性也大打折扣。第三班和第四班的学生只是"观光"+"文化比较考察"的游学式调查,是一次"不及格"的调查。唯有第五班的学生,在耗时 25 日的"加时"调查中深入反思,提出以下几点疑虑:敞篷货车上衣衫褴褛的南下民众是因旱灾而出现的灾民还是每年都有的流民? 今年北方各地仅仅是歉收还是真正的灾荒? 京汉路沿线的荒凉原野,究竟是不是旱灾引起的?"饥馑""救灾"的呼声如此之强的背后,有没有来自民国政府和媒体的考量和私心? 美国为何如此积极呼吁和发起"国际救援"? 等等。这些疑虑引起了校长的重视,校长隐约感到失职,认为有必要展开进一步细密、正规的调查,于是重新组织第二次调查,并将调查结果汇编为《北支大饥馑调查报告书(北支大飢饉調査報告書)》(东亚同文书院编辑、出版,无出版年代说明),虽说是"补考",总算也交出了"答卷"。

　　或许是更为老道的殖民主义统治经验和同样以在海外"开疆拓土"为使命的冒险者的直觉使然,一位英国军人当年通过对东亚同文书院短时间的实地考察,就看出了该校学生"实地调查"所包含的重要战略意义。"他们(学生们)外表上像是中国人,而实际上都是怀抱'这个国家(指中国)虽然既孤立又软弱,但是土地辽阔,而且最后不过是由日本人来统治的世界上一大市场'的念头而从事调查(活动)的狡猾而敏锐的调查员。日俄战争时期派出数十名军事侦探(原编纂者注:这里把作为翻译官从军者也混同到一起

了),为国家出了大力的,就是这所学校。日本政府所以能够得到
有关清国政治、商业的各种情报,也是因为有了这所学校。"①东亚
同文书院学生毕业后不少人从事情报调查等间谍、侦探活动,直接
为近代日本侵华战争及经济、文化渗透活动尽力,其原因在于他们
在校期间的"调查旅行",实际上早已超出了"实习""训练"的范畴
而带有"准实践的意义"。

　　1937 年"八一三上海抗战"爆发,日本陆军进犯上海。在日本
驻华公使和驻上海总领事的坚持下,东亚同文书院决定临时从已
成为战场的上海迁往日本长崎,但是日军方面却提出了希望 1934
年入学的第 34 期四年级学生充当军事翻译官从军的要求。而"学
生中也(有人)决然出面请愿,自愿挺身而出承担此任务",于是 8
月 22 日临时教授会等同意学生们从军。9 月 3 日,东亚同文书院
院长大内畅三向第 34 期学生发出《告谕》。首先,他向学生们宣传
日本对邻国发动这次侵略行动的"正当性"。曰:"祖国大日本帝国
为实现东亚永远之和平,终于在举国一致体制之下,派遣皇军赴邻
邦大陆之产北。当此之际,我帝国臣民无论何人,谁不念及责任之
重大,怀抱牺牲奉公之耿耿一念乎?"②虽然当时的日本国内舆论,
几乎也都使用基本相同的语言,将日本民众驱上侵华战争的前线,
驱上为侵略战争服务的各个领域,但是身为东亚同文书院院长的
这番开场白,对于听讲的学生们来讲,更包含了来自院长、教员以
及校方背后以"天皇"的名义和权威出现的日本政府、日本社会的
要求和压力。

---

①《一英军人の書院観察記(一个英国军人的书院考察记)》,大学史编纂委员会编:《東
　亜同文書院大学史》,97 页。
②《告諭》,大学史编纂委员会编:《東亜同文書院大学史》,149 页。

接着,大内院长对学生们提出了更明确、更直接的战争动员:"我军将士虽然忠勇义烈,但进入(中国)当地后,难免因言语不通、地理不明,产生出种种不便与困难,令人不得不为之担忧。因此,在此谨告四年级诸位学生:诸子幸而在支那当地求学,既了解其语言、地理、人情与风俗,且又修习了我书院特殊课程'支那内地大旅行'。时值今日,想必诸子必能鉴于重大之时局,念及书院创立之宗旨,焕发挺身奉公之至诚,以热切之意气决然奋起,共赴时艰!祖国现正有求于诸子! 于此之时,深望诸子发挥自身所长,或充任随军翻译,或参加后勤服务,为祖国做出力所能及的奉献。"①

在这份《告谕》的"谕示"、驱使下,学生们据说纷纷写"血书"志愿从军。9 月 30 日,第一批充任"海军翻译"的 5 名学生就离开了书院前往军中。10 月 25 日,应日军"上海陆军武官室"的要求,又有 20 名学生以"陆军翻译"身份从军。10 月 29 日、30 日、11 月 5 日、11 月 22 日,同文会和"上海陆军武官室"等又陆续发出征发学生从军的要求,四年级学生前后六批共有 80 人成为翻译从军,大部分被分配到从杭州湾登陆的日军"柳川兵团"中。②

实际开赴前线,学生们自然避免不了牺牲。不久,就传来学生石井胜在芜湖战死和多名学生负伤的消息,还有一些学生由于"所属部队的要求",战事结束后也无法返校参加毕业典礼,被迫从军两年有余。③

1938 年 2 月 24 日,东亚同文书院"在校园内设祭坛,用佛教仪式为已故陆军翻译石井举行学院葬。以长崎要塞司令官志岐中将

①《告諭》,大学史编纂委员会编:《東亞同文書院大学史》,149 页。

② 大学史编纂委员会编:《東亞同書院大学史》,150 页。

③ 大学史编纂委员会编:《東亞同文書院大学史》,151 页。

为首,官民一千余人参加葬仪,所属部队长官牛岛少将等多人致吊辞,仪式极为严肃庄重"①。这是在中国的土地上开办的学校里,为丧命于侵华战争的日本学生炮灰举办的葬礼,其意义和对"后辈(师弟)"们产生的影响不言而喻。如 1938 年 8 月,又有第 36 期的 4 名学生,"志愿在暑假期间充任义务翻译,被安排到芜湖方面的师团司令部,启程"②。

　　1937 年卢沟桥事变爆发后,东亚同文书院再次应日本军部要求派遣四年级学生 80 人上战场,充任侵华日军的"随军翻译"。除此而外,1941 年 10 月起,根据日本文部省关于各级学校都应建立起"有事即应(召之即来)"的"总动员体制"的训令,东亚同文书院建立了以院长为队长,将全校学生分为四个中队的"报国队"体制。东亚同文书院又利用教育机构的特点,"为彻底发扬举学一致、热烈报国之精神,戮力献身靖亚之大业,涵养、发挥修文练武质实刚健之校风",进一步将学友会改编为"靖亚奉公会",将原本应与政治活动无关的学生团体纳入"战时体制"。到了战局日益窘迫的 1943 年 12 月,书院大学的学生也开始被动员"学徒出阵(征发在校生上战场)",而不是多少还能发挥该校学生特长的"随军翻译",标志着书院本身也失去了以往多少被"青眼相加"的特殊地位,完全被融入军国主义的战争机制之中。到了这一年的 10 月,"伴随着时局的重大变化"即日军在战场上的日益不利地位,书院学生甚至被编成"学徒勤劳队","第一支队赴江南造船所,第二支队赴部队汽车工厂,第三支队赴各特务机关或校内"等"陆海军之军需设

---

① 大学史编纂委员会编:《東亜同文書院大学史》,151 页。
② 大学史编纂委员会编:《東亜同文書院大学史》,152 页。

施",弃学"奉公"。① "虽说是外部压力所致,但是书院学生在日中战争中的随军翻译和学徒出阵(行为),使东亚同文书院大学失去了继续在中国存在的理由"②,东亚同文书院就在把自身完全融入所谓"大东亚圣战"的过程中,迎来了日本的战败投降,1945 年 12 月第二次"日侨"遣返船出发后该校在中国最终关闭。

由于在校期间就有了非常丰富的人生经历,东亚同文书院的毕业生在此后的人生道路中不少人似乎在或长或短的一个时期里都实现了"大陆雄飞"的梦想。仅以第一届毕业生为例,有的人"由关东州都督府的陆军翻译转为《朝日新闻》的通讯员,后来又得吴佩孚将军之知遇,前往洛阳充任顾问"(冈野增次郎)③;有的人"进入外务省,后因张作霖将军之恳请由领事转任其顾问"(阪东末三);有的人"从长春的日本领事馆跳槽大仓,为(日本的)'华北进出'立下功勋"(冢崎敬吉);有的人"从天津的建筑物公司跳槽大仓洋行,住在北京的豪宅中,广交中国友人,俨然政商之巨头"(增永常雄);有的人"就职于中桐洋行汉口支店,后担任济南商业会议所会长"(大间知芳之助)④;还有的人"进入外务省工作,直至担任总领事为止凡二十八年,后任汉口的居留民团团长"(山崎诚一郎)。⑤

即便是后来成为大陆浪人的毕业生中,经历也是多种多样。

① 大学史编纂委员会编:《東亜同文書院大学史》,163 页。
② 藤田佳久:《并非虚幻的东亚同文书院与东亚同文书院大学》,《東亜同文書院大学と愛知大学——一九四〇年代·学生たちの青春群像》,69 页。
③④《第一期生銘々伝(第一期生铭铭传)》,大学史编纂委员会编:《東亜同文書院大学史》,401 页。
⑤ 大学史编纂委员会编:《東亜同文書院大学史》,402 页。

如山田纯三郎继承乃兄山田良政①的遗志，积极参与中国革命党的活动。武昌起义爆发后，他曾同宫崎滔天一起赴香港，迎接从海外归来的孙中山，并居间设法为南京临时政府向日本方面借款。“二次革命”失败后，山田依然跟孙中山、陈其美等一起活动，1923 年 11 月还携带孙中山的亲笔密信前往东京，交给政界要人犬养毅。孙中山去世时，山田纯三郎是守在病床前唯一的日本人。侵华战争爆发后，据说他还“批判蒋政权之独裁和反日政策，其后又批判日本军部之暴走，反对成立汪兆铭政权，向政界要路（人）建议同重庆政权进行直接交涉等，屡屡被日本军部白眼相待”②。又如武士家庭出身但幼年便成为寺庙住持养子的水野梅晓，毕业后利用其渊博的佛学知识结交中国各地高僧，在湖南省长沙开设僧学堂，讲授日语与佛典，不仅与湖南当地王恺运、王先谦、叶德辉等文士相交往，还结识了王一亭、张大千、康有为等名士。1911 年武昌起义爆发后，水野离开长沙，到长江沿岸开办临时野战医院，收容和救助南北两军的死伤人员。1920 年，水野在中国国内拥有的丰富的人际关系被外务省看中，委任他担任宗方小太郎等人经营的《东方通信》的“调查部长”，此后，“外务省情报部有关中国的发表，多来源于东方通信调查所得资料”③。离开《东方通信》后，水野又接办《支那时事》，发行《支那时报丛书》等书刊。伪满洲国成立前后，水

---

① 山田良政，也是大陆浪人代表人物之一。1900 年中国革命党“惠州起义”之际，奉孙中山之命前往郑士良率领的起义军营中传达指令并参加战斗，起义失败后被清军俘获处死。

② 《孫文の臨終を侍した　山田純三郎（侍奉孙文临终的山田纯三郎）》，大学史编纂委员会编：《東亜同文書院大学史》，367—368 页。

③ 《学僧・日中友好の先駆者　水野梅暁（学僧、日中友好的先驱者 水野梅晓）》，大学史编纂委员会编：《東亜同文書院大学史》，370 页。

野积极支持"满洲国"首任"国务院总理"郑孝胥的活动,郑"为寻求日本方面理解与支持而来日之际,水野长随左右,执犬马之劳"①。

再如龟渊龙长,先就职于"铃木天眼的《东洋日出新闻》,又转赴满洲盖平师范学堂任教习,次又赴满铁调查部十年,又转赴鸠山一郎主持之中东海林公司。后获得北京政府之许可购得乌苏里江珍宝岛周围七十一万坪自然林移居该地,并同一百五十名马贼交涉,付定金十五万元成功收买"②。松岛敬三"毕业后任陆军翻译官赴满洲任职,其后便音讯不通";佐佐江佳吉"就职于三井(物产公司),开拓了将棉纱布输入满洲的商路。在职十多年,还成功地在蒙古收购过张作霖所有的广袤土地,其才能发挥得淋漓尽致。他在三井供职中收购临近长春铁道附属地带的土地,成为后来长春市区建设的基础"等等。③此外还有第 26 期毕业生中下魁平,1932年跟上田骏一起领受在黑龙江创办"协和会"支部的任务前往齐齐哈尔。两人到达后租借黑龙江省官银号教习所的一处房屋作为根据地,对外宣称"黑龙馆道场"的柔道教室,实际上"此后四年时间里,成为黑龙江书院同窗们的协和会、县参事官们的活动中心,有时宛如梁山泊"④。

固然,东亚同文书院在中国国内开办的几十年中,接收过各种各样的学生,也输送了众多的从事经贸、文化事业等与侵略战争并无直接关联的人才。书院曾邀请过胡适、鲁迅等中国文化名人来校授课或演讲,学校也有过"中国问题研究会""马克思主义研究会"之类左派学生组织,并组织过"散发反战传单事件(1930 年 2 月

---

① 《学僧・日中友好の先駆者 水野梅晓(学僧、日中友好的先驱者 水野梅晓)》,大学史编纂委员会编:《東亜同文書院大学史》,371 页。

②③ 《第一期生銘々伝》,大学史编纂委员会编:《東亜同文書院大学史》,402 页。

④ 《黑龍館道場(黑龙馆道场)》,大学史编纂委员会编:《東亜同文書院大学史》,349 页。

东亚同文书院的左翼学生团体向访问上海的日舰"出云号"和"八云号"少尉候补生等散发反战传单的事件)""外国兵士委员会"的反战活动等。一部分左翼学生如中西功等人毕业后还积极参加反战情报和宣传活动,同中国人民一同抵抗了日本帝国主义的侵华战争。但不可否认的是,大部分书院毕业生囿于生存需要已经被置于中日两大民族激烈对抗的大环境之中,不可避免地被裹挟到或者积极参与到侵华活动、侵华战争的各个领域之中。即如伪满洲国政府成立之后,仅依据 1936—1938 年间的不完全统计,在傀儡政权中任职的东亚同文书院毕业生就达 240 余名,尤其以第 26 期—第 30 期的书院生为多。① 此外在"冀东防共自治委员会"等伪政权、"新民会"等汉奸组织中供职的书院生也不在少数。②

　　这些毕业生不少人被任命为伪政权的"县参事官",如聚集在"黑龙馆道场"的毕业生们就大多如此。如"当时县参事官的任务就是:(1) 搜集情报和宣抚工作;(2) 回收民间的武器;(3) 提供春耕资金等"。③ 第(3)项和第(2)项任务属于临时性的工作,而第(1)项任务不但是长时段的工作,似乎也最能发挥书院毕业生们的"特长"。至于散落在"民间"以"浪人"身份活动的书院生,后面的章节还会另作介绍。

　　对于东亚同文书院的设立可能对中国带来的危害,当时的中国官员并非全然无知。如一位中国官员就曾对外国军官感叹道:"在我国也曾有人谈过同样的事例,即 1870 年德法战争(即普法战争)之际,德国人据说比法国人自身还要更了解法国的事情。日本

---

① 大学史编纂委员会编:《東亜同文書院大学史》,350—352 页。
② 大学史编纂委员会编:《東亜同文書院大学史》,352—353 页。
③《黒龍館道場》,大学史编纂委员会编:《東亜同文書院大学史》,350 页。

人对中国也是同样。但可惜我们却无法制止它。"①据说当时在军统特务机关供职的文强,也曾经对潜伏在上海的日本特务机构进行过调查,其结果是:"在上海,日本特务活动的中心地方,一个是上海的海军俱乐部,谁也进不去海军俱乐部;另一个是同文书院,这两个地方尽是日本特务。"对于文强的调查结果,戴笠也表示对于日本军方的内部无可奈何,只能从同文书院方面下手:"你指出来的那两个地方,日本海军俱乐部进不去,我们没有内线,同文书院有许多特务隐藏在里边,这些特务都是些高级教授,最熟悉上海的情况。"②可见当时的军统系统,已经在上海把同文书院的师生看作了主要的对手之一。文强奉戴笠之命行动的结果是,直接去同文书院绑架了几个日本教授,据说这几个教授"交代出了几十个日本特务""还把日本间谍的名册交给了我们"③,但真实的情形不得而知,而同文书院依然在上海开办如故,无任何改弦更张的迹象。这种情形,一直持续到1945年8月日本战败投降。

　　"大陆"不但对"浪人"们来说简直是可以为所欲为的"天堂",对于留学生中律己能力较弱或者本来就是为了追求刺激、"放浪形骸"而来大陆"闯荡"的年轻人来说,就是提供了一个易于放纵自己走向堕落的环境。据说当时的东亚同文书院学生,"时常饮酒,除了汉语之外其他都不认真学习"之类现象屡禁不止。④

----

① 《一英軍人の書院観察記》,大学史編纂委員会编:《東亜同文書院大学史》,96页。

② 文强口述,刘延民撰写:《文强口述自传》,北京:中国社会科学出版社2003年,114页。

③ 文强口述,刘延民撰写:《文强口述自传》,115页。

④ 石川順:《砂漠に咲く花(开在沙漠里的花)》,大学史編纂委員会编:《東亜同文書院大学史》,91页。

日本著名中国史学家且做过新闻记者的内藤湖南游历中国各地,早在1900年前后就跟日清贸易研究所和东亚同文书院的师生们都有接触。内藤敏锐地感觉到这些年轻人到了中国之后,人生观和生活态度都发生了重大的变化,非但很难成为优秀的"中国通"或者经济、外交、文化等方面的有用之才,反而极易染上恶习气与坏作风,成为破坏中日两国维持正常关系的"前车之鉴"。"在日清贸易研究所设立的时候,设立者自有一种气概而沾沾自喜。但是应招的书生们,本来就是和当时的时代风潮相背逆,放弃了容易立身处世的学问,前往人人厌弃的中国,所以他们以英雄自居,以豪放相尚,是些不入寻常规矩的人们。这也是形势使然。据当时管事的人说,研究所的学生非常难管。所以,讲课的内容是商工贸易等实在而平和的业务,但那些群居的少年们的梦想却是席卷四百州,创立空前勋业。杀伐成风,酗酒成习。好处是日清战役时他们担任军事侦察,履危冒险,甚至有人捐躯报国;坏处是在上海的国人中留下一种难以治愈的浪人习气,动则影响侨居的少年,使他们成为酗酒的豪杰。余风现在还没有断绝,应该作为前车之鉴。"①"现在的留学生中(指日本中央或地方政府派遣的赴华留学生),有以上心思而从事研究的,我在北京见到一位。而此人并不是官府或团体的派遣生。其余在上海地区的留学生,以商工贸易等实务为研究方向的,也都杀伐酗酒,高谈阔论。一些席卷四百州的策略,已经到了日不暇给的状态。上海地区的状况如此,而交通上以上海为门户的苏杭汉口这些地方,也很容易受到影响,如果再送一些有气概的少年去,不断地制造英雄豪杰,那么对于本来已经苦于

---

① 内藤湖南:《对派往中国的留学生的选择》,内藤湖南著,吴卫峰译:《燕山楚水》,北京:中华书局2007年,201页。

豪杰过剩的日本,岂不是火上浇油吗?"①内藤湖南的观察,还没有
涉及对大陆浪人"候补军"的这些青少年此后的恶劣影响以及对其
参与侵略活动的批判,但已极清晰地刻画出了这些少年中的许多
人最终成为大陆浪人的轨迹,而且指出这些青少年染上"浪人习
气"的人占了绝大多数,反而是自费来华学习的人中,才有若干悉
心向学的学子。固然,内藤湖南的观察其实还是局限于一部分表
象,他并没有看到其实是近代日本帝国主义在华势力的扩张和侵
华利益需求不断扩张,才不断地制造出这样一批批"英雄豪杰"的,
这才是他眼中"形势使然"的背后因素。因此,他反而片面地以
为,只要注意选派"沉稳近于因循"的留学生来华,就可以改善
这样局面:"中国大陆确实是一望之下容易鼓舞雄心的地方。
所以,即便是文人墨客这样的闲游者,在那里的笔谈也动辄纵
论形势。因此,派往中国的留学生,应该选择国人中沉稳近于
因循的人,少派英气过锐的人。……只是选择气概恢弘的少
年,让他们从事于东亚经论的空谈和酗酒豪杰的练习,这在今天
已经毫无必要了。"②

　　然而,即便如内藤湖南所述"只是选择气概恢弘的少年",就可
以改变来华青少年们不断地堕落为大陆浪人的设想,其实也不过
是一介书生的善良愿望而已。试看日俄战争后期弥漫于上海日本
居留民社会中的战争狂热和对书院学生们的影响,就不难明白当
一个国家和民族被已经成为主流意识的军国主义、帝国主义意识、
理念所笼罩并左右了政治方向的时候,青少年们是多么容易被时
代大潮所裹挟、所激励,自觉地从"少年""书生"转变为"英雄豪杰"

①② 内藤湖南:《对派往中国的留学生的选择》,内藤湖南著,吴卫峰译:《燕山楚水》,
　　202 页。

的大陆浪人约:"(1905 年)当时日本方面船舶已经陷入停运状态,居留上海的'邦人'(即"国人"之意,指旅居海外的日本人)们在令人可怕的不安中度日。5 月 28 日,日本海海战大胜的捷报传来,上海的在留邦人们欣喜雀跃,学生们也跟居留民一同通宵畅饮","蓄上长发,口中豪言壮语层出不迭"的"豪杰"型学生也随之出现了。①

①《第四期生铭々伝(第四期生铭铭传)》,大学史编纂委员会编:《東亜同文書院大学史》,413 页。

第二章 "志士"？还是"尖兵""别动队"？
——活跃在政治舞台与民族分裂动乱中的早期大陆浪人

从军事学的角度来看,近代战争不再仅限于双方正规军队的正面"对决",其战场也不又限于硝烟弥漫的前线。战斗在敌对阵营后甚至核心部门的"间谍""别动队"等负有特殊使命的军事和非军事人员,有时在事关战略决策或战术考量的关键时刻,发挥"一两拨千斤"作用的重要事例,在世界战争史上可谓数不胜数。以"志士"自诩的日本大陆浪人的狂妄自负和日本政府、军部有时不得不对他们青眼相看、奇为奥援的缘由,是因为这些"非官方人士"有时确实也是"正式的""正规的"外交活动或军事行动不便公开实施时极为便利且能够加以控制的"先锋"和"别动队"。尤其在推行性急的、多种面向且野心勃勃的对外扩张计划时,大陆浪人这支身份可变、任务可变、无需考虑后勤保障工作,而且在必要时还可随时抛弃的"特种部队"的存在,简直就是不可或缺的"神风特攻队"了。

然而,大陆浪人与近代日本政治之间的关系,经历过几十年的"磨合"、相互"寻租"与"淘汰"的过程。这个过程主要发生在1900年代到1920年代前后。为方便叙述,本书将这一时代的大陆浪人,称为早期的"大陆浪人"。

第一节　"非官非民""亦官亦民"的"在野者"

一、"非主流"的"国士"与"不良浪人"

　　为了活动的需要，或者为了将不同的人生观通过外在形式显现出来，早期的"支那浪人""大陆浪人"，往往跟同时代日本青年拥有大相迥异的"风貌"与生活样式。如宫崎滔天，他的"标准形象"就是颔下蓄有长髯，脑后蓄有长发，身材伟岸魁梧，嗜酒如命，嗜金钱如粪土，性格爽朗，有豪侠气。无怪乎孙中山将其比作"隋时东海侠客虬髯公"，不仅形似，而且神似。据滔天的长

宫崎滔天头像，转引自《宫崎滔天全集》第一卷卷首图片集。

子宫崎龙介回忆："滔天颇嗜饮酒，但与此正相反的是他又最鄙视金钱。因此，滔天终生都在赤贫中度过。"[1]再如多年在中国内地活动的宗方小太郎，按照约略同时代传记作家的描述，也是"操着流畅的北京官话，年龄约在三十上下，白皙端正，后背垂着漆黑的发辫，乍一见恰似儒者风貌的长衫青年"[2]。至于最早的汉口乐善堂集团的大陆浪人们，据说"他们全部跟中国人一样，梳起辫子，穿上中国服装，混迹于中国民众之中"[3]。后来在马贼队伍中以"江仑波"

---

[1] 宫崎龙介：《父滔天のことども（父亲滔天的二三事）》，《東洋文庫 100 三十三年の夢》，东京：平凡社 1967 年，309 页。

[2] 六山宽二：《江南碧血記》，东京：新正堂，昭和十七年（1942），88 页。

[3] 大学史编纂委员会编：《東亜同文書院大学史》，东京：社团法人"沪友会"，1982 年，17 页。

自号的边见勇彦,也是以"发辫"著名:据说他"头上蓄着如假包换的发辫,由于头发厚重,发辫又粗又大,因此被人戏称为'江仑波辫子'"①。

滔天等人的长发或者辫发,其实未必是追求"帅气""时髦"之类的观感,主要还是为了前往中国时随时变装易服的方便,说起来也不过是身为大陆浪人的职业性"行头",即职业标配的服装打扮和生活样式而已。而且不仅是大陆浪人们,就连即将成为大陆浪人的年轻人也非常注意从发式、装扮上做好随时"混迹于"普通中国民众之中的准备。如一个英国军人谈到在东亚同文书院的观察印象时说:"全校中最引人注目的,是一部分学生的头发。他们都留着长发。他们从入学时政治科的一部分学生(有时也有商务科的学生)就开始蓄发,到毕业时削去边缘的头发,再有必要时购买人造头发做成假发,然后在头上编成发辫。原来日本人跟中国人的眼睛、头发并无不同,种族特征除了体格外也基本一样。这些学生只要脱了所谓'和服'换上中国服装,就可以怀揣手册大大方方地深入到中国内地,毫无顾忌地干些专为自己国家谋取利益的事情。"②

至于饮酒嗜赌等等恶习,据说也是大陆浪人们的通病。宫崎滔天的嗜酒如命的癖好,早就尽人皆知。即便是大陆浪人"预备队"的东亚同文书院的学生们,据说在这些方面也都受到了师长们的特别"宽容"和"纵容"。"被选拔为公费生的人,当然'秀才型'人物居多。但毕竟是有志于大陆的(学生),自然也有'豪杰型'人物混迹其中。……院长根津(一)嗜酒如命,对饮酒特别宽容。也许

---

① 朽木寒三:《馬賊 天鬼将軍伝》,14 页。

② 《一英軍人の書院観察記》,大学史編纂委員会編:《東亜同文書院大学史》,97 页。

由于这个原因,学生们时常饮酒,醉了就在各个宿舍乱闯。每逢纪念日或集会,常有人用脸盆或水桶装满老酒痛饮。然而,只要不是太过火,寮监(宿舍管理人)都不会申斥。"①

大陆浪人的社会属性,类似当今中国社会环境中的"社会闲散人员""无正当职业者",尽管其中一部分人有明显的政治倾向并积极设法通过"在野的政治活动"对近代日本的对外政策和对外活动施加影响,但"非主流"的身份,始终是他们心理上和社会认知上的"短板",属于"先天性的欠缺"。而高声宣讲自身的政治主张、与近代日本政治支配体制保持若即若离(既有批判也有相互配合)的微妙距离和关联,就是这个群体中大部分成员立身处世的"诀窍"。

第二次世界大战之前日本的大陆浪人或曰"传统右翼",无论在国内政治建设还是外交策略方面,都以"豪迈"而空洞的口号见长,缺乏真正的战略构想和自成体系的指导理念;但他们却不乏将肤浅的、直观的时事观感和未必经过深思熟虑的对外主张付诸实践的勇气和毅力。他们还给自己的行动起了一个相当严肃且冠冕堂皇的名称——"民间外交",意即非政府的、由"民间志士"们主导的"外交"活动。如为大陆浪人作传的《东亚先觉志士记传》一书的作者,在称颂此类"民间外交"的作用时就写道:

　　审视我国在东亚之国策,概由民间人士所奠定。此国策之实现,亦时常为民间志士诱导、促进之结果焉。庙堂之政治家对于国家大事,常陷于优柔不断之境地,而民间志士则鼓舞鞭挞之,强力逼迫之,遂使为政者不得不向国家高远使命而迈进。此类事例,真不胜枚举。②

————————————

① 石川顺:《砂漠に咲く花》,大学史编纂委员会编:《東亜同文書院大学史》,90页。
②《東亜先覚志士記伝》上卷,4页。

这里的"民间人士""民间志士",都是大陆浪人的自我定位。字里行间,充满了自诩为"先觉志士"的大陆浪人牵引近代日本对外政策实施和发展的骄矜自负、目中无人的傲慢语气。不过,考诸战前尤其是第一次世界大战结束之前大陆浪人们的活动史,这种"民间外交"在日本对华政策中的地位和作用却也不容忽视。事实上,时时处于"优柔不断之境地",常常被大陆浪人们"鼓舞鞭挞之""强力逼迫之"的日本军政当局,对大陆浪人的"放任"和"掌控",还是因时而异、因地而异,不断调整拿捏的分寸,以便最大限度地发挥这些"非官非民"的"民间闲散人员"的作用的。而已把"大陆"或者"支那"这个政治选项放到第一位的大陆浪人,通过其早期团体和代表人物的活动,也逐渐领悟到以"在野"身份有时也能够发挥正规的军队或正常的政党、社团势力等无法发挥的作用,体悟到了以"在野"的身份对政府的对外政策可褒可贬、可配合、可利用的奥妙与乐趣,于是双方逐步磨合,形成了此后一直维系到侵华战争完全失败时大陆浪人的"亦官亦民"的活动范式与特点。

近代日本的大陆浪人,尤其是第一次世界大战以前主要来自没落武士阶层的早期大陆浪人,在当时的日本社会上是一个相对孤独的群体。由于他们选择的是一条类似"叛逆者"的人生道路,所以大多在社会心态上跟同时代的人有所不同,具有仅限于这个群体的共通的心理特征。

第一个心理特征是强烈的"在野的民间意识",也就是以体制外的政治势力自居并与现行政治体制保持若干距离的政治姿态。这种姿态以有组织地开展活动的玄洋社、黑龙会的成员最为明显。这些团体的成员,多为日本九州地区武士家庭的后裔,尤其以出身于"旧福冈藩士"的人为多。明治维新之际,这些地方的武士们转战各地,多树战功。但维新言政府要职几乎都被萨摩、长州等藩出身的武士占有,此后的数届政府里也几乎没有来自福冈藩的士族出任要职。心怀不满的福冈士族于是结成社团、派系,一遇机会就发动反政府叛乱或响应其他地区的叛乱。政府对叛乱的镇压更加深了他们与当权集团的矛盾和对立,于是逐步形成了一批自居于主野的"民间"地位,以抨击、监督政府施政措施为己任的"不平士族"集团。玄洋社和黑龙会就是以这些浪人为中心所组成。例如被称为大陆浪人和"传统右翼"鼻祖的头山满和内田良平等,尽管在社会上名噪一时,却从没有在政府中做过官(内田在朝鲜"统监府"曾做过顾问,但据说不过是"领一份干薪,悠游自得,想干什么干什么"的虚职①),攻击政府的言论远远多于对官方宣传的"随声附和"。当然,大陆浪人中的平冈浩太郎②、的野半介③等人倒是当过国会议员,或被尊为政界"名流",但即使是这些人也仍然时时以"布衣"或者"在野党"的身份攻击政府、批评时政。至于没有组织衣托,时常采取"一匹狼"方式活动的单枪匹马的大陆浪人或者无固定组织小股行动的大陆浪人,"国政"对他们来讲原本就是不可

---

① 内田良平谈,梦野久作采访:《日韓合邦の思ひ出話(日韩合邦的回忆)》,田中健之编:《内日良平翁五十年祭追慕録》,东京:日本兴亚协会皇极社出版部,昭和六十二年(1987),非卖品,46 页。

② 平冈浩太郎(1851—1906),号静修、玄洋,福冈市人。福冈藩藩士平冈仁三郎之子。1877 年参加"西南战争",事败后被系入狱。1883 年开始经营吉原铜矿,1885 年开采赤池煤矿获得成功。曾参与开办"东洋学馆",又与头山满等创立玄洋社,任社长,是玄洋社及黑龙会的资金提供者。1894 年当选为众议院议员,积极参加过国民同盟会、对俄同志会的活动。

③ 的野半介(1858—1917),姓的野,名半介,幼名广吉,福冈市人。少年时游学佐贺、长崎等地,稍长归福冈,参加玄洋社。朝鲜志士金玉均赴日流亡时,的野和玄洋社成员来岛恒喜等对其多方关照。金在华被刺身亡后,的野等游说日本政界各要人,鼓动对华开战。得到军方川上操六的暗示后,即组成"天佑侠"赴朝活动。的野曾在福冈县选区三次当选为众议院议员,还担任过《福陵新报》(后改名为《九州日报》)社社长。

触及的遥远的存在，"在野的民间意识"更是他们政治性格中理所当然的选项。

第二个心理特征是动辄将"国家""国益"挂在嘴上以"大言壮语"、豪荡不羁、"舍我其谁"为标榜的所谓"国士风格"。早期大陆浪人虽然生活在武士的黄金时代已逝的近代社会，却依然把"武士道"当作行为准则，把吉田松荫、高杉晋作、坂本龙马和西乡隆盛这些历史上留下过名声的武士奉为楷模。言必称"大陆雄飞""大陆经纶"的"胸怀"，行动时无视法规、为所欲为的"快意"感觉，生活中花天酒地、放荡不羁的所谓"国士风格"，都是大陆浪人刻意追求的外在形象。从心理学的角度来看，这种"国士风格"是大陆浪人在选择了"非主流""叛逆者"的人生道路之后寻求的心理上和物质上的重要"补偿"。在他们口中的"国益"，实际成了可以将任何污浊行为无罪化、神圣化的"免罪符"，也使他们获得了以"国益"的名义攫取个人私利、私欲的利器。这也是后期大陆浪人尤其是侵华战争全面爆发后的日本大陆浪人日益歹徒化、暴徒化、黑帮化的主要原因。

歹徒化、黑帮化的大陆浪人，其实早在辛亥革命爆发后不久的武汉、上海已经存在。但是，头山满、犬养毅等人对"不良浪人"的所谓"取缔"从1912年抵达上海之后一开始就毫无结果。拥有治外法权这个最大"护身法宝"的大陆浪人们，原本就处于山头林立、毫无自我约束体制的状况之下，随着日本在华权益的不断扩张和强化，他们的不法行为于是日益不加约束、日益肆无忌惮。侵华战争中"日本浪人"时时处处为非作歹、无所顾忌的"恶棍"形象的形成和固化，也完全是这些没落"国士"们丑恶行径所能博得的理所当然的结果。

二、"大陆浪人"的江湖——早期组织与流派

大陆浪人的"江湖",从其活动形态上看,有类似于旧中国黑社会的地方,即有相当一部分人依托于某一个或者几个组织,通过团体开展有组织、有纲领、有财源保证的活动。此外就是以"一匹狼"方式开展个人或者不固定的小股团伙活动。前者在早期大陆浪人的活动中占据主流地位,其特点是行动力强,影响力大,因此时常受到社会各界的关注,其活动也不时在社会上形成轰动性的效果。后者的活动方式到后期尤其是侵华战争爆发后逐渐成为大陆浪人在华活动的主流,其特点是人数多,无组织、无纲领、为所欲为,虽然时常被日本外交当局和军部等当做"打手""尖兵"加以利用,却又由于其分散和极少有组织、纪律加以约束,可控性差而破坏力强。全面侵华战争时期的他们对于日本国内的政治体制和对外政策,不再具有"监督者""鞭挞者""牵制者"的作用,完全沦落为依附于体制、在体制的庇护下扬威作福的"打手""别动队",坏事做尽,使"日本浪人"也在近代中日关系史上留下了永远的骂名。

大陆浪人的"江湖",深邃且浑浊。构成这个"江湖"的一些主要团体和核心人物,既互相重叠、渗透、借重和依托,保持着或亲或疏、时远时近的复杂关联,又时时为着若干的声名、利益明争暗斗,互挖墙角,有时甚至大打出手,导致组织的涣散、溃败和重组。因此,有必要首先厘清其中的几个主要团体及其核心人物,从组织系统上追寻出这个奇特"江湖"的主流与支流。

1. 从"民权"蜕变而来的"国权主义"社团:玄洋社

大陆浪人团体的源头之一,就是"国权主义"团体——"玄洋社"及其主要创始人——头山满、平冈浩太郎等"右翼巨头""浪人之重镇"。

　　玄洋社诞生于 1881 年,起初只是日本九州地区一个旨在争取
"自由民权"的普通政治结社。而在 1870 年代后期到 1880 年代前
期,在日本全国各地风起云涌的自由民权运动中,类似的组织不下
数百个,玄洋社在其中的地位与影响并不突出。

　　青年时代的头山满,其实是"自由民权论"的共鸣者和支持者。
自由民权运动初期,青年头山满与箱田六辅等人在福冈组织民权
派小团体"矫志社",发出拥护民选议院、反对藩阀专权的呼声,甚
至还曾制定暗杀明治政府重臣大久保利通的计划。1877 年西乡隆
盛在萨摩藩(今鹿儿岛县)发动"西南战争"时,头山、箱田等人因
"矫志社"案发入狱,未能参与战事。但当年 10 月出狱后,头山等
人又组织士族小团体"向滨塾",窥测西南战争被镇压后的政治风
向,伺机再起。1878 年 5 月,头山满前往土佐藩(今高知县)劝说赋
闲在乡的板垣退助起兵反抗政府。板垣未被头山说服,头山反而
接受板垣建议,广泛结交杉田定一、栗原亮一、河野广中、大石正巳
和植木枝盛等自由民权派人物,并参与板垣退助等人 1878 年 9 月
召集全国各地民权派组织在大阪举行的集会,恢复了陷于休止状
态的"爱国社"。

　　返回福冈后,头山满发起成立了自由民权组织——向阳社以
及附属教育机构——向阳义塾。《向阳社及向阳义塾旨趣书》称:
"(向阳)义塾乃以教育培养民权之地。……(吾等)兴此社,开此
塾,愿在此向天下人起誓,以公同博爱之主义实践厚生利用之道;
先进之士诱导后进之士,后进之士扶翼先进之士。……"①"以教育
培养民权""以公同博爱之主义实践厚生利用之道"等字眼,几乎都

---

① 头山满翁正传编纂委员会编、西尾阳太郎解说:《頭山満翁正伝:未定稿(头山满翁正
　传——未定稿)》,福冈:苇书房 1981 年,70 页。

是自由民权运动中夺人眼球的关键词,从中大致可以看出向阳社及向阳义塾的自由民权主义倾向。这是头山满等人在自由民权主义道路上活动的巅峰期。

1881 年 2 月,头山满与箱田六辅、平冈浩太郎等人决定将向阳社改名为玄洋社,并制定了《玄洋社宪则》三条:

> 第一条,须敬戴皇室;
> 第二条,须爱重本国;
> 第三条,须固守人民之权利。①

《玄洋社宪则》的条文十分简短,却反映出头山等人的政治理念开始从“民权主义思想”向“国权主义”(国权主义又被当时人称为“国权论”,是明治时代日本民族主义思潮的一个组成部分。国权主义者们一方面主张要在列强的压迫下维持日本的民族独立,修改列强各国强加的不平等条约;另一方面又存在着超越国家独立的范围,鼓吹对外扩张,为对外侵略战争寻找“合理化”依据的倾向)的方向“蜕变”,以及与“自由民权”本来属于对立理念的“尊皇”思想的抬头。与《向阳社及向阳义塾旨趣书》对照,《玄洋社宪则》虽然还保留了“固守人民之权利”的条文,但已退居第三位,“敬戴皇室”“爱重本国”的“尊皇”“爱国”观念,被摆到了空前重要的位置。这个《玄洋社宪则》制定之后,玄洋社以及头山满等人的活动重心,就不再局限于福冈一地,而开始将注意力一步步照准中央政权,以一己之力和一个小团体的力量,努力牵动和影响国家政治、外交的走向。这种活动方式上的改变,也使玄洋社同其他民权派团体产生日益明显的差异。

---

① 玄洋社社史编纂会:《玄洋社社史》,东京:玄洋社社史编纂会 1917 年出版,225 页。

　　1886—1889 年,围绕着修改同列强各国之间不平等条约的所谓"条约改正问题",推动头山满和玄洋社成员在实际行动方面由民权主义向国权主义的根本性"转向"即蜕变。以玄洋社为核心组织的"筑前协会",以"毁损我国主权""违反宪法精神""难以指望治外法权的撤消""开干涉内政之端"和"破坏课税权之完整"为理由,反对外务卿井上馨提出的条约修正案。① 井上的后任大隈重信提出新的修改方案后,头山满又在有关社团反对该修正案的会议上宣称:"断然不允许缔结屈辱条约,余已决心不使政府得手。"②不久,就发生了玄洋社成员来岛恒喜怀抱炸弹袭击外务卿大隈重信、炸断大隈一条腿,并迫使内阁中止修改条约交涉的事件。这是头山满及玄洋社大陆浪人们以强硬的姿态和激烈的手段,公然介入近代日本外交活动的象征性事件。

　　1891 年末,松方正义内阁为了强化军事力量,向议会提出了增加建造新的军舰和钢铁厂经费的议案。占有议会多数席位的自由党、改进党等"民党联盟"以"减轻地税""修养民力"的口号对抗政府,否决了内阁的提案。松方于是奏请天皇解散众议院,决定在1892 年 2 月重新举行大选。为了阻止民党各党派在选举中再次获得多数席位,松方内阁向各地官吏们发布了不惜以强硬手段干涉选举的命令,并拨付机密费 100 万日元用于收买打手。福冈是此次大选干涉与反干涉的激战地区之一。理应站在民党一边的玄洋社这时突然转向,投向吏党(即政府和执政党)阵营,头山满私下接受了政府提供的活动经费,率领玄洋社的 200 多名"壮汉"大打出手,演出了一场血腥味儿十足的围剿民党势力的闹剧,使吏党在福

---

① 藤本尚则:《巨人頭山滿翁》,东京:文雅堂书店,昭和十七年(1942),215 页。

② 苇津珍彦:《大アジア主義と頭山滿》,东京:日本教文社,1984 年增补版,35 页。

冈的选举中获胜。对这一事件的发生,连玄洋社公认的"正史"《玄洋社社史》也不得不承认:"我福冈县发生的干涉,其惨烈之情形非语言所能表述,以致无人不诅咒政府。呜呼,酿成此惨祸者,实乃玄洋社社员与熊本国权党党员也。"①

"干涉选举"并没有在全国范围内改变民党联盟在议会占据优势的局面,但由于在关键时刻投身吏党阵营参与"血腥的干涉选举",头山满和玄洋社的大陆浪人们却完成了又一次"蜕变",即在对内政策上也完全抛弃了民权主义主张,为实现所谓"大张国权"之目的,不惜沦为积极推行扩张主义、军国主义政策的执政党的鹰犬。头山满本人在回忆当时作出抉择的心境时曾辩解道:"当此国家危机存亡之际,不能再发减轻地税之议论。……无论如何,必须制造军舰,降伏支那。外敌不是已经压境边疆,示威蠢动了吗?筹划对外之策略,才是今日的紧要之急务。"②1892 年前后的日本,把当时的大清帝国当作最大的假想敌积极扩张军备,准备"对清一战"。头山满为首的大陆浪人在这个关头在对内政策上不惜"摒弃往昔之民权论如弊履"③,自然使当初仅仅把大陆浪人看作"纠纷""祸乱"之渊薮而欲将其能量转移到对外扩张政策方面的日本执政者们发现,如果沟通和驾驭得当,大陆浪人群体在对内政策的推行上有时亦可引为奥援。这是大陆浪人在对内、对外政策的两个方面均使自身的存在价值获得"官方"认可的关键性时刻的关键性"蜕变"。从此以后,从"民权"蜕变而来的"国权主义"社团玄洋社,便从官方眼中可憎的"造反组织"一步步演变成为"可爱"的"协力"

---

① 玄洋社社史编纂会编:《玄洋社社史》,421 页。

② 薄田斩云:《頭山满翁一代記(头山满翁一代记)》,东京:冈仓书房 1937 年,228 页。

③ 玄洋社社史编纂会编:《玄洋社社史》,408 页。

团体乃至"御用"团体。不管是对于日本的"官方"——政府（此后还加上军部）来说，还是对日本的"民间"来说，玄洋社迈出的这一步都具有决定性的意义：有什么事情会比偶然发现一只宣誓愿意对自己效忠的鹰犬更令人高兴的呢？到此为止，还可以说是玄洋社这个特殊社团的历史，但是从此以后，渊源于玄洋社系统的大陆浪人们就无可避免地被加盖上"打手""尖兵"的印记。

玄洋社的名称，来源于横亘在福冈市北方碧波万顷的玄界滩。稍远的对马岛的对岸，隔着一条不宽的朝鲜海峡就是朝鲜半岛。与朝鲜半岛和中国大陆极为接近的地理位置，使无法或者不屑于到江户、东京寻求政治发展的福冈县等九州地区的浪人们，更容易萌发到大陆开拓人生道路，实现所谓"大陆雄飞"梦想的念头。以福冈县为中心的日本九州地区，也因此成为大陆浪人层出不穷的发源地和大本营，玄洋社则成为大陆浪人们的组织核心和精神核心。

玄洋社最早的、有组织的"对外活动"，是甲午中日战争期间组建的大陆浪人"特遣队"——"天佑侠"。

1894 年 1 月，朝鲜爆发声势浩大的"东学党"农民起义，同年 3 月，朝鲜"开化党"人金玉均在上海遇刺身死。曾援助过金玉均的头山满等人闻知后大为震惊，认为罪责全在李鸿章和清政府身上，于是率领玄洋社成员乘机向政府要员游说，鼓吹日本"对清开战"，向中、朝政府"问罪"。参谋本部次长川上操六授意同政界交往极深的玄洋社成员的野半介等人，要他们以"民间人士"身分去朝鲜"点火"，然后由政府来"收拾局面"。玄洋社立即组织了以内田良平、大原义刚、铃木天眼等人为主的"天佑侠"赶赴朝鲜。7 月上旬，"天佑侠"在全罗道淳昌附近会见了农民起义领袖全琫准。内田等人首先表示不惜"掷产舍家，甘冒危险而离父母之国"来到朝鲜的原因,完全是被东学党人"依据大义,履行大道,欲兴(朝鲜)王家之衰运,拯救百姓之流离"的行动所感动,以缓解全琫准等人的戒备心理;继而指斥"朝鲜之时弊"的祸根就在"清国",对农民军"轻易给予敌国(指中国)以'上国'美名"的"迂腐之举"表示责难,建议东学党一改迄今的行动方针,联合"义侠"的"日本国民"挥兵北上,进攻"包藏祸心"的"清国"①,试图将农民军的斗争矛头由对内问题转移到反对"清国"的对外问题上。

　　然而,由于东学党农民起义军没有听从他们的"劝告",使"天佑侠"预设的活动目的——"声援东学党,使之实行朝鲜之改革,驱逐支那势力"②未能实现。但是中日之间的战事仍然由日本政府最终用不宣而战的方式挑起,并且通过这场战争的军事、外交胜利开启了走向"大国"之路。"天佑侠"的成员们事先以"尖兵"身份潜入动乱现场,煽动国际纠纷,战争爆发后又充任日军的侦探和别动队配合军事行动。"天佑侠"的活动是玄洋社公开以实际行动实现"大陆雄飞"理念的一个重要环节,也是国权主义大陆浪人右翼团体逄过实际行动配合日本军部对外实施侵略扩张主义路线的嚆矢。

　　2. 国家主义者的"标配"团体:黑龙会

　　由于玄洋社成立过程中数度演变、重组,内部组织松散,且成员之间除了最低限度的《玄洋社宪则》三条之外再无思想与言论的约束框架,与其说是大陆浪人和右翼势力的"司令部",不如说是一个类似"俱乐部"的组织更为贴切。为了克服玄洋社在组织上和实际行动(宣传与所谓"实施"活动)上的不足,1901 年 2 月,一个从创

---

① 吉仓汪圣著,清藤幸七郎编:《天佑侠》,东京:长陵书林 1981 年复刻版,96—100 页。
② 黑龙俱乐部编:《国士内田良平传》,东京:原书房 1967 年,61 页。

始之日就旨在坚定推行侵略扩张主义路线的新的右翼大陆浪人团体——黑龙会在东京成立。

黑龙会的核心人物是玄洋社领袖们着意培养出来的新一代大陆浪人内田良平。

内田良平（1874—1937）出身于黑田藩（今福冈一带）下级武士家庭，少年时代就时常听到父亲与叔父、玄洋社"三巨头"之一的平冈浩太郎有关"征韩论"和"伸张国权""经营大陆"问题的种种议论，正在形成中的人生观受到深刻的影响。"叔父向支那派遣诸多青年，策动东亚之经纶，以期实现征韩论之目的。出入其门下者，皆怀抱仗利剑席卷四百余州（指中国大陆）之气概，余与彼辈交游，心中窃立未来之志向。"①

青年时代，内田寄居平冈浩太郎家中进行弓术、击剑、柔道和中日古典文学、历史典籍并举的"文武之修炼"。平冈也着意培养内田，先是介绍他认识"放浪"中国大陆的关屋斧太郎，接着又让内田到自己经营的赤池煤矿当工头，学习经营企业和管理工人的经验。1892 年起，内田开始学习俄语并研究俄国的政治、军事状况。"余抵京后熟思再三，同志之中研究支那、朝鲜者为数虽众，但并无一人研究俄国。故余自愿担当此重任。"②一个能够自己发现问题并主动承担其责任的新一代大陆浪人领袖由此诞生。1894 年玄洋社组织"天佑侠"前往朝鲜伺机挑动中日战端之际，内田顺理成章地成为该组织的核心成员。甲午战争结束后的"三国干涉还辽"事件，使国权主义思维方式已经定型的内田受到极大的刺激。"支

---

① 内田良平著，西尾阳太郎解说：《硬石五拾年譜—内田良平自伝》，福冈：苇书房 1978年，13 页。

② 内田良平著，西尾阳太郎解说：《硬石五拾年譜—内田良平自伝》，15 页。

那、朝鲜之外,日本面前尚有露西亚(即俄国)这一更为强劲之敌国存在。彼正磨其爪,敛其牙,虎视眈眈以狙我东亚。将来日本与此强敌,冲突恐在所难免。"①此后,内田良平遂将主要精力放在搜集俄国情报和鼓动日本对俄开战的宣传活动上。1901年9月,内田出版一部长篇论著《露西亚亡国论》,以一介布衣的身份提出并阐述了"对俄必战,对俄必胜"观点,鼓动日本用战争手段同俄国一决雌雄。黑龙会就是内田与志同道合的年轻一代大陆浪人的集合体,其主要成员有伊东正基(知也)、葛生玄晫、葛生修亮(能久)、吉仓汪圣、平山周、大原义刚等人,多为玄洋社的成员或者参加过"天佑侠"的浪人。犬养毅、鸠山和夫、头山满、大井宪太郎、神鞭知常、河野广中、中江兆民、平冈浩太郎等老一代"对外有志之士""社会名流"则充任赞助人,内田良平被会员们推选为该会"主干"(即主任、首脑之意)。

黑龙会的名称,来源于中国东北地区的大河黑龙江。黑龙会成立前夕的1901年2月16日和3月12日,俄国先是两次向清廷方面提出交收东三省约款十二条、最后约稿十一条等文件,强迫中国方面签字,3月26日又宣称罢议东三省交地约章,意欲永久性地占领"满洲"。这些举动不仅在中国国内引发了声势浩大的拒俄运动,在日本军部、政府首脑和右翼大陆浪人中也引起了震动和忧虑。

黑龙会成立之初,即宣布了以下的"一个主义"与"三项纲领":"主义:吾人基于肇国养正之遗训,志在恢弘兼六合、并八纮之皇谟,以发扬国体之精华。"纲领:一,"吾人志在恢弘肇国之皇谟,发扬东方文化之大道,实现东亚永远之和平与亚细亚民族之兴隆";

---

① 黑龙俱乐部编:《国士内田良平传》,42页。

二,"吾人志在扩充以皇道为根本之外交政策,完善国内之体制,实现皇国之飞跃发展";三,"吾人志在领悟军人敕谕之精神,振作忠诚尚武之风气,在国民皆兵精神下效忠国事,以期实现国防高度之完备。"①这个"主义"的重点就是两条:"兼六合、并八纮"向外扩张,在此基础上"发扬"以天皇制为核心的日本"国体之精华"并将其推往世界各地。"三项纲领"中,"东亚之兴隆"与国防"高度之完备"都是手段,目的还是"以皇道为根本"的"皇国之飞跃发展"。从根本精神来讲,黑龙会不是摆脱了玄洋社传统思维的新型大陆浪人的"玄洋社2.0版",而是将玄洋社的某些先天性缺陷稍加修补即付诸实施的"玄洋社1.1版"。

黑龙会的成员们在《创立趣意》中,首先渲染早已"领有乌苏里一带土地"、近来又"于辽东一角修筑军港,频频调动军马,南下以临满洲"的俄国正在"拓地殖民,刻意经营","列国惟坐视而无法阻碍其事业"的远东局势,煽动日本国内的不安情绪②,接着宣布黑龙会今后的主要活动目标,就是研究俄国和"满韩之实情","昭示天下","以唤起国民之坚定决心与舆论,雪三国干涉之屈辱",推动日本确立对抗俄国、独霸东亚地区的"万年长计"。③

为了对抗俄国在东北亚地区的势力扩张,黑龙会成立后就开展了以下活动:

第一,在日本内地(福冈、京都等)和海外(朝鲜釜山等)设立支部,作为开展活动的据点;向朝鲜、"满洲"、西伯利亚等地派遣"调查员"搜集有关情报;

① 黑龙会:《黑龍会四十年事歷》,东京,黑龙会,昭和十五年(1940),4 页。

②《黑龍会会報》创刊号,1—4 页;转引自初濑龙平《伝統の右翼内田良平の研究》,福冈:九州大学出版会,1980 年,70—71 页。

③ 黑龙会编纂:《黑龍会三十年事歷》,东京:黑龙会,昭和六年(1931),5—6 页。

第二，将搜集的情报和调查活动的成果编印成《最新满洲图》（1901年4月出版）和《露国经营东方方面全图》（1902年5月出版）等资料，提供给日本政府、军部和民间各界参考。这些资料有些据说比当时日本陆军参谋本部编绘的军用地图还要详尽，因而在日俄战争中发挥了重大作用。

第三，出版《黑龙》（最初刊名为《黑龙会会报》，1901年3月创刊）及《东亚月报》（1908年4月创刊）等机关刊物，鼓动对俄开战的社会舆论。

第四，创办"黑龙语学校"（1901年12月创办），招募青年和大陆浪人学习俄语，培养对抗俄国势力南下急需的军事、外交人才。

第五，在朝鲜大邱开办"飞龙商行"（1902年9月设立），以贩卖杂货为名从事土地收购和搜集情报等活动。同年5月，还筹资购得具有战略意义的镇海湾口的卧岛和马山浦湾口的釜岛等朝鲜领土，直接在朝鲜进行殖民活动。

以上各项活动，无不体现着以俄国为假想敌，在朝鲜及中国东北地区想方设法与俄国势力进行利益争夺的战略意图，显示出黑龙会这个早期大陆浪人团体，在对"国益"问题的考量上比玄洋社之类老式大陆浪人组织在活动方式上立足点更高，宣示自身主张时更为直截了当、更加无所顾忌。

对日本国内政治采取的保守主义、"尊皇"主义立场，黑龙会也丝毫不让玄洋社。如黑龙会宣布其"主义"是："奉天皇为元首，立足于日本的历史与传统，为实现祖国的兴隆与民族的繁荣，挺身而为其先驱。"①同时还提出五条"纲领"："吾人将致力于恢复肇国之宏旨，阐释东方文化之大道，进而推动东西文明之亲和，以成为亚细亚东方民族兴隆之领袖"；"吾人将致力于一扫偏重于法制主义

① 堀幸雄：《右翼辞典》，东京：三岭书房1991年，233页。

之形式而束缚人民之自由、欠缺明察时局之常识而阻碍公私各方之效率、湮没宪政体制原本之宗旨等各种社会宿弊，发挥天皇主义之妙缔"；"吾人将致力于改造现行制度，振作外交，以图在海外之发展；同时改革内政，增进国民之福利，确立社会政策，解决劳工问题，以图巩固皇国之基础"；"吾人将致力于崇奉军人敕谕（即明治天皇于 1982 年 1 月 4 日向日本陆海军军人颁发的诏敕。主要内容为强调天皇是日本军队的最高统帅，军人必须遵从忠节、礼仪、武勇、信义、质素五项信条）之精神，振作尚武风气，实现国民皆兵，以期实现国防机构之充实"；"吾人将致力于从根本上改革模仿欧美的现代教育，奠定植根于国体的国民教育之基础，以提高和发展大和民族的公德良知"①等等。从这些纲领来看，黑龙会似乎是一个活动范围涵盖政治、外交、军事、文化乃至教育各个领域，意欲全方位发声的政治结社，但事实上却是一个在对内政策上基本"述而不作"，主要偏重对外政策而且把日本在海外的殖民主义扩张政策放在至上地位的右翼大陆浪人团体。

以内田良平为首的一部分大陆浪人试图通过自身的努力向"满蒙地区"拓展"大日本帝国"势力的意愿，是黑龙会得以成立的根本动力。这反映了日本大陆浪人早在日俄战争之前，就自觉地充当了以朝鲜半岛、中国东北地区为跳板，逐步向中国腹地伸展势力的"国益"的"马前卒"。如果说玄洋社的成立标志着一部分自由民权运动参加者的政治志向开始由"自由民权主义"朝着"国权主义"转变，开拓了近代日本大陆浪人右翼运动先河的话，黑龙会的出现则标志着以鼓吹强硬的对外政策和主动参与对外侵略、扩张活动为使命的近代右翼大陆浪人团体的雏形，至此已经形成。玄洋社

---

① 堀幸雄：《右翼辞典》，233—234 页。

作为大陆浪人的早期团体,在组织上是松散的,在思想主张上对成员也采取了相对放任的态度,这在当时出于聚拢起极为分散的大陆浪人群体考虑,可能是必要的。黑龙会则是玄洋社的"升级版",聚集在这里的大陆浪人有基本相同的对外认识和政治主张,在组织体系和活动方式上也有共同的认知,因此成为早期大陆浪人中组织形式最明确、行动力最强的团体。如果说其他团体中的大陆浪人们多以分散形式活动,充其量不过是侵略扩张主义的"尖兵"的话,黑龙会则是军事、外交甚至文化宣传领域里货真价实的"别动队"。

　　3."兼收并蓄、融汇百川"的复合型组织:东亚同文会

　　以大陆浪人为主体的所谓"大陆关系团体",虽然至少可以追溯到荒尾精在汉口开办乐善堂分店的 1880 年代后期,但其受到日本政府的重视,将其作为日本对华外交的重要一翼来考虑,却始自1898 年 10 月"东亚同文会"的成立。这一年 6 月,藩阀政府和自由党等民选政党的对立大幅度缓和,自由党、进步党联合组成宪政党,成立了日本近代史上打破藩阀官僚、军阀把持政权局面的第一届政党内阁,即"隈(大隈重信)板(板垣退助)内阁"。为隈板内阁的诞生出过力的玄洋社浪人平冈浩太郎于是与犬养毅、神鞭知常、大石正巳等人联手,要求政府增加外务省机密费并提供给大陆浪人团体。因为平冈认定日本"外交不振"的原因,是政府的官方外交不能与大陆浪人的"民间外交"互动合作;而增加外务省的机密费用以资助"对外有志"的公开或秘密活动,就可以大大振作日本的"对外之经纶"①。大隈内阁采纳了平冈等人的建议,引导已经成立的东亚会和同文会合并为东亚同文会,并向该会提供"补助金",供大陆浪人、退役军人等"民间人士"开展活动。大陆浪人公开获

---

① 黑龙会编:《東亜先覚志士記伝》上卷,609 页。

得日本政府的资助开展活动，东亚同文会乃始作俑者。

东亚同文会前身之一的"东亚会"成立于 1898 年春，主要成员为政教社、日本新闻社部分成员和进步党党员平冈浩太郎、陆羯南、犬养毅、井上雅二等人，其宗旨是"密切日清两国经济关系，巩固其基础，以期将来更大之发展扩张"①，似乎侧重经济领域的中日关系的发展。另一个前身团体"同文会"，主要由宗方小太郎、井手三郎、中西正树等大陆浪人以及贵族院议长近卫笃麿②麾下的"精神社"成员构成，其主要活动纲领是："研究支那问题，从事各类调查，赞助各种事业等"③，更多地重视搜集有关中国的情报并展开有关"对华事业"。两团体合并为东亚同文会后，公推近卫笃麿任会长。

虽然同样关心所谓"对支问题"，但是大陆浪人与政治家、新闻人等在讨论行动方针和计划时仍然各执己见、争论不休。最后在近卫笃麿的倡导下，东亚同文会确定了以下四条纲领：一，"保全支那"；二，"援助支那、朝鲜之改善"；三，"研究支那、朝鲜时事，以期实行"；四，"唤起舆论"。④ 其中的第一、第二两条是政治纲领，确定了日本朝野以"保护人"的身份通过推动中国、朝鲜政治改革来"保全支那"的"天职"；第三和第四两条则明确了东亚同文会初期的活

① 黑龙会编：《東亜先覚志士記伝》上卷，608 页。
② 近卫笃麿(1863—1904)，贵族出身，生于京都市。1878 年入英学塾，1884 年位列华族；同年赴奥地利留学，未几又转赴德国，专攻政治学及法律。1890 年归国后成为贵族院议员，翌年代理议长。1895 年任学习院(今学习院大学)院长；1898 年创办杂志《中外时论》，创立同文会及东亚同文会，被举为会长。1899 年来华游历，与刘坤一、张之洞等约定开办南京同文书院。1904 年 1 月病故。
③《時論》第 7 号，转引自酒田正敏《近代日本における対外硬運動の研究(近代日本对外硬运动研究)》，东京：东京大学出版会 1978 年，118 页。
④ 大学史编纂委员会编：《東亜同文書院大学史》，48 页。

动领域,即搜集和研究中朝两国的情报、动向,并通过舆论的力量将其转化为对外政策,亦即直接参与近代日本"国益"的形成和实施过程。

为了进一步阐述过于简单的第一条和第二条纲领背后的人文、种族蕴涵,东亚同文会还公布了汉文版的《主意书》,说明成立该会旳由来。

> 日清两国之交往亦久远矣。文化相通,风教略同。以情无论,则有兄弟之亲;以势而论,则有唇齿之形。玉帛往来,自古不渝。皆因其出于天理之公,发于人道之正也。岂彼寰宇列国,朝婚夕冠(误,当为寇字),相互攘夺者同欤?何图前年昊天不吊,兄弟阋于墙,而列国乘隙,时局日艰矣。呜呼!忘怨弃嫌,以防其外侮,岂非今日之急务耶?当此之时,上须求两国政府执公尚礼,愈益巩固邦交;下须使两国商民守信共利,更加睦其邻谊;两国士大夫则为其中流之砥柱,须以诚相交,讲求大道,以助上律下,同致强盛矣。此即我东亚同文会设立之所以。……①

如果说四条"纲领"仅仅是针对内部的争执而确定的"最小公约数"的话,那么这份《主意书》堪称东亚同文会对外"民间公关外交"的杰作。横亘在两国之间两千多年友好交往历史上的巨大障碍——甲午中日战争的兵戎相见,被"何图前年昊天不吊,兄弟阋于墙,而列国乘隙,时局日艰矣"之类表述轻轻一笔带过,并要求中国方面从此"忘怨弃嫌,以防其外侮"。实际上是已经被东亚同文会抛弃了的既往的"日清同盟论"主张,至此被"支那保全论"所取

---

① 大学史编纂委员会编:《東亜同文書院大学史》,48页。

代,并迅速在日本国内获得广泛响应。

东亚同文会之所以要高举"保全支那"的旗帜,一方面是无可奈何的选择:"面对正在朝着瓜分中国方面行动的列强,如欲进行对抗以保全东亚,清国作为同盟伙伴未免过于衰弱,而依靠日本一国之国力亦不现实,作为大义名分的旗号除保全论以外再无其他选项。"①另一方面,也是近卫笃麿等人看到在这种局面下,迄今为止的"日清同盟论"类的"大亚洲主义"主张,由于清朝政府的过于腐败和列强瓜分中国速度的加快已无实现的可能,日本必须采取更为主动的手段积极介入和干涉中国的政治变革,对华政策必须随之进行方向性调整的缘故。近卫为"支那保全论"拟定的"容忍清朝体制,(推动)日清两国商民之友好,实行由两国知识领袖领导的'富强'改革"等具体措施②,内地里既包含了在"容忍"清廷现政权条件下强化对中国政局施加影响的积极态势,表面上又不失"真心"为两国共通利益着想的"稳健政策"的外交形象,实在是欧美列强各国正欲赤裸裸地瓜分中国的狂潮下朝着中国投来的最具"温情"和"友情"的"大礼包"。更何况对中日两国"兄弟之亲""唇齿之形"关系的强调,在甲午战事刚结束不久的当时,自然是极富感染力的口号。于是,不仅在日本国内,从政界人士到政论家、新闻记者和右翼势力、大陆浪人等民间人士,凡是认识到"支那保全"的高明之处的人们,差不多都被囊括到了"支那保全论"这面旗帜之下,即便是中国国内被公认为"维新领袖""洋务枢臣"的政治明星们,对近卫笃麿提倡的"支那保全论"也都是众口交誉。如康有为最早在 1898 年 11 月就致函近卫,称颂"贵邦诸君子,仗义赴难,天下所

①《第二编:东亚同文会 前言》,大学史编纂委员会编:《東亜同文書院大学史》,38 页。
② 大学史编纂委员会编:《東亜同文書院大学史》,38 页。

闻",期望日本的"志士"们能够"急辅车之难,拯救东方之危局",帮助维新派和帝党重返政治舞台。① 近卫本人在 1900 年亲自前往中国,会见清廷中央和地方大员,王文韶、瞿鸿機、刘坤一等清廷高官也曾先后面见或者致函近卫,交相称颂其"倡导兴亚之会,维持全局"的"不朽之业",认为"支那保全论"能够由日本方面提出是"贵国所以关垂敝国""用心为尤至"的表现。② 1904 年 1 月近卫笃麿因病去世,清廷重臣奕劻也发出唁函,尊近卫为"抱兴亚之雄心,兴同(文)会之盛会"之伟人,为其未能"大展宏猷"而表示哀悼。③ 近代日本大陆浪人为主的国家主义团体中能够得到清廷朝野一致称赞的,只有东亚同文会这一家。

尽管东亚同文会跟其他大部分右翼大陆浪人团体不同,更多地把开展活动的重点放在教育和出版等"对支文化事业"方面,同军部和其他右翼团体的联系也不密切,但其本身的成立还是服务于近代日本"国益"的需要,"支那保全论"也并非如康有为、刘坤一等人想象的那样充满温情、侠义色彩。其实,"支那保全论"所以诞生于 1898 年,是因为 1897 年 11 月德国强行租借胶州湾事件发生后,欧美列强已经开始了蚕食、瓜分中国领土的行动。按照当时的实力进行瓜分,有利于在中国握有广大经济、政治权利的英、法、俄、德等国,而不利于日本。特别是日本觊觎已久的中国东北地区和朝鲜,俄国势力已经捷足先登,立刻进行瓜分的话势难落入日本的手中。再加上中国一旦被列强瓜分,日本也会失去与欧美各国之间的缓冲地带,将来一旦发生利益冲突,羽毛未丰的日本难保不

---

① 近卫笃麿日记刊行会编:《近衛篤麿日記》第二卷,东京:鹿岛研究所出版会,1969 年,185 页。

② 《近衛篤麿日記》附属文书,521—522 页。

③ 《近衛篤麿日記》附属文书,554 页。

会在同英、法、俄、德等国过早的"决战"中受挫。所以从日本的长远"国益"着想，维持中国的领土现状并维持和改良中国的政权，有利于日本逐渐扩大在中国的势力和权益，最后将全中国置于掌中。"夫保全清国，护持韩国，实为自卫我之国权国利，保持东洋之和平。"①"支那保全论"的背后，其实隐藏着这样一种自私的打算。因此，东亚同文会及其提倡的"支那保全论"，跟玄洋社、黑龙会的活动及其国权主义、扩张主义主张相比，虽然增加了"同情、扶助、保全"的温情色彩，但其背后折射出来的其创立者制定的活动目标，依然带有扩张主义和大国沙文主义的色彩，东亚同文会日后的活动也没有能够跳出国家主义、扩张主义团体的窠臼。

4. "放长线"以"钓大鱼"的"金主"

以"民间外交""国士"自诩的大陆浪人们，在经济上时常处于非常尴尬而且完全无法"超然"的窘境。政治活动需要经济支持。这条原则对任何政治家、政治团体都完全适用，更不用说以"失业者""流浪汉"为主体的早期大陆浪人的个人与右翼团体。总的来说，早期右翼团体和大陆浪人们的经济来源，不外乎"自筹资金"和来自日本政府、军部或者民间资本家的外部资助这两条道路。

明治三十二年(1899)九月十六日，作家森鸥外在《福冈日日新闻》上发表一篇文章《如果我是一个九州富佬……》，对通过开采煤矿得到大笔金钱却不知如何消费，竞相购买别墅、蓄养奴妾、游玩浪荡的社会现象提出了抨击，同时也提出希望在近代化过程中暴富的人能够拿出钱来兴办学校或者从事社会公益事业。当然，并非所有的"九州富佬"都是类似森鸥外批评的那种乍富后就花天酒

---

① 《列伝　近衛篤麿》，东亚同文会编：《对支回顾録》下卷，东京：原书房1981年6月第2次印刷发行，904页。

地的暴发户,例如安川敬一郎在经营煤矿成功之后,也想到过:"余不欲将这般天惠(指财富)化为一己之私有,导致子孙懈怠懒惰。故而历来事业规模资金多少有所盈余,即创立明治专门学校,以聊报天惠。又新创若干新事业,使汝等(指自己的子孙)有业务可从事,而不致徒拥巨财,恣意追求饱暖之欲。"[1]早期右翼团体从民间筹集的资金或者自筹的资金,不少来源于这些民间资本家。

甲午战争前夕在朝鲜半岛上煽风点火的右翼团体——"天佑侠"的活动资金,主要来自最早的右翼团体玄洋社核心人物之一同时也是九州煤矿老板的平冈浩太郎的资助,资金的来源是赤池煤矿的利润。日俄战争后内田良平在俄罗斯的情报搜集活动,使用的也是其叔父平冈浩太郎的资助。

至于玄洋社的首脑人物头山满,亲生父亲虽然是幕府时代福冈藩里名为"马回役(在主将战马附近担任护卫任务的武士)"的武士,每年享受100石的俸禄,但他18岁时过继到俸禄仅为18石的头山家做养子,成人后也从来没有固定职业和固定收入,真可谓是"两袖清风"。但后来在杉山茂丸[2]等人的劝说下,为玄洋社购买了福冈县内的山野矿区、下山田矿区和大任矿区等煤矿,又在北海道购买了夕张煤矿,委托玄洋社成员结城虎五郎等人具体经营,为玄洋社的政治活动提供了较为稳定的财源。

---

[1] 小岛直记:《日本策士传》,东京:中央公论社,1994年,204页。

[2] 杉山茂丸(1864—1935),号其日庵,福冈藩武士的长子,推理小说作家梦野久作的父亲。青年时阅读卢梭著作萌发"自由民权"思想,经佐佐友房介绍认识头山满,政治上转变为"国权论"的主张者。此后接触过伊藤博文、山县有朋、后藤新平等政界人物,于是主要通过幕后活动参与了日本对华、对朝鲜半岛的侵略扩张活动,如创办台湾银行、建设"南满洲铁道"、推动"并合韩国"等等。在日本国内主要主要从事北九州地区的经济开发等产业。他终生坚持"一介浪人"的身份,多次拒绝了进入官场的"劝说"。著有《百魔》《百魔续编》等。

不过，上述煤矿能够落入玄洋社手中经营，本身也包含着来自政府方面的种种考虑。明治十九年（1886）二月安场保和①被委派为福冈县令（同年7月更名为县知事），据说是在内务大臣山县有朋的恳请下才实现的。山县事先就跟安场商量："福冈那个地方是玄洋社一派的大本营，治理起来特别费劲。能否请你代劳一下？"而安场提出的交换条件据说就是希望将福冈县内多处海军预备煤矿低价处理给民营企业。这项名为振兴当地产业实为对玄洋社的"怀柔"政策，获得了山县的认可，于是玄洋社才成了这些煤矿的主人。但是玄洋社的浪人们缺乏经营才能，低价到手的煤矿又被他们一座座轮番出售，靠陆续抛售矿山的一次性收入才维持住了经济来源。

至于玄洋社之后成立的黑龙会等团体的活动经费，更多地来自军部或外务省提供的"机密费"或机动费用，更直接地反映了当权者和民间右翼之间豢养与被豢养的地位，也说明经济上的资助是连接右翼和当权者之间关系的极为重要的纽带。在这样一种豢养与被豢养关系下开展的所谓"民间外交"究竟是怎样的货色？究竟能够保持多少"民间"的特色？我们通过此后的分析就不难得出恰当的结论。

---

① 安场保和（1835—1899），幼名一平，肥后国熊本（今熊本县）人。青年时在横井小楠门下求学，明治元年（1868）戊辰战争时从军，此后历任胆泽县大参事、酒田县大参事、熊本藩少参事、大藏大丞租税权头等职，1872年随同岩仓具视使节团考察欧美各国，返回日本后任福岛县令、爱知县令等职，1880年成为元老院议员，1886年又任福冈县令等。

大陆浪人在中国开办的谍报活动毋庸赘言，就连貌似"中立"而且属于"长线投资"的教育活动，背后也都离不开日本政府、军部或者财阀等资本集团的支持。

如荒尾精为了在上海创办日清贸易研究所，在明治二十二年（1889）特意返回日本，拜访了当时的首相黑田清隆、大藏大臣松方正义、农商大臣岩村通俊等政府核心成员，获得了由政府提供资助的承诺（其后由于岩村和次官前田的辞职，最初的资助计划受挫。但是荒尾精又通过参谋次长川上操六的斡旋，最终还是从日本内阁的"机密费"款项中获得了 4 万元的"补助金"）。①

不仅提供财政上的支援，政府对大陆浪人的活动还会给予精神上的鼓励。如明治二十三年（1890）九月，荒尾率领从日本各地招募的学生以及教职员等 200 余人从东京前往上海之际，他们被特别允许随参谋总长有栖川宫炽仁亲王、文部大臣榎本武扬、参谋次长川上操六"拜观"皇宫，据说是难得的"殊荣"。②

第二节　向"国权主义"倾斜的对外认识与对华活动

大陆浪人虽然未必都是"大亚洲主义者"，但"大亚洲主义"却是导引明治时代的"不平武士（心怀不满的武士）""浪人们"走向"大陆"的最重要的意识形态之一。"大亚洲主义"自身可以分成者多流派和倾向，大陆浪人们所主张和施行的"大亚洲主义"，自然也包含有不同的流派和倾向，而且这些主张和倾向

---

① 井上雅二：《荒尾精—大陸経営の先覚者》，上田健二郎编：《東亜の風雲と人物》，19—23 页。

② 井上雅二：《荒尾精—大陸経営の先覚者》，上田健二郎编：《東亜の風雲と人物》，23—24 页。

就某一个人物或者某一个团体来看也不是一成不变的固定观念,仍然可以观察到流动和多变的现象。思想、主张上的上述变化,自然也会影响到他们的行动。以单枪匹马形式活动为主的大陆浪人虽然多是行动的巨人、言论的矮子,但是以团体活动形式为主的大陆浪人的领袖人物,却深谙制造舆论、掌握话语权的重要性,往往采取言论与行动并重的活动方式。研究大陆浪人的意识形态和对外认识,这些领袖人物自然是最重要的考察对象。而构成他们"大亚洲主义"主张最基本要素的"亚洲观"和"对华观",则是"大亚洲主义"主张的出发点和随时用来"矫正偏航"的船舵。

大陆浪人在意见表露方面唯一的"可爱之处",就是他们不必像近代日本绝大多数政治家那样表面一套[即所谓"建前(表面文章)"]、背后一套[即所谓"本音(真实目的)"],用言不由衷的虚伪遮掩梦寐以求的渴望。他们的政治、外交发言,不玩弄政治哑谜或外交辞令,而是赤裸裸地"单刀直入",唯恐"语不惊人",唯恐"词不达意",大部分情况下都能够反映出他们的真实动机与内心欲望,所以为我们认识他们的心路历程,倒是提供了绝佳的考察材料。本节即以头山满和内田良平为考察对象,检视自认右翼政治势力代表的大陆浪人缘何会参与近代中国资产阶级民主革命和如何参与中国的革命运动等相关史实,以揭示此类政治人物透过"亚洲梦"干预邻国政治活动的起点及其特点。他们在1931年以后的言行,则留待第三章继续展开分析。

一、"浪人界的国王"头山满的中国观及对中国革命的参与

头山满既不是政治家,也不是思想家,终身不做官也不著书立说,自号"无官无位的野人"。另一方面,他又是所谓"浪人界的国

王”“大陆浪人的幕后老板”“全国志士的总帅”。[①] 在对外问题上，他不仅能影响大多数民间的“大陆浪人”，甚至能牵动日本政府的对外政策与活动，以他为灵魂和实际首领的“玄洋社”亦堪称大陆浪人的精神源泉和组织源泉。因此，孙中山在对日外交活动方面，对头山的影响力和活动能量甚为重视，倚为重要的外援。

头山满同孙中山等中国革命党人的接触和交往极多，亦深度参与了中国革命运动，简略归纳，有以下各项：

1897 年 9 月，刚到日本的孙中山举目无亲、孤立无助。头山满给他斡旋住处，并拜托玄洋社的另一领袖人物平冈浩太郎提供了大部分的生活费用。

孙中山旅居日本活动的早期，日本政府出于外交方面的考虑，数次禁止其入境，甚至“礼请”已经入境的孙中山离开。但为了就近领寻中国革命，孙中山多次给头山满和犬养毅等人写信，要求说服日本政府准许自己进入日本。头山基本上有求必应，多次同日本政府交涉，甚至动用私人关系，帮助孙中山入境。

武昌起义爆发后，从 1911 年 10 月到 12 月的三个月期间，头山满偕同三浦梧楼、内田良平、宫崎滔天和铃木天眼等众多的大陆浪人，在东京或召集“浪人会”大会，或成立“善邻同志会”等团体，呼吁日本政府和军方不要干涉中国的革命运动，从侧面表达了“民间”的呼声。

南京临时政府成立前后的 1911 年 12 月至翌年初，头山满和犬养毅一起前来中国“声援”革命党人，同时还担负起震慑借革命混乱之际企图浑水摸鱼的日本“不良浪人”的任务。关于此行目的，

[①] 藤本尚则：《巨人头山满翁》，114 页；石泷丰美：《高场乱小伝》，《季刊暗河》18 号，1978 年春，35 页。

《东亚先觉志士记传》一书的作者给予高度评价："当此时，日本有影响力之代表人物有必要前赴支那，作革命党之后盾，对其进行指导及劝告，并根据当地形势，调整日支间之关系。因而与支那革命党志士关系非浅的头山满和犬养毅乃有此行。"①

　　但是，头山、犬养等抵达上海后，他们提出的联合岑春煊、康有为的提案和反对南北议和的态度却处处同革命党人相左，双方关系极度紧张。头山满反对议和，尤其反对孙中山北上会晤袁世凯。他认为："这太荒唐！孙文进了北京，一不小心就会被杀掉。决不可这样做，相反应当把袁世凯叫到南京来。"②孙中山虽然接受劝说打消了去北京的念头，但南北议和并没有中断。头山、犬养后来又到武昌拜会黎元洪，重申反对和谈的见解，同样遭到冷遇。于是两人各率随从怏怏返回日本。

　　"二次革命"失败后，孙中山在日本驻福州总领事馆武官多贺宗之的劝说下决定前往日本。然而志在改善同北洋政府关系的山本权兵卫内阁禁止孙中山在日本登陆，孙中山只好在前往神户的船中给萱野长知打电报："文如远去欧美，对我党前途实多影响，故无论如何，希在日暂住，请至神户船中密商。"③萱野与头山满、犬养毅磋商，头山一面让寺尾亨、犬养毅同山本内阁交涉，一面又派古岛一雄前往神户："即使采取非常手段，也要把（孙中山）救出来。"④数日后，孙中山在古岛、萱野等人帮助下来到东京，犬养毅也说服政府默认了孙中山的登陆。孙中山于是在赤坂灵南坂头山满邸宅

① 黑龙会编：《東亜先覚志士記伝》十卷，466 页。
② 黑龙会编：《東亜先覚志士記伝》十卷，475—476 页。
③ 萱野长知：《中華民国革命秘笈》，东京：皇国青年教育协会，昭和十六年（1941），198 页。
④ 苇津珍彦：《大アジア主義と頭山満》，123 页。

隔壁的海妻猪佐彦家安顿下来,又一次长期流亡日本。

头山满与孙中山最后的会面是在 1924 年底。这年秋天,孙中山发表北上宣言,经上海、神户等地前往北京。孙中山此次特意绕道神户的目的,是想再次吁请日本朝野人士认清中国局势,帮助中国废除不平等条约,使中国摆脱列强的殖民地状态以获独立。但头山满在这次会见中以攻为守,向孙中山提出所谓"满蒙问题",要求中国承认日本在"满蒙地区"的"特殊权益",并声言日本将来即使将"满蒙"归还中国,也必须在其他列强各国之后,而不是在此之前。头山自称代表"吾等国民之大多数"说话,并自鸣得意地以为此举无异已将孙中山的愿望"一锤钉死",迫使孙中山无法继续同他商谈这个问题。①

通观头山满与中国革命运动的关系,以下三个问题值得重点思索:

第一,头山满如何定位中日关系中的中国? 第二,头山满为何要援助孙中山并允许部下参与中国革命的活动? 第三,头山满为何反对孙中山和南京临时政府同袁世凯之间的和谈及妥协?

笔者以为,这些问题可以通过对头山满本人言行以及相关史料的解读来理解。

1. 头山满的中国观

头山满最具代表性的主张为"日中夫妻关系论"。

　　支那、印度,皆地大物博之国家,政情最是复杂,民情亦不能以寻常办法治理之。只有使此两国走向强盛,可与他国并

---

① 西尾阳太郎:《頭山満翁正伝：未定稿》,266 页。

立,并可副日本友邦之任,东亚建设方始有望。①

　　余固然相信,日、支是天生的夫妇之国。失日本即无支那,失支那则日本之兴隆与东亚之和平亦无望也。此次事变(指"卢沟桥事变")实为遗憾,两国的牺牲都不可谓不沉重。然此一举动又如一大外科手术,切去了过去数十年间困扰两国有识之士之癌肿。此手术倘若成功,今日的可悲事件或可变为将来之光明。

　　……

　　余又固然相信,支那治世之大目标乃国民之安居乐业。支那虽然到处皆有无穷之宝库,而其国民却陷于终年贫困之中。解决此一矛盾,即日本之使命也。以日本的指导,矫正支那政治上之缺陷;以日本之资本、技术,开发支那无穷宝库。诚心诚意,努力进行,必能唤起支那一部分国民的抗日迷梦,资源亦可得以有效利用也。②

　　简单概括之,即:日本与中国类似夫妇之关系,离则双双沉沦,和则"日本之兴隆与东亚之和平"有望,因此必须维持超越其他国家的亲密关系;但中国落后、混乱、贫困且长期陷于所谓"抗日迷梦"之中,成为阻碍构建"亲密关系"的障碍,而"卢沟桥事变"的爆发,不失为从根本上解决"中日关系"的手段;中日之间,日本是"先觉者"和"先发者",负有在政治上"指导""矫正""支那政治上之缺陷",在经济上"以日本之资本、技术,开发支那无穷宝库"之责任;中国则负有全面配合日本,"副日本友邦之"责任等等。此类基于

---

① 铃木善一:《興亜運動と頭山満翁•兴亚运动与头山满翁)》,东京:照文阁,昭和十六年(1941),79 页。

② 藤本尚则:《巨人頭山満翁》,521—522 页。

"日本优越感""日本盟主论"的主张,就是头山满"中国观"的基调,且贯穿头山对华活动的始终。

2. 头山满对孙中山及中国革命的认识

头山满跟宫崎滔天不同,"自由、民权"的观念在他的心目中早已是"明日黄花",取而代之的是狂热的"尊皇主义"倾向。正如德富苏峰所总结:"以余之所见,头山先生的念头中,既无富贵,亦无贪欲。彼五十年来孜孜不倦、萦絮于怀者,乃以日本为中心来看世界、以皇室为中心来看日本也。即日本是世界第一要素,而皇室又是日本第一要素之思想也。"①也就是说,头山满所追求的,是以天皇为中心的日本、以日本为中心的东亚,其终极目标是以日本为中心的世界,即所谓"皇亚细亚""皇世界"。

在对华问题上走在头山满前面的荒尾精、根津一等人的对华观或曰对华活动原则,主要有以下三个特点:第一,在列强对华侵略的过程中"保护"支那;第二,深入了解支那;第三,培养经营支那的人才。头山满的思想比他们进了一步,那就是日支两国夫妇般的"提携"。腐败的清政府已经难以成为近代化的日本提携的对手,于是他选中了可能成为中国"下一个领袖人物"的孙中山等中国革命党人。事实上,头山满与孙中山之间毫无政治理念的交流和共鸣,头山满对中国革命运动的理解也仅停留在"有可能推翻和取代清王朝在中国的统治的政治势力"的层次,有可供利用的理由,却没有出于"同志""同道"的思想基础。

3. 头山满反对南北和谈的理由

支援中国革命的日本民间人士几乎一致反对向袁世凯妥协,

---

① 吉田鞱明:《巨人頭山満翁は語る〈巨人头山满翁的话〉》,东京:感山庄,昭和十四年(1939),342 页。

理由和动机各不相同。头山满和犬养毅一起赶往南京劝说孙中山放弃和谈，据说头山在南京总统府向孙中山滔滔不绝地讲了一大段话，同行的其他日本浪人都不禁为之喝彩，但由于翻译水平太差，没有将头山的原意全部转达给孙中山。① 这个传说如果属实，头山"为孙中山着想"的"直率敢言"的形象日后在孙中山心目中肯定有所加分。

　　关于头山满等人反对同袁世凯妥协的动机，据说章炳麟主编的一份刊物曾这样评论："日本令浪人之巨头头山满、犬养毅等为援助革命党来上海，表面上虽为侠义而来，内心实际上奉了日本政府的指令。日本早对满蒙抱有野心，窥测机会占为己有。为达此目的，固然希望支那内讧绵延，以便浑水摸鱼。此次支那南北妥协，乃两者从大局出发，欲置国家于坚实基础之上，以谋国家国民之幸福。然而妥协若告完全成功，日本则失去窥测并占领满蒙之机会。于是头山、犬养二人为阻止妥协，宣称'妥协对革命党不利'，向孙、黄力陈妥协之不可行……"②因而作者认为此事是日本政府扰乱中国政局的阴谋。笔者以为，反对南北和谈、反对妥协并不只是头山满或者犬养毅一两个人，其他如小川平吉和宫崎滔天等人都有诸多言行，所以其动机不那么单纯，应当包含有多重因素。结合本文此前的分析，头山、犬养等人反对向袁妥协的原因，一是他们希望自己一直支持的孙中山一派能够取得最后的胜利，不依靠任何其他人的力量来掌握中国的政权；二是他们不信任袁世凯的为人，认为袁绝不是亲日派，将来也不可能成为亲日派。

① 黑龙会编：《東亜先覚志士記伝》中卷，476—477 页。
② 黑龙会编：《東亜先覚志士記伝》中卷，459—460 页。

二、"国家主义浪人之完美典型"内田良平的
中国观及对中国革命的参与

被宫崎滔天称作"国家主义浪人之完美典型"的内田良平，喜欢冒险，富于反抗精神，同时又拥有极强的组织、行动能力。以内田为核心成立的不问内政而专心对外活动的所谓"国权主义"（以强调对外扩张主义为核心理念的民族主义思潮）小团体"黑龙会"，九一八事变爆发后又演变为"大日本生产党"，被当时的日本内务省警保局划为"政党类"的"右翼革新团体"，即当时出现的新型右翼团体。①

内田良平以及黑龙会成员们在政治活动手段方面，跟玄洋社等其他大陆浪人团体、右翼团体相比有两大特色：一是他们非常重视舆论宣传活动，积极发行杂志，出版图书、资料集、地图册等各种资料，免费发送各种宣传册，还时常召集其他大陆浪人团体举行政治集会、发表宣言等，随时就对外重大事件表明自身的立场和态度。因此，内田良平和黑龙会的大陆浪人就时常能够在对外问题上抓住话语权，引导舆论向他们设定的方向展开议论，进而从"外部"、从"民间"影响政府对外政策和对华政策的制定和实施。二是他们非常重视对位于权力中枢的军政首脑的"上层工作"，除了将出版物、宣传册等大量分送政府机构、军部以及各媒体等之外，凡遇军政首脑就对华外交问题有所咨询、"下问"，内田必定倾其所知，主动站在日本"国家利益"的角度规划出"最佳"对策与方案。从"内部""上层"的态度上影响对外政策和对华政策的制定和实

---

① 内务省警保局编：《国家主義運動の概要（国家主义运动之概要）》，东京：原书房，昭和四十九年（1974）复刻版，20—22 页。

施。在这个"上层工作"中，他尤其重视伊藤博文、山县有朋等所谓"政界元老"以及明石元二郎等军人领袖的作用，这些人虽然属于"未经民意推选"的军政"幕后人物"或者"阴影中的人物"，但内田深知他们拥有足以抑制"民选"政治家、议员们的实际权力，因此同他们之间保持着密切的关系。

在参与中国革命活动的过程中，内田良平和黑龙会的成员们非常突出地运用了上述两个主要活动手段。

内田良平及黑龙会成员参与辛亥革命运动的活动，集中在1900年惠州起义前后、1905年中国同盟会成立前后，以及1911年武昌起义爆发之前和南京临时政府成立之后的三个时期。其主要内容可以大致分列如下：

1898年，内田良平经宫崎滔天的介绍结识孙中山。此后，内田率领"壮士"数十人，直接参与孙中山援助菲律宾独立军的活动，并参与惠州起义的准备等，一时间活动相当积极，且有冲锋陷阵之精神。

日俄战争结束后，内田赴朝鲜半岛，扶植亲日组织"一进会"，为日本吞并朝鲜半岛制造来自朝鲜内部的"合邦"呼声。1905年中国留日学生大批倾向革命之后，内田重新参与中国革命活动，为中国同盟会的成立提供便利．同时发表《东亚时务辨》《日清时务辨》等时论文章，强调中日合作以防止"西力东渐之祸"。

1911年武昌起义爆发后，内田良平动员手中的舆论资源，连续在黑龙会机关刊物《内外时事月函》等报刊上发表多篇政论文章，讴歌中国革命，措辞华丽，热情洋溢，对中国革命的评价之高在日本的大陆浪人中也拔了头等。[1]

---

[1] 参见赵军《〈内外时事月函〉折射出来的辛亥革命侧影》，近代史研究所编：《章开沅先生九秩华诞纪念文集》，武汉：华中师范大学出版社2015年。

　　辛亥革命期间,黑龙会除了派遣北一辉等人奔赴中国前线视察形势,同革命党人建立联系,并参与"浪人会""有邻会"和"善邻同志会"三团体反对日本政府武装干涉中国革命的计划之外,内田良平还运用自己的人脉关系,直接游说山县有朋、桂太郎等军界首脑、元老,"教以此次武昌起义乃制清朝于死命的一大转机,当此之时,使支那本土革命成功,同时防止革命波及满蒙,使满蒙得日本之领导而获独立,方为日本应取之策",提醒他们革命运动或是一大转机,把赌注全部押在清朝政府身上未必明智。① 其后,内田渡海前往朝鲜,劝说军界要人寺内正毅不要惧怕中国革命对日本的影响,而要转换思维方式,"借机解决满蒙问题"②。尽管从结局看,内田等人的活动未必是打消日本武装干涉中国革命的决定性因素,但他们能够以一个民间团体和民间个人的身份,从体制的内外两个方面出击,开展声势凌厉的言论和游说活动,其能量和影响力不容小觑。

　　日本政府在武昌起义爆发后的 10 月 16 日,出于"对清国政府特别之好意"和"考虑到维护东亚大局之必要",就确定了袒"官"而抑"革"的方针,决定向清军秘密提供"讨伐革命军所需的枪炮弹药"。③ 在政府的许可下,大仓公司、三井物产公司和高田商会联合组织的"泰平公司"向清军提供了总额为 273 万余日元的武器销售合同,而对革命军则考虑到"清国的感情"以及建立"信赖"关系的原因,不同意出售军火。

　　内田良平查知"泰平公司"向清政府出售武器一事,立即写信

---

① 黑龙俱乐部:《国土内田良平传》,506 页。
② 黑龙俱乐部:《国土内田良平传》,508 页。
③ 外务省编:《日本外交年表並主要文书　1840—1945(日本外交年表并主要文书1840—1945)》上,东京:原书房,昭和四十年,353 页。

给三井公司总经理益田孝，指出"此次华中起义之革命军并非突然，乃十余年来支那先觉之士指导、宣传及革命思想弥漫全国之结果"，"武汉之革命军纵令为官兵所剿灭，然其核心力量之革命党犹健全保存，到底难以刈除净尽"；所以日本如果在这种情况下单方面向清廷提供武器，就是"买大多数汉人之恶感"，将"招致将来之不利"；而"此际失去革命党之感情，将来无论是否对支那实行瓜分，都将大大有损日本国家之利益"。① 益田孝接信后立即与元老井上馨磋商，通过井上征得日本政府同意后，作出了同时向革命军出售武器的决定。1912 年 1 月，内田以上海都督府代理人身份与三井公司达成借款 30 万日元的合同，用该款为革命军购买了大炮、机关枪和弹药。② 这批军火虽然在质量上倍受后病，毕竟也是革命党拿到手的为数不多的海外援助之一。

　　内田良平跟他的精神导师头山满不同，一生撰写有大量著述。透过他在不同时期的著述，可以追寻到他的所谓"中国观"亦即"对华观"的演变历程，从而对以下几个问题展开解读与分析：第一，内田是如何定位中日关系中的中国的？ 第二，隐藏在内田政治活动背后的考量和动机是什么？ 第三，内田对孙中山和中国革命的态度为何会有前后 180 度的转变？ 等等。

　　1. 内田良平的中国观

　　1913 年 7 月在中国的"二次革命"之际撰写、发表的《满蒙独立论》，是内田良平对中国革命运动的态度发生与此前截然不同变化的起点和宣言。文中，内田首先全盘否定了南北对立中革命派与

---

① 高桥正雄监修：《日本近代化と九州　九州文化论集四（日本近代化与九州　九州文化论集 4）》，附录，东京：平凡社，昭和四十七年（1972），445—446 页。

② 同上，465 页。

保守派双方的政治理念、主张，用蔑视的口吻表达了他对中国局势，尤其是对中国革命党人彻底失望的态度。"眼下支那南北双方之对抗，乃支那人古今通病——'政权欲'表露之结果。双方侈谈所谓主张、所谓主义、所谓人道、所谓名分等等，皆不值倡优一夕之粉妆。故双方虽各求胜算，但彼等原本就无遑顾及将来之国事，且将疆域内之利权送与外国人亦如家常便饭。因之，若有爆发不测之事，祸及我帝国未来之虞，则不如极力避免此事态之发生。"[①]

辛亥革命爆发后不久，曾经被内田赞颂为"20世纪世界最大之变局"的"支那革命"及其理想，转瞬间被贬斥为"不值倡优一夕之粉妆"的俗物，是争权夺利的表现。对于日本国内有关"对应支那革命"的种种提案，内田也认为无论是援助南方或是援助北方，都属于单纯的"二者择一"方案，利害参半，都是无法为日本谋得最大限度优势和权益的"山野之人、无见识者的妄言"。[②]他自诩，只有自己在《满蒙独立论》中提出来的"满蒙独立构想"，亦即切割中国的"满蒙"地区宣布"独立"，以便"稳固（日本）帝国经营北方之基础"的对华方针和对策，才是权衡了各方面利害得失之后的最佳对华主张和提案。

第一次世界大战爆发后的1914年10月，内田良平以黑龙会名义刊行《对支问题解决意见》，认为欧洲战乱是有史以来未曾有过的大战，战争使欧洲的均势发生巨大变化，给国际政局开创了一个新纪元，也为日本对外扩展势力带来了一个重大的转机。日本如果在欧战结束后不能对英法俄可能到来的攻势预先采取对抗措施，则"我帝国将于支那问题上失去主动地位，永为列国势力所掣

---

①② 内田良平：《満蒙独立論》，《小川平吉関係文書2》，66页。

肘,东方之和平亦难免因此而陷入危险状态之中"①。

《对支问题解决意见》一文提出的解决方案,就是强制中国与日本订立所谓《国防协约》:"当今之时,我政府鉴于帝国之天职,欲在对支问题上作出英明之决断,则与其让支那对我产生信赖,不如采取让支那不得不信赖于我之政策。而让支那不得不信赖于我之途径无他,惟在于我帝国主动占据对支那在政治上、经济上优越之实权,并严格地予以指导。"②可见,内田良平等人的所谓中日《国防协约》,从构想当初就不具备对等条约的意义,完全是高压政策强迫中国政府接受的不平等协议。

概言之,内田对中日关系中的中国之定位,就是将中国看作日本帝国与欧洲列强争夺东亚地区殖民地利权、扩展对外势力的对象和主战场,从来就不是可以联合、"提携"的伙伴。

2. 内田良平援助孙中山与中国革命运动的动机

除了考察内田良平对中日关系总体的认识之外,还有必要从具体问题和史实分析着手,探寻他援助孙中山并带领部下参与中国革命活动的真实动机。

署名"黑龙会本部"发行的《日英国交之危殆·支那解决论》一书③,附有内田良平题为《日支亲善的基础》的讲演笔录,宣示了他所谓的"日支提携"主张:"数百年前,西力东渐而来。所谓东洋各国,几乎全部沦落,现今保持独立者,仅日本而已。然而日本帝国领土狭小,人口亦不过六千万之众。以日本一国之力难以对抗西洋之力,则不言自明。幸而邻邦有支那大国,民有四亿,领土辽阔,

---

①② 黑龙会:《对支问题解决意见》,《小川平吉関係文書 2》,75 页。

③ 封面上标有"极密"字样,并注明"大正五年十一月付印(以印刷代誊写)",可知本书并非公开出版物,而是黑龙会用来散发的宣传册。

物产无所不备。且从地势方面来讲,日本亦必须同该国相结合。若同该国结合,东洋则足拥抵御西洋之力。"①

关于"亲善结合"的方式,内田认为有两个选项:一、或者两国建立"对等国家"的亲善关系;二、或者建立"作为指导国家"与被指导国家之间的亲善关系。在他看来,当时的中国非但不具备独立国家的实力,也缺乏容纳日本"忠言"的度量,因而选项一是无法实现的"理想目标"②。实现选项二需要采取的方法不外是两点:"日本的威力(武力)"和"支那的利益"。也就是说,日本必须以武力为后盾和手段,强制性地要求中国的顺从,同时又必须向中国示以"利益",用种种好处劝说中国服从日本的安排。③ 这就是内田良平为近代日本对华政策设计的"软""硬"两手同时使用,以"利益"为诱饵,以"威力"为后盾的策略。

内田在《日英国交之危殆·支那解决论》的结论为:日本必须在中日关系中掌握"政治领导权",而实现这个领导权的第一步,是由日本来"统治满蒙","健全大陆的国防":"(日本)只要在地理上确实占领此地,则握有随时随地置支那死命之权威,支那则无论何时何地都无法背叛日本之领导。"④于是,从"诚心诚意"的"亲善结合"出发的"日支亲善论",经过对"黄汉民族""民族性"的种种论证之后,最终还是归结到《满蒙独立论》中所论述的抢占中国的"满蒙地区","将南满东蒙统治权握于我手"的帝国主义扩张政策的结论上。内田良平在结识了孙中山之后愿意帮助孙中山的革命事业,

① 黑龙会本部:《日英国交の危殆　支那解决论(日英国交之危殆 支那解决论)》,附录,东京:黑龙会本部,1916 年,非卖品,17 页。
② 黑龙会本部:《日英国交の危殆　支那解决论》,附录,17—18 页。
③ 黑龙会本部:《日英国交の危殆　支那解决论》,附录,18 页。
④ 黑龙会本部:《日英国交の危殆　支那解决论》,附录,35 页。

并带领部下积极参与中国革命运动,其实就是为了实现这个目标的举措。

　　据《硬石五拾年谱》记载,1898 年 7 月内田良平初识孙中山时,"孙向余说支那不可不革命之所以,切盼日本志士援助。余曰:'支那虽有革命之必要,然在支那革命之前尚有先决之条件,曰何? 日俄之开战也。日俄不战无以挫俄国东侵之势力;而俄国东侵之势力不挫,彼即有乘革命变乱之机而侵略支那领土之虞。殷鉴不远,请观日清战争之结果,或溯而观英法联军攻陷北京之时,俄国岂非已迫使(清廷)割让乌苏里一带之土地耶?'孙答曰:'支那革命倘若成功,恢复俄国之侵地当属易事,不足为虑。更况有日支提携(可为凭恃)耶'。余深为孙之意气所感动,曰:'支那革命举事倘先于日俄战事,仆即终止对俄计划以援助君。革命时机到来之前,可各从事其所志之事'。孙大喜,自兹遂日夕往来。"①

　　后来,内田良平在《皇国史谈·日本之亚细亚》一书中,又用略有不同的表述再次谈到这次会面,并增加了有关"满蒙西伯利亚"地区的对话:"……孙曰:'即令露西亚乘革命之机,夺取支那领土,亦不足以深忧也。革命政府一旦成立,清朝政府必走满洲,以露西亚为后援维系国命。新政府党可与日本同盟回击露西亚。既然无论如何措置,与露西亚之冲突终亦难免,则革命之发动愈早愈有利也。本来吾人之目的,在于灭满兴汉,至革命成功之晓,即令举满蒙西伯利亚送与日本亦可也。'著者闻此言,知孙非寻常之人,遂与之订下援助之约。"②孙中山的所谓"至革命成功之晓,即令举满蒙

---

① 内田良平著,西尾阳太郎解说:《硬石五拾年譜—内田良平自伝》,福冈:苇书房 1978 年出版,52 页。

② 内田良平:《皇国史談　日本の亜細亜(皇国史谈 日本之亚细亚)》,东京:黑龙会出版部,昭和七年(1932),321—322 页。

西伯利亚送与日本亦可"的"诺言",是这段叙述的关键。孙中山如果确曾许下过这个"诺言",内田援助中国革命的真实动机就十分容易理解:在中国革命党人最困难的时候伸出援助之手,以便等到革命成功之后与中国的新政府共同抗击俄国的南侵,并从新政府手中索得"满蒙"西伯利亚。

1900年惠州起义前夕,内田良平突然停止了对孙中山等人的支援活动。据《硬石五拾年谱》载,内田向跟随他参加起义活动的部下这样解释其中的原因:"吾人赌生命以援助孙(文)革命之所以,以其与日本利益相一致之故也。孙以大义名分、灭满兴汉为革命旗帜,目的在于驱逐满人,建设汉人之中国。(吾人)以故援助汉人,使满人求助于俄,而后日支提携以破俄,收满洲、西伯利亚为我所有,奠定经营大陆之基础。……"[①]这段叙述中又没有了孙中山的明确承诺,却增加了内田本人更多的自我解读和想象。

与此相关的史料还有内田良平在1930年代的《日韩合并的追忆》一书,其中叙述内田曾向朝鲜"一进会"首领李容九说起过此事,还谈到他对孙中山"出让""满蒙西伯利亚"一事背后可能存在的动机的推测"实际上,革命党首领孙逸仙跟我也是同样的意见。孙逸仙说要把满洲和蒙古送给日本,实际上是他很聪明的策略。因为万一革命成功之后,清政府逃往满洲,以此为根据地再接受来自俄国的援助,就能以无敌之势卷土重回支那内地,这是他(孙逸仙)最害怕的。所以把满洲让给日本,一方面可以断了这个后患,另一方面可以换取日军对革命军的全力支援,实在是一举两得的

[①]《硬石五拾年譜——内田良平自伝》,77页。

计谋。"①看来,内田良平对于孙中山当面向他允诺"出让""满蒙西伯利亚"一事确实深信不疑。

由于孙中山本人从未叙述过他同内田良平之间关于所谓"满蒙问题"的任何"交涉"或者"承诺",且据说内田与孙中山当时主要用笔谈方式进行交流,原始史料迄今没有发现,所以关于这个问题现在只有内田留下的一面之辞,远远不足以说明历史的真相。但是,内田的以上表述却向我们说明,按照他的解读,孙中山确实向他作过将来把"满蒙""让给日本"的"承诺",他也正是出于这个理由才援助孙中山的革命活动的。这跟他在《日英国交之危殆·支那解决论》中展示的对华政策主张完全一致,所以可以说明内田援助孙中山并带领部下参与中国革命活动的动机,完全是出于所谓"日本国家利益"的考量,与中国民主革命的成功与否并无直接关联,更无主张和理念上的共鸣。

3. 内田良平对华态度的"豹变"与"不变"

内田良平跻身中国革命运动之初发表的《支那改造论》和退出中国革命运动之后发表的《对支问题解决意见》两文,展现了他对华态度和对华政策提案活动中的"豹变"、突变的特点。

在《支那改造论》一文中,内田认为,在革命高涨之际支持中国革命党建立共和政府,对于日本来说可以获得以下好处:第一,由于援助了"改造支那之大业",日本既可确立在"满洲"的势力,又可奠定在华东、华中、华南地区的利益基础;第二,可以建立日、中经济同盟的基础;第三,可以加强两国国民的"和睦一致",带来"日清

---

① 内田良平述,梦野久作采访并记录:《日韓合併の思ひ出話》,原载梦野久作《近世快人伝》,东京:黑白书房,昭和十二年(1937),转引自田中健之编《内田良平翁五十年祭追慕録》,59页。

文明之共通利益";第四,可以扩大、发展对华贸易的"版图";第五,在政治、经济、军事、教育等各方面可以得到向全中国提供"技师、人才"等特权。

反之,如果此时支持清朝政府反对革命党,则会给日本带来以下不利之处:第一,中国由于保留了上下交困的苟安政府,会给日本的军事、外交带来不稳定因素;第二,清政府日益腐败,将启动列强瓜分中国之心,威胁"东邦(指东亚地区)之和平";第三,今后日本若对在华势力或控制范围稍加变动(意即日本今后进一步扩张在华侵略权益),就会受到列强各国的压迫和牵制;第四,此后中国每次发生内乱,日本的对华贸易都会受到损害;第五,由于中国没有一个"健全之新政府",也难以实现"日中提携"等等。①

可见,内田良平和黑龙会成员推动日本政府改变对华决策并亲自参与中国革命运动,完全是出于与日本的"国益"利害相关因素的考量,与中国革命党人改造中国、建立资产阶级民主政治体制的理想毫无直接的关联。由此不难设想,如果在当时的情况下他支持清朝政府、反对中国革命会给日本的"国益"带来较大利益和较小损害的话,也会作出完全相反的判断和建议。1914 年第一次世界大战爆发后,内田以为"由支那驱逐强暴之独逸(德意志),振兴东亚",将全部"黄汉民族"置于日本控制之下的"良机"已到,主张日本应立即对德国开战,乘机"解决""支那问题"②,于是在 10 月底起草了一份《对支问题解决意见》,呈送总理大臣大隈重信等全体内阁成员和山县有朋、松方正义等政界元老。这份"意见"要求日本政府趁欧洲大战的"好时机",与中国缔结一份至少包括以下

---

① 内田良平:《支那改造論》,黑龙会编:《内外時事月函》1911 年 12 月号,28—29 页。

② 黑龙会:《黑龍会三十年事歷》,东京:黑龙会,昭和六年(1931),20 页。

十项内容的"国防协约"。

（一）中国发生内乱或者与外国宣战时，必须请求日本军队支援；

（二）中国承认日本在南满洲及内蒙古的优越地位，将其统治权委任给日本；

（三）日本享有德国在胶州湾的一切利权，青岛则在和平恢复后归还中国；

（四）中国向日本提供福建省沿海要港及省内铁路和矿山的开办、采掘权；

（五）中国将改革、教练陆军之事委任给日本；

（六）中国统一使用日本武器，并开设军械制造厂；

（七）中国将海军的建设及教练权委任给日本；

（八）中国将整理财政、改革税制等事项委任给日本，聘请日本财政专家为政府最高顾问；

（九）中国聘请日本教育专家为教育顾问，并于各地开办日语学校；

（十）中国与外国订约、借款、租借或割让土地，宣战或媾和时，均须与日本协商并取得同意。①

这份"国防协约"企图夺取的中国利权比右翼浪人们此前向中国革命党人提出的要求多出不知多少倍，是右翼大陆浪人对外侵略扩张野心迅速膨胀、扩大的突出表现。它的基本精神跟翌年1月大隈重信内阁向袁世凯政府提出的"二十一条"要求几乎一致，甚至更全面、更过激、更露骨。内田良平等人终于发现中国革命与

———————————

① 小川平吉文书研究会编：《小川平吉関系文书2》，74—76页。

日本右翼势力所从事的"事业"水火不相容,从而抛弃了"支持""同情"的伪装,确立了以攫取对华权益为终极目标的彻头彻尾的帝国主义、殖民主义的政治立场。

内田良平跟头山满虽后来同列为日本"传统右翼的巨头""保守势力的重镇",但内田也有着跟头山不同的价值理念和行动方式,其主要表现如下:

首先,内田良平始终坚持将日本的"国家利益"放在首位的价值理念。

同以空论大话为铺垫,情绪化、概念化判断为主的头山满的中国观相比,内田良平对中国的认识更多地凸显了冷静的形势分析、细致的利害损益计算和不带任何温情的冷酷判断的特点,日本右翼中这派人物制定的对华活动纲领、计划更切合实际、具有更多的可操作性,因而对中国等亚洲邻国带来的危害更大。

其次,内田良平与日本政府、军部保持着密切的联系,主动通过献计献策等行动向国家机器效忠,同时极其主动地充当实施激进对外政策的马前卒和"别动队",从而使黑龙会作为国家主义、法西斯主义团体,比头山满的玄洋社走得更远、更彻底。

内田良平本人和以黑龙会名义出版、刊行的大量"满蒙西伯利亚"地区的精密地图,政策分析读物,军事、经济、政治情报的小册子,除了正式出版物之外,还多以"非卖品"的形式赠送给日本政府、军部的各机构,虽然发行量不大,但是为日俄战争等对外战争和侵略活动发挥了直接的重要的作用。因此,内田良平和黑龙会成员的意见,也受到日本政府的重视,他们时常充当日本政府对华政策上的"智囊"。例如1907年2月,当清廷要求日本驱逐孙中山离日时,伊藤博文竟向内田良平请教处理这一外交难题的办法。内田从"匡益"出发,反复权衡,认为强行驱逐或继续收留孙中山都于日本不利,献了"劝孙中山自动离日"一计,并与外务省政务局长山座圆次郎协商,亲自"劝说"孙中山离开日本。

　　类似的实例还可以举出不少。例如,1915 年袁世凯欲帝制自为之际,日本政府采取的对华姿态前后发生重要的变化。其背后的原因之一,也跟大陆浪人内田良平等人的建议有关。如 8 月 27 日,内田良平首先在递信大臣官邸面见箕浦(胜人)、河野(广中)两位内阁成员,向他们陈述了《对支政策意见》。接着在 10 月 17 日,内田向当时的首相大隈重信提出了一份名为《支那帝政问题意见》的政策提案,开门见山地提出结论:"关于帝制问题,不管赞成与否,绝对不可预先表明日本之态度。"①随后,他解释之所以应当这样做的理由是:"对于帝制问题,袁世凯如果急于解决,则无异于加速其灭亡。但这带来日本解决对支问题最有利之时机,毋宁予以欢迎。近来(吾等)同志各位,虽然在主张上绝对反对袁之帝制,但却三缄其口不向外界吐露见解,其原因皆在于恐袁政府对日本民间舆论心生警戒,反而多少转生梭巡不前之态之故。"②也就是说,内田已经看到袁世凯如果强行实现帝制,无异于自掘坟墓,加速其灭亡。但是对日本来说,袁的覆亡虽然会给中国政局带来巨大动荡与混乱,却会给日本带来乘机"解决对支问题"即分裂"满蒙"并在其他地区大幅度攫取在华权益的"最有利之时机"。为了尽快促成这个时机的到来,采取模棱两可的态度来对待袁政府,静观甚至推动袁政府作出错误的判断,应当是日本的最佳选项。而后,一旦袁世凯真正推行帝制,日本则"断不可予以承认"③,

---

① 大津淳一郎:《大日本宪政史》第 7 卷,东京:宝文馆,1927—1928 年,东京:原书房1975 年复刻版,680 页。

② 大津淳一郎:《大日本宪政史》第 7 卷,680—681 页。

③ 大津淳一郎:《大日本宪政史》第 7 卷,681—682 页。

以便造成袁政府的进退失据、内外交困,这样日本"解决对支问题"的"最有利之时机"就到来了。

据说,大隈首相接到内田良平的意见书后,同外相石井菊次郎磋商,并参考了司法大臣尾崎行雄的意见(其内容是:袁世凯如果强行实施帝制复辟,势将引起中国的内乱,且给日本带来损害等),于是决定与欧洲各国共同劝告袁政府延期实行帝制,并未完全采纳内田的建议。[①] 但就内田的整个设想来看,无疑是利用已经在"皇帝梦"驱使下丧失了正常的政治理智的袁世凯,厉先是利诱,再是欺瞒,最后是政治、外交高压的"组合拳"将其制服,而后最大限度地攫取在华利益的"软刀子杀人"的"完美"计划。这种策略和手法,等闲的外务省官僚乃至军部的高级参谋们都未必能够想到,无怪乎内田良平屡屡被邀至政府和军部的首脑面前,宣讲他的各种建议和提案了。

通过运用自身的"谋略"和政治运作手腕获得日本政军界高层的器重和信任,大陆浪人中也只有内田良平一人。

《东亚先觉志士记传》一书的作者在追溯大陆浪人"经营大陆"之类思想的缘起时记述:"若对先觉志士所抱之大陆经营论稍加考察,乃知其思想之根柢为热烈之爱国心与民族自信心也。19 世纪后半叶,帝国主义滔滔狂潮席卷世界,与海外新得交往之日本人,顿感本国国土狭小与国力微弱之不足。以如此狭小之国土及微弱之国力同世界各强国对峙,如何可保国家之光荣独立,乃时时刺激日本人爱国心之紧切问题。……倘若身处四海升平之时代,

---

① 曽村保信:《近代史研究—日本と中国(近代史研究—日本与中国)》,东京:小峰书店,1952 年 6 月校订增补版,《袁世凯帝政問題と日本の外交(袁世凯帝制问题与日本的外交)》,116 页。

邻邦支那、朝鲜又足以凭恃，携手共同对抗欧洲诸国，或可同保国家之独立。然而于今四海汹涌，东亚安危朝不虑夕，邻邦非但不示以友邦之实，其自身亦老朽欲倾。而与我唇齿相依之清、韩一旦被列强所侵略，我国必受其余波，存亡不可逆料，其势已洞若观火。有三千年光辉传统之我国，若不主动启发诱导邻邦实行改善，或直接在邻邦扶植我之势力，扩大我之国防线，以保全东亚，则回天无术也。……各先觉志士痛感巩固本国及向大陆发扬我皇威国光之必要，于是抱定各自之经纶勇往直前，掀起复兴东亚之运动。'大陆经营'之一语，正乃包括此运动全部内容之词也。"①

　　这是一段推崇头山满、内田良平等所谓"先觉志士""大陆经营""功绩"的强词夺理的文字。它片面夸大近代日本的安危对所谓"东亚之安危"的作用，又将"邻邦"中国和朝鲜的守旧、落后而不是西方列强的压迫看作影响日本安危的决定性因素，从而推导出"主动启发诱导邻邦实行改善，或直接在邻邦扶植我之势力，扩大我之国防线"等干涉、蹂躏邻国主权行为的"正当性"理由。近代日本对亚洲邻国的侵略、扩张主义行动，遵循的正是这样一条"大陆经营"的路线。发源于所谓"国权""国家利益"至上的大亚洲主义主张，通过头山满和内田良平等右翼大陆浪人的言论和行动不断恶性膨胀，在 19 世纪末 20 世纪初形成所谓"大陆经营"的理念与行动。《东亚先觉志士记传》一书作者的这段话唯一有参考价值的地方，就是它点明了"国权""国家利益"至上的主张催化"大陆经营论"的过程，而头山满、内田良平等所谓"先觉志士"又通过自身的活动阐释了"大陆经营论"拥有怎样居心叵测的内涵。

---

① 黑龙会编：《東亜先覚志士記伝》上卷，310—313 页。

三、武昌起义与"二次革命"前后大陆浪人的"民间外交"

中华民国临时政府成立不久的 1912 年 2 月 5 日,日本驻广州总领事濑川浅之进向外务大臣内田康哉拍发的一份电报中说:"……驻扎当地(广州)各外国领事与军政府都督及外交部长之间,进行相互正式互访的时机尚未到来。因此,各国领事中尚无人同都督及外交部长进行过会见。双方之间如有公事,或派领事馆职员前往军政府,或由军政府派员来访领事馆。……本领事馆同军政府之间关系既如上述,但逗留当地之我邦人(日本人)与军政府要员之间关系,近来却呈逐渐亲密之观。……三井洋行店员自日前买卖武器之事以来,屡屡出入军政府。该店员与外交部长及军务部长等关系甚为亲密,军政府对三井洋行之信赖亦与日俱增。旧政府时代被德商垄断的当地军火销售事业,大部分今后看来会落入三井之手。……前广东讲武堂总教习细野中佐此次事变后,以我参谋本部特派员身份继续在当地勤务。因军政府师长、旅长、军务部长、参谋部长等均为我陆军士官学校毕业生,其部下又多在讲武堂接受日本陆军教习熏陶,故今日军事之事,多聆听该中佐之指导。该中佐同广东军事当局之间,至今仍保持密切关系。此外,在当地经营旅馆兼餐馆'日本馆'的松冈好一①,十多年前即同

---

① 松冈好一(1865—1921),"明治、大正时期的大陆浪人",或被称为"明治、大正时期的亚洲活动家"。日本富农国南安昙野市长尾村人(在今长野县),15 岁时前往东京学习剑道,后来成为《东洋自由新闻》记者,也当过小学教师。1921 年在杂志《日本人》上发表揭露高岛煤矿虐待矿工事件的报告文学而一举成名。其后在香港与宫崎滔天、平山周等讨论过中国问题,也当过兼有为《知新报》的客座执笔人,曾"居住中国广东,边经营旅馆边协助日本的'对支活动'"。(《20 世纪人名事典:松冈好一》https://kotobank.jp/word/%E6%9D%BE%E5%B2%A1%20%E5%A5%BD%E4%B8%80—1655141,2019 年 6 月 25 日;《朝日日本歴史人物事典:松冈好一》https://kotobank.jp/word/%E6%9D%BE%E5%B2%A1%E5%A5%BD%E4%B8%80—1110078,2019 年 6 月 25 日。)

该国志士结交，现今的外交部长陈少白等，亦为松冈契友。日前陈少白邀请军政府中实权人物——民政部长黎国廉、警务部长陈景华(实为警察厅长)等来日本馆游玩，招妓命酒，松冈及其他日本人亦得同席，极尽欢娱。如上所述，本职尚无机会同位居枢要地位军政府要员等晤面，而逗留当地之我邦人士同军政府要员间，交往反较旧政府时代更形亲密，故在商业及其他各事业上，我邦人士已较其他各国人士占有更优越方便之地位。……"①

　　这份电报所涉及的虽然只是广东一地的情形，实际上却反映了辛亥革命时期一个相当普遍的现象：从预备役、退伍军人到商人、教习以至于大陆浪人，众多的日本人积极主动地涉足中国的革命风潮，并且有意识地将这些活动同日本的"国益"联系起来，构成了辛亥革命时期日本对华外交的重要一翼，亦即后来为他们中的某些人所津津乐道的"民间外交"。所谓的"民间外交"虽然在近代日本对华外交"多元时代"贯穿于大陆浪人活动的始终，但是辛亥革命时期与"二次革命"前后无疑是其高潮时期，这种"民间外交"活动的参与人员、交涉方式、交涉渠道以及与外务省主导下的正规外交渠道之间相互作用、相互制约的关系等等，无一不在这一时期得到淋漓尽致的展现。

　　1. 民间声援团体与舆论宣传活动

　　1911年初，随着中国国内革命形势的成熟，数年前乃至十几年前就开始支持、庇护孙中山等人革命活动的日本浪人和政治家、实业家及文化人等，敏锐地觉察到重大转机的到来，积极展开了结社

---

① 明治四十五年二月五日驻广州总领事濑川浅之进致外务大臣内田康哉密电机密第七号，日本外交史料馆馆藏资料1—6—1　47《清国革命动乱ノ際帝国政府ニ对スル官革两军ノ態度並誤解一件(清国革命动乱之际官革两军对帝国政府之态度及误解一件)》。JACAR(亚洲历史资料中心)，Ref. B03050643100，画像27—29。

和舆论声援活动。

在辛亥革命前夕成立的主要团体首推1911年1月成立的"亚细亚义会"。该团体主要成员有犬养毅、头山满、大原武庆、河野广中、中野常太郎、山田喜之助和青柳胜敏等人,囊括了政治家、实业家以及军人、大陆浪人等"关心"中国政局的各界人士。该团体在《设立主旨》中宣布:"我亚细亚义会所心目者,何乎?曰在欲同气相求、同洲相助,以正其德、利其用、厚其生,而遂至一济亚洲之乱离,永乐世界之千平也。……吾人设立亚细亚义会者,实见此理深且熟,而仲仲之恫欲止不能之所致,毕生以欲使斯一大福音传播于薄海穷地也。寄语于世之仁人志士,公等视我洲今日之陆〔沉〕,业既如彼,敢自以为非所与知乎?敢无悟空其天职乎?敢无惭谦逊退婴过其度乎?……"①为了引起中国、朝鲜的"仁人志士"的关注和理解,这篇《设立主旨》有意使用汉语写作,并为亚洲的陆沉扼腕浩叹,以期唤起共鸣,用心可谓良苦。然而在内容上除了传统儒学的"修身、齐家、治国、平天下"的理念之外,并没有提出新的政治理论与动机,反而沦为内容空泛的宣言。再从活动计划来看,亚细亚义会的所谓"事业内容"囊括宗教、教育、经济、地理、殖民、国交、政治、军事各个领域,似乎是无所不包,而且不以政治、外交为重点,但在活动内容方面,成立时仅限定为研究、考察以及在亚洲各国进行宣传联络等事项。② 显示出该会的主要成员政治见解原本分歧多端,多数人仅仅在预感到革命风暴即将到来,应当有所声援的一

---

① "亜細亜義会設立主旨(亚细亚义会设立主旨)",日本外交史料馆馆藏资料1—3—1 24《亜細亜義会関係雑纂(亚细亚义会关系杂纂)》。JACAR(亚洲历史资料中心),Ref. B03040692400,画像4。原文为汉文,虽有文字不通之处,此处未作修改,标点为引者所加。

② "亜細亜義会事業順序",出处同上,画像2。

点上产生同感,表现了意欲有所动作却又不知道该如何动作情况下的困惑。

及至武昌起义爆发,中国国内的政治局势骤然改观,日本的"民间人士"在组织活动方面才找到了同中国革命的结合点。

1911年10月17日,头山满、三浦梧楼、内田良平、宫崎滔天和铃木天眼等大陆浪人200余人在东京日比谷公园召集"浪人会",作出了"不拘于去就,促使我国严守中立,以为大局之砥柱,不误机宜,争取内外支持"的决议,提呈日本政府在确定应对辛亥革命态度时加以参考。①

11月上旬,在内田良平、小川平吉的倡导下,头山满、古岛一雄②、宫崎滔天、美和作次郎、福田和五郎等人又在东京组织联合各派大陆浪人共同进行援助中国革命的"有邻会"。有邻会派遣尾崎行昌、宫崎滔天、伊东知也等前往中国,了解革命前线的信息,同时命令正在北京的平山周与已在武汉的末永节联系,随时将革命的进展情报送回日本国内。不久,"有邻会"又派出了一支包括医生、药剂师和护士多人在内的医疗队前往中国,救护在战场上负伤的革命军将士。此外,该会还应何天炯等提出的请求,支付40万日元从陆军被服总厂购买毛毯1 000条,由会员带往中国作为对革命军的慰问。③ 有邻会成员基本上是玄洋社系统的大陆浪人,其经费

---

① 近藤秀树编,禹昌夏译:《宫崎滔天年谱稿》,《辛亥革命史丛刊》第一辑,北京:中华书局1980年,156页。

② 古岛一雄(1865—1952),兵库县城崎郡人。幼学儒学,15岁赴东京,先为《万朝报》记者,继主编杂志《日本及日本人》。1911年得大陆浪人推选,当选为众议院议员,1923年任犬养毅递信大臣的政务次官;1932年被敕选为贵族院议员。辛亥革命期间及之后曾数次来华。

③《小川平吉関係文書2》,64页。

据说主要来自玄洋社大本营福冈的"在乡同志与煤矿界暴发户"等。①

在媒体宣传尚难突破国境限制的当时，大陆浪人的"隔空喊话"对辛亥革命运动发展实际能够起到的作用大可存疑。但是，这一时期大陆浪人的活动从侧面影响了日本政府、军部试图从维护日本天皇制政治体制的权威性出发，悍然干涉中国革命的动向，倒是对辛亥革命运动实实在在的声援。

早在 1911 年 11 月 28 日，日本外相内田康哉就在发给驻英公使山座圆次郎的训令中，申述了"革命军虽风靡清帝国之大半河山，其实力却意外薄弱"的局势判断，进而表明了"若共和制度，比照清国之国情，根本难以实行"，"若依帝国政府之见解，今日之清国应当采取最善之方策，毋宁在放弃共和学说等纸上谈兵之空论，同时扫除满洲朝廷专权之弊病，大大尊重汉人之权利，在满洲朝廷名义上的统治之下推行实际上的汉人统治。除此之外，别无他策"②，显示了日本外交当局袒"官"抑"革"的对华姿态。军部首脑正是在这种局面下，积极策划对华的武装干涉。大陆浪人的"浪人会"在此时提出'严守中立'主张，就是针对山县有朋等日本军部首脑意欲干涉中国革命的计划而发出的反对呼声。

12 月下旬，头山满、河野广中、杉田定一、根津一和小川平吉等人又成立了"善邻同志会"，针对中国时局的发展作出了"吾人顾善邻之谊，照其国利民福，热诚以祷革命军速贯彻其目的，且望列国

---

① 曾卜保信：《近代史研究—日本と中国》，东京：小峰书店，1962 年 6 月校订增补版，《辛亥革命与日本的舆论》，138 页。

② 外务省编：《日本外交年表並主要文书　1840—1945》上卷，东京：原书房 1965 年，357—359 页。

之善鉴时局之情势，无出如政体干涉之谬举矣"①的决议，同样表明了反对以中国的共和制威胁到日本的立宪君主制为由干涉中国革命的态度。

在成立声援团体的同时，与中国革命党人历来走得很近的宫崎滔天、内田良平、池亨吉和平山周等大陆浪人，也利用文字为中国革命营造舆论，争取日本民众的同情。

武昌起义前后，宫崎滔天先后在报纸上发表了旨在介绍孙中山和兴中会活动的长篇纪实文学《清国革命军谈》和政论文《孙逸仙是一代大人物》。认为孙中山"其学问、其识见、其抱负、其胆力、其忠诚、其操守，无论何点，皆优于现代所有的日本人。即令犬养木堂（毅），亦仅在十余年如一日以全苦节之一点上可与彼相媲美。后世之史家若以成语譬喻孙逸仙，吾以为当用'其仁如天，其智如地'之一语也"②，用最高级别的赞词称颂了孙中山作为中国革命领袖所具有的素质和人品。

内田良平在1911年11月，连续写下了《支那改造论》和《支那革命调停案》两篇文章，分析辛亥革命的意义和影响。他在文章中说："支那革命，乃20世纪世界最大之变局。18世纪之法国革命推动了欧洲大陆之变局，支那革命亦当如是，将推动亚细亚诸邦之变局。其结果，于世界机运之影响亦不小矣。"③内田接着追溯了革命在中国的由来："革命者，支邦之'国性'也；支那之天下者，革命之天下也。支那帝国地占今日亚细亚大陆之上游，拥有古罗马帝国

---

① 《小川平吉関係文書2》，62页。原文为汉文。该决议据说由小川平吉本人于1912年1月7日夜间亲手交给孙、黄二人。

② 宫崎龙介、小野川秀美编辑、解题：《宫崎滔天全集》第1卷，东京：平凡社1971年，504页。

③ 《支那改造論》，《内外時事月函》1911年12月号，3页。

般辽阔领土,有四千年之历史,有四亿之民众,犹能存立于世界之缘故,无他,在于国民之革命精神也。"①所以,"此次之革命动乱,非如义和团一时突发之变乱,乃带有永久持续性质之国民革命也"②。

类似这样的言论,对于澄清普通日本民众对邻邦发生的革命动乱而产生的不安心理,以及从舆论上牵制军部试图武装干涉中国革命的计划,都具有积极意义。

对于日本的上述对华团体,孙中山从便于中国革命党人扩大在日本及中国国内的影响,有利于在日本重新开拓立足之地、推动日本对华政策的转变等角度表示赞赏,并致函宫崎滔天、宗方小太郎等人,希望亚细亚义会、浪人会等团体的成员们能够推动日本政府"对于支那政策"的"转换",并表示"寺内(正毅)陆相、陆军将校及民间人士,既如此表同情于支那革命之举,则吾事可无忧矣"③。在当时,即使在革命党人内部,也有人对以大陆浪人为中心成立的这类对华组织居心何在心存疑虑。如香港发行的《中国日报》就有人转引俄国《斯拉夫报》的消息,指斥亚细亚义会"表面似乎旨在扩张商业,实则欲在哈尔滨、吉林、奉天、北京、菲律宾群岛以及印度支那等地设立分会,窥探当地之实情,实为一有组织、有团体之间谍事业。日本参谋本部提供赞助,该会每年可得 30 万元补贴,并可在机密费项目下开支 50 万元。至于该会各经理人,几乎尽数与参谋本部关系密切,或直接由该部成员充任。故为一面侦察敌情

①《支那改造論》,《內外時事月函》1911 年 12 月号,12 页。

②《支那改造論》,《內外時事月函》1911 年 12 月号,11 页。

③ 广东省社会科学院历史研究室等合编:《孙中山全集》第一卷,北京:中华书局 1981 年,520,512 页。

一面担任军队输送之机关也"①。

从现有资料看,《中国日报》对亚细亚义会的指斥虽然不能完全成立,但是包括亚细亚义会在内的日本民间对华团体在这一时期纷纷出现,而且一致声援中国国内的革命运动,其目的可以说无一不是出于维护和发展日本的所谓"国益"亦即国家利益。以亚细亚义会而论,在该团体机关刊物《大东》1911 年 1 月号的《无缝塔》栏目中,就以"编者的话"的形式发表过这样的文字:"去年日韩合并,我日本国事实上将头部伸向大陆,实乃需要国民胆量果敢之壮举。……历史如果会周而复始,则眼下之西力东渐,不久将转为东力西渐矣。太阳自东方而升,遍照世界,显示其公平无私,天下无比。我日东帝国(即日本帝国)亦如是乎? 我邦历来以王道立国,行王者之政。主政者为神子神孙,国家为神之国,世界之中,无与伦比。以是之故,我邦之民以忠君爱国、孝信父母、厚义勇直、情笃清廉为贵。世界之大,敢问可有第二个国家如此、主政者如此、国民如此之国耶? 吾人可以断言其无也。日本虽尚未号令宇内,然而其理想已立于王道之地乃不争之事实也。当此天下各国,争为霸者,虎吞狼噬之世,挽救如此之颓世,谁人之任? 愿我邦民,努力奋进! 大丈夫以天下为志,正正堂堂,不欺不诈,威风凛凛,独立阔步以进!"②这类以旁若无人的语调宣传日本国体、文化和国民素质天生优越,理当征服世界,统治万邦的"国权主义"或曰"大日本主

---

① "亜細亜義会設立主旨"驻香港总领事船津辰一郎致临时兼任外务大臣林董书柬及附件,明治四十四年九月九日,日本外交史料馆藏资料 1—3—1 24《亜細亜義会関係雑纂》,JACAR(亚洲历史资料中心),Ref. B03040692400,画像 53—54。按:这一时期《中国日报》由谢英伯主持。

②《大东》杂志第四年壹号(明治四十四年一月一日),日本外交史料馆藏资料 1—3—1 24《亜細亜義会関係雑纂》,JACAR(亚洲历史资料中心),Ref. B03040692400,画像 3。

义"理念,是明治时代后期逐步形成的日本右翼社会势力的一贯主张,也是大多数大陆浪人、日本军人等民间人士所以要参与中国革命的根本动机所在。也就是说,这些人参与中国革命运动的目的不在中国革命运动本身,而是借此机会利用或者影响这个运动,来实现他们自己的目标。同理,一旦这些国权主义者们发现通过孙中山等人的革命运动不能实现"恢宏"日本"国益"的目的,他们对中国革命运动的态度就会由支持转变为冷淡,有些人甚至很快180度大转弯,攻击中国革命运动和革命党人。例如1912年8月,同样是浪人会、亚细亚义会等团体的成员,又成立了一个"对支(华)同志联合会",在《旨趣书》中公开宣布:"依据开国进取之国是扶植东亚文化,贡献于世界和平,是国家之大计、帝国之天职。我帝国于明治三十七八年(1904—1905年)膺惩俄国,四十三年(1910年)合并韩国,无一不是对开国进取国是之实践。然而支那动乱之结果,招致国运衰退、失去统一之实。当此之际,俄国经略外蒙古,蠢蠢欲逞其势力;英国操纵西藏,步步扩展其地盘;东亚之均势将遭破坏,我帝国又岂能袖手旁观! 当此之时,帝国应执之主义、方针,唯在恢宏开国进取之国是,确定大陆政策,维持列国之均势,并挽救支那于土崩瓦解,确保东亚之和平。而欲确保东亚之和平,则非谋求满蒙问题之根本解决而不可。……吾人坚信今日为解决满蒙问题之良机,为统一国内舆论进而推动政府予以断然实施,特纠集对支各团体组成对支同志联合会。同志之士,何不欣然来会,披沥我等血泪之诚,以奉献君国乎!"①辛亥革命发生后不到一年时间,大陆浪人对中国问题的关心就由应当援助南方还是援助北方,转变到了不管中国国内发生什么样的动荡都要最大限度地保证日本在

---

① 对支同志联合会《旨趣书及规約書,满蒙問題理由書》(非卖品小册子)。

华权益问题上，具体集中到所谓"满蒙问题之根本解决"，也就是将中国的东北地区和内蒙一带完全攫为己有的问题上。所谓"民间人士"对中国革命党人来讲究竟是敌是友，至此已昭然若揭。

2. 对中国革命的直接参与

武昌首义及南京临时政府成立前后，以预备役或退役军人和大陆浪人为首的许多日本人纷纷赶往武汉、南京、上海等革命战争的前线或中心城市，直接参与了这场革命运动。关于这一时期中国革命党人周围的日本人及其他国家人士的活动概况，日本驻南京领事铃木荣作在1912年1月发给外务大臣的电报中有过这样的描述：

> 此次革命军暴动由于起源于陆军方面，在各地陆军学堂担任教习之我邦人士，大多对革命军表示好感，而且有不少人秘密提供协助或方便。时至今日，革命军的陆海军将校仍时常就编制、作战等各方面问题，来向我邦人士求教。与此同时，与孙逸仙、黄兴等曾多次共同行动之宫崎（滔天）、末永（节）一派及尾崎行昌、伊藤银月、山田纯三郎、池亨吉等，均扈从孙（中山）行动，以便谋取某种地位。或者虽欲参与（革命）运动，来当地（指南京）一两次后多又返回上海，投靠犬养（毅）、头山（满）等帐下。现今，唯有池亨吉作为孙之秘书、萱野长知作为黄兴之秘书尚留在当地。……另外在宋教仁处，有社会主义者北丰（原文如此，应为辉）次郎①，同样充任秘书

---

① 北一辉（1883—1937），本名北辉次郎，新潟县佐渡人。早年曾在早稻田大学旁听进化论、社会主义思想等课程，1906年自费出版《国体论及纯正社会主义》。该书被禁止发行后，与平民社成员接近，又加入中国同盟会，与宋教仁等相结交。1915—1916年写成《支那革命外史》，1916年再度来华，三年后完成《日本改造法案大纲》。其后渐成为法西斯主义理论家，其思想对日本陆军青年将校有较大影响。1937年因"二二六事件"的牵连被军法会议判处死刑。

一职。近来,又有犬养毅及寺尾(亨)、副岛(义一)两博士被任命为法制顾问,阪谷(芳郎)、原口(要)两博士被任命为财政顾问。寺尾、副岛两人已于本月十六日抵达当地,昨日十七日住进总统府内宿舍。据寺尾博士所谈,余等并非如报纸所传,被正式任命为革命军之顾问官,而是单纯以个人身份来当地游览,尚未签订合约之类文件,也没有被赋予特定之任务。……其他外国人士,目下有荷马李一人在南京,但与孙等人往来并不密切。孙等人似乎亦因同日本之间的关系,避免同荷马李的接近。"①

这篇电文虽个别情报来源有误,但基本上概括了武昌起义及南京临时政府成立前后在中国活动的所谓日本"民间人士"的分布状况,以及同中国革命党人之间的关系。大致说来,这一时期投身于中国革命运动的日本人可以划分为以下三个群体:① 预备役或退役军人(包括在中国各地军事学堂的教习等);② 大陆浪人;③ 政治家、学者等所谓"社会名流"。

关于日本军人参与革命军作战一事,日本驻汉口总领事松村贞雄最早在1911 年 11 月 19 日发给外务大臣的电报中作了详尽的汇报:"自武昌革命军起事,即有为数不少之日本人厕身其中。一般地方居民,将其理解为日本正在帮助革命军阵营,颇为欣喜。细思我邦人士之助战,乃因此次起事之黄兴一派革命党员,几乎尽为留学日本出身,故而与我邦人士关系自然非浅。目下在武昌及汉

① 明治四十五年五月十八日驻南京领事铃木荣作致外务大臣内田康哉密电第 5 号,日本外交史料馆馆藏资料 1—6—1　50 第 1 卷《清国革命动乱ノ際ニ於ケル各省独立宣言並中華民国反政府承認請求一件 第一卷(清国革命动乱之际各省独立宣言暨中华民国临时政府请求承认一件 第一卷)》,JACAR(亚洲历史资料中心),Ref. B03050646600,画像 37—38。

阳两地革命军中，我邦人已达二十余人，且有陆续增加之趋向。……至于预备役、后备役官兵等一派，不以革命之成功为其最终之目的（意指没有个人利害方面的打算），将校士卒均实际亲赴前线，参与革命军之军机策划。16 日夜 11 时，对当地租界下游江岸车站官军江岸炮兵阵地发动奇袭之际，彼等部下之石间某，撤退途中为流弹击中而亡，其遗体据云已在革命军总部隆重火葬。此外，翌日即本月 17 日，黄兴率领的一队（革命军）渡过汉水上游试图对官军侧面进行迂回进攻之际，我邦人多名据云亦在黄兴帐下直接参与军事指挥等。"①由于这些日本军人身为教习或者平时训练有素，所以在战场上或参与战术擘划，或亲临前线作战，颇为缺乏实战经验、训练以及指挥人才的革命军所倚重。据大略统计，1911 年 10 月 18 日至 11 月 27 日的武汉保卫战期间，前后大约有30 来名日本浪人和军人等参加作战，中村喜太郎对于战死者人数的估计不免夸大之嫌。根据大陆浪人后来撰写的记录，武汉保卫战的阵亡者中，有金子新太郎、石间德次郎等人，负伤者中有岩田爱之助、甲斐靖等人。当时日本国内报纸报道，石间战死后，革命军还向其家属赠送 1.2 万美金，以表慰问。②

　　武汉战场之外，北京、天津、山东等地以及进攻南京等战事中，也都或多或少有日本军人参与。

---

① 明治四十四年十一月十九日驻汉口总领事松村贞雄致外务大臣内田康哉机密第 72 号，日本外交史料馆馆藏资料 5—3—2　102《清国革命军ニ对スル本邦人ノ助势一件（我邦人援助清国革命军一件）》。JACAR（亚洲历史资料中心），Ref. B08090241500，画像 13—15。

② 明治四十四年十二月十九日驻汉口总领事松村贞雄致外务大臣内田康哉机密第 103 号及《大阪每日新闻》剪报附件，日本外交史料馆馆藏资料 5—3—2　102《清国革命军ニ对スル本邦人ノ助势一件》。JACAR（亚洲历史资料中心），Ref. B08090241500，画像 27，41—42。

　　关于大陆浪人群体在辛亥革命中的表现，日本驻汉口总领事松村对他们作过相当苛刻的评断："至于萱野（长知）及北辉次郎（一辉）等人，纯粹属于煽动派，彼等所期待者，仅仅为自身之利益，而革命最终能否成功，则不在彼等之考虑范围。"①在日本国内政治、外交问题上时时以监督、抨击政府对内对外政策为己任的大陆浪人，在国外展开活动时也同样招致了外交当局的怀疑和反感。因为平心而论，萱野长知是受黄兴"尽量多采购炸药，携来武昌"的委托，前往武汉前线的。② 北一辉等人来华的起因，则是宋教仁在10月17日至22日连续给内田良平发去三封电报，委托其"尽力向贵国当局者交涉，要求他们承认革命军为交战团体"③的结果。其他如冈本柳之助、中田群次、长江靖介等人，也随同黄一欧等革命党员参加过攻克南京战役，冈本据说还曾经派人回日本设法驾驶飞机前来中国，协助革命军攻打南京。④ 尽管动机各有不同，一部分大陆浪人在战场上倒也多少表现出过冲锋陷阵的气概。

　　武汉保卫战失败后，黄兴等乘船前往南京、上海，日本军人群体大部分从这个时候起脱离革命党，留下来的除继续充任黄兴军事幕僚的后备役步兵少校大原武庆等少数几人外，基本上是大陆浪人，再加上陆续闻风而来或者应邀而来的政治家、学者等"社会

---

① 明治四十四年十一月十九日驻汉口总领事松村贞雄致外务大臣内田康哉机密第72号，日本外交史料馆馆藏资料5—3—2　102《清国革命军ニ对スル本邦人ノ助势一件》。JACAR（亚洲历史资料中心），Ref. B08090241500，画像13。

② 萱野长知：《中華民国革命秘笈》，东京：皇国青年教育协会，昭和十六年（1941）版，148页。

③ 黑龙会编：《東亜先覚志士記伝》中卷，404页。

④ 东京警视厅：《清国革命事变地方雑報》，日本外交史料馆馆藏资料5—3—2　102《清国革命軍ニ对スル本邦人ノ助势一件》。JACAR（亚洲历史资料中心），Ref. B08090241500，画像27。

名流"们。根据驻上海总领事有吉明在 1911 年 11 月 25 日前后搜集到的情报,"滞留在当地(指上海)与革命党有关系之本邦人如下:宫崎虎之助(情报有误,应为宫崎虎藏或宫崎寅藏,即宫崎滔天),该人率领伊东知也等四五名部下在此;北辉次郎,该人与在日本之内田良平、葛生修亮等黑龙会有关系;中村弥六;冈本柳之助;尾崎行昌,该人最近赴汉口;山本安夫;水野梅晓,该人陪同近藤律师、竹下某等来沪,预定作为本派本愿寺僧侣为战死者作追悼法事,频频与革命党联系。上述各人,均拥有若干部下。各自与历来有关系之湖北及当地革命军频频书信往来,除宫崎和北辉两人多少受到信赖以外,其他人并不为革命军所重视,或者干脆敬而远之。因此,还未看到彼辈有何活动。"①可见,趁着革命高潮到中国革命前线来"赶热闹"的大陆浪人不少,但他们跟革命党人之间交情不深,动机也十分可疑,所以中国革命党人也没有多加注意和关照。这类"趁火打劫"的"投机分子"大多未在各种历史记录中留下姓名,包括笔者在内的学者们过去低估了他们的人数。现在看来,此类人物当不在少数,后来头山满和犬养毅前往上海欲以"震慑"和"取缔"的"不法浪人",基本上也是此辈。

　　另外,有吉明在1911年12月7日前后搜集到的情报又说:"在武汉方面直接或间接援助革命军之萱野长知、大原武庆、伊东知也、清藤幸七郎及其部下十余人,已在黄兴来沪前后抵达当地。"对于直接参与革命军作战的军人们,由革命军"给予相当之报酬,暂时解散回国";而"与革命党最亲近之宫崎虎藏(滔天)、伊东知也、

---

① 有吉明:《上海機密情報第四報》,《清国革命动乱之际各省独立宣言及中华民国临时政府请求承认一件,第三卷(清国革命動乱ノ際ニ於ケル各省独立宣言並中華民国仮政府承認請求一件 第三卷)》。JACAR(亚洲历史资料中心),Ref. B03050648100,画像 27—28。

萱野长知、大原武庆等人,则与迄今为止态度漠然者不同,当在新政府组成时获得丰厚薪水之招聘"。此外,"自称与孙逸仙有亲密关系之池亨吉①,亦率领其组织起来的亲中义会成员约二十人,于四五日前抵沪,目前正在当地逗留,以待孙逸仙回国后展开活动"。在上述派系之外,小越平陆②也受有邻会派遣,带领四五名弹药制造工匠等在上海逗留。③

大陆浪人群体,本来就派系繁多,成员社会背景复杂,动机和政治立场各不相同,其组织形式也极不稳定,旋分旋合,其中又以在日本国内谋生困难,幻想到中国大陆寻找时机、一攫千金的投机分子,以及旨在为日本谋求海外侵略权益的"国权主义"分子居多。辛亥革命时期中国国内的政治动荡和政权更替,自然使他们以为类似义和团运动时期列强借中国内乱大量攫取侵略权益的大好时机再次到来,不分派别也不问政治主张纷纷前往中国展开活动,于是就出现了各派浪人汇聚革命军中,造成鱼龙混杂、泥沙俱下的局面。一些浪人也凭借孙黄等人对他们的一时信任和借重,张扬权势,谋求私利,肆无忌惮。

---

① 池亨吉(1873—1954),姓池,名亨吉,诗人,又名池皋雨郎,别号断水楼主人等,高知县人。明治学院毕业后初任关税官员,1896 年前往台湾,将经历见闻等汇为诗集《泪痕集》。后应孙中山之邀共赴镇南关起义前线,并将见闻写成《支那革命实见记》一书。

② 小越平陆(1866—1929),新潟县人。幼年学习汉学,1886 年入海军服役,八年后退役,前往海参崴、朝鲜元山及中国山东半岛等地,1897 年之后又在日本驻华公使馆及三井洋行等资助下调查俄国在东北各地的扩张实情,1900 年时鼓动日本须"对俄一击"。日俄战争期间曾充陆军翻译随日军攻占青岛,但此后数十年时间主要通过所谓"支那探险"搜集中国各地情报,"历程实达数万里",著有《白山黑水录》《黄河治水》等。

③ 明治四十四年十二月七日驻上海总领事有吉明致外务大臣内田康哉机密第 104 号,日本外交史料馆藏资料 5—3—2　102《清国革命军ニ对スル本邦人ノ助势一件》。JACAR(亚洲历史资料中心),Ref. B08090241500,画像 24—25。

对于这种难于控制的无序局面和短视性、破坏性居多的"民间外交"活动，最初对大陆浪人的活动采取默认态度的驻汉口总领事松村，不久也提出了日本政府应当采取相应"对策"的提议："……而今为数众多的我邦人士帮助革命军，几成公开之秘密。近来，革命军策划的秘密事项往往外泄，为官军所探得。一部分革命党员怀疑此事乃日本人所为，遂以猜疑眼光看待日本人。而日本人中属于第一类及第二类者（松村总领事将在武汉的日本人划分为新闻记者，大陆浪人，预备役、后备役军人，其他人等四个广类），往往以相互排挤为能事，以致开始为革命党员所愚弄。概言之，此辈徒党时常出入于革命军总部，又时常玩弄各种权谋术数，最惹外国人注目。而今革命军自身已然蒙受不利，倘若更失利益时则可以想象彼辈必成为厌恶之对象耳。……彼辈大多或更名、或化装、或与中国留学生同行，乘坐外国汽轮抵汉，而后换乘小汽艇直接进入武昌，我等在此实难予以取缔。可否根据本职所发第九四号电报所述，在我国境内阻止其前来清国。以目下情势而言，此辈徒党尚有陆续渡海前来清国之虞，为邦国利益计令人不堪忧虑，谨请在此之际予以取缔是盼。"①

此后 1911 年 12 月 2 日驻上海总领事有吉明拍给内田康哉的电报，也印证了大陆浪人胡作非为的种种"劣迹"。有吉正收集来的情报指出，"此次革命军在汉阳战败"的原因，盖由"在武汉厕身于革命军中"的许多日本浪人"簇拥黄兴，作威作福，致与湖南兵发生矛盾之所致"，"征诸各方情报，此点殆已无可怀疑"；他还报告

---

① 明治四十四年十一月十九日驻汉口总领事松村贞雄致外务大臣内田康哉机密第 72 号，日本外交史料馆藏资料 5—3—2 102《清国革命軍二对スル本邦人ノ助勢一件》。JACAR（亚洲历史资料中心），Ref. B08090241500，画像 14—15。

说:"闻此辈此次撤离武昌时又各自攫取财物,此等劣迹,不独有害于大局,且将来终必惹起革命军之恶感。……"①大陆浪人在革命动乱中浑水摸鱼的行为有可能给日本对华政策的全局带来破坏性后果,日本外交当局也不得不予以深切关注。

另一方面,日本军人、浪人半公开地介入中国国内战事,使清政府以及保守阵营的舆论首先深感不安。1911 年 11 月中旬,总理衙门出资发行的英文报纸《北京日报》(Peking Daily News)以东京特电的形式刊登了太平洋会、亚细亚协会(原文如此)、大东义会等日本民间团体通过决议,打电报祝愿中国革命军取得成功的报道,23 日又刊载文章指出:"官军、革命军间之争斗为清国内政问题,各国对此当然不应发生任何关系。……此外,一些日本人的不法举动虽应看作个人行为,但日本有义务制止其臣民的此类不法行为,保持中立。有对日本不怀好意者说,'满洲'如果爆发革命,将给日本带来最大利益。也就是说,日本可以乘此时机实现其野心,暗示革命党的暴动受到了日本的煽动。吾人虽不愿相信会有如此卑劣之阴谋,但日本至少应当采取必要措施,打消此类疑团的存在。"②日本驻北京公使伊集院彦吉当天就将这篇评论翻译后发送东京,提请外务省注意。

与此同时,其他列强各国对于日本军人、民间浪人等投身中国

---

① 明治四十四年十二月二日驻上海总领事有吉致外务大臣内田电第 379 号,外务省编纂:《日本外交文書別冊 清国事变(辛亥革命)》,东京:严南堂书店 1961 年出版,112—113 页;中文引文据《日本外交文书选译——关于辛亥革命》189 页(引者略有订正)。

② 明治四十四年十一月二十八日驻北京公使伊集院致外务大臣内田康哉电第 593 号,日本外交史料馆馆藏资料 5—3—2　84《清国革命動乱ノ際二於ケル新聞論調一件(清国动乱之际新闻论调一件)》,JACAR(亚洲历史资料中心),Ref. B08090225900,画像28—31。

革命战争和参与新政权建设之类的"小动作"也感到不快，通过舆论和外交渠道向日本政府施加压力，要求加以取缔。例如 12 月 4 日，纽约报纸 *Tribune* 以《中国的动乱是日本酿成的吗?》为题发表来自北京的通讯员文章，认为日本在中国以及远东地区的行动，比其他任何国家的行动都更引起人们的关注，这是因为日本在这里下的赌注最多，一旦成功就可以比其他任何国家得到更多收获。文章接着提出一个假设，认为日本政府和日本人的所作所为无法洗清自身的嫌疑："在北京，有人认为：日本是有意酿成此次纷乱，一方面援助革命党，另一方面向陷于穷途的满洲朝廷鬻恩求报，以便实现在满洲及其他地区的野心。记者虽认为，即便是聪明绝顶的日本人，也不敢出此险着。但是……革命发生时武昌已有若干日本军人，日本提督此时恰在长江中航行并立即指挥灭应一事却是不争的事实。"①稍晚，一些德国报纸也相继发表文章评论日本与辛亥革命的关系，同样提出了"不但清国官军方面，欧洲人也渐渐对日本人的行动产生怀疑，使日本人蒙受援助革命党之嫌疑的行动，即便是日本人自己，如具公平地进行观察，也无法予以否认"②之类的批评。进入 1912 年 1 月以后，纽约一些报纸还刊登了日本人参与中国革命的更为详尽的报道，总领事太田为吉立刻将剪报转送外务省，并指出该报道将成为当地人关注这一事件的嚆矢。③

---

① 明治四十四年十二月六日驻美临时代理大使埴原正直致外务大臣内田康哉电第 254 号,《日本外交文书别册 清国事变(辛亥革命)》,516—519 页。

② 明治四十四年十二月二十二日驻德国大使杉村致外务大臣内田康哉电第 144 号,《日本外交文书别册 清国事变(辛亥革命)》,521 页。

③ 明治四十五年一月九日驻纽约总领事太田为吉致外务大臣内田康哉公文第 5 号,日本外交史料馆馆藏资料 5—3—2 102《清国革命军二对スル本邦人ノ助势一件》。JACAR(亚洲历史资料中心),Ref. B08090241500,画像 55。

　　为了缓解来自列强各国的压力,1911 年 12 月 13 日日本驻华公使伊集院彦吉致函驻上海总领事有吉明,通告英国《泰晤士报》记者莫理循(Morrison,George Ernest,1862—1920)即将从北京前往南京、上海考察一事。由于莫氏同英国公使关系密切并且深得清廷要员们的信任,《泰晤士报》在此前后也刊出了批评日本对华政策的文章,伊集院希望有吉务必做好对莫理循的疏通和解释工作,以免损害同英国这个最大的外交伙伴的关系。关于"两三名不任现职的大尉或更下级军官"以及"以宫崎浪花节(滔天)为首一帮毫无一顾价值之无赖汉"的存在,伊集院也要求有吉从:① "由于日本接近(清国)之地理位置与交通之便利,现在已在清国有为数众多之居民,若干我邦人士混迹于(革命军)中,本不足为奇";② "(日本)帝国政府并不赞成一般人民此类起哄看热闹的行为,并请注意到(帝国治理下的)南满洲地区现在是整个清国最安全、最平静的地区"这样两个角度出发加以解释说明。① 至于是否应当立即取缔大陆浪人的活动,考虑到由此会引起革命党人的反感等因素,有吉明则致电外务大臣内田康哉,表示"本职拟暂取放任态度,不加约束",并获得了认可。②

　　对于大陆浪人中存在的上述"无赖汉"行为,中国革命党人和一部分大陆浪人也提出了要求日本人内部"自我整肃"的呼声:"前往清国之我邦人目下大部分在上海逗留,其多数将来恐怕会对我国酿成不利(之结局)。此次何天炯赴美(原文如此。何天炯在南

---

① 明治四十四年十二月十三日伊集院公使致驻上海总领事有吉明函第 83 号,日本外交史料馆馆藏资料 5—3—2　102《清国革命军ニ对スル本邦人ノ助势一件》。JACAR(亚洲历史资料中心),Ref. B08090241500,画像 33—40。
② 明治四十四年十二月二日驻上海总领事有吉致外务大臣内田电第 379 号,《日本外交文书别册 清国事变(辛亥革命)》,112—113 页;中文引文据《日本外交文书选译——关于辛亥革命》189 页。

京临时政府成立后,被孙黄委为驻日本代表),除以筹划军事资金为目的外,亦为企求有力量之日本人前往清国之故。"①而应邀前来"整肃"、震慑"借帮助革命之名,介入当时支那运动,使革命志士大为懊丧"的"不良浪人""不德汉"的,是1911年12月先后赶到上海、南京的犬养毅和头山满两人。② 但此后直至革命党人依照南北和谈达成的约定将权力移交给袁世凯为止,大陆浪人依然我行我素,丝毫未加收敛。

3. 革命党人与日本政府、军部、商界间的桥梁

对于时常出现"失控"并招惹棘手问题的所谓"民间外交",日本的"官方外交"不急于采取取缔措施的背后有一个更重要的原因,那就是它同时又是日本展开所谓"多元外交",在列强争夺在华权益的激烈竞争中为后发国家的自身尽可能多分一杯羹的重要补充手段。因此,自从孙中山等中国革命党人在日本落脚之后,日本政府就利用大陆浪人这个特殊群体同中国革命党人建立了若有似无般的微妙关系。辛亥革命时期,这种微妙的关系便成为日本政府同革命党人之间保持联系的重要渠道。

1911年10月26日,日本驻纽约总领事水野致电外务大臣内田康哉,讲到从欧洲到美国去鹤冈永太郎③利用跟萱野长知有过交

① 东京警视厅《清国革命事变地方杂报》,日本外交史料馆馆藏资料5—3—2 102《清国革命军二对スル本邦人ノ助势一件》。JACAR(亚洲历史资料中心),Ref. B08090241500,画像27。
②《巨人头山满の话》,429页。
③ 鹤冈永太郎(1873—?),生于东京旧武士家庭。曾就读于东京帝国大学法科,就学期间的1900年唐才常起事时被聘为国际法顾问赴上海,起事失败后在南洋公学堂及王氏育才书塾用英语教授国际法课程。毕业后成为外务省"嘱托"和农商务省海外实习练习生,遍游中国内地各省。日俄战争中参与组织"满洲义军"等。辛亥革命后主要在我国东北地区经营旅馆和电气木材公司。

往的关系秘密会见了孙中山,孙中山通过鹤冈向日本政府表达了
"当此之际,本人无论如何亦愿往日本一行,为此曾致电宫崎探询
日本政府意向。本月二十四日接到萱野复电,略谓:如肯更名,则
登陆或逗留均无妨碍。但本人则不论时间如何短促,总愿以公开
身份逗留。如是,则日本方面所寄予之同情态度,既可鼓舞革命军
之士气,又可消除外界认为日本政府暗中庇护北京政府之疑虑,对
双方均为有利"①等数点意见,提出以公开身份前往日本的要求。
武昌起义和全国各地的响应,骤然加重了革命党在对外交涉中的
筹码。一贯以清政府路线为重心的外务省即使采取间接方式同孙
中山接触并征询其意见,也是前所未有的重大态度转变。11 月 12
日,驻芜湖领事奥田也致函内田外务大臣,提出:"长江沿岸一带人
民俱对革命军深表同情,故无论将来时局如何解决,此时暗中对革
命党施与若干恩惠,将对今后我国在长江沿岸的通商、航运事业十
分有利";同时他还了解到"目前俄国驻汉口总领事正通过某华人
译员之手向革命军提供方便,另有某俄人亦在武昌参与革命军之
内部活动,革命军已渐有亲俄倾向"等,言下之意希望外务省能够
针对革命党确定更为积极的方针。②

　　如果说萱野长知在这个交涉中所起的作用还比较间接,那么
南京临时政府成立后池亨吉的表现,则可以看做身为"民间人士"
的大陆浪人直接充当中国革命政权同日本政府之间桥梁的例证。

① 明治四十四年十月二十六日驻纽约总领事水野致外务大臣内田康哉密电机密第 160
　号,日本外交史料馆馆藏资料 1—6—1　47《清国革命动乱ノ際帝国政府ニ对スル官
　革两军ノ態度並誤解一件(清国革命动乱之际官革两军对帝国政府之态度及误解一
　件)》;JACAR(亚洲历史资料中心),Ref. B03050643000,画像 3—4。中文译文据《孙
　中山全集》第一卷,543—544 页。
② 《日本外交文书选译——关于辛亥革命》,184 页。

池亨吉在武昌起义爆发之前,已经同孙中山有过种种交往。如1907年3月孙中山等前往中越边界发动武装起义之际,就邀请池"能在此时以日本的吟唎自任""务将天下有所误解之处,为我革命志士阐明,并使他们的值得赞颂的地方为世所知"。[1] 此后,池氏果然跟随孙中山等人奔赴战场,参加起义的策划与实施,返回日本后又撰写出版了《支那革命实见记》一书,介绍革命党人的活动。

然而武昌起义爆发后,池亨吉宛然是具有特殊使命的一个角色。例如1911年12月25日孙中山乘船由香港返回上海之际,由于经由日本公开登陆而后返回祖国的要求没有得到许可,孙中山因而怀疑日本是否同英国、俄国协同一致,制定了压迫或者阻碍中国革命胜利的方针。与宫崎滔天、山田纯三郎等人同船前往香港迎接孙中山回沪的池亨吉,则不失时机地向他私下说明:"日本国不仅绝无此意,且对革命党抱有颇大同情",使孙中山有所宽心。[2] 抵达上海后,孙中山任命池亨吉为自己的书记兼翻译,处理有关英文的函件、报告等,并向上海《大陆报》主笔等作了介绍。[3] 驻上海总领事有吉明也因而不无欣喜地认为,池亨吉在革命党内"拥有特殊之势力"[4]。

不久,池亨吉的特殊作用得到显露。1912年1月5日,孙中山发表《对外宣言》,幻想以承认晚清外交格局的方式换取列强对新政府的承认。11日、17日、19日,孙中山和王宠惠连续致电法国、

---

[1]《孙中山全集》第一卷,333页。

[2] 明治四十四年十月二十一日驻香港代理总领事船津辰一郎致外务大臣内田康哉电第123号,《日本外交文书别册 清国事变(辛亥革命)》,117页。

[3]《孙中山全集》第一卷,572页。

[4] 明治四十四年十二月三十一日驻上海总领事有吉明致外务大臣内田康哉机密电第123号,《日本外交文书别册 清国事变(辛亥革命)》,118页。

美国、英国外交当局，争取列强中一国乃至数国的外交承认。20日，池亨吉向日本驻南京领事铃木荣作透露："为了争取各国之承认，孙逸仙正在考虑向最先承认共和国政府之国家，提供重大之利权。"①这一动态对于图谋扩大在"清国本土"权益的日本来讲无异是求之不得的良机，所以铃木领事随即电告外务大臣内田康哉，并约定进一步调查该信息是否属实。②

　　第二天也就是 21 日，铃木领事将探听到的南京临时政府对外宣言的内容电告内田外务大臣③，并连续致电外务省提出自己进一步的看法："关于孙（中山）作为承认共和国政府的手段，对各国拍卖式提供利权一事，确认同我在第 10 号电报中所述内容完全相同。此举虽肯定无法带来彼等预期之结果，但此际若能采用某种办法获得（在中国的）优先权，则对将来会有诸多便利。本职当此之际应对此件事项作何处置以及今后应如何对应，祈盼尽速电训示之。"④当判定消息属实后，铃木领事的态度十分积极，急于同临时政府迅速展开交涉，以便赶在其他列强之前把优先权先抓到手中。

---

①② 明治四十五年一月二十日驻南京领事铃木荣作致外务大臣内田康哉密电第 9 号，日本外交史料馆馆藏资料 1—6—1　50 第 1 卷《清国革命動乱ノ際ニ於ケル各省独立宣言並中華民国仮政府承認請求一件 第一卷》，JACAR（亚洲历史资料中心），Ref. B03050646300，画像 9。

③ 明治四十五年一月二十一日驻南京领事铃木荣作致外务大臣内田康哉密电第 10 号，日本外交史料馆馆藏资料 1—6—1　50 第 1 卷《清国革命動乱ノ際ニ於ケル各省独立宣言並中華民国仮政府承認請求一件 第一卷》，JACAR（亚洲历史资料中心），Ref. B03050646300，画像 10—11。

④ 明治四十五年一月二十一日驻南京领事铃木荣作致外务大臣内田康哉密电第 11 号，日本外交史料馆馆藏资料 1—6—1　50 第 1 卷《清国革命動乱ノ際ニ於ケル各省独立宣言並中華民国仮政府承認請求一件　第一卷》，JACAR（亚洲历史资料中心），Ref. B03050646600，画像 15—16。

22 日，由于外务省没有发来进一步的指示，铃木荣作继续发电报向外务省介绍事情的详细背景："据本月 20 日孙文秘书池亨吉同本职之秘密会谈……孙文比际将再度宣布有关承认共和政府的对外宣言，且有意向列强中的无论何国最先承认新政府者提供重大之利权。因事情紧急且考虑到（日本）帝国之利害，故特地通知本职云云。另据池氏明确转告，在通知列强之前首先通知本职一事，已得到孙的允诺。对此，本职询问：所谓重大利权的性质为何？据云乃铺设铁路、重要城市之居住、营业所需土地的租借权等项，其余则如我处已发第 10 号电报所述。如此重大之权利，若依照池氏所示方法，一国是否能够确实独占，以及今后当以何种形式实施？对此未获池氏之明确答复，但从其语气看，似乎亦没有深入考虑到此类问题。"①于是，铃木荣作首先对池亨吉的"好意"做法表达谢意，同时又通过军方的井户川中校同孙中山见面，进行并行确认。据井户川托人转达的情报说，原来孙中山担心清帝如果在中华民国尚未得到各国承认之前退位的话，中国将出现主权的暂时空白状态，对内对外都会不利，因此向各国发出通告并再次发布对外宣言，以推动各国对新政权的承认。对于第一个承认中华民国

---

① 明治四十五年一月二十二日驻南京领事铃木荣作致外务大臣内田康哉机密电第 4 号，日本外交史料馆馆藏资料 1—6—1　50 第 1 卷《清国革命動乱ノ際ニ於ケル各省独立宣言並中華民国仮政府承認請求一件　第一卷》，JACAR（亚洲历史资料中心），Ref. B03050646300，画像 4—6。《日本外交文书别册 清国事变（辛亥革命）》，127—128 页。

的国家,则不惜在权益上作出重大的牺牲。① 铃木领事由此作出结论:"根据上述情况,孙内心中已然存在使用拍卖利权的办法来换取各国承认的考虑,渐为明白之事实。综合其他种种情报来看,跟清帝逊位问题、财政问题、军队遣散等问题相较,新政府承认问题对革命军来说,则无疑是燃眉之急务,最费苦心。"为此,他在同一封电报中再次要求日本政府"若认为此际有必要采用某种办法扩张帝国之利权,窃思并非完全不可能之事",希望外务省首脑迅速确定行动方针,以避免失去这一大好机会。②

然而,让铃木领事以及池亨吉等人兴奋异常的这个机会最终还是没有出现。英国早在 1911 年 12 月初就事先未同日本政府商量促成中国南北双方实现停战,此后又把推动袁世凯出任共和政府大总统作为解决事态的主轴,并以盟兄的身份向袁内阁代表梁士诒保证说:"无论日本国政府对于清国成立共和政府持何等强烈之反对意见,但据本职观测,一旦共和政府宣告成立,而各国政府又迫于承认之际,日本国政府当不致有与我国政府分离而单独采取特殊态度之意向。"③事实也正是如此,尽管英国主导下的事态解决方案对日本来讲是最不希望出现的,但为了修复已不稳定的日英关系,12 月底的日本内阁会议和元老会议还是作出了坚持日英协调路线,追随英国外交政策的决定。外务省外务次官石井菊次

---

① ② 明治四十五年一月二十二日驻南京领事铃木荣作致外务大臣内田康哉机密电第 4 号,日本外交史料馆馆藏资料 1—6—1 50 第 1 卷《清国革命動乱ノ際二於ケル各省独立宣言並中華民国仮政府承認請求一件 第一卷》,JACAR(亚洲历史资料中心),Ref. B03050646300,画像 4—6。《日本外交文書別冊 清国事変(辛亥革命)》,127—128 页。

③ 《日本外交文书选译——关于辛亥革命》,387—388 页。

郎在议会回答议员日向辉武关于是否承认中国共和政体的质询时说："今日中国之事态，尚未至决定是否承认之时机……故而至今未予承认"，"先于列国行事，并非有利之举，因而政府决不先于各国率先承认"。①

就在1月22日，临时参议院通过了孙中山提议的议和让位五条件，外交承认问题对临时政府来讲已失去了加强南方代表在和谈中地位的实际意义。此后，尽管日本的大陆浪人等"民间人士"在1月底和2月初又相继成立"中华共和国公认期成同盟会"等团体，通过相应决议进行呼吁，也未能扭转日本政府的决策。2月13日，各国驻华使团在北京开会，相约在中国统一政府成立之前，不对南方政权作出承认的表态。

日本大陆浪人借深得孙中山等革命党人信任之机，暗中向日本政府传递情报、提供建议和政策选项，以极为具体详实的资料展示了大陆浪人中的多数人寄食、游走于"雇主"（中国革命党等中国政治势力）与"金主"（日本政府、军部、财阀等支持力量）还有所谓"国益"之间，利用到手的有限资源，"位卑未敢忘忧国"，最大限度地呈现"为谋生不惮双向、多向刨食"的生态，池亨吉等人的所作所为是极好的证明。

除了在中国革命党人和日本政府之间传递信息、折中撮合之外，以大陆浪人为主的一帮"民间人士"，在辛亥革命期间还与中国革命党人和日本军方、商界之间，策划和促成了几笔军火与贷款交易。

革命党人在南京站稳脚跟后，就面临着补充武器和筹措资金

---

① 大日本帝国议会志刊行会编：《大日本帝国議会志》（第八卷），东京：大日本帝国议会志刊行会，昭和二年（1926），995页。

向双重困难。为了挽回战场上的不利局面,黄兴等军事首脑多次提出向日本购买军火,并为此进行了实际接触。如当时日军参谋本部派驻南京的古川中校搜集到的情报表明:"日前黄兴从汉阳败退至上海之际,认为革命军失败之最重大原因,在武器不精良之故,其后极力主张从日本购买新式武器,其第一步就提出了欲购买步枪两万支、野炮五十四门、机关枪七十四门以及相应弹药要求,后因缺乏必要之资金,交易至今尚未执行。……此外,目前驻扎当地的苏军司令官刘之洁、浙军支队长朱瑞(朱瑞当时任浙军第一镇统制官),亦前来要求购买武器及马匹,同样因无确实之资金而未能开始具体之交涉。然而,已有迹象表明,机敏之德国商人正向彼等窥探虚实,办理推销军火之交涉。今后能否向彼等出口日本武器尚未可知,但当地各军司令官对日本武器信赖颇深则为事实也。"① 与此同时,广东军政府据说也有意从日本购买长枪 1 万支、机关枪 30 支及弹药等,但由于资金无着同三井公司还进行过借款交涉,未获结果。② 此后,正如前文所述,1912 年 1 月,内田良平通过三井公司总经理益田孝向日本政府游说,最终作为上海都督府的代理人与三井公司达成借款 30 万日元的合同,并用这笔款项为革命军购买了一批大炮、机关枪和弹药。

　　不过,推动上述借款以及向革命军提供武器一事的实现,内田

---

① 参谋本部《清国事变特报附录　第贰拾八号》(明治四十五年一月十七日),日本外交史料官馆藏资料 1—6—1　50 第 1 卷《清国革命動乱ノ際ニ於ケル各省独立宣言並ニ中華民国仮政府承認請求一件 第一卷(清国革命动乱之际各省独立宣言暨中华民国临时政府请求承认一件 第一卷)》。JACAR(亚洲历史资料中心),Ref. 3030050546200,画像 18—24。

② 明治四十四年十月二十一日驻香港代理总领事船津辰一郎致外务大臣内田康哉电第 123 号,《日本外交文書別冊 清国事变(辛亥革命)》,117 页。

良平等人开展的"民间外交"固然发挥了不可忽视的作用,但同时也是日本政府、军部当时调整对华政策的结果。早在1911年11月3日,日本驻北京公使馆武官青木宣纯①在会见军咨大臣载涛时已经宣称:"当此时期,军火商人为乘机牟利而不分官军或叛党一律出售,恐任何国家均难禁绝,故欲日本国全面禁止商人之此类活动,实有困难。"这为日本以民间的形式援助革命军预留了空间。②另一方面,派驻南方各地的外交官们对大陆浪人的活动虽然大伤脑筋,却基本上不反对日本人军事上支持革命军。如驻汉口总领事松村在1911年12月1日发给外务大臣的电报中说:"革命军中现有多数日本人参与其间,几乎已是公开的秘密。此次汉阳陷落,此等日本人全部撤至本地,以至于引起一部分外国人及清国人对日本武力产生蔑视,误以为日本政府暗中向革命军提供援助,无论如何解释亦难消除此种误会,实属遗憾之至。……如果陆军当局有意向革命军提供间接援助,则本职认为:若以人力加以援助,必将引起外界注意,且于我政府之颜面有关,若由商人出卖武器,则不致引起偌大责难。"③这仍然跟利用前述"泰平公司"向清军出售军火的手法相同,堪称官方外交主导下的"民间外交"或曰"军火外交"。

---

① 青木宣纯(1859—1924),宫崎县人。1875年入陆军幼年学校,两年后入陆军士官学校,毕业后任炮兵少尉。1884年被参谋本部派驻广州、北京等地,甲午战争后任日本驻华使馆武官,与袁世凯有深交。日俄战争时召集大陆浪人组织"特别任务班",刺探军情、破坏俄军补给线,战后被擢升为中将,任旅顺要塞司令。

② 《日本外交文书选译——关于辛亥革命》,182—183页。

③ 明治四十四年十二月一日驻汉口总领事松村贞雄致外务大臣内田康哉机密第118号,日本外交史料馆馆藏资料5—3—2 102《清国革命军ニ对スル本邦人ノ助势一件》;JACAR(亚洲历史资料中心),Ref.B08090241500,画像16—19。中文译文据《日本外交文书选译——关于辛亥革命》188页。

对于松村的提案,内田康哉第二天致电公使伊集院并转告松村:说明日本海军当局对于"凡日本国人民仅以个人名义不论向官军或革命军之任何一方提供援助、且其行动并不超出个人范围者",认为"暂无必要加以管束"确属事实;但这个方针不等于怂恿日本人援助革命军。陆军方面态度基本相同,也没有单方面援助革命军的考虑,并且"原则上也不促使本国商人向革命军出售军火"。① 实际上等于借对此事态度消极的陆军省和海军省的名义,玉下了应当向"官""革"双方同时提供武器的动议。但是在日本政府内部,内务大臣原敬却提出了相反的意见:"今日之形势下,无论对叛军或官军两方面之发展前途皆全然不明,自外交理论而言,一边倒到底对我国不利",又同态度积极的参谋本部站在一起推动政府默许了向革命军出售军火一事。②

当然,从内田良平、益田孝到井上馨、原敬等在朝在野的几个关键人物在这个时候都赞成向革命军提供军火,并非出于同情中国革命党人、赞成在中国成立民主共和国之缘故。在内田良平和原敬看来,当清廷和南方共和势力势均力敌、胜负未分的时候,像山县有朋、内田康哉那样跟着厌恶革命党人的感觉走,将赌注完全押在清廷一方是不明智的,至少也要对革命军一方多少有所表示,才能保证此后无论中国局势发生什么样的变化都能够左右逢源,掌握主动。官方外交和大陆浪人的"民间外交"在根本方向上的一致性,于此又一次得到体现。

---

① 明治四十四年十二月二日外务大臣内田康哉致伊集院公使电第 336 号,日本外交史料馆馆藏资料 5—3—2　102《清国革命军ニ对スル本邦人ノ助势一件》;JACAR(亚洲历史资料中心),Ref. B08090241500,画像 20—21。中文译文据《日本外交文书选译——关于辛亥革命》,126 页。

② 原奎一郎编:《原敬日记》3,东京:福村出版株式会社 1981 年,177 页。

辛亥革命发生后不久的 1911 年 10 月 24 日,"第二次西园寺(公望)内阁"根据外务大臣内田康哉的意见就中国的政治局势和日本的外交方针作出决议,确定了以"关于满洲问题,可暂时维持现状,防止我权益遭受侵害,并相机逐步增进我国权益";"今后应着重致力于在清国本土培植势力";要与英、法等"与清国本土有利害关系的各国""探讨协调的途径"这三大方针为中心的对华政策。① 辛亥革命时期的对华"官方外交",可以说基本上围绕着这三大方针展开。西园寺内阁重视日英协调的对华政策,引起了积极主张出兵干涉中国革命的军部首脑、军阀们的不满,同时也引起了怀抱各种各样政治立场与动机的大陆浪人等"民间人士"的不满。因为在田中义一等陆军将领看来:"清国事件(即辛亥革命),实有与千载难遇之良机失之交臂之感慨。软弱无力之辈纠合而成之现内阁,毕竟没有运作大局之才干,令人不胜遗憾。步徒有虚表之同盟国英国之后尘,如何还能指望今后之发展!"②认为西园寺内阁的对华政策过于"软弱",而使日本坐失了进一步推进"大陆政策"实施的良机。而大陆浪人们对日本政府所谓"软弱政策"的批判和要求修改对华政策的建议,则以前述黑龙会系统内田良平等人 1913年的《支那观》、1914 年的《对支问题解决意见》和 1916 年的《日支亲善的基础》为代表。除了个别真正同情中国革命或者与中国革命党人拥有共同政治理念的民间人士之外,大部分日本军人、大陆浪人以至于"社会名流"们的所谓"民间外交"活动,究其实质不过

---

① 《日本外交文書別冊 清国事变(辛亥革命)》,50—51 页。中文译文据《日本外交文书选译——关于辛亥革命》,109—11 页。

② 1912 年 3 月 13 日田中义一致长冈外史书柬,长冈外史文书研究会编:《長冈外史関係文書 書簡書・類編(长冈外史关系文书 书柬、文件类)》,东京:吉川弘文馆 1989年,206—207 页。

是对大陆政策更为隐蔽、更为强硬也更具欺骗性的实践,不足倚为近代中国民族、民主革命运动的奥援。辛亥革命时期大陆浪人的对华"民间外交",就提供了颇具说服力的佐证。

4. "二次革命"与大陆浪人

1913 年 2 月,辞去临时大总统职务的孙中山以"中华民国全国铁路总办"的身份访问日本。临行前有日本记者询问此次的访日目的,孙中山回答"图中日两国亲交,并访旧友"①,还说"会旧友,温旧交,且向日本学习余作为终生事业所谋划之铁路经营"乃最大心愿。② 可知孙中山此行的主要目的,首先是向支持过自己的日本各方面表示谢意,同时联络中日民间人士之间的感情,呼吁他们继续支援中国。

但日本政府对于孙中山的这次正式访问态度冷淡,西园寺内阁曾作出决议,要求陆、海军大臣及其他阁僚、元老等避免同孙中山会面,桂太郎还派出《二六新闻》社社长秋山定辅前往上海劝阻孙中山。

与日本官方的态度相反,大陆浪人们却普遍欢迎孙中山的来方。山田纯三郎从上海起就全程随同孙中山出行,并负责同日本各方联络。孙中山抵达长崎后,宫崎滔天等人也加入了访问团一行。2 月 14 日孙中山抵达东京新桥车站时,东亚同文会、东邦协会、东洋协会等大陆浪人团体的成员以及日本政学各界、中国留学生 2 000 余人前往欢迎。2 月 15 日、16 日,东亚同文会和东邦协会又分别举行欢迎会和宴会,犬养毅、头山满、副岛义一、寺尾亨、伊

---

① 《在日本下关答记者问》,《孙中山全集》第三卷,12—13 页。

② 《时事新报》大正三年(1914)二月十五日,转引自藤井升三《孙文の研究—とくに民族主義理論の発展を中心として(孙文研究——尤其以民族主义理论的发展为中心)》,东京:劲草书房 1966 年,80 页。

东知也、根津一等"与孙逸仙有旧交"的诸人纷纷来把盏叙旧。① 在东京，孙中山由宫崎滔天、山田纯三郎等陪同，还拜访了山县有朋、桂太郎、牧野伸显等政、军界要人，希望他们继续支援中华民国的建设事业。3月中旬，孙中山乘火车经横滨、名古屋、大阪、广岛等地抵达九州参观访问。

九州是大陆浪人的荟萃之地，孙中山也曾多次到访。这次，孙中山还特地去了福冈崇福寺的玄洋社墓地，拜访了熊本县荒尾村的宫崎兄弟故居。在荒尾村村长举办的酒宴上，孙中山致辞说："……宫崎兄弟是我之契友。对他们弟兄为我国革命事业奔走，尽心竭力，极为铭感。希望日中两国间亲密关系，犹如我与宫崎弟兄间之关系，日益加深。……'②既盛赞了宫崎滔天兄弟数人为中国革命事业所作的艰苦努力，又对中日关系发展的前途提出了期望。

九州之行结束后，孙中山预定还要返回东京稍作逗留。但3月20日，宋教仁在上海车站遭到袁世凯指派的凶手行刺，第三天清晨即因伤重去世。孙中山闻讯后，即于23日离开长崎回国，宫崎滔天、岛田经一③和菊池良一④等也随船来华。

不久，"宋案"真相大白于天下，孙中山于是提出"联日""速决"

---

① 《孙中山在福冈》，中国社会科学院近代史研究所编：《近代史资料》总第 55 号，北京：中国社会科学出版社 1984 年，4 页。

② 《孙中山在福冈》，《近代史资料》总第 55 号，14 页。

③ 岛田经一（1866—1927），生于福冈县博多川町。年幼时由于才能出众被目为"博多（福冈县古称）三子"之一。青年时与末永节等人结交，并拜平冈浩太郎为师。1887年前往上海，寄宿在平冈开办的鞋店里学习汉语和了解中国情形。甲午战争时充任日本陆军翻译随军，1900 年惠州起义之际同末永节等人一起援助革命军。又学习禅学，据说多有奇闻逸事。

④ 菊池良一（1879—？），青森县弘前市人。曾就学于仙台第二高等学校及京都大学法学部，毕业后投身政界，七次当选为众议院议员。1912 年与孙中山结识，1929 年曾携女来华参加孙中山灵柩的"奉安大典'。

的武力解决方案,积极筹备反袁军事斗争。7 月 12 日,李烈钧在江西举兵讨袁,"二次革命"正式爆发。

"二次革命"中,许多大陆浪人继续以民间人士的身份参加革命党人的反袁军事活动。

李烈钧发难之前,革命党人吴玉章曾与宫崎滔天、金子克己和野中保教等人一起研制鱼雷,计划炸沉黄浦江上的北军军舰,以便革命军占领上海。未久,居正、白逾桓等人率革命军攻打吴淞炮台,中田群次、志村光治、今泉三八郎等日本浪人追随黄一欧之后投入居正军中效力,金子克己负责从日本招募援兵。在江西战场,山中未成、新田德兵卫等人参加了李烈钧部军队的战斗;江苏讨袁军中也有日本浪人多人参战,林传作及建部氏等人还在战斗中战死或受伤。在东北地区,金子克己与《安东新报》职员南部露、小滨为五郎等人曾协助戴季陶等人联络"马贼"首领王云峰等人举事。直到翌年 6 月,志村光治、金子克己等人还在奉天、法库门等地投放炸弹,搅扰张作霖对当地的统治。

"二次革命"一役,革命党人虽然动员了全部的军事力量讨袁,但由于帝国主义国家对袁世凯的支持和国民党反袁军自身的组织涣散,行动不一,开战仅两个月,革命军就在战场上遭到彻底的失败。孙中山、黄兴、李烈钧、胡汉民等人不得不再次被迫"亡命"日本。

8 月 9 日,孙中山经台湾基隆抵达日本神户。然而,关注于改善与袁世凯北洋政府关系的山本权兵卫内阁禁止孙中山在日本登陆。孙中山通过萱野长知联系头山满和犬养毅求助,数日后,孙中山在古岛一雄和萱野等人帮助下从神户来到东京,这时犬养毅也说服山本内阁默认了孙中山的登陆。孙中山于是在赤坂灵南坂头山满邸宅隔壁的海妻猪佐彦家开始了又一段漫长的流亡生活。

此时，"国益"也成为"国权主义派"大陆浪人手中愈举愈高的旗帜，他们开始利用中国国内政治动荡造成的任何事件和摩擦，制造并渲染能够成为推行"强硬"对华政策的借口。

1913 年的"二次革命"前后，张勋率领部下前往江宁（南京）"讨伐"讨袁军之际，纵容部下在南京大肆抢掠财物和屠杀民众数千人，是为"1913 年南京事件"。事件中，据说有中国士兵对日本国旗有"侮辱行为"（其实是手持日本国旗的一名日本人被杀害），日本人的商店受到掠夺，且有三名日本人被杀，因此《朝日新闻》《东京日日新闻》等各种媒体称作"南京日本人被杀害及被掠夺事件（南京での日本人殺害及び略奪事件）"反复渲染，加上同时期发生的"兖州事件"（8 月 3 日，所谓"兖州川崎大尉监禁事件"）、"汉口事件"（8 月 11 日，所谓"西村少尉拘禁事件"）的刺激，于是日本国内"人心甚为激昂，形势遂演变成一大国民运动。犬养毅、头山满、内田良平、五百木良三、平山周、古岛一雄、萱野长知、田边安之助等'对支有志之士'及国民党、政友俱乐部、政友院外团、立宪日本青年党等政党与团体，接连召开会议，督励政府，发布宣言，要求采取强硬措施"。①

原先对南方革命党表明过支持态度的犬养毅、头山满等人，事件后立刻召集所谓"对支十三团体"的"有志"者们协议，以"对支同志联合会"的名义发表宣言等，要求日本政府为了"国家的威信"和

---

① 《东洋经济新报》第 645 号（1913 年 9 月 15 日）《杂报栏》；转引自曾村保信《近代史研究—日本と中国》，《辛亥革命と日本の輿論》，147 页。

保护"居留民的利益",采取最迅速而强硬的"对支措施"。① 他们建议日本政府采取的这些措施,或是派遣军队直接占领中国的某个重要城镇或战略要地,或是"出兵"长江流域的战略要地等等,均可称作当时情况下最为强硬的对华外交举措。

在这场骚动中,大陆浪人与日本政府、军部之间其实存在着复杂的互动关系。政府中的一部分人如政务局长阿部守太郎主张通过和平的手段扩大日本在华通商和经济权益,并主张外交集中到外务省进行,军部也必须服从政府的方针。在"南京事件"问题上,他也表示"有人认为日本的国旗受到了侮辱而吵嚷不休,但是国旗不过是一件器物,为这个问题而愤慨,未免愚蠢"②。结果,阿部局长的态度激怒了浪人们,9 月 5 日傍晚,他就被"支那浪人"岩田爱之助③影响下的两名凶徒宫本千代吉(21 岁)和冈田满(18 岁)刺杀在东京赤坂灵南坂自家门前。当天下午,署名"忧国男子"的凶手或者其同伙还寄了一封《斩奸状》到阿部家,文中称:"而今我国之外交,主持者不得人(意即选人不当),徒以卑屈退让为事。外交二,既使神州(指日本)之国威遭凌辱蹂躏于东,又使以二十亿之巨财与十万同胞尸横遍野、血流成河之努力赢得之满蒙弃而不顾之

————————————

① "对支同志联合会"的宣言内容如下:"近来支那人对日本人频频横加侮辱,乃侮辱我国之思想,已横溢支那朝野上下之结果。而其由来,无不基于支那临时政府之首脑,暗藏对我国之敌意。因此,吾辈为保持我帝国之威信与永久之安宁,决议认可出兵占领致北京政府之死命且可保护我人民之地点。"其"决议"内容如下:"一,占领东蒙、南满之要地;二,出兵扬子江一带之要地。"原载《东京日日新闻》大正二年(1913)九月七日;转引自曾村保信《近代史研究—日本と中国》,《辛亥革命と日本の興論》,148 页。
② 黑龙会编:《東亜先覚志士記伝》中卷,东京,原书房《明治百年史丛书》,昭和四十一年(1966)版,560 页。
③ 这个岩田爱之助武昌起义期间曾经参加革命军,在汉阳保卫战中负伤,1912 年 1 月又在天津参加过"镇台爆炸事件"。

于西……阿部、伊集院(指伊集院彦吉 1864—1924，时任日本驻清国特命全权公使)之徒，无视民意，置帝国于累卵之危而不顾……其罪甚大，天人俱不容之，耿耿忧国之士，岂忍坐视？于兹立斩奸贼，欲以此而置国家于万世之安，正世道之人心。"①如此残忍的手段和公然挑战法律与正义的行为，居然赢得了大陆浪人阵营中如潮的"好评"。如历来与其他大陆浪人未必完全同步、同调的北一辉，这次却高声欢呼道："政务局长阿部某人之死，乃神武天皇在天之神灵假借冈田满为刽子手而执行之死刑。神明在上，无所不览……阿部某人，不过欲阻碍上天运作东亚复兴计划之一匹夫。上天斩一匹夫，而使国民终于领悟神之教诲也。"②以凶徒、狂徒的面目出现，用最野蛮也是最直接的手段扼杀言论和不同政见，甚至从肉体上消灭对手，是大陆浪人当时常用的政治手段之一，凸显了这个群体的右翼极端分子政治上野蛮、暴力的一面。

① 栗原健编著：《对满蒙政策史の一面—日露戦争より大正期にいたる(对满蒙政策史的另一面——从日俄战争到大正时期)》，东京：原书房 1966 年，88—89 頁。
② 北一辉：《支那革命外史》，东京：大镫阁 1921 年，280—281 页。

大陆浪人的"暴力秀"并未到此结束。暗杀事件制造了极大的轰动效应之后,冈田满又坐在中国地图上切断颈动脉自杀,让鲜血溅满地图上的"满蒙"部分[参见《東亜先覚志士記伝》中卷卷首照片,黑龙会出版部,昭和十年(1935)版]将血腥、暴力的场面进一步升级。岩田的背后,无疑是头山满和内田良平等人的唆使。[①]用暴力和血腥的手段将舆论激化到将近白热状态之后,9月7日,大陆浪人为了呼应日本陆军对内阁"软弱政策"的不满情绪,在日比谷公园召开"国民大会",中西正树等一个接一个地发表演讲,要求膺惩"南京事件"的中方肇事者,并乘机出兵中国,"占领满蒙之要地,以作为谈判解决条件",从而"根本性解决满蒙问题"。[②] 可以想象,如果不是日本政府、军部的首脑在此时多少还能够较为冷静地判断国际局势与日本国内局势,得出"为时尚早"的判断的话,大陆浪人很可能在更早的时候,就已经挑起了出兵中国、"占领满蒙之要地"的民族冲突,后来爆发的"中日战争"很可能被大大提前。

5. 第一次世界大战结束后的"民间外交"

第一次世界大战结束后,大陆浪人的"民间外交"没有结束。

1924年11月孙中山最后一次访日期间,大陆浪人仍然频繁地进行活动。据兵库县知事平冢广义向内务大臣和外交大臣提供的

---

① 据暗杀事件发生后冈田满去过的神田餐饮店"松本亭"老板娘后年的回忆,冈田选择剖腹自杀是跟内田良平或者头山满商量之后的结果。因为据说"由于(事件)存在背后关系,假如让年轻的冈田出面自首,很可能会泄露出背后的关系。既然即便自首冈田也难逃一死,还不如让冈田作为兴亚之志士来个轰轰烈烈的死,作为后世国士奋起之典范"。引自栗原健编著《对满蒙政策史の一面—日露戦争より大正期にいたる》,91页注(2)。

② 黑龙会编:《東亜先覚志士記伝》中卷,558页。

监视报告,孙中山在神户逗留期间,就有"支那浪人"佐藤知恭、远矢平吉等前来拜访。① 而这个佐藤知恭,据说在孙中山抵达神户后,屡次同孙中山会面,并且将见面后交谈的内容等,以《来日孙氏之真假两面(来朝セル孙氏ノ真仮両面)》为题连续三次发表在神户当地的报纸上。②

孙中山此次访日,一改此前主要同日本政界名流、军界要人和大陆浪人首领交往并反复吁求的活动方式,直接向日本普通民众发声,呼吁日本社会的一般民众给予中国的民族独立运动和民主革命运动更多的理解,显示出了孙中山对日政治战略和策略的重大变化与成熟。在神户以日本民众为听众所作的《大亚洲主义》演讲,就反映了孙中山对日思考的重大变化。但是,及至临终前的最后时刻,孙中山仍念念不忘日本社会和大陆浪人的"巨头""幕后首领"头山满和犬养毅对自己在神户演讲的反映和动向,可见大陆浪人这个群体及其活动,始终在孙中山的心目中占据了重要的位置。③

孙中山因病早逝,内田良平等黑龙会系统和川岛浪速等"满蒙独立运动"派大陆浪人无动于衷,因为他们早就认定孙中山等忠于自身理想和追求的革命党人已失去了利用价值。但是头山满等玄洋社系统的大陆浪人仍然从孙文这面旗帜中看到了利用的价值,东京等日本各地大陆浪人举行了多次追悼和纪念活动。

① 外务省记录:《江浙並奉直紛擾関係/本邦ニ於ケル孙文及廬永祥等ノ行動(江浙及奉直纷扰关系:孙文及卢永祥等在本邦之行动)》,JACAR(亚洲历史资料中心),Ref. B03050764400,画像 43。
② 同上,画像 45—46。
③ 萱野长知:《中華民国革命秘笈》,350—351 页。

如在东京,1925 年 5 月 9 日,以犬养毅、头山满、水野梅晓、萱野长知、宫崎龙介(宫崎滔天长子)和小岛七郎为发起人的"孙文追悼会"在名刹增上寺举行,由头山满代表主办方致悼辞,中日双方共约 350 人参加。仪式完毕后,还移席举办"追悼谈话会",犬养毅、萱野长知等均发表演讲,"各自暗中与自身立场相连接,进行了与自身有利之宣传"等。① 从此,从"我认识孙文……"到"我帮助过(爱助之)孙文……"等等言辞,遂成为诸多大陆浪人捞取自身政治资本和曲解孙中山思想、主张时的不二法宝。

当然,孙中山只是中国资产阶级民主革命的象征、旅日中国革命家的代表,从大陆浪人等日本民间政治势力获得种种支持和援助的革命者不止孙中山一人,用各种方式援助或支持过中国革命者的日本"友人""志士"等数量之多、情形之复杂,时时会因新资料的发现而不断更新,由此使人逐步觉察到,以某种方式参与中国的民主革命运动,似乎是早期大陆浪人共同的心态和特征。宫崎滔天等孙中山的"同志""挚友"毋庸赘言,头山满等基本上属于与中国革命党人"同床异梦"的日本"志士"们亦然。

关于教育中国留学生以及支援中国革命党人建设新兴中国国家政权的预设目的,同宋教仁私交甚深的大陆浪人北一辉曾有过最明确的表述:"对于革命党——亦即数万颗日本式头脑构成的知识阶级——的新支那,日本的对支政策也必须全面变革。而且这个变革还必须跟支那革命并行,还必须是革命性的变革。那么,什么是根本性的、精神上的亲日?不是别的,就是成为其思想之父——

---

① 外务省记录:《各国内政関係雑纂/支那ノ部/地方第四十二ノ二卷(各国内政关系杂纂,支那之部,地方第四十二之二卷)》,JACAR(亚洲历史资料中心),Ref. 303050148300,画像 1—4。

事。纵观古今，何尝有过如此亲善的关系？孕育了其建国思想的父亲！如果日本能够进一步当其新兴国家分娩之今日，助其抵御列国之野心，圆满完成助产婆之作用，该是何等（好事？）！"①在北一辉看来，通过大量吸收留学生的政策，日本已经成功地打造了近代中国的知识阶级，这些人最大的特点就是有一颗"日本式头脑"，也就是从知识体系到价值观等都能够和近代日本接轨。从这个意义上讲，近代日本已经成为新兴中国革命党人建立政权的"思想之父"，这是日本最大的外交财富。因此他认为，日本必须帮助中国革命党人夺取和建立新的政权，必须当好新政权的"助产婆"，这样做的结果，就有可能实现"根本性的、精神上的亲日"政权的诞生。

头山满、犬养毅等人声援孙中山革命运动之际，头脑中首先浮现出来的，应该也是"为未来的政治投资"之类的念头。深明政治运筹规则的犬养毅对此对盟友有过明确的"内部说明"，利害关系交代得不亚于内田良平；而深受汉、和传统文化熏陶的头山满，则切望在"以心传心""一切尽在不言中"的文化氛围中获得"相应"的"回报"（这是头山满与内田良平最大的区别，也是孙中山尽可能地切割同内田良平的关系，却一直保持同头山满之间关系的主要缘由），从最终效果来看反而更胜内田良平一筹。所以，如何阐明头山满等玄洋社系统大陆浪人和内田良平等黑龙会系统大陆浪人同孙中山等革命党人之间关系的不同，也就成了从学术角度可以嗤之以鼻而从辩论技巧角度却不得不认真对待、且似乎永远难以说

---

① 北一辉：《关于占领上海行动的情报 11 月 5 日　北辉次郎自上海致清藤幸七郎》，青地晨编辑：《现代日本記録全集 19　大陸を駆ける夢》，114 页。同文还见于小川平吉文书研究会编《小川平吉関係文書 2》，403—407 页。

服对方的"难题"。显然，孙中山直到过世时，也未能解决这个难题。

第三节　堕落的"志士"

一、"洗不白"的微妙关系

那么，清政府以及后来的袁世凯政权、北洋政权是怎样看待这些大陆浪人的呢？这是一个饶有兴味的历史课题。

事实上，由于孙中山、黄兴、宋教仁等革命党领袖不管是流亡、留学日本期间还是归国从事革命活动期间，与日本大陆浪人之间的关系虽然时疏时密、时近时远，却从来没有断绝过。且不说黄兴、宋教仁等与萱野长知、北一辉之间的亲密交往，即便是革命运动的最高领袖孙中山，重病之际还是打电报将萱野长知从日本招到病榻前，并通过萱野询问头山满的近况等。正是由于这些表象，袁世凯帐下的御用报纸《亚细亚日报》（*Asiatic Daily News*）便借此大做文章，攻击革命党领袖们与大陆浪人之间存在着"臭味相投"的关系。

《亚细亚日报》1913 年 7 月 17 日在第 1 版上刊登署名"至公"的一篇文章——《中国伟人与日本浪人之关系（一）》，开篇即将"中国伟人"与"日本浪人"放到一起，指为时代之"苦"："中国共和以来，苦于伟人之多；日本自维新以来亦困于浪人之众。"①何谓"中国伟人"？该文列举了"一，资性聪明能以〔诞?〕言骇世，脑质简单但以感情用事并皆显名当世，号为开国要人，若孙逸仙、黄庆午（即黄

---

① 至公：《中国伟人与日本浪人之关系（一）》，《亚细亚日报》1913 年 7 月 17 日第 1 版，资料来源《中国历史文献总库　近代报纸数据库》。引文中标点为引者所加。

兴,庆午乃其号)之徒";"二,刚愎自用而贪得无厌,血气用事而残民以逞,其以同胞之血肉供野心之试验,若季雨霖、李烈钧辈";"三,奔走豪杰之前,追随元勋之后,以老同志之名义,立革命党之马前,加考语则曰手创共和,开履历则曰有功民国,死者谥之烈士,生者字曰功人,若斯之伦,不可悉数"等三类政治人物,等于将革命党人从领军人物、先锋干将到普通党员等悉数列入攻击的对象。①作为袁氏御用舆论工具,此举倒也不足为奇。

接着,该文又将"日本所谓浪人"分为以下三类:"一曰政客派。此辈出头稍早,流落无归,觊觎政权不可,急得借他人之题目作自己之文章,往往访问当朝,责以外交失败如犬养、尾崎辈。"②由于犬养毅、尾崎行雄等人在日本毕竟还是著名的政治家,所以作者将此辈看作"犹浪人之上流也"③。"二曰流氓派。所慕者为水浒传之英雄,喜谈者为三国志的人物,梦中飞跃欲活动于四百余州,眼底风云想煽动南方独立,黄兴是西乡之流辈,袁世凯为日本之世仇。如头小(原文如此。应指头山满)满、川岛浪速、白浪庵滔天(这是宫崎滔天的号)辈",此辈据说是'浪人之中驷也'④。"三曰奸徒派。或与中国宗社党相连,或与日本小商人相结,松本楼之决议,精养轩之开会,或迫令袁氏退位,或胁迫顾问辞职,无名小卒得意扬扬;或私买(原文如此,应为"卖"?)军器骗取金钱,或伪造纸币干犯法网,只类极下,无庸觏述","则所谓日本帝国之浪人也"。⑤

该文主要是出于攻击政敌目的所撰写的"急就章"文字,并无认真的学术考订和研究,所以亦没有基于学术研究成果一一予以

①②③④⑤ 至公:《中国伟人与日本浪人之关系(一)》,《亚细亚日报》1913 年 7 月 17 日第 1 版,资料来源:《中国历史文献总库 近代报纸数据库》。引文中标点为引者所加。

辩驳和匡谬之必要。不过作为"同时代人"的"大陆浪人观"的一个例证来看,倒也有一些饶有兴味的地方。一是作者对"日本浪人"的定义相当宽泛,凡是与大陆浪人群体或个人活动有关联的政治家也被作为"政客派"纳入日本浪人群体;二是对出于各种政治目的和经济利益活动的一般大陆浪人,作者显然是陷入了确定分类标准的困惑:以集团活动形态为主的大陆浪人究竟目的何在? 以个人活动形态为主的大陆浪人是否都可以看作"日本帝国"的"爪牙"? 用"流氓派"来概括玄洋社系统的大陆浪人,与多年后(战后)日本社会定义"右翼"势力的"YAKUZA(やくざ)"似乎有异曲同工之妙(因为在战后的日本,玄洋社被看作右翼势力的起源,头山满也被看作右翼势力的鼻祖),但放在当时的时代背景下却不免有过低评价玄洋社派大陆浪人之嫌,忽视了此派大陆浪人强烈的国权意识、国家意识和为日本"国益"奋斗的政治因素。而且宫崎滔天虽然也是政治意识极强的大陆浪人,正如本书前面所叙述的,他只不过是"民权主义派大陆浪人"的代表,而且积极反袁(因宫崎曾以"宁渴不饮盗泉之水"的理由,拒绝过袁世凯亲自许诺的大米进口贸易特权),将他列为"流氓派"日本浪人的代表,反而显得袁派文人们太过小鸡肚肠。第三类的"奸徒派"名称也看不出与"流氓派"有何明显区别,倒是"日本帝国之浪人"的总结多少有些实际意义。因为"国权主义派"的大陆浪人基本上都可以称作"日本帝国之浪人",将"骗取金钱""伪造纸币干犯法网"的不法之徒也都列入此派则又太过宽泛,乃不可取。

此文接下来的部分,着力渲染"中国伟人"同"日本浪人"之间的种种邂逅与际会:"此伟人与浪人者,在中国则卷起中国政海之风云,在日本则造作日本党争之波浪,而其间又互相连(原文如此)络,臭味相投。汉阳城上之白旗,南京城中之顾问,其相互之关系，已大惹国人之注目，而不知其从前凤乐园中初回握手，林家馆里寂寞相依。放言东亚之风云，希冀傥来之富贵，何尝不以为美人奇遇、萍水良缘，惜春梦于今朝，念旧游于往日？诚也不胜其今昔之感矣。"①这是在用"美人奇遇、萍水良缘""惜春梦""念旧游"之类庸俗小报惯用的文字，从道德层面对早已被贬低的"日本浪人"以及与之交往的"中国伟人"大张挞伐。这些行文故作朦胧，并不提供事实叙述作证明和铺垫，反而给读者留下了颇大的想象空间。或者这也正是作者借或有或无的传闻、小道消息将政敌"抹黑了再说"的目的所在，而"日本浪人"则成了抹黑政敌的绝好的佐料。②

第二天（1913 年 7 月 18 日）的《亚细亚日报》上，作者"至公"进而将袁世凯摆到与"日本浪人"对立面的"中国伟人"的地位："读者试一览日本之报纸如大阪《每日新闻》《东京日日新闻》之类，其蓄意挑拨幸灾乐祸之词，无日无之。推其用心，无非欲排除袁氏以遂其私计。袁世（原文如此）自甲午以来，为日本所忌视为仇雠，必欲去之。而南中伟人见日本之攻之也，以为能助我张目，不惜拱手以迎其入"，因而将袁世凯打扮成了日本帝国主义"所忌视为仇雠，必

---

① 至公：《中国伟人与日本浪人之关系（一）》，《亚细亚日报》1913 年 7 月 17 日第 1 版，资料来源：《中国历史文献总库 近代报纸数据库》。引文中标点为引者所加。

② 该报第二天的后续篇在附注中介绍了"凤乐园中初回握手"，指的是："日本东京市神乐坂附近有一饭食店，名曰凤乐园。其主人乃山东人，为日本充侦探者也。孙文初至日本，白浪庵滔天介绍黄兴相会于此，为二人见面之第一次。日本小文士伊藤银月著有一本册子，题曰孙逸仙与黄兴，言之最详"；还有"林家馆里寂寞相依"指的是"东京市牛入区西五轩有下宿屋曰林馆。主人有二女，颇有姿色，其姊黄兴之情妇，其妹则宋教仁之外宠也，日本各报均艳称之。本报本年五月间新闻宋教仁生前之艳史条内，亦曾详载，读者诸君当自知之"云云。当皆为当时流传之"风闻（小道消息）"。出处同上。

欲去之"的民族英杰,将革命党人说成为了达到政争目的,"不惜拱手以迎其(当指日本侵华势力)入"的卖国者。①

接着,该文作者又举出李烈钧等革命党人"交卸江西都督时乘坐日本兵轮赴沪""在江西都督任时预运六十万现金存于日本各银行""战(原文如此)领湖口之后有日本兵舰二艘在湖口附近停泊"等多例传闻,以说明革命党人与日本军方有着"令吾人起异常之迷惑"的关系,进而将革命党人与日本大陆浪人之间的关系描绘为"宁以中国断送于外国而不肯以权力赠与同族"的"虽用极有名之生理学家解剖试验,决不能发现其心里有一滴爱国之血"的"卖国"集团。

"要而言之,乘机南进之政策已大为彼国久定之方针,故为日本政府计,乘中国之多事之际,可以增长其在中待(原文如此)政治上军事上之势力;为日本浪人计,当南方之变乱,又可裹挟其椎埋(即偷盗抢杀)浪子,发挥其金钱的、商贾的精神。读者诸君毋怪日本浪人之多事也,自国之伟人既喜与此辈握手,发生许多不可解免之关系,又喜利用其力以排斥向所仇视之人,其内密之间,不知其与此辈作若何之约束。然其用心,则宁以中国断送于外国而不肯以权力赠与同族,但求足以发其愤赢(瀯?)之气,即糜烂地方彼故有所不顾,但求足以殉其血气之勇,即荼毒生灵而亦有所不恤。其设心较之吴三桂而犹凶,其荒谬比之张邦昌而更甚,司马昭之心路人皆知矣。"②

值得注意的是,这篇文章影射革命党人与日本浪人"内密之间"似乎作了秘密的"约束(即承诺)",由此断言:"呜呼!中国伟人不死,则神明之禹域将变为群盗之区;日本之浪人不除,则清淑之

---

①② 至公:《中国伟人与日本浪人之关系(二)》,《亚细亚日报》1913年7月18日第1版,资料来源:《中国历史文献总库　近代报纸数据库》。引文中标点为引者所加。

□（瀛?）洲亦将成逋逃之籔 。"①几乎可以说是成功地利用革命党人同日本浪人之间的种种交往关系抹黑了孙中山、黄兴等革命领袖，将勾结日本、卖国以求私利、"党益"的帽子，戴到了革命党人的头上。虽然该文对日本浪人的介绍和分类极不准确，错误百出，对种种"传闻"也毫不求证，反而蓄意渲染夸张，基本上属于政争工具的杂文，不必认真对待。但是革命党人出于利用日本各种政治势力开展活动的需要，同大陆浪人之间存在着复杂的关联与纠葛，也确实是历史的事实。它既为大陆浪人从各个角度参与、干涉中国革命提供了机会和可能，也为国为政敌们从民族利益考虑展开攻击提供了可乘之隙，说起来也真算是一种"洗不白"的微妙关系。

二、堕落为自觉的驯服工具的"志士"

大陆浪人并非历史上确实存在过的特殊群体的自称，而是同时代人和后世人的"他称"。他们中的大多数几乎都自称"有志之士"或简称"志士"，以凸显"志向""意气"等心理因素主导的价值观，拥有超越其他价值判断的"情怀中人""不计成败利钝""超凡脱俗"的宽广"胸襟"。因此，"有志"与否被当做区别"浪人"优劣的"基准"。其实，大陆浪人直到最后，都没有想清楚和讲清楚这个"志"究竟指的是什么。而从序章和本章已经列举的大陆浪人中几种不同类型代表人物来看，无论荒尾精、头山满等"第一代"大陆浪人，还是宫崎滔天、内田良平等"第二代"大陆浪人，尽管他们各自追求的政治目标、奋斗方向依据其价值观的不同而有不同，但拥有一定的政治"志向"并努力为之奋斗却是他们的共通特征。到了后

---

① 至公：《中国伟人与日本浪人之关系（二）》，《亚细亚日报》1913 年 7 月 28 日第 1 版，资料来源：《中国历史文献总库 近代报纸数据库》。引文中标点为引者所加。

来的边见勇彦、薄益三等"第三代"大陆浪人登场之际，他们的构成
主体已开始发生明显的变化。踏上"大陆"的土地之前，他们差不
多还未形成明确的政治价值观，自然也谈不上对中日关系和今后
日本、中国的政治发展方向有什么明确的理念和展望。他们要么
是受他人的"启迪"和"指引"，在"山穷水尽疑无路"中"发现"了似
乎是"柳暗花明又一村"的"大陆"；要么是由于种种身不由己的原
因如家庭的迁移（"移民"）、父兄的先导、求学（如考上东亚同文书
院大学之类在华教育机构）等原因，在人生观和政治价值观尚未形
成之前就来到"大陆"。所以，这些人跟早期大陆浪人之间，已经有
了"先天性"的区别。为了同荒尾精、头山满、宫崎滔天、内田良平
等早期大陆浪人有所区别，这里将1920年代以后出现和活跃于中
日关系舞台上的大陆浪人，界定为"中后期大陆浪人"（"中期"与
"后期"以1931年九一八事变来区分）。这个时代的特征，一是第
一次世界大战结束后，日本国内的帝国主义理念、主张愈益膨胀终
至走向失控，而中国国内的民族主义思潮也日益蓬勃发展，两国之
间的关系已经无法继续使用"支那保全论"或者其他任何理论来覆
盖、缓解日益走向对抗性质的局面；二是中日两国之间不再像孙中
山和桂太郎会谈时那样拥有"共同的外敌"（如英美俄等国），中国
的民众和政治家们日益明确地认识到，日本已经成为中华民族的
头号敌人。于是，早期大陆浪人宫崎滔天奉为圭臬的"支那革命主
义"毋庸赘言，东亚同文会提倡的"支那保全论"也完全失去了对
内、对外的号召力，唯有内田良平的黑龙会系统和川岛浪速"满蒙
独立运动"系统的"满蒙独立"构想或"满蒙分割"主张成了唯一选
项。于是，勉强通过宫崎滔天、山田纯三郎等少数左翼大陆浪人传
承下来的所谓"纯情派"大陆浪人，亦即无论理想多么虚无缥缈都
不惜"以身试法"的左翼"唐吉可德"们退下政治舞台，不能为近代

日本侵华政策提供"短平快"方案的"支那保全论"的制定者和决策者们,也因最终被看做"软弱外交"或"一厢情愿的外交"的代表而惨淡退场。此后的大陆浪人,不再有"理想"(充其量是个人或小集团规模的短期目标之类),不再有"节操"("监督""鞭挞"甚至有时不惜公开批判政府施策的行为愈益稀见),一步步地从多少还有一些独自主张的"志士",堕落为依附于日本政府、军部的驯服工具、唯命是从的"马前卒"和勇于承担"特殊任务"的"别动队"。这个过程,大致从第一次世界大战期间就开始了。

譬如1917年的张勋复辟活动的背后,也闪现着大陆浪人的身影。

"据最近在天津面见张勋归来之复辟党某国人(此处指日本人)云,张勋以复辟党首领自任,又遍举六亲宗族,以实现终身之夙愿,且确信大业将成。而为了贯彻其宗旨,正在与心腹之臣及同党等,做种种之计划。关于此类计划,有一有明(应为东京地名?)之国人支那浪人田田忍(日文姓名原文为"佃田忍")者(目下正在东京活动),曾与张勋通过笔谈说明自身见解。据云,以彼为首脑,已与日本政府及在野各政党、在支那的浪人集团等取得密切联系,正在进行种种运动。盖有关此次复辟,自去年八月中旬起,(张勋)即同心腹之臣以及浪人们屡次在天津、北京密议,达成应先掌握兵马之大权,以此号令(天下)之主张见解。……"①但是,张勋本人及其部属的力量,毕竟难以从根本上撼动中国政局,所以,"复辟党一派拥立张勋,且在大力劝说张作霖与之提携,以期策应,强固复辟之基础。此外,国人支那浪人中与该党(指复辟党一伙)成员过从甚

---

① 外务省外交史料馆:《青島民政部政況報告並雑報第二巻、復辟ニ対スル張勲ノ態度及復辟党ノ張勲起用運動竝ニ邦人支那浪人等ノ行動ニ関スル件〈青岛民政部政况报告及杂报 第二卷 关于张勋对复辟之态度及复辟党启用张勋的运动及国人支那浪人等行动〉》,JACAR(亚洲历史资料中心),Ref. B03041696600,画像1—4。

密者还有黑泽某(目前为谢苗诺夫顾问①)、安达某、泉信二及其他人(主要是尊田田为旧师的一帮人,与东京赤坂溜池之黑龙会有关联者),此前八月中旬在旅顺集合于肃亲王帐下,就各种计划磋商。关于此次复辟活动,也有请求日本政府予以声援之计划云……"②然而,此后,据说由于当时日本的原敬内阁"太软弱",而且对华政策采取"不干涉主义",其后的加藤(友三郎)内阁也是"极度软弱","所任非才",于是浪人们的计划迟迟无法得到政府的认可。③ 在这种情况下,田田忍等人甚至准备在东京通过运动政界和军方,让已经私下答应他们行动方针的大隈重信再次出山,重任首相。身在"民间"的大陆浪人野心与活动能力之大,再次让人刮目相看。

　　然而,田田忍等大陆浪人仍然声称,他们的活动无非都是为了所谓"帝国之国是",都是为了"国益"而行动:"(吾辈)浪人之意向,乃完全欲为国家而尽忠,吾辈多年来不惧千辛万苦,亦皆为寻求其机会而已。绝不会反对帝国之国是,亦不会反对现政府之对支政策,无论何时皆服从政府之方针,自不待言……"④可见无论何时何地都自觉地为"帝国之国是"服务,惟政府之马首是瞻,并不仅仅是玄洋社、黑龙会等早期"传统右翼"浪人组织的个别事例,这个时期及以后,可以说已成为大陆浪人群体在处理"国益"问题上的共同价值取向。所以,尽管袁记御用报纸《亚细亚日版》记者的报道出

---

① 可能是指 Grigorii Mikhailovich Semyonov 格里戈里・米哈伊洛维奇・谢苗诺夫,
　　(1890 年 9 月 13 日—1946 年 8 月 30 日),当时企图在日本的支持下占领中东铁路的
　　哥萨克军官。

② 外务省外交史料馆:《青岛民政部政况报告並雑报第二卷、復辟ニ対スル張勲ノ態度
　　及復辟党ノ張勲起用運動竝ニ邦人支那浪人等ノ行動ニ関スル件》,JACAR(亚洲历
　　史资料中心),Ref. B03041696600,画像 1—4。

③④ 同上。原敬内阁的执政时间是 1918 年 9 月 29 日到 1921 年 11 月 13 日,加藤友三
　　郎内阁的执政时间是 1922 年 6 月 12 日到 1923 年 9 月 2 日。

于党争的需要，未免有捕风捉影、言过其实之嫌，但大陆浪人的整体堕落却并非历史的偶然。我们不但可以从上述事例中看到日本政府对华政治干涉政策影响的痕迹，看到大陆浪人中最活跃的一伙势力是如何主动、积极地策应日本对华政策的推行和调整，也不难看到宫崎滔天、梅屋庄吉等"左翼"大陆浪人相继去世等偶然因素的叠加，更加速了其发展进程。曾经有若干良知闪烁的大陆浪人群体，从此走进万劫不复的罪恶深渊。

三、绵延不断的"满蒙建国"阴谋

在"满蒙地区"，大陆浪人分裂中国领土和主权的阴谋仍在继续，而且经过不同人物和团体的手绵延不断。

1. "蒙古建国运动"与大陆浪人

继川岛浪速等人发动两次"满蒙独立运动"失败之后，又有不甘失败的一些大陆浪人，在 1924 年谋划了所谓"蒙古建国运动"。关于这个案件，日本外务省亚细亚局在 1924 年 12 月提交给"第五十回议会"用的一份秘密文件《最近支那关系诸问题摘要》（第二卷）中有这样的汇报："因于京都府下绫部町大本教布教中关涉不敬罪及《新闻纸法》违规事件而被大阪控诉院（即上诉院）监外执行的出口王仁三郎①（原注：现年五十四岁），在松村仙造等二人陪伴下，于大正十三年（1924）二月十三日秘密逃出绫部町，经朝鲜于当月十五日抵达奉天（今沈阳）。经当地支那浪人之手与支那人卢占

---

① 出口王仁三郎（1871—1948），姓出口，名王仁三郎，原名上田喜三郎，出生于京都府龟冈市。日本"大本教"的组织者，在教团里被尊为"圣师"。青少年时代学习"言灵学"、国学、歌学，1898 年与大本教创始人出口なお相见，第二年创立"金明灵学会"，1900 年与出口なお的五女结婚，改名出口王仁三郎。此后在日本全国展开布教活动，1921 年被政府镇压（即所谓"第一次大本教事件"），1927 年遇大赦获免诉，此后开始向海外发展教团势力。

魅会见，相约采取共同行动，前后相继进入蒙古，欲从事大本教之宣传。与卢等一行同行，六月四日抵达距白音太拉西面约六十华里之□家屯（缺一字，从下文看应为郑家屯）时，被支那官府捉捕，同月二十一日被押送白音太拉（原注：通辽县所在地）。经我驻郑家屯领事馆之交涉，出口等五名邦人被引渡，押送奉天。经驻奉天总领事馆严格调查、审问，彼等行为虽不构成犯罪，却有紊乱地方治安之虞，于是驻奉天总领事对本案涉案者即出口等九名邦人，宣布处以自七月二十一日起三年内不得（在当地）逗留之处分，并各自送还内地（指日本国内）。上述出口等人入蒙之目的，在于传布大本教。而当时卢占魁欲在蒙古举事，手段之一是通过支那浪人让出口等人出资援助。此外，卢等人被捕后未久，即与一百三十余名部下同被支那官府枪杀。"①这篇提交议会的报告，明显避重就轻，不但未交代事件的前因后果等一应细节，也只字未提"蒙古建国运动"，可见日本外交当局在事件发生时和被追究之后，都在设法先白该事件分裂中国领土的恶劣性质，并为从轻发落出口王仁三郎"邦人"的处置方式辩解。

作为"先觉志士""满蒙建国运动"先驱之一的大陆浪人，对该事件并不隐晦，且有详细的记述。据《东亚先觉志士记传》的记载，这年初春，标榜"人类爱善主义，欲以宗教实现世界统一"的大本

---

① 亚细亚局：《1. 第五十議会用（最近支那関係諸問題摘要）/最近支那関係諸問題摘要（第二巻）》，「JACAR（亚洲历史资料中心）Ref. B03041493100、帝国議会関係雑纂/説明資料/亜細亜局 第三巻（1—5—2—2_6_6_003）（外務省外交史料館）」，图像 13。

教①,与朝鲜的普天教和中国的道院红卍字会达成合作关系,出口王仁三郎于是前往朝鲜、中国,"并制定了和平建设蒙古王国,以实现东亚联盟的划时代计划"②。

　　而关于出口等人选定的合作伙伴卢占魁,大陆派人们知道他"幼少时即以豪勇闻名",民国元年时曾与巴布扎布歃血为盟,在库伦起兵欲复辟清王朝。其后卢部军队被官府"招抚",寻找再起的时机,而第二次"满蒙独立运动"时,据说卢"本欲践约合兵行动,恰在此时巴布扎布之计划挫折终至阵亡",卢于是再次蛰伏,"盘据五原种植鸦片",等待时机。③

　　而为"闲居雌伏"的卢占魁和野心勃勃的出口王仁三郎牵线搭桥的是"支那浪人"冈崎铁首、佐佐木弥市、大石良等人,居中联系的还有大本教信徒矢野祐太郎。冈崎担任过前河南督军赵倜的军事顾问;佐佐木跟卢占魁据说是拜把兄弟,"来华十八年间,行踪遍及支那全域,是几度往来于危难之地的勇者";大石则是当时奉系军阀第三旅长张宗昌的军事顾问兼教官,这几个"支那浪人"其实都是已经在中国军阀混战的年代里混迹中国官场、军界,深谙"当地游戏规则"的"老道之徒"。④

　　抵达奉天之后,出口王仁三郎即通过冈崎等人斡旋拜访卢占

---

① 日本神道教系统新宗教之一,1892 年木工之女"教祖"出口なお自称神灵附体开创宗教,其后由其女婿出口王仁三郎将教理系统化,提倡重建世道,以实现"弥勒世"的理想世界。《大词林 第三版》电子版、《世界大百科事典 第 2 版》电子版 https://kotobank. jp/word/%E5%A4%A7%E6%9C%AC%E6%95%99—3962。2020 年 2 月 16 日。

② 黑龙会编:《東亜先覚志士記伝》下卷,东京:原书房《明治百年史丛书》,昭和四十一年(1966),28 页。

③ 同上,29 页。

④ 黑龙会编:《東亜先覚志士記伝》下卷,30—31 页。

魁公官，"当场达成提携之约，议决双方组织内外蒙古救援军，先取得张作霖之谅解，并购买武器，而后高举日地月星教旗，以出口为达赖喇嘛，以松村真澄（原注：大本教干部）为班禅喇嘛，与卢占魁部共同进入蒙古"，并以"西北自治军"为旗号，招募蒙古诸王、喇嘛和各地马贼等入伙。①

然而，各怀"鬼胎"（利益诉求）的出口王仁三郎团伙、大陆浪人团伙与卢占魁所部，不但自始至终不能和衷共济，而且毫无应变之能力，甚至在关键时刻迷信"神的第一命令"，不知迷途知返，终至在通辽与卢占魁部被一网打尽。只是在性命攸关时，日本领事馆秘书官土屋出面与通辽的中国官府交涉，才救下了这几个"邦人"的性命。据说当时追随出口王仁三郎一起前往蒙古的日本浪人，还有荻原敏明、植芝盛平、井上兼吉、坂本广一、猪野敏夫、名田因吉等人。② 尽管出口等人的计划最后以惨败告终，但是大本教徒和大陆浪人们依然觉得此次行动对他们在"满蒙地区"的侵略扩张计划有着重要意义。"无论如何，此次进入蒙古前后，大本教与道教红卍字会之间的提携渐形密切，教徒中燃烧起日本的大陆进出已出现新的纪元之信仰。从这个意义上说，出口进入蒙古，也堪称后年满洲建国的一个前奏曲矣。"③

---

① 黑龙会编：《東亜先覚志士記伝》下卷，31—33 页。
② 根据《外务省报》第 65 号（大正十三年八月十五日）载《告示》："驻支那奉天帝国总领事，对于左记各人发布各在所定期间内禁止在支那居住之命令"，其所列姓名者，依次为出口王仁三郎、松村仙造、多田因吉、植芝盛平、井上兼吉、井上广一、小林善吉、山田文次郎、荻原存爱、大石良等。与《東亜先覚志士記伝》人名有所出入。JACAR（亚州历史资料中心）Ref. B13091450700，外務省報　第九卷（外·報 9）（外務省外交史料館），图像 1。
③ 黑龙会编：《東亜先覚志士記伝》下卷，39 页。

2. 冈崎铁首与"全满日本人大会"

当年曾经跟随出口王仁三郎前往蒙古参与谋划"蒙古建国运动"的大陆浪人冈崎铁首，其后继续在"满蒙地区"从事种种"谋略"活动。

1928 年 7 月，京都府知事大海原重义向内务大臣和外务大臣汇报："（居住）京都市上京区下鸭松之木町 72（号），自称支那陕西陆军第一师团司令部军事顾问马成勋即冈崎铁首者，称往年追随大本教教主出口王仁三郎进入蒙古之际，会见过内蒙古五章嘉活佛图克图。今年四月中旬接某大官之电报邀请后东上，已于本月 13 日抵达京都。"① 原来，化名马成勋的这个"支那浪人"此次返回日本"之主要目的，乃基于全满日本人大会之决议，欲直妾就满蒙政策向政府及枢密院进行陈情，以便政府当局亦能与我辈意见产生共鸣并予以理解"②。具体来说，就是居住在中国国内的这些大陆浪人，观察到"蒙古分为内外两个地域，现有两名国王。内蒙古即对我国抱有好意之章嘉活佛；外蒙古在大正八年（1920）请求北京政府之援助未获允诺，于是转而与俄罗斯订密约，仅为百万元之款便将外蒙各种利权出让。而后俄国以极大热情着手赤化改革，且绝对禁止外国人入境。……如若听任此状况之发展，则日本在满洲之特种利权等，不久亦将遭受蹂躏之命运。为预防此命运，不

---

① 《满蒙問題ニ関スル支那浪人ノ言動（关于满蒙问题支那浪人之言行）》，"JACAR（亚洲历史资料中心）Ref. B02031788400、满蒙政况関係雑纂/呼伦貝爾ノ部 第一卷（A—6—1—2—1_16_001）（外务省外交史料館）"，图像 42。

② 《满蒙問題ニ関スル支那浪人ノ言動》，"JACAR（亚洲历史资料中心）Ref. B02031788400、满蒙政况関係雑纂/呼伦貝爾ノ部 第一卷（A—6—1—2—1_16_001）（外务省外交史料館）"，图像 43。

得不依靠政府之理解与支持。……此乃此次东上陈情之所以"①。
至于这些"忧国之士"此次陈情的具体要求,据说是"我忧国之士为
日本之将来而忧虑,经内蒙古王章嘉活佛殿下之认可,且经与中华
民国权威人士相协商,定下了轻铁、银行、开垦三大事业之计划。
铁道可自张家口到多伦诺尔之间修筑,约一百五十英里长。其他
两大事业希望政府提供五百万元资本,以期实现。如此,可望以内
蒙为基础建成日支亲善协力(关系),进而建成亚细亚民族兴隆之
基础"云云。② 如此看来,这个"全满日本人大会"虽然未透露其组
织规模及活动范围,但从其"陈情"内容集中在经济领域的特点来
看,似为主要反映经贸、财政金融界利益的团体。这倒是此前大陆
浪人团体中较少出现的利益诉求,反映出一部分大陆浪人所依据
的社会利益集团开始出现变化。大陆浪人们怀抱的"满蒙独立"
"满蒙建国"的"梦想"和阴谋活动始终没有停止,最后与日本关东
军的"谋略"活动合流。

---

① 《满蒙問題二関スル支那浪人ノ言動》,"JACAR(亚洲历史资料中心)Ref.
B02031788400、满蒙政況関係雑纂/呼倫貝爾ノ部 第一卷(A—6—1—2—1_16_001)
(外務省外交史料館)",图像 43。
② 《满蒙問題二関スル支那浪人ノ言動》,"JACAR(亚洲历史资料中心)Ref.
B02031788400、满蒙政況関係雑纂/呼倫貝爾ノ部 第一卷(A—6—1—2—1_16_001)
(外務省外交史料館)",图像 43—44。

第三章 "智囊"兼"侦探"又兼"说客"的"义工"们
——战前与战争间歇期的"大陆浪人"

　　早期的大陆浪人尤其是"国益型"大陆浪人，不少人把推动和扩张日本的"国家利益"当作实现自身价值的人生目的或者谋生的重要手段，于是以人生的荣华富贵甚至个人生命做赌注，以所谓"乾坤一掷"的气概主动且心甘情愿地充当了近代日本对中国及亚洲各国推行殖民—帝国主义政策的爪牙、尖兵。在对外战争期间，他们或充任随军翻译、军事间谍、"特别任务班"等角色，直接为对外侵略战争效力；在战争间歇期间，他们或通过创办报刊、巡回讲演，煽动舆论，为进一步的对外侵略扩张行动造势，或者以"智囊""编外参谋"自居，撰写种种提案、"建言"，利用自身的特殊身份和经历、见闻等知识资源，不厌其烦地为实现日本的"国益"出谋划策，殚其精而竭其虑。当他们看到日本政府、军部的举措未必得当或未必符合本集团愿望时，不惜以"说客"甚至"压力团体"的身份出现，软硬兼施，设法将大陆浪人群体的意愿反映到"国家利益"的"选项"中。他们有官方资助时这样做，没有官方资助时也会这样做，所以从某种意义上说，大多数的早期大陆浪人堪称为"伸张"日本"国益"自觉自愿效力的一群"义工"，"编外"的"自家人"。

第一节　形形色色的"对支(华)提案"与
近代日本对华政策的制定

　　以"在野""布衣"的身份向政府当局提交"建白书""建言"甚至"私拟宪法",是"自由民权运动"期间兴起的民众政治意识高涨的表现,虽然未必对实际的政治运作发挥多大作用,却是营造舆论和展示自身与群体存在的一个重要表现方式。自由民权运动失败之后,这种表现形式没有消失,各种公开或非公开的媒体上依然时时能够看到平民们"横议时政"的文字。在以"鞭挞、督励"政府为己任的"国益型"大陆浪人这里,通过公开刊物和演讲发表意见,或者将不便公开的阴谋策划、利益计算结果以"非卖品"小册子的形式有选择地定向散发,更是他们惯用的"手段"。早期的大陆浪人中,这样的"提案者"比比皆是。

一、五花八门的"对支(华)提案"

　　时至 21 世纪的今日,还有人以"你知道内田良平吗？对内(主张)国家改造,对外(主张)大亚洲主义。(一个)奔走于明治、大正、昭和动乱中的国家战略家"之类的言辞,盛赞内田良平在近代日本对内和对外政策上的主张,甚至将其捧到"国家战略家"的高度。① 凭什么把内田良平奉为"国家战略家"？主要是指内田良平多年来与日本政府、军部的首脑人物均保持密切的联系,频频向这些对华政策和侵华战争的决策者们提供书面甚至面对面的提案、建议乃

---

① 内田良平研究会编著:《国士内田良平　その思想と行动(国士内田良平　其思想与行动)》,东京:展转社 2003 年,封面书带上的宣传文字。

至诤言的表现。

内田良平主动且高效率地充任日本政府、军部"谋士""智囊"的具体事例,已如本书第二章第二节所述,据晚年曾是内田良平亲信之一的吉田益三在《续:追忆国士内田良平先生(続,噫! 国士内田良平先生を偲ぶ)》一文中回忆:"田中义一大将当总理大臣的时代,我曾经陪伴先生(即内田良平)前往位于大阪堂岛的花屋旅馆下榻处拜访过。先生同田中大将之间,因为时常就支那问题和国内改革问题等交换意见,关系极为亲密。因为起源于当年还是少佐时代的友人,田中大将对于先生的意见不但倾听而且也表示赞同。不过偶尔,先生也会因为田中对当时支那问题的方针过于迟缓,向田中大将发信责问并催促其动手实行。后来,田中提议再次会面,先生就怒而不应了。我多次居中调停,这才促成两人在花屋(旅馆)再会。"①在大陆浪人中,内田良平是与体制尤其是当权的政治家和军部首脑们走得最近的一个。看来,内田不需要像其他大陆浪人那样时常只能跟当局"隔空喊话",对当政者的决策过程和实施过程只能施加间接影响。他差不多在几十年的长时段里,都能同多届内阁和军部首脑保持密切的联系,且能够拥有经久不衰的影响力。这在大陆浪人群体中,实在是不多见的"异数(特例)"。其他的一些大陆浪人,往往通过一些特殊的渠道向国家政治施加影响。

----

① 吉田益三:《続,噫! 国士内田良平先生を偲ぶ(续:追忆内田良平先生)》,田中健之编:《内田良平翁五十年祭追慕録》,135—136 页。

二. 末永节①"支那解体案"及"肇国会"的活动

1917 年夏,以前曾经跟随孙中山参加过武装起义的大陆浪人末永节,突然发表了一份所谓《支那处理案》的意见书,声称当时的中国"有法令而无政治,有士兵而无军制,人民不理解国家之意义,国家则无财政之基础。支那已然亡国";当前的急务是"稳定这个国土及人民",为此,需要解散"支那全部国土的国家形态,变为世界性的大自由市场"。② 据说只有这样,"人民才可以安居于国土,理解文明进步之大法,以从事孜孜不倦之经营,从而以弱变强,转危为兴,国家之新建或再造之机运庶几可以酿成"等等。③ 而在中国"解体"之后,"满洲"自不必言,内蒙古及山东部分地区都属于日本的"既得权域",欧美各国已经确立了的势力范围均予以承认,各地划定"独立自治区"实行自治,清王朝则可以分封到"热河"继续统领满清皇族等等。④ 这个"支那解体案",毫无政治理念作指引,亦不顾及当时中国政治、经济、文化、民族意识在剧烈动荡中向着民族统一和政治民主化蹒跚前行的局势,一厢情愿而且极其蛮横。末永节把自己的方案当作"理想的国家管理方案"来宣传,并且从1919 年开始建设"理想国家高丽国"的政治活动,纠集朝鲜半岛以外地区生活的朝鲜民族民众,欲在"满蒙"、西伯利亚地区建立新的"国家"。到了 1922 年 1 月,末永节甚至在东京发起成立了"肇国会",声称在中、俄"两邻之雄邦面临土崩瓦解否运之际,生民惨状

---

① 末永节(1869—1965),姓末永,名节,号狼啸月、南斗星,福冈县筑紫郡人。少年时不喜卖书,羡慕浪人生活。23 岁时为寻找走向海外活动的条件,离家当上船员,日俄战争时作为从军记者来华。归国后经的野半介的介绍结识宫崎滔天,参与中国革命活动。辛亥革命时期梦想在"满蒙"地区建设一大帝国,1922 年创立"肇国会"。
②③ 黑龙会编:《東亜先覚志士記伝》下卷,21 页。
④ 黑龙会编:《東亜先覚志士記伝》下卷,21—22 页。

已近涂炭之苦之时,能出乎解救之国,唯我大日本帝国而已",他"欲统合南北满洲及内外蒙古与贝加尔以东地区,据兹拟建世界性中立国家,规划勘定两邻乱邦之策,辅助其步入反正、统合之路途";完成了这个第一阶段之后,据说就可以"进而纠合以日本为盟主之亚细亚各民族"了。① 从上述主张来看,末永节主观、武断而简单的思维方式,还有"尊皇攘夷"的政治价值理念以及最终将自身的政治活动统一到日本"国益"的行动方式,与头山满等人毫无二致,他仍然是典型的"国权主义派"大陆浪人。

1928 年元旦,时年 59 岁的末永节在迎新年的赋中写道:"朔方金铁气,埋没委荆榛;跃马乌山顶,舣舟白海滨。开他天府富,施我圣皇仁;大运龙兴象,蔚蒸绕日新。"②可见他到了这个时候,还对当年未能完成的"解体"中国的"方案"念念于怀。

除了以个人或小团体身份向当政者提交方案、建议之外,在日本政府、军部的重要举措即将形成并加以实施,而大陆浪人们又觉得这样做与心目中的"国益"有损甚至背道而驰的关键时刻,他们还会以多个团体及个人结成临时同盟的形式,或发表声明,或集体游说,敦促当政者及时改弦更张,以免"铸成大错"。辛亥武昌起义之后善邻同志会发布的《宣言》和《决议》就是一个实例。

《宣言》(原文为汉文)

……今回革命军之起,一举武昌陷,再举南京降,不出六旬日而天下翕然响应,是岂天之明畏之不表我民之明威者而何也,革命军之起岂得止乎。……吾人据公平见地望民心归向,兹以满腔之同情至革命军,速遂其目的,公明正大之新政,

---

① 黑龙会编:《東亜先覚志士記伝》下卷,26—27 页。

② 末永节:《昭和三年元旦赋》,黑龙会编:《東亜先覚志士記伝》下卷,27 页。

以振作世道人心,丕达成新立国兴隆之伟业,而共俱提携以保东洋之平和,不堪切切翘望之至也。

《决议》(原文为汉文)

吾人顾善邻之谊,照其国利民福,热诚以祷革命军速贯彻其目的,且望列国之善鉴时局之情势,无出如政体干涉之缪举矣。

明治四十四年十二月廿七日发会

善邻同志会代表委员

头山满　　　河野广中

杉田定一　　根津一

小川平吉①

这篇《宣言》主要是从政略、政策制定过程的角度,对日本政府和列强提出的建议,从侧面对中国革命党人提供了支援。但是"东洋之平和"云云,这里最多只是一个符号而已,重点还是劝告日本政府和军部在干涉中国革命之际一定要态度慎重,不要因为棋错一着而满盘皆输。这是大陆浪人通过集体发声,在某种程度上制止了一部分军方首脑头脑发热可能采取莽撞行动的一个实例,此后便成为大陆浪人标榜自身"为国力之伸张鞠躬尽瘁"的谈资和"功劳"之一。②

概而观之,大陆浪人的这些提案、建议,虽然大多标榜"辅助清韩""保全支那"等类似"见义勇为""兴亡继绝"般的高尚动机,但其宗旨无一不归结到日本的"国益"这一终极目的。正如荒尾精在叙

---

① 小川平吉文书研究会编:《小川平吉関係文書 2》,62 页。

② "第一编第一节 总说",东亚同文会编:《对支回顧録》上卷,东京:原书房《明治百年史丛书第 69 卷》,昭和四十三年复刻版,6 页。

述他的"兴亚政策之所见"时所述："朝鲜之贫弱，纵使一为朝鲜忧虑，亦不得不为我国而深忧；清国之老朽，纵使不为清国悲伤，亦不得不为我国而痛悲。"①所以，大陆浪人等"民间人士"的这些提案五花八门，似乎在不同时期有不同目的和不同的面向，但万变不离其宗，归根结底都是为了维护和扩张"日本帝国"的在华利益。

2. 川岛浪速的"对华经纶"

早期大陆浪人的对华提案，除了前述的荒尾精之外，最值得提及的还有两次发动所谓"满蒙独立运动"，企图将"满蒙地区"从中国分裂出去的顽固反对辛亥革命运动的川岛浪速。

川岛浪速（1865—1949），旧信州（今长野县）松本藩没落武士川岛良显的长子。少年时代，川岛因性格懦弱常受母亲责骂，于是立下志愿："自己无论如何也必须做一番人类中最伟大的事情"，以便今后可以在家庭里及众人前扬眉吐气；而"人类中最伟大的事情"莫过于"夺取天下"，所以川岛默默发誓"我也要夺取（一个）天下"，以便今后永远出人头地。② 一个怀抱"建国""夺天下"梦想的小小野心家就此诞生。

1880 年，副岛种臣、宫岛诚一郎、曾根俊虎等人创立"兴亚会"，鼓吹"兴亚论"主张。川岛浪速闻之心动，于是进入"兴亚会"开办的外语学校学习汉语。

1886 年，川岛浪速被参谋本部大尉福岛安正③推荐给日本驻

① 井上雅二：《荒尾精—大陸経営の先覚者》，上田健二郎编：《東亜の風雲と人物》，16 页。
② 黑龙会编：《東亜先覚志士記伝》中卷，214 页。
③ 福岛安正（1852—1919），信州（今长野县）松本人。青年时代学习荷兰式兵法，1873年入司法省供职，"西南战争"时从军，1913 年升至陆军大将。曾任驻丰、驻德使馆武官、参谋本部次长及关东都督等职。

天津海军武官关文炳任助手,但川岛当年 9 月乘船来华时关文炳已另外找到助手。川岛于是南下上海,帮助海军大尉新纳时亮测量江苏、浙江海岸水文地质状况及沿海炮台设置情况,所得情报由新纳转交日本陆军参谋本部。此后,川岛即卜居上海,与大陆浪人井手三郎、宗方小太郎、田锅安之助等结为至友。

1900 年义和团农民运动爆发,川岛浪速以随军翻译身份参加八国联军的侵华战争。在进攻北京内外城时,他凭三寸不烂之舌说降东华门守兵,使侵略军不发一弹占领了紫禁城。嗣后他又协助日本占领军"军事警察衙门"首脑柴五郎"治理"北京,大露锋芒,被委任为占领军的"军政事务官长"。翌年 4 月,川岛为稳定日本占领区域内的"军政"秩序,一手操持在北新桥旧神机营兵舍开办"北京警务学堂",培训从清朝步军中选送来的预备巡警。由此,他得到了清政府重臣庆亲王奕劻的格外赏识,1901 年 6 月列强将北京市政"归还"清廷之后,奕劻还特意向日军"借用"川岛任新成立的北京警务厅总监督,成为拱卫清廷京师警政的"客卿"。

在经管北京警务学堂的时候,川岛浪速从所谓"东方问题"或"兴亚之大计"出发,对俄国势力不断向"满洲"南下的趋势心怀忧虑,害怕其影响最终会压迫日本在"大陆"的未来利益,认为只有在蒙古方面筑起一道"无形之墙壁",方可阻遏俄国的侵逼锋芒。于是,他利用一切机会结交蒙古王公和活佛喇嘛等上层人物,向他们宣传俄国势力南下的危害,并同他们联络感情,以备将来需要时加以利用。

1911 年夏,返回日本疗养的川岛浪速觉察到当时的中国正处于即将爆发新的动乱的边缘,于是借讲演机会提醒日本政府必须估计到中国时局的演变,预先决定对策等等。不久,武昌起义的消息传来,川岛立刻提出一个"支那两分策"的方案,前往朝鲜向日本驻朝鲜总督寺内正毅宣传。川岛的方案是：以黄河为界，将中国北方划为"北清帝国"的疆域，南方暂且听任革命军之所为。他以为这样一来，清朝政府单纯依靠自己的军队不可能维持统治，必然会来请求日本政府的帮助，日本正好可以借机派遣大批军官加入清军，控制中国的军事力量；如果革命军兴兵北伐，日本也可以协助清军将其击退。① 寺内正毅允诺为川岛筹备挑选派往中国的军人，川岛又赶到北京，进一步向日本驻华公使伊集院彦吉宣传"两分"中国的设想。

不久后清廷启用袁世凯收拾局面，伊集院公使在反袁问题上与川岛发生龃龉，川岛的"两分"中国策遂失去日本外交当局的支持。及至1912年1月底清廷决定退位，川岛知大势已去，于是力劝私交极深的肃亲王善耆在田锅安之助、木内畅等大陆浪人的护持下秘密从北京潜往旅顺，预备将来一有机会就"使肃亲王以满蒙为根据，成就回天之事业"②。数日后，川岛携肃亲王府所有家族60余人也抵达旅顺。从此，川岛浪速等人以行动代替建议，以善耆等宗社党人为依托，打起复辟清朝皇室的旗号，在"满蒙"地区策划了所谓"独立运动"的阴谋活动。

所谓"满蒙独立运动"，其实是川岛浪速通过对中国人的"民族性"进行一番"研究"后，提出的一份旨在中国东北地区及内地全面扩大侵略权益，并且直接瓜分中国的一部分地区使其宣布"独立"，从而成为日本在"大陆"扩展势力的桥头堡和人力、资源供给基地的"理论依据"和实施方案，也是川岛浪速等大陆浪人看到顾忌欧美各国掣肘的日本政府迟迟不敢下定决心的状况下，勾结蒙古王

① 黑龙会编：《東亜先覚志士記伝》中卷，291—292页。
② 黑龙会编：《東亜先覚志士記伝》中卷，301页。

公、马贼等各方势力直接付诸行动的性急的冒险行为。

在 1912 年发表的《对支那管见》一书中，川岛浪速发现，从辛亥革命之后民族主义情绪持续高涨，不管是由袁世凯或是由"新兴民国之官宪辈"来统治中国，今后都不会完全屈从日本，"帝国发展之策，虽一举手一投足，悉成纷争之种子，其烦累将不可名状"；因此，"为帝国生存发展起见，满蒙应成为（我）处理支那问题的立脚之地；无论中华民国的成立与否，当乘此良机而据有之，收入我势力范围之内"。① 也就是说，川岛浪速的"对华政策提案"归根结底只有一句话："日本帝国"应当也必须占领中国的"满蒙地区"。

但是，如何才能在"满蒙地区"建立"立脚之地"呢？ 川岛认为这又不能不讲求"适当的"手段。

> ……而今倘立即下手，正式割占满蒙部分地区为我领土，固明快之举矣，然恐周围之状况不允许。尤为可虑者，在帝国先作其俑而列国效之，则瓜分之到来遂不可免。故毋宁先对现今满蒙人头脑中已经着着进行、隐露端倪的独立思潮实行暗助诱导，待时机成熟时使彼等表面上主动宣布与支那本土分离，成立一团体。日俄协同予以暗中支援，建设一无名的保护国。（而后）渐次收其政权，握其利权，不数年帝国即不难于南满洲及内蒙古方面形成确乎不拔之实力也。是即为省力、节费、避名、取实之办法也。②

与同时代关注"中国问题"特别是所谓"满蒙问题"的其他大陆浪人相比，川岛浪速虽不是最早提出吞并中国"满蒙"地区的人，但

---

① 川岛浪速：《对支那管见》，7—10 页，无出版社及出版年代，应为非卖品。自序写于"大正二年（1913）六月"，当为此时出版。
② 《对支那管见》，10—12 页。

他对当时列强围绕着"满蒙"地区利害冲突关系的细致观察以及由此提出的步骤和规划，堪称描摹伪满建国构想最重要的"首倡者"。20 年后在关东军卵翼下成立的伪满洲国，几乎就是按照川岛在《对支那管见》中提出的"省力、节费、避名、取实"目标制造出来的傀儡政权。

川岛浪速代表了日本大陆浪人反对中国资产阶级革命运动最为坚决的一派。他对辛亥革命持彻底否定的态度，比头山满、内田良平等国权主义、扩张论者还要彻底和坚决。所以川岛对中国前途何在的结论也比其他大陆浪人要更加"直率"、更不带任何掩饰。他说"以吾人之所见，与其听任终无自治自立能力的(汉)民族永远纷扰争阋，相率沉沦于大地狱之界，则莫如取而归我所有，方为我之至仁也。使彼等得沐浴我之皇恩，即对彼等之济度，亦即伸张我王道于世界之途也"①。

按照他的逻辑，中国社会永远只会是一盘散沙，单凭中国人自身的力量，无论革命还是改良，无论改朝换代还是维持现状，都无法避免被瓜分的厄运。解救之途只有一条，那就是依靠日本，在日本的"指导"下做日本的同盟国。而日本则通过先对"满蒙"、次对中原的逐步征服，将势力伸展到中国全境；然后以"亚细亚的主人公"身份"制约、指导列强"，不难就此奠定日本"大帝国之基础"，布"皇道"的"深恩""厚泽"于天下。② 到这个时间节点为止，大陆浪人对中国人民"国民性"和中国资产阶级民主革命运动性质的否定和诘难，还从未如川岛浪速这般武断、无情而决绝；大陆浪人对分裂中国东北地区所谓"满蒙建国"的构想，还从未如川岛浪速这般毫

① 《对支那管见》，30 页。
② 《对支那管见》，32 页。

无忌惮与掩饰。如果说头山满等老牌大陆浪人的对华提案重在"精神"与"气势",与日本政府和逐渐形成的军部势力尚保持若干距离,不忘"鞭挞""督励"的立场,内田良平等年轻一代大陆浪人的对华提案已经更加注重利害得失、通盘考量等非感情因素的话,到了川岛浪速等大陆浪人这里,他们的"对华提案"基本上就只剩下赤裸裸的、不加任何掩饰和顾忌的"帝国之利益"了。从另一个意义上讲,大陆浪人在对外政策尤其是对华政策方面同政府、军部显示出有所不同或有所不认同的政治姿态,以头山满时代为最强,内田良平时代以"磨合"和"相互对接"为主调,到了川岛浪速为首的集团,大陆浪人群体同日本军部(尤其是其内部目无上下级统制关系的"下克上"青年将校集团)日益沆瀣一气,相互依附、互为奥援的态势基本形成。从此以后直到日本战败投降,大陆浪人与日本军部之间的关系,既不是黑龙会那样的"犹抱琵琶半遮面"、若即若离的"半良半娼"形式,也不是玄洋社那样"小骂大帮忙""明骂暗帮忙"的"明良暗娼"方式。川岛浪速等人与军部内激进军国主义分子之间配合之默契、且以"不计成败利钝"的"亡命之徒"方式行事的人物日益成为主流,头山满等老牌大陆浪人毋庸赘言,连内田良平那样"老资格"政府高参、智囊等也相形见绌。大陆浪人群体到内田良平那里还多少略存的"体制外""在野"的色彩至此全失,从不完全意义上的"诤者""谏者"堕落为彻头彻尾的帮凶、爪牙乃至政府随时可以抛弃的"炮灰""替罪羊"。

二、"大陆浪人"的舆论和政治压力活动

大陆浪人的舆论造势活动,从政治学的角度来讲,已经属于运用组织形式来影响政治过程的"压力团体"的范畴,他们宣传活动的影响所及,不仅仅是舆论的走向与受众的各种价值观的变迁等

有限范围,而是通过这一过程对"政治"的"参与"。

1. 大陆浪人的"压力团体"

所谓"压力团体"(pressure groups),原本是指"为了实现自身的目的,或多或少地运用组织的方式对广义的政府(各级议会、行政部门、政党等)乃至政治过程(政策形成过程、执行过程、舆论等)行使影响力的集团"①。这些活动的直接目的并不是为了获得政权和对国家实行统治,因而压力团体从活动性质和方式上看有别于一般政党。但由于压力团体本身是代表某一个或数个社会阶层、群体自身特殊立场和利益的"政治利益集团",他们对政治施加压力的结果,必然会或多或少地扭曲政治过程原定的趋势和走向,使政治活动不同程度地带上这些压力团体所期待的偏向或者色彩。因此,探讨"压力政治"可能带来的社会问题时,至少可以包括以下几点:"① 有的压力团体所代表的利害关系,仅属于社会上的一小部分人;② 现代的超大型压力团体,容易产生寡头支配,压力活动的成果因而也出现了仅被一小部分人享受的倾向;③ 压力团体的政治影响力绝不是平等无私的,一些大企业的压力团体等很容易拥有巨大的影响力。"②

在战前的日本,也曾经出现过日本商工会议所(简称"日商",1921 年创立)这些势力强大的压力团体。众多大陆浪人以及以大陆浪人为主体的右翼团体,从所谓"民间外交"角度对日本政府对外政策的制定、实施进行的监督、攻讦、鞭挞、声援乃至派出成员秘

---

① 田口富久治:《压力团体》,小学馆:《日本大百科全书(ニッポニカ)》数码版,https://kotobank. jp/word/%E5%9C%A7%E5%8A%9B%E5%9B%A3%E4%BD%93—26096,2019 年 8 月 19 日。

② 田口富久治:《压力团体》,小学馆:《日本大百科全书(ニッポニカ)》数码版,2019 年 8 月 19 日。

密参与等活动，无疑也属于压力团体的活动范畴。而且从玄洋社成员采用舆论和暴力两种手段强行干涉日本政府同欧美各国修改不平等条约的过程就可以看到，这些压力活动有时对国家政权的对外活动还产生了重大的影响。更值得注意的是，近代日本存在着骄横跋扈、不可一世并且在对外政策上采取急躁冒进、缺乏战略和全局眼光的军部，大陆浪人和右翼团体在军部的支持下对政府外交活动所施加的压力，就比日本商工会议所等一般民间商业团体远为直接而具体，更容易反映到政府的对外政策中去。因此，在军部需要推动日本政府采取更为强硬和更为直接的对外侵略扩张活动，以完成大陆政策既定目标的过程中，大陆浪人等右翼势力就成为军部豢养的最得力的走狗。从第一次世界大战爆发到太平洋战争爆发、开展前后，这一倾向表现得格外明显。

1915 年底到 1916 年初袁世凯宣布恢复帝制之后，中国国内舆论大哗，护国军的起事与各地的反袁斗争前后呼应，局势大为动荡。五百木良三等一部分右翼大陆浪人提出一份《会谈纪要》，认为日本不妨利用这场动乱培养亲日势力，伺机在中国建立亲日政权。

　　一、帝国解决支那问题的根本原则，在于超脱历来日支对立的观点，着眼于东洋大局，确立将彼我结为一体的坚定不移的大策。此次的世界大乱（即第一次世界大战），不外是东西势力依循环更替天理之发现，天运之到来，昭示了东洋复活之天理。毋庸赘言，东洋的复活以日本为中心乃理所当然之趋势。而支那问题之解决则为实施这一天职当下首要问题，同时又是东洋复活大业之核心与基石。

　　二、在世界大乱终局到来之前，帝国至少应确立上述大业之基础。从与列国关系及从支那国内现状来看，欲成就上述大业,舍今日更无良机,可谓千载一遇,乃上天对帝国之恩赐。如今,以帝制问题为导火线,良机已被引燃。今后,(帝国)惟有依据上述之基本精神,专心一意,临机应变,勇往直前而已。

三、解决支那问题最根本之实施方策,乃以亲日主义者构成彼国之中心势力,然后彼我提携一体,确定东洋大局之大计。现在的袁(世凯)政府必为实施帝国大业之障碍,因而除以亲日主义者取而代之外,别无良策。因此,应首先集中全力,务必促成此一时机。同时还须预做准备,一旦时机出现即付诸行动。日支提携也好,修改条约也好,均属建启上述根本性组织(即所谓亲日主义政权)之后应办之事。

四、统一全国舆论,以举国一致的态势成就上述大业。实现此项目标的方法,在于举行大典,毅然实施全国游说,以唤起国民的觉醒,确定舆论的走向。

大正四年十一月三日

大竹贯一、松平康国、中岛气峥、五百木良三[1]

五百木良三等人发现,第一次世界大战的爆发和中国国内护国战争的发生,无疑给日本在中国扩展势力带来了"千载一遇"的"良机",万万不能失之交臂。乘世界和中国局势的混乱之机谋日本之利的最佳手段,是在中国"以亲日主义者构成彼国之中心势力,然后彼我提携一体,确定东洋大局之大计",如此就实现了"解决支那问题"这个悬而未决的课题,奠定了所谓"东洋复活大业"的基石。

1917年俄罗斯爆发二月革命和十月革命,出现了人类历史上第一个社会主义国家,日本也出现了社会主义思潮和民主主义思潮的高涨期。劳资纠纷和"小作争议"("小作"即佃农,此指1920

---

① 非卖品,印刷、发行年代不明。

年以后在日本全国农村迅速蔓延的佃农和地主之间围绕降低地租问题而展开的斗争)此起彼伏,1921—1922 年,日本社会上出现了反对出兵西伯利亚干涉俄罗斯革命和要求承认俄罗斯苏维埃政权的群众运动。1922 年在东京庆祝五一国际劳动节的集会上,还通过了《承认工农苏维埃》的决议。1925 年 1 月,日本和苏联缔结《日苏基本条约》,正式建立外交关系。此后,以美浓部达吉提出的旨在否定神化天皇绝对权威的"天皇机关说"(认为天皇是国家法人的最高机关但不是主权者的学说,目的在于否定神化天皇的社会动向 否定天皇拥有的超人格神圣地位)和《东洋经济新报》提倡的实施普选、缩小军备、放弃"满洲"为代表的早期"大正民主运动(大正德莫克拉西)",也迅速影响到城市中间阶层,吉野作造提倡的"民本主义"理念赢得市民大众的赞同,以实施普选为主要口号的市民自发组织的政治结社在各地纷纷出现。民本主义同工人运动结合之后,诞生了主张劳资协调主义的"友爱会",并在组织上获得了迅速发展。面对左翼社会运动的勃兴,为了破坏工农运动,阻遏社会主义思潮的进一步发展,浪人会、大正赤心团、大日本国粹会、大和民劳会等以大陆浪人为核心或重要成员的右翼团体在日本国内相继诞生并纷纷展开活动。

与此同时,从"国家社会主义"角度鼓吹对日本社会进行"国家改造"的"国家革新运动",在 1920 年代初期也油然勃兴。1919 年大川周明、满川龟太郎和大陆浪人北一辉成立的犹存社,就是这个动向的具体表现。犹存社将北一辉的《日本改造法案大纲》奉为经典,提出"合理组织日本国家,开展民族解放运动,联络改造运动"的行动纲领,发动了有理论、有组织、有明确政治目的的"国家革新运动"。此后,同样以"国家改造"为旗号的右翼团体,又陆续出现了行地社、大化会、大行社、神武会、大众社、兴国同志会、经纶学盟等等。与此同时,急进爱国党、爱国勤劳党、日本国家社会主义学盟、大日本国家社会党、金鸡学院、爱乡塾等信奉国家社会主义的团体以及右翼无产者政党的"信州国民党(后改名日本国民党)"等团体在日本国内也纷纷诞生。

2."对外硬"运动与大陆浪人

所谓"对外硬"运动,就是呼吁强硬的对外政策的主张或者以此为号召推动政府在对外政策上采取强硬姿态的政治运动。通俗地说,也可以叫做"鹰派"外交主张和宣传。具体来说,就是由改进党、同盟俱乐部、同志俱乐部、东洋自由党、国民协会和政务调查会六个团体(即所谓"硬六派")为核心掀起的一场示威和宣传活动。这六个团体在 1893 年底召开的日本第五届议会上结成联盟,组成了一个国权主义者和过去的一些民权主义者的联合战线。关于近代日本"对外硬"运动的特点和成因,《日本大百科全书》有这样的解说:"近代日本屡次登台的倡导对外强硬的政治运动,被称为对外硬运动,也是在野党批判政府的运动。对外硬运动成为批判政府运动的根本性条件,是由于政府的外交必须在较量和计算对方国家以及有关各国的反应与自身力量的基础上而展开的缘故。因此,通常情况下,即便政府在国益和国家道义的角度跟在野党想法一致,但为了实现这一目的的外交却不得不慎重而循序渐进地展开。这也是在外交上容易受到大国牵制和抑制的后发国家以及小国外交中,容易诱发鼓吹尽速实现国益和道义的对外硬运动的理由。"①近代日本的对华外交,虽然同样拥有帝国主义、侵略扩张主

---

① 《コトバンク:对外硬、日本大百科全書(ニッポニカ)の解説(词库:对外硬,《日本大百科全书》的解说)》,https://kotobank.jp/word/%E5%AF%BE%E5%A4%96%E7%A1%AC—316293,2020 年 9 月 9 日。

义的本质,但是外务省主导下的对华外交往往更多地顾虑到欧美列强各国的反应和掣肘而不得不采取较为慎重和隐蔽的方式,但是持所谓"对外硬"派立场的政党、政治团体以及大陆浪人们就没有这样的顾虑,因此他们就把时时"鞭挞"政府、鼓吹强硬的对外政策当成了自己的"天职"。

《晨报》1924 年 10 月 20 日自东京报道:"现在东京之日本浪人匠本,对于日本政府对华外交极力攻击其软弱无能,并主张对华为断然之措置,十三日下午二时,复有对外硬同盟会员鬼仓市次郎、朱村嘉一郎、今井唯夫等八人,同赴外务省,要求面见币原外务大臣。当时该省守卫,答以大臣业已公出,彼等乃要求面见松平次官。正在往返交涉之中,彼等部下二十余名之大汉,皆衣工人服,束赤色带,分乘数辆汽车,蜂拥而至,欲一气闯入省内。维时该省已通知该管麹町区警察署,由该署特派警察三十余名驰至外务省,遂演成彼此格斗之局面。后彼八人出而排解,该部下始留下极强之言词而散。当时松平次官以形势如此,乃决计引见彼八人。接见后,八人当将决议文面交该次官,并痛骂政府软弱外交之无用,希望立取断然之措置。松平次官只允将其来意转达大臣。彼此谈判一小时,始一同辞出云。"①同一条消息接着报道:"十三日下午强往外务省求见大臣之对华外交同盟会委员薄盖三等,直至下午二时半,始得面见松平次官。当时在旧北野地方静待委员等报告之十余名大正赤心团员,以久待无消息,遂皆手持棍棒匕首等,拥至外务省,在大门前痛骂,幸经委员等之抚慰,乃一旦散归。及至三时半,复再拥至,群至次官室附近骚扰,并与出而解抚之委员

---

① 《日本浪人再闹外务省 骂政府外交软弱　实则奉承当局意旨》,《晨报》1924 年 10 月 20 日。资料来源:《中国历史文献总库　近代报纸数据库》。

等大格斗一番,最后始一同散去云云。"①这条消息从语气看或可推测出自同一记者之手,但关于日本浪人的团体名称前后不同,此外标题后半段的"实则奉承当局意旨"也不知所指为何,当是综合多种日文媒体的零星报道而成。浪人冲击外务省,应当是当时的重大新闻。

此外,黑龙会自己编纂的《黑龙会四十年事历》中称:"昭和二年(1926)一月二十日,在上野精养轩召开重大问题各派联合会,向内阁提出督促其引咎辞职决议。"②原来,在这一年的一月,由于发生了所谓"朴烈事件"和"松岛游廓事件",在野党对执政党发起了强劲的攻势,大陆浪人们出于对"币原外交"的厌恶与反对,亦积极加入"倒阁运动"的行列。黑龙会干事葛生能久等人遍访朝野党首,高调宣传"若槻内阁必须下定决心,对吾人之运动负引请罪,引咎辞职"等等,"至四月,该内阁竟轰然倒台"。③不管若槻内阁的倒台同大陆浪人们的活动有多少直接的因果关联,但大陆浪人们借外交方针、政策为借口公然参与和发动"倒阁运动",也证实了他们作为压力团体的巨大能量和政治影响力。

尽管战前日本社会存在的各种压力团体拥有各自不同的目的和宗旨,其代表的社会基础也不相同,但当近代日本迅速沿着帝国主义的道路发动和实行大规模对外侵略扩张政策之际,他们几乎无一例外地站到了帝国主义政策的一边。这些压力团体与大陆浪人等右翼势力在日本国内外互相呼应,互相协作并融合,使战前日本社会的右翼势力得以不断壮大,推动了国家政治和政策的迅速

①《日本浪人再闹外务省 骂政府外交软弱　实则奉承当局意旨》,《晨报》1924年10月20日。资料来源:《中国历史文献总库　近代报纸数据库》。
②③ 黑龙会:《黑龍会四十年事歷》,东京:黑龙会,昭和十五年(1940),48页。

右翼化、军国主义化。

三、"民间"与政府、军部对华政策上的互动

立足"民间"的大陆浪人与日本政府、军部之间,并不是单向地一味"施加压力"。双方其实在对华政策上有着持续已久的"互动"关系。中日关系愈是到了局面复杂、局势紧张的关头,他们的"互动"也愈加频繁。

1. 早期的大陆浪人与日本对华政策

大陆浪人从事活动之时,一方面希望日本政府、军部能够提供经济上的援助(经费、军事装备、情报战物资等)、外交上的支持(身份掩护、外交联系渠道、情报的提供以及必要时的庇护等)等后援;另一方面又希望自身的行动能够拥有一定的自由度,能够在必要时随心所欲地行动。而且他们认为,政府、军部在大部分场合采取默认态度,放手让大陆浪人行动,才是作为"民间"力量的大陆浪人与日本政府、军部在对华政策上"最佳"的互动方式。

如内田良平在大正二年(1913)七月二十六日撰写的《满蒙独立论》一文中,一方面否定"黄汉民族"的"国民性",认为中国人没有先进的素质,不可能建成"共和同治之社会";另一方面又看到当时的俄罗斯在对华政策上与日本势不两立,而且步步争先,稳占上风。于是仅比川岛浪速晚一年,也提出了日本应当帮助中国国内的宗社党势力,在"满蒙地区"建设一个独立国家的提案,并为此拟定了四项"建国"的"纲要"。[①]"一,帝国政府(指日本帝国)承诺,允满蒙人在其自由行动之下,于南满洲及东蒙古建设独立政府;二,

---

[①] 内田良平:《满蒙独立論》,小川平吉文书研究会编:《小川平吉関係文書》(2),68—69页。

帝国政府在承诺满蒙独立之同时,立于满蒙政府与支那政府之间调停折冲,仿外蒙古自治之例;三,鉴于满蒙之海关税、盐税等已有充作外国借款担保之用项,帝国政府对此应采取妥当之处置;四,在承诺满蒙政府之同时,我帝国将与之缔结特殊条约,使之成为我之保护国并统监之。"①这个"纲要"的关键,是第一条和第四条,等于将中国东北地区和内蒙古地区相当大的领土切割出去,建立一个日本"统监"下的"傀儡国家"。野心之大,手段之强硬,比起对"满蒙地区"觊觎已久且最终动手完成这一计划的日本关东军,有过之而无不及。然而关东军实际动手实施这一计划,已是19年后的1931年。可见川岛浪速、内田良平等大陆浪人的侵华计划和构想,对于此后日本侵华政策的拓展和实施,实际上发挥了启迪、引导和舆论支援的作用。

内田良平等不仅提出计划,还自告奋勇地参与计划的实施,主动承担起计划实施中最关键的环节。他们最大的愿望就是日本政府采取"默认"的态度,由大陆浪人们放手去做:"以上纲要之实施,若无我庙堂诸公之默认,则绝无法动手。但公然表示默认,想必亦有颇为棘手之处。唯愿一切于暗地里(进行),待进入最后实行之际,某等当全力以赴,绝不给国家增加为难之事。"②正是内田良平等大陆浪人这种以"国士"自任,时时处处从"国益"角度出发思考和行动的姿态,构成了"国权派"大陆浪人的主要特征,也使他们同日本政府和军部之间建立了相互信任、依存和支持的"合作式"互动关系。

包括这些纲要在内的《满蒙独立论》本身,就是以黑龙会为代表的大陆浪人与日本政府、军部互动的重要表现:即大陆浪人们自

---

①② 内田良平:《満蒙独立論》,小川平吉文书研究会编:《小川平吉関係文書》(2),69页。

觉也充当政策制定、执行部门的"义工""智囊",在对华政策和对外战略需要重新审视、修正轨道或者实施大幅度变更的关头,提出政策制定、执行部门不便提出或因种种外交、政策考量无法提出的有关对华政策的候选、修正提案或行动计划等,为日本政府和军部提供更多的、更具帝国主义和扩张主义色彩的政策选项,以及更强有力的民间舆论的后援。而且这些"义工"们不仅仅停留于出谋划策的"智囊"地位,还身体力行地实行这些构想和计划,无论成功或失败,都会亲身验证计划的可行性。政府与民间的这种几近"理想状态"的互动关系,在近代以来的世界历史上虽然并非日本独有,但大陆浪人这支"别动队""先锋军"的人数之多、活动范围之广、持续时间之长,却是极为罕见的。

大陆浪人对日本政府的对华政策并非无条件支持。相反,他们时常认为日本外交当局乃至日本的对华决策"太过保守""软弱",毫不客气地加以抨击。

如内田良平等人以黑龙会名义在1914(大正三年)年10月29日发表的《对支问题解决意见》中,首先指出所谓"对支(那)问题"是日本的"百年之大计":"我帝国能否解决东亚问题,树立国家百年之大计,惟在于能否努力顺应大势之所趋,恢弘进取之国是,确定对支政策之大方针并实施之而已。"① 由于当时的欧洲各国已经卷入第一次世界大战,内田等人认为在英、法、俄等国势力重返亚洲之前解决"支那问题",是"百年而一遇不可再得的大有作为之机会",建议日本政府"使支那不得不信赖我之途径无他,惟在于我

---

① 黑龙会:《对支問題解決意見》,小川平吉文书研究会编:《小川平吉関係文書》(2),74页。

帝国主动掌握对支那之政治、经济优越之实权,并严格指导之而已"①。为此,他又开列了包括中国陷于内乱或对外战争时由日军保卫领土、维持秩序,中国承认日本对"南满洲及内蒙古"地区的"优越权益",日本有权占领胶州湾并获得德国在此的权益,中国需聘请日本教官改革陆军、采用日本武器,聘请日本专家改革税制、整理财政,聘请日本教员担任教育顾问,以及今后如果同他国签订商借外债或租让、割让土地的协约,同第三国宣战、讲和之际,必须事先同日本协商等十大项内容的"国防协约私案(私拟草案)"。他认为做到了这些,日本就等于掌握了"对支那之政治、经济优越之实权"②。

　　然而,日本当时的第二次大隈重信内阁(外务大臣为加藤高明)的实际对华政策,却令内田良平等人深感失望:"然而吾人详察现任内阁之外交,不但没有自主外交之本领,反而坚持被动之方针,惟知卑卑诺诺,仰窥同盟国之鼻息,恰如唯恐失去彼等之欢心。而其对支政策,亦只停留于维持、修补现状,自初便无坚定不移之方针、远大之计划。于是一意追随同盟国之外交,动辄受其钳制亦心无不甘。"内田等人认为,在这种情况下日本一旦宣布参战,陆海军虽然可以各自独立行动,却难免受到政府外交之掣肘,因此必须推动政府当局认清"帝国之隆兴、东亚之安危,皆视我对支外交方针如何而定"的局面,即首先通过外交手段压迫中国政府"不得不

---

① 黑龙会:《对支问题解决意见》,小川平吉文书研究会编:《小川平吉関係文書》(2),
　　75—76 页。

② 黑龙会:《对支问题解决意见》,小川平吉文书研究会编:《小川平吉関係文書》(2),
　　76 页。

信赖"日本帝国。①

　　这份《对支问题解决意见》,反映了内田良平等大陆浪人在看到对华扩展侵略权益的大好时机之际,已经不仅仅满足于"义工""智囊"的地位,更主动承担起对华政策的"监督者""鞭策者"乃至"审判者"的角色,意欲通过自身的言行去影响、去修正政府对华政策的制定和实行的行动特征。事实上,考诸1916年2月黑龙会通过"匡民外交同盟会"的名义召集的"对支问题有志大会",1919年5月—8月巴黎和会期间,为了对抗中国代表团提出的归还山东权益要求,在日本国内举办"讲和问题大会""外交问责大会"等集会,作出"对于帝国保持东亚安宁之优越地位,绝不容许来自任何一方的丝毫侵害"的"决议"等行动②,大陆浪人正是通过此类言行抢占有关"国益"的定义权和解释权,直接影响了对外政策的走向。果然,1914的12月初,加藤高明外相就指示驻华公使日置益向袁世凯政府提出对华要求,1915年1月18日,日本政府正式向袁政府提出了臭名昭著的"对华二十一条要求"。黑龙会当初拟定的"国防协约私案"的十大项要求,几乎全部被"二十一条要求"吸收,大陆浪人与日本政府在对华外交上的"互动",在黑龙会时代发展到了双方通过言论与行动的交合而达到相互领悟、配合默契的巅峰。

　　不仅是对华关系,在需要调整和修正同欧美各国关系时,黑龙会系统的大陆浪人有时也不失时机地提出足以大幅度修改外交政策的提案。

　　在注明"黑龙会本部"大正五年(1916)十月印发的一本名为

---

① 黑龙会:《对支问题解决意见》,小川平吉文书研究会编:《小川平吉関係文書》(2),81—82页。

② 黑龙会:《黑龍会四十年事歷》,23,28—29页。

《日英国交之危殆　支那解决论（日英国交の危殆　支那解決論）》的"极秘"小册子，就是在第一次世界大战战事方酣之际，要求日本从国际关系认识理念到外交关系全面重新审视起始于1902年的"日英同盟"关系的政策建议。

这本小册子认为，第一次世界大战结束后，中国和太平洋地区将成为新的国际竞争的重点和中心地区："世界大战一旦终结，英国乘战胜之余威，左右支那，执远东地区之牛耳，现今即不难预测。势已至此乎？彼（指英国）将我帝国势力排挤出大陆，自认为支那政府之保护人，以致独占其霸权，而我帝国不得不附其骥尾，唯命是从而已。"①也就是说，内田良平等黑龙会系统的大陆浪人在这个时候已经看出，当英国势力的压力和扩张即将成倍增长之前，日本若不采取对策，届时只能跟在英国后面唯命是从。

然而，打破日英的同盟关系，对当时大部分日本政治家和一般民众而言，需要一个对头脑中已渐成惯性的外交思维的转换过程："朝野人士，一心一意以日英同盟为我外交之主轴，且欲以此确定对华政策之方针。此乃完全不察日英在东洋冲突之危机者所言，贻误国家大计者无此为上！……对于我国之外交方针，毋宁乘今日之机，挣脱日英同盟之羁绊，确立国民外交方针之时机耶?！……吾人确信，废除日英同盟，方为今日我国之利；窃以为不远之将来，废弃之机会必将到来也。"②于是，内田良平又跟当年鼓动对俄开战一样，论述了在当时情况下打破日英同盟对日本"国益"的必要性，又一次发出惊世骇俗但又十分清醒而冷酷的言论。此次的出发点同样是日本的国家利益，抛弃的是在同盟关系中给

---

① 黑龙会本部：《日英国交の危殆　支那解決論》，1—2页。
② 黑龙会本部：《日英国交の危殆　支那解決論》，5—6页。

了日本种种好处的英国。

至于为何必须废除日英同盟关系,最根本的原因还是日本的对华政策和"国益"。

内田良平认为,日英的冲突是英国维持其既得权益和世界战略的必然结果(他自然不提后起帝国主义国家的日本要求打破列强之间的平衡才是冲突的根本原因),并认为无论是否由日本方面提出废除日英同盟关系,不出数年日英之间必定发生冲突。而且,内田良平还以为,"英国(对抗日本)之手段,是首先教唆支那抵抗日本,又在援助支那抗战名分下发动战争"①,从而把中国的反日运动和政策,也完全归结到了英国的"教唆"上,轻易否定了中国人民反抗日斗争的正当性。

擅长将复杂多变的外交关系通过"利大于弊"还是"弊大于利"之类明快算式而导出结论的内田良平等大陆浪人,此次通过把"日支关系"和"日英关系"放到天平上的重新考量,居然得出了日本必须以牺牲"日英关系"而攫取"日支关系"最大利益的结论。"若政府今日能够勇敢果断,从根本上解决对支问题,则得以确立远东之基础,处理世界大战后之对策,亦可绰绰有余,并长期占有东亚盟主之地位。如若不然,一味踌躇逡巡,不敢断然行动,则帝国之国运岂不陷于危殆,支那四亿民众亦将永远遭受白色人种之压迫,东洋大局之保全与和平,亦终不可期。吾人不得不大声疾呼敦促朝野之猛省,以解决支那问题之急务,原因盖在于此。"②

基于以上理由,内田等人在这本小册子里提出的结论即所谓"支那处分案",主要包括以下两个方面:"一,将南满东蒙之统治权

① 黑龙会本部:《日英国交の危殆　支那解决论》,29—30页。
② 黑龙会本部:《日英国交の危殆　支那解决论》,6—7页。

委任与我（即日本）"；"二，支那财政之整顿、监督权由我占有"。①
乍看起来，这两项要求所包含的权益有限，但是内田这样做有他自
己的理由。他真实的"支那处分案"其实是这样的："对支问题之根
本性解决，在于将南满、东蒙事实上置于帝国统治之下，在此扶植
其（指日本）势力，以确立控制支那本土之地位。而对支那本土，又
必须以掌握其领导实权，监督其外交，统一和整顿其内政、财政、军
事为主要着眼点。"②所以这份"处分案"，实际上仍是一份"直接统
治"中国的东北、内蒙地区，"间接控制"关内整个中国内地的侵略、
扩张主义提案，而且在表面上还附带了此前未有的稍加"收敛"的
特点，显示出右翼大陆浪人提出的政策建议，在手法上也更加讲求
技巧，因而也更具操作性，更便于实施。

到了第一次世界大战结束后的 1922 年，内田良平等人再次以
"政策顾问""对华问题专家"的身份批评政府，提出了他们认为在
对华政策上应当尽快采取的具体方案。

这份名为《关于建立国策的意见书（国策樹立ニ関スル意见
書）》的长文，发表于这一年的 12 月。鉴于当时的中国正处于军阀
混战、民不聊生的时期，内田等人认为这又是一次日本乘机扩大在
华权益和开拓殖民地统治的大好时机："支那不仅拥有数十倍我国
之国土，且已失去作为国家中心之皇室，当政者皆为野心家，惟知
以共和政体为名，各组织其党派争夺私权私利而汲汲不休，置国家
于所谓群雄割据之状态。因此，到底难以期待在二十年、三十年内
实现统一之业。……然则，我邦今后将以何等方针政策以对应之？
以今日而言，无非在于确立有权威的积极的对支政策之方针，常以

---

① ② 黑龙会本部：《日英国交の危殆 支那解決論》，41 页。

大匡态度临之,并以威信贯彻此方针而已。"①在内田等人看来,自第一次世界大战以来日本的对华政策就是连续的"失败":"然而观察历代内阁对支政策之经过,不管是大隈(重信)内阁、寺内(正毅)内阁,还是原(敬)内阁,我国之态度不仅丧失威信,且无贯彻始终之政策,诚为遗憾之至。"②

那么,应当把什么样的政策内容或曰长期目标作为日本对华外交上"贯彻始终之政策"呢?"要言之,对支政策之根本问题,乃在于树立确定不变的国策,以在满蒙最终建立我之殖民地为最大要诀。其(对华)外交亦以威(信)行(动)并用,使其国民不得不信赖我邦为准绳。"③为此,内田等人在此文中又拟定了掠取"满蒙"权益的多项具体举措,要求日本政府尽快将其列为"对支政策"的"要求事项"。在该文最后的"结论"部分,内田等人进一步强调:"对帝国之前途而言,目下正值面临盛衰兴亡抉择歧路之秋。若坐视消极政策之推移,甘心情愿在此狭小国土内屏息度日,则国家之命运将陷于难以逆转之穷地,同时亦难以维持国民生活之安定。反之,若于此际积极确立民族视点之国策方针,举国一致沿着此一大方针奋勇前进,则人心始能振作。而开拓满蒙及西伯利亚,向该地区等移植内地过剩之人口,同时保护朝鲜人之移居者,于兹建设一个以日本民族为中坚之大经济区域,则对内可树立自给自足之基础,对外可占得民族发展之根据地。吾人确信,国家百年之大计,将于此确立也。"④以如此近乎"执拗"的态度试图"诱导""矫正"政府的

---

① 内日良平:《国策樹立ニ関スル意見書(关于建立国策的意见书)》,小川平吉文书研究会编:《小川平吉関係文書》2,242 页。

② 内日良平:《国策樹立ニ関スル意見書》,《小川平吉関係文書》2,242—243 页。

③ 内日良平:《国策樹立ニ関スル意見書》,《小川平吉関係文書》2,243 頁。

④ 内日良平:《国策樹立ニ関スル意見書》,《小川平吉関係文書》2,251 頁。

对华政策,显示出内田良平等人的黑龙会确是一个以政策性诉求为重要使命的特殊群体。他们急"国益"之所急,忧"国益"之所忧,积极主动且不惮权威、不计自身祸患得失的言行,也是大陆浪人群体中"民间"团体与体制有效"互动"的一个典型范例。黑龙会之后的大陆浪人群体中再未出现类似的极端重视政治诉求的浪人团体,内田良平等为体制一方在关键时刻寻求大陆浪人一方的"合作""助力"打下了相互信任的心理基础。

2. 九一八事变前后大陆浪人的政策提案与舆论操作

1927 年 2 月,军人出身的田中义一接手以"总辞职"形式下台的若槻内阁出任首相。组建着内阁时,田中接到天皇希望留意外交事务的"敕旨",于是自己兼任外相,并着手将心中历年来形成的对华外交思想一一付诸实践。这年 6 月至 7 月,田中召集参谋本部、关东军的军部首脑加上外务省首脑举行"东方会议",最终出台《对支政策纲领》,强调为了维护日本在华权益不惜使用武力,并且须以积极手段维护"满蒙地区"的权益,显示出田中内阁与前任内阁明显不同的所谓"积极的对支政策",亦即更具攻击性、侵略性的对华政策。

在田中内阁上述对华政策的鼓动和影响下,日本国内舆论以中国国内反对日本帝国主义在华势力渗透的"排日热"为焦点和口实,大力渲染两国从政府到民间对立、对抗的紧张关系,并开始怂恿日本政府和军部在关键时刻"以确定不移的决心迈出一步",公开鼓动对华行使武力手段。[①]

1928 年初春,"多年来为满蒙问题之解决锐意"活动的大陆浪

---

① 黑龙会编:《東亜先覚志士記伝》下卷,6 页。

人田锅安之助①、末永一三、内田良平、田中弘之、高山公通、副岛义一、葛生修亮②等人"为激励其（指田中内阁）贯彻当初之目的"，会聚一堂，起草了《关于解决满蒙问题之意见》并提交给田中首相。其主要内容是："（对日本而言的）满蒙的特殊地区以东三省及东蒙全部地区为范围，须将其与支那本土之行政分离，确立（日本在该地区）维持治安之完整基础。对于国防上及经济上必不可少的满蒙各铁路，须尽速建成。彻底开放矿山、森林、土地及其他资源，使邦人获得投资企业及移居该地区之自由。此为三大要项。对于支那本土，在恢复和平和内外问题上，以始终出于善意对待之为要谛。"总而言之，希望日本"克服历届内阁执行大陆政策时动摇无常之弊端，尽速解决满蒙问题，开展帝国理所当然之经营，确立东亚和平之基础，以完成我帝国天职之使命"云云。③ 大陆浪人就对华政策向田中内阁的公开"上书"，虽然早已不是第一次，但显示了他们对田中内阁对外政策的由衷支持，也证明了他们在对外政策尤其是对华政策上，永远是最"急躁"、最"激进"的一翼。

　　同年4月3日，以头山满、内田良平、田中弘之、副岛义一、末永一三为发起人，在东京赤坂三会堂以"神武天皇祭祀"为由头，召集"内治外交振作大会"，"推田中弘之为主席，议决宣言、决议，选举

① 田锅安之助（1864—?），福冈县糟屋郡人。少年时喜欢阅读兵书。1887年当上海军少军医候补生，此时结交了大陆浪人铃木天眼等，幻想到"东洋的新天地"闯荡。1889年辞去海军任职后前往上海、汉口，与荒尾精、川岛浪速等参加和种策划。1891年在上海开业行医，同时参与"日清贸易研究所"经营。1895年甲午战争中充任日军翻译，后返回日本参与东亚会的创立等活动。日俄战争中还参加日军"特别行动班"。

② 葛生修亮（1874—1958），本名修吉，又名能久，千叶县人。曾参加"天佑侠"行动，又是黑龙会发起人之一。1905年与小幡虎太郎等创立《朝鲜日报》，内田良平死后继任黑龙会"主干（领袖）"，成为右翼运动的"长老"。

③ 黑龙会编：《東亜先覚志士記伝》下卷，68页。

执行委员与访问委员(即游说委员),决定遍访当局(核心人物),鞭挞督励之,同时在东京及地方召开大演讲会,全力唤起舆论"等。①参加这次集会者据说达千余人,是大陆浪人将已提交给官方的《关于解决满蒙问题之意见》进一步向民间宣传,尽最大可能扩展其影响的具体行动。集会还成立了"内治外交作振同盟"为常设机构,事务所(即办事处)设在黑龙会内。这无疑还是玄洋社、黑龙会等大陆浪人组织的延续与扩展。

大陆浪人通过"内治外交作振同盟"全面配合田中内阁的"强硬"对华政策,开展了大量的舆论宣传活动。如守田福松等 40 余名"在满有志代表"(即居住"满洲"的所谓日本民间人士代表)到东京来"介绍当地情形",呼吁日本政府采取强硬手段"保护"日侨、"膺惩"中国民众的抗日、"反日"运动。"内治外交作振同盟"热情欢迎他们的到来,为其宣传活动提供种种便利。日军强行阻止北伐军进入济南的"济南事件"发生后,当年 5 月 13 日,"内治外交作振同盟"反将北伐军的"凶暴残虐"当作炒作热点,先是在东京市中心的芝公园举行"济南事件殉难同胞国民追悼会"兼"膺惩暴支(即'暴戾的支那')国民大会",呼吁日本政府和军部采取"断然行动"实施"彻底之膺惩",继之又在大阪、神户、京都、岐阜、名古屋等城市多次举办"大演讲会",将"膺惩暴支"的口号迅速扩散到日本全国主要城市。②

田中内阁由于炸死张作霖事件政治震荡的影响,不得不于1929 年 7 月宣布"总辞职"下台,两个月后,田中义一也骤然死去。继任的滨口雄幸民政党内阁以币原喜重郎为外相,强调在"对美协

---

① 黑龙会编:《東亜先覚志士記伝》下卷,67—68 页。
② 黑龙会编:《東亜先覚志士記伝》下卷,69 页。

调外交"的原则下开展对华外交。币原喜重郎曾经对日本政府在
"对华二十一条要求"时采取的手法有过批评,认为"那种高压式的
手法我不敢恭维。那样做的话,我担忧这场交涉说不定会长久成
为日支两国之间的癌症,破坏东洋之和平"①。但是,币原同时又表
明"日支之间开始的新交涉(指二十一条要求),其主旨我本来就是
领悟的"②,说明"币原外交"的本质并没有偏离对华实施军国主
义、扩张主义路线,只不过希望日本政府采取更为隐蔽、更讲究
"技巧"的"手法"来实现既定的目标。由于币原喜重郎曾在帝
国国会上以外相身份宣布"对支外交"原则时,多少有过如"近
年来支那各地频频发生外国人受害事件,支那令人不满的政情愈
益引起外国人之注意。但是,支那对百般施政断行改革绝非易事,
我们也需对其中的情由深加谅解。我们应以同情、忍耐和期待注
视支那国民的努力,不仅期待其成功,而且当支那有求于我时,将
不吝提供友好之协作。但是对于支那内政事务,我们不应干
涉……"之类由于顾及到欧美各国的指责、掣肘而稍显"理性"和
"温和"的言辞③,就被军部和民间的大陆浪人右翼势力看作"软弱
外交"加以猛烈的抨击。

　　在1931年1月的"第59届帝国议会"上,大陆浪人气质的"代
议士(议员)"松冈洋右对一年多来的"币原外交"展开猛烈批判,指
责"软弱的外交招来了支那人的误解","日本的外交在支那也被看
作愚蠢";并宣称"所谓满蒙问题,不仅仅是二十万日本人在此居
住,那里有(我们的)铁路之类说法"的问题,"满蒙问题,是事关我

①② 宇治田直义:《日本宰相列传17　币原喜重郎》,西州隆元监修,东京:时事通信社
　　1985年,35—36页。
③ 宇治田直义:《日本宰相列传17　币原喜重郎》,85—86页。

国之存亡的问题,我认为它是我国的生命线,无论是国防上,还是经济上,都是如此",直接对多少顾及到欧美各国反应和中国方面心理接受程度的"币原外交"大张挞伐。① 民间的大陆浪人与此紧相呼应,1931年2月,除了以黑龙会为中心的"内治外交矫振同盟"紧密联系"对满蒙问题深感忧虑"的所谓"民间有志"交换意见,协同发声外,大井成元、井上清纯、高山公通、石光真臣、菊池武夫、贵志弥次郎、筑紫熊七等所谓"在乡将官"们,联合大陆浪人田锅安之助、本多熊太郎、五百木良三等以"支那恳谈会"的名义开会协议,决定设立新团体"对外同志会",将"确保我帝国在满蒙之权益""维护在满蒙鲜人(即朝鲜人)之利益"作为行动口号,立刻在日本国内政界、舆论界展开了宣传。② 当时已经存在的如东亚联盟义会、大亚细亚民族会、大日本会、内外更始俱乐部、满蒙研究会、满蒙同志会等大陆浪人的右翼团体,也纷纷或与"对外同志会"合流或协同开展活动。

　　大陆浪人这些右翼团体在日本国内开展的活动,以营造宣传为主,对这一时期日本对华政策的形成和实施,发挥了不可估量的重大影响。如井上清纯、蜷川新、永雄策郎、蓑田胸喜、土方宁、诸冈存、长野朗、池田弘、香渡信、片冈骏等人从1930年11月前后就策划成立"满洲问题解决同盟"组织,第二年1月正式开始活动。该同盟一方面派遣片冈骏、奥户足百等人前往奉天(沈阳)搜集信息、资料,一方面在东京举行讲演会或者颁发宣传材料,"使(日本)

---

① 松冈洋右:《動く満蒙(变动的满蒙)》,东京:先进社1931年,111—112页。资料来源:《国立国会图书馆数码收藏(国立国会図書館デジタルコレクション)》(http://dl. ndl. go. jp/)。

② 黑龙会编:《東亜先覚志士記伝》下卷,70页。

国民认识支那排日之真相"①。此外,他们还利用从中国各地搜集来的所谓"排日"海报、照片、图片等,在东京闹市区举办"排日实情展览会"(后因"排日"二字被警方禁止使用,而改为"支那政情展览会"),直接面向日本一般民众灌输"排华""厌华"意识,使"膺惩支那"情绪不断高涨和蔓延。

"满洲问题解决同盟"的政治主张据说是:"远东局势,再次回到日清(甲午)、日俄战争前夕之状态,为了保护祖国日本的国际独立与国民的生存权利,以一心正念奋勇前进!""坚决保卫薪火相传的祖国日本;召唤悲壮、严厉之祖先神灵,宣誓忠诚,奋起生的冲动!"等等。②此类文字,虽然比黑龙会时代大陆浪人的文字功力不知拙劣了多少倍,但在当时的政治环境和社会氛围下,还是拥有强大的召唤力量,据说"前后六十余处场所举办的展览会及演讲会,加上满洲问题日益激化的现实,给人心以极大之影响"③。

"满洲问题解决同盟"的社会影响还不只于此。1932年2月,国联派遣李顿调查团到日本调查九一八事变前因后果时,由于日本外务省并没有可以证明事变前中国方面有所谓"排日"行动的材料,遂将"满洲问题解决同盟"搜集和整理出来的材料借来当作证据提供给国联。该同盟的大陆浪人也算是直接为近代日本侵华政策的实施"贡献"了力量。

九一八事变前夕,为了利用一切可以利用的"口实"和煽动材料,主要在日本国内活动的大陆浪人及其团体,比比前更加积极主动地与"满蒙地区"和中国内地居住的大陆浪人、侨民团体、在乡军人会、自警团等所谓"邦人"组织加强联系,相互提供信息,制定协

---

①②黑龙会编:《東亜先覚志士記伝》下卷,71页。
③黑龙会编:《東亜先覚志士記伝》下卷,72页。

同行动的方案,共同开展了推动日本政府、军部下定决心、发动侵华战争的"促战"活动。

如1931年7月,所谓"万宝山事件"发生后,"内治外交作振同盟"的头山满、内田良平、田中弘之、高山公通、佃信夫①、末永一三等就召集一批"矢志解决对支对满诸问题"的"诸士",共同发声:"诱发此般事态,毕竟是我国历代内阁的外交以姑息为多,毫无定见,无法抑制支那官民之横暴无道,终于使身为同胞的鲜人积怨至深,忍无可忍而为之爆发之故。当此之时,必须集中全力以解决满蒙问题,一扫其祸根,以实现从根本上解决满蒙问题。"②在大陆浪人的惯用话语中,所谓"满蒙问题"的"祸根",指的是中国官方和民众对日本帝国主义侵华行动的反抗和抵制;所谓"根本上解决满蒙问题"意味着武装占领"满蒙地区"。辛亥革命之后不久大陆浪人就开始提出这样的口号,到1931年上半年,他们感到从"根本上解决满蒙问题"有了越来越多的现实可能性。

所谓"鲜人"亦即出身朝鲜半岛且大量涌入和流落中国东北地区的朝鲜平民,跟日本帝国主义在朝鲜半岛的殖民政策密切相关,他们也是殖民统治政策的受害者。所谓"日韩合邦"的主要策划者之一的内田良平,就带着鄙夷的心情评论朝鲜民族对日本殖民统治的不满:"他们遇事就喜欢鸣不平,表现出反抗的气势。这是他们的民族性所致,绝不是我们的做法有什么不对。""何况朝鲜内地

---

① 佃信夫(1866—?)姓佃,名信夫,号斗南,新潟县人。1880年就读于东京电信修技学校,毕业后充电气技师。1890年与铃木天眼等发行杂志《活世界》,1894年参加"天佑侠"。1905年和内田良平等参与中国同盟会的成立,1916年公开支持第二次"满蒙独立运动",翌年偕宗社党人升允等赴日。张勋帝制复辟失败后,他又参与救援。在"满蒙问题"上,始终鼓吹所谓"满蒙建国"主张。

② 黑龙会编:《東亜先覚志士記伝》下卷,72页。

的少壮鲜人,根本不理解日韩合邦的真正精神,有些人甚至采取自暴自弃的行动,真让我们不得不感到千秋之遗憾。"①但是在需要制造战争借口时,"鲜人"的遭遇也成了大陆浪人关注的对象。菊池武夫、石光真臣、五百木良三、细井肇等大陆浪人联合"鲜人各团体"代表朴春琴、李起东等200余人,于7月16日在东京赤坂溜池三会堂召开了"满鲜问题有志大会筹备大会",指定入江种矩、盐田爱之助、池田弘、小幡虎太郎、小山田剑南、野吕濑芳熊、葛生能久、林逸郎、工藤铁三郎②、狩野敏、八幡博堂、松田祯辅、寺田稻次郎、绫川武治、佐佐木保次郎、岩谷庆一郎、下泽秀夫等人为大会"世话人(干事)"③。19日,以"满鲜问题民众大会协议会"名义发布并抄送中华民国驻日公使馆的《声明书》宣称,"以万宝山民国人压迫朝鲜人问题为发端,发生全朝鲜起义,鲜人对民国人采取了报复性行动。从感情上的因果关系来看,(该行动)盖为不得已之结果",从而将"万宝山事件"片面地解释为"压迫鲜人事件",显示出了对"同胞朝鲜人"前所未有的"关心"与"同情"。④ 21日,"以黑龙会一派为中心之'满鲜问题国民同盟'"在东京上野精养轩正式召开"满鲜

① 内田良平:《日韓合併の思ひ出話》,田中健之编:《内田良平翁五十年祭追慕録》,55頁。
② 工藤铁三郎(1882—1965),青森县人。青年时以"经营大陆"为志,1902年自朝鲜来华。曾漫游中国内地,1913年加入白朗军中,任参谋之职。后又与宗社党人结识,策划复辟清廷,1918年与升允同赴甘肃等地。九一八事变后,为建立"满洲国"多方奔走,以"功"任宫内侍卫处长,1941年任"执政府顾问",被溥仪赐名"忠"。
③ 根据外务省外交史料馆《万宝山農場事件　輿論並新聞論調　第四卷》所载,该筹备大会的名称最初为"满蒙问题有志大会",见JACAR(亚洲历史资料中心),Ref. B02030180000,画像8—9。
④ 外务省外交史料馆:《万宝山農場事件　輿論並新聞論調　第四卷》,JACAR(亚洲历史资料中心),Ref. B02030180000,画像15—16。

问题有志(者)大会",大陆浪人、"鲜人"等大约 700 余人与会。① 会议通过决议如下:"一,即刻对在满同胞鲜人实施现地保护;二,厉行既定条约,确立帝国在特殊权益地域满蒙之地位。"②这是大陆浪人用集体发声的方式,将旅居中国东北地区的朝鲜民族以"在满同胞鲜人"的名义捆绑到日本侵华活动的战车上,由此不又可以发掘出更多的发动对华外交干涉和军事干涉的"口实",也为大陆浪人在中国东北地区找到了新的"同盟军"。

8 月 25 日,所谓"中村大尉虐杀事件"的消息传来,大陆浪人为中心的 71 个团体结成"满鲜问题国民同盟"发表声明:"当今实乃我国存亡面临岔路口的最重要之关头。确保我国在满蒙之权益,根绝一切对支纠纷,拯救我帝国于危亡之中,确立东洋永久和平之途径,唯有实力解决一途而已。无论支那背后有何种势力支持,凡有掣肘我国之行动者,断然不应加以宽恕。吾人在兹愿与全体国民一道,振作浑身之气力,踢开亡国软弱之外交,恢弘明治大帝关于大陆进展之宏谟,以酬祖辈父兄们奉献给日清、日俄两大义战崇高之牺牲。"③大陆浪人通过这篇声明,不但把对华开战,以"实力解决""满鲜问题"宣传为"根绝一切对支纠纷"的唯一途径,而且把这种公然挑衅和侵犯邻国领土与主权的行为加上了种种"正当"和"崇高"的理由,实际上为 20 余日后日本关东军一手挑起的九一八事变,做了强劲的舆论铺垫工作。这又是大陆浪人与军部互动的一个代表性例证。

对于日本军、政、民三方协同行动,借"万宝山事件"之类事端

---

① 外务省外交史料馆:《万宝山農場事件 輿論並新聞論調 第四卷》,JACAR(亚洲历史资料中心),Ref. B02030180500,画像 9。

② 黑龙会编:《東亜先覚志士記伝》下卷,73 页。

③ 黑龙会编:《東亜先覚志士記伝》下卷,74 页。

蓄意挑起中日两国间的外交纠纷并伺机发展成为干涉、压迫中国外交与内政借口的"祸心",当时的中国舆论已经进行过犀利的揭露。如《中国日报》《华侨日报》在事件发生后连日发表社论或者时评,指出:"万宝山事件,其初不过中韩农民发生小冲突。不料风潮扩大,韩境忽然排华。平壤一城,首开其端;元山、新义州等地,继起暴动。据近日沪报所载,华侨之毙命者,已达三百八十八人,受重伤者一百零二人。房屋商号,亦遭焚毁,其陆续避难而归国者凡数万人。此诚空前之惨剧也。""闻韩人此次暴动,甚有组织、有领袖、有详图,放火杀人,绝无忌惮。其非贸然行事,已可想见。……夫以久处日本统治之下之韩人,苟无背景,奚敢作事前之组合,更奚敢为陆续之暴举,而不虞干涉乎?""韩民与华民,本无恶感,且有同情。其所以甘心为虎作伥者,其背后必有发纵指使之人。""此次万宝山肇祸之原因为争水道,日人处心积虑之'商租权'不易获得,故不惜驱使韩民以强硬之手段而厌其无理之要求。""要之日人处心积虑,欲窥伺我南满,已非一朝一夕。……而忽有此举,一方面则纵容韩人猛烈排华,务欲驱尽三十万侨韩之华人而后快;一方面则增兵关东,威胁我国,以挑起华人之恶感。其立心也狡,其手段也更!"①可见即便在当时,大陆浪人突然视"朝鲜人"为"同胞",以他们受到"不公平"的待遇为借口煽动对华实施"实力解决"的叵测居心,早已受到中国舆论的揭露和批判。

　　至于大陆浪人配合日本政府(包括地方政府和部门、机构等)、军部(包括侵华日军、军事机关、情报部门以及外交使领馆武官部

──────────

① 外务省外交史料馆:《万宝山農場事件/輿論並新聞論調 第四卷》,JACAR(亚洲历史资料中心),Ref. B0203018000C,画像 22—26。文中标点为笔者根据当代汉语习惯所修改。

门等），在地区性、事件性行动中进行阴谋策划、搜集情报、武力肇事、公开窃掠等活动的事例，比比皆是，举不胜举。

　　大陆浪人对日本政府、军部来讲，是一个低成本、高效率的舆论工具、行动"利器"。由于大陆浪人本身的性质所致，这个"利器"有时也会带来较大的风险。日本政府、军部则根据不同时期所谓"国家利益"的需要，或者同大陆浪人进行表面上的"切割"，撇清彼辈同官方的关联，或者也会对大陆浪人提供外交上的庇护。

　　具体来说，日本政府有时也会在处理一些外交难题的时候，利用大陆浪人的"民间"身份，以大陆浪人"不服从政府管制""对他们也无可奈何"等等为借口，逃避欧美各国的外交指责和追究，为日本政府谋求外交上更多的转圜空间和利益。例如，1915 年 12 月，日本政府应同盟国英国政府的要求将亡命日本的印度独立运动领袖拉斯·比哈利·波斯（Rash Behari Bose）驱逐出日本，内田良平在头山满的指令下将波斯巧妙地隐藏起来，逃过了日本警方的追捕。事后，据说日本外相石井（菊次郎）这样向英国大使馆解释："日本与欧美各国不同，建国的历史不一样，国家组织不一样，人民的阶级也不一样。因为日本有一种唤作浪人的阶级。其核心人物是真正的国士。此次事件的核心人物头山满，就是此等浪人的巨头。每逢国家有大事，此等浪人就以特殊的活动奉献义勇奉公之真诚。往年三国干涉（还辽）的时候，也是此等浪人挺身而出，最后酿成火烧（日比谷）事件。即便是政府，有时候对他们也无可奈何。如果对他们施以高压，则恐怕会发生大动乱。请千万考虑到这样的内情"云云。① 这段话，连内田良平也不好意思说是石井外相的

---

① 内田良平谈：《印度人志士ラス·ビハリー＝ボス氏亡命の思ひ出（回忆印度人志士拉斯·比哈利·波斯的亡命）》，田中健之编：《内田良平翁五十年祭追慕録》，70 页。

原话,而说是外相对外谈话的"大要"。谈话中对大陆浪人不但没有丝毫的指责,反而赞誉有加,直把大陆浪人推崇为"以特殊的活动奉亦义勇奉公之真诚"的"国民英雄"。刨去其中对大陆浪人的溢美之词,也能发现对日本外交当局来说,"浪人"有时还是一个不可或缺的"挡箭牌""缓冲器"。

3 "亦官亦民"的"另类"大陆浪人

大陆浪人作为一个特殊的社会群体,首先带有职业上的分类意味,因为它的主要成员大多是失去了"主公"的"浪人"及其后代,明治、大正、昭和时期则以"无业者""浮浪者"构成其主要人员。它同时又是从人生价值观取向和政治价值观取向上对某些特殊人群的分类,因此并不排除某些拥有"体面"的社会职业和"显赫"社会地位的人被划入这个群体。这些"亦官亦民"或者"亦商亦民"的大陆浪人,或可称作大陆浪人中的"另类"人物。

近代史上,福冈县就诞生过大陆浪人的早期核心团体、领袖人物以及众多的成员,也诞生过具有大陆浪人气质的外交官,山座圆次郎即是其代表。

山座圆次郎 1866 年出生于福冈,少年时代苦学过汉学和英语,此后进入东京帝国大学法科学习,毕业后进入外务省,被派驻朝鲜釜山领事馆任职。以后又陆续任上海、釜山领事,1901 年当上了外务省政务局长,开始"擘画外交之枢机,愈益发挥其手段,为缔结日英同盟而尽力"[①]。山座刚当上外交官不久,就通过"天佑侠"的前身"釜山法律事务所"的同僚同大陆浪人建立了密切的联系。日俄战争前夕,他"不单在外务省内部为对俄问题费尽心血,与外部同志相提携,努力推动对俄开战"[②];甚至在聚会时公然攻击对俄

①② 黑龙会编:《東亜先覚志士記伝》下卷,469 页。

采取妥协态度的伊藤博文,扬言"非揍死伊藤公(爵)不可"①,展现出了一个"大陆浪人外交官"无所忌惮的癫狂风貌。1913 年 6 月,山座被任命为驻华公使前来北京,第二年 5 月因急病死于北京。当时的民国政府大总统袁世凯、副总统黎元洪和"中日国民协会"会长汤化龙等众多民国政要,皆为他发了祭文和撰写挽联。

山座的性格多少带有福冈地区"九州男儿"的特点,有人说"山座君生于福冈,因师事头山满翁,所以从学生时代起就相当粗鲁蛮横。如穿着沾满泥土的木屐进教室,令人吃惊不已。但又是一个聪明伶俐的人物,万事考虑周全,绝不是粗心大意之人"②。又有人说他的性格"重情义,有容众之雅量,浪迹支那、朝鲜之志士浪人,不少人均蒙受其恩惠。尤其是君(指山座)以身而报君国之志向笃厚,又有为实现东亚之经纶而迈进之精神气魄,在诸多外交官中可谓绝伦"③。因此,与其说山座园次郎是一个"大陆浪人式的外交官",不如说是"选择了外交官职业的大陆浪人"。他死后,立刻就有人在报纸上发表评论:"有人议论他并非率性流露、坦荡真诚之人物,而是带有福冈气质的策士,缺乏诚意;尤其是他出自玄洋社,与孙、黄等中国革命志士交往甚深,作为当下的驻华公使不仅不合适,反而相当危险;也有人认为他粗放豪迈,蛮气十足,充满浪人气质,因此在公使这个独当一面的舞台上多半失败。暂且抛开这些月旦褒贬不谈,山座从历来的幕后外交官、副手外交官自立门户,当上驻华公使以来,也被人说成是半成品外交官或者实验品外交

① 黑龙会编:《東亜先覚志士記伝》上卷,731 页。

② 满铁理事川上之访谈:《山座公使轶事》,田彤编:《1914 涩泽荣一中国行》,武汉:华中师范大学出版社 2013 年,95—96 页(日文原文),97—98 页(中文译文,笔者又重新做了校译、修订)。

③ 黑龙会编:《東亜先覚志士記伝》下卷,469 页。

官。尽管如此,在精通中国事务,了解中国国民性以及熟知南北局势方面,我国外交官中无人能出山座氏其右,已得到普遍公认。对迄今为止萎靡不振的对华外交深感厌倦的国民,对山座氏发挥手段拓展新路,刷新帝国的对华外交给予了期待。”①看来,山座作为外交官无论从气质、职业训练和实际业绩都饱受非议,普遍得到公认的还是大陆浪人的气质。

由外交官而进入政界,三任外相,“二二六事件”之后还出面组阁,战后以唯一的一名文官出身的甲级战犯被判处绞刑的广田弘毅(1878—1948),也是大陆浪人出身的“外交官”“政治家”。平凡社版的《世界大百科事典》(第 2 版)是这样介绍广田的:“外交官、政治家。生于福冈县。从少年时代就进出头山满的玄洋社,受其影响。1905 年东京帝国大学法科大学毕业后,进入外务省,曾赴任中国、英国、美国,1926 年任驻荷兰公使,1930 年任驻苏大使。1933 年任斋藤实内阁外相,冈田启介内阁留任外相,透过《天羽声明》表明在东亚建立日本霸权的野心,同时又提倡同中国国民政府的‘和协外交’。1936 年‘二二六事件’后任首相,初期还兼任外相。在内阁成员的人选等方面,不但复活了军部大臣的现役武官制度,还决定了《国策基准》等,逢迎了军部的意愿。”②

这个词条未必完备,却可以发现广田弘毅不是一般人理解的“外交官”。广田跟头山满一样都出生于福冈县,还参加过玄洋社。

---

① 天南生:《回忆山座公使》(一),大连《满洲日日新闻》大正三年五月三十日,2374 号,第一版(一);田彤编:《1914 涩泽荣一中国行》,98—99 页(日文原文),100—101 页(中文译文,笔者又重新作了校译、修订)。

② 《コトバンク:広田弘毅 世界大百科事典 第 2 版の解説(词库 广田弘毅 世界大百科事典第 2 版的解说)》,https://kotobank.jp/word/%E5%BA%83%E7%94%B0%E5%BC%98%E6%AF%85—14844,2020 年 9 月 9 日。

少年时代就梦想成为一名军人,为此还报考过士官学校。甲午战争之后,他目睹英、德、俄三国出面压迫日本吐出已经到口的辽东半岛的"三国还辽事件",深受刺激,感慨:"关键是外交!但是日本根本没有外交官!"于是立志学做外交官,维护日本的"匡益"。① 广田弘毅不仅是浪人出身的外交官,而且是具有浪人气质的日本首相。

此外,早期大陆浪人中的荒尾精、曾根俊虎、小泽豁郎以及辛亥革命时期的青柳胜敏等现役、预备役或者退役军人,也都自称或被人称为"志士型"军人。所谓"志士",是大陆浪人自我满足式的封号,这些人也可称为"亦军亦民"的"另类"大陆浪人。此外,僧徒中的能海宽和寺本婉雅,也都是在《东亚先觉志士记传》中留下记载的"另类"大陆浪人,甚至还有一些妓女,也被后来的大陆浪人尊为"东亚先觉志士"。②

4. 早期大陆浪人的退场

这个时期,还有一些人无可奈何地退出了政治舞台,那就是以头山满为代表的第一代"国益型"大陆浪人。

晚年的头山满,实际上已成为利用"在野""民间人士"的身份呼唤"强硬"对华政策的保守、右翼政治势力的代言人。他享受着

① 户川猪佐武:《昭和外交五十年》,东京:株式会社学艺书林,昭和四十八年(1973),131—132页。

② 例如青年僧人寺本婉雅,"不忍坐视甲午战争之后东亚局势,认为唤醒蒙古、西藏,促进印度之独立,策动全亚洲之联合,进而以道义统一世界,符合日本之建国理想",于是在八国联军入京后随同进入北京,又蒙、藏喇嘛们表示出"善意",取得了他们的信任。义和团运动结束后,他遂劝诱清朝菩提所贯主阿嘉胡土克图大喇嘛访问了日本。其后,日俄关系等因满蒙问题渐趋紧张,终于爆发战争,英军乘机入拉萨,达赖十三世出逃外蒙。寺本与达赖相约,计划促达赖访日,后因事泄而中止。《东亚先觉志士记传》中卷,266—271页。

"孙总理老友"的头衔,时时利用各种机会,向中国的政治家施加或多或少的影响。

如 1929 年在孙中山灵柩奉安典礼之际,头山满和犬养毅率领大批日本大陆浪人来华参加典礼,中方报纸对此多有报道。1929年 6 月 10 日的《新中华报》自上海报道:"头山满一行,今晨乘长崎丸,於中日官民,多名,欢送中归国,国民党之前辈言,头山犬养以次多数日人参加奉安使一般华人尤其使少壮国民党员知晓孙总理与日本及日人如何亲密,并使会得中日两国之特殊关系,非常与有力焉⋯⋯"①头山、犬养第二次结伴来华,看来目的与上次(1912年)完全不同。在向国民政府的大小官员宣示"孙总理与日本及日人如何亲密"的同时,顺便向国民党内部的年轻党员们显示自身的存在与影响。

6 月 14 日头山满归国时,《新中华报》《京报》等报纸又发新闻报道,称"提其老躯参列故孙总理奉安典礼之头山满一行,本日归京"②。《京报》还特意对前往山东的犬养毅的行踪进行跟踪报道,称"滞在本地之犬养翁,受华方待以国宾礼,乘本日午后九时半开行之快车赴济云","犬养翁等本早抵济,少憩后,即赴泰山云"③,可见当时的国民政府和国民党出于代"孙总理"感恩之情对彼等待遇之优厚。

正因为头山满等早期大陆浪人头上戴着"孙总理""密友"耀眼的光环,其政治含金量似乎也随着岁月的流逝而愈加"珍贵"。尤

①《新中华报》1929 年 6 月 10 日第 3 版,《头山满一行　昨晨回国》,资料来源:《中国历史文献总库　近代报纸数据库》。标点符号尊重原文。
②《新中华报》1929 年 6 月 14 日第 3 版,《头山满　归抵东京》,资料来源:《中国历史文献总库　近代报纸数据库》。
③《京报》1929 年 6 月 14 日,资料来源:《中国历史文献总库　近代报纸数据库》。

其对于已在政治上公开抛弃民族立场、走上投向敌对势力不归路的汪精卫集团来讲,哪怕此时的头山满已经"过气",他们还是把他奉为"座上嘉宾",敬奉有加。

如《电影报》1941 年 6 月 23 日以"中华社东京二十日电"报道:"汪院长滞京(这里的"京"不是南京而是东京)第六日(二十二日)之日程,系于午前访问头山满翁私邸后,即赴帝国饭店,应东京市长主办之午餐会,午后对中国留学生训话,夜中在大使官请前中国派遣军总司令官西尾寿造大将共进晚餐云。"①报道的就是访日期间汪精卫不惜"纡尊降贵",前往头山满私邸"表敬访问"的经过。对于选择了背叛民族利益道路的汪精卫集团来说,头山满的声援,不仅有获得"孙总理老友""谅解"与"支持"的宣传意义,还有作为"政界黑幕"之一的头山满实际上可能推动日本政府对华政策的制定和实施的政治考量。

在坚持抗战立场的中国人民和中国政府来看,大陆浪人群体这时已沦为中国人民抗日战争的敌对势力,所以需要大张挞伐。如头山满去世时,《阵中日报》竟以《敌黑龙会首领 头山满病死》为题报道:"据东京五日广播,香冈县御殿通讯,黑龙会首领头山满昨晚因病在此间之别墅逝世,年九十岁,葬期及其他布置,将将其遗体运往东京涩谷区私邸后宣布。"②该电文将头山满称为'敌',可见中方观察角度大变,头山满等的头上从此不再罩有"孙总理老友"的光环。称其为"黑龙会首领",是对大陆浪人内部的"世代"排序有所误解所致。相同内容的报道,还见《新疆日报》1944 年 10 月

———————

① 《电影报》1941 年 6 月 23 日第 1 版,《汪访头山满翁 晚宴西尾大将》,资料来源:《中国历史文献总库 近代报纸数据库》。
② 《阵中日报》1944 年 10 月 6 日第 1 版《敌黑龙会首领 头山满病死》,资料来源:《中国历史文献总库 近代报纸数据库》。

7 日第 1 版《头山满逝世》;《西京日报》1944 年 10 月 6 日第 2 版,
《敌国黑龙会首　头山满逝世》。《西京日报》的标题,同样表明"敌
国"字样。

此后的大陆浪人群体,其自身更加速地走向军国主义化、右翼
化已如前述,中方媒体和民众对于"日本浪人"的形象与认识,也随
之定格到军国主义的"爪牙""尖兵"的位置上。

第二节　"调查""探险"名义下的谍报活动

本来,一个国家的成员或团体对周边国家的政治、经济、文化、
社会等各个方面进行调查、研究,由此加深对周边国家的了解,以
便为本国外交政策的制定、增进国家和国民之间的交往与和平共
处,属于正常行为,无可厚非。但如果以"调查""研究""探险"等名
义从事旨在觊觎邻国主权、各种权益、利益乃至分裂、侵占邻国领
土,从国际关系学的角度来讲就是极不光彩的行为。如果把"调
查""研究"的结果加以蓄意歪曲或片面夸大,煽动本民族对周边
国家、民族的认识带上"成见""偏见",那就更是破坏国家、民族间
相互尊重、相互理解,蓄意制造仇视心理和不安定因素的恶劣
行径。

近代以来,日本有众多的"支那学家(汉学家)""东洋史学(东
亚史)家"从学术的角度研读中国的历史和现实,加深对中国文化
和中国社会的理解。大陆浪人中不少人如荒尾精、宗方小太郎、内
田良平、川岛浪速等人自我标榜是"支那通""支那问题专家",他们
的所谓"观察结论"正如内藤湖南在 1900 年前后所说:"对中国政
治的调查,从来就很困难。仅仅根据乾隆会典对衷面的形式有一
些肤浅的认识就能以一代中国通自居的时代已经是二十年前的事

情了。"①这些"观察结论"既无实事求是的学术探求青神,又充满以"先进民族""文明者"自居的傲慢,更是早就预设了日本"天皇"乃"负有以仁义统一世界之使命"的"天神之意"的"天皇至上主义""大日本主义"的民族沙文主义、国粹主义立场②,毫无学术价值,完全是通过民族偏见、歧视和宣扬对华侵略扩张政策"有理""有据"的军国主义行为。

至于更多的大陆浪人以"调查"名义开展的情报搜集、分析等谍报活动,就完完全全是明治维新以来直至第二次世界大战日本战败结束,贯彻始终的近代日本对华侵略、渗透活动的一个组成部分了。

一、前军国主义时代大陆浪人的"支那调查""巡锡"

大陆浪人对华谍报调查活动,在甲午中日战争之前就开始了。

汉口乐善堂的情报活动,是近代日本对华"调查活动"的开端。在荒尾精主持工作的三年期间,派遣宗方小太郎在北京开设北京支部,高桥谦在长沙开设湖南支部(后来又改派高桥去重庆开设四川支部,湖南支部由山内岩负责)等,在中国重要城市建立据点。除了设立支部外,汉口乐善堂还派遣十余名成员前往中国内地,凡"山河形势、关隘要塞、风土气候、人情风俗、农工商状况、水路物资之多寡、金融运输交通之状态等均予以精查;又广泛泛猎典籍以鉴古今之成败,思索内外之机运,反复议论审议"③。可见,这些大陆

---

① 内藤湖南:《燕山楚水》,吴卫峰译,北京:中华书局 2007 年,208 页。

② 田中稔编:《頭山満翁語録(头山满翁吾录)》,东京:皇国青年教育协会,1943 年,111 页。

③ 井上雅二:《荒尾精—大陆経営の先覚者》,上田健二郎编:《東亜の風雲と人物》,17 页。

浪人搜集情报的范围广泛,而且在初始阶段就重视对资料的归纳、整理及分析。"日后,这些调查资料在根津一一手主持下分类加以编纂,这使划时代的大作《清国通商总览》得以问世,为日支贸易发挥了绝大之贡献。"①毋庸赘言,这些情报"发挥了绝大之贡献"的领域绝不又仅限于所谓"日支贸易"领域。大致翻阅一下宗方小太郎在《辛壬日记》中留下的1911年到1912年期间的行踪就会发现,他不仅主章接触如孙中山、黄兴、陈其美、黄郛、张人骏、铁良、萨镇冰、何天炯、辜鸿铭、戴季陶、廖国仁、姚文藻、郑孝胥、张謇、熊希龄、虞洽卿、李平书、王芝祥、《时报》狄南士、《神州日报》经理张寅、《民立报》朱葆康、《中外日报》总经理兼总编辑章保世、《中国商务日报》总经理俞礼、黄一欧(黄兴之子)、根津一、伊集院彦吉、大仓喜八郎、本庄繁、高洲太助、犬养毅、寺尾亨、末永节、冈本柳之助、小川平吉、宫崎滔天等许多中日两国政界、军界、文化界要人、名人,并随时将了解到的情报、信息写成"政况报告""对时局意见书""中国政党调查报告"和各类书信电报送交日本海军军令部(其中包括孙中山寄来的书信。② 军令部为此每月都会支付给宗方津贴,1911年7月份起津贴金额高达每月2 400日元③,此外还根据活动需要支付金额不等的"临时津贴"等)和海军省、外务省等日本政府军方机构,直接为日本政府和军部制定对华政策"发挥了绝大之贡献"。虽然有日本学者认为前往中国边疆地区从事"调查"活动的大陆浪人"究竟是为了什么如此玩命呢? 从浦启一

① 井上雅二:《荒尾精—大陆経営の先覚者》,上田健二郎编:《東亜の風雲と人物》,12页。

② 宗方小太郎:《辛壬日记·一九一二年中国之政党结社》,冯正宝译,北京:中华书局,2007年,22页。

③ 宗方小太郎:《辛壬日记·一九一二年中国之政党结社》,冯正宝译,17页。

（根据《东亚先觉志士记传》介绍，应为浦敬一）的书信来看，他就是一根筋地认为自己作为青年，必须保卫国家，为此就必须了解中国；而既然没有人调查过中国，那就从我开始。就是出于这样的义务感而成行的，很难立刻跟侵略主义联系到一起。因为还在侵略主义之前嘛"①。但是从荒尾精、宗方小太郎的例子来看，早期大陆浪人的所谓"中国调查"，一开始就抱有明确的军事目的，而且接受了军方的资助、作为军事任务来完成。因此，将这些人称为"军事间谍"并不为过。

日本佛教徒中积极参与对华"巡锡""探险"的人物，首推小栗栖香顶（号八洲、莲舶，1831 年生于丰后国大分郡（今大分县）妙正寺内）。据说小栗栖在佛教徒中"才干不凡"，明治初年就向东本愿寺提议在新拓疆土的北海道参与"北海道之开拓及开教"②；嗣后又受到净土真宗东本愿寺派遣于 1872（明治五年）年 7 月 10 日来华。在华期间，小栗栖"策动东亚佛教联合，巡游内外蒙古各寺院；又留锡北京，结交清朝亲贵、名士，努力宣传佛教，深受皈依"③。策动"东亚佛教联合"的计划得到了日本外务省的支持，但没有得到中国佛教界的响应，后不了了之。1879 年小栗栖与谷了然等人抵达上海，在虹口创办"真宗本愿寺别院"（即分院），是近代日本佛教在中国建立的最早落脚点。从此，东本愿寺开始在中国"布教"、办学、办报，吸收信徒，扩大影响。由此，小栗栖就被《东亚先觉志士记传》的作者称作"以大谷派本愿寺长老身份赴支那开教之先驱"④。

---

① 西尾阳太郎述，上村希美雄、福元满治采访：《玄洋社その成立と転回——西尾阳太郎氏に聞く（玄洋社的成立及回转——西尾阳太郎采访记）》，《暗河》第四号，1974 年夏，55—56 页。

②③④ 黑龙会编：《東亜先覚志士記伝》下卷，171 页。

二、默默无闻的著述者

大陆浪人利用其"民间人士"身份在战争期间或者战争间歇期间,尤其在日本侵华战争之前展开的"调查""游历""探险"活动,大多带有间谍、谍报活动的性质,其调查结果涉及中国政治、军事、外交、经济、社会各个领域的诸多层面,具有重要的战略价值。这些情报在当时和后来成为日本制定对华政策和发动对华全面侵略战争的重要参考资料,这是众所周知的事实。这些"调查"活动的结果,以各种调查报告书的形式提交给日本政府和军部当局,作者大多留有姓名,有时也不留姓名。由于是事涉机密的谍报活动,这些调查报告书如果不是后来的信息解密逐步得到公于,则可能永远不为世人所知;其调查者和撰写者,就成了一群默默无闻的著述者。

荒尾精、宗方小太郎等早期大陆浪人的"调查""谍报"活动的概况如前所述,这里以鹤冈永太郎这个以往不大为人关注的大陆浪人为个案,具体介绍他在第一次世界大战到侵华战争期间的"调查""谍报"活动。

1. 鹤冈永太郎的"秘密调查"

鹤冈永太郎的在华活动及其对华"秘密调查",自始即跟日本政府、军部有着密切的关系。

据明治三十七年(1904)三月三十一日《大本营副临人第 115 号第 2》日本陆军总长致陆军大臣的《移牒(移送公文)》称:"关于此次事变(指日俄战争)任命该人(即鹤冈永太郎)担负特别任务。关于此件,另有青木(即青木宣纯,当时为日本驻华公使馆武官)大佐另纸禀明。现以陆军通译(口译员,奏任官待遇,月俸金□〔字迹无法辨识〕十日元)由大本营录用。"①关于鹤冈本人的身份,青木宣纯称当时是"东京府平民",而据鹤冈本人所提交的《履历书》,他生于明治六年(1873)十月十五日,初中、高中时期均在东京度过,1900年11月自费到上海至汉口间的扬子江流域旅行大约四个月,1901年11月又获日本驻"台湾总督"儿玉源太郎资助前往台湾、福建旅行。此后,鹤冈进入东京帝国大学(今东京大学)法科大学法律科及研究生院学习,获"法学士"称号,其间又至韩国釜山赴平壤和中国山东、直隶等地旅行,从此成为既受过专业训练又拥有丰富当地实际生活经验的"支那通"、大陆浪人。② 虽身为"平民",但是鹤冈自1903年起便多次接受日本政府、军部的委托从事对华"调查"。如1903年4月至翌年1月,他"秉承内田公使(即内田康哉)之命令,调查俄国于满洲之经略与军队之动静",用十个月时间走遍了奉天全省及吉林、黑龙江两省的大部;1905年2月赴参谋本部,向儿玉源太郎次长等高级军官"陈述了视察满洲之情况"。③

由于鹤冈永太郎以布衣身份为近代日本对外扩张活动作出了种种秘密而不可或缺的"贡献",此后不但获得政府官职,还屡获日本政府和殖民地政权的"嘉奖",如明治四十三年(1910)五月六日,经内阁总理大臣桂太郎签署,鹤冈被授予韩国"勋三等八卦章"(当时鹤冈已有日本国的"正七位勋六等"),当时他的职务据说是"农

---

① 防卫省防卫研究所藏:《陆军省大日记,大本营日记,明治三十七年自二月至五月,四月十三日 青木大佐より鹤冈永太郎特别任务の為め採用致度稟申、移牒、辞令書送付》,JACAR(亚洲历史资料中心)(https://www.jacar.go.jp/),Ref. C09122001300,画像2。

②③ 防卫省防卫研究所藏:《陆军省大日记,大本营日记,明治三十七年自二月至五月,四月十三日 青木大佐より鹤冈永太郎特别任务の為め採用致度稟申、移牒、辞令書送付》,JACAR(亚洲历史资料中心),Ref. C09122001300,画像4—5。

商工部书记官"。①

　　下面以鹤冈于第一次世界大战期间留下的详细记录"满蒙调查"为例,追踪和还原他对华调查活动的实际情形。

　　鹤冈永太郎此次秘密调查的内容是所谓"蒙匪骚动",亦即1905—1906年间由大陆浪人川岛浪速、柴四郎、大竹贯一等勾结蒙古土匪武装巴布扎布军发动的所谓"第二次满蒙独立运动"实际状况及在当地的影响,当然也包括从这次失败的"满蒙切割"行动中应吸取的教训等。调查结束后,他先后向日本政府、军部提交了《关于蒙匪骚动的报告(第一)》和《关于蒙匪骚动的报告(第二)》,从中国内地政治动乱和民族纠纷的现场搜集到了大量连当时的新闻记者、政界情报灵通人士也难以掌握的政治、军事、经济以及民族关系信息,为当时和日后日本帝国主义对这一地区的渗透和公开侵略、占领,提供了重要的参考资料。

　　鹤冈自述,曾经在明治三十八年(1905)十一月作为"满洲利源调查委员"初次到过郑家屯,后来在明治四十一年(1908)一月又访问过郑家屯和洮南等地。第三次来到郑家屯就看到:"与往年相比,郑家屯市街膨胀,人口增殖,商况繁盛,不仅令人不胜惊叹,更有目睹奇迹之感慨。"②由此,他在报告书的此段结语部分写道:"满洲与蒙古犹如少年,时时进步、成长而不止息。其开发之迅速,不可不谓来源于支那人种之勤奋与进取之气势。而日本人声音虽大

---

① 外务省记录:《陆軍中将村田惇外六十五名外国勲章記章受領及佩用ノ件(关于陆军中将村田惇等六十五名接受及佩戴外国勋章件)》,JACAR(亚洲历史资料中心)(https://www.jacar.go.jp/),Ref. A10112708300,画像2,19—21。

② 外务省记录:《9 蒙匪骚动に関する報告第二旅行日記中の一部摘録(9 关于蒙匪骚动报告 第二 旅行日記部分摘录)》,JACAR(亚洲历史资料中心)(https://www.jacar.go.jp/),Ref. B03050693700,画像2—3。

势力却难见相应之扩张。三十年后（双方）势力之消长，已可预知矣。"①他似乎已经预见到了按照当地经济发展和汉蒙民族的流入、定居状况，日本对这一地区的强势影响不出 30 年必定会出现的逆转局面，因此对日本当政者提出警告，同时也巧妙地暗含了敦促日本军政当局必要时采取"非常手段"，以保持在当地影响力的意思。

同样的情况，鹤冈在白音塔拉和开鲁等地也都有所目睹。如在小昭格庙附近草原里，他夜晚投宿一家新来的王姓农户。71 岁的户主偕同三男、二女、八孙离开 1 300 里外的盖平故居于数月前来此定居。当鹤冈问及为何舍弃南方好山河来此地定居的理由时，王老汉回答说："此地荒地的官售价格，上等地三十四两，中等地二十四两，下等地十两。耕地的买卖价格，十天地（原注：一顷。似为一晌地）一百元左右，而在盖平要七百元左右。所以如果卖了盖平的一天地，到此地就能变成七十天地（原文如此，应为七天地）的大地主。南方土地有限，而人口年年增加，如我等子孙繁盛之家族，势必不得不移居他乡矣。"②这是当时关内的大批农民不得不移居"关外"，另谋生路的主要原因。鹤冈通过亲身调查找到了这个原因，等于也是找到了蒙疆边陲地区城乡移民迅速增加、经济迅速发展的原因。

除了根据个别农户情形的观察，鹤冈还总结了汉族人民作为群体移居东蒙地区的特征："他们的移居，几乎都是首先营建窝棚从穴居生活开始，然后形成村落，而后又出现城镇。于是设置知县，配置武装巡警，驻扎拥有步骑炮兵之军队，终至确立岿然不动

---

① 外务省记录：《9 蒙匪骚动に関する報告第二旅行日記中の一部摘録》，JACAR（亚洲历史资料中心）（https://www.jacar.go.jp/），Ref. B03050693700，画像 3。
② 外务省记录：《9 蒙匪骚动に関する報告第二旅行日記中の一部摘録》，JACAR（亚洲历史资料中心）（https://www.jacar.go.jp/），Ref. B03050693700，画像 8。

之势力。""此类城镇之中,如赤峰县,现在有户数三千,人口不下四万,虽介乎我国长野市和千叶町(应为现千叶市)之间,但是其繁盛程度,远在其上。……(汉族)殖民能力之旺盛,于此可见一斑。"①接着,鹤冈又从自己的角度对汉族和蒙古族的所谓"民族性"进行了比较研究,而后基于对"蒙古马贼"的"调查"结果,认定川岛浪速这些大陆浪人当时依靠"蒙古马贼"起事的"满蒙独立运动"其实是愚蠢的策划:"如陶什陶、乌泰、巴布扎布等辈,虽愤于汉兵之劫掠、汉民之横暴,但彼辈已经远远落后于时代。大势如此,谁也无可奈何,何况彼辈?若有人梦想收买满洲旗人或者蒙古匪贼,以实现满蒙之独立,吾人宁笑其愚,良医焉能不察病人之将死耶?"②

在确认了依靠蒙古马贼进行阴谋活动效果有限且成功几率极小的"大势"之后,鹤冈认为日本必须从更广阔的角度,看到在"满蒙地区"中日终将不免"对决"的局面:"吾人为了自身存在之必要,拥有保卫自己之权利。即将到来的半个世纪里,岂非吾人与汉人之间围绕满蒙之山河主张自身之权利并相争之时代耶?亦即日本人种之膨胀力与汉人种之繁殖力,将竞相活跃于此地域(指'满蒙地区'),相互冲突,终至为了自身生存而生葛藤。而最具优势且用心周到者,将于此地博得胜利,终至成为东亚之主宰者与东洋和平之保卫者。"言外之意就是日本只要掌握"优势且用心周到"地小心

---

① 外务省记录:《9 蒙匪骚動に関する報告第三　東蒙ノ変遷(9 关于蒙匪骚动报告 第三 东蒙之变迁)》,JACAR(亚洲历史资料中心)(https://www. jacar. go. jp/),Ref. BC3050693700,画像 36—37。

② 外务省记录:《9 蒙匪骚動に関する報告第三　東蒙ノ変遷》,JACAR(亚洲历史资料中心)(https://www. jacar. go. jp/),Ref. B03050693700,画像 39。

部署,就可以成为"东亚之主宰者"①。而要做到这一点,就必须随时关注俄罗斯势力之影响,同时"以朝鲜永为吾人之藩屏",同时在"兴安岭东西两侧"确立自身之势力等等。② 可以看到,同为大陆浪人的"满蒙对策",鹤冈永太郎既继承了川岛浪速企图分割中国"满蒙地区"领土的目标,同时又基于时代的变化提出了更为具体和更具可行性的方案。

除经济情报之外,军事情报是报告书中的主要内容。伪装成"日本商人"的鹤冈,有些情报观察得十分仔细:"中央骑兵第二旅第四团长石得山。一月六日午后三时,见统领石得山率奉天后路巡防队步兵一营、野炮六门、山炮四门、机关炮二门及骑兵若干自西门回城。吹奏喇叭,敲击大鼓,似凯旋之回城,支那人群集路上以迎接。据云乃讨伐蒙贼后之回营。"③有时,鹤冈甚至主动去刺探中方的军事情报。如1月31日在林西县,"为讨伐蒙匪,支那军队之往来、驻屯者渐多",便以"毛皮商中和号池田政夫"的名义前往中方的前敌指挥部,求见热河副都统兼林西镇守使、统领同时也是此次"讨伐蒙匪"的前敌司令官米振标。米振标虽然未接见鹤冈,却派了副官长于学忠和副官张有才两人出面代为接见。鹤冈特别注意到此二人"均出生于我旅顺口,而今据云已将户籍移至山东省"④,暗中预留下今后可资利用的线索。从欲购羊毛、牛皮的话题

---

① 外务省记录:《9 蒙匪骚动に関する報告第三 東蒙ノ変遷》,JACAR(亚洲历史资料中心)(https://www.jacar.go.jp/),Ref. B03050693700,画像 40。

② 外务省记录:《9 蒙匪骚动に関する報告第三 東蒙ノ変遷》,JACAR(亚洲历史资料中心)(https://www.jacar.go.jp/),Ref. B03050693700,画像 39—41。

③ 外务省记录:《9 蒙匪骚动に関する報告第二旅行日記中の一部摘録》,JACAR(亚洲历史资料中心)(https://www.jacar.go.jp/),Ref. B03050693700,画像 4。

④ 外务省记录:《9 蒙匪骚动に関する報告第二旅行日記中の一部摘録》,JACAR(亚洲历史资料中心)(https://www.jacar.go.jp/),Ref. B03050693700,画像 21。

开始，鹤冈不费太多力气就套出了大量的有用情报。如："去年秋天十月，以巴布扎布为头目的蒙匪一万人发起反乱，以东西乌珠穆沁为根据地，袭击开鲁、林西、经棚。政府任命毅军统领崑源为蒙边剿匪总司令，命其速带军扫荡之，于是边防各地军队遂按照下述部署北进。"接下来，报告书详细记述了"牵制（右）""右侧卫""本队""左侧卫""牵制（左）"各支部队的构成、统领官姓名、驻防地的编制表。① 而后还有人员、火力配置和作战计划等内容："我（指中方政府军）兵力总计一万余人，炮三十余门。最初向西北方向行进，所到之处，驱除敌匪。三路并进，终于于阴历 10 月 9 日（原注：阳历 11 月 15 日）在林西以北八百华里之由奇尔思庙（此处为音译），与三千敌骑开战，并将其逐至北方哈尔哈旗地界之哈尔哈河。此一战中，还发现敌炮三门、机关炮三门。……目下，驻扎林西的毅军共计约两千人，即步兵二营一千人，骑兵一营二百五十骑，炮兵二营六百人、炮三十六门。而毅军全部兵力约为二万人，即步兵三十营一万五千人，骑兵七营一千七百五十骑，炮兵三营九百人、炮五十四门。由热河统领姜桂题统帅之云云。"②毅军军官们毫无反间谍意识与警惕心的傲慢姿态，鹤冈刺探情报手段之圆熟与工作之精细，均透过这份情报一一展现出来。

　　鹤冈还极注意搜集中方军事首长的个人经历、人脉关系以及周边人物的口碑等个人信息。如关于吴俊升有这样的介绍："奉天后路巡防马步炮队统领吴俊升，山东省历城人，以巡防队统领兼洮辽镇守使，又兼中央骑兵第二旅长。被视为弹压蒙匪、讨伐马贼之

---

① 外务省记录：《9 蒙匪骚動に関する報告第二旅行日記中の一部摘録》，JACAR（亚洲历史资料中心）（https://www.jacar.go.jp/），Ref. B03050693700，画像 22。

② 外务省记录：《9 蒙匪骚動に関する報告第二旅行日記中の一部摘録》，JACAR（亚洲历史资料中心）（https://www.jacar.go.jp/），Ref. B03050693700，画像 23。

边境主将。郑家屯、白音塔拉、洮南等,彼之统辖地面广阔。附近之蒙古王公,皆畏惧彼之威势,杜尔伯特贝子娶彼长女为妻,达赖罕王为其次子奥安潘伏加(原注:八岁。此姓名为音译)迎娶彼之次女(原注:十岁)。彼之第一太太无子,又纳部下石得山之妹为二太太。"①又如介绍蒙古王公达赖罕王的私人生活以及与张作霖、吴俊升之间的政略婚姻关系时,云:"王无兄弟姐妹,有一七十七岁老母。王今年四十三岁,妻子死于三年前,后妻娶自北京。有儿二人、女一人。长子十二岁,名奥安潘特加(此姓名为音译),与统领张作霖之女十一岁有婚约。次子八岁,名奥安潘伏加,与统领吴俊升之女十岁有婚约。女儿今年十一岁,容貌美丽,尚未与何人婚约。王有旗民八万人,两千头牛马,年收有三十万两云云。"②"东巴林王今年三十一岁,无子嗣,潜留北京尚未归府已两年之久。听说西巴林王亦未归府,已历五年。王之母乃达赖罕先王之女,本年六十多岁,现居王府。第二母亲乃西翁牛特王之女,亦同在王府。"③关于热河北路巡防马步炮队统领张玉春,则留下这样的访查和观察结果:"张玉春,山东平阴人。自卒伍之班累进,从事兵马之事,于兹已三十余年。年龄已届六十,躯干坚强,有刚毅之风。所统帅者,为步兵二营、骑兵三营、炮兵一哨(山炮六门)也。"④类似信息的大量蓄积与整理,无疑会在某些关键时刻,为日本帝国主义的全面

---

① 外务省记录:《9 蒙匪騒動に関する報告第二旅行日記中の一部摘録》,JACAR(亚洲历史资料中心)(https://www.jacar.go.jp/),Ref. B03050693700,画像 2—3。

② 外务省记录:《9 蒙匪騒動に関する報告第二旅行日記中の一部摘録》,JACAR(亚洲历史资料中心)(https://www.jacar.go.jp/),Ref. B03050693700,画像 11—12。

③ 外务省记录:《9 蒙匪騒動に関する報告第二旅行日記中の一部摘録》,JACAR(亚洲历史资料中心)(https://www.jacar.go.jp/),Ref. B03050693700,画像 13。

④ 外务省记录:《9 蒙匪騒動に関する報告第二旅行日記中の一部摘録》,JACAR(亚洲历史资料中心)(https://www.jacar.go.jp/),Ref. B03050693700,画像 9—10。

侵华活动与战争,发挥意想不到的作用。

既然是"调查""蒙匪""马贼"的行动,鹤冈当然在这方面也搜集到了诸多情报。当时果真是极不太平的时代,鹤冈等人沿途就不断听到"今早黎明,五辆马车在此处受到蒙古马贼二十余骑的袭击,银两与衣物被掠夺"①;"地方草贼横行,少则五六骑,多则四五十骑,夜间出没,胁迫居民与行旅,众皆不安"②。1月13日,鹤冈一行甚至还在大昭格庙附近的荒野中遭遇到十余骑蒙古马贼,幸亏中国车夫高喊"外国人在此",才使鹤冈他们免遭劫难。③此外,阿尔科尔沁的少王爷也曾向鹤冈介绍:"今秋以来,旗之北界频被骚扰。草贼之横行,无以为甚;旅途之安全,难以保证。匪贼之数目,或云三千,或云一万,皆不甚详。东蒙之动乱,虽已三四年之久,但草贼皆乌合之众,无足深忧。"④

虽然养尊处优的阿尔科尔沁的少王爷对剿灭匪患表示"无足深忧",但据ぺいず庙(疑为今锡林郭勒盟贝子庙)的管掌喇嘛洛普松恰姆萨(音译)的叙述,"三年来,蒙匪与支那兵交互来往,多途经此庙,或逗留十日,或二十日不等。强命征集粮食,如不从则备受苛虐。当寺僧众中,已有数人为此被捉或被斩杀。附近居民亦皆畏慑,一时之间,纷纷向乌丹城一带避难。帐篷、屋庐荒废,人烟、畜影皆稀。只是近来,有人三三五五返回旧庐者"⑤。匪患下当地

---

① 外务省记录:《9 蒙匪騒動に関する報告第二旅行日記中の一部摘録》,JACAR(亚洲历史资料中心)(https://www.jacar.go.jp/),Ref. B03050693700,画像4。

②③ 外务省记录:《9 蒙匪騒動に関する報告第二旅行日記中の一部摘録》,JACAR(亚洲历史资料中心)(https://www.jacar.go.jp/),Ref. B03050693700,画像6。

④ 外务省记录:《9 蒙匪騒動に関する報告第二旅行日記中の一部摘録》,JACAR(亚洲历史资料中心)(https://www.jacar.go.jp/),Ref. B03050693700,画像10。

⑤ 外务省记录:《9 蒙匪騒動に関する報告第二旅行日記中の一部摘録》,JACAR(亚洲历史资料中心)(https://www.jacar.go.jp/),Ref. B03050693700,画像17。

民生的状况,倒是通过这位管掌喇嘛的描述呈现出来。此处其实还有一个重要的信息,那就是派来"剿匪"的"官军"亦极端扰民,有时甚至不亚于"匪贼"。鹤冈不久又在东巴林王府通过一位王府"官人"之口找到了官军扰民的旁证:"近三四年来,东蒙一带骚扰不断。每次支那兵前来讨伐,强命征集粮秣、食物、牛车等,若稍有怠慢,顿遭杀伤。其他掠夺、强奸等事,彼辈亦是习以为常。土民恐惧逃亡者,一时接踵。前年乌泰郡王动乱之际,奉天巡防队来剿,所到之处抢夺劫掠,屋庐被毁,牛马羊散失,粮食无存。终至西巴林王府亦为彼辈烧毁。为此,王府向支那(中央)政府上报一百万元之损害,请求救济,但金额能否拨付尚未可知。"[①]看来,前文所述东巴林王和西巴林王长期逗留北京不归,实在也是受"官军"戕害之苦所赐。当地的民情、政情,尤其是少数民族上层人物与中央政权离心离德的心理状况,自然也是极有参考价值的政治、军事情报。

根据鹤冈的情报可知,"马贼"和当地的"官军"身份转换频繁,才形成了"官军"如"匪"的怪现象。如毅军的一位姓安的棚长向鹤冈介绍,"我们队长张连同是河南省人,早年进入土默特的官地,成为有五百喽啰的马贼头目,驰骋于该旗界内。三年前即民国二年熊希龄任热河都统时,应其劝诱而归顺,率领部下组成游击马队,现在有四营兵力。毅军马队一营有五哨,一哨又编为五棚,一棚为十骑。士兵每人月饷为大洋十一元七毛。今年秋天为了讨伐蒙匪而北征,返回此地还只有一个月前后"云云。[②]

---

① 外务省记录:《9 蒙匪骚动に関する報告第二旅行日記中の一部摘録》,JACAR(亚洲历史资料中心)(https://www.jacar.go.jp/),Ref. B03050693700,画像 18—19。

② 外务省记录:《9 蒙匪骚动に関する報告第二旅行日記中の一部摘録》,JACAR(亚洲历史资料中心)(https://www.jacar.go.jp/),Ref. B03050693700,画像 28。

　　鹤冈搜集情报的方式、手段最突出的特点，就是不放过任何可资利用的情报线索和人脉。如 1 月 16 日抵达开鲁，闻知县城东十余里的王寺庙大喇嘛白音德富西（音译）也到该县城投宿谦益永号，该人曾当过达赖罕王的老师，鹤冈便出动前往拜访，从而了解到达赖罕王的诸多情报，也验证了从其他途径获知的有关情报。①旅行途中凡是遇到中方军队的统领、营官等，鹤冈一概不予放过，"表示敬意"之后，便尽量从对方口中套取各种情报。如在恰克斯特庙（音译）遇到了率领 120 骑兵的营官展庆奇②，在阿尔科尔沁王府投宿时遇到热河北路巡防营务处兼右营步队管带官张邦发等人③时，鹤冈都不忘从这些人口中了解各种动向和信息。而当时的中方军官们，对于以"外国商人"面貌来访的鹤冈几乎不抱戒心和警惕，有时反而十分"好客"和饶舌，帮助鹤冈用较短时间就获取了大量第一手的、反映最新动态的可靠情报。如在林西期间，毅军的军官们不但轻易就向鹤冈及其随从介绍了军官和该军的编制等情况，还热情地邀请他共度农历除夕和春节，"颇为亲切、细心"④。又如"调查"过程中，鹤冈有意挑选了一个"现任马贼"的王得胜当自己的随从，从王的口中轻易了解到翁牛特、敖汉各旗蒙古马贼的主

① 外务省记录：《9 蒙匪骚动に関する報告第二旅行日記中の一部摘録》，JACAR（亚洲历史资料中心）(https://www.jacar.go.jp/)，Ref. B03050693700，画像 11—12。
② 外务省记录：《9 蒙匪骚動に関する報告第二旅行日記中の一部摘録》，JACAR（亚洲历史资料中心）(https://www.jacar.go.jp/)，Ref. B03050693700，画像 13。
③ 外务省记录：《9 蒙匪骚動に関する報告第二旅行日記中の一部摘録》，JACAR（亚洲历史资料中心）(https://www.jacar.go.jp/)，Ref. B03050693700，画像 14。
④ 外务省记录：《9 蒙匪骚動に関する報告第二旅行日記中の一部摘録》，JACAR（亚洲历史资料中心）(https://www.jacar.go.jp/)，Ref. B03050693700，画像 29。

要头领、所辖部众人数、活动范围以及与官军之间的关系等情报。①

　　既然是到偏僻、荒凉的地区搜集情报,各种艰辛、苦劳自是家常便饭。如在鹤冈的报告书中,就有这样的记录:"入夜,飞雪纷纷,加之寒威酷烈。"②"1 月 22 日,鼓起勇气顶着大风雪前进,西北风强劲,酷寒刺骨,阵阵剧痛。积雪埋没道路,难定方向,大雪埋没乘马者之膝关节。掏出温度计缚于鞍上,水银下降,显示为华氏零下四十度。"③"积雪深处约五六尺,被风吹过之处则不满尺余。午后零时十分,翻越鄂伦它吧(音译,疑为鄂伦岭),万目萧条,唯见白皑皑一片。风寒雪坚,禽兽足迹多处可见,恰似落花落叶之银盘,一片缤纷。"④由此可见,大陆浪人付出的代价,可能比"职业"谍报人员更多。

　　2. 含辛茹苦的"行脚"

　　鹤冈的"探险"幸而"全身而退",其他大陆浪人在赴中国各地的"视察""考察"过程中,还会遇到伤亡事件,堪称"含辛茹苦"的"行脚"。宗方小太郎在《辛壬日记》中曾记载:"(1912 年)1 月 1 日,接东京中岛真雄报告,谓中西正树在北满旅行中,12 月 19 日自百草沟出发,于宁古塔附近遭马贼之难,从者一名被害,中西负重

---

① 外务省记录:《9 蒙匪骚动に関する 報告第二旅行日記中の一部摘録》,JACAR(亚洲历史资料中心)(https://www.jacar.go.jp/),Ref. B03050693700,画像 24—26。情报原件在这一部分被划上了着重线,可见受到了当时日本有关方面的重视。
② 外务省记录:《9 蒙匪騒動に関する 報告第二旅行日記中の一部摘録》,JACAR(亚洲历史资料中心)(https://www.jacar.go.jp/),Ref. B03050693700,画像 4。
③ 外务省记录:《9 蒙匪騒動に関する 報告第二旅行日記中の一部摘録》,JACAR(亚洲历史资料中心)(https://www.jacar.go.jp/),Ref. B03050693700,画像 13。
④ 外务省记录:《9 蒙匪騒動に関する 報告第二旅行日記中の一部摘録》,JACAR(亚洲历史资料中心)(https://www.jacar.go.jp/),Ref. B03050693700,画像 17。

佑。"①而这个中西正树,《东亚先觉志士记传》一书⑩将其赞为"支那内地探险先驱",亦即最早在中国内地搜集各种情报的早期大陆浪人之一。他前往中国之后,先后经历祖母、养父和妻子相继去世的折磨,其后又风餐露宿,边乞食边行路,踏遍了中国的直隶、河南、陕西、四川、贵州、云南、湖南、湖北、山东等地,研究中国各地的地理、风俗、政治、经济、交通情况,其行踪甚至一度到达了中缅边境的腾越②,种种经历和磨难,确实能够与鹤冈永太郎相提并论。

实际上不仅有鹤冈在中国各地搜集情报时需要冒诸般风险,克服种种困难,从事情报搜集活动的大陆浪人几乎无一没有这样的历程。一位英国军官通过对东亚同文书院学生们参加"中国大旅行"活动的观察,也发现了这些大陆浪人的"共同气质":"日本人是努力地做事情,而且沉默不语。日本人不希望公布于众,也不想要名声。只是人不知鬼不觉地为将来做准备,不想让任何人知道真实的想法。正因如此,一旦加以实施,就会令世人格外震惊。不光是战争时期,和平时期他们也是同样的考虑,这也是同文书院贯彻始终的精神。这种精神,把书院的学生们变成了跟中国人完全无法区别的调查员,他们身背行李,不畏艰难,遍游各地,出入机关和商店,探查中国的重要情报,甚至深入到官员和商人们的内心。其间,他们只是吃点米饭,饮些凉水,晚上和衣而卧,过着极端简朴的生活。尽管受到各种各样的非难,他们也能克服。这确实是他们成功的原因。"③

① 宗方小太郎:《辛壬日记·一九一二年中国之政党结社》,冯正宝译,7 页。
② 黑龙会编:《東亜先覚志士記伝》中卷,178 页。
③《一英軍人の書院観察記(一个英国军人的书院考察记)》,大学史编纂委员会编:《東亜同文書院大学史》,97 页。

这些对华"调查""游历"的大陆浪人还十分乐意利用对中国和中国官场、社会以及人民生活等各方面的"观察"结果著书立说,或者是在时局转折的重要关头向日本政府、军方献计献策。如鹤冈永太郎,在1916年3月袁世凯欲帝制自为之际,以个人名义出版了《对支那时局策》一书。其中讲到中日两国始终无法形成"亲善"关系,首先是"支那方面存在的原因"数端,其一是"支那人具备之恶劣性格,乃对于弱者倨傲尊大而对于强者屈从阿附。彼等受此性格驱使,常蔑视日本同时又阿谀欧美强国";其二是"支那人之思想既现实且斤斤计较,因此政治家缺乏深谋远虑之思维,结果反而往往为有野心之外国人所利用";其三是"支那人表里反复无常,无恒心,只考虑如何利用他人,过分玩弄以夷制夷、远交近攻之类小聪明";其四是"支那中心人物之政治家,为了自身感情和自身利益,嘴上说亲日,心中却抱有排日思想,因此愈发阻碍邻邦之睦邻"等。① 对"日本方面存在的原因",鹤冈认为:其一是"欧美人在支那,多创办传道、慈善、救济医疗等恩惠类事业,日本人则无人开办此类设施,只会像婆婆欺负媳妇般不断申斥而不懂怀柔";其二是"最近普通日本人之风气,日益自恋、傲慢、骄侈,动辄在报纸、杂志或演说中发表对支那人不谨慎之言行,常以轻慢侮辱态度对待彼等,反而日益诱发其反感";其三是"日本人不根据情理之判断,而是常常出于感情或利益,评判、议论支那人及支那的中心人物"等等。② 其实,鹤冈对所谓"支那人具备之恶劣性格"的有关评论,不只是他自己批评的日本人"日益自恋、傲慢、骄侈","常以轻慢侮辱

---

① 外务省记录:《对支那時局策》,JACAR(亚洲历史资料中心)(https://www.jacar.go.jp/),Ref. B03030271300,画像4—5。

② 外务省记录:《对支那時局策》,JACAR(亚洲历史资料中心)(https://www.jacar.go.jp/),Ref. B03030271300,画像5。

态度对待彼等"的结果,而且是以肤浅的观察代替对事物根源的认真探究,以偏颇的结论代替科学而全面的分析、观察的结果。正所谓不知自省,无此为甚。由此我们也可以看到,尽管有众多的大陆浪人前往中国内地或者边疆地带含辛茹苦,从点滴的动向和现象中观察当时的中国,但他们所得出的结论,几乎总是将日本拖向殖民帝国主义、军国主义战争深渊的"指路标"或者"催命符",丝毫无助于在民族利益尖锐对立环境下冷静地、客观地审视对方的科学精神的树立,也丝毫无助于弥漫于日本社会的战争狂热的冷却。大陆浪人无论其自身怎样标榜具备多少"支那通"的"知识"与"素养",他们都很难再像宫崎滔天那样以真正批判的精神批评和反抗日本帝国主义、军国主义政策,提出真正有助于建立两国"亲善关系"的建议和方案了。鹤冈永太郎当然也不例外。

至于鹤冈永太郎为日本政府提出的方案,这份"时局策"中也洋洋洒洒写了许多,其中关于处理政局的建议过于空泛和片面,估计对于当局来讲,仅仅具有"备案"的价值。关于培养亲日势力的提案估计会受到重视:"日本无论怎样从外部以至诚无私来诱导启发、扶掖援助,内部没有为此至诚而受到感化的支那人,则难能可贵的亲善亦有再次受到阻碍之虞。因此,吾人切望在支那建立亲日主义的政党、社团及报纸、通讯、杂志社。日本恒久地将此作为高等政治的一个环节,与此类支那人相提携,内外合作,敦厚邻谊,方能看到努力之结果。"①此类建议,倒确实是常年在中国居住、生活过的"支那通"大陆浪人重要的观察"心得"之一。这种想法此后在侵华战争期间多地加以实施。

----

① 外务省记录:《对支那時局策》,JACAR(亚洲历史资料中心)(https://www.jacar.go.jp/),Ref. B03030271300,画像 14。

三、来自浪人间谍的情报与侵华战争

提起浪人间谍、"调查员"等"隐身者"、默默无闻的"著述者"在日本对华政策的制定、调整过程中发挥的"效用",最先浮现的是以刺探军事情报为目的、为侵华战争服务的场景。军事情报的搜集,的确是浪人间谍为近代日本对外侵略战争种种"功劳"中的最重要部分。

如1890年代,日本为发动对华战争(即后来的甲午战争)的时机伤脑筋的时候,在天津的泷川具和将清廷内部的动向报告日本国内:"内廷正在举办万寿庆典,原本不好动用干戈。"他还建议:"可乘之机就在今日,拖延时日使彼稳固基础,非为得策。"与此同时,乐善堂北京支部负责人宗方小太郎也提出:"根据鄙见,我日本人多数对中国过于重视,徒然在兵器、军舰、财力、兵数等之统计比较上断定胜败,而不知在精神上早已制其全胜矣。"①这些大陆浪人的间谍活动以及由此形成的报告和建议,对促成日本当局确定挑起战争的决策,应当发挥过重要作用。

其实,浪人间谍、"调查员'为对华政策制定、修正过程所发挥的作用是多方面的,远远不仅限于军事领域。他们有意无意中搜集到的虽然大多是参考性资料,但这些资料都涉及中方机密、内部动向、信息,因而真实性较高,对于日本政府对华政策的酝酿、制定以及付诸实施后的修正与调整,尤其在举棋不定时有时会发挥"一两拨千斤"的作用。

1916年6月14日,已经多次对中国进行"调查"活动的鹤冈永

---

① 戚其章:《中国近代史新讲》,北京:中华书局2011年,240—241页。借该书此处并未注明资料出处,而且翻译也似存在问题。

太郎，又向日本政府、军部提交了一份《建议书》，其中论述了中国政局"未来"形势错综，未可乐观"，虽然日本各方都"痛切知晓""支援日支亲善之真正理解者（即'亲日派'），交换相互利益"的重要性，但要看明白"究竟什么人真正觉察到亲善之必要？什么人依然包藏非日之思想？什么人包藏何等之野心与抱负？绝非易事"，因此必须大力讲求"知彼之手段"。① 而这个"知彼之手段"的最重要途径，就是"当此之际，秘密派遣长年通晓彼地情形的民间笃志之士，亲近其南北方重要人物，于对坐谈笑之间探索其真意，以判断形势"。而且鹤冈宣称自己就是承接这样任务的最佳人选之一："小生幸而与北方黎元洪等现任内阁成员有旧交，南方革命派首领中亦有旧友，不仅多少通晓（中国）南北之情形，亦可往访彼等，于握手畅谈之间捕捉几分之精微。如此多方探访之言，即可将不失正鹄之情报，呈送阁下之几右。"②

鹤冈永太郎不但是这样说的，也是这样做的。1911 年 11 月 26 日，日本驻纽约总领事水野幸吉向内田外务大臣汇报说，为了正确估计武昌起义爆发后中国政局今后的走向，曾派从欧洲赴纽约的鹤冈永太郎利用跟孙中山交往甚深的萱野长知的关系，秘密访问了正在美国的孙中山，从孙本人嘴里打听到了今后的行动计划和对日本政府的期待。③

---

① 外务省记录：《7〔鹤冈永太郎発意見書〕（鹤冈永太郎发意见书）》，JACAR（亚洲历史资料中心）（https://www.jacar.go.jp/），Ref. B03030272200，画像 1—2。

② 外务省记录：《7〔鹤冈永太郎発意見書〕》，JACAR（亚洲历史资料中心）（https://www.jacar.go.jp/），Ref. B03030272200，画像 2—3。

③ 孙中山：《与鹤冈永太郎的谈话》，《孙中山全集》第 1 卷，543—544 页；外务省记录：《清国革命動乱ノ際帝国政府ニ対スル官革両軍ノ態度並誤解一件（清国革命动乱之际官革两军对帝国政府之态度及误解一件）》，JACAR（亚洲历史资料中心）（https://www.jacar.go.jp/），Ref. B03050642800，画像 3—4。

此外,大陆浪人通过亲身深入中国内地、边疆的观察,有时也能发现日本政府尤其是军部少壮派将校急躁、野蛮的对华政策有可能欲速则不达,反而会引起相反效果;有时也会提出批评,希望通过适度的"刹车"来更多地、更长久地攫取在华权益。

如鹤冈永太郎的《对支那时局策》,在介绍、分析了当时日本国内流行的"侵略论""保全论""经济发展论""政治优越论"和"满蒙放弃论"五种所谓"满蒙处分论"之后,认为这些主张虽然都"抱负雄大"却无法立即实施:"总之,以上各议论作为理想来说可谓抱负雄大且有趣,但是跟满蒙和日本的实际情形相距甚远。即如吾辈在第一次革命(即辛亥革命)之际,亦抱有此等思考。但其后再考虑到日本之国力与民力,更加上此次视察满洲及东部蒙古各地之旅行见闻,始深知诸事时机未到,同时亦知晓并无急忙处分之必要。此类事项,不必勉强实施,只待天命所归,顺应自然变化方为安全。若不待天时、人和与天佑,强求急剧之变化,反而有招致失败之虞。当代日本之缺陷,乃在于普通国民之傲慢。不图虚张声势于外,充实内心,学会谦逊,方为时代之要务。因此,吾辈主张,面对支那如今动乱局面之应急对策,仍以对满蒙经济的经营为最紧急之要务。盖因如若不能充实经济的经营,则满蒙就无法实际纳入我特殊利益圈。"①

鹤冈永太郎的"聪明"之处,是他看出了日本"普通国民"对中国局势和中国人民的无知而导致的"傲慢",以及可能随之而来的"失败之虞",才提出了表面上适度收敛和表现出"谦逊"的姿态,背地里努力追求在"满蒙地区"最大"特殊利益"的对策。他这个建议

---

① 外务省记录:《对支那時局策》,JACAR(亚洲历史资料中心)(https://www.jacar.go.jp/),Ref. B03030271300,画像 17。

的着眼点,还是追求根本性的日本的长远"国益"。"侦探"与"智囊",又兼有与中国政界"中心人物"的特殊联系通道的一身二任甚至三任,确实是他人难以企及的大陆浪人的"特异技能"。

　　"支那浪人"们大都拥有"支那通""中国通"的假面并且善于钻营,当时日本的各种对华情报部门、"调查"机构中几乎都少不了他们。例如在军部背景下由"企划院"组建的"东亚研究所","其目的不仅仅是为了支援侵略中国的战争,还是推进对苏联、南方(即南洋)、中近东各地区进行调查的庞大的调查机构"①。在这个机构成立之始,组建工作核心人物之一的陆军中佐池田纯久"由于在(驻扎)'满洲'时代或者是(担任)支那驻屯军参谋时代,与所谓支那浪人来往频繁,再加上他重视人情,于是就在东研内部设置了一个联络课(科)。课长由苏联班的班长穗积永赖兼任,下面配备了伊藤斌以及池田带来的两个年轻的支那浪人。由于当时东研开办不久,这两个支那浪人仗着有池田撑腰,为所欲为,穗积、伊藤对他们都毫无办法"②。不仅如此,当东亚研究所成员柘植秀臣在太平洋战争爆发调任日军驻印度尼西亚的"爪哇军政监部"后,居然发现在日军的"南方总军"内部,即"在爪哇军政部内的宣传班里,也有一些右翼的人物"如前出、清水齐等人在活动;这些人利用荷兰殖民地时代的民族主义者,在爪哇全岛开展配合日军"大东亚共荣圈构想"的"宣传活动"。③　日军所到之处,少不了大陆浪人的身影;日军未到之处,也到处留下了大陆浪人的足迹。

---

① 柘植秀臣:《东亚研究所与我——战争期间知识人的证言(東亜研究所と私—戦中知識人の証言)》,东京:劲草书房 1979 年,前言,1 页。
② 柘植秀臣:《东亚研究所与我——战争期间知识人的证言》,36 页。
③ 柘植秀臣:《东亚研究所与我——战争期间知识人的证言》,161,164—165 页。

第三节　游走于中国政、军各界的"民间""说客"

大陆浪人"非官非民"的身份,为相对"和平"时期甚至在战争爆发之后日本的外交、军事"调整"充当"说客",为日本的国家利益和集团利益充当"代言",提供了掩护和便利。

一、经由浪人的"远程操控"——日本军部与中国的地方军阀

1920 年代以后的中国军阀混战时期,为了利用各派军阀争权夺利的混战攫取最大限度的在华权益,日本方面对奉系、直系等各派军阀都以"军事顾问""教官"名义派去了大量的军人和浪人,在争夺、拉拢、利诱的同时施加影响并展开适度的控制。此举不但为大量的大陆浪人找到了"体面"的"就职单位",而且已充分发挥了浪人们富于冒险、牺牲的精神和必要时可以随时撇清与日本官方之间"关联性"的便利作用。

岛田俊彦在《关东军》一书中曾叙述:"当时的陆军省向每一个重要军阀将领都派去了一个'中国通'军人。给张作霖派去的是松井七夫,给冯玉祥派去的是松室孝良,给郭松龄派去的是佐佐木。因此,张作霖对郭松龄的决战,可以说是白川对佐佐(木)的较量,张作霖的胜利可以说是一位大将对一位少佐的胜利。"[1]

1925 年 11 月发生的"郭松龄倒戈反奉事件",台前幕后都有许多日本人的身影。

---

[1] 岛田俊彦:《関東軍:在満陸軍の独走(关东军:在满陆军的暴走)》,东京:井谈社 2005年,46 页。中文译文据徐付群等编著:《"皇军之花"——日本关东军内幕纪实》,北京,京华出版社 1994 年,25 页。译文错误处这里已予以订正。白川即当时的关东军司令官白川义则。

　　首先,时任日本外务省亚洲局嘱托(特约职员)的驹井德三[①]从中牵线搭桥,使郭松龄在日本观摩日军秋季大演习之际同日本军部高层建立直接联系,双方就解决所谓日本在中国东北权益的“悬案”问题达成约定,从而推动日方制定了以郭松龄取代张作霖为东北地区代理人的秘密计划。由于张作霖阵营中的多个派别都拥有日本背景或者日本军方的支持,这项“秘密计划”就只能由当时还算“民间人士”的驹井等人来执行。

　　据说,驹井德三后来向他人介绍过当时的经过:“张作霖欲将势力从东北向华北扩张,以张学良为总帅,越过山海关,正欲攻入华北,任辅佐之责的郭松龄突然竖起反旗,呼号打倒张作霖,率领全军倒戈向奉天进攻。这项计划的幕后主使人,正是驹井先生。听到驹井先生本人的说明,我是大吃一惊。”[②]

　　关东军和日本政府为何不希望张作霖将势力伸展到关内? 据说是担心东北地区由此徒增变数,不利于殖民地秩序的稳定:“从日本方面来说,张作霖如果对(控制)中央怀不切实际之野心,最终尚欲进军长江流域,老窝的东三省不久在政治上就会生出诸多异

---

①　驹井德三(1885—1961),号麦秋,滋贺县人。年轻时在京都遇到荒尾精引起对“大陆”的关注,读了宫崎滔天的《三十三年之梦》后,更加深了对“大陆”的向往。1911 年东北帝国大学农科大学(原札幌农学校)毕业后,第二年将毕业论文《满洲大豆论》公开出版,获得多方关注,同年进入“满铁”就职。1916 年参与巴布扎布的“满蒙独立运动”,此后即在中国各地活动。1920 年成为日本外务省“嘱托”(特约工作人员),1925年参与策动“郭松龄事件”,1931 年九一八事变后成为日本陆军省“嘱托”,旋任关东军统治部长。1932 年伪满洲国成立后任“国务院总务长官”,1935 年返回日本在宝家开办私塾“康德学院”。

②　簑内收:《四つの断章—驹井德三先生を偲ぶ(四个断片——忆驹井德三先生)》,兰交会编纂实行委员会编纂:《麦秋　驹井德三(麦秋　驹井德三)》,东京:株式会社音羽サービス·センター,昭和三十九年(1964),185 页。

变。考虑到这些,就不欢迎他次向南方发展的雄图。"①

其实,关东军的上述担心、"考虑"还只是问题的一个方面,而且可能是未必实现的"杞人之忧"。更现实的一个方面是,张作霖政治影响力和军事实力日益增大之后,对当初的后台和支持者日本关东军就不那么言听计从、俯首帖耳了。"当时,张作霖过分相信自身的力量,时常违逆关东军的意志。对于通过日俄战争已经从俄国手中获得满洲实权的日军当局来说,对此极为不快,于是计划更替表面上的统治者,拟定以郭松龄为后任。这项计划交给驹井先生实施,于是发生了郭松龄的反叛。"②由于日本军部的意志和阴谋,郭松龄在未必知情的情况下扮演了悲剧的角色,而驹井德三和其他大陆浪人们,则在郭松龄的反叛中扮演了编导和龙套的双重角色。

郭松龄即使在当时日本人的心目中算不上亲日派,但是,"他在奉系里是新思想派,虽然站在被看作亲日派的杨宇霆一伙反对派的立场上,却也不是排日派。不如说他是最热心以日本陆军为师,改造其军队的人物。也可以认为他未必就没有辅助张学良,与日本建立新关系的愿望"③。不仅如此,在日本人看来,郭松龄的"幕僚里还有林长民、殷汝耕等属于研究系、国民党系统内日本通的政客,也可以看作他站在哪边的一个证据吧",从而更提高了几分日方对郭的期望值。④ 于是,关东军和大陆浪人们从上述分析和

① 《第四项 郭松龄之变》,东亚同文会编:《对支回顾录》上卷,东京:原书房《明治百年史丛书第 69 卷》,昭和四十三年复刻版,558 页。
② 篾内收:《四つの断章—驹井德三先生を偲ぶ》,《麦秋 驹井德三》,185 页。
③ 《第四项 郭松龄之变》,东亚同文会编:《对支回顾录》上卷,东京:原弓房《明治百年史丛书第 69 卷》,昭和四十三年六月复刻版,559 页。
④ 《第四项 郭松龄之变》,东亚同文会编:《对支回顾录》上卷,561 页。

推断出发,判断郭松龄可以成为取代张作霖的日本在东北地区利益的维护者,于是积极地借郭松龄赴日观操之机大力笼络,而后又暗地里促成了郭松龄的兵变事件。

另有一名当时在"满铁"公司担任年轻职员的中岛孝夫,则充当了驹井德三和郭松龄以及郭军涉外部长殷汝耕之间的联系人,且直接协助郭军作战。

"大正十三年(1924)秋季的一天,我接到住在大连大和饭店的殷汝耕的邀请电报。殷先生在早稻田大学留学时跟我是同学,又指导我学过骑马,个人关系相当亲密。……殷先生避开人的耳目,在酒店的一个房间里向我透露了一件重大的机密,并请我帮忙。……这就是世人所知的郭松龄事件。……郭松龄是位正义感很强的了不起的将军……我的朋友殷汝耕担任郭将军的涉外部长。我跟殷先生做了详细的计划,就等着十二月辽河水结冰后举事。我和殷先生负责护送王正廷从上海送来的五万元现大洋。我们雇了几辆带篷马车,计划从冰面上渡过辽河,然后在对岸的田庄台乘坐货车走。然而正在此时日本政府的方针骤变……我帮助殷汝耕跑到新民屯的日本领事分馆避难,被张作霖的军队包围了整整三天。幸亏得到日本领事馆的庇护,才逃过了生命的危险。……这历史的一幕,都是驹井先生受郭松龄之委托而规划,并在东京操持了同陆军、外务等各有关方面的所有交涉。"①

中岛孝夫是"郭松龄倒戈反奉事件"的当事者之一,他的叙述足以佐证该事件从最初的牵线搭桥到举事前的具体规划,乃至实际运作以及失败后对涉案人员的营救各个环节,日本的"民间人士"即大陆浪人们都进行了深度参与,与在台前活动的日本政府、

---

① 中岛孝夫:《驹井さんの憶い出(回忆驹井先生)》,《麦秋　驹井德三》,218—220页。

日本关东军的参与和干预相得益彰，是该事件不折不扣的重要推手。

另一方面，张作霖阵营中也能看到日本浪人的身影。他们的活动，最终也成为郭松龄兵败身亡的重要原因。

例如，擅长"谋略工作"的晴气庆胤也听到过传闻："……郭松龄军进退维谷之际，是张作霖利用日本浪人收买了郭松龄军的官兵。郭松龄毕竟是个中国人，惜财而终致兵败。"①至于张作霖究竟利用哪些日本浪人收买了郭军的士兵，还需进一步搜集有关资料才能展开清楚的表述。

实际上，在中国地方军阀军队中充任"客卿"的日本浪人除了策划和实施各种"谋略工作"之外，随时随地向日本政府、军方传递情报、信息，帮助本国方面制定和修正对华战略、战术，也是其重要使命之一。

例如当郭松龄率军回攻沈阳，原先准备逃往大连避难的张作霖突然改变主意，宣布"只要尚存一人一马，就不惜一切牺牲，发动全省警察、保甲团，必要时招请护路军，举全力彻底讨伐郭逆"②。此时张作霖的顾问松井七夫，在 12 月 1 日紧急返回东京，向日本当局汇报了张作霖态度急变的心理活动与东三省形势等重要情报，并于当天急匆匆飞回奉天，可见他此次汇报情报之行的紧急与重要。

据说，松井七夫是这样观察张作霖的心理变化的："起初，是请求郭松龄之反省，如若不听，则以奉军内讧惹起重大骚乱为耻且战

---

① 晴气庆胤：《谋略的上海（謀略の上海）》，东京：亚东书房，1951 年，215 页。
② 东亚同文会编：《对支回顾録》上卷，东京：原书房《明治百年史丛书第 69 巻》，昭和四十三年复刻版，563 页，主要根据日文记述回译；张学继：《胡帅班底——张作霖幕府》，长沙：岳麓书社 2001 年，291 页。

无胜算，遂考虑不妨下野。然而嗣后又思忖对喽啰辈之造反断不能如此容忍，尤其对于李景林、张宗昌等正在奋战各部，有何面目对彼等退军？何况自己还握有吉林、黑龙（江）之兵。于是下定只要东三省尚存一人一马，不将其击退决不罢兵之殊死决心。"松井认为，张作霖已经抱定了"破罐子破摔般的决心（'捨鉢的の決心'）"①。据此，松井向日本政府提出的观察结论和建议就是："为了东三省，日本可以进行武力干涉，可以进行仲裁。至少在辽河一战之后，为了保护我国权益，断然要求彼等停战，对不听从者则不得不加以制裁。另外，全满之治安维持，亦不得不委托日本。为此，更有增派军队，充实实力之必要。"②可见这个松井七夫，与其说是张作霖的"顾问"，还不如说是日本军部安插在张作霖身边的"卧底"更为合适。

看到张、郭两军的决战势在难免，日本政府为了保护在"满铁附属地"及在东三省其他地区的既得权益，以及所谓"数十万帝国臣民"的"身家安全"，于是以关东军司令官的名义向张、郭两军发出了"铁道附属地带即我国守备区域内毋庸赘言，即便在其附近发生战斗或骚乱，均可能危及帝国之重大权利、损害帝国利益，本军职责所在，绝不能坐视"的警告。③ 张作霖和郭松龄接到警告后虽然积极响应或表示尊重日方声明，但日本政府依然从朝鲜调动军队，并增派了斋藤部一个旅团增援，逼退了郭军，最终促成了郭松龄部的失败。

纵观张、郭两军的对垒经过，可以发现除了人们迄今看到的各

---

① 东亚同文会编：《对支回顾録》上卷，563—564 页（根据日文记述回译）。

② 东亚同文会编：《对支回顾録》上卷，564—565 页。

③ 东亚同文会编：《对支回顾録》上卷，565 页（根据日文记述回译）。

国和各派政治势力的积极参与,以及因缘当事者们各自的性格而形成的复杂局面与结局之外,深藏在历史角落里的一干大陆浪人其实也深深地介入了此次事件,甚至可以说为事件的戏剧性转折发挥了直接作用。

二、所谓"和平工作"与"大陆浪人"

所谓"和平工作",说到底"和平"不是目的而是手段,是侵华战争当初设定的目标和时间表出现重大偏差和失误后,日本军部和日本政府不得不采取的"补救措施"。日方希冀在强大的军事压力下通过轻微和有限的"示好"姿态换取中方让步甚至妥协,以便打开僵局,解脱军事态势上的困境,如有可能则进一步实现通过军事进攻也无法实现的战略目标。虽然近乎奢望,但是日本政府和军部居然为此安排了多个平行开展的"和平工作",希冀哪怕取得几分之一的"妥结(成功)"。为了弥补过于轻敌冒进的战略性过失,如何在既能保住"面子"的情况下也能通过渠道建立起"对话机制",能够秉承政府和军部意志却又拥有无足轻重社会地位的"人选"就成为"和平工作"的关键。大陆浪人与媒体人士、实业家、"能够打通关节"的神秘人士等等,均成为"和平工作"的"不二人选"。这里即以萱野长知为例,看看一员与中国社会的进步势力走在一起的左翼大陆浪人,在侵华战争爆发后走过什么样的道路、经历过什么样的磨难。

1. 左翼大陆浪人的尴尬:萱野长知的"和平工作"

为数不多的左翼大陆浪人为何会在日本侵华战争初期就迅速地销声匿迹、退出历史"舞台"? 其中存在着种种历史性悲剧和无奈。萱野长知在犬养毅内阁成立之初参与的所谓"和平工作",就突出地反映了左翼大陆浪人在"对立"取代了"对话"的"极限条件"

下的尴尬和末路。

早年的萱野长知,对中国的民主革命事业确实忠心耿耿,且得到中国革命党及革新派人士的普遍称颂。1913 年 4 月 23 日的《民权报》"公论"栏目里,有一篇翻译成中文的萱野长知的《敬告中国国民》一文,编者称:"萱野长知,日本志士也,十余年来,为中国革命,奔走呼号,屡次起义,君多与焉。故君对于中国之时局,异常激昂慷慨。顷由东京寄文一篇,特译载之。嗟乎! 邻邦尚有如许血性男儿,我国民能竟不顾耶?! 吾读萱野之文,吾心痛矣!"①看来编者对萱野长知的为人和事迹相当熟悉,因而评价其"十余年来,为中国革命,奔走呼号","对于中国之时局,异常激昂慷慨",崇敬和尊重之心溢于言表。

事实上,萱野长知的这篇政论文章,义正辞严,情真意切,确实甚称"海外志士"为中华民国的政治前途有可能遭受挫折而担忧、而呼号的一个名篇,全文如下。②

> 曩者,吾人出死入生,不避一身之危险,尝几多之艰难辛苦,自始至终扶掖革命之义举,驰骋于枪林弹雨之中,所不敢辞者,诚以吾人同奉自由主义,感于邻邦志士杀身成仁之正义,为为(原文如此)世界人道及文明弘通于四百州,使四亿生灵浴其德泽而已。
>
> 今日革命之丕业既成,共和之政体已布,正当召集国会,制定宪法,选举总统,奠定国基之际。中华民国人士所最当注意者,在使国会不受丝毫干涉,从国民真正舆论之所归,自由制定万世不磨之大宪章。更从国民公意,不受他人之压迫,投

① 萱野长知:《敬告中国国民》,《民权报》1913 年 4 月 23 日,第 2 版。
② 萱野长知:《敬告中国国民》,《民权报》1913 年 4 月 23 日,第 2 版,标点为引者所加。

公正至平之票,选举正式之总统。盖民国之舆论,即最高之权威,无论何人,立于舆论之前,不得有所阻碍。违者即为紊乱纲纪之民贼,应一律以叛逆论。是故方今中华民国建国创业之初,若有包藏野心,乘此人民政治思想之幼稚,政党节制之散漫,不以敬虔之念、公明之心启迪而扶植之,反欲嗾使军队压迫国会。其对于议员也,或散黄白以诱之,或○一字不明,遣刺客以胁之,或悬权位以钓之,藉威吓笼络之手段博得大总统之地位,张一人之权势,定自私之宪法,以遂其非望者,不问其为何如人,宜认为中华民国之公敌。而数其罪,尤以其紊乱神圣舆论之故不可不声讨之。昔美利坚建国之初,开国民议会,定联邦宪法,举大总统时,先令祭司司告上帝,各员正襟从事,肃然起敬,无一毫轻薄浮夸之态,其行动真足以感天地而泣鬼神。宜其所定之宪法,所得之大总统,如斯其盛且美也。由是观之,必其有敬虔公明之念,无欺人自欺之心者,始足与语建设民国之大业也。

虽然,今之中华民国,其政治上之危机已现,此次制定宪法,选出总统,并不取决于国民之真正舆论。一部分之野心家逞其威吓牢笼,弄其权谋术数,一日遂其欲望,则民国其名,帝国其实,民国体制不备,帝皇专制俨然矣。夫中华民国之体制既勿备,即与专制国无异,列国将何从承认而得保其邦交乎。况野心家蔑视一国之舆论,逞其威吓手段,弄其权谋术数,即遂其奢望,徒扩大中央之权力,制定不合之宪法,自私自利,必致激成内乱,国家必不能完全成立也乎。

呜呼!革命诸志士反抗满清之压制,所以牺牲一身,奔走革命者,非为一部分之野心家作进身之阶,开帝国之基也,实冀四万万生灵出奴隶之境遇,得天赋之权利也。是故,今日中华民国政治上之危机,彼固未必如拿破仑之明僭国位而装共和主义之假面,行枯特他(即政变)之政策,聊曰威吓笼络手段,则我辈援助此虚伪之民国,殊非所愿也。

故吾侪率先奔走于中华民国承认一事,期其早得承认。然而吾人所以唤起一国并全世界之舆论,欲其从速承认者,盖承认最高权威国民舆论光明正大所造成之真民国,非敢承认野心家枯特他之假民国也。吾侪乃中华民国之好友,鉴于现今政治上之形势,不禁忧愤而作,用敢披沥微忱,世之君子幸垂谅焉。

当辛亥革命的成果有可能被个别野心家篡夺,革命取得的社会进步有可能被迫出现倒退的关头,萱野长知不忍坐视,出面呼唤邻国民众识破"一部分之野心家"的"权谋术数",克服"中华民国政治上之危机",实在是难能可贵的行动;也是他不忘支持中国革命运动的初心,愿意以"中华民国之好友"身份声援"共和主义之民国"顺利成长的表现。

但是,九一八事变的爆发,揭开了日本军国主义使用武力手段公开侵略、占领中国领土的"中日战争"的序幕。在这种局面下右翼大陆浪人既从舆论导向上全面配合政府和军部的战争宣传,又从组织体系上积极响应"大政翼赞"的法西斯主义"举国一致"体制,彻底沦落为侵华战争的尖兵和别动队。以萱野长知为代表的少数左翼大陆浪人,则试图通过一部分政治家开展的所谓"和平工作",来寻找稍稍放缓侵略战争机器前进步伐的方式和手段,为支撑以往追求过的"理念"和维系同"中国同志"之间建立起来的关系,作最后的努力。

委托萱野长知开展对华"和平工作",有些得知此事的日本人将其解释为首相犬养毅试图"牵制"日本关东军,避免出现中日两国更为尖锐冲突局面的一个"预防措施"或者"对抗手段":"总之，犬养认为，以关东军为中心的陆军如果在满洲建立一个反国民政府的、日本的傀儡政权，并怂恿其独立，日华之间的冲突就在所难免。而为了解决满洲事变，'除了在满洲建立一个政治三权（宗主权）委托给国民政府、以经济目的为中心的日华合办的政权之外，别无它途'。"①然而根据萱野长知的回忆，赴华之前萱野并没有从犬养毅处听到这样的具体解决问题的方案，所以萱野在上海和南京主要的提案也都集中在军事方面。假如建设这样一个一厢情愿的"以经济目的为中心的日华合办的政权"，以避免'日华之间的冲突"并就此同中国方面探讨其可行性，也是萱野身负长"使命"的话，这样的方案不佲中国方面接受的可能性极小，即便在日本战争指导者内部，估计也很难通过。因此，即使身为名义上最高行政长官的首相，犬养毅还是对军队的"跋扈妄为"深怀戒惧，于是特意嘱咐萱野必须秘密行事，尤其注意不要让与陆军关系极为密切的森恪②获知，以避免军部的掣肘。③

按照《中央公论》1961 年第 8 号上刊登的《犬养密使·萱野长知日志》的记载，萱野长知此次对华"和平工作"的内容大致如下：

事情的缘起是 1931 年 12 月 15 日，刚刚登上首相大位的犬养毅对九一八事变之后因关东军的武装侵略行动而陷僵局的中日外

---

①③ 户川猪佐武：《昭和外交五十年》，东京：株式会社学艺书林，昭和四十八年（1973），109 页。

② 森恪（1883—1932），生于大阪。少年游学东京，1900 年被三井物产公司募为遣华留学生，奉职于上海、长沙、汉口等地支店，深得其上司山本条太郎及庄润政四郎等青睐。后脱离三井创办"中日实业公司"，从事对华投资及资源开发业务。1919 年被选为众议院议员，1927 年任外务政务次官。

交关系感到忧虑,想起在中国官场拥有大量"老朋友""旧关系"的萱野长知此前曾对自己有过"必要时可以出力帮忙"的表示,于是请求萱野:"有件事情要麻烦你,能不能查明当今中国的内部情况,找到打开当前困难局面的途径?"萱野遂决定接受大陆浪人的"老后台""老主人"之一——犬养的托付而赴华。①

12月21日,萱野带领大陆浪人金子克己和松本藏次两人乘船抵达上海,受到居正、徐瑞霖、马伯援、殷汝耕等人的欢迎。第二天开始,萱野就以"总理老友"的身份开始在上海和南京"历访中国同志,努力完成余之使命"。据说"同志诸公均对作为犬养首相特使之余表示衷心欢迎,称无论如何也希望打开目前之时局,实现和平。余遂愈感此次使命,甚得时宜"②。

从东京出发前,萱野长知同犬养毅之子犬养健已经约好了通讯密码。12月23日萱野发自上海的第一份密电称:"抵上海后立即与同志们恳谈中,亦见到远途来自广东之代表,决定了以下方针:一,为建立满洲的政权,组建以居正为主任之委员会,在当地交涉所有悬案,并予居正以权限;二,对张学良加以适当处置;三,任命居正之同时,日华双方立即停止军事行动。以上三项,有充分把握获南京全体大会(应为国民党四届一中全会)之通过。"③但是,自以为作出和平姿态和少许让步就可以换取中国方面热烈响应的犬养和萱野很快发现,中国社会的反日、抗日情绪和国民政府内部的派系、意见对立之激烈超出此前的想象。12月24日,萱野发给犬

---

① 岩崎荣整理:《犬養密使・萱野長知の日誌(犬养密使・萱野长知日志)》,原载《中央公论》1961年第8号,久保田文次编:《萱野長知・孫文関係史料集(萱野长知・孙文关系史料集)》,高知:高知市民图书馆,2001年,235页。

② 同上,237页。

③ 同上,237—238页。

养的第二封密电称："中国政府为解决满洲问题拟组建东北政务委员会，以居正为主席，任命许崇智、陈中孚、朱霁青、傅汝霖为委员。委员（原文如此，疑应为'委员会'）之任务，乃从事东北各省政府组织改革，整理行政，维持秩序，查办张学良（原注：与学良一部分部下已经取得联系），解决日华悬案，所有权力与义务等均听凭居正处理。中国之一般民众，视对于日本之非法侵略无条件媾和之全权（大臣）为国贼。深明此情之居正，甘冒国贼之污名而愿为亚洲大局贡献一己之力，于是主动担此重任也。任命该委员之同时，日华双方当维持现状。居正抵任后，日华即进入直接交涉商议撤兵事宜。以上方式，望即时实行。全体大会已近尾声，盼尽速回电。另外，南京发密电有泄密之虞，故遣人赴上海发电报，回电请寄上海吉住医院。"①一介日本浪人萱野长知在中日关系的这个关键时刻，居然能够推动南京的国民政府在对日关系上作出具体让步，甚至能够动员"老朋友"居正"甘冒国贼之污名"出任对日妥协、投降路线主导下的"东北政务委员会"主席，不管萱野的言行是否有越权行为和居正等人对日方释放的"善意"是否有过度解读之嫌，作为犬养首相特使的萱野此次中国之行堪称"收获颇丰"。12 月 27 日，中方由居正主持，在上海"金陵春"为萱野举行了欢迎午宴，与会者据说"皆孙文、黄兴以来的旧同志"，"本人努力向与会各位分别阐明此次来意，众人知晓真情后，似皆生出早知如此何必双方固执至今之悔意。窃以为众人已有借此机会毫无顾忌地交换意见，

① 岩崎荣整理：《犬養密使・萱野長知の日誌（犬养密使・萱野长知日志）》，原载《中央公论》1961 年第 8 号。久保田文次编：《萱野長知・孫文関係史料集（萱野长知・孙文关系史料集）》，高知：高知市民图书馆，2001 年，239 页。

寻求匡救时局根本对策,促进日华相互提携与繁荣之共同意志也"。① 局势的发展似乎已经转向犬养毅和萱野长知期待的方向,但接下来该如何行动,犬养毅似乎事先没有指示,萱野也因突然失去了同犬养的联系而踌躇不定。

与此同时,萱野长知此次来华的行踪,受到中外媒体的密切关注。

如1932年1月6日的《京报》以"上海专电"形式报道:"犬养毅派亲信萱野金子二氏,同时民政党派高桥添田来华,向我国政界活动,现已来沪。高桥五日回国。据萱野谈,此来目的,系访多年老友,因本人曾与孙中山同住多年,对孙之大亚细亚主义甚赞成,特与华政界研究实行办法。本人在孙卧病北京时即主张无国际观念(原文如此,应为"无国籍"),今仍如此主张。昨抵宁时,未晤陈友仁,但曾应居正宴,与孙科于右任等五十余人会晤亦以此意相告,记者因询以既如此,日何以侵满,答本人甚反对帝国主义,中日均有帝国主义之人,此次日兵攻锦,据日军部发表,系因锦方土匪拟越过南满路,余均不知。日无领土野心,满事由于中日恶感甚深,与张学良之误会而起。华人谓恶感由于出兵,日谓出兵由于华人排日,总言之,中日人士不恰,现可不必谈,大家宜向大亚主义上走(原文如此),以改善中日情形云云。"②这篇报道,从语气及所述及的若干当时还不广为人知的史实来看,可靠性应该没有问题。从回答记者提问的具体答复内容来看,萱野此时对中日关系现实的认识不仅仅概念混乱、逻辑混乱(如武断地认为中日两方"均有帝

---

① 岩崎荣整理:《犬養密使·萱野長知の日誌》,久保田文次编:《萱野長知·孫文関係史料集》,240页。

② 《外交方式收复失地　陈友仁自信有办到可能　萱野妄谈大亚细亚主义》,《京报》1932年1月6日第2版,资料来源:《中国历史文献总库　近代报纸数据库》。

国主义"分子,不能单纯指责日方,将中方的反帝、自卫言论与行动污为"帝国主义之人";此外则一方面认为"满洲事变"双方似乎都有责任,另一方面又认为其实"由于中日恶感甚深"及"张学良之误会"而产生等等),这明显在维护日本的对华帝国主义政策,荒唐地首先设定"日无领土野心"的前提,而后宣称双方均有失误,提出各打五十大板的解决方案,也就等于认定双方均有责任。于是祭出中方无法公然反驳的"法宝"——"孙之大亚细亚主义",并闭口不谈其具体时代内涵和背景,将其解释为侵略与被侵略的是非问题"现可不必谈"的"和解符号",希望大家沿着这个精神"改善中日情形"。萱野的使命和目的,他本人和后人们都已十分清楚。然而这段答记者问自然令人产生两个新的疑问:一是萱野本人对日本军部的侵华方针与路线是否始终"不甚了了",是一个政治嗅觉与判断力接近"全盲"状态的"凡人"? 二是萱野对"孙之大亚细亚主义"的理解是否真的如此"浅薄",只知其表不知其里? 至少撰写这篇报道的记者认为萱野在第二个问题上是"揣着明白装糊涂",有意阉割孙中山的"大亚洲主义"思想,所以特意为这篇报道加了"萱野妄谈大亚细亚主义"的副标题。萱野处在中日对抗与日本政右和军部的对抗"双重夹缝"中的"窘境",《京报》记者的观察,似乎比萱野本人的感觉更为冷静、更靠谱一些。

　　一介无官无职的"浪人",为何会不知深浅地扛下调停两国战争纠纷的重任? 萱野在向当时的驻华公使重光葵(1930 年起任驻华公使)申明使命的时候,强调这正是"革命浪人"发挥一两拨千斤重要作用的时刻:"正面交涉的话,双方都有面子问题,该让步的地方也不让,交涉就拿不出结果。但是由我这样无官无位的人以同志身份出面的话,就能够打开一条途径。但是我又没有任何权限。双方谈到一定程度,我自然(把舞台)让给你。在那之前,请静观其变。"①言语间充满了凭自己的"三寸不烂之舌"就可以"化干戈为玉帛",打开中日两国之间僵局的自信。尤其是 12 月下旬应居正之邀前往南京逗留了数日之后,萱野似乎从中方的反应中获得了更多的自信,连在中国的日本人也开始对他刮目相看了:"逗留南京六日。逗留在此的日本人,除报社通讯员、陆海军武官、领事馆职员等人之外,商号唯有一家大福洋行。此六日间,街头的对日空气俄然好转,众人似乎皆衷心希望日华通过直接交涉能够带来和平,新闻记者皆以此向余表示感谢。想起千里之使无辱君命一语,无胜愉快。"②

2. 难逃时代的"诅咒"

当然,萱野长知以"密使"身份参与的"和平工作"最后还是失败了,失败的原因是多方面的。

一是这个方案在日本军队以战争行为对中国主权进行重大侵犯之后,刚刚成立的新内阁竟一厢情愿地试图通过一介大陆浪人进行私下解释和沟通,妄图通过基本没有操作性的"以经济目的为中心的日华合办的政权"的模糊构想,来换取中国方面对满洲现状的"承认"和让步,自然无法得到中国人民的同意和国民政府主流政治家的首肯。据户川猪佐武听到的传闻:"抵达上海的萱野,首先向国民党的孙科讲述了犬养的构想。孙科起初以愁应的表情听着,并不轻易表示赞同。只是考虑到犬养与孙文的关系,最后才总

①《萱野长知の談話(萱野长知的谈话)》,岩崎荣整理:《犬養密使·萱野長知の日誌》,久保田文次编:《萱野長知·孫文関係史料集》,275 页。
② 岩崎荣整理:《犬養密使·萱野長知の日誌》,久保田文次编:《萱野長知·孫文関係史料集》,241—242 页。

算同意'协商一下',并派遣居正前往满洲。"①事实上 萱野的姿态还要强硬不少:"俺这时说:'满洲事变的发生非常遗憾,怎样才能和平地解决事变,犬养首相也在焦思苦虑。因此,中国方面亦应反省,改变排日、侮日的现状。把迄今为止的所有理由都扔到臭水沟里,贯彻犬养、孙文的意志正当其时!'。"②萱野自己的回忆如果确实无误,身为左翼大陆浪人传人的他这时出于完成自身使命的"责任感"已经铸成重要的失误:无原则地抹杀了九—八事变后,中日两国之间已经形成"加害者"和"被害者"的区别,希冀用各退一步的办法消弭紧张局面,恢复"和平"的假象,结果只能是死路一条。

但是,兹事体大,以"拟似父辈"自居的萱野即便多次祭起"孙文先生""大亚洲主义"的大旗和自己所谓"无国籍"社会的理想,也无法掩盖日本军队正在侵略和占领着大片中国领土的现实,无法消弭中国政府和人民对日本军国主义的警戒与反抗心理。待到1932年1月初,萱野的使命开始被中外媒体反复追问,居正也不得不向萱野转告主持政务的汪精卫的意见:"无论是召集政治会作出决议堂堂正正地与日本对决的主张,还是会议提案的办法都不行。必须首先取得何应钦和朱培德两人的谅解。"萱野也不得不认为这样处理"也是理所当然"的事情③,暂时停止了施加压力的行动。

二是犬养毅上台伊始的操作不光绕开了他视为"和平工作"最大障碍的军部,也没有同他本应最大限度争取的同盟者——日本政府外交部门进行必要的事先通报和信息交换。当地外使领馆要

---

① 户川猪佐武:《昭和外交五十年》,110页。

② 岩崎荣整理:《犬養密使・萱野長知の日誌》,久保田文次编:《萱野長知・孫文関係史料集》,275页。

③ 岩崎荣整理:《犬養密使・萱野長知の日誌》,久保田文次编:《萱野長知・孫文関係史料集》,244页。

求萱野长知就自己的活动作出解释时,犬养也不得不以"萱野在民国有诸多多年知己……"等敷衍一番,要求萱野"自己斟酌后妥为答复-以期纳入经外务省官方机构认定的正式轨道"而求自我解套。① 有趣的是,萱野到这时反而发挥了"大陆浪人"的"反骨精神",公开对媒体嘲笑只知在动荡局面下"明哲保身"的外交部门:"外交官的小心卑劣真让人目瞪口呆。说到萱野我的使命是什么?其实对这个使命最感到不愉快的就是重光(即重光葵)君,重光君自己应该最清楚。"②没有了外交部门的配合,犬养+萱野的"构想"即便有了开头,也难有进一步的发展。

三是军部派驻政府内部的"浪人外交官"森恪果然暗地动了手脚,轻易便切断了犬养毅与萱野长知之间的联系渠道:好不容易在民国政府内部营造出缓和气氛的"萱野急忙将结果遄知犬养,等待下一步指示,但犬养那里再也没有任何回音。③ 原来是担任书记官长的森(恪)扣押了电报,根本没有让犬养看到"④。"此时的东京,犬养首相赴伊势神宫(在三重县)参拜而不在,萱野发来的密电没有落入(犬养)健的手中,都被内阁书记官长森恪扣下。森恪虽然不知道密电的钥匙,却窥见首相背着身负管家(原文为"女房"即老

---

① 岩崎莱整理:《犬养密使・萱野长知の日誌》,久保田文次编:《萱野长知・孙文関係史料集》,243—244 页。

② 岩崎莱整理:《犬养密使・萱野长知の日誌》,久保田文次编:《萱野长知・孙文関係史料集》245—246 页。

③ 萱野长知自己记录,12 月 24 日以后又连续向犬养毅发出两份催问答复内容的电报:"前电即无异议,小生亦随同中方委员直赴满洲。因经由日本而去,反生误解与泄密之虞。待回电。(第三份电报)""前三份电文是否已览? 切盼指示。急! 急! (第四份电报)"但均无下文。见岩崎荣整理《犬养密使・萱野长知の日誌》,久保田文次编:《萱野长知・孙文関係史料集》,239 页。

④ 户川猪佐武:《昭和外交五十年》,110 页。

婆、女主人)使命的自己,派遣萱野赴华,试图妨碍对满洲的侵略,直接跟中国政府进行某种秘密交涉,于是向军部告密,下定了除去犬养,将大事进行到底的决心。"①1 月 6 日,被军部"窥获天机"的犬养毅委托参加内日良平"大日本生产党"的电影人立石良介发电报给萱野:"与犬养先生和参谋本部支那课课长重藤一起见了面,祈尽快回国。"②萱野的"密使"使命就此戛然而止。文官政治家们哪怕是想从细枝末节对军部主导的侵略主义政策和路线进行有限的修正和弥补,或者是对侵华战争的疯狂进度稍微"踩一下刹车",结果都被军部的力量扼杀在摇篮里。犬养毅后来成为死在叛乱军人枪弹之下的唯一一位在任首相,而萱野长知这些大陆浪人不管是以什么样的心情和动机参与这些"和平工作",归根结底也只能成为无人再能阻遏的军国主义狂潮作弄下不甘寂寞却又身不由己的浮沫、微尘。"大陆浪人的敌人还是大陆浪人","在野"的浪人萱野被"在朝"的浪人森恪所作弄,几乎是左翼大陆浪人"唯一""幸存者"的萱野长知,在军国主义、法西斯主义甚嚣尘上的时代浊流中,最终也难逃被利用、被"戏弄"的悲剧命运。

在这场悲剧兼闹剧中,萱野长知自然也负有难以推脱的责任。早期大陆浪人中,萱野长知确实是为数不多的能够活到"战后"的"幸运者"之一,也是孙中山在日本的友人中可以称为"同志"的为数不多的大陆浪人之一。萱野自己非常看重与孙中山的这段"革命同志关系",他曾经述说:"说起我和孙文先生的关系,已经有了三十年。我首次会晤孙文先生,是在东京,远在同盟会成立以前。

---

① 岩崎荣整理:《犬养密使·萱野长知の日誌》,久保田文次编:《萱野长知·孙文关係史料集》,241 页。

② 同上,246 页。

我们早已持有中国革命的理想，所以听到鼓吹中国革命的孙文先生来日，即前往会晤，现在忆起当时的印象，乃是孙文此人热情洋溢，而普通的人必定为其热情所动。在互谈中，我就对他生出一种信心，认为只要他下决心去做，中国革命是会成功的。从那以后我们维持关系达三十年之久……"①

　　萱野上述的细节，并非本书考订的范畴，但是同为孙中山的"挚友"，跟宫崎滔天相比，萱野长知最大的缺陷可以说是"行动有余，理论不足"。因为我们哪怕是善意地去解说他的"中国革命的理想"，也无非是透过当年刊登在《革命评论》上的几篇文章来阐发，如："卿等须谨记，凡是吾辈所信仰之一国之存亡兴废，跟主权者之存亡兴废无关，而是基于人道之存亡兴废如何而考量。若人道已颜面扫地，则为亡国而恸哭可矣。空言社稷，高唱忠君而陷民众于水深火热之中，忘却道义之存在，则是对保社稷、忠君主之绝对误解，亦脱离常规之所为也。……"②"吾辈每当读到《太阁记》第十卷：'不义之富贵如浮云，虽然贵为天子、将军，安知其尚比不上荒野陋屋之贱民哉？'不禁联想到世上所谓富贵者，触发无尽之伤感。这是何故？请看滔滔之天下，以不义之富贵而自夸者凡有几何？依靠暴力而夺得富贵者又何可胜数？有人一意扩张陆海军备，以图国力之膨胀；有人肆意玩弄外交，炫耀武力，以图获得领土；有人凭借洋枪洋刀之威力以贪暴利；有人凭借地位与权势中饱私囊；凡此等等，皆仰仗武力之掠夺行为，荒野陋屋之贱民所不齿

① 萱野长知：《追懷中山先生（追怀中山先生）》，原载《萱野長知先生逝世十三周年紀念特刊》，《中国与日本》21 号，1960 年，台湾国父纪念馆藏；久保田文次编：《萱野長知・孫文関係史料集》，62 页。

② 萱野长知：《露清の革命は急速なれ（让俄、清的革命加速到来）!》，原载《革命评论》一号，1906 年 9 月；久保田文次编：《萱野長知・孫文関係史料集》，15 页。

之浮云之富贵也。"①虽然是对社会种种丑恶的"不义"现象出于疾恶如仇的心理展开的激烈抨击，但是萱野当时的思想和境界，从理论上说与革命或改良"理论"的形成之间，还存在着遥远距离。从语言上说，萱野的这些表述也失之粗疏和简洁，不但同宫崎滔天的革命宣传文字不在一个档次，更缺乏内田良平赞美革命时代的文采和激情，被埋没在革命时期"日本舆论"的狂潮之中，无多少出彩之处。

　　萱野长知的人生，是"控えめ（低调）"的人生，是行动多于言语的人生。有时这是人生的美德，有时却也是人生的缺陷。表现在萱野长知身上实干多于宣传的人生，实际上似乎还可以作更深一步的探索，那就是他的"理想"过于粗放，以至于缺乏具体的实施方案。晚年他谈到自己的人生理想和参与中国革命运动的关系时，曾经这样抒怀："我自从与孙文携手当时，就提倡撤销国境的主张。胡汉民等中国的同志们批评我是空想家，也有人耻笑我是妄想狂，但是我无法舍弃这个空想。不管在北京，在香港，我都在公开的场合这样讲，十几年前还发表到了土佐协会的杂志上。我的意思是，不管是日本还是中国或者任何国家，都撤销国境、关税等一切障碍，允许自由贸易，取消居住等一切限制，取消国家间的歧视。不管到哪一个国家，在遵从该国法律前提下可以任意行动。当然也需要顾及到古人所说的入乡问禁、入乡随俗的（起码）规则，但完全不必顾忌国境。首先在中国、日本、南洋如此做来，逐渐推广到全世界。这就是我的理念。"②尽管已经是半个世纪之后的表述，但是

---

① 萱野长知：《腕力の本領（武力的作用）》，原载《革命评论》六号 1906 年 11 月；久保田文次编：《萱野長知·孫文関係史料集》，24 页。

② 萱野长知：《思い出（回忆）》，原载《月刊高知》1947 年 1 月号，久保田文次编：《萱野長知·孫文関係史料集》，9 页。

跟宫崎兄弟的"支那革命主义"相比,萱野长知的"理念"虽然揭示了类似"人类同胞主义"的美好愿望,但它比"支那革命主义"更为空泛,更缺少基于对国际局势和各种政治力量对比之后拟定的战略、战术构想等方面的理论支持。胡汉民等人"空想家""妄想家"的批评可谓一语中的。而失去了现实可行性的战略和战术构想的"计划""理想"的持有者,所剩的唯有"激情"和"朦胧"。在这种"激情"的鼓荡下,当事者难免会被持有战略和战术构想的人物或者政治势力所操控,投身于自以为是实现自身"朦胧"理想的政治运动。从某种意义上讲,这也是"政治精英"与"群氓(一般民众)"之间的关系。包括大陆浪人在内的一般民众有"理想""欲望",而且可以被激发出参与政治、经济等活动的"激情",但是由于他们提不出通往"理想"之路的具体战略计划和战术构想,往往会选择最接近"理想"的"政治精英"们提出的方案去行动,于是就产生了被一厢情愿的"期待"所误导、所利用的可能性。即便如已经拥有"支那革命主义"的宫崎兄弟,由于他们的理想和计划仍然未脱未经检验的、粗疏的战略和战术构想的范畴,所以宫崎弥藏在提出这个构想时就聪明地预见到必须"遍寻英雄而说服之"的必要性。宫崎滔天和早期萱野长知的幸运之处,在于他们是提出了一套革命行动战略和战术构想的孙中山的异国挚友,从行动上支持了孙中山的革命运动;而日本发动了侵华战争之后的萱野长知,不仅失去了和孙中山之间的私人交往,更重要的是,他的"撤销国境""取消国家间歧视"之类"先天性残缺不全"的政治理想,也失去了在更为复杂国际环境下加以实施的理论支持。直到 1933 年 4 月,萱野在写给胡汉民的信中还不改初衷地声称:"夫救国之大策者在日华的和平合作。是东亚百年之大计而全世界平和之基础也。世界大和平者即在国境之撤(应为撤,是转抄之误)废,在世界大同,是吾人之最终理想也。但现在缔结日华两国关税互惠条约为平等资鲁，而实行木堂（即犬养毅）中山两先辈之遗志，打世界的大和平之モ手，长江南北皆可望风合流，无疑也。……"可见他此后也再难提出新的、更具体和更具实际操作性的理念。①

"实干家"类型的大陆浪人萱野长知即便是在选项有限的"事变解决案"中选择了差强人意的政治路线图，仍然难逃"被人利用"乃至充当实质性"帮凶"的命运。在大陆浪人作为一个群体已经集体没落的大环境里，萱野个人无论主观上希望怎样努力，都没有突破这个时代"诅咒"的能力和环境了。

---

① 哈佛研究研究所藏：《萱野长知致胡汉民函，1933 年 4 月 8 日》，转引自久保田文次编：《萱野長知・孫文関係史料集》，259—260 页。

第四章　嚣张的"不法之徒"
——"邦人""鲜人""浪人"的"复合犯罪"

1931 年日本关东军挑起九一八事变之后,中日两国从"关系紧张"的状态进入局部地区的战争状态。在东北地区以外的全中国各地,东亚两大民族之间的对立、摩擦也在不断加剧,各类纠纷、事件层出不穷。这种局面的形成,对日本的大陆浪人来说,既是他们所期待的,也是他们参与和推动日本政府、军部侵华政策的制定和实施的必然结果。

九一八事变的发生,在近现代中日关系史上,是个极为重大的事件,导致甲午战争结束后两国长达 35 年的相对"平稳"的时代结束了,战争和民族对立重新成为两国间、两个民族间相互关系的主轴;由此而产生的种种影响,重大且深远。

即便从"大陆浪人"这个为数不多的特殊人群来看,战争状态带来的变化也一目了然。其主要特征可以用"传统型"日本浪人的"残存"与"断绝",以及"新世代"日本浪人的登场两个反向而行的趋势来概括。

从 1931 年九一八事变爆发到 1945 年 8 月日本战败投降的侵华战争期间,日本浪人的类型与构成主要发生了如下的变化。

第一类浪人:"传统型"大陆浪人。此类大陆浪人主要由在政治、军事等野心驱动下的冒险、投机分子所构成,其政治目的和任务比较明确,且往往通过各自的渠道同日本政府、军部以及各种侵华机构、团体乃至企业之间保持政治从属、经济资助、信息回馈以及危机状态下的紧急救援多方面复杂联系,从而在大多数情况下有效地执行了指令方或援助方交办的任务和工作,充当了侵华战争中奋不顾身的"先锋"和别动队的角色。他们基本上是"前时代"即早期日本浪人的残存和延续,在人员上和组织上具有继承和延续的关系。

第二类浪人:"不良浪人型"大陆浪人。是借助日本侵华战争由酝酿到局部展开再到全面爆发这个巨大的政治机缘,主要在私利私欲驱动下"趁火打劫"、无恶不作的社会游民,"ヤクザ"(やくざ,原意为地痞、流氓、赌徒、不务正业者,后来逐于专指黑社会秘密团伙成员等)之类黑社会秘密团伙成员、长期或短期的失业者或虽从事其他职业但也间或参与大陆浪人的活动者等。这些人在当时已经没有了"支那浪人"或"大陆浪人"等雄心勃勃的自我称谓和政治、行动宣言,也基本上未形成"玄洋社""黑龙会"等早期大陆浪人赖以存身的组织系统,以无组织、无纲领、无信念的零散和小股人员活动为主。在当时日本的官方文件或媒体报道中,他们往往被称为在华的"不良邦人"(即'国人'之意),在中国的正存文件、媒体报道以及人民的心目中,他们就是不折不扣的"日本浪人"。这些人是日本侵华战争之前到战争期间"日本浪人"的主体,亦即本章将要叙述的"新世代"日本浪人的主体。这些人是从海外来"刨食吃"的外国"流民""流氓",无可奈何的自身境遇以及随之而来的追求暴利、暴富和报复社会的双重扭曲心理,使这一批大陆浪人与日、中双方的"官方"都拉开了一定距离,日本政府、军部对他们时而利用、时而撇清关系甚至由警宪部门加以取缔,都是由于这些人对当时的对华政策"助推力"十分有限，而破坏力却与日俱增。这类人多数是下层社会成员，构成复杂、职业不定且多变，因此他们多采取临时性群体活动方式，自成社会。又因为从日本政府和军部获取秘密经费或补贴的机会日益减少，这些人在殖民地区域和日军占领地区里也多依附于殖民地统治机构和日本占领军的末端基层机构活动，更多是利用外国人和侵略者的特权、强取豪夺。其活动方式的特点可归纳为：唯利是图、无法无天、为达目的不择手段。这样，他们自然会与中国人民产生种种矛盾，对立频发，侵华战争期间面目可憎、令人恐怖而厌恶的"日本浪人"，主要是指这类大陆浪人。他们既是侵华活动的打手，也是这场对外侵略战争的炮灰和牺牲品，最终都逃脱不了沦为战争消耗品的可悲命运。

　　第三类浪人："鲜人型"大陆浪人。① 这是依附于殖民统治体系及侵略活动的其他种族与群体，具体到侵华战争期间，主要是指来自或祖籍朝鲜半岛的所谓"鲜人"极端分子。由于他们对个人或族群的前途失意、不安，在经济和政治上受到宗主国势力的压制和驱使，一部分人借相邻两大国家、民族全面冲突的战乱之机，谋求自身的发展，攫取自身的利益。这些人也是"新世代"浪人的一个组成部分，其活动范围和活动方式又与第二类浪人有所不同。这类浪人在殖民地政治秩序中属于利益与权益的"从属者"，是跟在他人背后的"寄食者"，虽然在"关东州"和伪满洲国等地可以获得"二等国民"或"三等国民"的略感优越的社会地位，但他们又不得不明白这其实是付出了亡国、亡族的巨大代价之后的些许补偿或"余唾"，因此亦可能产生身处"夹缝"中的压迫感和焦躁感，这促成部

① "鲜人"在当时的日本殖民当局那里，是带有民族歧视意味的用语。这里因大量史料都涉及这个用语，故作为特殊的历史名词加引号予以引用。

分成员的"浪人化"。由于这类浪人在中国生活的环境下身兼被压迫者和压迫者的双重身份，他们一旦"暴走"后，容易变成自、他认识中不折不扣的"浪人"。他们更为短视、更为焦躁、更多暴行和蛮不讲理，同样也是侵华战争中种种负面因素及其影响的构成部分。

本章以"新世代"浪人即中后期大陆浪人尤其是第二类浪人为主，探讨这些人从"不法之徒"到"军部爪牙"的社会生成环境与契机，通过对一些最具代表性的事例的梳理和审视，考察他们的种种活动、行为的动机、目的、影响以及与侵华战争的关系。

第一节　"新世代"大陆浪人的温床
——九一八事变前夕的"日本浪人"

一、"邦人"的大批来华与堕落的"天国（天堂）"

除了抱有明确的政治目标进行活动的"传统型"大陆浪人即第一类大陆浪人之外，从辛亥革命前后直到日本战败投降为止，从早已沦为殖民地的台湾、伪满洲国，到华北、华东、华中、华南的沦陷区乃至国统区，映入人们眼帘的、被媒体频频报道的"日本浪人"，大多是第二类和第三类的中后期浪人。这些浪人跟第一代即"传统型"大陆浪人的最大不同，是他们大多不是在日本国内或朝鲜半岛境内产生的，而是来到中国"大陆"这个特殊的环境后产生的、并且主要在中国境内开展各种活动。他们在九一八事变之前就开始了移居中国东北地区的热潮，使这个地区短时间内成为日本浪人可以肆意妄为而很难受到法律纠弹的犯罪活动的"天国（天堂）"。

1. 日本人移居"满洲"的渊源

日本人在"满洲"地区居住,大致开始于 1900 年义和团事件前后,并且以"北满"地区的哈尔滨为中心。这个城市位居"中东铁路"(东清铁路)的中心地点,"中东铁路"从 1897 年开始动工修建到 1903 年全线通车,使哈尔滨很快发展成远东地区重要的商业城市和金融中心,各国、各民族的"淘金者"纷至沓来,包括日本在内的 33 个国家十多万移民涌到了这里。据户水宽人在《东亚旅行谈》中引用的明治三十五年(1902)九月一日的一个统计,哈尔滨当时计有日本移民男子 269 名,女子 237 名,共计 509 名。①

从当时人口流动的角度来看,大量日本人移居"满洲"地区的第一个高峰,就是 1905 年日俄战争结束后,日本战胜了大国俄罗斯,继承了俄国在南满铁路及沿线地区权益之后的十余年间。首先到达东北地区的,多是东北地区战乱期间临时到中国内地"避难"的各色日本人群体,或者在"北满洲"地区避难、定居的日本人等。他们之中既有退役、退伍军人,也有现役军人的家属、亲友,当然还有不少无固定职业和收入的浪人、娼妇(哈尔滨日本人中女性比例极大,即因为这些人多从事所谓"风俗业",因此已给这个城市带来了"性欲之都""艳色极东地带"的恶名②)、打工者等等。据统计,1916 年底,在华的日本"居留民"总数为 147 515 人,其中在日本直接统治区域的"关东州"52 559 人,"满洲内地(包括'满铁附属

---

① 转引自曾村保信《近代史研究——日本と中国》,45 页。
② 均为反映当时该地区风貌的日本文学作品名,参见吴佩军《竹内正一が描いたハルビンの都市表象—「ギルマン.アパート点描」「馬家溝」を中心に》,(https://www.bcjjl.org/upload/pdf/bcjjlls—6—1—33.pdf),2019 年 5 月 17 日。

地')"57 790 人,"关内"为 37 166 人。① 到第一次世界大战期间的1917 年,哈尔滨的日本移民人数增加到 2 288 人。② 与此同时,由于"南满"地区的侵略权益已经从俄罗斯转移到日本帝国手中,更多的日本人也开始由营口、大连等港湾城市,逐渐由南向北、由城市向村镇,向辽宁、吉林各地拓展、扩散。

日俄战争之前的"满洲",是沙皇俄国的"势力范围",来这里求生的日本人,不得不仰俄国人的鼻息。最早在哈尔滨开办"大和商会"的铃木定次郎回忆道:"当时在满洲,只有一个地方——牛庄才有(日本的)领事馆。从条约上说,好像是在支那的主权管理之下,但实际上是在俄罗斯的管理之下,所有的交涉都不得不经俄罗斯办理,支那(在这里)没有任何力量。"③然而极为吊诡的事情是:一方面,俄罗斯殖民当局对这些日本移民的态度十分"宽大":"从俄罗斯方面来看,日本人想住在哪里他们都没有意见,这恰恰表明了他们就是想利用日本人,当作俄罗斯渗透满洲的先锋";另一方面,日本的外交当局也怂恿着日本移民非法地移居当地,为日本将来强迫中国政府承认日本人的"既得权利"打下伏笔。"我们曾再三向外务省恳请:请帮助我们安心居住! 但是外务省的人回答:根据《日华条约》,日本人不能在这些地区居住,所以不能提供保护。而且日本政府也不承认俄罗斯对满洲的管理权,不可能要

① 山田豪一:《满洲国の阿片専売(满洲国的鸦片专卖)》,东京:汲古书院,2002 年,37 页。
② 吴佩军:《竹内正一が描いたハルビンの都市表象—「ギルマン.アパート点描」「馬家溝」を中心に》,(https://www.bcjjl.org/upload/pdf/bcjjlls—6—1—33.pdf),2019 年5 月 17 日。
③ 佐藤四郎编:《北满草创(邦人发展史)》哈尔滨日日新闻社 1931 年版,转引自曾村保信《近代史研究—日本と中国》,45 页。

求俄罗斯保护你们。但无论如何，只要有了既得权利，就可以从这个角度做文章。为了将来能够用既得权利做文章，希望你们有更多的人去定居"云云。① 这样看来，不仅仅是大陆浪人，日本在"满洲"地区的所有移民，几乎都是自觉不自觉地充当了日本和沙皇俄国帝国主义对外扩张政策的尖兵和铺路石。九一八事变之后，日本政府为了扩大日本人在"满洲"地区的人口比重，更是积极地采取各种劝诱和宣传手段，动员更多的大和民族子孙去"满洲"创业、圆梦，日本移民的人数自然也与日俱增。据统计，九一八事变之前的 1930 年，在"关东州及满铁附属地"（即所谓"南满洲"）居住的日本人为 53 633 户、233 158 人；九一八事变之后的 1931 年为 55 439 户、242 579 人；而到了三年后的 1934 年，就增加到 74 972 户、245 430 人。②

　　长期居住人数的增加之外，中国的东北地区即"满洲"地区或曰"满蒙地区"成为大陆浪人集中活动的地域，其实是多种因素复合作用的结果。

　　第二类和第三类大陆浪人的横空出世和人口数量迅速增加，主要是进入 20 世纪后中日间、日朝间、日"满"间交通条件的大幅度改善，以及自第一次世界大战以降日本对华政策诱导和奖掖的结果。

---

① 佐藤四郎编：《北满草创（邦人发展史）》，哈尔滨日日新闻社 1931 年版；转引自曽村保信：《近代史研究—日本と中国》，45 页。

② 《関東庁要覧　昭和十年》，大连：关东厅长官官房文书课 1935 年发行，17 页。资料来源：《国立国会图书馆数码收藏（国立国会図書館デジタルコレクション）》（https://dl.ndl.go.jp/info:ndljp/pid/1187911）。

2. 交通条件的改善与"满鲜旅行"的日常化

中日之间的交通,最初依靠欧美各国在亚洲主要港口开设的定期或不定期航班。1875 年 2 月,三菱商会受日本政府委托开通了横滨至上海的定期航路,投入四艘汽船,开始每周一班的航行;同年 8 月,共同运输公司又开通了日本至芝罘(烟台)—天津—牛庄间的不定期航线,为日本人前来中国提供了便利。[1]

1920 年代后期到九一八事变爆发前夕,对日本平民来讲,前往中国大陆不再是少部分"冒险家""外贸商人"的特权。与以往相比,前往朝鲜半岛和中国大陆东北地区的所谓"满鲜旅行"趋于日常化(费用、时间等可以被平民接受,食宿、船舶、铁路服务等也开始面向平民),手续亦趋于简便化(领取护照、兑换货币等)了。

根据"南满洲铁道株式会社东京支社运输课"昭和三年(1928)编写的《鲜满支旅行指南(鲜满支旅行の栞)》的介绍,这个时期日本国内的旅行社不但出售各种"内地朝鲜往返券(从日本内地各城市至朝鲜的往返票,有效期两个月,可打八折)""内地满洲往返券(从日本内地各城市经由朝鲜至满洲的往返票,有效期两个月,可打八折)""内地满洲往返券(从日本内地各城市乘坐大阪商船会社大连航路至满洲的往返票,有效期两个月)""(下)关釜(山)联络船"船票(可打七折,大阪商船船票可打九折)""鲜满往返周游团体券(10 人以上 20 人以下团体出行"满铁线"车票可打八折,大阪商船船票可打九折,学生团体票甚至只要四折)"等各种打折的船票,从日本内地各主要城市都可以买到当地出发的"日鲜满周游券(即联票,路程是:出发城市→神户港→大阪商船航路→大连→奉天

---

① 张明杰:《近代日本人中国游记总序》,内藤湖南著,吴卫峰译:《燕山楚水》,北京:中华书局 2007 年,总序 4 页。

(沈阳)→安东(丹东)→京城(汉城,今首尔)→釜山→"(下)关釜(山)联络船"→下关→出发城市。从东京出发和返回东京的三等舱票价,需费 53.6 日元;从下关或门司出发,仅需费用 38 日元)"①。前往中国内地的"周游券"至少也有"第一路线:出发车站→釜山→安东→奉天→北京→汉口→上海→长崎(或神户)→出发车站";"第二路线:与第一路线反向旅行";"第三路线:出发车站→釜山→安东→奉天→北京→天津→南京→上海→长崎(或神户)→出发车站";"第四路线:与第三路线反向旅行"等多种选项。② 关于当时日本人前往朝鲜和中国大陆的货币兑换及行情,据说日本人也享有较为便利的条件:"本来,中国之通货颇为复杂,除了日本银行货币之外,还有横滨正金银行及朝鲜银行的兑换金券、横滨正金的兑换银券及其他民国流通的中国小银元、墨西哥银元、香港银元、北洋银元、中国银行券(又分为以元银及小银元为本位的两种)、东三省官银号券(以小银元为本位)等等。这些货币的兑换价桁,时时根据当时的行情而变动,不仅计算颇为复杂,且有些种类仅限于某地使用。所以中国旅行之际,携带最有信誉之本邦(指日本)货币或银行信用券,随处兑换所需金额以充当时之用,当最为利便。"③

　　日本人前往"满鲜"地区旅行硬件环境的改善,自然为双边和多边商贸关系的发展和正常的人员往来、文化交往提供了前所未有的便利,同时也为梦想到海外一攫千金的冒险者、投机者以及仅凭一时冲动便踏上出国之路,幻想到异国他乡"重新开拓一片天

---

① 南满洲铁道株式会社东京支社运输课编:《鲜满支旅行の栞(鲜满支旅行指南)》,东京:鲜满案内所,昭和三年(1928),1—2 页。
② 同上,4 页。
③ 南满洲铁道株式会社东京支社运输课编:《鲜满支旅行の栞》,10 页。

地"的中下层"邦人"甚至罪犯们，提供了极大的方便。

3."邦人天国"的出现

由于日本对中国东北地区侵略权益的急剧扩大和经济、政治、军事、人员的渗透飞速进展，东北地区"现地"也开始大量出现"日本人街"的日本社区，使大连、沈阳等大中城市不久定出现了一大批与日本内地生活环境毫无二致的国中之国，打造了许多日本人在海外殖民地也能够安享"一等国民"生活的"邦人天国"。

打开东京地形社昭和十五年（1940）出版的《袖珍版满洲国地图（コンサイス满洲国地图）》，可以在《新京（长春）市街图》新京车站附近看到"中央通（日语的'通'即为大街）""日本桥通""大和通""住吉町""高砂町""春日町""吉野町""和泉町""千鸟町"等街道和"大和酒店""儿玉公园""日满军人会馆""东拓""电电会社""协和会馆""新京神社""正金银行"等诸多日本商铺、服务机构和日式宗教设施，遍布在新京最繁华地带的旧时风貌。[1]《素描 大满洲》一书甚至用略带夸张的文字来形容当时新京的面貌："繁华街区吉野町从'长春'时代开始，直至跃进为国都大新京的今日 依然以其繁荣向世人夸示，作为新京的银座大街而日益充实。在旧城区繁华街区大马路的满洲氛围相比，这里是充斥着日本内地风味的街道。从三笠町、东一条通、东二条通到祝町一带，这里跟不夜城钻石街同样也是霓虹灯的海洋。再从吉野町的纪念公会堂往南走，满洲人的饭店、妓院鳞次栉比，二胡的旋律悠扬而哀怨，又是充满满洲情调的风月场所。"[2]（参见附图:《新京观光案内图》[3]其他如大

---

[1]《コンサイス满洲国地图（袖珍版满洲国地图）》，东京：地形社，昭和十五年（1940），19页。

[2]《素描　大满洲》，大连：细谷真美馆大连出张所，昭和十六年（1941），10页。

[3] 奉天铁道局编辑、发行:《奉天》封底，昭和十四年版。

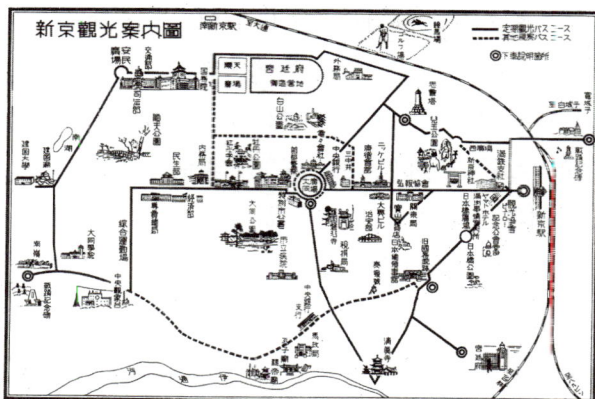

连、奉天(沈阳)等东北城市,此时也是大量的街道被改为日本名
称,同时涌现出大量的日本企业、商铺、工厂、作坊、银行、学校、医
院、旅馆、神社庙宇等等,日本居民数量剧增,"小东京""小银座"之
类日本人群居社区迅速形成,并成为扩张其政治、经济、文化影响
的据点和大陆浪人等不法势力为非作歹且不受中国法律约束、制
裁的巢窟、"天国(天堂)"。寻求"人生的刺激"或者"另类的风光"
的日本青少年进入这样的环境,"洁身自好"的难度远远大于"堕
落"是不难想象的。

　　当时前往"满洲"谋生的人群中,鱼龙混杂,良莠不齐,其共同
特点都是在日本内地"混不下去",带着种种无奈来到满洲的社会
边缘人物。1941年随全家一起到来哈尔滨的富永孝子回忆:"父亲
德重伍介五十四岁应聘满洲国立大学哈尔滨学院时,妈妈四十岁,
我小学四年级,弟弟小学二年级,妹妹才刚两岁。父亲曾经在欧洲
求学,但他得英才而教育之的理想一次次在军部的压力下被击碎,
对时局感到了厌倦。当时,'雄飞满洲''五族协和的新天地'之类
国策宣传铺天盖地,开拓团和产业战士们信以为真,飘洋过海。其
中有些人是在(日本)内地走投无路,才到满洲去开拓一条生路的,

人们称他们是'满洲逃亡（者）'。父亲当时肯定士是同样的心
情。"①富永的父亲虽然已是当时的高级知识分子，仍然出于无奈的
心境携家眷到"满洲"求生。更多被"满洲开拓计划"和"发展满洲
产业计划"所蛊惑的普通农民、产业工人和技术人员等，也在海外
殖民政策的引导和实际利益的诱惑下来到"满洲"。与此同时，众
多的无业游民、社会无赖等在日本国内走投无路，也到"满洲"来另
寻发展的天地。如1916年在"满蒙地区""调查""蒙匪马贼"动向
的鹤冈永太郎，顺便对移居"满洲"地区的日本人口进行调查，就指
出过"侥幸之徒""来去无常之辈"的存在："现在满洲的日本人号称
大约有十万人，其中关东都督府民政部之官吏、巡查、雇员等约合
三千人内外，满铁社员及其雇员等约合一万二千人内外，再加上领
事馆官员、正金银行职员、朝鲜银行职员等等总计约一万五千人，
以及他们的家属等三四万人，总计十万人中的大半关官吏或半官
半民及其家属。除去这些人后剩下的一半人，则是于安危之间怀
抱万一之侥幸心理来去无常之辈。"②这些"来去无常"至"满洲逃亡
（者）"们，无论是否暂时有职业、有收入，也无论其在日本国内时是
否遵纪守法，诸恶不作，来到所谓"日本人的天堂"的"满洲"之后，
其生活与性格乃至人生观、价值观都会发生巨大的变化。尤其是
当初的种种空想、计划或者他人许下的诺言、愿景破灭、落空之后，
都会使他们的人生向着：① 由"失望"而"另辟蹊径""重打罗鼓另开
张"，选择另外的价值观和人生道路；② 由"失控"而"自暴自弃"，从

---

① 富永孝子：《"実験場"にされた「満洲」の天国と地獄—「体験・検証・認識」（成为"试
　验场"的"满洲"的天堂与地狱——体验、验证、认识）》，中见立夫等：《満洲とは何だっ
　たのか（满洲为何?）》，东京：藤原书店2004年，444页。
② 外务省记录：《9 蒙匪騒動に関する報告第三　東蒙ノ変遷》，JACAR（亚洲历史资料
　中心）（https://www.jacar.go.jp/），Ref. B03050693700，画像44—5。

此自甘堕落,成为无法无天之徒;③由"失业""失产(失去财产)"而生活无着,改而从事贩毒、贩卖军火乃至卖淫等"不正当职业"维生……这里的每个选项,都暗含着通往大陆浪人的蹊径或者坦途。

本书之所以并不认为在"道貌岸然"的殖民地官吏和"无法无天"的"满洲马贼"之类日本人之间,存在着不可逾越的界限,其实也是因为这些人在决定远赴"满洲"之前,都差不多经历了同样的心理煎熬,最后又跨越了差不多同样的心理障碍。浪人最初进入历史学家的视野,很可能是职业、社会地位的符号,但后来的历史证明,它也许被理解为一种心态、一种人生价值观,一种在"'国益'＋酒精＋女色＋阿尔法"或者"'私欲私利'＋酒精＋女色＋阿尔法"下的心态来描述更为合适。请看出生于新京(长春),后来成为剧作家、评论家的别役实(1937—2020)的回忆:"我的父亲,是抱着'想去当一个马贼'的心情远赴"满洲"的(母亲多次跟我这样讲过)。但后来当了满洲国总务厅的官吏,在类似当今宣传处那样的'广报处'工作,战争结束前夕的昭和十九年(1944)死于肺结核。父亲虽然不是生来'当马贼的材料',但我却差不多相信,他是受了'狭窄的日本让我住腻了'云云'马贼之歌'的感召才去满洲的。只是为什么最后出乎意料地当上了官吏,也不是完全不能理解。"①因此,某一个特定时期的职业经历或者政治地位,应该并不是判定该人物是否可以称作大陆浪人的决定性因素。是否具备大陆浪人的人生观、价值观和生活样式,才应该是判定大陆浪人最基本的依据。

除了"满蒙地区"之外,旅居中国内地的日本人数量也在激增,

---

① 别役实:《電信柱と風と男 1(电线杆和风和男一号)》,中见立夫等:《满洲为何?》,493 页。

阶层复杂、良莠不齐的现象亦不断加剧。

跟 1890(明治二十年)年代不同,在华常住日本人的数量随着此后数十年间日本殖民势力对中国大陆各地侵略和渗透的加速,呈现出急速增长的趋势。

首先看上海的情况,1894—1895 年甲午战争期间,据说已近千人的居沪日侨几乎全部归国,但甲午战后日侨们又陆续返沪,而且由于中日《马关条约》赋予了外国人在华投资设厂的权利,来上海经商设厂的日侨日渐增多。1904 年底,居沪日侨已达 3309 人;日俄战争后,"日本居留民挟战胜国之威势,不仅于1907 年建立了具有自治性质的上海日本居留民团,且日侨数量呈惊人增长趋势"①。此后,获得了日本政府指导和保护的日本居留民,大举进入上海,不但在公共租界的外滩一带构筑了由大银行、大进出口商号等构成的对华经济渗透的"桥头堡",更在法租界洋泾浜棋盘街、虹口文登路、吴淞路等地区形成了中小商号经贸企业集中的"日本人街"。上海的"日本人街",跟大连、长春等地的"日本人街"南北呼应,成为在华日本人的海外故乡,也是大陆浪人、军事间谍、无业游民等冒险家的乐园。据统计,仅上海租界内的日侨人数1910 年为 3 466人(公共租界及法租界,以下同),占在沪外国人总数的 23%;1920年为 10 521 人,占总数的 39%;1930 年为 18 786 人,占总数的38.5%,成为在沪外国人最大的群体。②

---

① 朱榕:《上海日本居留民社会与横滨华侨社会比较研究》,《上海和横滨》联合编辑委员会、上海市档案馆编:《上海和横滨——近代亚洲的两个开放城市》,上海:华东师范大学出版社 1997 年,365 页。

② 朱榕:《上海日本居留民社会与横滨华侨社会比较研究》,《上海和横滨——近代亚洲的两个开放城市》,366 页。

　　再从在沪日本人的职业分布来看,1928 年在沪日本人 26 193 人(不包括现役军人在内)中,农业、工业、手工业、交通运输业从业人员及家属 2 285 人,占总人数的 8.7%;商业、服务业、教士、官吏、军人、学生、佣工及家属等为 19 187 人,占总人数的 73.2%;所谓"自由职业"者、"娼妓"、犯罪分子、其他无业及职业不详者为 4 721 人,占总数的 18%。① 这 4 700 多人中的相当一部分,无疑是中国媒体中时常出现的"日本浪人"的主体。我们在后面还会看到,在民族矛盾和民族冲突十分尖锐的时刻,其余 80% 左右的日本居留民主体,在特定时期的特定环境下,其实也是中文媒体中"日本浪人"的构成部分,哪怕他们自以为只是"客串演员"或"临时演员"。而"上海居留民团"这样的法外组织,日后更成为鼓动战争舆论、煽动对华军事冲突的重要推手。

　　又如内陆地区最大的通商口岸——汉口,自从荒尾精在这里开办了"乐善堂支店"之后,常驻的日本居留民人口便逐渐增加。从 1897 年的 15 人增至 1905 年的 525 人,武昌起义前夜 1910 年的 1 200 人,第一次世界大战期间 1917 年的 2 280 人。② 截止到 1937 年中日全面战争爆发时,居住在汉口的日本人及来自日本殖民地的台湾出身者和朝鲜半岛出身者的家庭成员构成中,"1 人家族"即单身者为 618 户,占总户数(1 019 户)的 60.7%,家庭成员在"3 人家族(9.1%)"和"4 人家族(8.5%)"左右"正常情况"下的家庭户

---

① 朱榕:《上海日本居留民社会与横滨华侨社会比较研究》,《上海和横滨——近代亚洲的两个开放城市》,376 页。

② 津久井弘光:《漢口と日本人居留民—概観と関連史料紹介(汉口与日本人居留民——概观与相关史料介绍)》,大里浩秋、内田书藏、孙安石编著:《東アジアにおける租界研究—その成立と展開(东亚租界研究——其成立与展开)》,东京:东方书店 2020 年,182 页。

数，都不到总户数的 10%。[1] 可见"只身"前来"闯荡"的日本人居多，这些人由于没有家庭因素的担心和拖累，冒险精神和赌徒心理较有正常家庭生活者要强上许多，是大陆浪人诞生的重要土壤。汉口的日本民间组织，既有 1920 年成立的"汉口日本商业会议所"（1928 年改称汉口日本商工会议所）之类的广域行业公会，也有实际上在日本总领事馆管制下的"汉口居留民团"。尤其是居留民团的"职员"（即管理和工作人员）人数，从 1915 年的 13 人起步，1917年 25 人，1923 年猛增至 64 人 以后虽又有减少，但是到日军 1938年占领武汉之后，都在 120 人以上。[2] 1940 年之后日本居留民的人数并未明显增多，只是居留民团的"业务量"大量增加了。这也从侧面反映了"新世代"大陆浪人的母体——在华日本居留民同侵华战争之间无法切割的密切关系。

由于各地的日本居留民人数众多，阶层复杂，且有大量的"无业及职业不详者"混迹其中，中日关系一旦出现紧张局面或者中国国内出现政治动荡，许多日侨的生活环境就容易受到影响和冲击。这种情况一方面促成了"日本浪人"群体的"增殖"和不法行为的加剧，另一方面也为日本政府、军部干涉中国内政甚至直接出兵提供了借口。1927 年国民革命军北伐之际，华北、华中地区日本侨民的动向中，就出现过这样的情形。

据日本学者统计，在 1927 年国民革命军北伐之际，京津地带日本居留民人数共约 2.4 万余人，其大致分布是：北京 1586 人，青

---

① 津久井弘光:《漢口と日本人居留民——概観と関連史料紹介》,《東アジアにおける租界研究—その成立と展開》,203 頁

② 津久井弘光:《漢口と日本人居留民——概観と関連史料紹介》,《東アジアにおける租界研究—その成立と展開》,179,182 頁。

岛 13 621 人,济南 2 232 人,天津 6 746 人。① 在除上海之外的汉口、南京等长江流域地区,日本居留民共约 3 250 人;为躲避北伐战争的波及,这些人中约 2 600 人请求在日本海军的帮助下"撤侨"(引揚げ)避难。② 值得注意的是,在这些日本居留民中,"无薪生活者"(非俸给生活者)占了相当大的比例。如汉口、南京等长江流域各地"撤退"返回日本的约 2 600 人中,大约半数是"无薪生活者";而且留在中国的 650 人中,大概还有 300 人是"无薪生活者"。③ 毋庸赘言,"无薪生活者"的主体应当是有工薪即有职业者的家属、子女等。当战火有可能蔓延到侨居地时,他们自然是优先撤退的对象。但是这些人中仍然包括了众多的无职业者和失业者在内,"撤退者的大多数,陷于失业、坐吃山空之悲惨状态,残留者也陷于同样之惨状"④。由于是向日本军方哭穷、乞求援助的文字,其中包含了若干夸张描述和不实的成分自不待言。不过,抱着赌博心理或发财心理来到中国却在残酷现实面前碰得头破血流的日本人"古已有之",在中国社会面临空前灾难和混乱时,此类日本人的大量出现,也是不争的事实。

大陆浪人的出版物中,也有类似的估算数据:"先觉先忧之士之雄飞,不屈不挠,备尝艰辛,开拓草莽,苦心经营,为国力之伸张鞠躬尽瘁。其结果,(在华日本人)呈现逐年之显著增长。昭和八年(1933)在华居住国人(日本人)之人数,除了满洲帝国的大约三

---

① 高仓彻一编:《田中義一伝(田中义一传)》下卷,621 页;转引自佐藤元英《中国中北部における在留邦人保護対策の変容——幣原外交から田中外交へ(中国中北部在留邦人保护对策的变迁——从币原外交到田中外交)》,《驹泽史学》第 64 号,驹泽大学,2005 年 3 月 25 日发行,290 页。

②③④ 佐藤元英:《中国中北部における在留邦人保護対策の変容——幣原外交から田中外交へ》,《驹泽史学》第 64 号,300—301 页。

十万人之外，已达七万两千四百九十四人之多。"①尽管是未必准确的统计，但也足以看出，跟 1890 年代相比，在华常住日本人的人数已经有了数百倍的增加。

曾以报刊记者身份游历过中国内地的"东洋史"学者大藤湖南（1866—1934），在其记录 1899 年至 1900 年来华游历见闻的《禹域鸿爪记》中，十分注意所到各地在华日本人的居留状况。

首先是芝罘即烟台。"常住日本人约有五十人，不是官员的有二十人左右，主要有高桥某、吉冈某、金昇洋行、华伸洋行的细井某等人；高桥某以委托贩卖为业，其他人都是从事把当地产的桐木进口到日本的生意的。"②当时的芝罘已经有了日本的领事官。据内藤记载，还有了日本人的邮政局长。日籍居民中"官员"占了五分之三左右，其余主要经商，似无业游民。"居留天津的日本人听说有七十多人。有正金银行、三井、武斋号等商店。……贸易额多，居留人数少，所以国人的地位相当高，和其他外国人不相上下。"③虽然当时的天津已经有了日本的"专管租界"，但居留民人数不多，据内藤湖南在另一文中记叙，这人数不多的日本居留民已经在领事馆系统辖制下另成立了旨在联谊及自我保护的民间组织："我在京津期间，看到天津的日本人协会刚刚成立，郑领事为会长，国闻报的西村氏为干事，而且把领事馆内的一栋房子当作协会的活动场所。"④同类的组织，在上海成立的更早："听说在上海，日清战争

---

① 东亚同文会编:《对支回顾録》上卷，东京:原书房《明治百年史丛书第 65 卷》，昭和四十三年六月复刻版，6 页。

② 内藤湖南:《禹域鸿爪记》，内藤湖南著，吴卫峰译:《燕山楚水》，北京:中华书局 2007 年，22 页。

③ 内藤湖南:《禹域鸿爪记》，内藤湖南著，吴卫峰译:《燕山楚水》，28 页。

④ 内藤湖南:《禹域鸿爪记》，内藤湖南著，吴卫峰译:《燕山楚水》，90 页。

的时候日本人协会已经成立，现在到了当地一看，领事馆简陋狭小，协会也没有一个集会场所。据说居留上海的日本人有一千多，而有资格参与市政的只有十三四人。""有资格参与市政"的日本人人数与居留民总人数不成比例，说明在上海的日本人还没有获得在天津那样与欧美人"不相上下"的社会地位，同时也说明在上海的日本人群体很早就具有人数众多但良莠不齐、结构复杂的特点。连短期逗留的内藤湖南也有机会目睹了他们的"表演"。"在上海正值天长节（即天皇诞辰）的佳辰，我出席了在张园的日本人会，目睹了不成样子的绅士们的举止，惊讶于自称志士的先生们的争吵。"①"上海的中国人往往住在高大的房子里，带着声妓、坐着马车，所谓'绿杨影里，一鞭残照'，得意洋洋地纵横于康衢大道上，俨然把外国人居留地当作了自己的地盘。而日本的商店，除了邮船公司、正金银行、三井物产、村井烟草店以及其他两三家以外，外观都很简陋。战胜的余威，在这里毫无显现，上海不是一个惬意的地方。"②上海日本居留民的这些特点：人数众多，成员复杂，良莠不齐，内讧频仍等等，此后在两次"上海事变"中，还会以更为激化的方式展现出来。

在汉口，经营《汉报》的大陆浪人宗方小太郎以及以该报馆为活动依托的冈西门、筱原牧东、清藤吞宇（即清藤幸七郎③）等大陆浪人是主要的居留民成员。此外就是受聘于武昌自强学堂的三名日本教习：古山、根岸、柳园。农务学堂的养蚕部还有峰村等两名

① 内藤湖南：《禹域鸿爪记》，内藤湖南著，吴卫峰译：《燕山楚水》，110 页。

② 内藤湖南：《禹域鸿爪记》，内藤湖南著，吴卫峰译：《燕山楚水》，90 页。

③ 清藤幸七郎（1872—1931），号吞宇，熊本市坪井町人。幼学汉籍，与宫崎滔天兄弟相交，受其影响，1900 年参加兴中会的革命活动。后与桥本忠次郎合作创办印刷公司"国光社"，并任黑龙会《时事月刊》主事。1911 年与北一辉等同至中国，归国后创立"平凡社"书店，1931 年病故。

日本教习，在武备学堂里，"大原大尉等数名日本人被聘为翻译。所以住在武昌府的日本人大多是教师，此外还有西本愿寺的原田了哲氏、三井物产公司的两名留学生。我离开汉口的那天，西本愿寺的野边氏也来了。因为不是商业重地，日本人中没有一个商人"①。所以这个时代居留在武汉的日本人也极具特色，居留在武昌的多为浪人型军人，居留在汉口的本来就是彻头彻尾的大陆浪人。他们在辛亥革命期间，都从不同角度被牵涉进中国的革命运动之中。而南京的日本居留民，据内藤湖南的观察，当时主要是东本愿寺日语学校和东亚同文会设立的南京同文书院的教师与学生，人员构成较之武汉更为单纯。②

其实，在华日本居民人数的增加，也是近代日本在政治压迫、经济渗透、财政控制和军事威胁之外最重要的对华侵略政策之一，如极具前瞻眼光的殖民地统治政策的重要制定者和实施者的后藤新平，在日俄战争之后不久就把"不出十年在满洲拥有三十万（日本）国民"作为"国策会社""满铁"的使命之一。而在已经拥有了绝对统治权的"关东州"和后来的伪满洲国地区，日本政府（外务省等）、军队（关东军）和"民间力量"（从"满铁""满洲拓殖会社"到大陆浪人等）通过明目张胆的"移民政策"，大力推动实施日本向中国东北地区的移民。将"满蒙"看作日本"生命线"的关东军，在被迫放弃了将被占领的"满蒙地区"像台湾、朝鲜半岛一样直接划为日本领土的"满蒙领有论"转换为名义上建立傀儡政权实行间接统治的"满蒙独立论"之后，就发现在"新国家"里日本人的人口比例过低显然会带来种种统治上的难题。从军事角度来看，为了巩固和

---

① 内藤湖南：《禹域鸿爪记》，《燕山楚水》，115—119 页。
② 内藤湖南：《禹域鸿爪记》，《燕山楚水》，126，203 页。

扩大日本在中国东北地区的侵略权益和巩固中俄边境地区的防务,移民也可以作为最重要的长期施策。1932年2月,关东军统治部(关东军内部1931年12月新设的负责移民的机构)曾策定《移民方策案》与《日本人移民案要纲》《屯田兵制移民案要纲》等。在《日本人移民案要纲》说明书中,这样强调日本人移民"满洲"的意义:"将邦人移植于满蒙之必要性,不仅在于缓和母国之过剩人口,更在于满蒙对于帝国权益之扩张、满蒙之开发,以及确保将来帝国国防第一线等意义上,均属绝对应看作燃眉之急之要务。""亦即满蒙乃军事上最为枢要之地,国防之第一线,无论何人对此均毋庸置疑。然而如何才能完成此建设? 不外移植尽可能多的邦人于满蒙各个要地,从事文化之开发与资源之开发,一朝有事则能够勇敢地扔下锄头,拿起刀枪。"①

由此可见,日本对"满蒙"地区的移民,原本就带有十分明确而露骨的军事意义,是不折不扣的"寓兵于民"的武装移民政策。

据日本学者的计算,1927年底居住在"满洲"的日本人人数,除却关东军的驻留师团和"独立守备队"的兵员以外,是199 108人,其中半数居住在"关东州租借地",是97 002人,"满铁附属地"有85 940人,包括其他商埠在内的"满洲"内地为16 166人。② 进入1930年代以后,不仅居住在中国关内各地区的人数在急剧增加,居住在已成为殖民地的伪满洲国的日本人,从人数上看也已成为当地的主要民族之一。根据1940年日本殖民统治方面的一份相当

---

① 依田憙家:《戦前の日本と中国(战前的日本与中国)》,东京:株式会社三省堂,1976年,274—275页。

② 副島円照:《戦前期中国在留日本人人口統計(稿)》,《和歌山大学教育学部紀要　人文科学》第33集(1984年)18,33页;转引自山田豪一《満洲国の阿片専売》,113—114页。

粗略的统计,当时伪满洲国主要六个民族的居民人数和分布状况是①:

民族	人数	分布地区
汉族	31 500 000	全满
满族	1 800 000	满洲东半部
蒙古族	700 000	兴安四省及其邻接各省
日本内地人	600 000	关东州及主要城市
半岛人(朝鲜人)	900 000	间岛省及东泊、北满
俄罗斯人	50 000	以哈尔滨为中心

尽管跟各个地区数以亿计的中国当地居民总人口相比,这里明显被夸大了的60多万日本人仍然只是沧海一粟,所占人口比例很小,但他们依仗着"一等国民"的特殊地位,几乎可以为所欲为,很少受到应有的法律约束与制裁。② 生活在伪满地区的日本人既多且杂,无业游民与从日本国内前来"淘金"的野心家、赌徒的人数自然不在少数。除了早已跻身"马贼"队伍的"老资格"大陆浪人之

---

① 《コンサイス满洲国地图》,13 页。

② 当时到东北谋生的台湾青年李训忠回忆:"当时的东北,日本的势力很大,一等国民是日本人,二等国民是台湾人,三等国民则是朝鲜人,在日人机构工作的清国人为四等人,除此外,皆为五等人。"(《李训忠先生访问记录》,台湾"中央研究院近代史研究所"口述历史丛书79;《日治时期在"满洲"的台湾人》,台北:台湾"中央研究院近代史研究所",2002 年,424页。)"满铁的火车分为一等、二等、三等 票价依等加倍。那时我们能买到直达目的地的车票。满洲人有钱也买不到,听说他们要坐二等,高等公务人员才买得到 一般的满洲人只能坐三等,所以人很多。他们排队秩序不好,驿员(车站工作人员)拿着棍子在整头,还打人,看了令人觉得人很不值得。在台湾与日本,没有这样打人,怎么在满洲车驿员都可以打人呢? 在我心中掠过一阵恐怖。"(《辛通逢先生访问记录》,台湾"中央研究院近代史研究所"口述历史丛书79;《日治时期在"满洲"的台湾人》,104 页。)

外,源源不断增加的这些无业游民、野心家、赌徒们,都堪称"新世代"大陆浪人的后备军及其组织上、精神上的"温床"。这些人的人生旅途中,"殖民地环境"和"战争机缘"是推动他们成为大陆浪人最重要的外在环境,他们跟各地居留民团中的激进分子以及右翼团体、国家主义组织同样,都是借殖民地扩张和侵略战争的机会为自身谋取最大利益者,他们堕落为大陆浪人的过程,可称为"战时型"的堕落过程。

4. 易碎的"淘金梦"

对于或者出于私利私欲的目的前来中国大陆"淘金",或者轻信日本政府、军部的宣传,把"国益"同自身的荣达腾飞看作两位一体关系的大陆浪人来说,现实却不总是如预想的那么五彩纷呈反而近似残酷。"能够同当地居民进行日常生活交流"的汉语水平,对中国历史、文化以及民俗、风情一定程度的理解和尊重,是在中国能够维持正常生活的最起码条件。而绝大多数的大陆浪人,或出于殖民地宗主国国民的傲慢与优越感,或出于对中国文化和中国民众的无知和偏见,能够像早期大陆浪人——宫崎滔天、萱野长知、宗方小太郎等人那样苦学汉语、汉文的人已经越来越少,更遑论忍受常年蓄发以便随时编成辫发混迹于中国人之中的"苦行"了。因此,他们大多存在着生活技能和知识面的欠缺,势必影响他们在中国建立"正常"的生活、职业环境。而且即便是拥有一技之长的日本人,来到中国后也面临着同平均工资只有日本人五分之一左右的中国劳工的竞争。于是,如有的日本学者指出的那样:"满铁的社员和关东都督府的官吏,上海和天津也有的日清汽船(公司)和'在华纺'的工厂监督,银行的支店店员,以及大公司的雇员另当别论,普通的日本民间人赤手空拳,一般的小商人、劳动者等不管如何地勤奋劳动,也很难跟工资更廉的中国劳工竞争。他们能够生存下来的唯一的道路,就是像田中义一说的那样,只能隐藏在日本法权庇护之下,利用治外法权的特权,在"满洲"内地就依靠领事馆警察的庇护,在华北京奉线沿线则接受支那驻屯军的保护,在大战中的山东就依靠青岛驻屯军的保护,从事中国人不允许经营的非正当职业,如贩卖吗啡、武器等等违禁品。"①大陆浪人这种由"正当职业者"向"不正当职业者"的"堕落",战争和民族间纠纷等临时性环境变化因素的影响十分有限,但当事者们却在这种环境下不管主观动机如何,最终都成为"不正当职业者""日本浪人"的候补军和成员,属于生活环境和生活手段的变化而带来的堕落,因此可以称作"平时型"的堕落。

其次,既然立志来华"闯荡"一番的大部分日本人都抱着"短平快"实现预定目标的梦想,而事实又证明他们的这些目标绝大部分是一厢情愿的空想,几乎没有经过认真的前期调查和可行性分析验证,那么这些梦想与现实碰撞后要么侥幸得以部分实现、要么不得不中途放弃、要么完全事与愿违,就是极为自然的事情。

芳地隆之在谈到日本内地青少年纷纷前往"满洲""求发展""求生存"的普遍情形是:"1941年(昭和十六年)10月东条内阁成立,而后又是太平洋战争爆发。军人以及从满洲回来的义勇队员们来到日本的国民学校。'为了国家参加少年兵或者青蒙开拓青少年义勇军,是天皇赤子的最高荣誉!'他们带着情感在呼吁,获得了众多年轻人的呼应。镇子到处张贴着的'年轻人!到蓝天上去,到大海上去,到大陆去!'的海报,也敲击着纯真的青少年们的心弦。与其窝在狭窄的日本挣扎,何不前往满洲的辽阔原野,当一个自由开拓、顶天立地的日本男儿!众多的少年们参加开拓团,越过了大

---

① 山田豪一:《満洲国の阿片専売》,38页。

海。他们的头脑里,充满了对大陆的宏伟罗曼梦想:只要参加了义勇军,在满洲服务三年,就能够得到好几百亩的土地,成为自立门户的地主。湛蓝的晴空下,大豆和玉米田一望无边。巨大的夕阳将大地染成灿烂的金红色,而后慢慢沉入远方的地平线……但是,现实却并不甜美。出发前,有人告诉他们'满洲的耕作已经机械化,肉体劳动很少'。但实际上,夏天烈日下的农田作业,冬天破冰踏雪冒着零下三十度严寒的山林采伐……男儿们的罗曼梦想被现实击得粉碎。'上当了!'醒悟过来时已经晚了。正像歌词里说的,这里已是'远离故土数百里'。"①

"淘金"的人生目标遭遇重大挫折,这样一个心目中感觉到"被国家抛弃""被国家欺骗"了的社会群体,难保此后不会自暴自弃,不会不向铤而走险的方向发展。"不良浪人"于是前赴后继,层出不穷。

至于参加各种"移民开拓团"来到"满蒙""新天地"立志拼搏一番的农民等下层民众,移民组织由于组织涣散、经营不善而消亡或者个人离开团体的现象,也层出不穷。例如早期在"关东都督府"全面支持下于 1915 年出现的移民村"爱川村"(农民们来自山口县),由于灌溉用水不足及连年歉收等原因,"开村第二年 19 户 48 人移民中,就有 16 户离开村庄。最后到'满洲事变'(即九一八事变)爆发时,情况也没有改善,只剩下了 7 户(还包括中途加入者)的惨淡结局"②。

关于关东军"武装移民"或曰"实验移民"的失败原因及现状,曾经拥有南美洲移民经验的的永田稠于 1933 年 10 月视察了永丰

① 芳地隆之:《ハルビン学院と満州国(哈尔滨学院与满洲国)》,东京:株式会社新潮社,1993 年,192—193 页。

② 加藤圣文:《満蒙開拓団—虚妄の「日満一体」(满蒙开拓团——虚妄的"日满一体")》,东京:岩波书店 2017 年,5—6 页。

镇、七虎力等地移民团后,撰写了一份《屯垦移住地视察报告》,提出了诸如"① 由于追求农业经营和治安警备双管齐下的目的,农业生产反而粗枝大叶";"② 建设移住地时,基本上没有调查当地的土壤和土地的权力关系;③ 修建的房屋没有考虑到极寒地区的天候;④ 没有交通手段来保障物资的运输"等等,总之是"完全由外行者"来规划、实施的计划,自然难以收到预期的效果。[①] 同一时期,负责收购"移住地"土地的东亚劝业株式会社参事酒本正道,也向公司社长向坊盛一郎提交了一份《自卫移民视察报告》,指出了来自日本的第一批武装移民其实面临着诸多的问题:"① 移民团里相当多数的人不是想当农民,而是抱着享受满洲国军士兵待遇而参加的;② 即便有些人为从事农业而来,实际上也是忙于军事作业,农活儿总是被放到最后;③ 抱着赚钱目的来参加的人,幻想通过劳动所得或者地租收入将来前往城市或者衣锦还乡;④ 还有人只是把参加(移民团)当作前往满洲的手段,这些人到达当地后就开始另谋生路。"[②]也就是说,不管动员农民等下层民众开垦"满蒙""新天地"的官员们、写官们,如何构想着移民政策的实施可能给"国策""国益"带来什么样的好处,而实际参加武装移民的多数日本民众,其动机几乎都可以用"私利私欲"一个词来概括,"国益""国策"等政治高调几乎不在他们的头脑之中。

　　抱着如此种种复杂动机参加"移民开拓团"来到中国东北地区的日本人,被放到人地生疏、自然环境恶劣且交通不便的偏僻环境中,加上管理混乱、疾病丛生,于是种种不法、犯罪事件层出不穷,

---

① 《屯垦移住地视察报告》,《满洲移民参考资料　第六卷》(日本力<i>会</i>所藏);转引自加藤圣文《满蒙开拓团—虚妄の「日满一体」》,54—55 页。

② 《自卫移民视察报告》,《公文书杂卷》(早稻田大学中央图书馆等<i>资料室</i>所藏);转引自加藤圣文《满蒙开拓团—虚妄の「日满一体」》,55—56 页。

"抢夺猪鸡，白吃白喝，街头行暴，甚至强盗、强奸"，以至于当地中国居民"如蛇蝎般忌恨彼等，屯匪之害甚于匪徒之流言不胫而走"①。除了公开掠夺当地中国人民的土地、房屋等"行政暴力"行为之外，踏上中国土地之初的移民开拓团就伴有如此众多的不法、暴力行为，被当地中国人民称为"屯匪"。从这些人之中涌现出大量"不良邦人"也就不足为奇了。

最后，"满蒙地区"的大陆浪人层出不穷其实还有一个迄今为止不为人注意的细节，那就是日本在这个地区通过日俄战争攫取了大量殖民特权之后，日本殖民统治当局和关东军为纪念在该地区战胜俄国军事力量的胜利，修建了为数众多的战争纪念设施，如分散在各地的"纪念碑""忠魂塔""表忠塔""纳骨祠"等等，都是利用中国当地的资源、驱使当地中国人民修建而成。这些设施的纪念对象，是日俄战争以来在对外战争中所谓"为国捐躯"的日军官兵、"特别任务班"的大陆浪人等，它们既是征服者对当地中国居民的"胜利宣言"和"统治的象征"，也对后来的日本青少年起着煽动军国主义、"报国捐躯"思想的潜移默化的作用。② 当时日本国内组织的前往"满蒙地区"诸如"旅顺战迹巴士圣地周游""大连巴士观光""奉天巴士观光"等各种旅游路线中，也毫无例外地将这些"战

---

① 《自卫移民视察报告》，《公文书杂卷》（早稻田大学中央图书馆特别资料室所藏）；转引自加藤圣文《满蒙开拓团—虚妄の「日满一体」》，57—58 页。

② 仅仅以《满洲写真大观》一书所刊载的照片为例，至少就可以看到当时存在着的大连表忠碑、旅顺表忠塔和纳骨祠、旅顺要塞战纪念品陈列场，而灵山（203 高地）纪念碑、旅顺战迹群、金州南山忠魂碑、纪念碑（参见本章第二节正文）及蒙难地、首山堡战迹、辽阳忠魂碑、万宝山战迹、三块石山战迹、沙河战迹、奉天忠魂碑、奉天全战役纪念碑、田村中尉弔魂碑及遗迹（范家屯）、歪头山战迹、冲与横川两志士墓地（哈尔滨郊外）、桥头忠魂碑、蛤蟆塘战迹、九连城战迹、九连城忠魂碑、安东表忠碑等大量的"战争纪念设施"（别所友吉编：《满洲写真大観》，大连：满洲日日新闻社，大正十年（1921））。

争史迹""圣地"等列入游览路线的参观对象之中①,对于吸引更多的日本青少年源源不断地来中国大陆"闯荡""雄飞",显然发挥了广泛而长远的作用。

二、夹缝中的朝鲜移民与"朝鲜马贼""鲜人""浪人"的出现

日本陆军参谋本部在 1925 年 5 月 1 日编印的"一分密参情报第 4 年第 6 号(支第二)"《关于满洲及东部内蒙古的马贼(満洲及東部内蒙古ニ於ケル馬賊)》的报告书中,曾这样叙述移居中国东北地区的朝鲜民族存在的两种令殖民统治当局感到不安'在住鲜人中不逞之徒"的存在:

现今据称有两千万之众的满洲人口中,约有一百万鲜人居住。其中的大多数居住在奉天省东边道及吉林省延吉道所谓间岛地区,以及东支东部沿线。如此众多之在住鲜人中,不逞之徒层出不穷亦是不足为奇之事。而若将此辈不逞之徒细加分类,则基本上不外以下两种:一种是胸怀独立的梦想,以志士自任之辈。他们在光复的美名之下,勾当向鲜人强征金钱,或强行掠夺。此辈人中,已形成正义府、新民府、大韩统义军、军政署、赤旗团、光正团、义成团等团伙,多少含有政治意义,对我推行朝鲜人政策及满蒙政策不免构成障碍。另一种是纯粹的马贼,俗称朝鲜马贼,本年初横行于吉林省百草沟、延吉地区的占东(拥部下一百人)团伙中,已包含不少鲜人。另外仁义军中也有约四十名以上不逞鲜人混迹。盘据绥芬北部之孙继伟队伍中,据说也混进不少。其他于关东附近

① 大连都市交通会社等共同发行:《満洲の観光バス案内(满洲的观光巴士案内)》,大连:大连都市交通株式会社,昭和十四年(1939),1—6 页。

据说也有以不逞鲜人为头目之少数纯粹朝鲜马贼,但详情不得而知。奉直大战爆发后,邦人山本某一派组织东洋义会,也有马贼及不逞鲜人等入伙,似在有所策划。金仁沫、权宁睦等不逞鲜人中著名人物,也在大力运动,但尚未见到有何结果。[1]

此文将韩国独立运动的志士同"纯粹朝鲜马贼"并列齐观,自然是基于维护日本在"满蒙地区"统治秩序的立场。前一种"鲜人不逞之徒"并非本书研究的对象暂且不提,对于后一种"鲜人",还不能将他们全数看作"不逞之徒",需根据每个集团的情形具体分析。一般来讲,"朝鲜马贼"的头目和骨干分子等多少抱有不同面向的政治目的或者政治动机,从某种意义上讲,这些人中的相当一部分可以看作"鲜人""浪人"的构成部分,但一般马贼团伙的成员入伙的原因更多的还是经济方面的。

1. 朝鲜移民问题的由来

朝鲜移民问题的由来,始于 1910 年的"日韩合邦"之前。

"朝鲜人从朝鲜半岛越境前往满洲定居,开始于 1860 年前后。(当时)李朝朝鲜和清朝中国以白头山为分水岭,以东西流向的鸭绿江和豆满江为国境。"[2]其后,居住在"满洲"地区的朝鲜人人口开始逐步增加,到 1894 年,居住在"满洲"内陆地区的朝鲜人据说达到 6.5 万人,1910 年又增加到 10.9 万人[3],而到了日俄战争之后的

---

[1] 参谋本部:"秘 叁情报第 4 年第 6 号(支第二)"《满洲及東部内蒙古ニ於ケル馬賊(关于满洲及东部内蒙古的马贼)》,JACAR(亚洲历史资料中心),Ref. A03023726100,画像 1。标点为笔者所加。

[2] 金赞汀:《满州にわたった朝鲜民族(前往满洲的朝鲜民族)》,中见立夫等:《满洲とは何だったのか》,423 页。

[3] 金赞汀:《满州にわたった朝鲜民族》,中见立夫等:《满洲とは何だったのか》,425 页。

1920 年代,则激增到 45.9 万人。[1] 据日本学者依田憙家分析:虽然朝鲜人移居东北地区在 1920 年代之前就已开始,但是"在日本帝国主义(政策)真正地启动之前,中朝两国人民的关系尚称良好"[2]。这一点通过日本的官方档案也可以得到验证。1925 年 7 月,日本驻间岛总领事铃木要太郎提交给外务大臣币原喜重郎的一份由日本驻间岛警视末松吉次撰写的《关于南北满洲及西伯利亚地方在住朝鲜人的报告书(南北满州及西伯利地方在住朝鲜人ニ関スル報告)》中,就提供了许多末松亲自观察到的细节。如谈到"鲜人"之所以移住到中国延边地区的起始及其原因时,末松认为:"鲜人视对岸间岛如中立国,以为是天赋之乐土,短时间内移住者增加也是理所当然之事。尤其是翌年的三年(即隆熙三年,1909 年),由于(朝鲜)国内歉收,大批细民为衣食所困穷。而对岸支那官民尤其是地主等对越境鲜人深表欢迎,据说不仅衣食住三项,还借贷农具、耕牛、种子等,给移住者以种种之便利。这对没有资金能力之细民移住者来讲,简直是千秋一遇之良机。加之对岸土地一般来讲比较肥沃,而且地租便宜……"故而移居中国东北地区的朝鲜人据说逐年增加。[3] 至于具体的"自然方面的原因",据说有"间岛、珲春一带富于天时地利,有移居开拓之空间""朝鲜北部土地贫瘠、凶年较多""边境地带交通便利"等因素;"政治方面的原因",则有"朝鲜民众苦于弊政,欲求生活之安定""虽是外国领土,但根据间岛协约可拥有土地并附带有收益的处置权""(朝鲜内部)

---

[1] 金赞汀:《満州にわたった朝鮮民族》,中见立夫等:《満洲とは何だったのか》,426 页。

[2] 依田憙家:《戦前の日本と中国》,165 页。

[3] 末松吉次:《南北満州及西伯利亚地方在住朝鮮人ニ関スル報告(关于南北满洲及西伯利亚地方在住朝鲜人的报告书)》,JACAR(亚洲历史资料中心),Ref. A03023726100,画像 1。

不满于日清、日俄战役及日韩合并者居多""中国方面对移居没有限制""统监府派出所及此后领事馆的开设可提供保护""不喜欢日本统治者可在此获得独立运动策源地"等等。[①] 末松吉次在翌年1926 年 3 月执笔的《关于朝鲜人移居间岛、珲春及接壤地区的调查（朝鮮人の間島・珲春・同接壤地方移住に関する調查）》中还提出过下述的观察结果："（清廷）并不问是否归化（即入籍），给予普通移居鲜人以土地所有权"；"移居鲜人实际上拥有土地，几乎没有不安感"[②]。大体看来，到这个时期为止，还称得上朝鲜民族"和平"地移居并参与中国东北地区经济开发的时代，但是"不满于日清、日俄战役及日韩合并者居多""不喜欢日本统治者可在此获得独立运动策源地""统监府派出所及此后领事馆的开设可提供保护"等背景，其实也蕴含了许多日后可能成为诱发民族矛盾和社会不安的因素。

1920 年代之后，已经移居到东北地区的朝鲜人开始感到不安的，却是成功地吞并了朝鲜半岛之后的日本帝国主义在"满蒙"地区的扩张政策及对朝鲜民族的移民诱导。因为早在 1922 年 5 月，日本驻哈尔滨总领事馆的朝鲜总督府派遣官在其编纂的《旅居北满朝鲜人之状况（北满在住朝鮮人の状况）》报告书中，就已经提出了"总而言之，旅居的朝鲜人未受支那官民之迫害，没有感到居住之威胁，过着比较安稳之生活。若予彼等以相当之财政援助，使其看到未来发展之前景，相信会拥有对帝国未来北满之发展极为有

---

① 末松吉次：《南北满洲及西伯利地方在住朝鲜人ノ状况ニ関シ末松警视报告ノ件 1（关于南北满洲及西伯利亚地方在住朝鲜人状况的末松报告书之一）》，JACAR（亚洲历史资料中心），Ref. A03041608300，画像 24。
② 依田憙家：《战前の日本と中国》，165 页。

用之未来"的设想。① 也就是说，日本外交当局在这个时候，看到旅居中国东北地区的朝鲜人对未来日本的对华外交可能有利用价值，从而形成了将本来与当地中国官府与人民相安无事的"旅居的朝鲜人"当作"帝国未来北满之发展"灵活运用的工具的战略。事实上，1919 年以后，日本借口移居中国的朝鲜人不断出现"朝鲜强盗团伙""强盗鲜人"作案增加②、"移住鲜人参与政治运动者渐多"，"日本方面不断要求支那方面对其加以取缔"；而后日本又以中国官府取缔政策不力为由，频频提出"派遣日本警官进驻（中方）内地，甚至派遣日本军队讨伐独立团伙，日本警察采取（从朝鲜的）越境行动"等要求。③ 此后，在中国的东北地区，民族矛盾愈加复杂，各种民族敌视、纠纷也愈益增多并走向激化。

鉴于上述殖民地统治政策的需要，伪满洲国成立之后，日本殖民统治者一面大力输送日本人的"满洲开拓团"，一面将已经属于"大日本帝国"一部分的朝鲜人组成"满洲开拓团"送往"满洲"，以补充日本开拓民之不足。因此，虽然来自同样属于殖民地的朝鲜半岛，但是在"满洲"当地中国人民面前，他们却同时兼有"亡国之民"与"大日本帝国臣民"的奇异的双重身份，扭曲的社会地位自然也推动了扭曲的社会心理之形成。在当时的时代和环境下，"从朝

---

① 依田憙家：《戦前の日本と中国》，164 页。
② 然而，末松在这里所说的"朝鲜人强盗"，一方面是指"破坏移居朝鲜人的生活安定，妨碍移居者前来定居，压迫鲜人更甚于支那马贼与支那官府者，乃不逞鲜人也"的情况；另一方面也有"在独立的美名之下，肆意征集军费，强夺移居鲜人之金财"的例子。不排除在当时的移居朝鲜人中，存在打着"独立"旗号干着"马贼"勾当行为的可能性存在。末松吉次：《南北満洲及西伯利地方ニ住朝鮮人ノ状況ニ関シ末松警視報告ノ件 1》，JACAR（亚洲历史资料中心），Ref. A03041608300，画像 19—22。
③ 末松吉次：《南北満洲及西伯利地方ニ住朝鮮人ノ状況ニ関シ末松警視報告ノ件 1》，JACAR（亚洲历史资料中心），Ref. A03041608300，画像 20—21。

鲜人自身的意识来说自己是日本帝国主义的牺牲品,而在中国人看来,朝鲜人则是日本人的爪牙,是让自己吃尽种种苦头的'敌人'"①。这也是在近代东亚地区的历史中身兼"被害者"和"加害者"双重身份的朝鲜民族的悲剧。

　　跟外交当局的考虑平行发展的,还有大陆浪人对旅居中国东北地区朝鲜人的关注目光。如末永节在1919年提出建设所谓"理想国家"的方案时,第一个目标就是建设"理想国家高丽国"。其原因,据说是因为末永节认为:"观日韩合邦后朝鲜人之实情,流民溢出四方各地,大多遍尝流离困顿之苦楚。其在满洲或俄属地区者,或者转身化为不逞之徒,不然则置身人烟稀少荒漠之地,无家可宿,无食疗饥。虽然同为我陛下之赤子、帝国之臣民,而不能享受其恩泽者,不知凡几。"②似乎是出于对朝鲜民族的同情而提出"理想国家"的构想。但是这个构想的背后,实际上是"日韩合邦"之后,朝鲜人大量移居日本国内,以极低廉的报酬从事各种脏、重劳动,或者深入日本农村地带开垦荒地等。"其结果,(日本)内地的劳工因此受到压迫,不难预想两者之间终有爆发冲突的一天。将来一朝发生变故,他们或者受到过激派的唆使,或者与支那的反日派相互呼应,或者利用美国之声援,内外策应,相互崛起。每念有此可能性,便不得不为国家而担忧。"③也就是说,末永节是看到了朝鲜人大量移居日本内地虽然给日本带来了大量的廉价劳动力,有短期的经济价值可图。但从长远来看,朝鲜人也有可能成为日本国内新的民族纠纷、政治纠纷的起因,有必要未雨绸缪。所以,他宣称"往年盘踞在满洲、蒙古、西伯利亚地带的肃慎、靺鞨、濊貊、

---

① 金赞汀:《満州にわたった朝鮮民族》,中见立夫等:《満州とは何だったのか》,429页。
②③ 黑龙会编:《東亜先覚志士記伝》下卷,23页。

乌桓、挹娄、扶余、鲜卑、高句丽等等民族,都是朝鲜民族的祖先",并发出"期待高丽民族承受复兴的使命这一上天的启示–恢复祖国的故地,归住于此,在祖先的土地上奋斗。纠合三千万在外同胞,开拓建国之基础"的呼吁。[1] 末永节不但用似是而非的"历史知识"为"高丽建国"而呼号,实际还率领了一部分日本浪人和朝鲜人号称"三千壮士"潜入东三省谋划"高丽国建国运动",结果被张作霖派军警取缔,并逮捕了首犯郑安立等人。郑安立等七名朝鲜人后经日本驻奉天总领事赤冢正助的交涉得以释放,但末永的计划暂时受挫。为大陆浪人立传的《东亚先觉志士记传》的作者,据此称颂末永节的活动是"作为新建国运动给在满朝鲜人以某种程度的启示,而且为解决朝鲜人移住问题的国策指明了方向"[2]。大陆浪人的政治主张和活动,在"解决朝鲜人移住问题"的政策考量上,又一次与日本政府、军部的政策、措施相互呼应,取向一致。

2. 东北地区朝鲜移民问题的复杂性

此后,更多的大陆浪人及其团体开始关注所谓"鲜人"问题。他们几乎毫无例外地把"鲜人"身受的政治压迫和生活困苦的全部责任,都归结到中国官府与人民身上。不但完全撇清了同日本殖民统治政策的关联,更将"鲜人"受难当作中方的罪行,挑拨朝鲜民族对中国官府和人民的仇恨心理,同时又以此为借口向中方寻求报复,代"鲜人""伸张正义"。如1920年代以后,为了制造日本代移居中国东北地区的朝鲜人"鸣不平"是"伸张正义"的举动的宣传声势,大陆浪人当时就经常这样描写"在满朝鲜人"的生活困境。

① 黑龙会编:《東亜先覚志士記伝》下卷,22,24 页。
② 黑龙会编:《東亜先覚志士記伝》下卷,25 页。

　　尤其受到压榨虐待者,乃在满朝鲜人。他们依据明治四十二年(1909)《日清间岛协约》(正式名称为《图们江中韩界务条款》),在间岛地区享有与支那人同等待遇之特权。于是移居该地区者日渐增多,逐渐将开垦农耕地之范围扩展,西至东蒙方面,居留民数目亦达二百万之众。彼辈开垦水田之业绩,在满蒙开发中扮演重要角色,却被支那方面骂为日本帝国主义之走狗,开始将彼辈当作领土侵略之先驱加以迫害。对鲜人之压迫,在满洲官民合作下进行。其常用手段,或是以法令或暴力抢夺鲜人所有之已开垦耕地,更令其改为开垦别处荒芜之地;及至鲜人苦心经营之土地又成良田之际,再次以暴力抢夺。致使(鲜人)全无安居之地,租借土地被拒,居住权利被拒,设置种种名目征收苛税和罚金。或者又封闭鲜人设立之学校;或者施加暴行与凌辱;又以日支间订立取缔不逞鲜人之协定为奇货,用来压迫纯良之鲜人;迫害虐待无所不至,排斥不择手段。为此,在满鲜人日益陷于穷地,其状况惨不可言。毋庸赘言,在满之我国官府亦尝试保护鲜人,对支那方面提出抗议,但支那官府与民众横暴无法之压迫毫无松缓,终至大多数在满鲜人认为日本官府不足依靠,怨嗟之声纷起。①

　　这就是1920年代以后在日本国内和在华的大陆浪人及其团体动辄借"鲜人"的生活境遇问题向中方发难,并鼓动日本用强硬手段对华交涉甚至呼吁派兵"惩戒"中国的写照。

　　然而大陆浪人讳莫如深的现实状况是,朝鲜民族即便是后来到了标榜所谓"五族共和""王道乐土"的伪满洲国时期,仍然是严榨的殖民地统治秩序中被歧视者和被压迫者,又何曾真正享受过

① 黑龙会编:《東亜先覚志士記伝》下卷,59—60页。

朝鲜民族的平等？关于在伪满洲国谋生的朝鲜人的社会地位和生活待遇，来自更早沦为日本殖民地的台湾青年们脑海中的记忆是："我到满洲时早已实施配给，相对于在日本的配给，满洲配给的分别（即歧视，是口述者的日语式表述）才厉害，分成五种：日本是蓝色的配给、朝鲜人是白色、满洲人红色、有些蒙古人是黄色，最差的是白俄，好像是黑；台湾人则比照日本人配蓝色。我们台湾人到海外的，都是比较过得去的人；而朝鲜人正好相反，去满洲的不是帮人清水沟，就是帮人挑肥（挑粪），比较多从事苦力的人。台湾人的水准比较高，就不会做人家不要做的工作，也不会让人主你区别。这么多种族，我觉得朝鲜人既狠又奸诈。当开始空袭时，防空壕上头有美军空袭，底下则有朝鲜人躲在防空壕，看到日本妇女跑进去躲，就拿竹竿插她们的屁股，这是事实。所以朝鲜人气日本人，日本人也恨朝鲜人，现在也一样。"①"满洲的物资非常丰富。虽是五族协和，日系、鲜系、满系、露系（俄罗斯）、蒙古系，但是配给的东西不一样，日本人配白米（台湾人属于日系），朝鲜人配小米，满洲人配高粱。"②对于已经处于"亡国"状态的朝鲜民族，日本统治当局无心也无意给他们完全的平等与自由，甚至哪怕类似清朝末年的经济待遇。

当然，移居中国东北地区的朝鲜半岛出身的人民，大多数是贫苦人民，为生活所迫不得不走上离乡背井之路。他们中虽然有一部分人自甘堕落，走上"鲜人型"大陆浪人的人生道路，或为日本帝国主义侵华政策的爪牙和先锋，但是也有铮铮铁骨的硬汉们，选择

① 《许长卿先生访问记录》，台湾"中央研究院近代史研究所"口述历史丛书之：《日治时期在"满洲"的台湾人》，台湾"中央研究院近代史研究所"2002年，595页。
② 《翁通楹先生访问记录》，台湾"中央研究院近代史研究所"口述历史丛书之：《日治时期在"满洲"的台湾人》，467页。

了不失人格和民族气节的"反日""抗日"的人生道路。具体史实这里虽不及——详列,但从日本警方当时提交给政府的报告中,还是不难窥见身处"亡国""亡族"状态下奋力抵抗的朝鲜民族的身姿。

　　例如 1937 年 8 月 26 日七七事变之后一个多月的关节点上,日本"内务省警保局保安课"提出的《关于北支事变(这是当时日方对七七事变的称谓)的情报(之四)》中提到:"居住在内地(指日本国内)的朝鲜人对支那军队之反感及对皇军之信赖与日俱增,正通过各种运动,披沥身居后方之赤诚。……然而与居住内地朝鲜人高洁之后方支援相反,在支不逞朝鲜人团体之策划亦愈发执拗,彼辈在其机关报刊上连连发表反满抗日的煽动性激烈文字,且欲传播到内地。"①一个月后的同系列情报里,也反映了同样的动向:"居住在内地的朝鲜人之动静,虽然与上次报告内容基本相同,并无特殊之变化……但是与此相反,在支不逞鲜人团体依然充当支那方面之爪牙,执拗地从事种种不逞活动,彼辈之机关报刊亦已大量流入内地,其亢奋笔锋之煽动宣传,不可不严加防范矣。"②这两份报告书中提到的所谓"不逞鲜人",指谓的其实都是勇于反抗日本殖民主义、帝国主义统治的朝鲜民族独立运动的志士、先锋,可见虽然同为"鲜人",虽然存在着一些寄食于殖民主义者、为虎作伥的败类,但也不乏勇敢反抗殖民主义、帝国主义侵略行径的铮铮铁骨。

　　一方面,是当时已经移居到东北地区的朝鲜民族,不管他们主观意识如何,在客观上带着了日本帝国主义在中国东北地区扩大

---

① 内务省警保局保安课:《北支事变に関する情報(其四)(关于北支事变的情报〔之四〕)》,由井正臣编辑、解说:《资料日本现代史6　国家主义运动(资料日本现代史6 国家主义运动:国家主义运动)》,东京:大月书店 1981 年,12—13 页。

② 内务省警保局保安课:《北支事变に関する情報(其六)(关于北支事变的情报〔之六〕)》,由井正臣编辑、解说:《资料日本现代史6　国家主义运動》,16 页。

"大日本帝国"影响力和增加"居留民"人口基数的"被利用"的侧面;另一方面,则是 1920 年代以后,随着日本帝国主义以关东州为根据地逐步加快渗透、侵略势力向整个东北地区扩张的步伐,使居住在这一地区的朝鲜人的生活环境逐步恶化,诱发一部分生活环境恶劣、品德操行不佳的朝鲜人走上犯罪道路的"堕落者"的侧面。这也正是东北地区朝鲜移民问题的复杂性所在。

此外,离开朝鲜半岛之后,也有许多朝鲜人在东三省求生不易,便逐步向中国内地移居。如 1930 年 12 月底日本警方在汉口进行的调查表明,"内地人"即日本人总户数为 630 户,朝鲜人也有 13 户;但是这些人中从事"艺妓"和"酌妇(酒馆女招待)"者,"内地人"为 58 人,朝鲜人为 54 人,几乎人数相等,可见他们移居内地后依然难逃生活的苦境。① 另外据 1937 年时的统计,在汉口谋生的朝鲜人中独身者的比例高达 91.4%,夫妇共同生活的"两人家族"只占 2.2%。② 可见"鲜人"群体到中国内地之后面临着较大生活压力,更容易走向极端。

大陆浪人对朝鲜民族中的"不逞之徒",尤其是从事"正当职业"者存在着政治上和经济上的"声援、支援"关联,但又有民族利益上的种种矛盾和对立,有时难免发生龃龉,有时也难免发生冲突。如《指向大陆的悲愿(大陸への悲願)》一书的作者驹井德三(当时任伪满洲国"国务院"总务厅长官),为了所谓伪满洲国的外交承认问题奔走,一次参加大陆浪人的团体成员聚会,会上忽然就有自称朴春琴的朝鲜人高声宣称:"我们朝鲜人为满洲开发出力出

---

① 津久井弘光:《漢口と日本人居留民—概観と関連史料紹介》,大里浩秋、孙安石编著:《東アジアにおける租界研究—その成立と展開》,188 页。
② 津久井弘光:《漢口と日本人居留民—概観と関連史料紹介》,《東アジアにおける租界研究—その成立と展開》,203 页。

干,但现在的满洲国,朝鲜人却丝毫没有得到回报,究竟是怎么回事?"对日本殖民统治下朝鲜人的待遇表示不满,同时也对大陆浪人关于过去"承诺"的食言表示了失望。①

而身为"局中人"的驹井德三自然无法置身事外,他一方面慨叹"这类事情,归根结底,是跟大陆有关的浪人诸君,平时喜欢豪言壮语,大话连篇,甚至连做不到的事情也承诺我们在满洲要具体落实等等。结果无非都是画饼而已"②;另一方面他也无法代大陆浪人作任何的辩解和转圜。因为身处殖民地统治秩序梯级的夹缝中生存的"鲜人",归根结底只能在被允许的有限领域得到有限的利益和"好处",而且这些有限的利益和"好处"还随时面临着被利用和被抛弃,最终成为"画饼"的命运。

三、在华"不良邦人""鲜人"的非法、犯罪活动

"新世代"大陆浪人的产生,固然离不开日本军国主义侵华战争的目标制定的战略需要和每个具体时期、地点推行侵华政策、措施等战术目标的需求,即从大环境来看,政治需求仍然具有决定性的意义;但就单个大陆浪人的成长史来看,他们人生目标中的政治色彩已经日益淡薄、模糊,个人及小集团的经济利益、社会地位、精神快乐等私利私欲,逐渐成为大陆浪人的主要人生目标。这种现象的出现,跟在华所谓"不良邦人""鲜人"的非法、犯罪活动的日益猖獗有着直接的因果关系。也就是说,成为日本的独占殖民地后,所谓在华"不良邦人""鲜人"的非法、犯罪活动直接促成了第二类和第三类大陆浪人的产生和群体的扩大,身为"大日本帝国"的臣

---

① 驹井德三:《大陸への悲願(指向大陆的悲愿)》,东京:讲谈社 1952 年,267—268 页。
② 驹井德三:《大陸への悲願》,268 页。

民在伪满洲国殖民地和中国内地"沦陷区"非法犯罪活动的成本之低(包括惩戒极轻等因素在内)和获利极丰的"一等国民""征服者"的特殊地位,"顺理成章"地又加速了大陆浪人"流氓化""恶棍化"乃至"马贼化"的步伐。大陆浪人群体由"在野"的"玩习团体"向"流氓团伙""马贼集团"的堕落,不但是近代日本侵华政策的需求,更是其结果。这些"不良邦人"跟早期大陆浪人中的"不良浪人"相比,在政治色彩上已大为逊色,"私利私欲"在他们的心目之中远远重于"国益",他们对中国人民和中国社会的危害,在人数上、规模上都不只大了几十倍、上百倍。

1. 肆意抢掠、走私、通匪、行凶的日本浪人

在华"不良邦人""鲜人"的非法、犯罪活动,至少可以追溯到1920年代,并且不仅限于日本人大量集中居住的东北地区,也波及到了内地的广大区域。

搜寻一下1920年代的中文媒体,就可以看到居住在东北地区的日本浪人不法活动已经相当猖獗,当地中国政府不得不设法加以取缔。如1920年5月18日《民意日报》报道:"据确实消息,政府近接吉林省长徐鼐霖急电报告:日本浪人近在中东路哈满一带勾结土匪,窃掠旅客,扰乱路政。该路局与日军交涉,请其制止,刻仍置若罔闻。此种不法行为,我国应如何取缔,设法剿办,希速迅示机宜,以便有所遵循云云。"①这是日本浪人与中国当地土匪勾结,"窃掠旅客,扰乱路政"的事例,无疑属于重大犯罪行为。值得注意的是,哪怕是地位如吉林省长一样的地方高官,对于处理此类案件亦甚感棘手,不得不向中央政府请示机宜。这件案例颇具代表性

---

① 《日本浪人扰乱中东路》,《民意日报》1920年5月18日,标点为引者所加。资料来源:《中国历史文献总库 近代报纸数据库》。

地凸显了中国地方官员在处理事涉日本浪人的诉讼案件时,本属"民事"案件却不得不从"外交纠纷"的角度,请求中央政府负起责任,指明解决方式的窘迫境遇。处理日本浪人闹事,是当时中国地方政府深感头疼的难题。

又如1925年1月31日《晨报》报道:在热河活动的日本浪人,因勾结土匪,终致被当地官府逮捕的消息:"日本浪人松村仁三郎等三人,前在经棚勾结匪党,骚扰地方。热河都统阚朝玺,现已将该日人等查获,昨日并电中央报告,谓拟即派员押解至津,交付日领递解回国,以免在热滋生事端云云。"①这是浪人遇到了敢于承担责任的地方官员,于是被擒拿查获的案例。由于彼辈享有治外法权,地方官吏至多也是将其交付日本驻华外交机构,遣返回国了事。中华民国地方政府和官员对待日本浪人之无奈,再次得到证明。

在内地的通商口岸、大中城市,也居住着众多的日本人,其中自然也不乏为非作歹的日本浪人,哪怕是没有战事的"和平时期"也不例外。例如1923年7月27日的汉口《正义报》报道:由于居住当地的日本"浪人酗酒滋事,时有所闻,行人裹足,市面萧条,所有种种商业上之损失"已令当地商家不堪承受,加之这年7月3日竟有"日人二名,撞入汉口警察四署及警察厅之事。至十一日,又有日人三十余名,盘踞华界青龙街华人商店,周日升及南生两广货店内,多日不去,居民惶恐,不知所由"等,于是湖北的"全省外交后援会"特具呈文,提交"军、省当局,请分向京、省日使、领严重交涉,以

---

① 《日本浪人在热被捕　因勾结土匪》,《晨报》1925年1月31日。资料来源:《中国历史文献总库　近代报纸数据库》。

杜后患"等。①　浪人酗酒，骚扰商家，倒还是不严重的民事案件，但是公然闯入警局，并且聚众闹事，性质自然完全不同，中国民间组织要求政府机构向日方提出"严重交涉"合情合理、完全正当。但奇异的是日本驻汉口总领事林久治郎认定揭露此事的《正义报》的报道是在"玩弄排日煽动之毒笔"，反而为此多次同"萧督三及陈交涉员"会面，要求当地中国政府采取"取缔处分"②。这是日本浪人扰乱中国城市治安及正常的商业秩序的例子。值得注意的是，当中方民间组织通过正常渠道向日方交涉，提出杜绝此类情况继续发生的正当要求后，日方居然动用政府渠道，试图通过施加外交压力的手段，贼喊捉贼地反而要求中方处分报道此事的媒体，等于是日本浪人破坏中国社会秩序、践踏中国法律在先，日本官方外交渠道随即跟进，公然袒护大陆浪人，闭口不谈己方过失，用强势的外交手段压迫中方就范的以"嫁罪他人"来"漂白自己"行为在后的典型事例。

　　至于更多的地方官员，对于日本浪人的违法行径大多采取一意姑息的态度。日本浪人在山东半岛勾结当地土匪为所欲为的一连串事件就是例证。以下根据中方有关史料和当时日文报刊的有关叙述作若干追踪。

　　第一次世界大战期间日本在"对德宣战"的旗号下出兵中国山东半岛，占领了青岛等山东省大部分地区及胶济铁路全线，驻鲁德军向日军投降。1914 年 11 月 27 日，日本创建"青岛守备军"负责"占领地之守备与军政之推行"。从此之后，移居山东半岛的日本

---

① 外务省记录：《漢口正義報ノ排日記事取締ニ関スル件（关于取缔汉口正义报排日报道件）》，《国立公文书馆，亚洲历史资料中心》(https://www.jacar.go.jp/)，JACAR（亚洲历史资料中心），Ref. B03040968200，画像 13。标点为引者所加。

② 同上，画像 8—9。

人便开始随着日本军旗的所到之处大幅度增加。有学者根据"青岛民政署"当时编印的《青岛要览》统计,1910 年日本人不过 167人,在青岛 35 989 总人口中不到 0.5%,到 1914 年增加到 3 889人,1915 年 11 009 人,1916 年 14 241 人,到第一次世界大战结束的1918 年达 18 903 人,已占当年总人口 95 991 人的 19⁄100还多,青岛在短短数年间,变成了一座充斥着日本人的城市。[1]

不仅人口数量上剧增,前来青岛这个"处女地""开拓""新天地"的日本人成分也极其复杂,梦想着大干一番、大捞一笔的所谓"一旗党",在青岛和日本内地还没有定期航线的时候就聚集在大连,等到青岛守备军许可日本人登陆之后就集体乘船杀到青岛,抢占各自的生存空间。

青岛守备军在 1914 年 11 月 20 日发布的《告示》宣称,只允许以下三类日本人进入青岛:"第一条,在青岛有财产并有确实身份者,经日军许可可以进入青岛市区;第二条,上一条以外但有确实身份者,经日军许可可于 12 月 1 日以后进入青岛市区;第三条,符合前两条条件者,首先向即墨兵站部报到申请。"[2]从《告示》上看,日本占领军似乎对流入青岛的日本人进行了初步的甄别,但真实的情况却如 1916 年 1 月《时事新报》所记述:

> 青岛一旦允许普通的日本人进城,首先蜂拥而来的,大多是利权的追逐客(日语为'利权屋')和丑业妇(即卖春妇)们。

---

[1] 权京仙(神户大学大学院文科学研究科):《青岛日本商業会議所『経済週報』解题　近代日本人の青岛進出と経済活動(青岛日本商业会议所〈经济周报〉解题　近代日本人的青岛渗透与经济活动)》,(http://www.lib.kobe-u.ac.jp/kichosyo/qingdao/intro.html),2020 年 3 月 14 日。

[2]《日独戦役後の青岛の混乱(日德战役之后青岛的混乱)》,《青岛物語続編(青岛物语续编)》(http://tad.world.coocan.jp/Qindao-2/story-212.html),2020 年 3 月 14 日。

尤其是称作艺酌妇的丑业妇们，一万三四千居留青岛的邦人中，最多时竟达一千一百余名。当时的军司令部，正是战后最忙碌的关头，根本无法给蜂拥而来的这些人适当安排住处与工作场所，只是采取将来有时间时再加以整顿的方针，允许他们各自住在自己希望的场所。

于是，德国人时代大商店鳞次栉比的大街道，便成为这类营业者跋扈的天下。光天化日下，白色墙壁的三层高楼上传出阵阵弦歌，隔着明亮的玻璃窗时常可以看到身着支裈和服的艳美舞姿。不了解日本人生活状态的外国人和中国人，不由产生异样的感触。而且不仅仅是外国人和中国人，战后秩序逐步得到恢复后，就连有心的日本人对此也深感厌恶。①

有了青岛这样"世外桃源"般的活动基地，在第一次世界大战结束后的若干年间，加上"巴黎和会"上中国的外交失败使"山东问题"成为悬案，中日双方组成联合委员会就"鲁案"问题举行了艰难谈判，1923 年的"临城劫车案"以及 1927 年到 1928 年间田中义一内阁三次"山东出兵"等等重大外交纠纷与冲突，山东半岛成为近代中日关系上的火药桶和对峙的战场。大陆浪人在山东半岛的为非作歹几乎跟在"满蒙地区"不相上下，甚至有过之而无不及。他们的非法、犯罪活动，主要集中在贩毒、贩卖军火，以及勾结当地土匪武装扰乱社会秩序和治安等方面。

关于日本人与山东土匪的勾结，当时的中国官方对有关动向其实早就有所掌握。如京师警察督察长钱锡霖在 1918 年 5 月的报告中，汇报了指使线人诈称从日本浪人手中购买枪支的经过："在

---

① 神户大学数码档案馆藏，转引自《日独戦役後の青島の混乱》，《青島案吾続編》（http://tad. world. coocan. jp/Qindao-2/story-212. html），2020 年 3 月 14 日。

济南商埠之日人处,假称欲购枪支。该日人确认承包送至各处皆可,每十响毛瑟手枪(随子弹二百发)索价四百元,此其确有经济匪人之明证。"①这是日本人直接向当地土匪及其他意欲购买枪支的任何中国人高价出售军火的事例。当然,此类不法交易的直接后果,就是土匪横行,暴力行为频发。据说,"1918 年,山东青岛的日本人暗中资助土匪,特别是参与了东北胡匪窜扰山东的行动"②。

1922 年 4 月 15 日《京报》以《日本浪人与内乱 青岛方面之风说》为题报道:"政府昨接某督来电云:本月六日,有日本长平轮船由大连运来须匪二百余人,服装整齐,暗带军械,现均寓吴松町某公馆。……又胶湾各岛潜伏土匪约两千余人,若果合并一股,殊为地方大患。……又胶县大珠山一带,有匪数百人,均穿黑军衣,乘机蠢动。又据报张某近由营口雇用日本轮船三只,装载匪徒,运至龙口登岸,该处商民纷纷迁避各等情。"③该报道接着谈及此风传如若属实,将严重影响中日两国之间的关系,而且跟日本政府为改善两国关系所做的承诺不符,故希望日方严守诺言,约束本国浪人:"……日政府对于吾国邦交,力主亲善。然不任该国浪人勾结土匪,致违亲善之本旨,而损国际之令名。至前在北京外交部为小幡(酉吉)公使提及接收期间,倘有日本浪人勾匪扰乱,请日本官府严加防范。小幡答云:可由两国派员查察。拟请院部向日使交涉,青

---

① 《钱锡霖呈》,1918 年 5 月 4 日,"二档",(1011)2263。转引自孙江《土匪政治——从档案史料看民国初期华北的土匪》,中国社会科学院近代史研究所民国史研究室、四川师范大学历史文化学院编:《一九一〇年代的中国》,北京:社会科学文献出版社 2007 年,471 页。

② 《胡匪二千来烟埠》,1919 年 6 月 14 日电,"二档",(1011)6363。该电称:"内有某国人若干,携盒子枪炮着便衣"。转引自《一九一〇年代的中国》,471 页。

③ 《日本浪人与内乱 青岛方面之风说》,《京报》1922 年 4 月 15 日,标点为引者所改。资料来源:《中国历史文献总库 近代报纸数据库》。

岛界内应即严重取缔匪徒,勒令出境,并由两国官厅派员在青岛埠头会同检查日本船只,以防隐患而笃邦交。伏乞裁夺示遵,元任待命云云。"①日本浪人竟然能够公然以"匪徒"的面貌大批乘船前来青岛,中方官府弱弱地提出交涉,亦被以"查察"为名敷行了事。地方政府对于日本浪人猖獗活动之无奈,一一透过电文反映出来。

进入1922年,"鲁案"交涉尚未妥结,青岛等地的日本浪人趁机频频扰乱治安,勾结土匪,共谋划暴动,使山东局势更加动乱不安。

1922年4月16日的《京报》,即以《时局不安与山东日本浪人》为题发表纪事文,指出:"当此接收青岛谋中日二国根本解决鲁案之日。不意日本二重式之外交。彼之军阀浪人。仍在一意孤行。图谋青岛。……我中国外交当局信以为真。为之欢喜无极。孰知其军阀浪人早乘此时活跃于暗中矣。"②点明了日本外交当局一方面在谈判桌上同联合委员会的中方代表讨价还价,一方面暗地里怂恿浪人们挑起事端的动向。据该文介绍,吴光新、张宗昌等人正与日方勾结,计划在二月底举事:"先在高密及登州龙口附近发动。目的在取周村。……日本浪人之计划三月底举事。此时撤兵已尽。所有治安责任。完全由吾国担负。于是再害及外人生命。将事情扩大。不可收拾。……于是无论日本外交方面之政策如何。列强如何厚爱中国。至少限度青岛隶于列强共同管理之下。

---

① 《日本浪人与内乱　青岛方面之风说》,《京报》1922年4月15日,标点为考所改。资料来源:《中国历史文献总库　近代报纸数据库》。
② 《时局不安与山东日本浪人　日本所交涉者责任耳　吴光新张宗昌之活动　日浪人之军械输入　鸣呼青岛前途之危机》,《京报》1922年4月16日第2版,资料来源:《中国历史文献总库　近代报纸数据库》。标点尊重原文,下同。

否则仍为日本出兵占领据青岛为己有。"①这等于是浪人们通过阴谋暴乱活动制造"紧张局面",从侧面策应驻华公使小幡酉吉在谈判交涉中的强硬姿态。至于准备提供给当地土匪的走私武器,浪人们也充分利用了治外法权的特权和山东半岛复杂的地形等条件:"彼等今日密输枪械子弹之最秘密方法。乃由日本渔船沿海岸随处上陆。故无法防范。亦非海关所能稽查。青岛铳砲商店亦无从访探。近日上岸者已有八百枝。共一次所定为一千五百枝。专供招降土匪之用。子弹月输一万五千发。亦由渔船夹在石炭(即煤炭)中运入。……"②无怪乎记者要连连发出"呜呼青岛前途之危机"的感叹了。

同样的局面,即使到了"鲁案"交涉结束之际的1922年12月,仍在继续。

例如《晨报》在1922年12月12日刊发《青岛市中兵匪冲突 鲁人请设法管束日本浪人》的文章称:"济南十日电云,顷接青岛电,本日午后五时余,青岛市中忽发现土匪踪迹,我国军警当即拘捕。因之,双方发生冲突,行人立时绝迹云";为此,"济南各团体以青岛土匪公然在青岛行劫,苟无某国人(即指日本)从中煽动,必不至此,故曾于八日电至中央,请向日使严重交涉。其电如下:"华会结果,胶澳交还,吾国人民固感列国有道之提携,亦幸日本交谊之亲睦。今接收时期,仅余两日,而市面惊恐谣诼频生。传闻日本浪人,勾结土匪,乘接收日,肆意焚掠,希图牵动外交。公民等以为日本素笃邦交,决不致任听浪人,庇匿匪徒,自损国际体面。迺连日

---

①②《时局不安与山东日本浪人 日本所交还者责任耳 吴光新张宗昌之活跃 日浪人之军械输入 呜呼青岛前途之危机》,《京报》1922年4月16日第2版,资料来源:《中国历史文献总库 近代报纸数据库》。

青市土匪横行,公然在市内设机关,并敢执持枪械绑架官绅,搜索行人。日方宪警,熟视无睹。证以传闻之说,不为无因。立请督办督军省长严切警备,以备接收之搅扰。再请大总统饬下部院,向日使严重交涉,转饬日司令部,严行管束,该国浪人,不得车孔滋扰,致碍邦交。……济南总商会商埠商会银行公会商业研究所叩。"①从电文中不难看出,济南总商会等中方各民间团体对于日本浪人与土匪勾结一事的来龙去脉及其政治用心,早已明了,并且深受其害。为了防止更大的社会混乱及对当地社会生活之损害,不得已才请求北京的中央政府直接同日本驻华公使这个日本浪人的总后台交涉,希图多少起到防患于未然的作用。

至于当时日本浪人散布的种种谣言和"煽惑人心"的要挟,这篇文章也举例称"谓十日之接收,彼等当听其自然。倘接收后十日之夜,必与中国军警决一死战"②,气焰可谓十分嚣张。

日本浪人祸害山东半岛的社会秩序,有中方官员早有警惕。

如日军的"青岛守备军民政长官"秋山雅之介 1920 年 1 月 20 日发给日本驻北京公使等外交官员以及日本外务省、拓殖局等机构的密报中说:"1 月 14 日,山东督军省长已发训电给芝罘莱镇守使(此时的烟台镇守使为朱伴藻③)及吴道尹(应为吴永,1913 年起任'胶东观察使'后改为'道尹'④)曰:接探查员报,近来日军每次入

---

① ②《青岛市中兵匪冲突 鲁人请设法管束日本浪人=田中玉以张怀武电任剿匪=曹锟却保他作胶澳镇守使=王正廷抵青时亦赖有骚扰=青岛计有军警二千二百人=日官吏退职问题可望解决》,《晨报》1922 年 12 月 12 日第 2 版,资料来源《中医历史文献总库 近代报纸数据库》。

③ 见《百度百科:镇守使》(https://baike.baidu.com/item/%E9%95%87%E5%AE%88%E4%BD%BF/1086254),2020 年 4 月 11 日。

④《知识百科:吴永》(https://www.upicture.com.cn/knowledge/nPost/nP_55510.htm),2020 年 4 月 11 日。

港,旨多有日本浪人渡来,而且彼等在胶东各县秘密行动之际多携带武器等,似在暗中谋划发起事端。此报告如果属实,则是日人企图藉事乘隙,欲行诡谋。因此,望各命属下,除加强一般通令防范之外,另派人调查此事是否属实并随时上报。"①秋山为这份密报加上了《山东官府听信误报电命警戒日人》的标题,似乎想强调这份情报未经证实、仅具参考的价值,但是此时任山东督军兼省长的田中玉在电文中已经确实要求下属们核查事实后即行上报。从前文的介绍中便可明了,日本浪人侵入山东尤其是胶东地区早在数年前已经开始,种种"诡谋"不仅仅只停留在"欲行"阶段,而是随时有可能发生的紧急关头。尽管已经慢了半拍甚至一拍,山东省的地方官员至少已经在这个当口发现了日本浪人"暗中谋划发起事端"的蛛丝马迹。

又据日本外务省 1920 年 6 月前后得到的情报,当时的山东省屈省长(即为早年加入光复会,武昌起义后作为浙江代表又在南京筹组过中华民国临时政府的屈映光(1883—1973)),也曾在这年的6 月 11 日致电北京外交部称:"目下,由于日本经济界之动荡,失业者不断出现,其中之无业浪人等,纷纷潜入我沿海各省谋食,为数众多。"②说明这位地方首长对日本浪人的来源已有所认识,因此对"日本经济界之动荡"敏感地产生了戒心。这位屈省长第二天又继续致电北京的国务院,称"鲁省外交紧迫既久,然近来更受内乱之影响,前途日益繁杂,实不堪忧。此时若日人乘机引发种种纠葛,

---

① 外务省记录:《山東官憲探偵ノ誤報ヲ信シテ日人ニ对スル警戒ヲ電命ス(山东官府听信误报电命警戒日人)》,JACAR(亚洲历史资料中心),Ref. B03041681300,画像1—2。文字乃由引者从日文译回中文。

② 外务省记录:《青島民政部政況報告並雑報 第二卷(青岛民政部政况报告及杂报第二卷)》,JACAR(亚洲历史资料中心),Ref. B03041692700,画像1。

实乃本职最为惶恐之处。……乞明示应对之防范计画"①。这位时年 39 岁的屈省长虽然在不长的省长任期内，曾经以荒唐的方式"祈雨"而留下笑柄②，但这一次他就日本浪人问题发出的警告却堪称"未雨绸缪"，有先见之明。

事实上，屈省长对日本浪人可能滋事的戒心并非毫无由来的捕风捉影。不久之后，屈省长的担心就变成了现实已如前述。至于日本浪人后来在山东半岛大肆贩卖毒品的情形，将在本章第二节集中介绍。

日本浪人在山东半岛和"满蒙地区"的活动，符合近代日本对华侵略扩张政策的需要，大多情况下发挥了外交渠道和在华日军无法发挥的作用，由于其主要活动存在着明显的违法性和巨大的破坏性，不仅时常招致中国政府的抗议交涉和中国人民的强烈反对，也不时会增强担心日本势力过度扩张而影响其在华权益的欧美各国的担忧。所以，日本政界内部时时也会出现"有限度"加以抑制的呼声。例如 1916 年 10 月，刚刚当上内务大臣的后藤新平，就基于台湾总督府专卖局长贺来佐贺太郎提交给当时的大隈重信首相的书信——《支那鸦片制度意见》，向新内阁提交了一份《对支政策之本案》。其中要求新内阁必须尽速纠正大隈内阁对华政策之失败，而作为"善后策"的主要内容，就包括"在满洲支持宗社党事件、在山东挑起骚动事件的'支那浪人'们暂时回国"③。可见当

---

① 外务省记录：《青岛民政部政况报告並雑報 第二卷》，JACAR（亚洲历史资料中心），Ref. B03041692800，画像 1。文字乃由引者从日文译回中文。

②《忆旧，1920：屈省长祈雨演闹剧》，http：//m. jnweb. sobeycloud. com/inf. 62283. shtml，2019 年 6 月 8 日。

③ 后藤新平：《对支政策之本案》大正五年十二月，《後藤新平文書》缩微胶卷 R26—107；山田豪一：《満洲国の阿片専売》，31—32 页。

时的日本政治家中,也有人认识到大陆浪人的破坏也许会成为最终实现日本长远"国益"的负面因素。

从种种有关日本浪人不法活动的报道、史料等观察,居住在"满洲"地区的日本人中,歧视和蔑视当地中国人民,动辄施加暴力的事件层出不穷,日甚一日,除了身为"征服者"的傲慢和"外国人"的特权之外,藐视和无视中国法律甚至根本不具备起码的法律意识,也是一个重要原因。

如1940年5月,两名中国农民赶着运货马车行驶在辽宁省密山县山中时,突遇一名要求强搭顺风车的日本人:"(该日本人)以所携护身短刀(刀刃长四寸)突然切断同乘马车的尹雅东的右部颈动脉后,又砍伤马夫陈中礼右肩及其他部位数处,抢夺马匹一头。"当讯及该犯的"犯罪原因与动机"时,据说他的回答竟是:"乃基于在满洲无论做什么都没有关系之思想,因而产生残暴之欲望。"①

同一年的10月,又发生了更加蛮横无理而残暴的"丰荣训练所日本青少年袭击中国民众"的事件。在丰荣训练所受训的16—21岁的日本青少年"训练生"有330名。"10月6日午后7时前后,池田等五人前往永安二道沟,要求村民孙唤章提供鸡,虽遭其家人拒绝,却强行抓鸡一只,让带来的狗将鸡咬死。遂即带着一只鸡到邻居的赵国喜宅,要求无偿提供鸡蛋二十个。拿到鸡蛋后又欲去邻家于延海宅。于家人已知训练生要来,早将大门紧闭,(训练生等)无法进门,于是用只言片语的汉语要求开门,家人等则大声呼喊,引来村民数人围观。训练生等虽当场离开,但返回训练所后却隐瞒自身的不法行为,宣称遭到村民们的非法包围和追击等,五十余名训练生于是欲报复村民,当晚9时许携带步枪三挺、带刺刀步

---

① 依田憙家:《戦前の日本と中国》,291页。

枪三挺，短刀、木剑、棍棒十余根悄悄离开训练所到达于家，威胁性实弹射击数发后，砸坏大门，侵入院内，将门、窗格等器物捣毁，并殴打其家人，至凌晨0时30分左右回所。""然而（训练生等）并不以昨晚的暴行为满足，加上当时还有一名训练生受了轻伤，第二天一部分训练生企图发动更大袭击，遍告全体训练生，获得97人赞成。于是跟上次同样，准备了步枪三挺、带刺刀步枪三挺、短刀、木剑、棍棒十余根，于上午十时许，三三两两离开训练所到二村等。分为两队，一队侵入二十里站，一队侵入二道沟及头道沟等。先开枪十余发，威吓村民，继而破坏门窗、财物、工具等十余件，杀作家禽、家畜等，又抢夺工具、衣类、食品、小额现金等十余件，并追赶欲逃跑的村民，用刀剑等刺伤；还殴打村民多人，且用短刀威胁妇女脱去裤子等。种种暴戾行为，致使一人重伤、五人轻伤。午后2时许，携带抢夺物品等返回训练所。"①这个事件虽然初始似乎多少带有恶作剧的味道，但旋即演化成带有犯罪性质的威胁、抢夺、盗窃、殴打他人乃至猥亵妇女的恶性事件。然而肇事者一方的日本殖民统治当局只是轻描淡写地将原因归结为"训练生们精神上的松弛，错误的优越感，少不经事的顽皮心理，以及由于屡次偷盗村中家畜而遭遇于延海等人令人不快之态度，感觉受到侮辱而意气行事之结果"，变相地容忍了这些青少年货真价实的犯罪行为。② 于是，这些青少年此后不需太多时日，便可以变为"新世代"大陆浪人及其候补大军，是无需太多想象就可推论出来的结果。

---

① 依田熹家：《戦前の日本と中国》，292—293 页。
② 依田熹家：《戦前の日本と中国》，293 页。

2. 日本宪兵队调查资料背后浪人的非法、犯罪活动

成群结伙的日本浪人几乎是明火执仗地从事走私军火、勾结土匪、煽动暴乱的非法、犯罪活动,我们在 1920 年代山东半岛的事例中已经看到。不仅是山东省,北起黑龙江,南讫福建、台湾,凡是定居或临时在华居住的日本人,即使在两国尚未进入全面战争状态的"和平时期",零星的、个人或者小团伙规模的非法行为与犯罪活动也是频繁发生,有的甚至发展为恶性犯罪事件。成群结伙、明火执仗的那些大陆浪人是日本浪人的主体,其活动极易受到媒体和社会的关注,留下了最多的历史记录。零星的、行动方式不那么令人瞩目的"自由职业者""无职业者"的"邦人""鲜人"是"日本浪人"的支流或者预备军,他们的不法、犯罪活动未必始终受到媒体和社会的关注,留下的历史记录比较有限,尚待进一步的挖掘和考订。但如果反过来从案例的频度即发生率和普遍性来看,则"自由职业者""无职业者"的"邦人""鲜人"的不法、犯罪活动在数量和范围上其实都占有压倒性的优势,毋宁说是"日本浪人"不法、犯罪活动的"常态"或曰"基本形态",同样有必要予以足够的认识和分析。

例如,以往有关"满蒙地区"治安状况的叙述中,"马贼""蒙匪"等暴力犯罪团伙被看作这些地区社会不安、生活环境动荡不定的主要根源。而在当地普通人民的生活中,日本人的非法、犯罪活动,却较少有人提及。然而这后一项行为,实际上却产生了巨大的社会影响和危害。幸而冈部牧夫编辑和解说的《十五年战争绝密资料集 4:有关满洲事变宪兵队行动资料(十五年戦争極秘資料集④　満州事変における憲兵隊の行動に関する資料)》(不二出版(株),1987 年 12 月)一书,是以日本驻中国东北地区宪兵队的调查和处置结果报告为中心汇集而成的原始史料,是属于殖民地统治当局内部管控的"官方"文件,为我们考察这个问题提供了若干

直接的见证资料,可以成为窥视当时在华日本所谓"民间人士"尤其是日本浪人或浪人预备军们非法、犯罪问题之广泛性、严重性之"一斑"。

同时需要指出的是,这份资料也存在着一些严重的缺陷和不足,一是因为其属于暴露"邦人""自家丑闻"的文件,所涉及的都是已经走上司法程序的案件,不得不予以公布,因此只不过反映了同类型案件的冰山之一角,实际的案件数量应该远远多于该书列举的例证;第二是这些资料仅集中反映了一部分日本宪警统治区域的状况,从总本来看该资料的局限性较大且不完整。

即便如此,该资料仍是反映当时在华日本人中迄今为日本政府及殖民地统治当局不愿触及、讳莫如深的负面原貌的重要史料,以下分类列举其中的若干事例,以展示这一时期在华日本人社会生态中已经走向异常的若干征兆与实际状况。

首先是1931年的九一八事变前后,常住或者临时居住"满洲"的"邦人"中,不法行为层出不穷,已经到了十分猖獗的境地。

例如"九月二十五日午后二时左右,居住在奉天("满铁")附属地之邦人青木寿平等两人及居住商埠地鲜人一名,侵入小北关刘(应为"刘")某宅。宪兵队据投诉加以逮捕讯问,据称是为了督促还债,继而承认乃以时局为可居之奇货。于是以侵入己宅、抢劫未遂现行犯名义,送交领事馆警察署处置"①。这是擅入己宅,抢动财物的案例,"以时局为可居之奇货"的自供尤其值得注意,九一八事

---

① 宪兵司令部:《満州事変ニ於ケル憲兵隊ノ行動　第一号(満洲事変中憲兵队之行动第一号)》(自十月六日至全十五日),冈部牧夫编、解说:《十五年戦争極秘資料集④満州事変における憲兵隊の行動に関する資料(十五年战争绝密资料集4:与关满洲事变宪兵队行动资料)》,东京:株式会社不二出版,1987年,26页。

变爆发仅仅一周,这些"邦人""鲜人"就看到了公开劫掠财物的"良机",开始动手了。

还有的盗窃事件,目标是当时令人艳羡的代步工具——汽车或者摩托车。"(家住)奉天青叶町五番地'边车(挎斗摩托车)'司机鱼往(原文如此,应为'住')藤雄(三十五岁),借事变之机,图谋盗窃城内张学良所部汽车事件,目前正由奉天宪兵分队进行调查。"①"前此通报之因汽车盗窃事件被调查中的鱼住藤雄,因犯罪行为明确无误,已于十月八日以总领事馆检察官事务处理案件,送交奉天总领事馆。"②窃取中国东北军的汽车,也算是胆大妄为的行动。这个姓鱼住的日本人,之所以敢在这个时候下手,也是在"借事变之机"趁火打劫。

同样胆大妄为的行动发生在事变之后仅仅四天,地点是已被日军攻占的中国军队驻地北大营:"奉天弥生町九番地旧货商近藤日告,四平街仁寿街二十二番地渡部源卫,以上两人涉嫌于九月二十二日趁着混乱进入北大营,窃取战利品中带边车摩托车(挎斗摩托车)一台,由奉天警察署移送案件至此,目下由宪兵讯问中。"③案犯嫌疑人的近藤与渡部,或为自由职业者,或为无职业者,说他们是浪人或准浪人亦不为过。

明目张胆的抢劫案例中,还有人似乎胆气不足,于是冒充日本

---

① 宪兵司令部:《满州事变ニ於ケル宪兵队ノ行动 第二号(满洲事变中宪兵队之行动第二号)》(自九月十九日至十月五日),《十五年戦争極秘資料集④ 満州事変における憲兵隊の行動に関する資料》,60 页。

② 宪兵司令部:《/满州事变ニ於ケル宪兵队ノ行动 第二号》(自九月十九日至十月五日),《十五年戦争绝密资料集 4:有关满洲事变宪兵队行动资料》,60—61 页。

③ 宪兵司令部:《满州事变ニ於ケル宪兵队ノ行动 第三号(满洲事变中宪兵队之行动第三号)》(自十月十六日至十月卅一日),《十五年戦争極秘資料集④ 満州事変における憲兵隊の行動に関する資料》,97 页。

宪兵作案:"原籍:东京市神田区三崎町三号,现住所:奉天工业区秀(原文如此,应为'同'?)善堂,渡边忠吉及其他邦人三名。上述人等经合谋于十一日午前十一时侵入大西关玙化街德当胡同载俊览家中,谎称自己为宪兵,因汝家中隐匿有鸦片武器等物需进行搜查等语。于是用带来的木刀加以威胁,并将家人和佣人等囚禁于一室。从金库中抢夺现大洋九十六元、奉票五百七十七元、鸦片半斤等后离去。经密告后,现被宪兵逮捕讯问中。"①这是光天化日之下的抢夺事件,四人自称日本宪兵作案,若非被真正的日本宪兵逮捕,身为被害者的一般中国人民,告状无门,也只能自认晦气而已。然而此类事件的频频发生,毕竟也让日本宪兵队感到"邦人"们的脸面尽失,有损殖民地宗主国的形象,于是由宪兵队出面为无业的日本流民斡旋工作,为此"应尽速开办土木等各项事业,吸收奉天失业者等流浪之徒,以防止其匪徒化"②。可见居住当地的日本人中这些"流浪之徒",已经成为连日本统治当局都不得不注意解决的社会"祸患"之一。

在宪兵队的工作报告中,由于此后日本浪人及其预备军们的非法行为日益增加,从不见收敛,从报告的"第六号"开始,还专设了"不良邦人"一栏,集中刊载和报告此类案件。

"此期间,不良邦人(包括鲜人在内)处理案件七件,其中谕令

① 宪兵司令部:《满州事变ニ於ケル宪兵队ノ行动　第三号》(自九月十九日至十月五日),《十五年战争极秘资料集④　满州事变における宪兵队の行动に関する资料》,100页。

② 宪兵司令部:《满州事变ニ於ケル宪兵队ノ行动　第三号》(自九月十九日至十月五日),《十五年战争极秘资料集④　满州事变における宪兵队の行动に関する资料》,104页。

驱逐一件,劝导遣返五件,目下通缉中一件。"①接下来,是上述各项具体犯罪案例的内容一览:

《案例具体状况一览表》(第六号所载)

"职业姓名:支那浪人广田申典记。犯罪或非法行为日期:十一月三十日。犯罪或非法行为之概要:对福州煤矿主王翼心催收欠款时,谎称已得到(日本)军部的认可,玩弄威胁性言辞,冒渎了我军之公正(形象)。"②这是所谓"支那浪人"利用日本人的特权地位,诈称拥有日本军方的认可或支持,充当其他团体或个人催收欠款的打手角色,欺压当地中国人民,抢夺财产和利益的案例。此类案例,由于不涉及重大刑事案件,受害的中国人民一般只能忍气吞声。广田申典记其人只是由于宪兵队的办案者考虑到"冒渎了"日本军所谓"公正(形象)"的可能性才将其揭发并法办,而依然逍遥法外者,相信还有很多很多。

"职业姓名:陆军嘱托(特约人员)山口馨一郎。犯罪或非法行为日期:自十一月五日至十一月十二日。犯罪或非法行为之概要:(该员)据闻担任混成第二十九旅团密探之际,曾逮捕便衣队(特指中国便衣军人)嫌疑人,从被逮捕者家中抢夺钱财。但经调查,证据并不充分。另外,(该员)列举自身之功劳,将模棱两可的密告当作事实加以报告。此外,又对原讲武堂教员王静轩的汽车所有者谎称自己为'支那官有汽车征发人员'加以调查。均冒渎了军队之

---

① 宪兵司令部:《满州事变ニ於ケル憲兵隊ノ行動　第六号(满洲事变中宪兵队之行动第六号)》(自十二月一日至十二月十日),冈部牧夫编、解说:《十五年戦争極秘資料集④　満州事変における憲兵隊の行動に関する資料》,108页。
② 宪兵司令部:《满州事变ニ於ケル憲兵隊ノ行動　第六号》自十二月一日至十二月十日,《十五年戦争極秘資料集④　満州事変における憲兵隊の行動に関する資料》,199页。

尊严。"①这个案例的特殊之处，是犯罪嫌疑人真的是跟日本军方有关联的人员。虽因证据不足未加惩处，但即便涉嫌抢夺中国人民的钱财无法断案，谎称官职等谋取个人利益应该都是事实。但是宪兵队碍于情面，最后只让本人交了一份"讲书（似为经过说明）"即被日军草草遣返了事。

"职业姓名：佐泽行成。犯罪或非法行为日期：十二月五日。犯罪或非法行为之概要：由抚顺警察局获得在抚顺千金寨支那街开办游戏场射击场许可。以此为可居之奇货，纠合数十名支那人宛如获得宪兵认可般举行支那式赌博行为。于设赌时被宪兵发现。"②这是一个在日军认可下开设赌博业相关的暴利行业，因擅自越界而被捕的例子。

"职业姓名：务农，刘孟奎、朴万昌、郑义奎。犯罪或非法行为日期：十二月三日。犯罪或非法行为之概要：该人等于四平街朝鲜人难民收容所对支那人李文秀（四十一岁）施以暴行殴打，被捉获。"③这是所谓"鲜人"对当地中国人民的暴行案例。

在第七号的《报告》中，"不良邦人"的不法行为也比比皆是。"本期间（指第六号到第七号之间的期间）由宪兵处理的犯罪（包括'非违'即不法和违规）事件共计 52 件，其中，包括'鲜人'在内的日本人涉案八件，犯罪四件，非违四件。"④其具体犯罪内容有如下述。

《案例具体状况一览表》（第七号所载）：

---

①②③ 宪兵司令部：《满州事变ニ於ケル宪兵队ノ行动　第六号》自十二月一日至十二月十日，《十五年戦争极秘资料集④　满州事变における宪兵队の行动に関する资料》，199 页。

④ 宪兵司令部：《满州事变ニ於ケル宪兵队ノ行动　第七号（满洲事变中宪兵队之行动第七号）》自十二月十一日至十二月卅一日，冈部牧夫编，解说：《十五年戦争极秘资料集④　满州事变における宪兵队の行动に関する资料》，238—239 页。

"罪名：在东边道计划和策动自治团体及组建保安队。职业姓名：无职业者（即典型的浪人），松冈助重、前泽英美。犯罪或非法行为日期：自十二月十五日至十二月十八日。犯罪或非法行为之概要：（该嫌犯等）以此次的支那事变为奇货，联系支那人、朝鲜人等于本年十月上旬相互串联，往返于京城（汉城）、奉天及安东，计划发起拥戴宣统帝的运动并在东边道一带组建自治团体及保安队，利用此般机会获取某种权利并谋取其他利益，为此进行了种种策动。此情为宪兵队所探知，移送安东宪兵分所讯问后，已判明其事实。"①这个案件的特殊之处，是日本浪人勾结当地中国人和朝鲜人，借九一八事变的政治动乱之机谋取自身利益（当然其中也部分反映了日本的国家利益）的实例。在头山满、内田良平等早期"国益派"大陆浪人看来，这是"浪人之耻"类的丑行，但其利用政治、军事危机谋取利权的手法，既是对川岛浪速等人的继承，对后来关东军捏立溥仪出任"满洲国""执政""皇帝"的处理方式，无疑有着借鉴的意义。因此，日本宪兵队对他们的处理，仅仅是"没收所有证据物品，宣布驱逐命令，命其二十日离开满洲，返回此前居住地区"②而已，基本上是姑息、纵容的态度。

"罪名：诈骗嫌疑。职业姓名：掮客，山口馨一郎。犯罪或非法行为日期：十月十八日至十二月十二日。犯罪或非法行为之概要：涉嫌与支那人高纪惠和鲜人郑某等合谋从市政公署诈骗一万二千元。并涉嫌从正被拘留的刘鹤令家属手中诈骗钱财，目下正在奉

①② 宪兵司令部：《满州事变ニ於ケル宪兵队ノ行动　第七号》自十二月十一日至十二月卅一日，《十五年战争极秘资料集④　满州事变における宪兵队の行动に関する资料》，239 页。

天附属地宪兵分队接受讯问调查。"①前一个月的陆军特约人员，这个月换了一个身份！他的真实职业，似乎就是诈骗钱财的惯犯。这是日本浪人中的另一种典型：亡命之徒兼不孝手段的诈骗犯。

　　"罪名：私贩鸦片。职业姓名：无职业者，日比信吉。犯罪或非法行为日期：十二月十一日。犯罪或非法行为之概要：午后两点三十分左右，在大东边门外土山子胡同私贩鸦片。"②浪人维生的手段之一，就是贩卖毒品，这也算是列证之一。类似的案例在这一时期的同一地区还有：

　　"罪名：私售违禁品。职业姓名：无职业者，大野重正，同，高野亲藏。犯罪或非法行为日期：二月十一日。犯罪或非法行为之概要：私自销售鸦片、吗啡等违禁品，并假借（日本）军队的声威，进行虚伪申告并压迫支那人。"③大野和高野两个"无职业者"的日本人，看来都把贩毒当作了维生的职业，又依仗着日军的"声威"欺压中国人民，属于双重的非法行为。

　　"罪名：同上（即"私售违禁品"）。职业姓名：无职业者，野田甚三郎。犯罪或非法行为日期：二月二十日。犯罪或非法行为之概要：私自销售鸦片、吗啡等违禁品。"④

---

① ② 宪兵司令部：《满州事变ニ於ケル宪兵队ノ行动　第七号》自十二月十一日至十二
　　月卅一日，《十五年战争极秘资料集④　满州事变における宪兵队の行动に关する
　　资料》，239页。

③ 宪兵司令部：《满州事变ニ於ケル宪兵队ノ行动　第九号（满洲事变中宪兵队之行动
　　第九号）》自二月一日至二月廿九日，冈部牧夫编、解说：《十五年战争极秘资料集④
　　满州事变における宪兵队の行动に关する资料》，289页。

④ 宪兵司令部：《满州事变ニ於ケル宪兵队ノ行动　第九号》自二月一日至二月十九日，
　　《十五年战争极秘资料集④　满州事变における宪兵队の行动に关する资料》，
　　289页。

"罪名:私售违禁品。职业姓名:无职业者,石桥坚一。犯罪或非法行为日期:自二月九日至二月二十日。犯罪或非法行为之概要:二月九日以来,在奉天城外大北关横街私售鸦片、吗啡等违禁品。"①

这里的野田、石桥者流,也都是以"私售违禁品"维生的"无职业者"。与此同时,还有众多"鲜人"出身的浪人也参加了这样的贩毒活动:

"罪名:非法行为。职业姓名:无职业者,白道默、金洪镇(鲜人)。犯罪或非法行为日期:(原文空白)。犯罪或非法行为之概要:两人未获日本、支那官府许可,即在安东支那街开办鸦片烟馆,并夸口说:'自己已经和日本及支那官府联系过,支那官府不会干涉'等,收取不正当利益。"②这是在日本人和中国人夹缝中生存的"鲜人"中的"无职业者",利用其独特的社会地位进行欺骗和犯罪的例证。

"罪名:私售违禁品。职业姓名:无职业者,吴东根(鲜人)。犯罪或非法行为日期:二月十九日。犯罪或非法行为之概要:该人因私自贩卖违禁品,曾两次被严厉警告,本人并立誓将来绝不再犯。然而依旧私售违禁品,且诽谤官府之处置。"③该案件的犯案者罪行本身并非特别突出,但不思悔改,诽谤官府,也算是特点。还包括下面一位崔铁秀。

---

①③ 宪兵司令部:《满州事变ニ於ケル宪兵队ノ行动　第九号》自二月一日至二月廿九日,《十五年战争极秘资料集④　满州事变における宪兵队の行动に关する资料》,290页。

② 宪兵司令部:《满州事变ニ於ケル宪兵队ノ行动　第九号》自二月一日至二月廿九日,《十五年战争极秘资料集④　满州事变における宪兵队の行动に关する资料》,288页。

"罪名：同上。职业姓名：无职业者，崔铁秀（鲜人）。犯罪或非法行为日期：二月十八日。犯罪或非法行为之概要：同上。"①

"罪名：私售违禁品。职业姓名：无职业者（鲜人），吴东根，同，崔铁秀。犯罪或非法行为日期：二月十九日。犯罪或非法行为之概要：曾因私售违禁品两次，受到严厉训喻，却再次私售，并诋毁官府之处置。"②如崔铁秀等人，已属于公然违法且屡教不改者。说明"私售违禁品"，也成为"无职业者（鲜人）"们赖以维生的手段。

九一八事变之后仅仅数月，旅居"满蒙地区"的"邦人"和"鲜人"的犯罪活动和非法事件便出现急剧增加的状况。关于这一时期犯罪、非法事件的特征，日本宪兵司令部在《第九号报告》中总结道："……起因于饮酒之（犯罪非法行为）仍占大多数。邦人之犯罪，多为利用时局之便，欲私下获得利益或好处者居多。支那人之犯罪，大多为盗窃罪（两国人的犯罪倾向截然不同：中国人的所谓盗窃罪大多为时局或者生活所迫，有具体事例为证；日本人的犯罪则大多属于趁火打劫，借九一八事变之机在中国发一笔份外之财）……二月份宪兵队处理的犯罪、非法案件共一百一十八件……邦人之犯罪数量显著增加。其具体情形如下……邦人（包括朝鲜人）共计三十七件，其中犯罪二十八件，非法行为九件。"③

---

① 宪兵司令部：《满州事变ニ於ケル憲兵隊ノ行動　第九号》自二月一日至二月廿九日，《十五年戦争極秘資料集④　満州事変における憲兵隊の行動に関する資料》，290页。

② 宪兵司令部：《满州事变ニ於ケル憲兵隊ノ行動　第九号》自二月一日至二月廿九日，《十五年戦争極秘資料集④　満州事変における憲兵隊の行動に関する資料》，291页。

③ 宪兵司令部：《满州事变ニ於ケル憲兵隊ノ行動　第九号号》自二月一日至二月廿九日，《十五年戦争極秘資料集④　満州事変における憲兵隊の行動に関する資料》，286页。

《第十号报告》的时间范围已经下展到九一八事变半年之后的1932年3月到6月,据说混乱的社会秩序虽然逐渐有所恢复,但日本军人和日本浪人的非法、犯罪活动毫无减少的趋势:"……满洲各地的治安,随着时日的推移逐步恢复,尤其是长春以南满铁沿线大致已恢复到事变前之状态。但仍有不少小股马贼匪徒及便衣队出没。……(日本)军人依然起因于饮酒之(犯罪非法行为居多),邦人则多为利用时局之便,欺诈、抢占等肆意满足私欲者居多。"①

根据日军宪兵队的第九号和第十号报告来整理,这一时期的犯罪和非法行为大致可分以下几类。

首先是"盗窃"和"欺诈"。

"罪名:盗窃、侵吞。职业姓名:关东军司令部参谋部"笔生"②军属八幡太郎。犯罪或非法行为日期:自二月二日至二月十五日。犯罪或非法行为之概要:二月二日午后十一时五十分左右从奉天住吉町樱花咖啡店乘坐人力车时,侵吞了该人力车上已有之军刀一柄。二月三日,两次从关东军电信队工兵中尉岩田忠治寝室抽屉的钱包里盗窃现金五十元,二月十四日,又从上记岩田中尉寝室,盗窃桌子上摆放的勃朗宁手枪一把。当晚在十间房朝鲜料理

---

① 宪兵司令部:《满州事变ニ於ケル宪兵队ノ行动　第十号(满洲事变中宪兵队之行动第十号)》自三月上旬至六月上旬,冈部牧夫编、解说:《十五年战争极秘资料集④　满州事变における宪兵队の行动に关する资料》,333,348页。
② 此处字迹不清,应当是"笔生"二字。当时日军中确实有"笔生"这样一种"军属"(军队附属人员)的职称。根据当时人的回忆,或者属于"佣人"的别称("2　支那派遣军总司令部",http://knishiha. web. fc2. com/hantani/p02. htm,2018年8月27日),工资可能是每天"一元二十钱(1. 2日元)"(森田治:"いわゆる气象队の部队(所谓气象队的部队)",http://www. heiwakinen. jp/shiryokan/heiwa/04onketsu/0_04_237_1. pdf,2018年8月27日)。

店,将该手枪作为游玩住宿费用,抵押给店方。十五日晨回家之际,又从卖春妇衣物箱中,盗窃该女披肩一件。"①八幡太郎名义上从军,实际上却是介乎"军方"和"民间"的"浪人",而且可以说是一个无物不窃、惯盗成习的无赖。

"罪名:欺诈。职业姓名:稻米批发、零售商,佐藤政卫。犯罪或非法行为日期:一月二十日。犯罪或非法行为之概要:无故进入王以哲公馆(东北军将领,后秘密加入中国共产党),对看门人谎称是(日本)宪兵队的相关人员。在辨识了公馆内情形后,谎称借用该公馆二楼东北角寝室内的台式电话机一台(约王十日元),带回自家。"②这个佐藤政卫,严格来说并不是"无职业者"。但是即便身为经商者,仍不忘利用日本人的特殊身份,以顺手牵羊的方式进行小偷小摸。

"罪名:谎称官职。职业姓名:无职业者,小西捏一。犯罪或非法行为日期:二月十三日。犯罪或非法行为之概要:谎称军属,投宿奉天红梅町 13 号馆田处,并在附近徘徊。"③一个"无职业者"谎称拥有日军中的官职,虽然根据宪兵队的报告只够得上"微罪"级的行为,但也是大批浪人无奈生活中的一个片段。

"罪名:伪装陆军御用商人。职业姓名:掮客,大和三次。犯罪

① 宪兵司令部:《满州事变ニ於ケル宪兵队ノ行动　第九号》自二月一日至二月廿九日,《十五年战争极秘资料集④　满州事变における宪兵队の行动に関する资料》,287 页。

② 宪兵司令部:《满州事变ニ於ケル宪兵队ノ行动　第九号》自二月一日至二月廿九日,《十五年战争极秘资料集④　满州事变における宪兵队の行动に関する资料》,288 页。

③ 宪兵司令部:《满州事变ニ於ケル宪兵队ノ行动　第九号》自二月一日至二月廿九日,《十五年战争极秘资料集④　满州事变における宪兵队の行动に関する资料》,290 页。

或非法行为日期:二月以后。犯罪或非法行为之概要:二月以后,由奉天来吉林,除充当各种掮客外,还打出"(日本)军队御用商号"的招牌,伪装成陆军御用商人。"①像大和三次这样的诈骗罪犯人,如果没有日本宪兵自己的执法行动,他们在大部分情况下可以横行无忌、为所欲为且不受法律制裁,其破坏性是不难想象的。因为一般的中国人民自然无法知道他们是否在日本陆军登记过的真相。

"罪名:盗窃、霸占、私入民宅、违反兵役法实施规则。职业姓名:无职业者,中场郁三。犯罪或非法行为日期:自昭和六年三月二十日至同七年二月五日。犯罪或非法行为之概要:供职于奉天(指满铁附属地,以下同)附属地江之岛町九号中岛利吉的商店时,在教育专门学校内盗窃□〔一字不明〕保费现金五日元;二月里,在附属地富土〔士?〕町点心铺"岐阜屋",抢占储蓄金七日元;三月九日于驻扎奉天步兵第三十三连队服役中,趁现驻扎奉天步兵第二十连队第一中队特务曹长岛田有邻不在家之机,打碎窗玻璃擅自入内饮食;前来满洲之际,未能按照兵役法施行规则第六十四条和第六十五条之规定申告。"②看来这个中场郁三,是在当过店员、现役军人等多种职业后堕落为"无职业者"的浪人,而且是事涉多项犯罪和非法活动,屡教不改,专吃窝边草的惯犯。

"罪名:盗窃。职业姓名:铁工,吉川进。犯罪或非法行为日

---

① 宪兵司令部:《满州事变二於ケル宪兵队ノ行动　第九号》自二月一日至二月廿九日,《十五年战争极秘资料集④　满州事变における宪兵队の行动に关する资料》,290页。

② 宪兵司令部:《满州事变二於ケル宪兵队ノ行动　第九号》自三月上旬至六月上旬,《十五年战争极秘资料集④　满州事变における宪兵队の行动に关する资料》,350页。

期：三月二十三日。犯罪或非法行为之概要：通过奉天自击炮厂酒保（军营等处的小卖部，以下同）商人的介绍，结识负责警备该厂之工兵上等兵山本，巡视该炮厂时，见仓库内存有多种贵重物品，遂起不良之心，巧妙引诱该上等兵，从该厂第一、第二仓库中搬出由军队保管及扣押物品铜块等六十六件，运回自家。"①这是盗窃日军贵重物品的案例。

"罪名：伪造外国流通纸币。职业姓名：废品捐客，关谷玉夫。犯罪或非法行为日期：一月以后。犯罪或非法行为之概要：与支那人殷景山合谋，明知是伪造纸币，却从殷某处三次购买，并出售给住所姓名不详的支那人谋取利益。"②案犯的职业属于可以任意自封的"自由职业者"，罪行却是明知故犯型的恶性犯罪。日本人身份夹在"假钞制造者（中国人）"和"假钞利用者（也是中国人）"之间，显然是恶性利用"特殊侨民"身份的案例。

"罪名：谎称官职、诈骗。职业姓名：打扫烟囱者，近安太郎，短工，荒木梅男，务农，李□〔一字不明〕寿、李洪挥（鲜人）。犯罪或非法行为日期：三月二十九日。犯罪或非法行为之概要：谎称领事馆警官诈骗钱财。"③从案犯的职业看，几乎都是"浪人"或者浪人的候补军。罪行内容过于简略，或者是警方调查不足，或者是有意回护。从案犯人数上猜测，规模或许是在中等前后的团伙犯罪事件。

"罪名：伪造并使用假公文。职业姓名：军营小卖店商人，藤堂喜藏。犯罪或非法行为日期：四月十日。犯罪或非法行为之概要：

①②③ 宪兵司令部：《满州事变二於ケル宪兵队ノ行动　第十号》自三月上旬至六月上旬，《十五年战争极秘资料集④　　满州事变における宪兵队の行动に关する资料》，350—351 页。

伪造假公文,免费乘坐中国方面列车。① 金额想来未必很大,但也是"特殊侨民"身份的恶性利用案例。

"罪名:盗窃、欺诈。职业姓名:军营小卖店销售员,1 名。犯罪或非法行为日期:五月十三日。犯罪或非法行为之概要:在守备队小卖店里盗窃他人保管的售货款,前后数次,已形成盗窃、欺诈。"② 这里对嫌犯实行了匿名处理,也许是由于案犯和军队有关之故,也许是由于实际上牵涉面更广的缘故。

"罪名:盗窃。职业姓名:无职业者,1 名。犯罪或非法行为日期:六月六日。犯罪或非法行为之概要:从国境监视队前所警察队退役后,当晚就盗窃该所勤务人员所有的现金大洋七十元。其中的四十元已用于娱乐消费,后携带余款逃跑。"③ 这里对嫌犯也实行了匿名处理。应该还是和军队有关之故。因为案犯虽然注明是"无职业者"的浪人类闲散人员,其实此前一直在边境警察队供职。

不良"邦人""鲜人"中另一类比较突出的犯罪、不法行为,就是聚众赌博,抽取暴利。

"罪名:赌博协助者。职业姓名:钟表商,石冢正彦,司居人,岛田物七。犯罪或非法行为日期:二月七日、八日。犯罪或非法行为之概要:石冢勾结支那人某氏,用自己名义租借支那住宅,二月七日和八日协助支那人经营赌博。七日本人亲自到赌博场揽客,八日由岛田出面揽客。作为谢礼,石冢和岛田分别从支那人收取 3

---

①②③ 宪兵司令部:《满州事变ニ於ケル宪兵队ノ行动　第十号》自三月上旬至六月上旬,《十五年战争极秘资料集④　满州事变における宪兵队の行动に関する资料》,351 页。

日元和 2 日元。"①如岛田之类的"无职业者"和虽为"种菜商"却也为了蝇头小利，充当中国下层流民或帮会组织的帮凶。这一方面反映了"日本人"的特殊身份被看作有利、有用的资源，另一方面也反映了在华某些日本人虽然有本面的身份或职业，实际上维持生计亦颇不易。

"罪名：赌博协助者。职业姓名：无职业者，十田日夫。犯罪或非法行为日期：二月二十五日。犯罪或非法行为之概要：在工业区营业市场未经许可开办游戏场，于二月二十五日协助支那人赌博并获得非法利益。"②"罪名：赌博。职业姓名：无职业者，言田凤作，同，阵野一元。犯罪或非法行为日期：二月二十五日。犯罪或非法行为之概要：在抚顺千金寨西寨里纠集支那人三十余人，举行赌博。"③"罪名：赌博。职业姓名：务农，金奎汉（鲜人）。犯罪或非法行为日期：二月二十五日。犯罪或非法行为之概要：三赌博场开业盈利。"④"罪名：赌博。职业姓名：无职业者，姜旭侯（应该也是鲜人）。犯罪或非法行为日期：二月二十三日。犯罪或非法行为之概要：开办赌博场以赢利，并恐吓支那人命其提供钱财。"⑤以上多件案例，所涉犯罪行为跟上文谈及事件性质相同，都是聚众赌博的同时强行胁迫赌徒，要挟钱财。而大多数的受害者，是告无门的当

---

① 宪兵司令部：《满州事变二於ケル宪兵队ノ行动　第九号》自二月一日至二月廿九日，《十五年战争极秘资料集④　满州事变における宪兵队の行动二関する资料》，288 页。

②③④ 宪兵司令部：《满州事变二於ケル宪兵队ノ行动　第九号》自二月一日至二月廿九日，《十五年战争极秘资料集④　满州事变における宪兵队の行动に関する资料》，290 页。

⑤ 宪兵司令部：《满州事变二於ケル宪兵队ノ行动　第九号》自二月一日至二月廿九日，《十五年战争极秘资料集④　满州事变における宪兵队の行动二関する资料》，291 页。

地中国平民。

　　跟贩毒、盗窃、欺诈、聚赌行为相关联的,是不良"邦人""鲜人"在上述行为目的无法达成时,对当地中国平民等受害者拳脚甚至棍棒相加的暴力行为,在报告书中可以找到多则案例。

　　"罪名:暴行。职业姓名:无职业者,曹义郁、李速生。犯罪或非法行为日期:(原文空白);犯罪或非法行为之概要:两人于下午三时左右饮酒至酩酊大醉后,于第五分局管内广生胡同与支那人王任先发生口角并殴打之,且对欲制止彼等行为之巡警施加暴行。"①这则案例显示:在华"鲜人"有如此之多的"无职业者",并且酗酒、暴行不断,已构成社会不安定的一大因素。

　　"罪名:暴行。职业姓名:当铺店员。犯罪或非法行为日期:二月十五日。犯罪或非法行为之概要:该人历来对(日本)宪兵指挥下的支那巡警心怀不满,散布种种流言蜚语。十五日午后八时左右,该人酩酊大醉后对正在站岗的支那巡警施加暴行。"②从殖民地统治秩序的常识来看,这个所谓的"当铺店员",也是一个蛮不讲理、目无法纪的狂徒。

　　"罪名:恐吓。职业姓名:务农,金致顺(鲜人)。犯罪或非法行为日期:一月十日。犯罪或非法行为之概要:恐吓支那人,命其许

① 宪兵司令部:《满州事变ニ於ケル宪兵队ノ行动　第九号》自二月一日至二月廿九日,《十五年战争极秘资料集④　满州事变における宪兵队の行动に関する资料》,288页。
② 宪兵司令部:《满州事变ニ於ケル宪兵队ノ行动　第九号》自二月一日至二月廿九日,《十五年战争极秘资料集④　满州事变における宪兵队の行动に関する资料》,289页。

诺赠送钱财。"①

　　在这些暴行事件中，不良'鲜人'自恃在殖民地秩序中高出中国人一头，恶行引人注目，其中利用日军武力背景欺压中国人的行为尤其值得注意。

　　"罪名：非法逮捕监禁。职业姓名：米店商户。李如竹（朝鲜人）。犯罪或非法行为日期：十二月九日。犯罪或非法行为之概要：将朝鲜人遭受匪徒掠夺的损失要求支那人加以赔偿，非法逮捕监禁支那人，并利用（日本）军力的威力进行种种欺压行为。"②"罪名：暴行。职业姓名：牛肉店商户，李远植（朝鲜人）。犯罪或非法行为日期：十二月二十七日。犯罪或非法行为之概要：皇军进入吉林以来，（日本）军威日益增强，酩酊大醉后殴打支那人。"③这两个案例里的李如竹和李远植，倒未必是"浪人"，但是连这样的人也可以为所欲为地欺压当地中国人民，可见当时的社会秩序败坏到何种程度，东北地区的民族歧视、民族压迫严重到了何种程度！

　　最后还有一种"非法行为"值得注意，那就是"在留日本人"借日军侵华的"战胜"和市场混乱之机，非法经营暴利行业者可谓比比皆是。

---

① 宪兵司令部：《满州事变ニ於ケル憲兵隊ノ行動　第九号》自二月一日至二月廿九日，《十五年戦争極秘資料集④　満州事変における憲兵隊の行動に関する資料》，291页。
② 宪兵司令部：《満州事変ニ於ケル憲兵隊ノ行動　第七号》自十二月十一日至十二月卅一日，《満州事変ニ於ケル憲兵隊ノ行動　第九号》自二月一日至二月廿九日，《十五年戦争極秘資料集④　満州事変における憲兵隊の行動に関する資料》，240，291页。
③ 宪兵司令部：《満州事変ニ於ケル憲兵隊ノ行動　第七号》自十二月十一日至十二月卅一日，《十五年戦争極秘資料集④　満州事変における憲兵隊の行動に関する資料》，240、241页。

"罪名:私自屠杀、贩卖马匹、马肉。职业姓名:高利贷业,岩永贞雄,同行业,青木正吾。犯罪或非法行为日期:自十二月中旬至一月三十一日。犯罪或非法行为之概要:两人共同出资,谎称得到驻盖平城内(日本)领事馆巡查的许可,私自开设屠宰场,一天私自屠杀马匹四头左右,并雇佣五十名支那人销售。"①由于这些日本人多依仗日本军队的势力蛮横经营,其军队背景亦有真有假,而且其中确实有人真正在日本军方背景下经营。对于当地中国平民来讲,不但真假莫辨,而且为生活所迫只能任其渔利宰割。

仅仅就这些日本宪兵队在"实在看不下去""万不得已"情况下进行取缔和惩治的案例来看,1920年代到九一八事变爆发前后,在华"邦人""鲜人"的不法、犯罪活动就凸显了犯罪成员层次广泛、犯罪门类齐全、犯罪手法多种多样的特点。这些不法、犯罪活动的大量发生,跟政治类活动同样,是日本大陆浪人从社会生活的层面介入侵华战争的一个重要内容,同样值得加以关注,同样应当进行历史的梳理与批判。而且这些不法、犯罪活动还具有一个重要的特点,那就是它又构成了"新世代"大陆浪人不断形成、不断社会化和政治化的"温床",而且在这些活动的背后总能看到积极推行殖民地扩张政策和侵华战争路线的日本官方、军方的影子。因为,"在中国的日本领事馆,仅仅满洲就有十一所,下面还各设有分馆。在中国内地也有二十四个领事馆。日本领事馆对于管辖下的居留民的统制,越深入内地越严厉,绝不会宽松。在中国拥有治外法权的日本人都在居留民会的统制之下,姓名、职业都有登记。在满洲内

---

① 宪兵司令部:《満州事変ニ於ケル憲兵隊ノ行動　第九号》自二月一日至二月廿九日,《十五年戦争極秘資料集④　満州事変における憲兵隊の行動に関する資料》,288页。

地的领事,对他们(指日本居留民)可以行使警察权,丕拥有审判权和强制退去(即强制出境)的权限,使他们能够逃脱中国的警察和审判而得到庇护。正是有了这种庇护,(他们)才能够在满洲内地从事中国人不得从事的吗啡生意。在日本内地(老实守法的)普通的日本人,到了满洲就从事马贼一般的勾当,成了敢于染手坑蒙拐骗生意的恶劣分子。"①说到底,是侵华战争需要"日本浪人",侵华战争也源源不断地"制造"出一批又一批"日本浪人"。

关于浪人和侵略战争之间这样相互催生、催长的关系,1927 年 5 月日本官方刊行的调查报告中也有明确无误的调查记录。在这份题为《以人口问题为基调的满蒙拓殖政策研究(人口問題ヲ基調トシテ満蒙拓殖策ノ研究)》的调查报告中,调查者木下通敏调查了中东铁路沿线满洲里领事馆管辖区域内的满洲里、扎拉诺尔、海拉尔、免渡河宜力克都等地日本居留民 248 人(包括人业者及其家属)中,从事药品、杂货、料理店、枪炮火药商店等有 37 人,明显属于不正当职业者,其他还有不少人随便挂个招牌其实也在经营不正当职业。木下在四洮铁道的通辽进行调查,15 户 52"邦人"中有 7 户 13 人都在从事"不正当职业"②。因此木下在调查后得出的结论是,1927 年居住在中国东北地区的近 20 万在满"邦人"中,小工商业者尤其是在没有满铁庇护下的"满洲内地"谋生者,"半数或者实际上过半数,都是不正当职业者","满洲居留民之大半,都过着寄生生活"③。至于这些人为什么要染手"不正当职业"的原因,木下认为:"据不正当职业者之告白,最初抱有从事不正当职业目的

---

① 山田豪一:《満洲国の阿片専売》,39 页。

② 木下通敏:《人口問題ヲ基調トシテ満蒙拓殖策ノ研究(以人口问题为基调的满蒙拓殖政策研究)》,东京:外务省通商局,昭和二年,82—83 页。

③ 同上,83 页。

而来者出乎意外地少,多是来了之后找不到可干的工作,虽内心自责不已而不得不涉泥潭者多矣。"①

　　侵略战争和殖民地统治政策制造了大批"无职业者"的"邦人",而"无职业者"的"邦人"从事不法、犯罪活动,成为"不正当职业"的从事者,又进而政治化、社会化而成"日本浪人"。沿着这样的轨迹重复不断地再生,"满蒙"及其他日军占领区于是就成为"邦人"沦落为"浪人"的"天堂"。这就是日本浪人在整个侵华战争期间不断涌现,活动日益猖獗,活动范围日益扩大的根本原因。

第二节　"匪患"与"烟毒"的台前幕后

　　"不正当职业"从事者的"邦人",他们将手头的"生意"一步步发展扩大,就成为称雄一方的"毒枭""鸦片王"或者"烟霸""军火大王"之类的恶党;没有多少经商才能但是不乏冒险心和杀伐心的青年一代"邦人",投身马贼或者自立山头、自树大旗成为匪首者,亦比比皆是。从1920年代到1930年代,"邦人""毒枭"和"马贼王"逐渐成为"新生代日本浪人"的代表。日本对华经济、政治势力的渗透,殖民地占领和统治秩序的树立与加强,以至于全面侵华战争的爆发,在这多个过程的交叉进行中,"匪患"与"烟毒"泛滥于伪满洲国和各个日军占领地区,长时期、大面积地严重威胁、损害了中国人民的生活安宁和身体健康。这两大毒害的台前幕后,都少不了大陆浪人的参与和推动。

---

① 木下通敏:《人口問題ヲ基調トシテ満蒙拓殖策ノ研究(以人口问题为基调的满蒙拓殖政策研究)》,外务省通商局,昭和二年,82—83页。

一、畸形的"立志传"——"邦人""马贼"是怎样"练"成的?

1. 一个"公然的秘密"

大正十四年(1925)的日本官方档案中,有这样一份情报:

> 时有传闻,云马贼团伙中往往有邦人投身其中。张作霖也留意到此点,以为马贼猖獗之极,原因之一即在于日本浪人之唆使;于是命令各处讨伐队,万一发现马贼团伙中有日本人,即生擒而来。日本人果然混迹于马贼团伙之中与否虽真伪难辨,但难保无有血气未定之少年,胸怀壮志投身贼匪团伙中者,抑或作为人质遭到绑架,而后即滞留贼匪团伙中者。侨居奉天邦人福田弥三郎、川崎力、片桐某、小林某等人,大正十一年底率领吉林省亲日派马贼东洋义及其部队,图谋占领绥芬而失败,而后福田、川崎等即留在该团伙中行动。大正十二年底,又有石本某等一伙人,策划参与东宁附近不逞鲜人及马贼的联合团伙……①

其实,这份情报可能由于信息来源不甚确定或错综复杂的缘故,只是以"传闻"形式介绍了情报提供者了解到的一些情况,但是日本浪人参与中国的马贼团伙,相互提供人员、活动空间、武器及资金上的"帮助",致使东北及蒙古地区马贼活动日益猖獗、日益政治化,在当时的"满蒙地区"其实是一个尽人皆知的"秘密"。即便是这份情报的提供者,最后实际上还是还举出了"福田弥三郎"团伙和"石本某"团伙两个实际例证,可见此事绝非捉摸不定的"传闻",而是历史的事实。

---

① 参谋本部:《満洲及東部内蒙古ニ於ケル馬賊(满洲及东部内蒙古的马贼)》,大正十四年(1925),6—7页,JACAR(亚洲历史资料中心),Ref. A03023726100,画像1。

　　"马贼",本来是指"在中国,从清末到第二次世界大战期间盘据华北、东北(满洲)的骑马团伙。虽然时常被混同于以打劫村落、抢夺财产为业的匪贼,而且事实上有些马贼也有过类似的行为,但其起源是基于保甲法等中国村落共同体的武装自己组织,跟浪人化的匪徒出自不同。在中国,也称其为'绿林''响马'。日俄战争期间,日本军队联合一部分马贼,搜集情报、扰乱敌军后方,取得巨大战绩的事例已为人知。以地方军阀首领出身称霸一时的张作霖、冯玉祥等,也是马贼出身"①。这个词条将"马贼"与单纯"以打劫村落、抢夺财产为业"的"匪贼"区分开来的说明,其实耐人寻味。实际上,据当事人考证,"马贼"的活动区域还包括俄罗斯远东地区的沿海州等地,当地俄国人据说将马贼叫做"フンフーザ(红胡子)","因此,今天虽然一般将(马贼)看作支那人的独占行当,但追溯其起源,可知是俄罗斯人的专业"②。据说,马贼另外还拥有"胡匪""马褂贼""偷水贼""结网党""捕鱼党""毛面东家""落山王""黑衣盗""插竹党""吃干俸""请贼神""陷人坑""拦路盗""偷马贼"等异称,而且"此辈成为贼徒之动机,不仅只为抢掠,专立志出仕而不得者,有对外国侵略抱有反感者。以攻击此类目标为目的者不在少数"③,同时还指出了马贼成员和行动目的的复杂性。

　　《百度百科》的解释则极为简单。"马贼,指偷马贼;指骑马抢

---

① 《ブリタニカ国際大百科事典 小項目事典(不列颠大百科事典 小項目事典)》(日文版网络版,https://kotobank.jp/word/％E9％A6％AC％E8％B3％8A-114562),2019年5月17日。

② 山内封介:《浦塩と沿海州(海参崴与沿海州)》,东京:日本电报通信社出版部,昭和十八年(1943),68—69页。

③ 《馬賊の話(说说马贼)》,《昭和八年朝日年鑑(昭和八年朝日年鉴)》附录《满洲国大观》,大阪:大阪朝日新闻社,昭和七年(1932)九月,36页。

劫的盗匪。且盛行于古代平原且多祸乱地区（原文如此）。山东、河南、河北等地响马为古代马贼代表。民国时期，战乱不断，散兵游勇多见，在加上（原文如此）热武器普及有了一定的基础，马贼数量急剧攀升。"①这个解释，不但对"满洲"地区的"马贼"没有明确言及，对近代以来"马贼"的队伍构成、组织形态、行为目的等方面的变化也毫无涉及，显然极不全面。其实，从日俄战争开始"马贼"就不再是纯然的"偷马贼"，也不再单纯地以"骑马抢劫"为业。

　　"马贼"横行无忌时代日本官方对于这个社会群体的说明，可以殖民地统治机构关东州（关东厅）每年发行一本的《关东厅要览》为代表。《关东厅要览》昭和二年（1927）版"马贼"栏目是这样介绍的：

　　　　据南满洲及管辖区域内警察官署了解所知，附近中国管辖区域内的马贼受害案件，每年有数百件，每个马贼团伙的人数，不少都在数百乃至千人以上。所谓马贼，并无专门定义，通常指谓有头目、副头目、小头目等有系统的、持续结合性的一种强盗团体。通常携带长枪、手枪、刀剑，有时还具有炮、机关枪等武器，或者还组织有马队者。其手段主要对个人或者居民团体发出胁迫书信，或者直接侵入家宅，限定期限勒索钱财。如不答应，则窥探时机实施警告过的烧杀殴打，以示报复。直接侵入家宅者则以枪支或其他凶器相威胁，有时毫不留情地杀人和强夺钱财、劫持人质，限定期限勒索赎金。如若不从，则割下耳鼻或手指送给被勒索者，督促赎金。若仍不能达到目的，往往采用残杀人质等大胆且狂暴的手段。

---

① 《百度百科》"马贼"查询结果（https://baike.baidu.com/item/%E9%A9%AC%E8%B4%BC/10497901? fr=aladdin），2019 年 5 月 17 日。

在关东州及南满洲铁道附属地(即日方统治地域),近年来几乎看不到马贼大股部队的横行,满洲地区(马贼)以大股部队活动的地区,为奉天省北部及吉林省、黑龙江省。

(日本方面)管辖区域内在'始政'(意即日方开始殖民地统治)当初,有数名乃至数十名的(马贼)集团出没、横行于各地,受害甚巨。始政后虽连年强化警备,至今仍不能杜绝其受害。此外,近来对枪炮火药的取缔日益严格,武器渐不易得,不逞之徒于是企图强夺我守备部队士兵及警官所持武器,致使袭击守备士兵及警官事件频发。①

这份简介对于马贼的活动方式等作了较为详细的介绍,但是基本没有涉及马贼活动的实际状况和人数、规模等,跟该书其他部分大多附有表格及统计数字为佐证的叙述相比,是撰写得最粗疏的部分之一。而且该文对于日本浪人早在十几年前就开始渗透、控制一部分马贼团伙的事实,没有只字触及。

四年之后的昭和六年(1931)版《关东厅要览》的同一栏目,除追加了"近邻中国管辖区域内""匪贼犯罪"事件(1929 年为 1 170 件,1930 年仅仅 9 月底之前就"达 1 650 件之多")等日据地区的数字之外,仍然不提马贼与日本浪人之间的关联,并且着力宣扬由于"我守备部队士兵及警官""预防训练之彻底,因此时常能够先发制敌,防患于未然"的功绩。②

但是,昭和十年版的《关东厅要览》关于"马贼"的叙述和评论,

---

① 《関東庁要覧 昭和二年》,大连:关东厅长官官房文书课,1928 年,224—225 页。资料来源:《国立国会图书馆数码收藏(国立国会図書館デジタルコレクション)》(https://dl.ndl.go.jp/info:ndljp/pid/1223799)。

② 《関東庁要覧 昭和六年》,大连:关东厅长官官房文书课,1931 年,163—164 页。资料来源:《国立国会图书馆数码收藏》(https://dl.ndl.go.jp/info:ndljp/pid/1223815)。

在内容上发生了不少变化。首先是对马贼的成因，该文列举了"中国政局的变动"如各地军阀的割据、地方军警无法将主要力量集中到防范和治安方面，"财政未曾有的萧条和银价暴跌"带来的下层人民生活的贫困化，还有地方性的原因如东北政府的财政困窘以及由此带来的低级官吏的欠薪、官兵和巡警等走投无路时摇身一变而为匪徒等等，来说明"各地频频发生重大事件"的背景。① 应当说，这些理由固然也都成立，也都与马贼势力的发展和扩张有着直接的关联，但是对于日本关东军通过九一八事变发动侵华战争，给中国社会尤其是东三省人民生活带来的影响以及由此引起的连锁反应，却只字不提。

　　昭和十年版的《关东厅要览》接下来增加的对"马贼"与所谓"排日"运动关系的介绍，基本上是罔顾历史事实的虚假记述。

　　"对于日鲜人施加重大侮辱等行为，本应严加取缔之（中国）军警，却煽动民众加剧侮日行动，一再侵害我国权益而不止，终至酿成昭和六年（1931）九月十八日午后十时三十分驻北大营中国士兵在奉天文官屯柳条沟附近破坏满铁铁道，更向我守备分遣所开枪事件。以此为契机，造成满洲事变爆发。""当时正是高粱收获季节，对于匪贼的出没极为不便，往年均由团伙变为分散活动，从而也是受害较少的时期。但由于事变带来的突发性混乱和中方军警的动摇，各匪贼头目趁机纠合分散小股土匪，势力反而更为强盛。"②九一八事变数年之后，仍然歪曲史实将挑起事变的责任全部算在中国方面，在当时伪满洲国和日本殖民统治当局控制下的出

---

① 《関東庁要覧 昭和十年》，大连：关东厅长官官房文书课，1935年，157页。资料来源：《国立国会图书馆数码收藏》（https://dl.ndl.go.jp/info/ndljp/pid/1187○○）。

② 《関東庁要覧 昭和十年》，大连：关东厅长官官房文书课，1935年，158页。资料来源：《国立国会图书馆数码收藏》（https://dl.ndl.go.jp/info/ndljp/pid/1187○○）。

版物中屡见不鲜,而将其进一步解释为中国方面"排日""侮日"行为的结果,甚至将九一八事变后出现盗匪横行局面的责任也全部算到中方"排日""侮日"的账上,就是对史实的彻头彻尾的歪曲了。

此外,昭和十年版的《关东厅要览》,增加了对"马贼"的主要首领和大致人数的介绍,却有意地略去了马贼首领中日本浪人出身的各个首领的"名号",而且特意指出"如此无秩序之匪贼蜂起,背后实际上有着没落的旧东北军阀及南方救国团体等势力之操纵、管辖","彼辈使用之武器中,手枪、长枪等,自然是扩日诸团体所提供,一部分精锐力量甚至拥有威力强大的机关枪、迫击炮、步兵炮等,武力实不可侮",而对于日本军部及其卵翼下的大陆浪人对马贼势力的收买与豢养的事实,则依然是只字未提。① 可见,这个问题对于当时的日本政府和军方,是个讳莫如深、无论如何也必须将真相严加遮盖的"耻部(阴暗面)",以至于很长的历史时期里,大陆浪人及其背后的日本军政当局与"马贼"之间的关联,除了自我吹嘘或者众说纷纭的"自传""传说"之外,真相还笼罩在当事者们有意制造的层层迷雾之中。

2. 参谋本部的"马贼调查"与战略形成

其实,关于中国东北地区"马贼"的历史渊源、组织形态、人数及活动方式、主要特点等,日本陆军的参谋本部很早就派遣情报人员作过详尽的调查。标注有"大正十四年(1925)五月一日周制"的《秘 叁情报 第四年第六号(支第二)满洲及东部内蒙古的马贼(満洲及東部内蒙古ニ於ケル馬賊)》的小册子,即是其成果之一。

---

① 《関東庁要覧　昭和十年》,大连:关东厅长官官房文书课,1935 年,158 页。资料来源:《国立国会图书馆数码收藏》(https://dl.ndl.go.jp/info:ndljp/pid/1187911)。

　　这份调查报告首先认为,"马贼"云云,其实是日本⼈的称谓。"现今所谓'马贼',是日本人之间之俗称,而在支那人之⽬,则称之为红胡子、胡子、胡匪,或者称作马匪,但这个称呼通常⽤于骑马者。"①这个概念的梳理,其实相当重要,但是后来的日⼆媒体逐渐将其混淆,于是各种"马贼"的传闻在日本人心目中便有了各种想象、加工的空间,导致了对"马贼"认知的混乱。

　　参谋本部这份调查,几乎是以学究般的态度从历史的角度探索"马贼"的起源:"秦始皇不堪北狄之烦扰修筑长城,⼄著名之史实。此后,满蒙之地便出现此类匪贼之跳梁。……而奕尔吟赤之武力政策,于是在满洲族中养成以武力为主的征服性、反抗性及残虐性。而马贼效仿之,于是逐渐带有政治色彩　各路马贼,养兵练武,渐生安抚圈内民众,反抗官府,以义贼⾃命之倾向……宛然出现(对抗政府)一敌国也。"②但是,调查报告作者所说的"政治色彩",重点似乎是放在"反官府"的"在野"立场上而言,并不意味着所有的马贼团伙都拥有某种政治主张。而在《马贼之主义与色彩》一节,作者倒是将马贼团伙大致分为以下四个类型。

　　"第一种:拥有政治主张者。"如以往的高士宾、杨锡九、陶什陶以及当时还继续活动的"杨锡九之子杨家荫"和卢占魁等团伙。但是这些人所持的"政治主张"大多还是朦胧不清的"反中央"意识,真正提出过"西北自治"(卢占魁)和"吉林人治吉"(杨家荫)等口号的只是少数。③　总体来讲这些人在马贼中为数甚少。

---

①② 参谋本部:《満洲及東部内蒙古ニ於ケル馬賊(满洲及东部内蒙古的马贼)》大正十四年(1925),6—7 页,JACAR(亚洲历史资料中心),Ref. A03023725⨯0,画像 1。

③ 参谋本部:《満洲及東部内蒙古ニ於ケル馬賊》大正十四年(1925),10 页,JACAR(亚洲历史资料中心),Ref. A03023726300,画像 1。

"第二种:以猎官为目的者。""近来,当马贼被视为跳升官场的龙门捷径(众所周知,满蒙重镇张作霖、冯麟阁等都出身于绿林),现在横行于吉、黑两省贼团中较为出色者,几乎也都是欲乘此风潮(猎官)者",如管傻子、天龙、陈东山、官声武、栾海峰、仁义军、同乐、四海、大清国等等团伙。① 这些人在马贼中为数众多,已经成为马贼团伙的主流。作者认为:"现在吉林督军张作相创造了招抚马贼之恶例,却促成了以猎官为目的的贼团之丛生。姑息手段,最终还是暴露出了官府之无能。"②

"第三种:以复仇手段为目的者。"如被官兵所杀"五龙"之妻张素贞、自治军杨家荫、西北自治军的大英子、吉星、占中原等等,人数不多,但"亦马贼气质之一矣"③。

"第四种:专事劫掠者。""乃散兵游勇、苦力、流浪汉、罪囚等被环境所迫成为马贼者。通常数人乃至十余人一伙横行于世。现今出没于东三省各地之小股团伙,几乎都是此类草贼。彼辈没有任何主义、主张,专以劫掠为生。"④此外作者还举出了"苟有爱国色彩者"和"私兵型"的马贼,但没有进一步展开叙述。

关于马贼所持武器,调查报告记载:"现今马贼所持武器最多见者为俄国式长枪,其次是德国式'毛瑟枪',有时也能看到三八式步兵长枪",而"满蒙地区"武器散失现象的严重,也是促成马贼团

---

① 参谋本部:《満洲及東部内蒙古ニ於ケル馬賊》大正十四年(1925),1—11 页,JACAR(亚洲历史资料中心),Ref. A03023726300,画像 1。
② 参谋本部:《満洲及東部内蒙古ニ於ケル馬賊》大正十四年(1925),1 页,JACAR(亚洲历史资料中心),Ref. A03023726300,画像 1。
③ 参谋本部:《満洲及東部内蒙古ニ於ケル馬賊》大正十四年(1925),11—12 页,JACAR(亚洲历史资料中心),Ref. A03023726300,画像 1—2。
④ 参谋本部:《満洲及東部内蒙古ニ於ケル馬賊》大正十四年(1925),12 页,JACAR(亚洲历史资料中心),Ref. A03023726300,画像 2。

伙大量产生的客观原因之一:"满蒙之天地,到处散落着武器。盖因日俄战役之际,俄军武器大量散失。此次西伯利亚动乱,又有武器散失及外国商人战略性的武器销售。……如若将武器从满蒙清除,则马贼也会销声匿迹,故武器与马贼实在有着密切的关系。"[1]

至于马贼的经济来源,据说主要有"肉票的赎金""抢夺"和"保护种植与销售鸦片的酬劳"三大项,而"肉票赎金"是"马贼最常用的掠夺手段"等等。[2] 有关马贼各个团伙的活动区域及一致人数,调查报告最后还附有一份《东三省马贼概况附图》(大正十三年十月十日调查),虽然是约略的统计,也不难想见当时马贼横行东三省的大致概况。据说,"奉天省"当时马贼人数是 4 500 名,吉林省7 300名,黑龙江省 5 000 名,三省共计约 1.68 万名,这其中,"反张作霖色彩浓厚者"还被单列作了特意的统计,"约 8 180 名"。[3] 在同时代有关"马贼"的史料中,这份调查报告堪称最为详尽、系统的资料之一。

问题是,日本陆军参谋本部为什么要花力气在中国东三省地区作这样的"马贼"调查? 从这份报告的字里行间,我们可以作出以下几个方面的推测。

首先,是马贼的存在对日本殖民地统治秩序的确立和经济掠夺政策的实施可能带来危害。危害之一,是对居住在"满铁沿线"地区日本居留民生活环境的威胁。例如该报告在描述去京活动规

---

① 参谋本部:《満洲及東部内蒙古二於ケル馬賊》大正十四年(1925),17 页,JACAR(亚洲历史资料中心),Ref. A03023726560,画像 1。

② 参谋本部:《満洲及東部内蒙古二於ケル馬賊》大正十四年(1925),20—页,JACAR(亚洲历史资料中心),Ref. A03023726600,画像 1—2。

③ 参谋本部:《満洲及東部内蒙古二於ケル馬賊》大正十四年(1925),录六意图,JACAR(亚洲历史资料中心),Ref. A03023727200,画像 2—4。

模之大时指出:横行"南满"的马贼首领"大清国"率领"仁义军"在1924 年 9 月以后,纠合了各路马贼四十八队 3 500 余人在吉林省、"奉天省"等多处"广袤地域横行抢掠,其受害之巨超出想象之上;而且接近我南满铁道沿线展开行动,给沿线居住之邦人带来严重威胁"①。尤其是被排做"第四种:专事劫掠者"的马贼,"我满铁沿线时时发生日(本)支(那)居民被害事件,大多为此类草贼所为,牺牲者历来不绝,不知凡几"②。危害之二,是马贼对资源开发带来的威胁。"满蒙地域拥有无限的资源却迟迟得不到开发,原因自然首先是交通不便。而马贼之跳梁跋扈,也是一个重大缘由。现今物藏最为丰富之地区是"东蒙""北满",同时也是交通最为不便、马贼横行最为猖獗之地。若能够从上述各地驱除马贼,各种物资滔滔运往全满带来殷盛局面则不难想象也。"③由于马贼匪患受到影响的具体产业,报告书也举出了林业、金银矿山、沙金产业、畜牧业等为例作了说明。危害之三,是一部分受到苏俄影响的马贼可能带来的所谓"赤化"的威胁:"现今活动于黑龙江省的贼团当中,已发现有众多俄人混入马贼之事实。曾在绥芬名震一时的华人工会孙继武据说已被逮捕,另有传说称彼与黑龙江省马贼头目翟香九现正在苏俄境内武市(乌兰乌德市?),与黑河马贼取得联络,谋划着什么事情。随着中俄协定之成立,苏俄在东清铁道之势力势必逐渐增强,今后会在何种程度上赤化满蒙马贼乃至东三省民众,必须

---

① 参谋本部:《满洲及東部内蒙古二於ケル馬賊》大正十四年(1925),5 页,JACAR(亚洲历史资料中心),Ref. A03023725900,画像 1。

② 参谋本部:《满洲及東部内蒙古二於ケル馬賊》大正十四年(1925),12 页,JACAR(亚洲历史资料中心),Ref. A03023726300,画像 2。

③ 参谋本部:《满洲及東部内蒙古二於ケル馬賊》大正十四年(1925),28 页,JACAR(亚洲历史资料中心),Ref. A03023727100,画像 1。

严加关注。"①这里的所谓"赤化"威胁,除了意识形态的对立之外,自然还有领土和经济利益等多方面的考虑。由于日本的"国策会社""满铁"早就在觊觎着"东清铁路(中东铁路)"的管理权和股份问题,铁路利权的走向如何也同马贼的活动产生了关联。这三项可能的"忧害",涉及政治、经济、军事、外交多个层面,而且由于马贼群体人员构成的复杂性和行动方式的多样性与破坏性,在每个层面有所疏忽,都有可能给日本在"满蒙地区"的殖民统治带来不利影响和不安定因素。因此,及时地掌握马贼的最新动向并通过对马贼群体的构成、活动方式层面的分析,推测未来的走向,自然就具有了重要的、紧迫的意义。

其次,马贼团伙的政治色彩以及掠夺欲望是否可以被吸收到殖民地统治政策之中,"为我(日本方面)所用"的可能性,也是这份调查报告着重探索的内容之一。例如该报告书曾详述了1924年9月第二次直奉战争之际,马贼们各援其主,大军阀们也最大限度地利用马贼的"先例"。"先是,吴佩孚指使直隶省马贼巨头宋大明由海路经浦潮(即海参崴)潜入北满,另外在热河方面派遣密使游说亲直派马贼,并说服按照张作霖之意图在东蒙成立了自治军的卢占魁,使卢背叛张。而卢终因此计划被张所挫(有消息谓被杀害,但不辨真伪)……"②等等,指出直奉两派军阀实际上都甚为重视利用马贼武装的事实。而"援直派"马贼的目的虽难以捉摸,但与直系军阀之间肯定有着密切的关系:"彼辈之行动,目的究竟是在于援助直军扰乱奉军后方?或是单纯属于反对张作霖之行动?抑或是在于趁张(作霖)后方空虚之机大肆劫掠耶?目下虽难以判断,

---

① 参谋本部:《満洲及東部内蒙古ニ於ケル馬賊》大正十四年(1925)5页,JACAR(亚洲历史资料中心),Ref. A03023726200,画像1—2。

② 参谋本部:《満洲及東部内蒙古ニ於ケル馬賊》大正十四年(1925)5页,JACAR(亚洲历史资料中心),Ref. A03023725900,画像1。

但该贼团伙中据说有数名直系军人介入,仁义军的装备齐整,甚至拥有一门大炮和机关枪等武器,行动整齐且迅速,到底非官兵之比。"①由此,报告书以"现下('援直派'马贼)正日益扩展其势力,将来会有何等发展? 其势力之消长值得关注"作为简短的结论,表明了对于大股马贼队伍的动向今后不得不加以关注的忧虑心情。②

　　参谋本部的调查人员还发现,不仅中国的各派地方军阀利用马贼,苏俄和白俄在中国东北地区及苏俄西伯利亚地区也在接近和利用马贼:"马贼之活动地区,不仅仅限于满蒙,亦在俄属沿海州活动。因此亦有被赤化之马贼。西伯利亚动乱时代即大正九年(1920)前后,贝加尔湖反过激派军(俄罗斯白军)总指挥官谢苗诺夫活跃在沿海州时期,红、白两党之间都有众多满蒙马贼介入,可谓红白交错纷杂。……现今转为吉林军营长之官声武,客年作为北满马贼活跃时,之所以拥有绝大之势力,来自俄国共产党之援助实为重要……"③不难想象,中国地方军阀对马贼作为武装势力的借重,苏俄、白俄对马贼作为武装加政治势力的利用,其实都有着重大的启示和借鉴意义。不仅马贼团伙本身所具有的组织系统、战斗能力会受到重视,其所具有的自我维系和再生能力也是其他社会组织(包括所谓"官军")未必能够比拟的。"彼辈马贼,无论赤化抑或白化,亦无论亲日还是排日,皆以自身贼团之利害问题为着眼点而变化,并无何种确定不变之信念。"④有限的金钱和武器装备

---

① ② 参谋本部:《満洲及東部内蒙古ニ於ケル馬賊》大正十四年(1925),5 页,JACAR(亚洲历史资料中心),Ref. A03023725900,画像 1。

③ 参谋本部:《満洲及東部内蒙古ニ於ケル馬賊》大正十四年(1925),5 页,JACAR(亚洲历史资料中心),Ref. A03023726200,画像 1。

④ 参谋本部:《満洲及東部内蒙古ニ於ケル馬賊》大正十四年(1925),9 页,JACAR(亚洲历史资料中心),Ref. A03023726200,画像 1。

的投资,有时再加上派遣少量指挥或参谋人员,就能够把这支未必有固定政治信念的武装力量转化为"友军"甚至"别动队",这样投资少而回报高的"生意",对急于巩固在"满蒙地区"殖民地统治秩序的日本政府、军方来说,没有任何忽视或拒绝的理由。

其实,日军在日俄战争之前,就开始关注"马贼"的存在。如"清国驻屯军司令官"秋山好古①在 1902 年 5 月提交参谋本部的《四月下旬旬报》中就提到:"朝阳附近乃著名之山区,最适宜土匪安置巢穴。因此,古来匪患不绝,土民之间,从者不少,有土匪、票匪等称呼。……(义和团事件之际)随着联军的进军,清军溃败,车驾西巡,该地(清军)守备队受其余波,实力大衰,于是匪势日炽,横行四方,烧掠村落,强勒赋税……匪徒有时还装扮士兵之口吻……以支那军之势力,全无扫平之可能。"②说明日本军方从此时起就发现"马贼"已是东北地区不可忽视的武装力量,而且在这个时期,"马贼"是被看作努力建设和扩展殖民地统治秩序的"破坏者"的。又如当时担任参谋次长的寺内正毅在写给秋山好古的信中更明确表示:据近期一些外国人带来的情报,在华"兵站线路上守备兵力薄弱处,有遭受拳匪或马贼袭击之虞",鉴于山海关时近的英军士兵实际上已经受到三百名马贼的袭击,部分士兵受了重伤或失踪,因此要求秋山"务必将上述情形告知所辖各部队,唤起注意",以预

---

① 秋山好古(1859—1930),原名信三郎,后依据《论语》"信而好古"语改名"好古"。出生于松山藩(今爱媛县)武士家庭,是日本海军中将秋山真之的胞兄。1883 年大阪师范学校毕业后任小学教员,受"西南战争"的刺激投笔从戎,1879 年陆军士官学校毕业后任骑兵少尉,此后又进陆军大学和赴法国留学,甲午战争期间任骑兵第一大队队长参战,义和团事件后任"清国驻屯军"参谋长和司令官,1906 年任最高军职"骑兵监",号称"日本陆军骑兵之父"。此后还历任第 13 师团长、日军朝鲜军司令官等职。
② 《陆军省大日记》明治三十五年特号书类第 1 号 1/3 册,JACAR(亚洲历史资料中心),Ref. C09122943000,画像 1—3。

防"此类不虑之灾"等等。① 寺内的这种担忧倒也不无道理,1908
年 5 月,日军派往稳城对岸的临时测量班据说在宿舍里就受到了
马贼的袭击,造成 5 人被杀害,1 人受伤,现金和手枪被抢走的事
件。② 此后的《陆军省大日记》中,也屡屡看到日本军方及民间人员
受到马贼劫掠、伤害的报告,以至于 1920 年 10 月 9 日,参谋总长上
原勇作终于向浦潮(即海参崴)派遣军司令官大井成元和朝鲜军司
令官大庭二郎下达训令:"朝鲜军司令官以第十九师团长所指挥之
部队保护珲春及间岛地域之帝国臣民,并扫荡该地域不逞鲜人与
马贼以及助长彼辈之势力",对"马贼"以及反抗和破坏日军统治的
"不逞鲜人"痛下杀手。③

　　然而,马贼势力仅仅依靠镇压不可能从根本上加以禁绝。 日
本的殖民地统治机构如关东州也曾经采取过严加"取缔"的政策,
从后来的状况来看,未必有显著的收效,"马贼""土匪"的活动猖獗

---

① 《秋山大佐へ兵站線路中守備兵の寡少なる部分は今後或は拳匪若くは馬賊の襲来
　する虞可有之由伝聞致せしに付所轄の諸部隊へ予め注意の件私信(寺冂中将致秋
　山大佐谈马贼有来袭之虞函)》,《陸軍省大日記》明治三十四年特号杂书类,JACAR
　(亚洲历史资料中心),Ref. C09122784700,画像 1—2。

② 《臨時測量班遭難の件(临时测量班遭难事件)》,《陸軍省大日記》明治三十四年特号
　杂书类,JACAR(亚洲历史资料中心),Ref. C06084631500,画像 1—6。

③ 《浦潮派遣軍司令官及朝鮮軍司令官に訓令伝達済の件　発　参謀総長(参谋总长发
　浦潮派遣军司令官及朝鲜军司令官训令传达完毕件)》,《陸軍省大日記》自大正九年
　至同十一年间岛关系书类共 2 册其 2,陆军省,JACAR(亚洲历史资料中心),Ref.
　C06031233100,画像 1—5。

如故。① 由此，中国官府传统的应对手法"招抚"和日俄战争时期日俄两军都采用过的对马贼善加"利用"的政策再次成为选择。

　　日本军部关注马贼与北方大国俄罗斯之间的关系，在俄罗斯尚属帝政时代的 1912 年就有踪迹可寻。这年 6 月参谋本部整理出来的《关于俄国对支那行动情报摘要（对支那露国行动ニ関スル情報ノ抜萃）》中谈到："去年 11 月下旬以来，俄人'科尔伊洛夫'（原注：曾从事蒙古贸易，贩卖牛、猪）称奉哈尔滨东清铁道长官'赫尔瓦特'中将之命，前来长春，目下住在新市街第一区俄人之宿舍，其行动有颇为可疑之处。据侦察得知，此人直属于铁道交涉局'丹尼尔'，据说目的在于联络马贼。每日出入于该人宿舍者，均为长春一带的马贼头目。"②当时科尔伊洛夫主要联系的马贼头目，据说有于恩普、刘从臣、马振山、黄福臣、金寿山、张占元等。其目的何在颇让日本军部疑惑不解："其目的究竟在何处尚不得而知，或者据说是为防备蒙古之变乱，令彼辈做俄国行动之先遣，或者据

---

① 如大正十三年（1924）十月三十日日本枢密院曾通过一份《关于关东州掠夺财物为目的民众团伙之处罚的审查报告》，其中谈到"关东州地域马贼及海贼与盗匪徒等，为有节制之民众团伙非一时之乌合之众，而为有组织、可持续之组织，掠夺财物、危害人身安全……由于其出没敏捷，捕捉不易，招致当地民心浮动，威胁着人之生活。帝国在关东州施政之初，此类匪徒跋扈甚嚣。此后随岁月推移，踪迹渐少。然而大正十一年（1922）以来，彼辈之跳梁又日甚一日，被害之件数显著增加"。日本枢密院审查并通过了"比照关东州以外地区中国实施匪徒处罚条例所定极刑"之处罚标准，认定了以"敕令"方式对"马贼及海贼"严厉取缔的制定和实施（国立公文书馆所藏，《関東州ニ於テ財物劫掠ノ目的ヲ以テ多衆結合スル者ノ処罰ニ関スル件（关于关东州以掠夺财物为目的的民众团伙之处罚的审查报告）》，JACAR（亚洲历史资料中心），Ref. A03033396700，画像 1—7）。

② 参谋本部：《对支那露国行动ニ関スル情報ノ抜萃（关于俄国对支那行动情报摘要）》明治四十五年（1912），1—2 页，JACAR（亚洲历史资料中心），Ref. B03063400，画像 3—4。

说是为了帮助东清铁路沿线货物之集散,令马贼等辈担任保护之责。……总之,(俄罗斯)正在对马贼采取某种秘密行动,是毫无疑问的。"①从这份报告书看,虽然参谋本部搜集情报的能力或者会有欠缺,但沙俄时代的俄罗斯对马贼的利用在这个时期应该还在初级阶段,尚无更多的具体行动。然而日本军方已经及时地嗅到了可疑的气味。

所以,考察一下参谋本部的《满洲及东部内蒙古的马贼》等报告,就可以看出日本军方早在1910年代后期,就在关注马贼的现状,并作为"问题"加以探讨和研究了。

另一方面,对东三省的马贼加以武装、训练和利用,还是日本陆军参谋本部以及关东军中以福岛安正为首的主张以对抗俄罗斯及后来的苏维埃俄国的南下,确保朝鲜半岛和"满蒙地区"侵略权益的"北进论"战略中的一环,马贼以及负责联络和指挥马贼的大陆浪人,都不过是这个战略中的一颗棋子而已。

例如1915年前后,升任少佐并被任命为参谋本部员的小矶国昭,就私下向驹井德三介绍过日本陆军内部关于辛亥革命后如何对应中国政局变化及扩展日本在华权益的两种意见:一是"时任关东都督的福岛安正大将,认为中国放任革命党来做的话势必走向赤化,无论如何也必须复辟帝制",持反对革命、复辟帝制的意见;二是"自始至终支持革命党,并使之与日本合作"的意见。② 两种意见相持不下,最后居中调解的是参谋本部第一部长的宇都宫太郎,据说"很好地控制了两方"③。但是福岛安正从来就没有放弃自己

---

① 参谋本部:《对支那露国行动二关スル情报ノ抜萃》明治四十五年(1912),2页,JACAR(亚洲历史资料中心),Ref. B03050563400,画像4。

② 驹井德三:《大陆への悲愿》,150页。

③ 驹井德三:《大陆への悲愿》,151页。

的构想,而是此后利用关东都督的权力和地位积极推行自己的计划:"福岛关东都督在这种情况下,将前清亲日派的巨头——肃亲王一家接到旅顺,加以殷勤保护。……亲王虽已高龄、活动力不济,但据说已确立了拥立其长子金璧东创建满洲帝国的计划。其具体的作战计划是:在大连聚集起几千人的马贼队伍,强化其武装,并由日本预备役将校加以训练。将接受过训练者送往千山,占据彼处天险。另外号召在蒙古的海拉尔翘望清朝复辟的巴布扎布将军,命其率领麾下的蒙古军前来满洲,一气夹击奉天,在此地竖起满洲帝国独立的大旗。"[1]福岛安正本人虽然在 1914 年 8 月升任陆军大将的同时就被编入预备役退出了指挥大陆浪人阴谋活动的第一线,但是他确定的利用大陆浪人控制马贼,并由马贼作为武装力量挑动分裂中国"满蒙地区"的阴谋活动方式,却作为关东军的既定方针和战略被延续了下来。

3. 马贼与大陆浪人

马贼队伍中夹杂了不少"东洋人"的身影,他们凭着先进的武器装备、丰厚的资金援助,将一支支原本散漫、混乱无明确政治、军事目的的"马贼"团伙一步步从原来的"匪贼"或"武装自卫组织"的形态,改造成为可供操控的具有明确政治、军事目的的武装力量。这些时隐时现的"东洋人",主要是不乏"冒险"和"牺牲"精神的大陆浪人。

东三省各地"原生态"的马贼,大多在产生机制和活动形态方面跟拥有悠久历史传统的"绿林好汉"没有太多区别。但是由于清朝初年的封禁政策加之后来朝鲜民族的大规模移住,以及俄罗斯、日本等外来民族的进入,各民族、各种社会阶层、各种社会势力混

---

[1] 驹井德三:《大陸への悲願》,151 页。

在一处,情形极为复杂,统治秩序极为脆弱。遇到较大的社会变动,一部分贫苦人民被逼"造反",许多富户们为保护身家性命组织的"家丁""护院"等私设武装,还有若干村落等社会组织共同创建或者进行财政支持的"保安队""保险队"等民间武装纷纷兴起,就形成了东北地区"匪患频仍"、各种武装力量丛生的局面。这也是近代东北地区马贼势力既多且杂局面形成的社会背景。

以打家劫舍为主要目的的小股马贼有时被人们称作"牛虻":"被称作马贼的团伙中,有数个种类。既有编成大部队横行跋扈者,也有聚集三五人出没于市井,用手枪抢劫银行、公司、商店的小强盗。人们称此类抢劫者为'牛虻'。"[①]此类小股匪盗,旋生旋灭的团伙居多,最后的出路不是被官府所剿灭,就是被其他马贼团伙所吞并。大股马贼团伙的去向也有两条道路:一是被官府"招抚",摇身一变为"官军";二是在各国列强中找到"靠山",凭借外国势力的支持扩展军事和政治势力。"跟在市井中抢劫银行、商店的'牛虻'不同,率领大部队行动的马贼之中,也有带有政治性、军事性色彩的势力。头目以下所有成员都是中国人的团伙暂且不论,只要有□□(原文如此,笔者所阅览版本有人用手写体加入'日本'二字)人加入的团伙,就成为一旦有事就不断追逐风云变幻的势力。"[②]这本书的作者表述虽然委婉,却已在九一八事变爆发之前,就揭示了一部分马贼团伙在日本浪人的操控下,军事实力不断增强并逐步成为日本军方对华政策和行动中不可或缺的辅助武装力量的事实。此外,也有一些马贼大头目脚踩"官府"和"外国势力"两只船,

---

① 赤间骑风:《满洲马贼》,东京:白永社书房1928年,29页。资料来源:《国立国会图书馆数码收藏》(https://dl.ndl.go.jp/info:ndljp/pid/1452646)。

② 赤间骑风:《满洲马贼》,4—5页。

左右逢源,终至成为奉系军阀的首领和重镇级人物,如张作霖、冯麟阁等人。而在"坐大""上位"之后的张、冯之辈背后提供各种支持并遥控、挟制者,就不再是大陆浪人这些末端人物,而是军部参谋、"军事顾问"、总领事等日方军政人员,有时驻华公使也会亲自上阵。

　　曾任伪满洲国"国务院"政务厅长官的驹井德三,对一大陆浪人控制马贼的手段甚至摇身一变成为马贼大头目的某些代表人物,都有较深的了解:"说起马贼,满洲真正的马贼,其实是一些侠义之徒……日本人里,有些人日俄战争之后留在满洲。有些男子在那个社会里还发挥了重要作用。其中一个叫做逸见勇彦(即边见勇彦)的,跟我还很有交情。他是西南战争之际西乡隆盛门四天王之一逸见十郎太的遗孤,在北大(即北海道大学)学习土木专业,但是数学不行就留级了。于是奔向大陆,销售当时日本制作的中国教科书甚至深入到四川。慢慢也学会了汉语。……日俄战争爆发后,他来到满洲,结识了马贼头目,利用马贼军巩固日军的右翼,为战争立下大功。结果,日军就允许他在长春、安东、大连等地开设公开的赌博场所。这是一种特权,于是马贼的头目们就集中过来。头目们又拉着其他头目从各地来投,留级生逸见勇彦一日间成为大爆发户,豪气万丈。……此外,那里(指赌场)有类似经营一样的日本人,这个人就是后来成为马贼头目的'薄天鬼'(薄益三)。……他们在赌场里快乐过后,回到乡下还是当马贼。但是不是日本人以为的那种单纯的强盗之流。有些大商号等往乡下送货或者运送钱财时,由于中国官府力量薄弱,就需要有人来当保镖。这时候只要给马贼头目缴纳保险费,就保你平安无事。"[1]

---

① 驹井德三:《大陸への悲願》,145—146页。

　　驹井德三提到的逸见勇彦,即本书第一章介绍过的边见勇彦,作为第二代大陆浪人的代表人物,他不但经商手腕高明,且极有政治头脑,能够把握住一切可以利用的时机为侵华日军和关东州、伪满洲国政府等日本殖民地统治机构服务,发挥独自的、不可替代的作用,并在事成后要求更多的经济、政治利益;其统治集团的成员也以跟他"很有交情"而自豪。他同时又利用手中的利权笼络各地、各派的马贼头目,通过赠送财物、代购武器和物资乃至毒品之类小恩小惠手段组织起一个依附在自己身边的马贼行动、联系网络,逐步使马贼群体政治化、亲日化。因此,堪称是"黑(马贼)、白(殖民地统治当局)、绿(军部)""三道通吃"的浪人"大腕"、马贼的"総元締(总头目)"①。

　　大陆浪人接近马贼并加以利用,较早注意到其"可能性"的是川岛浪速。据说川岛在1888年前后就从俄罗斯向伊犁的扩张中隐隐察觉到俄国对中国领土的野心,认为"将来俄罗斯必定会伺机向满洲伸手",而一旦"满洲落入俄罗斯手中,支那、朝鲜等于被扼住咽喉,死期将至只是时间问题;再考虑到此后日本的存亡,令人不甚寒心"②。于是他"决心挺身而当防守满洲之任","(此行)先入满洲,加入土人一伙中,饲羊、喂猪亦甘为之。如此渐经若干岁月,渐与土人驯染熟悉,结为一体,徐徐收编马贼队伍,制造势力。(而后)联络东部蒙古,建立一个国家,以此新国家防止露西亚之侵入"。③ 这就是最早浮现在川岛浪速心中的"满蒙独立运动"的蓝图。该文的叙事可能有较多失实之处,但是将"马贼队任""收编"

① 赤间骑风:《满洲马贼》,45页。
②《东亚先觉志士记传》中卷,240—241页。
③ 同上,241—242页。

为可资利用的武装力量,确实是川岛浪速等大陆浪人的一个重要发现。

在实际的政治活动中与马贼势力接触并建立了一定"合作"关系的,有辛亥革命时期革命党阵营的萱野长知。萱野在自己履历书中曾说"三十七八年(明治年号,即 1904—1905 年)日俄战争之际,参加花田少佐率领的满洲义军,转战东北地方"①。根据《东亚先觉志士记传》记载,他这时接触的是在宽甸县盘踞的马连瑞一部数百名保甲武装,在该部的帮助下萱野在马家沟附近又将"满洲义军"的散落之徒纠集起来,还在清河城附近奇袭俄军 "继而转战各地,屡建奇功"②。这是马贼最早进入大陆浪人视野的一次"奇遇"。

1911 年辛亥革命爆发之后,与宗社党守旧阵营站在一起的川岛浪速等大陆浪人,已开始实际武装和训练"马贼"。在所谓"满蒙独立运动"中,川岛等人就把马贼和所谓"不逞鲜人"看作可资利用的武装力量。据说宗社党发动"满蒙独立运动"时,曾"飞檄"各地马贼一同"举事","然而立刻呼应宗社党的,只有天鬼(最近马贼头目中最有名之薄益三)、重信(原长春□□(原文如此,似应为'警察')署长,免□(原文如此,似应为'职')后成为满洲浪人、小滨(原安东□□社(原文如此)副社长,之后也成为满洲浪人、天乐(作为马贼的经历,甚至要在天鬼之上的□□[原文如此,以应为'大陆浪人'或'现役军人'])以及双山、金龙、乌龙、长江好、靠山、双龙、魁斗等其他中国人头目"。③ 其中的天鬼、重信、小滨、天乐等人,都是已经成为率领众多中国喽啰的"日本马贼首领",有的在走

---

① 《萱野长知履历备忘(萱野長知履歴覚)》,久保田文次编:《萱野長知·孫文関係史料集》,高知:高知市民图书馆,2001 年,339 页。

② 东亚同文会编:《続对支回顧録》下卷,1139 页。

③ 赤间骑风:《満洲馬賊》,34—35 页。

上这条道路之前还有着比较显赫的社会地位。

侵华日军中最早注意到马贼利用价值的,恐怕要数日俄战争期间曾经参加过所谓"特别任务班",从事对俄军的某略和破坏活动的陆军少佐井户川辰三(后来做到陆军中将)了。据说井户川当时见到被日本宪兵作为俄军探子抓捕的一个"支那营官",于是想到"当时我军正处于必须步步准进、持续作战之关头,少佐遂对于这个俄军探子也生起可以根据我军所需加以利用之念头"①。于是井户川求见关东军参谋长儿玉源太郎,"力陈我军骑兵军力不足,为此无论如何有必要操纵支那马贼以补我军缺陷"②,最后他终于说服时任作战科长的中佐田中义一,救下了这个据说"身为马贼头目已显示出卓越才干的男人"张作霖。而张作霖本人也不负井户川和田中义一的期许,"日俄战争稍前时虽不过马贼一头目,驰骋山野,以掠夺良民财物和身家性命为生,仅十余年间,便一跃而成为师团长、陆军中将,掌握南满洲重镇奉天之兵权,其发达之速真令人惊叹"③。自然,日本关东军在扶植马贼头目张作霖成为"东北王"的过程中,也获得了巨大的回报,堪称日军对马贼积极利用的一个成功范例。此外,井户川等日军"特别行动班"首领在日俄战争期间还操纵其他马贼夺取俄军辎重,并长期威胁俄军后方,本书第五章第一节还有专述,本节从略。然而需要指出的是这些"特别任务班"在华活动期间,还有一个他们意料之外的"收获",那就是他们在辽阳时有当地中国人于冲汉携带日军"满洲军"总司令部参

---

① 黑龙会编:《東亜先覚志士記伝》下卷,东京:原书房 1966 年,40 页。
② 黑龙会编:《東亜先覚志士記伝》下卷,41 页。
③ 黑龙会编:《東亜先覚志士記伝》下卷,44 页。

谋福岛安正少将的介绍信来投,说是"愿意从事谍报工作"①;在锦州时,又有"驻防新民府营官名张作霖者,对日军颇有好感,今后愿为日军效力云云"②;当时的一些马贼首领如冯麟阁、杜立三、金寿山、张海鹏以及蒙古人巴布扎布等,也都与"特别任务班"的日本人建立联系,成立所谓"东亚义勇军",帮助日军调查"敌情"、爆破铁路等。③ 这些马贼首领们的"主动来投"和积极配合,无疑使参某本部和关东军首脑对"招抚"、扶植马贼的军事价值和政治价值有了更进一步的认识。

然而就是这同一个张作霖,虽然当年受到日军搭救并主动"驯化"的过程中向井户川少佐郑重表示过"如能救我一命,当以身为日军效劳,万望发洪海之慈悲心肠出手搭救",并在《誓约书》上按手印画押④,然而后来成为"东三省巡阅使"甚至当上"大元帅"之后,日本关东军发现他越来越不"配合"了。有关记载如下:"我满铁当局等基于与张作霖之间的特殊关系(就'打(虎山)通(辽)铁路'等事)多方进行交涉,却以地方问题难以处理等陷入僵局。不仅如此,张自己既然已经决意坐镇中央,也处于无法不置身中央主流之立场,于是反而加入反日、抗日阵营之中"⑤;"其后,张系武人跋扈之势愈发嚣张,酿成对日关系日益恶化之结果"⑥。这中间面,

---

① 特别任务班最初"认为除王子修(已经为特别任务班效力的中国人)之外并无录用高等支那人之必要,念其有福岛少将之介绍遂录用之"。但是,于冲汉后来因与王子修不合,改被派往海城车站充任密探主任,但"不数日彼即不知逃往何上"。东亚同文会编:《对支回顾録》上卷,401页。

② 东亚同文会编:《对支回顾録》上卷,403页。

③ 东亚同文会编:《对支回顾録》上卷,410—413页。

④ 黑龙会编:《東亜先覚志士記伝》下卷,43页。

⑤ 黑龙会编:《東亜先覚志士記伝》下卷,50页。

⑥ 黑龙会编:《東亜先覚志士記伝》下卷,51页。

日本军方自然不愿看到,于是又由关东军在沈阳皇姑屯用残暴的手段暗杀了在他们看来已经成为"另打小算盘的亲日主义(打算的親日主義)"的张作霖。① 制服、"改造"张作霖的最终失败,也为此后日本关东军与大陆浪人驾驭、利用马贼队伍,提供了一个既有"成功"也有失败的典范。

4. 居然成为"美谈"的"邦人"马贼

"邦人"成为马贼,有"被动"和"主动"两大途径。"被动"途径,是从"肉票"变为马贼团伙中的成员。据参谋本部的调查报告《满洲及东部内蒙古的马贼》称:包括中国当地民众在内的一般平民跻身于马贼队伍,有时是迫不得已:"(被绑架的'肉票'们的)第三(条出路),是心机一转,自己变为马贼投身于贼团。邦人中历来不乏被绑架成为肉票者,此类邦人虽然几乎大多被释放,但据说所有人都受到过加入该马贼团伙之劝诱"②,而事实上也确实有人就此加入了马贼队伍。

比如新潟县织户出身的青年小日向白朗③,第一次世界大战期间的 1917 年,怀抱着朦胧的"为国家做点儿什么"的信念渡海抵达奉天,又辗转通过同乡军人的关系介绍给中国通坂西利八郎大佐,此后便在坂西以及周围的建川美次、土肥原贤二、板垣征四郎等少

---

① 黑龙会编:《東亞先覚志士記伝》下卷,47 页。

② 参谋本部:《満洲及東部内蒙古ニ於ケル馬賊》大正十四年(1925),21—22 页,JACAR(亚洲历史资料中心):Ref. A03023726600,画像 1—2。

③ 小日向白朗(1900—1981),姓小日向,名白朗,新潟县人,出身于纺织业家庭。14 岁时赴东京经商,1917 年经朝鲜来华。在北京居住三年,后由日军大佐坂西利八郎之助,只身赴乌兰巴托,途中被杨青山部"马贼"所擒,遂加入"马贼",取名尚旭东。因作战勇猛,渐成为首领之一,人称"小白脸",活跃于热河、察哈尔一带。九一八事变后,他被各部"马贼"推为"东北抗日义勇军"司令,1937 年后,又在山西、河北组织"兴亚挺身军"。日本战败后,他被国民党军逮捕后又释放,返回日本,1981 年死去。

壮将校的熏陶下学习汉语、剑道和射击等等。①　两年后，小日向意欲前往库伦(今乌兰巴托)"探验"，得到坂西的赞许和资助。但是走到土城子郊外被小股马贼擒获，此后他便在裹拔下加入本区一带的马贼"大揽把(大头目)"杨青山为首的马贼团伙。由于多少懂得一些"战法"和不怕死的冒险精神，小日向从马厩内部的杂役做起，一步步被提升，最后在杨青山死后当上该团伙的"大揽把"。在马贼内部的绰号也从"小白脸"变成"小白龙""尚龙家"等，终于成为日本人在马贼团伙中屈指可数的"大头目"。

由于个人生活的不幸，到海外寻求出路的人，听命运摆布，逼上"江湖"成为马贼头目者，也不乏其人。这是"主动"成为"马贼"者。

如在马贼队伍中报号"天鬼"的薄益三，生于贫苦家庭，为生活所迫入赘会津喜多方旅馆的老板家。但从一开始就厌恶"无聊的上门女婿生活"的他，在日俄战争爆发之际似乎看到了一线希望："与其闷在狭窄的日本内地打发日子，还不如先跑到满洲那样的地方，再做打算……"②从动机上看，薄益三最初选择前往"满洲"的人生道路时虽有走投无路的无奈感，却基本上出于简单而幼稚的朦胧冲动。据说膀大腰圆、力量过人的他，出发前凭借的主要是身体的优势，他说"俺就要凭这个身体做资本，出人头地"③。他逐渐萌生为"日本帝国""效力"的"国益"观念，是在边见勇彦经营的华实公司当上经纪人以及当上马贼之后的事情。

① 渡边龙策：《馬賊頭目列伝：広野を駆ける男の生きざま(马贼头目列传：驰骋荒野的男人的活法)》，东京：秀英书房 1983 年版，196—197 页。
② 赤间骑风：《満洲馬賊》，49—50 页。
③《天鬼と白竜(天鬼与白龙)》，渡边龙策：《馬賊頭目列伝：広野を駆ける男の生きざま》，89 页。

　　然而无论是小日向白朗还是薄益三，都没有想到的事情是他们的"歪打"居然获得"正着"的结果。不久，所谓"邦人"马贼的存在被日本国内媒体渲染报道，"贼"的特点几乎不再受人关注，日本人在中国大陆"占山为王"的"事迹"也就成了"美谈"。

　　大陆浪人尤其是投身于"马贼"队伍中的大陆浪人之所以层出不穷，最重要的起因就是当时日本几乎所有的媒体对投身于"马贼"队伍中的大陆浪人不计名利、不顾生死，"为国奉献"精神的舆论渲染、政治性拔高和精神灌输。

　　如出版于 1928 年，署名滨丘浪三著、土村正寿画的《少年少女插图文库：军事美谈（少年少女絵人文庫軍事美談）》一书，从印刷和装帧水准来说都堪

称当时的一流"少年少女"绘本。这本书在"军事美谈"的名义下不遗余力地宣传"军事侦探大岛与吉"的"奇勋""马场大佐的武运""山崎羔三郎"的"奉献"等日军将士的"事迹"，还有标题为《是马贼？还是志士？奈良崎八郎的活跃》的一章，用极为煽情的文字向"少年少女"们讲述了"善良的马贼""奈良崎八郎"的故事："诸君是否知道马贼？也许并不知道，但至少也听说过吧？……这里所说的马贼，并不是那类人，而是虽说是贼却是义贼的善良马贼。绝不袭击无罪的良民，只是袭击蛮横的官吏和富豪，令不正不义的官吏与富豪们胆寒的马贼！……""首领是浓眉锐眼的伟丈夫，虽身穿支那人的服装，却又远比支那人精悍。……首领一挥马鞭，马如疾

风般奔驰,身后的马队也紧随而来";"这些马贼到底是什么头伍?
首领是何人？他们就是为日本军队尽忠的特别义军,首领就是奈
良崎八郎也";"奈良崎八郎乃九州筑前(今福冈县西北部地带)生
人。九州男儿的激情、刚毅与魂魄,从他的身上蓬勃而出。……"
奈良崎"整合马贼,施以日本式训练,命名为特别义军,自任指挥,
不断侦察俄军敌情报告给日军。有时还率领马贼直接袭击俄军,
大挫敌军气焰,为日军做出了贡献"。① 其后,该绘本在叙述到奈良
崎八郎从战马跌下死于非命的结局时,还继续将其精神境界加以
拔高渲染:"啊,啊！志士奈良崎八郎。虽无军籍,却成为了赶赶军
人贡献的勇士！春风秋雨二十数载,如今,我日本势力在满洲已稳
如泰山,令人如何不为君感慨万分!？ ……闻知奈良崎之死讯,大
山(岩)元帅亦不禁仰天慨叹:'啊！奈良崎已死。惜哉,杀我勇
士矣！'。"②

　　这类读物,图文并茂,且兼具"冒险""浪漫""够劲儿"等种种刺
激性要素,对尚未确立人生价值观、是非观的青少年来讲,自然具
有极大的"穿透性"和"杀伤力"。无怪乎 1927 年的某天夜里,东京
筑地警察署的巡警在银座附近抓到一名身带血迹并且挥刀抗警的
少年,在打劫了钱财和伤人后还口出"豪言":"等积攒够五百元,就
去满洲当马贼!"③还有后来发明了大量生产强化瓦楞纸纸板箱技

---

① 滨丘浪三著,土村正寿画:《少年少女絵入文庫軍事美談(少年少女插图文库:军事美
　谈)》,东京:春江堂昭和三年(1928)五月发行,2—10 页。资料来源:《国立国会图书
　馆数码收藏(国立国会図書館デジタルコレクション)》(http://dl.ndl.go.jp/)。

② 同上,17 页。

③《馬賊を目的の悪少年(立志当马贼的罪恶少年)》,大西春翠:《仮面を剥いだ憧憬の
　都(剥下假面的憧憬之都)》,东京:玉文社出版部昭和二年(1927)三月发行,135—135
　页。资料来源:《国立国会图书馆数码收藏(国立国会図書館デジタルコレクショ
　ン)》(http://dl.ndl.go.jp/)。

术的"联合纸器"公司(现在的公司名为 RENGO,仍为日本最大的纸板箱厂家)的创建者井上贞治郎,年轻时据说也是被浪人们的冒险事例所吸引前往"满洲放浪"的:"正好那个时候,正是满洲马贼声名显赫的时代。我们年轻人听到逸见勇彦、樋口勇马等豪杰们的故事,一个个热血沸腾。我也是其中一个。……就如同发现了金矿一样闯到满洲内地去了。简直就是唐吉可德。"①可见此类马贼传说,对当时青少年的影响和毒害非常大。

二、"马贼"与日本在东北地区的侵略、渗透活动

"满洲"本来是清朝统治民族满族的发祥地和故乡,跟朝鲜半岛接壤,跟孤悬海外的日本并无地理上的关联。为了使所谓"满洲领有"正当化,日本政府、军部动员各种媒体从以下两个角度在日本国内和海外殖民地展开舆论攻势:① 大力宣传日本在"满洲"的"特殊权益"本来是清朝政府已经放弃,后来日本通过日俄战争付出"十万生灵与二十亿国帑",才从俄国手中夺回此后通过多年经营使其恢复元气、重获发展的特殊地带,言外之意是日本从俄国人手中"取得"了这块土地的;② 不遗余力地批判张氏父子的"恶政"以及"民不聊生"的窘境,以渲染日本通过占领"满洲"在此建立"王道乐土",也有符合当地民情的"正当理由"。

除"文化攻势"之外,"武力"是建立和巩固在中国东北地区殖民地秩序的基础,早就深谙武力统治关系奥妙的日本关东军,基于以往对东北马贼的研究和了解,逐步把笼络和扶植效忠于日本帝

---

① 井上贞治郎:《私の履歴書(我的履历书)》,原载 1959 年 6—7 月《日本经济新聞》,RENGO 株式会社:《RENGO 的历史》(https://www.rengo.co.jp/history/inoue/page12.html),2020 年 3 月 29 日。

国的马贼势力,当成巩固日本在中国东北地区侵略和渗透活动的重要辅助力量。于是打入马贼队伍的"邦人"成为实现关东军这个战略构想的桥梁。

1. "邦人"浪人与军部后台

"邦人"中的大陆浪人在异国他乡生存,固然有通过单枪匹马而获成功者,但对于幻想在较短的时间里扎下脚跟,不劳而获甚至一攫千金的投机者、冒险者来说,投靠和依附强有力的政治势力,在其庇护下求得发展,是尽人皆知的"捷径"。

流落到东三省和朝鲜半岛的日本浪人,经商者为数不少,且能成气候者,往往需要跟日本军方有或多或少的联系。不然在价格和销路上难以跟当地企业竞争,出现经营危机或纠纷时也难以自保。

如浪人薄益三在平壤开办的"薄商会",得益于他在日俄战争期间以"民间人士"身份从军,为日军多方效劳,于是在战争结束后获得日军驻朝鲜一个师团"御用商人"的特权,再加上司乡柴四郎[①]向驻汉城公使林权助的推荐,由此成为有军政"双保险"的"生意人"。他的侄子薄守次进店打工时就发现:"商店的业务,就是为师团提供各种应有尽有的服务,从杂七杂八商品的进货到承包工程等等,无所不做,就是垄断了(师团)所有利权的生意。……商会由于从军队那里拿到了足够的订单,从经营模式上讲是不会亏损的。"[②]这是"邦人"中的大陆浪人主动拉上军方背景,充为"国益"效

---

① 柴四郎(1852—1922),姓柴,名四郎,会津藩藩士之子。明治初年上三京学习英语,后赴美留学。"西南战争"时从军,战后从事战记编纂等工作。1887年以"东海散士"笔名发表政治小说《佳人之奇遇》;1891年后连续八次当选为众议院议员。曾参与第二次"满蒙独立运动"。

② 朽木寒三:《馬賊　天鬼将軍伝》,东京:德间书店1981年,13页。

力的同时获取私利的主要途径。

由于日俄战争期间就已经通过大陆浪人操控"马贼"等中国民间武装势力取得意外的"战果",日本陆军参谋本部和驻扎当地的关东军对于通过大陆浪人这一必须的中介环节来笼络、操控"马贼"的必要性,可以说有足够的认识和超常的积极性,很多计划和随之而来的人员征集、训练、配备以及联络系统的建立等,从1920年代以后几乎成为他们日常工作的一个内容,差不多是随时随地发现机会就加以部署和展开。

例如边见勇彦,在下田歌子的"开导"下来到大陆,过的主要是闯荡各地、推销图书的生活,平凡却也充实。不久在成都武备学堂当教官的日军大佐井户川辰三通过驻上海总领事找到他。边见依靠直觉判断是要接受军事任务,于是不顾社长(总经理)的挽留,辞职前往北京日本公使馆会见驻华武官青木宣纯大佐。此时青木由于亲手组织的七支以大陆浪人为主体的"特别任务班"几乎全军覆没,他开始改变战术,指示边见设法通过操纵马贼充当炮灰,代替日军官兵和大陆浪人作战。"鉴于从前的失败,这次召集满蒙的马贼,配备我们的职业将校与敌作战。另外,还要乘混乱之机,爆破桥梁和敌人的补给线。但是,我军将校皆不懂汉语,希望你又当翻译,又当随员。把马贼队伍集合起来之后,你就是参谋长。"[1]有了这样的许诺和信任,一介普通的浪人、"图书推销员"边见勇彦,就一步步地变成操控马贼的山大王"江仑波"。

又如发动了两次"满蒙独立运动"的川岛浪速,素来与军方关系密切,把对"满蒙独立运动""有所理解"的高山公通大佐等看作挚友。为了发动分裂中国领土的"满蒙独立运动",不仅需要培养

---

① 渡边龙策:《馬賊頭目列伝:広野を駆ける男の生きざま》,123 页。

和训练巴布扎布的土匪武装,还需要提供武器等物资支援。运输工作就由多贺宗之少佐等人拍板交给了薄益三、薄守次和左宪章统帅下的马贼团伙。其原因据说就是多贺等人看上了"被永为'镖局'的马贼特有的保险制度,通过买路钱、保票钱等交通保障金的形式,可保旅行和运输的安全","所以,多贺少佐等当然看上了作为马贼武装迅速成长起来的天鬼集团"。①

但是,直接派遣军方人员参与"满蒙独立运动"这种公然分裂中国领土的军事阴谋活动,不管派遣的是现役还是预备役军人,事发之后都要承担巨大的外交反险,军方半公开主导和支持的两次"满蒙独立运动"的失败,都有日本统治集团内部围绕着政策调控方面的对立、折冲和政策调整带来的影响。因此,对日本军方来说,更稳妥的办法是通过大陆浪人经办带有"合法"性质的经营实体,为"邦人"浪人和马贼头目提供"合法"的身份保护,同时还可以利用"保安队"乃至"消防队"名义冠冕堂皇地维持马贼的军事力量。如果利用殖民地统治者的特权半公开地从事贩毒、卖淫等暴利产业,不仅不需要额外的投资,还可以通过攫夺当地的中国人民获得经济上的利益。

大陆浪人在东三省和中国内地开办的"商号""洋行"等大型企业多与日本军方有关,为日本军方提供服务,已为众多的案例所证明,边见勇彦开设的华实公司也不例外。

据晚辈级的大陆浪人薄守次回忆:"边见先生的华实公司,是汇聚了赌场、妓院、鸦片烟馆、小剧场等应有尽有的大众娱乐性质的欢乐城。然而,这只是表面的现象,它实际上还有背后的一面,而这背后的一面才是边见先生的目的所在。赌场呀等等参与

---

① 渡边龙策:《馬賊頭目列伝:広野を駆-る男の生きざま》,92—93 页。

公司经营的,都是马贼的头目们,而那些跑堂的、保镖等等,也都是他们手下的'炮头儿'。平时把大量这样的人聚集到公司里,一旦东亚发生事端,立刻就可以以他们为中心组建一个马贼大军团,同时还可以动员大连港的苦力和安东的伐木工人,组织成义勇军,站到日本一边同俄罗斯一决雌雄。它是这样一个谋略机构。"①

　　华实公司为了掩盖上述的真实目的,当然也采取了种种掩饰措施。比如长春华实公司名义上的负责人是中国人王化成,豢养的数百名打手自称是"消防队",甚至还经营了学校和施疗医院,以打造除了赌场(分为中国式赌场的"宝局"和抽彩式"会局"两种)、妓院("平康里")之外,同时也从事教育和慈善等公益事业的外在形象。但是薄守次不久就发现:"'华实公司'的名义人王化成,其实就是个名义,实际的主宰者是边见勇彦。而在背后,还有一个创办和维持的力量,那就是当时的满铁总裁后藤新平和关东都督福岛安正。"②占地面积巨大的华实公司的土地,实际上也是从满铁公司租借来的。因此,大陆浪人经营的华实公司从本质上说就是日本驻"满蒙"殖民地统治军、政机构联合创办并在背后支持的"吸金"市场+贩毒巢窟+阴谋活动基地的复合体,而且当时就有人透露,连殖民地统治机构的长春税务署、邮政局等机构,背地里也接收着来自华实公司的"资助"或贿赂。③

　　为了最大限度地遮掩"日本人经营"的实情,华实公司还着意在表面上"排斥"日本顾客。但是,长春警务局的密探最后发现,华实公司这样做另有目的和背景:"薄益三等一小撮身份不明的日本

① 朽木寒三:《馬賊　天鬼将軍伝》,15 页。
② 朽木寒三:《馬賊　天鬼将軍伝》,24 页。
③ 赤间骑风:《満洲馬賊》,47 页。

人，甚至组建了私设警察之类的组织，横行霸道。尤其荒唐的是，华实公司禁止一切日本顾客入内，只允许中国人入内榨干他们的钱财。这一小撮日本人的背后，毫无疑问端坐着日本的国家权力。而薄益三这样不可思议的人物，在本国权力的庇护下，公然无视中国官府的权威为非作歹。"①少数日本浪人在华实公司里不但掌握着经营、管理大权，而且还担任着"门神"和打手的角色："当时的这个游艺场，可是个不得了的地方，用一般的办法行不通。那些所谓的国家型志士们，虎须倒立，横眉怒眼，或者是满脸令人不安的神色在柜台上收钱，或者是卷起袖子在赌盘上收取赌资。胆小的人哪怕看他们一眼，也会吓得知难而退。"②退化为"不良邦人"的大陆浪人的形象，活生生地跃然纸上。

边见勇彦在长春开办的华实公司，尤其注重同马贼团伙之间的联系，最重要的目的还是在于军事方面。据说，实际主持者薄益三当时曾对他的侄子薄守次这样"交底"："边见先生还说过，日俄战争就在最近必定还会再打一次。到那时，日本和俄国，谁能够把马贼拉到自己一方，就关系着胜败的趋势。这次你到'长春'云，就是要你下次战争爆发时，组织第二个长沼挺身队、第二个满洲义军的呀！"③在这种教育下，薄守次自然刚到华实公司就立下了"操纵马贼"，"像桥口勇马少佐、边见勇彦先生那样，带领马贼团伙，在野战中大显身手"的志望。④

及至薄守次接手华实公司各种业务之后，据说也多次目击到薄益三以及华实公司的日本人骨干"教育""开导"马贼大小首领们

① 朽木寒三：《馬賊　天鬼将軍伝》，28 頁。
② 赤间骑风：《満洲馬賊》，47—48 页。
③ 朽木寒三：《馬賊　天鬼将軍伝》，16 頁。
④ 朽木寒三：《馬賊　天鬼将軍伝》，32 頁。

的场面:"唯有满蒙的独立,才是唯一至上的道路。类似这样的'理论',是益三叔父重复了几十遍、上百遍都不厌腻的话题。对于那些中国方面的要人,他也总是重复这个主张。'满蒙独立,对我们日本人来讲,虽然必要,也是紧迫的课题,但毕竟还是别人的事情。是他国的、他人的事情。俺们这些人为了他人的事情赌上性命挺身而出,你们这帮家伙就没有想过这是自己国家的事情吗? 你们就没有想过应该帮助俺们吗?''更何况你们这些家伙,哪怕是最后混到了当家的能有多大出息? 总不能马贼一条路走到黑吧? 不如就现在做一回男子汉如何? 为了祖国,为了亚洲,拉出来干一仗怎么样?'"①由于是多年后的追忆,上述文字很难让人相信就是薄益三的原话,但是薄益三、薄守次等华实公司的日本浪人借各种机会对马贼头目进行"洗脑"般的"政治教育",应该是历史的真实。据薄守次的回忆,马贼头目本来就喜欢政治、军事方面的议论,所以薄益三的"说教""虽然是千篇一律的套话,但由于有着坚强信念的背景,所以有着打动头目们心灵的力量"②。更何况聚集在华实公司周围的马贼头目都是日俄战争中为日军效力后来获得种种"好处"和实惠的"既得利益者",所以华实公司通过多年的"经营"和收买工作,确实笼络和聚拢起了一批亲日派马贼。如左宪章便是华实公司着意笼络的马贼头目,而且即便在发现他可能还是为中国官府服务的"两面间谍"之后仍然倚重有加。据说,当时"(日本)军方的特务机关等提交的报告中也说,他'可以动员一万人'。从明治末年到大正时期,如果在满洲万一发生不测事件,(左宪章)就是日军暗地里当作依靠力量的谋略马贼中特A级的人物"。通过大陆浪人的"政治教育"而成为"谋略马贼"的左宪章等人,就是这样

---

① ② 朽木寒三:《馬賊　天鬼将軍伝》,36 页。

一步步地成了日本军方在万一发生战争等"不测事件"时赖以依靠的力量。

马贼的"合作"姿态,对近代日本在中国东北地区展开的军事行动和殖民地统治,都有着重要的意义。从军事方面来说,日军能够在日俄战争的陆战中打败俄军,马贼队伍其实发挥了重要的作用。"我军(日军)连战连胜的原因,说其中的一半是来自马贼的力量也不为过。尤其是地理的向导、敌情的侦察、铁路和桥梁的破坏作业等等,没有逸见率领的化妆成当地土民的中国人(马贼)部下们,根本无法完成。"[1]可见,日本军方通过大陆浪人笼络和操控马贼的战略,首先在军事作战方面收效甚大。

2. 操控马贼的"奥妙"

加入马贼并且能够当上马贼的大小头目,或者要有薄益三那样孔武有力的体格,或者要有薄守次那样精于计谋和军事作战能力的长处,这是必不可少的资本。但是在意识形态领域里通过思索提出主义或主张,就不是他们的特长。即便如此"大日本帝国"的"国益"对他们来讲却是明白无误的奋斗目标,通过控制马贼队伍影响"满蒙地区"的政局并最终实现"将满蒙置于帝国保护之下",也是他们"言行一致"的行动纲领。薄益三早在1916年11月写下的《举事筌蹄》一文中就宣称:

> 吾辈同志关于满洲经营之真意,在于将其置于帝国保护之下。吾辈以往所进行所有之活动,皆基于这一立场。这一计划是否能够最终获得有识之士之首肯,这里暂时并无议论之必要。吾辈惟确信只有如此才能真正为国家做出重大贡献,且义无反顾循此路线奋进而后已。假如吾辈不为命运之

---

[1] 赤间骑风:《满洲马贼》,45—46 页。

神所眷顾,一再失败亦不敢变更初衷。甘愿忍受所有的苦难
与穷困,十年如一日,终至今日。⋯⋯

满洲历来是马贼的满洲,精通满洲局势者,无不公认避开
马贼话题则无法议论满洲。即使威望赫赫然如奉天的张作
霖、新民屯的冯麟阁等辈,亦均是出自马贼。今日虽然大势已
定,然而喜爱雷司性之支那人,多怀有今日虽然是无名之英
雄,难保明日不会成为称霸中原英杰之心态。何不去操纵七
分勇气、三分侠气之马贼头目?! 如此,在满洲欲成大事亦未
必困难。①

大陆浪人到了薄益三和薄守次叔侄这里,维系他们行动的"信
念"已经抛却了几乎所有的"主义""主张"之类的意识形态包装,只
剩下了赤裸裸的"帝国"的"利益",直白而露骨,不加任何掩饰。因
为他们争取和试图操纵的对象,已经不再是头山满、内田良平时代
的中国革命党人、留学生和政界名流,也不是川岛浪速等右翼浪人
寄托厚望的满蒙王公、清朝高官以及现役和退役军人等等政军界
人物,而是社会底层中凭借手中的武器用"暴力"发出诉求的一群
"体制外"的势力,并且在行动方式和思维方式上与同时代的大陆
浪人有若干相通之处。因此,"大亚洲主义""国粹主义"等等政治
理念不再被薄益三这些"新生代"的大陆浪人所看重,"国益"就成
了他们唯一的政治意义上的旗帜,实际上他们所追求的更多是私
利私欲的经济利益,用来收买和操纵马贼群体的武器也只剩下了
金钱、武器等物质类的欲望载体。

大陆浪人与马贼勾结、串通,在伪满洲国等日本占领区、控制
区胡作非为,对华北各地也带来了多方面的社会影响。

_____

① 《天鬼と白竜》,渡边龙策:《馬賊頭目列伝:広野を駆ける男の生きざま》,90—91 页。

虽然马贼并非严格的政治概念,对各个时期各种类型的马贼尚需进行更多的实证性研究才能厘清有关的史实脉络。但作为一个在当时的中国社会存在过的社会群体,它对社会秩序和人民生活的破坏性远远少于建设性,已被大量的历史事实所证明。另外,即使有一部分马贼团伙曾经参与和参加过抵御帝国主义列强对中国的侵略活动,但同时又有更多的马贼团伙心甘情愿地接受列强的物资、资金和人员资助,为虎作伥,加速和加重了帝国主义列强对中国的政治侵略、压迫、经济掠夺以及殖民地统治秩序的建立,也是不争的历史事实。尤其是日本政府、军部通过大陆浪人等"以中国人形象出现的日本人"对马贼群体的渗透和控制,使相当一部分马贼群体走向政治化、傀儡化的道路,更加重了东北地区以及华北地区的殖民地化和占领地化的步伐。

在日本浪人的操控下,马贼对东北地区以及华北地区造成的政治影响和社会影响,主要集中在"扰乱治安、谋划暴动、制造社会动荡""对地方军阀的争夺与控制""对朝鲜移民的笼络与控制"以及"贩售毒品、戕害民众"等几个方面。

在政治控制方面,首先是扰乱治安、谋划暴动、制造社会动荡。此类活动接近马贼的惯常技俩,在日本浪人的怂恿和支持下,1920年代以后在东北地区频繁发生。

如1923年6月,日本《报知新闻》以"天津特派员"名义报道:"张作霖(控制下)的机关报《东报》,关于此次的马贼事于有如下评论:日本人为侵略东三省,利用浪人向马贼提供武器,且其骚扰村落,若中国军队加以讨伐,则马贼逃入满铁附属地,如是则(中国军队)无计可施。我政府当局虽努力讨伐马贼,但并无任何效果,盖因日本浪人介入之故也。若能够收回满铁及其附属地,根绝日本浪人之武器供给与马贼藏匿之处,则东三省立刻可得靖平。"①

刊登在《东报》上的这篇评论,一举揭示了东三省匪患频仍的重要原因,就是日本军方通过大陆浪人对马贼的控制和支持,进而向中国朝野提出了"要求(日本)归还满铁"的呼吁。这样的指责不但在外交上会给日本带来被动,更使日本方面担心由此会在中国社会掀起要求日本归还在东三省"特权"的反日和争取利权的运动。出于这样的担心,外务大臣内田康哉致电日本驻奉天总领事赤冢正助:上述报道"若果不然,则不仅是捏造事实,更不能坐视张学良对该报之干涉。贵官可调查之后,要求支那当局对该报提出警告并确定今后的取缔办法",指令日本驻当地外交机构压迫中方取缔言论机构,并以"不实报道"的方式压制中国民间对日本不利的舆论。②

大量的史料和史实证明,这一时期,不仅在东三省的大陆浪人以反对所谓奉系军阀的"排日政策"和中国民间的"反日"风潮为由,鼓动马贼、土匪扰乱地方,而且这些活动还与大陆浪人在日本国内开展的"对外硬"宣传活动遥相呼应,声势和规模都在逐渐壮大。

1924年10月15日的《晨报》以刊登来自东京的消息形式报道:"目中国时局日见发展以来,东京地方,忽呈所谓日本志士等之作战根据地之观。各派中之健者若内田良平、佃信夫、川岛浪速、薄天鬼(名益三)、岩田文雄等,先后来此,积极活动。关系团体如黑龙会、大化会、大亚细亚联盟、对外硬同盟,以及满蒙之马贼团、

① 外务省:《宣伝関係雑件/外国新聞論調/支那ノ部 第一巻(宣传关系杂件,外国新闻论调·支那之部第一卷)》,JACAR(亚洲历史资料中心),Ref. B03040968200,画像2。
② 外务省:《宣伝関係雑件/外国新聞論調/支那ノ部 第一巻》,JACAR(亚洲历史资料中心),Ref. B03040968200,画像1。

不平之韩国团体、朝鲜之秘密结社等,几网罗一切,其策划活跃,诚极可观。其中较有历史之某团体,则以压迫张作霖为目的,拟即前赴满洲,乘张作霖平日对马贼极端压迫之机,决计召集此等不平之马贼,组成一军,冲击张作霖之背。一方素称奉天派之薄天鬼、町野武马氏等,则与多年与张有关系之马贼团联合,一面复与朝鲜人之团体谋密接,以为援助张作霖之计。现时权谋术数之争正酣,盖此等团体,已入于活动之形势矣。"[1]正如本书第三章第一节所述,这个时期(1924 年秋)正是内田良平为首的黑龙会发表《关于建立国策的意见书》一文,批评日本历届政府的对华政策"丧失威信,且无贯彻始终之政策",从而要求"以在满蒙最终建立我之殖民地"优势地位"确定不变的国策"[2]。而以"对外硬同盟"自称的大陆浪人团体及右翼团体等,也以院外的舆论活动同时配合重政手内部秘密开展的游说活动,抨击姿态"软弱"的对华外交,要求以更强硬的政策向中方施加压力的时刻。值得注意的是,这篇报道中透露了当时大陆浪人多方联络、多头出击的动向,如黑龙会、大化会等浪人团体拉上"满蒙之马贼团、不平之韩国团体、朝鲜之秘密结社"等过去基本上为他们所不屑的海外组织,用"几网罗一切"的"热情"积极活动,而以中国国内为基本活动舞台的大陆浪人薄天鬼、町野武马等人也朝着同一方向拉拢"马贼"和"朝鲜人之团体",在中国国内方面也构筑了一条宛如"联合战线"的组织系统。从另一方面也证明了大陆浪人既有"策划活跃,诚极可观"的活动能量,又有"权

---

[1]《晨报》1924 年 10 月 15 日第 3 版,《日本浪人对华活动 群□(原有一字,无法判读)东京密谋动作 攻张助张意见不一》,资料来源:《中国历史文献总库 近代报纸数据库》。标点为笔者重新修改。

[2] 内田良平:《国策樹立ニ関スル意見書(关于建立国策的意见书)》,小川平吉文書研究会编:《小川平吉関係文書》(2),242—243 页。

谋术数"的手段、方法,种种活动相互呼应,同步展开,其规模和内在联系,远远超出了当时人的想象。

　　大陆浪人在东京的舆论呼唤和策划活动,不仅在日本各地造成了以"强硬"姿态压制中国各地所谓"排日""反日"运动的舆论攻势,而且促成了大陆浪人前往中国直接鼓动土匪这类反政府势力发动骚动、挑动外交纠纷,搅乱中国政局和社会秩序,为日本军方采取进一步强硬措施提供借口的局面。

　　如《华北日报》1929 年 4 月 18 日报道:"日本浪人十四名。因谋扰乱东三省治安。推倒张学良。被获递解回国。昨已抵神户。据该党首领所言。彼愤华人抵制日货。及东三省归顺国民政府,是以召集同志十余人。兼联络土匪百余人。定于二月二十五日(阴历新年)在沈阳起事。拟先炸毁电灯厂。同时将各城门车站及北大营大道炸毁。并在各要害抛弃炸弹。使全城入于恐怖黑暗世界。……唯届时因奉天当局要人之行动。不得已改期二十七日起事。因此须发密电通知党徒。由此密电以致阴谋泄露。为当局者所侦知。全盘归于失败。……"①这是活动基地主要在日本的大陆浪人因不满张学良主导的"东北易帜"以及一系列所谓"排日"行为,公然前来中国内地大型城市,谋划武装暴动的事例。

　　同年 11 月 21 日的《华北日报》,还有以大陆为活动基地的浪人勾结中国国内的守旧、复辟政治势力,欲趁中国国内政治、外交动荡之机,谋划暴动的事例。

　　"当此俄寇日急。内战方酣期中。军阀余孽。安福残党。以

----

① 《华北日报》1929 年 4 月 18 日第 3 版《扰乱东三省之日本浪人　阴谋泄露后递解回国　首犯谈此次阴谋泄露经过》,资料来源:《中国历史文献总库　近代报纸数据库》,标点均依据原文。

及抱有复辟梦想之无聊分子群相勾结日本帝国主义者。而图为最后之一逞。其所欲藉以发动之地。自属东北一带。现在比辈之活跃。已大形露骨。而国人对之。似少注意。诚一可忧之现象也。张宗昌督鲁时代之日人顾问小日向权松。三星期以前。突日山东出现于大连。当时曾传被日警押回其本国。而己者则视为疑问。果也。最近该小日向又由天津乘船到营口。……" '有武田南阳其人者。素以'支那通'自命。与大连之寓公辈颇有往来。客秋宗昌起而祸鲁时。曾聘之为顾问。其后数月之间。该员对于鲁或之论载。俨然为宗昌之宣传机关。……大连汉文报华人记者文实权。系复辟党分子。半月以前忽偕某日人。乘轮渡日。以上三人之行动。均为张宗昌等奔走。又旅顺关东厅太田长官。日前通令旅大及南满路沿线日警署。饬对浪人严加取缔。其所发表之理由。略谓时值中俄形势紧张。中国政局变动。'帝国'仍抱严正中立之态度。如任浪人(即指日本流氓而言)策动。难免不影响邦交等语。其所谓'严加取缔'。系官样文章。自不待论。然可见最近浪人蠢动之猛烈。实可有由此种反映。而益得证实。……"①

紧接着的 1930 年 1 月 19 日,关注此一动向的《华北日报》又刊出后续报道:"以大连为阴谋策源地之日本浪人团。最近又欲利用蒙党蠢动之机会。参加其间,而扰乱东北。其计划系欲假军阀余孽张宗昌。与白俄首领谢米诺夫。互相提携。共策进行。现谢氏已抵大连。浪人团群往与之接洽。日夜不绝。而大连别府(日本地名,在大分县中部)之间。亦信使往还。传递消息。相专安福余

---

① 《华北日报》1929 年 11 月 21 日第 3 版,《俄寇声中　日本浪人大形活动　似乃以张宗昌充傀儡　关东厅禁止浪人捣乱　宗社党安福系供奔走》,资料来自《中国万史文献总库　近代报纸数据库》,标点依据原文。

孽吴光新。日前曾由日本过连秘密赴津。即与此事有关。此外复
辟分子某某。亦从中奔走云。"①

　　上述报道中提到的小日向权松,即是以"小白龙""尚旭东"等
自号的"日本马贼"、大陆浪人小日向白朗,他的周围不但伴随着种
种政治阴谋,还少不了烧杀抢夺的腥风血雨。因此,他的行踪自然
会受到中国媒体的密切关注。尤其在这个时期,苏俄对外蒙和东
三省地区的政治影响日益扩大,关东军更加积极地利用马贼和宗
社党余孽对抗来自北方的所谓"赤化"威胁。而流亡中国的白俄势
力,居然也成为关东军的利用对象,居间充当桥梁的,还是小日向
这些大陆浪人。因此在这个时候小日向的活动,实际上带有扩大
日本对整个"满蒙地区"的渗透与影响,以及抵御来自苏俄"赤化"
影响的双重意义。而该报道中"浪人(即指日本流氓而言)"的简短
按语,亦即代表了中国媒体和一般人民对于"日本浪人"的认识和
基本定义。

　　尽管九一八事变后日本官方出版的大量宣传物中反复渲染张
作霖、张学良父子主政期间的种种"弊政"使"三千万民众陷于痛苦
的深渊"②,但九一八事变之前"满蒙地区"的政治动荡和社会秩序
紊乱,大陆浪人在该地区扰乱治安、谋划暴动、制造社会动荡的种
种不法、挑衅行为,实际上也是非常重要的诱因。以至于关东军有
时也不得不考虑对浪人中的极端恶劣者加以"整肃"。例如甘粕正
彦最早于1929年刑满释放后前往"满洲",表面上的理由是参加弟
弟四郎的婚礼,实际上是经东条英机的介绍同关东军大佐板垣征

---

① 《华北日报》1930年01月19日第3版,《日本浪人　又谋扰乱东北》,资料来源:《中国
　　历史文献总库　近代报纸数据库》,标点依据原文。
② 南满洲铁道株式会社编:《满洲と日本(满州与日本)》,大连:南满洲铁道株式会社,
　　1935年,8—9页。

四郎等参谋们商量后携带秘密使命前往奉天的"公务"："在满洲，被称为'大陆浪人'的毛病极大的男人们，理想主义者、救国之士、在本国走投无路的家伙以及幻想一攫千金之辈群豪、徘徊，并自称'为了日本'而为所欲为。要取缔这帮家伙，应该是最适合宪兵大尉甘粕的工作。"①可见对操控马贼的大陆浪人进行精准而具体的"操控"与"取缔"（日文原义为管理与管制），已经成为关东军谍报和宣传部门的"日常业务"之一，隐藏在"邦人"马贼背后的关东军和日本军部，才是这一切"动荡"和"不安"的罪魁祸首。

三、鸦片专卖、"大烟馆""吗啡铺"的经营与"寄人"

在海外殖民地经营鸦片专卖，是近代日本殖民地统治政策的重要方面，具有经济、文化、军事上的多重意义。根据山田豪一的研究，在伪满洲国实施鸦片专卖政策之前，日本其实已经拥有五次经营鸦片专卖的"经验"即"前科"："第一次是1879年，内务省卫生局在日本内地实施的罂粟栽培与药用鸦片的专卖；第二次是继承这个经验，日清战争（甲午战争）后台湾总督府以平民吸食者（吸烟者与吞食者——原注）为对象，从1897年开始在台湾实施的鸦片专卖；第三次是日俄战争后关东都督府以关东州租借地为策源地，通过'特许专卖人（专利销售者）'制度经由满铁附属地以满洲内地为销售区域而实施的鸦片专卖；第四次是第一次世界大战期间（日本）青岛守备军在山东占领地区实施的鸦片专卖；第五次是1919年，朝鲜总督府为实现年产一万贯的鸦片产量实施《朝鲜鸦片取缔令》，以这些鸦片为原料在朝鲜实施的吗啡、海洛因专卖的经验。"②

---

① 芳地隆之：《ハルビン学院と満州国》，90页。
② 山田豪一：《満洲国の阿片専売（满洲国的鸦片专卖）》，东京：汲古书院2002年，4页。

这五次所谓"经验"中,有三次在中国境内实施,销售目标均锁定中国人中的烟民,重点受灾地区是"满洲"和山东半岛等日本的殖民地、占领地或势力范围。在这些所谓"经验"中,在台湾殖民地的鸦片专卖获得了巨大的收益,成为众所周知的"成功""经验"。但是,"日俄战争后关东都督府以关东州租借地为策源地加以实施,此后又被关东厅接收承办的鸦片专卖,一时曾超越台湾总督府的(鸦片专卖)收益,在关东都督府的财政收入中占了过半数的成绩"的事实,却没有多少人知道。① 那么关东都督府的鸦片专卖为什么会取得这样高的收益? 其实就是"销售区域并不限定在狭窄的租借地内,利用'吾人之特殊权益'亦即关东州的关税自由制度,利用满铁附属地,行使日本人的治外法权和满洲内地的警察权,便可以在禁止吸食、买卖鸦片的满洲内地,垄断性地销售鸦片"这样几个特殊的条件。② 包括朝鲜浪人在内的"日本浪人"的贩毒活动,是鸦片专卖末端市场上重要的环节。

本来,在中国,经过了鸦片战争惨痛教训 60 多年之后的 1900年代,决心施行新政的清王朝开始认真考虑"禁烟"问题,并在 1906年发布了以十年为期根绝鸦片的上谕。清廷的姿态得到了当年向中国强行推销鸦片的罪魁祸首——英国的响应,英国政府决定自 1908 年起以三年为试验期间,逐年减少印度鸦片的对华出口,如果三年间确实取得成效,则以后也持续这一政策。中英政府的禁烟姿态自然赢得中国国内各界的积极评价和响应,于是新的禁烟运动风起云涌,哪怕是其间经历了辛亥革命和清帝退位的巨大政局变化也没有停顿。1911 年 5 月,中英签订《中英鸦片条约》,英国答应七年后完全停止印度鸦片输华。国际社会也积极跟进,继 1909

---

① ② 山田豪一:《満洲国の阿片専売》,4 页。

年在上海召开"万国禁烟会"各国就谴责国际鸦片贸易□得共识之后，1912 年 1 月包括美国、中国、英国、法国等十多个国□在海牙签署了《国际鸦片公约》，将中国列入禁止进口鸦片的国□。同月，波斯鸦片、土耳其鸦片也不允许再输往中国。1911 年 9 □，东三省和山西、四川最早宣布禁烟成功，随后的 1913 年直隶、广□、山东、安徽、湖南，1914 年福建、湖北、河南、浙江，1915 年新疆□地都纷纷宣布禁烟成功。不管这些地方政府的宣布中有多大□"水分"，存在多少不实之处，但"禁绝鸦片"确实在中国各地已□形成各界民众的共识和官民共同参与的社会运动、时代的"潮流"。

其实日本也签署了 1912 年的《国际鸦片公约》，□最终没有批准这项公约。其后的《日内瓦国际鸦片公约》，日本□是签署国之一。日本为了躲避国际社会的谴责，此后便尽可能□采用隐秘的方式在中国的东北地区和关内的沦陷区推行鸦片正□，以保证侵华战争和殖民地统治的重要财源供给。

从 1920 年代的原敬内阁时代起，在公开的□正□场合，日本政府对于"邦人"在华的鸦片、毒品进出口交易，干□采取取缔政策。如大正十年(1921)—月通商局第一课提交给"□四十四议会"的"说明参考资料"中，就曾经这样概述日本政府的□开姿态："如上所述，帝国政府历来完全出于独自的见解，对帝国臣民在支那境内的鸦片等交易加以取缔。鉴于上述上海会议的□果以及前述对德和平条约之规定，今后将进一步厉行取缔措施。"□由于"邦人"的贩毒行为都在中国境内，所以日本政府还规定了"□事馆(实施)取

---

① 外务省记录：《3. 第四十四議会　通商局第一課関係第四十四□　说明参考资料 1(3　第四十四议会　通商局第一課关系第四十四议会说明参考资料□)》JACAR(亚洲历史资料中心)，Ref. B030414□6000，画像 29。

缔"的办法,规定"关于鸦片,帝国刑法历来有关鸦片烟犯罪规定,原封不动适用(于中国国内)对于该品的买卖、授受和持有均加以处罚,并将鸦片没收";"尤其是在满洲,领事审判的终审法院为关东厅高等法院,仍然贯彻有关鸦片的刑法规定"①。与比同时,日本报刊上也开始出现《对鸦片走私商的大规模检举,日本邮船等各汽船(公司)数十人受到牵连》《大公司的药商、贸易商相勾结,走私三百六十万日元鸦片》等等报道。②

　　然而,与这些冠冕堂皇的禁令并行不悖的,却是日本在中国东北地区的殖民统治机关和关内各沦陷区的日军首脑机构为扩大财源和损害中国人民体质,大力推行鸦片的种植、贩卖政策,散居各地的大陆浪人则利用享有治外法权的特殊地位以及同日本官方、军方拥有多种联络和利益输送渠道的便利条件,充当了鸦片栽培、加工、销售网络的积极构建者和维护者,并从中为个人谋取了巨大的黑色利益。

　　1. 石本鑕太郎与鸦片专卖局

　　最早在"满蒙地区"贩毒并获得"成功"的大陆浪人,首推石本鑕太郎。

　　石本鑕太郎(1864—1933)生于高知县神社住持之家,青年时代被"兴亚论""东亚经纶"之类主张所醉倒,于是来到上海、北京求学,此后便依靠汉语特长当过海军翻译官、陆军翻译官、三井物产上海支店职员,又经营过矿山、牛奶场等等,常年无固定职业。在日本陆军服务期间,曾在福岛安正手下从事情报活动,甲午中日战

① 外务省记录:《3.第四十四議会　通商局第一課関係第四十四議会説明参考资料 1》,JACAR(亚洲历史资料中心),Ref. B03041476000,画像 29—30。
② 转引自山田豪一《満洲国の阿片専売》,74 页。

争结束后跟川岛浪速一起到台湾总督府的制药所从事"鸦片业务"。川岛浪速对于"满蒙独立运动"的兴趣显然超过了"鸦片业务",于是一年之后就辞职而去。但是石本却在台湾总督府的制药所从事鸦片烟膏业务长达十年,深谙"本业(鸦片烟业)利润殊多"的奥妙,于是借参加日俄战争之机向日本"关东州民政署事务官"关屋贞三郎建议:"欲求战后经营满洲之资,则在得到最大之利源。"①1906 年,石本在大连设立了鸦片总局,表面上推举旅顺公议会会长、旗人潘忠国出面经营,独占了日本关东都督府的鸦片贩卖专利。由于潘忠国原本就是陆军翻译官石本在日军进攻旅顺战役时找来的密探,自始至终都是石本操控下的喽啰。

石本的鸦片总局,需要将销售额的 10% 以"特许料(专利费)"的名义上缴关东都督府的"地方费会计"项目中。根据日本学者搜集《关东都督府统计书》和此后的《关东厅统计书》所载数字计算,不需要获得帝国议会承认亦即关东州"小金库"的"地方费会计"中"特许料"的收入金额,1906 年该制度刚起步时为 7 600 日元,1907年增至 13 380 日元,1909 年 83 484 日元,1912 年 2 851 日元,1915 年 2 288 356 日元,1917 年 5 444 894 日元,几乎是直线上升,成为殖民地统治机构关东都督府的重要财源。② 鸦片的销售地域从最早的满铁附属地区域为一步步渗透到东北各地甚至关内多处地区。鸦片总局每年的毛利据推算,1912 年为 57.5 万日元,1914年就达到了 155 万日元。③ 浪人石本鑛太郎从一个微不足道的陆军翻译官,通过肮脏的鸦片营生获取了巨大的财富,也为其他的大

---

① 山田豪一:《満洲国の阿片専売》,9 页。

② 山田豪一:《満洲国の阿片専売》,11 页。

③ 山田豪一:《満洲国の阿片専売》,15 页。

陆浪人树立了一个近在眼前的"一攫千金"的"成功人物"典范。而且"成功"之后的石本仍然不忘"大陆经营"的初心。当年的盟友川岛浪速发动"满蒙独立运动"需要经费时,据说他一次就拿出 50 万日元的资助,相当于鸦片总局 1912 年全年度的利润。①

　　关于石本鑌太郎通过鸦片总局以及下辖的"宏济善堂"等商业机构攫取巨额不法利润的情形,其他大陆浪人中的一些人也颇为不齿。如当年在长春开办洋服店的马贼"白龙"薄守次就曾鄙夷地回忆道:"但是,宏济呀,善堂呀等等,名称都是冠冕堂皇。表面上这是宽宏地救济鸦片烟患者,使其向善的社会事业团体,它的主旨是把民众从蔓延中国的鸦片烟害中解救出来。但是鸦片中毒患者如果猛地一下子禁烟,反而十分痛苦,难见实效。所以开设靠得住的机构,按照严格的规则逐步减少吸食的分量,不久之后才能将患者从烟害中解救出来。""表面上是冠冕堂皇的事业,但它实际上就是鸦片专卖局,再进一步说就是合法烟馆的总头目。所以在大连市区内,有许多'宏济善堂认可'的大烟馆,不管是谁,都可以进去吸大烟。"②石本通过鸦片总局,实际上是在大连等城市建起了大大小小的鸦片烟馆的经营网络。

　　石本锒太郎及其鸦片总局获取的丰厚利润,以及在背后支持其贩售鸦片并分沾利益的关东都督府,都是无视国际禁烟潮流和中国国内的法律禁令,通过非法行为不惜以遗祸他民族人民为代价攫取"黑金"的代表性事例。有日本学者指出:"石本的鸦片总局能够向都督府缴纳特许料后还获取巨额的收益,是得益于中国国内禁烟舆论的高涨、禁止栽培罂粟运动之彻底而带来的鸦片价格的

---

① 山田豪一:《满洲国の阿片专卖》,16 页。
② 朽木寒三:《马贼　天鬼将军传》,51 页。

高涨，以及支援中国国内禁烟运动的国际性禁止鸦片运动高涨的结果。尤其是在英国国内禁止鸦片贸易的呼声之下，英国开始撤出对华鸦片贸易，使中国以外的鸦片价格下跌，而在关东都督府的庇护方针下，（石本）把这个价格差完全变为自己的收益。也就是说，他是利用关东州租借地关税自由地区的漏洞，通过向满洲内地（即关东州以外的东北各地区）秘密销售（鸦片）的非法手段来获取利益的。"①私贩鸦片再加上利用免税地区做中转地向"满洲内地"甚至《海牙国际禁烟公约》禁止销售鸦片的"中国内地"等更为广泛的地区走私鸦片，浪人石本�太郎至少在鸦片贸易一项犯下了双重、三重的罪行。而就是这个石本，依靠肮脏的鸦片贸易积聚的财力后来又向政界发展，1915年3月居然在故乡高知县竞选众议院议员成功，成为执政党"同志会"的政治家，同年11月又被任命为大连市的第一任市长。薄守次对此讥讽过：石本鑐太郎"对外也是找了一个中国人当名义人，公然经营这个可疑的善堂。后来他还做了大连的市长，看来善堂赚的钱确实不少"②。

　　在中国内地，十年禁烟运动取得初步成效。到第一次世界大战结束的1918年，由于鸦片贩售渠道处处受阻，零售价格飞腾，除了少部分有钱人之外一般的"烟民"不再有购买能力，大中城市的烟馆也数量锐减，近乎绝迹。而就在这种情况下，日本奸商和浪人们又找到了足以取代鸦片的"代用商品"——吗啡、可卡因等毒品，掀起了又一轮向中国走私、贩卖毒品的热朝。日本统治下的关东州属于关税自由地区，对于来自进出口和销售日本的吗啡没有任何限制，于是大连等地的日本人就可以自由地从日本向"满洲"

---

① 山田豪一：《満洲国の阿片専壳》，16页。
② 朽木寒三：《马贼　天鬼将军传》，51页。

内地、华北、山东等地进口和销售吗啡,大连迅速成为吗啡贸易最大的中转集散地。日本的吗啡主要购自英国和德国,据大藏省《大日本贸易统计月表》显示,日本进口吗啡的数量换算成金额的话,1914 年还不过 750 837 日元,一年后的 1915 年迅速增加到 3 倍多的 2 415 139 日元,1917 年又增加到 6.7 倍的 5 077 841 日元,1920 年甚至达到 16 倍多的 12 305 230 日元。[①] 这些吗啡或者由陆路经由西伯利亚铁道直接运到大连,或者先由船运送到神户、横滨的保税区,然后再转运大连。而经由保税区转运的毒品甚至大藏省的统计月表中也不予计算,所以实际的数量更大,利润也更多。

　　鸦片、吗啡的种植、加工、销售和监管,每个环节都有巨大的利润可图,因而成为从关东州、关东厅到伪满洲国殖民统治当局开拓财源的重要手段。鸦片又可以从精神和肉体两方面削弱中国人民的意志和体能,对殖民统治当局来说可谓一箭数雕。然而由统治者直接从事毒品"生意",毕竟是太过无耻、太过肮脏的事情,于是,他们就以中国当地人民"喜欢"吸食鸦片当作扶植鸦片"产业"的借口。例如据说伪满洲国总务厅长官驹井德三 1932 年曾在报上发表文章说:"鸦片是'满洲国'人民所喜欢的东西,政府为适应人民需要,将来由政府专卖,准许栽培罂粟和吸食鸦片。"[②]事实上据当时在奉天传教的长老会派传道医师 D. 克里斯丁在自传《奉天三十年》中的回忆,自从朝廷发布禁烟上谕以来,盛京将军赵尔巽厉行严禁种植和贩卖鸦片的政策,惩罚烟民们参加劳役,那以后奉天城内烟馆几乎绝迹,到农村去的时候克里斯丁再也看不到以往初夏

① 山田豪一:《満洲国の阿片専売》,35 页。

②《抗战时期毒品在唐山的泛滥(2017—12—12 15:25:23)》(http://blog.sina.com.cn/s/blog_1793798770102wzje.html),《冀东抗战研究的博客》(http://blog.sina.com.cn/wangwang648),2019 年 5 月 1 日。

时分就会出现的罂粟田，连有关的话题也没有人再提起了；"由于这个正确决策，满洲成了向印度鸦片最早关上大门的一个省（原文如此）。①可见，清廷和后来的民国政府在东三省的禁毒政策和措施一度是收效明显的，东三省鸦片再度泛滥成灾并不是因为"满洲国的人民喜欢"鸦片，而是日本殖民统治当局借助鸦片贩子、大陆浪人的手毒化人民的结果。

2. 猖狂的"浪人毒枭"

由于享有治外法权的特殊权利，大陆浪人为了筹集活动经费或者实现"一攫千金"的梦想，不少人涉足鸦片买卖与烟馆的经营。尤其是在伪满洲国治下的东北地区，日本人享有"一等公民"的特殊待遇，更是肆无忌惮地从事毒品"生意"。1913 年起担任"大连民政署长兼关东都督府参事官"的资深殖民地官僚大内丑之助，在 1916 年撰写的《支那鸦片问题解决意见》中就推测，在"满洲"内地居住的日本人中，除了"满铁"职员及其家属、附属地与关东都督府的警察、领事馆警察及其家属之外，几乎所有的日本"良民"亦即日本浪人，大都是"不正当行业"的参与者。② 1917 年，前来中国各地"视察旅行"的陆军中将田中义一在其撰写的报告书《对支那经营私见》中也明确承认，"日本奸商（原文如此），深入支那内地，隐藏在日本法权庇护之下，对支那人从事欺诈之商业在所不少"；"我国奸商之私贩鸦片尤其是'吗啡注射'，或自称卖药商人，深入（支那）边陲之地，公然贩卖'吗啡'，博取暴利，或自称医师，注射

---

① D. 克里斯丁：《奉天三十年》（岩波新书）下卷，矢内原忠雄译，东京：岩波书店 1938 年，267—269 页。

② 大内丑之助：《支那阿片問題解決意見（支那鸦片问题解决意见）》，其封面标有"代誊写"而无出版社名，当为非卖品，1917 年，202—203 页。资料来源：《国立国会図書館　数码收藏（国立国会図書館デジタルコレクション）》（http://dl.ndl.go.jp/）。

'吗啡'至夺取人命者,亦在所不少。……致使支那人之反感,日渐高涨"。① 可见,不良浪人人数之众多、素质之低下,连田中义一等日本军方及政府首脑也无法否认,甚至不得不痛加抨击。

　　日本浪人私贩毒品的丑闻终于臭名远扬。日本全面侵华战争爆发之前的 1936 年 2 月,国内报纸以转载俄文报纸的方式报道说:"据俄文新闻报载,日本浪人在中国者共有九〇五人,其中有三三七人开设鸦片烟馆,五六人贩卖鸦片,八人开设高利贷,四八五人职业不明,以捣乱为生云。"②

　　此处的所谓"浪人",定义不明,俄文新闻云云,信息来源也过于含混,莫辨真伪,但似乎不妨碍记者和读者之间的共同认知,即"无法无天"的日本人无恶不作。关于"浪人"人数的统计,亦没有时间、地区的界定,自然只能是不完整的数字。假如按照这里的统计计算,有 37.2% 的日本浪人开设"鸦片烟馆",6.2% 的人贩卖鸦片,两者加起来占了"日本浪人"的 43.4%,比例之高令人乍舌。

　　然而,这样的比例未必不接近历史的真实。例如,根据保存在吉林省档案馆的《吉林全省警务处稿》收录的吉林全省各警察署报告,发现日本鸦片奸商、浪人贩卖鸦片、吗啡不但人数众多,数量惊人,而且在当地日本领事馆和宪事警察的庇护下是肆无忌惮,为所欲为。

　　1918 年 8 月,离长春北方 80 公里左右的德惠县张家湾的德惠县警察第四区分所所长陈凤笙报告,该镇有大量"日人""鲜人"经营的鸦片烟馆和吗啡铺。日本人以一个店铺一千吊的租金从中国

---

① 田中义一中将:《对支经营意见》,大正六年九月,6,10 页;山田豪一:《满洲国の阿片専売》,38 页。

② 《南宁民国日报》1936 年 2 月 6 日第 3 版,《在华日本浪人统计　以卖鸦片设烟馆占多数》,资料来源:《中国历史文献总库　近代报纸数据库》。

房东租来铺面,再转租给当地中国烟馆老板。由于烟馆是以日本人名义经营的,所以即便中国警方奉命严厉取缔鸦片、吗啡的经销,日本"老板""浪人"往往宣称个人财产不容侵犯,甚至拔出手枪阻拦进店查看。警方即使跟日本领事馆警察进行交涉、请求协助取缔,往往也被拒绝或搪塞。此后,德惠县长雷鹏飞请求外交部吉林交涉署直接与日本驻长春领事就此事进行更高一级日交涉,但不管交涉员杨培祖如何提出鸦片烟馆、吗啡铺停业、停销的要求,日本领事馆始终顾左右而言他,拒绝前往现场勘察,所以这些烟馆、吗啡铺依然照常营业。该警察分所的调查显示,该分所管辖区内"日人租给华人房屋开设烟馆吗啡铺"的店铺名、经营者姓名可查明者如下表①:

店铺名	日人	华人
宽仁堂烟馆	大金牙	李三
福寿堂烟馆	首藤	姜叶
五福堂烟馆	立川	干_干?]三波
天堂烟馆	井口	董兰亭
大丰当烟馆	首藤	李子本
松本洋行烟馆	松本	赵子垿
大世药房烟馆	大野	缪兴力
开进楼烟馆	松尾	刘姓
大兴号烟馆	粕谷清吉	孟广福
柴田洋行吗啡铺	柴田	
长生堂吗啡铺	粕谷	

---

① 据民国 7 年 8 月 14 日—9 月 21 日《德惠县报送日本租给华人房屋开设烟馆吗啡铺的详文及吉林公署吉林全省警务处的指令》,《吉林全省警务处稿》J156—06—0046;转引自山田豪一《満洲国の阿片専売》,40 页。

据日本外务省政务局编印的《关东州并满洲在留本邦人及外国人人口统计表（第十回）》所载，1918 年底日本长春领事馆管辖区域内的德惠县张家湾有日本居留民男 45 人，女 51 人，共计 96 人。[①] 这 45 个男人里就有 2 人直接经营吗啡铺，另外还有 9 人将店铺出租给当地华人经营，坐收其利，并在日本领事馆的庇护下公开抗拒中方警察的取缔。也就是说，仅仅"日本奸商""日本浪人"在该村男性日本居留民中就占了 20％的比例。一个小小的张家湾情形尚且如此，整个东北乃至华北、华东等日本占领地、沦陷区的情形更不难想象。

事实上，不仅是已经沦为日本殖民地和半殖民地的关东州以及"满洲"内地，日本鸦片奸商和大陆浪人贩售鸦片的罪恶网络和市场，早在侵华战争爆发前就已拓展到华北和华中的众多地区。

如 1922 年 9 月，关东厅事务官藤原铁太郎奉命"视察"天津、华北、济南、上海各地吗啡和鸦片的走私情形。他在《鸦片制度调查报告》中透露，日本居留民以天津租界为依托开展的毒品贸易，比大连有过之而无不及。"在天津居住的日本人凡五千人，其中七成人据说都跟'吗啡'等违禁品生意有关联。'药种商'自不必言，料理店、杂货店等等，不参与违禁品生意的几乎罕见。皆从事'吗啡'的现货大宗生意。……因此，欲在此地大捞一票的人，无不立刻着手'吗啡'的私贩计划。天津总领事有言，（此地）有艺妓一百五十人，有铺面堂皇的一流料理店，却为何不能成为夸耀日本人富有之素材？因为富有无一不是'吗啡'之结晶。……领事馆的方针，只

[①] 外务省政务局编：《关东州并满洲在留本邦人及外国人人口统计表（第十回）》，41 页；转引自山田豪一《满洲国の阿片専売》，41 页。

是取缔实在看不过去的家伙。……如果认真加以取缔，可怕（日租界）会变成无人区也。"①根据日方的这份资料来看，寻在侵华战争爆发近十年之前，天津租界的日本居留民可以说几乎全部"鸦片奸商"化、"浪人"化了。即使是表面经营"正当营生"的日本商人，实际上背地里也都通过违禁品生意攫取着巨额利益。而且据藤野铁太郎的观察，"居住在山海关的两百名日本人都是吗啡商。秦皇岛、滦州、塘沽等地情形相同。济南过半数的日本人参与违禁品生意，上海两万名日本居留民中大多数也从事此类生意。吗啡跟以往一样，还是从大阪、神户走私进来。只不过在上海，居住在虹口的日本人的吗啡走私隐藏在繁盛异常的法租界鸦片贸易的阴影里，没有天津那样引人注目而已"②。

位于日本统治下的关东州（关东厅）、伪满洲国和中国关内各地区交通要道的唐山，在九一八事变爆发后更成为日本帝国主义用毒品贸易向关内地区尤其是冀东地区侵略、渗透的桥头堡、中转站；也是考察日本殖民统治当局通过大陆浪人以及"邦人""鲜人"毒枭的手将鸦片烟害怎样一步步扩展到中国内地广大地区的重要窗口。

首先，当时的唐山人民看到，随着日军将侵略的触角由展到冀东地区，嗅到可以带来巨大利益商机而来到唐山的，就是"邦人""鲜人"的毒品贩子们。1933年初，已侵占东三省的日军向华北侵犯，部分中央军部队虽然展开长城抗战抵御日军，但南京国民政府还是在5月底与日本签订《塘沽协定》，冀东的22个县被划为非武

① 藤原铁太郎：《阿片制度调查报告（鸦片制度调查报告）》，冈田芳政、多田井喜生、高乔正卫解说：《続・现代史资料12　阿片問題（续现代史资料12 鸦片问题）》，东京：美鈴书房1986年，190—191页。
② 藤原铁太郎：《阿片制度调查报告》，《続・现代史资料12　阿片問題》，190—191页。

装区域。这样，华北面向关外的门户洞开，为向关内地区毒品走私提供了有利的环境。

据 1934 年的《唐山通讯》报道，当时的唐山由于战事，运输车辆严重欠缺，货运停滞，而"旅唐日韩侨民"见有机可乘，纷纷组织起长途汽车行，载运客货，直达各县。因在战区，故这些人的车辆无人干涉，沿途无人敢进行检查，占尽利益。就是在这种情况下，"邦人"毒品贩子们更进一步，"公开包运吗啡、鸦片、海洛因等违禁品，彼日车行等竟定有包运市价，保险无差，因之各县地痞无赖又得而便于包运一切，本少利厚，双称便利。所有本市二百余家日韩洋行，无一不代购车票，其意即暗示外县购买违禁毒品等，可负责包运到指定目的地"①，开始将毒品运往冀东各地以及华北各省区。1933 年 8 月 11 日《益世报》载："至于日本之商行，皆以贩卖大烟白面吗啡为大宗，公安局亦不之禁，亦不敢禁，并串通伪军宪兵地方警察等，包买包送，无人敢逮。"②可见到了这个时候，贩运毒品已经成了日本人开办的各商行的"正业"，"大烟白面吗啡"毒品已经成了这些商行的大宗商品。1934 年中日双方签订《北平沈阳通车协定》，并于 7 月 1 日起恢复了京奉线铁路通车，公路加上铁路运输手段，毒品走私更为便利，规模也日益扩大。根据曾任国民政府行政院下属资源委员会保险事务所所长的蔡致通所做的调查，当年从大连运出的毒品等私货，每月价值 200 万元，其中 64% 在山东沿海

---

① 《抗战时期毒品在唐山的泛滥(2017—12—12 15:25:23)》(http://blog.sina.com.cn/s/blog_1793798770102wzje.html)，转引自《冀东抗战研究的博客》(http://blog.sina.com.cn/wangwang648)，2019 年 5 月 1 日，下同。

② 《抗战时期毒品在唐山的泛滥(2017—12—12 15:25:23)》，转引自《冀东抗战研究的博客》。

上岸,16％在河北沿海登陆,其余 20％偷运到江苏。①

1935 年 11 月,以汉奸殷汝耕为首的"冀东防共自治政府"成立,傀儡政权宣布"脱离中央宣布自治",于是日韩浪人的毒品生意更加无所忌惮。他们不再满足于经由唐山的中转和批发,而是进一步深入到冀东地区的穷乡僻壤,勾结中国当地的恶霸劣绅,开办了更多的直接面向一般烟民的"土膏店""大烟馆"等。如《滦县文史资料》第三辑记载了滦县偏凉汀(即老站)沦为毒品等走私物品集散地之后畸形的商业"繁盛"情形:"偏凉汀除妓院外,有数家烟馆、土膏店,如孙明远的'远记膏店'、黄化禄的'维新膏店',姚子彬、李云山、重兰田办的'春江膏店'、华兰亭办的'轩记膏店'等。另外还有日本人元口开办的'洋辉旅馆'、若松奥山办的'御廖里'、高丽人办的'世乃家'等。""私货多了,市面上呈现出殖民地的变态繁荣。市场上出现了许多为倾销日货和私货而设立的饭店、旅店、妓院、烟官、花会、当铺、洋行,特别是吗啡馆,从火车站到城关有 100 多家。"②

冀东各地众多的大烟馆、吗啡店的经营者,几乎都是"日本浪人、朝鲜浪人和本地汉奸"。如遵化县在 1937 年被日军占领之后,据说就是如下情形:"遵化城内除日本浪人、朝鲜浪人和本地汉奸开设的'同兴''福记''云华''同义''三义'五个规模较大的膏店和一个鸦片批发店之外,西大寺还有伪镇长庞玉华开设的大烟馆一处。其他如白衣庵、东水灌、四眼井、南阡胡同等处都有私人开设

---

① 蔡致通:《我国走私问题之检讨》原载《中行月刊》1930 年,转引自《抗战时期毒品在唐山的泛滥(2017—12—12 15:25:23)》,转引自《冀东抗战研究的博客》。

②《抗战时期毒品在唐山的泛滥(2017—12—12 15:25:23)》,转引自《冀东抗战研究的博客》。

的大烟馆。在遵化城关,粗计就有赌场、妓院、大烟馆20多家。"①

丰润的情形也不例外,而且渗透到周围的许多村镇。"日军侵占丰润以后,则开放烟禁,公开贩卖大烟、白面,还派遣日本浪人、高丽浪人开设大烟、白面馆,据不完全统计,日军在丰润县城、左家坞、新军屯、七树庄、韩城、老庄子、三女河、王官营、河淓溜、三登坞等185个村镇开设了白面、大烟馆。"②据说,开白面馆、大烟馆的村镇数就占了当时全县行政村总数的17.7%。而且这还不仅仅是交通条件较为便利地区的个案,正如1937年7月出版的《解放》杂志刊载的署名鹿鸣的文章《日寇汉奸统治下的冀东人民》介绍:"日鲜浪人开设起洋行、白面馆来,大量贩卖毒品,平均每县都有百几十家。"③

鉴于毒品贩售已经到了忍无可忍的地步,虽然明知可能不会产生实际效果,唐山公安局还是在民国廿三年(1934)九月十九日"奉河北省政府第六三三五号密令"发布了《政字第915号密令》:

　　查滦东平北各县自接收以后,日鲜侨民所在,皆有大率以经商为名,实则贩卖毒品。一般流氓地痞趋附其间,妨害治安至深至钜,即以唐山一处而讼,竟有日鲜洋行百余家之多,秦皇岛亦有六七十处,其余丰润、玉田、遵化、迁安、乐亭等县,多寡不等。加经本府迭令取缔……仰将此项售毒之日鲜洋行或商店字号姓名籍贯暨营业情形列表呈送以凭汇检,勿稍稽延……

中华民国廿三年九月十九日

局长　赵巽④

①②③《抗战时期毒品在唐山的泛滥(2017—12—12 15:25:23)》,转引自《冀东抗战研究的博客》。

④《抗战时期毒品在唐山的泛滥(2017—12—12 15:25:23)》,转引自《冀东抗战研究的博客》。部分标点为笔者所加,内容也有删节。

上述情形,不仅仅出现在关东州"满洲"内地和冀东地区,正如日本学者山田豪一指出的,"日本的驻华机构中,台湾总督府从南,关东都督府从北,青岛守备军从山东半岛,乘着英国退出鸦片贸易的空当,借着鸦片价格的高涨,在禁烟体制下的中国,堂合地走私输入鸦片"①,无一例外地都把鸦片专卖政策当成了维持统治秩序运作的最重要财富来源。

向中国走私、贩卖鸦片以获取巨大经济利益的始作俑者,当然是挑起鸦片战争迫使清政府默认鸦片贸易和吸食行为的英国殖民主义者。在日本殖民主义者抢夺"南满"铁路沿线权益和日军占领中国内地之前即已泛滥成灾。随着日军的铁蹄所至,毒品祸害亦随之愈益泛滥。如有学者研究称,"随着日军对这些地区(指苏州、杭州、汉口、北平等大城市)的逐一占领,占领当局在东京的'亚洲发展会'的总方向指导下,寻求垄断和扩大毒品的非法交易。于是,南京便成了长江下游沿岸鸦片贸易的中心。至1939年,纯海洛因约卖 300 元 1 盎司。整个南京城内的毒品贩子多达 2400 人,其中有许多是警察,他们将毒品卖给 6 万成年人乃至儿童,而这占到南京总人口的八分之一"②,这些毒品贩子不少是跟着日军一同来到沦陷区的大陆浪人。

"邦人""鲜人"毒贩们贩运的毒品来自波斯、土耳其、英国、荷兰、法国、东南亚各殖民地等和"北满"、热河等地,其中还有日本人山内三郎的"南满洲制造株式会社"制造的海洛因,也有来自朝鲜半岛的鸦片和海洛因。

---

① 山田豪一:《满洲国の阿片専売》,31 页。
② [美]魏菲德:《上海歹土(The Shanghai Badlands)》,芮传命译,上海:上海古籍出版社 2003 年,5—6 页。

3."高丽浪人"的"白面房子"

积极追随日本帝国主义侵华政策的上层"鲜人"及因各种原因堕落为社会下层的"鲜人""浪人"们,染手毒品贩卖者亦不绝于途。

"介入上述罂粟栽培地区的鲜人有数万之众,其中当然有许多是从事水田等农业的良民,但是据说过半数的人依靠鸦片维生。不要说在当地,就连哈尔滨、双城子(即乌苏里斯克)、海参崴的那些鲜人资本家们,几乎都是靠鸦片发了大财的。往返于长春、哈尔滨、双城子、海参崴之间的鲜人,大多是做鸦片生意的,几乎可以说走私鸦片已经成了他们的独占事业。"①当然,在中国东北地区染指鸦片市场的,不仅是"鲜人"中的恶党,日本关东军为了筹措战争经费、"以战养战",在东北地区大规模地、全面地经营鸦片的栽培、销售事实,已经通过不少学者的研究得到充分的证明。从事鸦片栽培和经销的"鲜人"们,同样对于东北地区烟毒的泛滥,负有不可推卸的罪责。

不仅是鸦片的栽培,其后续的制造、销售以及销路保护等多种环节上,殖民地的各种黑恶势力都走到了一起,形成了一个密切的利益集团。"秘密种植鸦片的经营者,根据其耕作土地的不同,从播种到收获期间,都要接受马贼、军队、巡警或者炮手(跟马贼没有太大区别,惟表面上负责当地的治安而已)等势力的保护,并向他们支付报酬。马贼在深山地带、炮手在村落附近保护秘密耕作者,巡警接受城市街道运输和贩售私贩的贿赂,军队则时常以讨伐为名抢夺利益。有时候,此辈徒党会为了保护地盘的实力争夺展开

---

① 三箇力:《阿片の話(鸦片漫话)》,大连:南满洲铁道株式会社庶务部调查课,大正十三年,17页。

激烈的争斗。"①

　　随着日军占领区域的扩大,毒品生意也随之由日本军部支持下的大陆浪人推向了所有的沦陷区。

　　如《解放日报》在 1943 年 10 月以《日寇在北平的毒化罪行》为题报道:"沦陷后的北平市,大街小巷的日本鬼多;因贫自杀与穷死鬼多;躺在土膏店里的鸦片鬼更多,没有鸦片烟鬼,不养那么多的日本鬼,也不会有那么多的穷死鬼。互为因果,乃成就了北平市的三多。"②该文还指出,"鸦片鬼多"这一现象的背后,其实是日本军部在华有计划、有组织并且以日军武力为背景强制推行的"毒化政策"的必然结果。"(日本)更利用侵华传统的成规,包庇和逼迫中日两国的流氓无赖,和朝鲜台湾可怜的被压迫民族贩卖金丹、白面、鸦片、吗啡,用以削弱中国人的精神体力,逼他们自己灭种。一面也就用这笔收入,补助军用。这毒化政策在中国 推行三十多年了。""七七以来,天翻地覆的局面,使得北平一切情形都不同了。许多以前在暗地里潜伏着的流氓地痞,污吏劣绅,都被召集雇用到敌寇方面去了。有的乘机勾结宪兵、浪人、部队官兵等,大开土膏店和制造白面工厂。因为获有军力的包庇;取得日支军宪的联络;日方给予种种优越的权益;销路既畅,利润又厚"③,所以"毒化政策"成为日本侵华战争期间筹措战争经费的重要来源之一。

　　此外,这篇文章对于借日本侵华战争之际从事毒品生意的"从业人员"的分析也值得注意。因为它既指出首谋者自然是"中日两国的流氓无赖""浪人",也包括有"朝鲜、台湾可怜的被压迫民族",

---

① 三简功:《阿片の話》,17—18 页。

②③《解放日报》1943 年 10 月 26 日第 4 版,《日寇在北平的毒化罪行》,资料来源:《中国历史文献总库　近代报纸数据库》。标点依照原文,以下同。

一方面主要对从事毒品生意的"日本的流氓无赖""浪人"予以严厉的抨击;另一方面也点明中国的"流氓无赖"和殖民地"朝鲜""台湾"地区出身的烟贩的存在,同样在"削弱中国人的精神体力"、支撑日本侵华战争方面发挥了罪恶的作用。

《解放日报》的分析,能获得大量史料的佐证和支持。据说,尽管当时的北平沦陷区民生艰难、物价高涨,但是"白面房子(大烟馆)"的毒品买卖却生意兴隆,门庭若市,这些"白面房子"多由背后有日本人撑腰的"高丽浪人"经营。杨多杰在《北平沦陷后的市井生活》中这样描述:"'白面房子'的生意十分兴隆,人进人出热闹非凡,警察局唯恐发生事故,曾由所属的侦缉队派去便衣警察,在各'白面房'附近负保护之责。高丽浪人见门外有中国便衣警察巡视,唯恐对其营业不利,于是每日赠送给值班警察'白面',有的警察根本不会吸'白面',时间一长也就上了瘾,最后落个被开出(原文如此)的结局。"①

虽然同样从事着龌龊而卑鄙的毒品生意,但是《解放日报》认为仍然应当将日本人和"朝鲜人""台湾人"区别对待。"贩制毒品那几乎是朝鲜人和台湾人的专业。这自然必须在敌人的操纵指使之下,才能做的。可是关于这类营业,敌人自己出面的很少,这有两种用意:朝鲜人贩毒害中国人,'罪有所归',使这责任不在日本,中国人也止恨(原文如此)朝鲜人,藉以增深两民族间的仇隙。此其一。再则更为表示'帝国人'都是有正当职业的,不屑干这下流勾当,好维持大国民的尊严身份,保全帝国在殖民地的治权体统。

① 凤凰卫视:《香港沦陷文化人逃往内地　西南联大成立大师齐聚昆明》(http://phtv.ifeng.com/program/fhdsy/detail_2014_07/16/37364143_1.shtml),2019 年 4 月 20 日阅览。

其实,敌寇这第二种用意,更十足表现了倭人最显著的矛盾心理。"①

这里的分析,大致符合马克思列宁主义关于阶级分析理论、帝国主义理论的基本观点,"首谋者"和"协同者"的历史责任自然有所不同,可以区别对待。但是,中国人(包括台湾出身者)、朝鲜人中的败类跻身于"日本浪人"行列从事毒品生意的罪责,也不能一笔勾销或减免,仍应受到历史的谴责。

从1904—1905年的日俄战争一直到日本侵华战争爆发,日本的大陆浪人除了在战场上直接配合日军侵华以及与沙俄帝国主义对抗的作战行动之外,在战场以外的社会生活和政治生活的各个层面,也是近代日本侵华政策的实施者、监督者、鼓动者,他们通过操控马贼等手段扩大了东北地区的匪患,并将政治化的马贼团伙的活动纳入侵华战争的既定轨道之中。他们又通过制毒、贩毒,为在华的日本关东军以及各占领地的日本统治机构提供了重要的财政支持,他们中的不少人也从中"一攫千金",成为毒害中国人民的"毒枭"。值得注意的是,这些嚣张的"不法之徒",大多跟第一代的早期大陆浪人已无组织上和思想上的直接继承关系,不少人是沿着"不良邦人"的道路从各种轻微犯罪活动起步走向堕落,或者是被所谓"马贼浪漫"文学作品所鼓动,走上了"谋略浪人"的不归路的。不排除他们中的有些人有着多种社会身份和多重性格,有些人甚至会短暂地率领"马贼"队伍参与"抗日"运动(如小日向白朗等人),也有些人在积累了钱财和社会地位之后脱离了大陆浪人的

① 《解放日报》1943年10月26日第4版,《日寇在北平的毒化罪行》,资料来源《中国历史文献总库 近代报纸数据库》。

群体（如薄益三等人）。但是从总体来看，在战场以外的大陆浪人在中国东北地区，是造成"匪患"和"烟毒"连年不断、难以禁绝的最重要的社会力量，是陷东北地区中国人民长达40年的时间里生活在被占领、被毒害、被屠杀和被盘剥苦难生活中的"复合罪行"的罪犯。

第五章 疯狂的战争"推手"与军部"别动队"

　　"民间人士"的身份,是大陆浪人最好的掩护。他们利用不穿军装之便,或者深入前线和敌军后方,或者在密室和社会的"死角"里进行阴谋策划,或者在日本国内鼓动战争舆论,为战事的发展出谋划策,又或者在中国的城乡制造事端和纠纷,激化民族矛盾和对立,挑动战事的爆发……应当说,虽然近代以来几乎全世界的资本、帝国主义列强都对中国发动过不止一次的武装侵略或挑衅,给中国的国家利益以及人民的生活带来巨大的伤害,但是在出动正规军队的同时有效地利用类似大陆浪人这样的"民间力量"前后方双向出击多层面活动,对近代中国造成了巨大、深重的伤害,还只有日本帝国主义国家。因此从这个意义上可以说,只有同时将作为"推手"和"别动队"活跃在侵华战争前线与后方的大陆浪人的活动,进行一番梳理和概括,我们才能更为完整地、更加立体地接近这场战争的全貌。

　　虽然这个群体的大部分人都以"民间人士"的身份出现,但是他们在整个侵华战争中所发挥的作用,并不亚于手持各种杀人武器的军人。只不过由于他们的成员构成复杂,活动领域各有不同,与正规的军队相比,他们在这场侵略战争中所发挥的作用更难全面把握。而且由于事后的"官方记载",往往不屑或"不便"将他们的活动及结果全部记录在案,而采取了有选择性的"忘却"态度,更加大了对他们在侵华战争中的活动全貌进行描述和概括的难度。本章拟对大陆浪人在侵华战争中的活动区分出几个主要形态,着重通过原始记录这类第一手资料,展开相关的概括与描述。

第一节　情报搜集活动与"大陆浪人"

大陆浪人为侵华战争和帝国主义争夺殖民地战争服务的最直接、最简便易行的手段,就是情报搜集活动。早期的大陆浪人中,以宗方小太郎为首的汉口乐善堂系统和内田良平为首的黑龙会系统对此极为擅长,他们或者是受军方指派和资助,或者干脆就是出于自身的"使命感"和"冒险精神"等心理因素的鼓动,单枪匹马地深入中国内地、边疆或者朝鲜半岛、西伯利亚腹地,广泛地搜集大量政治、军事、经济等各类情报,为甲午中日战争和日俄战争中日军的胜利,立下了"汗马功劳"。

一、甲午、日俄战争期间的"特别任务班"与"大陆浪人"

在甲午战争和日俄战争期间,日本军部以现役军人为骨干,组建了以情报搜集和军事破坏活动为目的的"小分队""别动队",深入前线和敌后活动。最早到达中国沿海和内地活动的一批大陆浪人,积极甚至可以说是"奋不顾身"地参加了侵华日军组织的此类军事行动。

1. 侵华战争行动中的"特别任务班"

甲午战争开战前,已经为对华军事行动做着多方准备的"大本营"参谋次长川上操六,即派受命到参谋本部执行任务的炮兵大尉、"支那通"根津一携带密令于 1894 年 7 月驰赴上海，与已经派驻当地的步兵大尉津川谦光等协商，决定组建"特别行动班"，从事刺探中方情报和必要时充任随军翻译等所谓特别任务。被北京当执行特别任务的，主要是正在"日清商品陈列所"实习的"日清贸易研究所"毕业生和曾在汉口乐善堂接受过庇护和培训的二十几岁的大陆浪人们。如《对支回顾录》（上卷）一书在记述"特别任务班"时，就列举了受陆军委托"由上海派遣的诸士""由花园口派遣的诸士"14 人和由海军派遣的 3 人的名单，其中包括石川伍一、宗方小太郎、山崎羔三郎、山口五郎太等人，其任务或是"侦察辽东半岛"，或是"侦察支那海军情况"等各不相同。这些浪人中，楠内友次郎（30 岁，死在南京）、福原林平（27 岁，死在南京）、藤岛正直（26 岁，死在杭州）、高见武夫（27 岁，死在杭州）、山崎羔三郎（31 岁，死在金州）、锺崎三郎（26 岁，死在金州）、藤崎秀（24 岁，死在金州）、猪田正吉（年龄、死在何处不明）、大熊鹏（年龄、死在何处不明）、石川伍一（29 岁，死在天津）等人均在此次行动中因各种原因而"殉难"。① 他们死后，以"军功"或被赠以"征清殉难九烈士"（楠内、福原、藤岛、山崎、锺崎、藤崎、猪田、大熊、石川）的"美名"，或被作为"殉节三烈士"（山崎、锺崎、藤崎）日后由根津一倡导在金州北门郊外为其建碑"慰灵"，还将金州郊外的山峰命名为"三崎山"（因三人姓名中均有一"崎"字），受到顶礼膜拜②，享尽死后的"哀荣"。③ 这

① 东亚同文会编：《对支回顧录》上卷，302—304 页。
② 参见图片，《植铁之旅》(http://liondog.jugem.jp/? eid＝37)，2020 年 1 月 21 日。
③ フリー百科事典『ウィキペディア（Wikipedia）』《征清殉難九烈士》，https://ja.wikipedia.org/wiki/%E5%BE%81%E6%B8%85%E6%AE%89%E9%9B%A3%E4%B9%9D%E7%83%88%E5%A3%AB。这三人的墓碑，后来因"三国干涉还辽"被迫迁移回东京，安置在东京高轮的名刹泉岳寺。

些人是死在侵华战争前线最早的一批大陆浪人,也是晟早直接参加日军侵华军事行动的大陆浪人。

　　侵华战争或以中国为主战场的帝国主义战争为何需要执行"特别任务"的大陆浪人?日俄战争期间在参谋本部负责布置此项任务的松川敏胤中佐极为负责地说明了其中的原因:"日俄之间,风云突变,发生冲突,毕竟难免。其战场大概在南满洲乎。参谋本部欲在以往谍报机关之外,另于南北满洲及西伯利亚地区设置各种机构。然而开战后一般日本人恐怕难以存身,故希望你等潜入满洲,开战后调查俄军之行动及兵力,随时向驻北京公使馆武官及大本营报告。"①由于"正规"的军人已经无法直接出动,以"民间人士"身份出现的非民间人士的大陆浪人,在这种场合就发挥了不可替代的重要作用。

　　日俄战争是两个为扩展海外殖民地感到焦躁不安的后发的帝国主义国家,在中国领土上展开的争夺殖民地和海外权益的战争,也是资本主义阵营中后起之秀的日本,第一次面对欧洲强国俄罗斯的殊死搏斗,日本朝野各方政治势力都为了打赢这场战争投入全部精力、物力和人力,大陆浪人也不例外。

　　关于日俄战争期间执行"特别任务"的大陆浪人,《对支回顾

---

① 东亚同文会编:《对支回顾録》上卷,389 页。

录》上卷用大量篇幅作了详细的介绍。大致归纳一下，参与了步兵大尉土井市之进（参加行动的当时为少佐）率领的"参谋本部特派谍报班"行动的，有在北京招聘的"精通汉语"的森胁源马及道僧墨禅，在营口又得到熊本县出身的东肥洋行行主松仓善家（身份虽为商人，据说也是上海"日清贸易研究所出来的国士"）的多方照应，到达辽阳后，又有经住在北京的中岛真雄介绍的佐藤长治前来投奔，其人据说"多年有志于支那研究，蓄了辫子，在支那各地旅行，加之精通汉语，尤为本谍报机关所需要，于是命其从日间研究俄军服装及报告书样式，派其前往辽阳城内卑职（土井自称）原藏匿地点"①。7 月上旬，又有据说一直在北京从事"汉语研究"的中町香橘和兴津良郎两人主动来投。中町和兴津"愿充当密探为国家尽忠，于是视两人为有为之青年加以录用。经数日教育后，将中町香橘派往屡遭俄国密探破坏迄今谍报工作毫无建树的大石桥车站"②。稍后的 8 月中旬，又有原属于"青木班"的翻译米良真雄，也被发展为"谍报机关员"③。到日俄战争结束，参加该"参谋本部特派谍报班"行动的大陆浪人中，有三人战死（森胁源马、米良真雄、安尾信太郎，当时的职务均为"书记"）。④

　　以驻北京公使馆武官青木宣纯大佐为首组织的北京"特别任务班"亦即"青木班"，是从北京出发前往东北各地战场和后方地区活动的别动队。各班的首领均为日军现役军人，但其行动自始至终得到了川岛浪速等诸多所谓"民间有志者"的协助。如 1904 年 2 月，前田丰三郎、早间正志两人在步兵大尉津久居平吉的率领下切

① 东亚同文会编：《对支回顾录》上卷，400—401 页。

② 东亚同文会编：《对支回顾录》上卷，401 页。

③ 同上，402 页。

④ 同上，406 页。

断了俄军布设在八达岭的通往欧洲大陆的电讯线路；前往齐齐哈尔方向的"横川班"六人（横川省三、冲贞介、松崎保一、中山直熊、胁光三、田村一三）负责炸毁齐齐哈尔附近嫩江上的富拉尔吉铁桥，在侦察行动中或被俄军识破逮捕后处死（横川、冲），或被当地蒙古族人民击毙（松崎、中山、胁、田村），无一人生还。以步兵大尉井户川辰三为首，有河崎武、奈良崎八郎、古贺准二郎、大津吉之助、松冈胜彦、村冈政二、原田铁造、久米甚六参加的"第三班（井户川班）"则担负了"以内蒙彰武县为根据地，指使马贼破坏长春以南之铁路、扰乱俄军后方及从事谍报工作"等任务。① 这个班虽然没有完成爆破东辽河一带铁桥的任务，倒是在小库伦一带"操纵马贼夺得俄军辎重，又在新丘附近之卧龙岗以蒙古马贼头目巴布扎布为中心，纠集蒙古马队千余人自称钦命正义军，以彰武县大兰营子为根据地，直至战争结束，全力威胁敌人（指俄军）右后方"，成功地操控当地"马贼"，使之成为日军对俄战争中的辅助军事力量。②

青木宣纯为首的"特别任务班"分为前后两期，参加 1904 年 7 月以后组织的第二期"特别任务班"，主要有成田安辉、逸见勇彦、大重仁之助、松冈胜彦、村冈政二等等。他们的主要任务就是"操纵马贼"，把当地的汉族、蒙族等中国平民卷入日俄战争，帮助和声援日军对俄作战。此外，还大量利用当地的中国人刺探俄军情报，"这是因为利用支那人从事密探颇有方便之处的缘故"③。

---

① 东亚同文会编：《对支回顾录》上卷，408 页。
② 东亚同文会编：《对支回顾录》上卷，410—411 页。
③ 东亚同文会编：《对支回顾录》上卷，413 页。

2. 芝罘"特别任务班"

第三支重要的别动队是驻守芝罘（烟台）的守田利远少佐为首的芝罘"特别任务班"。日本军方在发起日俄战争之前就看到了山东半岛对于日俄在中国东北地区争霸之际的战略重要性，1902年2月参谋次长田村怡与造少将带领小山秋作大尉途游中国大陆之际，在保定面见袁世凯力陈"俄国在满洲之军事行动将来有可能带来重大之结果，日清两国应共同监视之，平时即应进行充分之侦察，以备万一"，获得袁世凯的同意，并订立了秘密协定。[1] 于是当时还是大尉的守田一行便进一步同袁世凯之间具体商定了"袁直隶总督将在满洲及山东省的侦察全部委托守田大尉，派往各地的清国方面侦察将校亦悉数交芝罘守田大尉指挥"；"驻扎满洲及山东各地的清国方面将校得到之情报，首先汇集到守田大尉处，由守田大尉综合后再报送日本参谋本部及清国直隶总督处"的日俄情报交换的约定。[2] 及至日俄战争爆发，以守田为中心的情报网立即发挥作用，袁世凯还命其部分心腹军官等佯称潜逃，实际参加了日军"特别任务班"的活动，如吴佩孚就是其中一人。芝罘"特别任务班"的主要活动一是"联络辽东半岛的马贼团体，且止支那苦力为俄军所用"[3]，以及爆炸、焚烧俄军弹药库、粮库等军用设施，其成员中自然也少不了大陆浪人。如津久井平吉、早间王志、前田丰三郎等参加了切断芝罘和旅顺之间海底电线的任务；还在上海东亚同文书院上学的冈野增次郎应守田大尉的请求，扮作卫生用品店的店员侦察旅顺要塞的军情，用一个半月的时间绘制了《旅顺要塞海

---

[1] 东亚同文会编：《对支回顾録》上卷，413—414 页。
[2] 东亚同文会编：《对支回顾録》上卷，414 页。
[3] 东亚同文会编：《对支回顾録》上卷，415 页。

陆两正面炮台、炮垒略图》和《旅顺要塞海陆兵营位置图》；伊藤俊三、田锅安之助、川上贤三、江良文晖、坂本与之助、长田吉次郎等十余名侦探则参加了松木岛、青岛、娘娘宫等地的情报侦察。① 高山开藏在西中岛近海发现俄国水雷驱逐舰，田锅安之助等在新子沟西方海岸发现坐礁的俄国驱逐舰等，直接为削弱俄国海军力量发挥了重要作用。此外，谷村源藏诱骗充当俄军密使的中国人到海岸，夺得俄军秘密文件；坂本与之助、冈野增次郎带领吴佩孚等十余名中国人充任侦探，从旅顺口、大连一直到浦盐（海参崴），广泛搜集各种俄方情报。伊藤俊三在守田少佐的指挥下，在貔子窝一带纠集马贼和团练会成立"忠义军"，于日军第二军登陆前传播谣言"扰乱敌之耳目"，日军登陆后又充任日军第二军的别动队爆炸铁路、桥梁，切断电话线等，策应日军作战，据说活动一直持续数月之久。②

　　"特别任务班"是配合日军大部队行动的真正意义上的"别动队"，对于成员的甄选相当严格。有些大陆浪人因为未被选为"特别任务班"的成员，竟走向另一个极端。如"八旗学堂教习、熊本县人堀部直人，由于无法加入一行（之行动）而深感遗憾，竟至发生自戕事件"③。如果这里的叙述和解释属实，则堀部之自杀，也实在是"皇国主义"精神教育下大陆浪人已经成为把效忠"皇国"看做唯一不二"崇高使命"的一个特殊的"圣战士"集团。这既不是文学虚构，也不是数码世界的虚幻空间，而是 110 多年前冷酷的现实。

---

① 东亚同文会编：《对支回顾録》上卷，416—417 页。

② 东亚同文会编：《对支回顾録》上卷，418—420 页。

③ 东亚同文会编：《对支回顾録》上卷，409 页。

3. "满洲义军"

除了协助日军在前线作战之外，大陆浪人还自己组建准军事组织，主动协同侵华日军作战，其代表是日俄战争期间的所谓"满洲义军"。据说，当日军参谋本部还未组织"特别任务班"之前，风闻战云已经密布的玄洋社成员安永东之助就带领柴田麟次郎、小野鸿之助等"抱一死报国之念"，前往佐世保军港查探局势，商量如何参与行动。他们正好与正在当地的宫崎滔天、萱野长知、福岛熊次郎、金子克己等人相遇，于是一行人返回东京，更与末永节、内田良平和头山满磋商，拉拢玄洋社、黑龙会等团体的诸多大陆浪人参与到计划之中。在"国益"问题面前从不落他人之后之头山满，当场"表示赞同，并立刻通过外务省政务局长山座园次郎，说服参谋本部的副岛少将"①。恰巧日本陆军的参谋本部也在计划派遣"特别任务班"前往鸭绿江地区，于是双方一拍即合，挑选了一些预备役和后备役的军人加上玄洋社年轻一代的大陆浪人，组成了以花田仲之助少佐为首领的所谓"满洲义军"，于 5 月 23 日离开日本九州的门司港前往中国大陆。从成员名单上看，"满洲义军"的大部分成员都是大陆浪人，其主要成员包括堀米代三郎、木介弥、关时太郎、横井六三郎、神吉长吉、广濑寅三郎、广冈义一、大川爱次郎、小野鸿之助、金子克己、真藤慎太郎、福岛雄次郎、安永东之助、柴田麟次郎、萱野长知等等。第一次组建的"满洲义军"是四十余名日本浪人加上 80 多名团练兵勇组成的乌合之众，组成队的第二天（6 月 22 日）就遭遇了优势的俄军步骑兵袭击，"全军溃灭"②。不久之后他们再次组建，并得到了土豪马连瑞率部支援，才艰难地

---

① 东亚同文会编：《对支回顾录》上卷，421 页。

② 东亚同文会编：《对支回顾录》上卷，422 页。

在碱厂攻击俄军获胜,打赢了一仗。

1904 年下半年,"满洲义军"最主要的活动是"三十多次从团练头目、密探那里获得敌情通报、转告我军,并牵制敌人,掩护皇军圆满完成任务"等辅助性战争行动。① 1905 年以后战场形势发生有利于日军的变化,"满洲义军"获得了缴获武器的补给,又组织"特别任务班"侦察敌情,后来人员壮大之后甚至还参与了占领夹皮沟、敦化、额木索等地的军事行动,因此在战争结束后得到日军鸭绿江军司令官川村景明的表彰。

"特别任务班"和"满洲义军"的活动,开了大陆浪人直接参加侵华战争以及配合日军参与对外战争之先,并且积累了驾驭中国地方团练、马贼等民间武装力量的经验,为此后同日军的协作以及通过一部分浪人进一步打入马贼、团练武装内部加强控制和改造,"化敌为友",提供了最早的"成功"范式。

二、身负"特殊使命"的"卧底"和"临时机关员"

除以"完全公开"方式的"满洲义军"和"半公开"方式的"特别任务班"之外,以个人身份或小集团形式长期潜伏在中国内地、边疆,建立秘密情报网络,或者接受"特殊使命"被派遣到中国各地搜集情报的大陆浪人也不计其数。早期大陆浪人中,有的有军方背景如荒尾精、宗方小太郎等人,有的则未必接受过明确的指令和财政支持,半是出于"自发地"为日本"国益"着想的动机,如被称为"支那探险两雄"的中西正树和小越平陆等。② 从 1904—1905 年的日俄战争之后,散布在中国各地以大陆浪人为主体的地下情报网

① 东亚同文会编:《对支回顾录》上卷,422 页。
② 参见拙著《辛亥革命与大陆浪人》,北京:中国大百科全书出版社 1991 年,9—10 页。

络,基本上都拥有了日本军方的背景。

1."禁区"里沉默的"卧底"

这些"民间"的情报、特工人员,为了长期潜伏和关键时刻能够发挥特殊的作用,往往最大限度地利用大陆浪人同中国各界的人脉关系,为自身创造有利的潜伏和活动环境。而且还有一些"不让须眉"的"女流"浪人,也加入到这个队伍之中,成为最成功的"卧底"。如驹井德三曾回忆:民国初年,中国政府对外国人前往蒙古地区采取了严格的限制措施。"……在那之前,中国政府对蒙古拉上了铁幕,绝对不允许外国人进入。当然也有偶尔的破禁者,但一被发现立刻被驱逐出来。但是这里面就有一个特例,就是赤峰南边的喀喇沁王府。这个喀喇沁王是个所谓的亲日派,公主的家庭教师用了一个叫做河原操子的日本人。这个人是个大大的女强人,不光在王府家中,就是在临近一带也深得众人的信赖,到最后,附近的孩子们也随公主一起跟着她学习,大获成功。……日俄战争爆发时,有名的横、冲川(即横川省三、冲贞介)两名志士化妆成蒙古人企图炸毁东清铁路。正在喀喇沁王府的河原就帮助他们搞到蒙古人的装束并提供一切方便,送两位志士出发。确实是一个非同寻常的人物。"①不仅是横川省三、冲贞介两人,当初几乎是以献身的精神主动地承担了日本政府或军部交代下来的"特殊使命"的河原操子,此时立刻最大限度地启用自身的人际关系和物资筹措方面的资源,利用她在王府的工作之便,为执行特别任务的"伊藤班"与"横川班"两批成员也提供了从食品、服装到我军和当地政情等多方情报的帮助。河原操子的行动,堪称当时极为罕见的"女流"大陆浪人的代表和典范。

---

① 驹井德三:《大陸への悲願》,102 页。

　　河原操子这样的所谓"女杰",当时还不是例外个案。例如广池千九郎在中国各地进行"调查旅行"之际,据说也得到过"肃王府家庭教师"成田芳子的介绍,获得参观肃亲王家庭学校的机会。王府对成田芳子老师介绍的广池博士青眼有加,不但热情相待,还赠以西太后书写的"厈"(即"虎")字纪念,可见成田芳子在肃王府极受器重。① 驹井德三在外蒙地区旅行时,据说也见到过一个上海同文书院的第一期毕业生林出健次郎,他也在一家王府当家庭教师,"在蒙数年,一度也不曾使用过日语"云云,可见这样的潜伏生活对大陆浪人的意志也是极大的考验。②

　　毋庸赘言,大陆浪人的主体既然是在"日本内地"走投无路或者穷极潦倒的"不良邦人""无赖汉"们,他们来到中国内地之后本性难移,谎称搜集情报或建立"谋略据点"而诈取钱财、利权者自然大有人在。这些人属于政界和谍报界的"耻部(黑暗部分)",大部分信息都会在事后被抹杀而难以大白于天下,但这个驹井德三在回忆录中透露当年曾在蒙古东戈壁沙漠的大板上喇嘛庙附近见到过一例:"……此外,在大板上,有一个以蒙古为据点名叫片谷传藏③的追逐权益者,他吹嘘自己跟王爷联合起来要创办大的事业等等,欺骗日本的陆军、外务省、满铁等等机构,骗到了金钱……"④通过对历史档案的检索,发现进入驹井德三耳中的传闻并非完全虚妄。1918 年 2 月 13 日署名"关东参谋长(此处为略称,全称应为

---

① 广池千九郎博士:《清国调查旅行资料集(清国調查旅行资料集)》,千叶县柏市:财团法人莫拉罗技(道德科学)研究所(财团法人モラロジー研究所),1978 年,78 页。

② 驹井德三:《大陆への悲愿》,103 页。

③ 也有记载称其为片谷传造,经历不详,惟知片谷于 1909 年曾与巴林右旗亲王一同创办"盛德公司"等。

④ 驹井德三:《大陆への悲愿》,119 页。

"关东都督府陆军参谋部参谋长")斋藤少将"致某军息关<ruby></ruby>报中,曾谈到一个"□□(手稿中原写有'铃木'二字,复又被勾掉)增藏(俗称天鬼)者"①告诉他:"昨晚已同内蒙古大巴林三之间达成二十五万日元借款,出资者乃满洲制糖会社社长青井。该借款用来清理该王财产,可以完全自由使用,没有任何限制。而其交条件,是在巴林旗内兴安岭东麓附近与王合办畜牧兼营农业,改良马匹与绵羊。但关于其实施,目前尚无任何准备。以上乃依据片谷传藏之提案也。"②由于同一卷宗中再无同一时期的其他资料或附件,"片谷传藏之提案"的具体内容至今无从得知,不过也多少印证了驹井德三听到的传闻至少不是无中生有。这类事件频发,再次说明了大陆浪人群体的复杂多样性,也再一次引证了大陆浪人与日本政府、军部之间实际上存在着"豢养与被豢养或者敲诈""指令与执行或者搪塞、欺诈""利用与被利用或者反利用",而且大陆浪人也利用日本军部、关东军以及各级政府部门求"战果""政绩"心切,反过来以一己之"私利"蚕食"国益"等多重关系和历史现实。

2. 华北、中原沦陷区的特务机构与浪人

大陆浪人为配合日军军事行动展开的情报活动和对华情报网络的建立,伴随着日军对中国其他地区的侵略和占领,也逐渐扩展到华北、西北和中原地区的"沦陷区"。

据日本"对支递信事业(即通讯邮政事业)调查会"于昭和十二年(1937)二月三日提交的一份题为《日本增设驻华某关,七省

① "天鬼"乃大陆浪人薄益三在'马贼'中的自号,日语中"益三"与"增藏"用于姓名时发音相同,故推测此人为薄益三。

②《蒙古農牧事業關係雜件 第二卷 15.洮南地方開墾計畫二關スル件　自大正十四年四月(蒙古农牧事业关系杂件 第二卷 15　关于洮南地方开垦计划　自大正十四年四月)》,JACAR(亚洲历史资料中心),Ref. B0401115970,画像1。

共计二十二处（日本駐支特務機関を増設——七省に合計二十二個処）》的《满支情报第 140 号》中综合转发《申报》（1 月 13,14,15日,2 月 2 日）的报道称："自去岁以来,日本在河北、察哈尔、山东、山西、绥远、宁夏、青海及内蒙各旗遍设特务机关,更进而将其组织扩展至黄河两岸之河南、安徽。各机关除设调查、情报、外事各股外,北平、绥远、通州等重要据点,总有十五名以上二十余名军人。此外还以所谓临时机关员名义,招募大量预备役和后备役军人及政客、浪人等,人数不明。"①对这些特务机关的所在地和负责军官,该情报也分三个类型作了介绍。

甲,属于关东军者:(1) 遄州机关长细木中佐;(2) 北平,浅野少佐;(3) 山海关横山中佐;(4) 嘉卜寺武藤大佐(前任为田中隆吉少佐);(5) 多伦植木少佐;(6) 张北桑原少佐;(7) 额济纳横田大尉;(8) 天津高桥少佐;(9) 平凉井上大尉;(10) 青海木村大尉。乙:属于华北驻屯军者:(1) 天津茂川少佐;(2) 北平松井大佐;(3) 通州上野少佐;(4) 太原河野中佐;(5) 济南石野少佐;(6) 青岛谷荻少佐;(7) 张家口大本少佐;(8) 绥远羽山中佐。丙:属于海军者:(1) 天津久保田大佐;(2) 北平桑原中佐;(3) 青岛佐藤少佐。丁:属于满洲国者:(1) 天津松冈大尉。②……

由负责邮政通讯的政府机构转发的这份来自中文媒体的情报,自然只能提供一些表象的信息。但即便如此,从中也可以了解到,日本自 1936 年以来,在中国内地遍设特务机构,某些重要地点的机构,除配备 15 名以上乃至 20 余名军人之外,还以"临时机关

---

①② 对支递信事业调查会:《满支情报第 140 号》,JACAR(亚洲历史资料中心),Ref.
A09050880400,画像 1。

员"的名义动员了预备役和后备役的军人以及政客、浪人参与情报活动。值得注意的是，这些情报机构还将触角越出华北地区，深入到黄河两岸的河南和安徽境内，直接构成后面将要提到的"郑州阴谋事件"的动因。

此外，这份情报还提供一个重要的动向，那就是不仅大陆浪人这些"民间人士"和日本军方，连日本的官方派出机构如驻华公使馆、领事馆等，大部分部门都同情报活动发生关联，将搜集到手的各种情报随时与军方共享。"满洲事变之后，华北外交极其多轨，日本方面主持外交者，半数隶属于此类特务机构。我中方外交当局亦不得不顺应此局面，以彼等为外交对象办理交涉。现已处于为非法交涉所控制之局面。彼等交换信息极其迅速，重要事项皆以电报通知东京的陆军首脑部门。"[1]事实上，日本的外交系统在情报部门方面，早在甲午战争和日俄战争期间，就同日本军方建立起了重要情报的共享机制，这在保存至今的为数不多的外交档案和军部档案中都能够找到不计其数的佐证。而新建的这些特务机关，由于具有情报"及时"和情报传递、交换"迅速"等特点，迫使此前将浪人们另类看待的日本外务省正规外交系统（此时据说已经陷于无法正常运作的"失常状态"），也不得不利用这些机关，半数"外交主持者"甚至隶属于此类机关。近代以来的日本外交官们，大概还从来没有体验过这样的"失态"。

3. 夭折的"郑州阴谋事件"与日本浪人

七七事变前夕就将特务机关开设到中原腹地的河南、安徽等地，自然会引起中国方面从官方到民间的强烈反对，1937 年 1 月的

---

① 对支递信事业调查会：《满支情报第 140 号》，JACAR（亚洲历史资料中心），Ref. A09050880400，画像 1。

所谓"郑州阴谋事件",就是一起对日本大陆浪人厕身其中的谍报活动,中国官民一致表示强烈反对的事件。

从最近重新整修过的"原日本驻郑州领事馆旧址"介绍展牌可知:"日本自1929年起经与中国政府多次交涉,1923年2月日本驻郑州领事馆正式开馆,馆址位于福寿街109号,领事田中庄太郎,隶属于日本驻汉口总领事馆"(年代记述似有矛盾之处,本书暂不作考订,参见笔者所摄照片)。同时也有人整理1928—1929年间的"郑州日人盗卖土地案"的史实后指出,早在1920年穆藕初兴建豫丰纱厂之际,就有日本人西崎孙平等假借当地中国商人名义购买土地的纠纷,可见"日本关注郑州已久"①。

仍然是"对支递信事业调查会"的《满支情报第140号》转发《申报》报道的消息称:"1月5日位于河南省郑州的某国人秘密机关,勾结潜伏于禹县之刘桂堂匪千余名发起暴动,企图扰乱我国。阴谋暴露后,刘匪参谋长张敏乾等被押解审讯,浪人三名引渡给日本领事。接日本领事电报后,川越大使秘书八谷实来郑,目下正进

---

① 《扑朔迷离的郑州日人盗买土地案》,《团结报文史e家》2018年5月25日(http://www. tuanjiebao. com/2018—06/13/content_145085. htm)。

行调查。我政府应向日本提出严正抗议。"①

从这条报道可以了解，上述日本情报机构深入河南后，很快开始活动，甚至跟穷乡僻壤的禹县的土匪建立联系，鼓动他们作乱。具体参与活动的则是"浪人三名"。尽管证据俱在，当地政府仍不得不将浪人引渡给日本领事而不按中国法律制裁。当事者日本浪人闯祸之后，及时获得日本外务当局的"救援"。

关于"郑州阴谋事件"，沈味之编著的《近百年本日真》一书有专节介绍，而且开列了"浪人三名"的姓名。据说："二十六（1937）年一月五日，河南郑州行政专员公署，破获郑州大同路进贤巷百华银楼后院的日方驻郑特务机关，捕获汉奸赵龙田及日浪人志贺秀二、山口勇男、田中教夫。经专员亲审，据赵龙田供称：去年九月为浪人雇用，月给洋四十元，专赴晋、陕、汴、郑，窥探军青，并勾结潜伏禹县山中的刘桂堂匪党千余人，密谋暴动，破坏交通、抢劫快车，并约同浪人百余来郑，设立贩毒机关，乘机暴动"等语。专员据供后，急电河南省政府及外交部请示，并于六日将浪人志贺等三

---

① 对支递信事业调查会：《满支情报第 140 号》，JACAR（亚洲历史资料中心），Ref. A09050880400，画像 1。

名,引渡驻郑日领事馆办理。汉奸赵龙田则依法办理。当破获时,日浪人即行焚毁文件,经我方迅即扑灭,乃从烬余中获得日方刺探军政情况,利用汉奸图谋危害我国的证据很多。八日,我外交部向日方提出抗议,二月二十八日,将汉奸赵龙田枪决。从这件事看来,可知日人谋我之深了。"①

查阅同一时期的日本官方档案,可以看到日本驻华公使馆"武官补佐官(辅佐官)"冲野亦男编辑的《在北北武官情报,燕普情报,自 19 号至 21 号;燕月报,自 2 号至 13 号(9)》中,"一,华北时局概观"有所涉及:"战区内(指日军华北派遣军战区)土匪与保安队跋扈,由于取缔不良日、鲜人并不彻底,人民饱尝涂炭之苦。但除了孙殿英及刘桂堂匪徒跳梁一时之外,局面尚称平稳。"②这里虽然指出了刘桂堂等土匪的跳梁跋扈,但未涉及与日本浪人之间的牵连,倒是对"不良日、鲜人"仅仅因为取缔不力的缘故而使"人民饱尝涂炭之苦"的事实供认不讳。

关于刘桂堂匪党密谋的"暴动",沈昧之的著作和《申报》的报道都语焉不详,但是日本军部的内部情报却透露出如下详情:

"天津日本军酒井参谋长、关东军和田参谋及刘桂堂、郝鹏、石友三等,计划在河北省政府移动时,发动大暴动,组织华北国,已在本月(根据前文介绍,应为 1936 年 11 月)中旬举行会议。为此,酒井参谋长已经前往上海及满洲,刘桂堂亦在二十一日赴满洲,商议

---

① 沈昧之编著:《近百年本国史》,世界书局 1940 年 7 月出版,168—169 页。资料来源:《抗日战争与近代中日关系史文献数据平台》(http://www.modernhistory.org.cn/index.htm)。

② 冲野亦男:《在北北武官情报 燕普情报 自 19 号至 21 号 燕月报 自 2 号至 13 号(9)(在北北武官情报,燕普情报,自 19 号至 21 号;燕月报,自 2 号至 13 号(9))》,JACAR(亚洲历史资料中心),Ref. C05023482400,画像 2。

一切。其会议之内容如下：① 在天津及非武装冲突区域内组织协和军，在天津组织华北国。华北国未完成期间，日本负保护之全责；② 一切武器由日本提供；③ 从山海关、古北口、寨鸣下三处出兵；④ 日本军舰出动至中国各港口，以援助满洲军占领华北，占领后即时退出；⑤ 华北国首领从各将领中选任。"①上述情报据说来自天津中国官员向北平上司提交的报告，而日本驻华大使馆的武官也援引该报告对该事件中方"旧军人、政客"和日本军部各怀鬼胎的交易之黑暗，以及关东军和华北派遣军等"现地军人"们的野心之大发出感叹："鉴于上述情况，支那旧军人、政客等欲巧妙利用日本军部举事之意图已洞若观火，同时也痛感对于在华日本派出机构之言行亦须警戒之必要。"②

　　由此看来，被中方驱逐的三名日本浪人的活动目的并非仅仅在于搜集情报，而极可能是代表日本军方与刘桂堂等人具体商、谋划武装暴动，并在事成之后建立伪满洲国之后的又一个傀儡政权——"华北国"事宜的负责人员，而准备陆续前往郑州的"浪人百余"，就是直接参与暴动并筹建"华北国"的日方人员了。所幸郑州行政专员公署在事件未发时就察知此事，并及时破下了该特务机关，否则必定造成严重的后果。虽然所谓"郑州阴谋事件"只是众多案例中的一例，但从中可以看到，大陆浪人在中国各地开展的情报活动，在侵华战争全面爆发时，已经不再局限于搜集情报并上报军部，而是与土匪军阀勾结、阴谋策划武装暴动等，成为全方位配合日本军部侵略、占领、分割中国行动的重要"辅助"力量。

---

① 冲野亦男：《在北北武官情报　燕普情报　自19号至21号　燕手报　自2号至13号(9)》，JACAR（亚洲历史资料中心），Ref. C05023482400，画像4—5。

② 冲野亦男：《在北北武官情报　燕普情报　自19号至21号　燕月报　自2号至13号(9)》，JACAR（亚洲历史资料中心），Ref. C05023482400，画像　。

第二节　"谋略行动"与"大陆浪人"

所谓"谋略",日本各种词典的解释是"为了诱骗他人的计策（人をおとしいれるためのはかりごと）"和"欺骗他人的策略（人をあざむくはかりごと）"两种说法,与"策略"基本同义,不带有明显的贬义。在日本近代军事史和对外关系史上的所谓"谋略活动",说白了就是通过己方的某些故意行为挑动骚乱、纠纷,诱导对方（或国家,或军队、团体、个人等）被迫作出反应,从而制造发动军事行动或施加政治、外交压力口实的行为。在当事人的口中,此类行为未必带有明显的贬义,有时甚至是他们津津乐道、用以自夸的"政治资本"和谈资。

挑动战争是否需要"口实"？曾任齐齐哈尔特务机关长和热河特务机关长,后来转任日军驻北平特务机关长的"谍报"少将松室孝良,一度在提交军事会议的报告中放出狂言,"帝国如欲对华发动（行动的）口实,随处可得,故视中国之官民,诚惶诚恐对日不敢冒犯之主义,殊极可笑"①,似乎不把寻找"口实"看作难事。然而,纵观东亚各国从古至今的战争史,"师出无名"毕竟自身胆气不壮,底气不足,对外既难以获得国际社会的谅解和同情,对内也难以鼓舞士气和民气,唤起同仇敌忾气势,终究是兵家之大忌。所以,松室的报告,充其量只是一时的"狂言""大话",算不得军部决策层面人物的共识。事实上,从炸死张作霖案到柳条湖事变,再到强行成

---

① 敬幼如编:《祖国丛书 敌人大陆政策之原形》,《十七,松室"秘密报告",三,浪人活动》,重庆:中国编译出版社,出版年代不明,152页。资料来源:《抗日战争与近代中日关系史文献数据平台》(http://www.modernhistory.org.cn/detail.htm? fileCode=a0420919179c4e6ca8cccc1e63a6506a&fileType=ts)。

立伪满洲国,拥立溥仪出任傀儡"皇帝"等等,关东军对于通过"谋略工作"制造种种"口实",以规避国际社会的不满和谴责,历来都是十分在意,而且大多经过仔细准备和计划。大陆浪人在关东军"不方便"公开出面的场合下,往往充任"谋略行动"的"主角"。

一、关东军"谋略行动"中的"大陆浪人"

始终站在侵华战争最前线的日本关东军,主张"积极"、强硬的侵华计划,对日本政府尤其是外交系统开展的对华政策寺不疑、批判态度,而且对日本政府的对华外交究竟能够取得什么样的"成果"几乎不抱期待,在日本陆军中,堪称"擅自行动('下克上')"等"违章行为"最多。

关东军的战略、情报将校们,早就策划着强行发动对华战事,将日本政府和国家"拖进"战争状态的"战争计划"。如石原莞尔在昭和六年(1931)五月写下的《满蒙问题私见(即个人见解)》中已经明确地规划了挑起战事的具体步骤:"军部团结一致,则可完成战争计划之大纲。在此方面,以谋略创造机会,军部与据主动,强行(拉动)国家,亦未必是难事。若良机再来,以关东军之主动行动完成回天之伟业,亦不是毫无可能。"[1]也就是说,第一步是通过"谋略"为关东军制造挑起战事的机会,第二步是关东军通过"主动行动",将局部纠纷或者战事"发展"成中日两国间的战争行为,最后实现石原莞尔构想的"战争计划"。在这两大步骤中,"谋略"的运作和关东军的"主动行动"是两大关键,尤其是第一步的"谋略行动"。因为石原等人也清楚地知道,当时的国民政府和东北地区的

---

[1] 石原莞尔:《满蒙問題私見》,角田顺编:《石原莞爾資料—国防論策篇·增補版)(石原莞尔资料——国防论策篇[增补版])》,东京:原书房,19?1年,78—79页。

张学良军事集团,并没有做好武装对抗关东军的物质准备,也没有那样的决心和意志,"好机会的偶然发生是等不来的,机会必须要自己创造"①。而如何实施"谋略",石原莞尔等人甚至还以"关东军参谋部"的名义十分负责任地撰写了《参谋本部昭和六年度关于对支谋略的意见》,其中提到"帝国之国策,以获得满蒙为第一要义。为此同支那间已难以用和平手段解决,因此,为不断酿成日(本)支(那)间开战之局面,各种手段均为必要"②。这里所提到的"各种手段",自然包括来自在东北地区活动的日本大陆浪人的"合作"。

1. "炸死张作霖事件"中的日本浪人

在 1928 年 6 月 4 日炸死张作霖事件中,大陆浪人伊藤谦二郎、新井宗治等人扮演了从提案到实施整个过程的重要角色。

据事件后日本成立的由外务省、陆军省、关东厅三方组成的秘密组织——"张作霖爆杀事件调查特别委员会"的《议事录(二)》记载:用极端手段"除掉"张作霖的计划最初是出自大陆浪人伊藤谦二郎的提案:"第一次计划:本件的中心人物乃伊藤谦二郎(在大石桥居住,以贩卖煤炭及褐石为业)。他平时便时常就'满洲问题'等发表意见。今年 5 月,看到(围绕)张作霖的局势日益不安,于是认为为了解决满蒙悬案,应当在此际以吴俊升等取代张作霖。5 月15 日前后(正确时间无法判明——原注)赴驻奉天关东军司令部拜访斋藤参谋长,似提出当此之际当以激烈之手段来挽回局势之建议。斋藤参谋长当时似只是听取意见,并未展开深谈。

---

① 关东军参谋部:《附〔参谋本部昭和六年度〕对支谋略ニ関スル意見(附录:参谋本部昭和六年度关于情势之意见)》,角田顺编:《石原莞爾資料—国防論策篇(増補版)》,73 页。

② 关东军参谋部:《(附〔参谋本部昭和六年度〕对支谋略ニ関スル意見)》,角田顺编:《石原莞爾資料—国防論策篇(増補版)》,74 页。

伊藤又进而拜访河本参谋(即关东军高级参谋河本大作)，首先确认河本是否有决心？河本答曰：'只要有利于国家，不惜(万一失败时)切腹谢罪。'于是(伊藤)便陈述了为解决悬案以吴代张之计划(当时伊藤等人为此似乎多少也得到了吴之宴请——原注)。河本赞成之。"①这个计划最后因为张作霖突然改变返回奉天的时间和吴俊升以准备不及为借口而无法实现。于是，"伊藤更告知河本参谋，他还有另外的计划可以达成当初之目的，即爆破张作霖列车之计划。关于实施地点，他也建议以京满、京奉的'交叉点'为佳。河本又云，在这种关头拿不出钱云云，又如果需要支那人的话，需雇佣四五人来。伊藤皆应承下来代为斡旋"②。这是伊藤所谓的"第二次计划"。

伊藤本人跟当地中国人没有来往，于是找到在奉天经营房屋出租业的日本浪人新井宗治，通过新井又找到了曾在吉林军孟恩远部当过营长的刘戴明，由刘物色到了"谋略用支那苦力三人"③。刘戴明据说"跟张作霖有恩怨"，而跟"满洲浪人安达隆成"(林久次郎《满洲事变与奉天总领事》中语，43页)"平素来往甚密"，而且是关东军卵翼下的"奉天附属地游廓(即妓院)"匿名出资"组合(同业公会)"的一员，刘于是"雇用"了三个或者是吗啡中毒症患者，或者是无赖汉的中国人，在爆破现场用刺刀将他们扎死，并意在是国民

---

① 外务省记录：《張作霖爆死事件　松本記録(炸死张作霖事件，松本记录)，《国立公文书馆，亚洲历史资料中心》(https://www.jacar.go.jp。JACAR(亚洲历史资料中心)，Ref. B02031914800，画像 23—24。

② 外务省记录：《張作霖爆死事件　松本記録》，JACAR(亚洲历史资料中心)，Ref. B02031914800，画像 24。

③ 《満洲問題秘録·秘》，小川平吉文书研究会编：《小川平吉関係文書》二，626—627页。此外，外务省记录：《張作霖爆死事件　松本記録》中将刘的姓名写为"刘戴明"。

政府军派来的“便衣”，以便将事件的责任转嫁到中国方面。① 震惊中外的“皇姑屯炸张案”就这样发生了。

虽然只是被关东军当作联络渠道和“猎头”工具加以利用，但是做事张扬且唯恐不为天下人知晓的大陆浪人从来就没有想到要为此事保密，所以不但奉军方面由于逃出来的一个被“雇用”者的密告立刻知道了事件的真相，欧美媒体也很快通过大陆浪人的活动捕捉到了种种蛛丝马迹。如日本驻华使领馆的官员芳泽谦吉很快就向外务大臣田中义一报告，一些外媒“已经断定爆炸乃日本的不良分子在日本军人帮助下之所为，要求日本官方进行彻底之调查”；同时也有外媒在猜想“日本的秘密结社在日本陆军帮助下暗杀了张作霖”，“爆炸乃（日本）浪人在日本军方援助下之所为”②。日本驻沈阳总领事林久次郎也在 6 月 8 日致外务大臣田中义一的电文中汇报：“本官到任后，已就当地有关后方扰乱计划于 5 月 14 日机密公第 367 号述及。近来当地邦人（中）种种所谓浪人者往来

---

① 外务省记录：《張作霖爆死事件　松本記録》，JACAR（亚洲历史资料中心），Ref. B02C31914800，画像 24—26。此外，户川猪佐武在《昭和外交五十年》一书中这样回忆，“河本为了暗杀张作霖，谋划了一场‘演出’。首先找来支那浪人安达隆成，求他寻找支那人。所幸黑帮首领刘戴明过去被张作霖从部队长的位置上赶下来，至今心怀怨恨，于是以两万元的报酬命令刘找来三个流浪汉（都是大烟鬼）。刘给他们每人五十块钱，命令他们‘6 月 3 号去日本人经营的澡堂子里换装，然后半夜到满铁路桥附近的日军哨所前接受命令’。但是，有一个人违反了约定，逃跑了。剩下的两个人不用说被打扮成蒋介石军队的便衣队模样，在满铁铁路的高埝上闲逛，结果被日军刺死”；“河本的思想和行动，是当时（日本）陆军的思维的反映。河本平时就憎恶张（作霖）、批判田中（义一）的和平政策，他之所以终于下手干掉张、窥伺大陆（内地），毫无疑问也是因为这时的陆军想有这样的动作”。（户川猪佐武：《昭和外交五十年》，52—53 页。）

② 外务省记录：《張作霖爆死事件　松本記録》，JACAR（亚洲历史资料中心），Ref. B02031914800，画像 8—10。

不断,反张(作霖)、排日空气错综复杂,各种风闻广为传番,其中也有陆军及满铁一部分人加入倒张计划之传闻。正子又发生了此次炸弹事件,因此邦人新闻记者中,不少人于晓风中听到震动耳膜的爆炸声时,就不觉感慨:'哈哈,下手了啊!'……"①只是由于考虑到"此事乃外交上一大事件"的缘故,林久次郎才认为事件之真情"不能轻易泄露出去"②。

凡此等等,使河本大作等人预先编造的"南方军炸死了张作霖"的谎言不久即被揭穿,田中义一内阁也因为"满洲某重大事件"的做事不慎密而被迫总辞职。

2. 关东军发动"满洲事变"之际对浪人的利用

有了最初的"合作"之后,大陆浪人与关东军在"谋略行动"上的"伙伴"关系日益密切。

关东军策动"满洲事变"的首谋军人之一花谷正(当时为少佐、关东军作战参谋),在 1956 年《别册知性》杂志昭和三十一年十二月号上,发表了回忆文章《满洲事变是这样策划的(满州事变にこうして計画された)》,其中谈到关东军多次利用浪人为发动此次事变效劳,而"动员"此时的浪人为侵华战争效劳的手段,不是所谓"国益"这些冠冕堂皇的理由,而是最能够满足他们私利私欲的金钱。

例如,为了在制造事端的同时酿成东北地区"治安混乱"的假象,以便关东军随时找到干涉的借口,预备役大尉甘粕正彦开始了秘密行动:"为了在事件发生的同时,满铁沿线各地出现投掷炸弹、

① 外务省记录:《張作霖爆死事件　松本記録》,JACAR(亚洲历史资料中心),Ref. B02031915000,画像 11—12。
② 外务省记录:《張作霖爆死事件　松本記録》,JACAR(亚洲历史资料中心),Ref. B02031915000,画像 12。

治安不良的现象,由(日本驻当地)领事发出要求救援的请求,而后(关东军)即可以此为理由不断出兵,甘粕正彦于是潜伏起来行动。九月十八日以后在哈尔滨和吉林等地发生的此类事件,都是事先安排好的。"①

"另外,现场附近的警戒和联络,都是找仰仗(日军)维生的浪人和青年来担任,由和田劲统帅他们。经费通过河本大作的手从内地(指日本国内)送来,目前阶段不必为钱发愁。"②可见,关东军为了策动"满洲事变",事先制定了周密的计划,而且安排了甘粕正彦和和田劲等军官直接统领和发动浪人在台前活动,一手制造了炸死张作霖事件的罪魁祸首河本大作,也参与其中斡旋经费等。然而,"成也萧何,败也萧何","用金钱收买的浪人饮酒之后,口吐大话狂言,手头又集中了弹药和物资等等。我自己有时也乘着酒兴说些大话,大概就是因为这些,情报传到了外相币原的耳朵里,于是成了内阁会议的议题"③,关东军参谋们的阴谋险些胎死腹中。

九月十八日夜晚,关东军按照预定计划发动"满洲事变(九一八事变)",花谷正"首先叫来小岛(少佐),又叫来川岛(大尉)、名仓(少佐),告诉他们:'定在十八号动手了。你们大队只管放手干,一晚上拿下奉天城! 川岛只要拿下北大营就行了'。同时又跟现场

---

① 花谷正:《満州事変はこうして計画された(满洲事变是这样策划的)》,《別册知性》杂志昭和三十一年(1956)十二月号。转引自粟屋宪太郎编《ドキュメント昭和史2　満州事変と二·二六(文献昭和史2 清洲事变与二·二六)》,东京:平凡社1975年,79頁。

② 花谷正:《満州事変はこうして計画された》,转引自粟屋宪太郎编《ドキュメント昭和史2　満州事変と二·二六》,79頁。

③ 花谷正:《満州事変はこうして計画された》,转引自粟屋宪太郎编:《ドキュメント昭和史2　満州事変と二·二六》,81頁。

附近的游击队和田劲他们也取得联系，做好了准备。"①关东军军官们不但安排了正规部队的行动，连浪人们也在和田劲的统领下在事变现场附近参与了军事行动。这次行动不但和田劲率领的浪人，连"片冈、奥户、中野等雄峰会的浪人们也协助攻击北大营)"②，直接参与了对华军事行动。

花谷正还回忆，日军为了装潢"独立"后"满洲国"的门面，决定将宣统帝溥仪从天津"带到"东北："军方接下来派遣浪人上有名字天津的步兵队长酒井隆大佐商洽，欲强行将溥仪带出来。但由于季雄司令官按兵不动，结果无计可施。于是才改请土肥原大佐出动，派遣其前往天津。"③虽然是未遂的计划，这也是浪人直接配合日军，企图强行劫持溥仪前往东北的机密行动之一。大凡遇到此类高风险且需高度隐蔽性的阴谋活动，浪人们几乎毫不例外地成为军方最可靠、最忠实的别动队、"特别行动"的首选人员。

二、政治浪人的增强版——伪满洲国以及溥仪身边的浪人"双雄"

清朝末代皇帝溥仪自从"昭告天下"宣布退位之后，不时还会在媒体上露面或者"被曝光"，但明显已不再是中国政坛上呼风唤雨的主角。但是有人却从这个在"小朝廷"里"蛰居"的溥仪身上看到可供利用的"价值"，把他作为必要时可以再度重返政坛发挥"象征"作用的"政治资源"。这就是始终窥测着在清王朝"龙兴之地"的"满洲"建立完全由日本实施殖民地统治的关东军以及关东军背后的日本政军各界。但是，变"大清逊帝"的溥仪为殖民地统治的

---

①② 花谷正：《満州事変はこうして計画された》，转引自粟屋宪太郎编《ドキュメント昭和史 2　満州事変と二・二六》，83 页。

③ 花谷正：《満州事変はこうして計画された》，转引自粟屋宪太郎编《ドキュメント昭和史 2　満州事変と二・二六》，89 页。

"象征"、傀儡,其间至少需要跨越两大重要障碍:①取得溥仪本人的首肯。这个过程实际上等于逼迫溥仪心甘情愿地成为日本的政治傀儡,这对于"复辟"心理极强但是对列强各国侵华政策戒惧心理亦极强的溥仪来说,是一个艰难的选择;对于负责说服溥仪的人来说,也是难度极大的工作;②将溥仪及有关人员"空间大腾挪",从还在中国军警力量管制下的京津地区转移到已在日本统治下的大连等地。这无疑是日本关东军策划过的"谋略行动"中难度最大的工作之一,一部分以政治活动为主要舞台的大陆浪人,在这个工作中扮演了极为重要的角色。

溥仪自1924年10月被逐出皇宫移居天津后,据说开始"主动学习日语,研究日本的历史,阅读日本的报纸"①。从这个时候起,已开始有日本人拜访溥仪在天津的"行在"——"清皇室驻津办事处",接近溥仪,其中就包括跟升允私交极深并通过升允成功"觐见"溥仪的工藤铁三郎,还有同样通过升允的关系"觐见"了溥仪的宗社党支持者斋藤长寿(源内),此外还有日本师傅远山猛雄前来为溥仪讲授"学问"。总之,溥仪在被政坛和外界"冷落"了一阵之后,又成了英国和日本等海外势力争夺的对象。

1. "浪人""帝师"远山猛雄

这些日本人中,迄今为止不大为人所瞩目的远山猛雄的活动颇值得琢磨。

溥仪在《我的前半生》中回忆道:

> 我决定了派溥杰和我的三妹夫润麒一同到日本去学陆军。为了准备他们的留学,我请天津日本总领事介绍了一位家庭教师,教他们日文。日本总领事推荐了一位叫远山猛雄

---

① 黑龙会编:《東亜先覚志士記伝》下卷,东京:京书房《明治百年史丛书》,1936年,13页。

的日本人,后来知道,这是一个日本黑龙会的会员,认识不少日本政客。这个人后来也为了我的复辟理想,替我到日本奔走过。我到东北以后,因为他不是军部系统的,受到排挤,离开了我。这位远山教师教了溥杰和润麒不多日子句日文,就为他们的留学问题回到日本去活动了一趟,据说是那时还不能入日本士官学校,但是可以先进专供日本贵族子弟读书的学习院,并且还得到了日本的大财阀大仓喜八郎的帮助。一九二九年三月,即'东陵事件'发生后七个月,我这两个未来的武将就和远山一起到日本去了。①

这里所说的名叫远山猛雄的日文家庭教师由日本驻天津总领事(吉田茂)推荐而来,应该是事实,溥仪记得远山当时在"天津日侨学校充当中国语教师"也是事实。因为随后我们就会看到,远山实际上是取代了另一个大陆浪人出现在溥仪的面前。但这里指称远山是黑龙会的成员,目前还缺乏历史资料的佐证。

在未接触清廷小王朝成员之前,这个远山猛雄当时曾以"天津商业会议所特派员、日语翻译"的身份,陪同"天津匠仁代表会代表"鲁嗣香等人(同行者还有"北洋法政学堂教习"李育畅)抵达日本大分县访问。② 在同一卷宗的其他公文中,远山又以"天津取引所(交易所)顾问"的名义出现③,可谓身份多变。而鲁嗣香据说是"新民意报(天津)之主笔,乃天津排日团体首领之一",因而是"历

---

① 爱新觉罗·溥仪:《我的前半生》,北京:群众出版社1991年,2 3页。
② 大分县知事后藤祐明1924年1月9日致内务大臣后藤新平、外务大臣伊集院彦吉等:《特秘第22号》,《3.鲁嗣香/2 大正十三年一月九日から大正十三年一月十九日》,JACAR(亚洲历史资料中心),Ref. B03040748500,画像1。
③ 同上,画像7。

来排日团体首谋者之一"①,甚至被天津的日本人团体看作"排日运动的急先锋"②。"邀请"鲁嗣香的访日,是日本驻天津总领事吉田茂最早通过英文通讯社的记者藤岛宇太"防止排日运动对策"的一环而安排的活动,目的是希望"人格、见识等虽无过人之处而在排日团体中为极有影响力之人物"的鲁嗣香等人通过对日本的"视察","对于缓和华北排日运动有明显收效"。③ 吉田茂为此申请了旅费1 000美元,并安排了大约一个半月的旅程,为了隐藏日方背地里的动机,关于鲁嗣香等人的活动全由"民间进行斡旋支援"④。在选定"适当的陪同者"时,吉田茂总领事又觉得"藤岛宇太等支那浪人若背地里利用此事未免令人担心",于是由"天津日本商业会议所"(实际上是驻天津日商们的资本家团体,1927年4月之后拥有法人资格)另行推荐了远山猛雄参与了全程陪同。⑤

然而,最早通过吉田茂总领事经手此事的藤岛宇太为何在计划即将实施之际被排挤"出局"? 问题出在他的支那浪人背景。这件事情还在酝酿阶段的1923年12月5日,外务大臣伊集院彦吉就以回复咨询的形式发电报给吉田茂,告诉他:"藤岛宇太乃支那浪人,曾被坂西中将临时招用。在支那时常背地里策划着攫取利权的计划,在日本或尝试参与政治运动,或计划如何开办公司。从以往这些事实看来,此人行动不踏实,且全无社会信誉",因此希望吉

①《盧嗣香渡日ニ関スル件(关于庐(鲁)嗣香渡日之件)》,《3. 鲁嗣香/2 大正十三年一月九日から大正十三年一月十九日》,JACAR(亚洲历史资料中心),Ref. B03040748500,画像3。

②《时事新闻》1923年12月19日,《廿一箇条 廃止運動 天津邦人の計画 魯嗣香氏の訪日(二十一条废止运动,天津邦人之计划,鲁嗣香的访日)》,JACAR(亚洲历史资料中心),Ref. B03040748400,画像13。

③④⑤《盧嗣香渡日ニ関スル件》,《3. 鲁嗣香/2 大正十三年一月九日から大正十三年一月十九日》,JACAR(亚洲历史资料中心),Ref. B03040748500,画像3。

田茂另觅他人。① 日本外务省的外交官们虽然有时也积极地利用支那浪人，但是他们内心深处是如何鄙视和厌恶这个社会群体，担心由于此辈的"劣迹"而使精心策划的外交活动前功尽弃的戒备心理，首先在这份电报中展现出来。其次，明治时代以来日本一直以"多元"方式展开的对华外交，此时也以外务省系统和军部系统（在天津地区主要是华北驻屯军）以对立的两元为主轴，围绕着笼络、争夺溥仪集团这个未来的"政治资源"拉开了新的战场。即便是政治经验并不丰富的溥仪当时也已经看出："事实上，我能看到的现象也是如此：司令部与领事馆的勾心斗角，其激烈与错综复杂，是不下于我身边的遗老们中间所发生的。比如司令部派了参其每周给我讲说时事，领事馆就介绍了远山猛雄做皇室教师；领事馆每次邀请我必同时请郑孝胥，司令部的邀请中就少不了罗振玉；领事馆在张园派驻了日本警官，而司令部就有专设的三野公馆，为荣源、罗振玉、谢介石等人预备了女人、鸦片，等等。"②

　　除了出动外交官和军人之外，外务省和军部双方都在积极利用"民间势力"的大陆浪人作为前台活动的主要演员，它们则主要在背后提供必要的支持和援助。所以，除了黑龙会系统的大陆浪人多少还能够追寻出以往的组织系统与人际关系之外，原本就散漫无序的大陆浪人群体就更加散漫无序，各自在不同的政治势力间寻找能够提供政治庇护和经济援助的"靠山"，大陆浪人内部早已是分崩离析甚至相互对立、相互争夺利益和社会资源的混战状态。藤岛宇太由于曾是日本陆军情报大员、"参谋本部员"坂西利八郎的工具，在

---

① 伊集院大臣致吉田总领事电：《藤岛宇太の人物ニ関スル件（关于藤岛宇太等人物评价之件）》，大正十二年十二月五日，JACAR（亚洲历史资料中心），Ref. B03040748400，画像 3。

② 爱新觉罗·溥仪：《我的前半生》，241 页。

伊集院彦吉看来自然不是"自家人"而必须加以排斥了。

不过,远山果然没有让伊集院彦吉外相和吉田茂总领事失望。虽然也是"支那浪人"的一员,远山在"人品"和"见识"等方面的资质远胜藤岛宇太,他又能说流畅的汉语,且在华生活多年,阅历丰富。1920年1月北洋保商银行因资金拮据筹划与日本大仓组株式会社和法国资本合办之际,远山不但参与了事先的财物、股份调查等活动,还是新股份发行仪式时三方的两名出席者之一,可见其在天津的日本"民间人士"中,算是有身份和地位的"老资格"。"大陆浪人的敌人,还是大陆浪人。"大陆浪人群体内部的利益争夺,让远山猛雄成了藤岛宇太的"克星"。

远山猛雄走到溥仪身边之后,经手过的最"体面"和让溥仪为之欣慰的事情之一,就是陪伴"御弟"溥杰和润麒前往日本留学。

1929年2月7日,日本驻天津总领事馆代理领事田代重德向外务大臣田中义一报告,溥杰和溥仪的内弟郭布罗·润麒此前一直在天津跟着远山猛雄学习日语,而且两人都希望到日本留学。为此,溥仪派遣郑孝胥到日本总领事馆磋商。但代理领事田代等似乎捉摸不透溥仪等人的真意,最后还是由远山私下了解到以下情况:原来,远山在此之前曾返回日本,"已承宣统帝之意向吉田(茂,时任外务大臣)次官请求溥杰等人到东京后祈多方关照,又获得大仓喜八郎的允诺,每月可支付学费若干。希望入学的学校虽然尚未确定,但溥杰想进陆军士官学校,因此需先做预备学习。此外,远山本人也将陪同二人同至东京"等。① 在官场上拥有广泛人

----

① 《在本邦中国留学生関係雑件 3.宣統帝弟等日本留学ノ件(在本邦中国留学生关系杂件 3,宣统帝弟等日本留学之件)》,JACAR(亚洲历史资料中心),Ref. B04011357700,画像 2—3。

脉关系的远山果然不是等闲之辈。他不仅能够以"帝师"身份向溥仪及其亲属们讲授日语，介绍日本情况，还不费太多力气就为两位"御弟"联系好了留学有关的事宜。这对于改善在溥仪心目中的日本形象，无疑会产生潜移默化的重要影响。但远山猛雄同时还肩负着将天津小朝廷的动向随时报告日本政府的特殊使命，则是溥仪和溥杰等人未必想象得到或者无暇顾及的事情。在同英国、俄国等其他列强围绕"逊帝"溥仪的争夺战中，远山为日本又争得一分，同时在日本外务系统与军部系统围绕着溥仪的"争夺战"中，也为外务系统争得了一分。在溥仪的眼中不似那些"非文非武的日本浪人"①的远山，实际上发挥了不亚于玄洋社、黑龙会系统大陆浪人的作用。

这个时候的溥仪，据说对于当时中国政局中"政客与军阀们反复无常，卑鄙的聚散离合翻来覆去地上演"的局面感到失望，当时就向工藤铁三郎透露过有朝一日夺回政权的念头："清朝将政权让与共和政府，是因为他们不停地提倡共和制度，并声称这是国民舆论的缘故。这是出让政权的本意。但看看他们拿到政权后的情事，政权争夺、党派竞争不断，纷扰频频，国民为此忍受种种残害，会实不忍见。从我自身的立场来说，并未完全抛弃皇帝的地位，只是一时听信彼辈所言，以为国民皆曰善之舆论可以听从，遂将政权借给彼辈而已。然而观看当今多数国民忍受涂炭之苦现状，无论对于列祖列宗还是对于身为皇帝之自身天职，都不忍袖手旁观。自己必须尽早夺回王位，以拯救四万万之民众。"②溥仪的这番话以及有朝一日"复辟""大清王朝"的愿

---

① 爱新觉罗·溥仪：《我的前半生》，236 页。
② 黑龙会编：《東亜先覚志士記伝》下卷，14—15 页。

望,无疑会通过工藤传递到日本政府、军部的有关部门。①

　　大陆浪人对溥仪的"工作"还在着着进行。1927 年春,老一代大陆浪人川岛浪速前往北京时,途经天津并拜谒了溥仪。"皇帝迎接川岛,与皇后一起围着圆桌共餐,宛如亲属来访般长时间亲切交谈。"②席间据说溥仪突然提问:"先生还能骑马吗?"川岛立刻回答:"为了运动,每天都会骑的",溥仪据说略显满足地点头道:"啊,是吗?"③《东亚先觉志士记传》的作者据此推断,"(溥仪)看来对于如川岛般的志士,还是寄予了期待的",并且特别渲染了临别时溥仪与川岛浪速的握手动作。④ 其实,失意落魄中的溥仪恐怕也没有想到或者不愿想到,这时候的他在大陆浪人的眼中,正是最理想的"冤大头(日语原文为"kamo,鸭子",意即被瞄准的猎物)"之一,长年致力于"满蒙独立运动"的川岛浪速,当然不会不注意到溥仪这

---

① 工藤铁三郎即后来的工藤忠,他接近溥仪,当然是领受了军部的特殊任务。户川猪佐武在《昭和外交五十年》中说:"(参与谋杀张作霖的)安达赶快告诉了亲友工藤知三郎(原文如此)。这个工藤,是奉了铁道大臣小川(平吉)的命令,被派遣到清朝废帝宣统帝溥仪身边的浪人"(户川猪佐武:《昭和外交五十年》,53 页)。据大正四年(1915)十一月《陆军省大日记》所载,日军青岛守备军司令官大谷喜久藏向陆军大臣冈市之助的汇报,这年 9 月份支出的"临时军事费机密费"中,就有 192 元支付给了工藤铁三郎("JACAR(亚洲历史资料中心)Ref. C03024588800、欧受大日记　大正四年十一月(防衛省防衛研究所)",图像 4。https://www. jacar. archives. go. jp/aj/meta/image_C03024588800? IS_KEY_S1＝％E5％B7％A5％ E8％97％ A4％ E9％89％ 84％ E4％ B8％ 89％ E9％ 83％ 8E＝IS_ KIND ＝ SimpleSummary&IS_STYLE＝default&IS_TAG_S1＝InD&),2019 年 8 月 20 日。而在 1920 年 7—8 月的外务省档案中,还有这个工藤铁三郎提交的《新疆过激派之现状》的报告,("JACAR(亚洲历史资料中心)Ref. B03050235200、各国内政関係雑纂/支那ノ部/北支動乱(安直両派ノ紛争)第五卷(1—6—1—4_2_12_005)(外務省外交史料館)",图像 2—6,8—12)以及他于 1921 年至 1922 年间以东亚同文会通讯员身份前往宁夏地区"调查"的多份报告(Ref. B03050450900,B03050451000 等),可坐实其"多重密探"的身份。

②③ 黑龙会编:《東亜先覚志士記伝》(下卷),15 页。

④ 黑龙会编:《東亜先覚志士記伝》(下卷),16 页。

个影响力远超肃亲王善耆的"旗帜"的存在。

2. "浪人""帝友"太田外世雄

溥仪在天津居住期间，即接受郑孝胥的建议向日本、美国等列强各国寻求"国际支持"。而据溥仪在《我的前半生》中叙述，郑孝胥在日本驻华公使芳泽谦吉安排下前往日本时，据说还有一个名字中带"雄"的日本浪人太田外世雄①居中穿针引线："和他同去的，有一个在日本朝野间颇有'路子'的日本人太田外世雄。也经过这个浪人的安排，和军部以及黑龙会方面都发生了接触，后来，他很满意地告诉我，日本朝野大多数都对我的复辟表示了'关心'和'同情'，对我们未来的开放政策感兴趣。总之，只要时机一到，我们就可以提出请求支援的要求来。"②溥仪接着还摘录了几段郑孝胥的日记加以说明：

> 关于他在日本活动的详细情形，我已记不清了。我把他的日记摘录几段如后，也可以从中看出一些他在日本广泛活动的蛛丝马迹。

> 八月乙丑初九日（阴历，下同）。八点抵神户。福田与其友来迎。每日新闻记者携具来摄影。偕太田、福田乘至西村

---

① 关于太田外世雄，《德富苏峰記念館・人物検索》提供的信息是：太田外世雄（Toyoo Ota），号火水，1886 年出生于日本石川县，曾创立"辛酉社""奉士学院""亚东开拓协力社"等（http://www.soho-tokutomi.or.jp/db/jinbutsu/3942, 2013 年 1 月 22 日）。此外，太田还曾撰写和个人发行过《鄭孝胥蘇龕先生畧歷：陈東遊詩篇及書翰》（1929 年 7 月版，无出版、发行者表述。从郑孝胥在该诗集中的唱和和献诗的对象来看，主要有：近卫文麿（应为麿）、小田切万寿之助、内藤湖南、清浦奎吾、高瀬武次郎博士、大仓祺男爵、前川三郎、长尾雨山、国分清崖、久保天随、玉木懿夫等人）。

② 爱新觉罗・溥仪：《我的前半生》，248 页。

旅馆小憩,忽有岩田爱之助者,投刺云:兵库县(这里指兵库县知事)得芳泽公使来电嘱招待,兵库县在东京未曰,今备汽车唯公所用。遂同出至中华会馆。又至楠公庙,复归西村馆,即赴汽车站买票,至西京,入京都大旅馆。来访者有:大阪时事报社守田耕治、太田之友僧足利净圆,岩田之友小山内大六,为国杂社(原文如此,似有笔误)干事。与岩田、福田、太田同至山东馆午饭。夜竹本多吉来访,谈久之。去云:十点将复来,候至十二点,竟不至。

丙寅初十日。……将访竹本,遇于门外,遂同往。内藤虎来谈久之。太田之友松尾八百藏来访,密谈奉天事。

丁卯十三日。福田以电话告:长尾(从下文看指长尾雨山,明治时代的汉学家、书法家、画家与篆刻家)昨日已归,即与太田、大七走访之。长尾犹卧,告其夫人今日勿来,遂乘电车赴大阪。……岩田爱之助与肃邸四子俱来访。宪立(定之)密语余奉天事,消息颇急,欲余至东京日往访藤田正实、宇垣一成。朝日、每日二社皆摄影,复与肃四子共摄一影,乃访住友经理小仓君。……

庚午十四日。长尾来谈,劝取奉天为恢复之基。……

壬申十六日。长尾雨山以电话约勿出,当即来访,遂以汽车同游天满宫金阁寺而至岚山。高峰峭立,水色甚碧,密林到顶,若无路可入者。入酒家,亦在林中,隐约见岩岫压檐而已,饮酒食鱼,谈至三时乃去。

癸酉十七日。……长尾来赠画扇,送至圆山公园,左阿、娶家、狩野、内藤、近重、铃木皆至,顷之高濑亦至,唯荒木、内村在东京未归。……

丙子二十日。作字。雨。诣长尾辞行。……太田来云,东京备欢迎者甚众，将先往约期。

　　辛巳廿五日。十一时至东京下火车。至车站投刺者数十人。小田切、高田丰树、冈野皆来帝国旅馆。雨言大。岩曰、水野梅晓亦来。冈野自吴佩孚败后遁而为僧。夜宿云上。

　　壬午二十六日。……水野谈日政府近状颇详。谓如床次、后藤、细川侯、近卫公，皆可与谈。

　　癸未二十七日。……送过水野，复同访床次。辰知脱离民主党而立昭和俱乐部，将为第三党之魁。岩田来。小田切来。太田、白井、水野、佃信夫来。山田来。汪荣宝来。……夜赴近卫公之约，坐客十余人，小田切、津田、水野、大田皆在坐。近卫询 上近状，且极致殷勤。……

　　甲申二十九日。……川田瑞穗者称，长尾雨山之丈理人，与松本洪同来约九月初八日会宴，坐客为：平沼骐一郎，枢密院副议长；桦山资英，前内阁秘书长；牧野谦次郎，能文，早稻田教授；松平康国，早稻田教授；国分青崖，诗人；田边碧堂，诗人；内田周平，能汉文。此外尚十余人。……岩田与丰岛第十八子宪开来访，今在士官学校。……津田静支海军大士邀至麻布区日本料理馆，为海军军令部公宴。主后者某米大少将，坐客为：有田八郎，水野梅晓，中岛少将，园日男爵（某某之婿），久保田久晴海军中佐等。……

　　九月丙戌朔。太田来。参谋本部总长铃木，支长幸，以电话约十时会晤。与大七、太田同往。铃木询 上近状 三云：有恢复之志否？南次长云：如有所求，可以见诉。对曰：工究将来开放全国之策，时机苟至，必将来求。吉田茂外务次官约午饭，座中有：清浦子爵奎吾，冈部长景子爵，高田口将，北田男爵，有田，岩村，水野，太田等。……

丁亥初二日。……岩田偕宪开、李宝琏、刘牧蟾来访。李刘皆在士官学校。……

庚寅初五日。……水野、太田来。与水野同访后藤新平，谈俄事良久。……

癸巳初八日。……工藤邀同至白井新太郎宅，晤高山中将，野中、多贺二少将，臼锅、松平皆在座，颇询 行在情形。

戊戌十三日。太田送至神户登长崎丸，长尾雨山自西京来别。富冈、福田皆来。十一点半展轮。……

他在日本，被当做我的代表，受到各种热心于恢复清朝的人物的接待。其中有不少原是我的旧交，例如高田丰树是前天津驻屯军司令官，有臼八郎和吉田茂做过天津总领事，白井是副领事，竹本多吉是在北京时把我接进日本兵营的那位大佐。岩田爱之助就是在我留外放枪的那位黑龙会会员，佃信夫则是不肯在总领事有田面前谈'机密'的那位黑龙会重要人物。不管他们在中国时怎样不和，这时却彼此融洽无间地共同接待着'郑大臣'。除了这些过去曾直接出头露面的以外，那些原居于幕后的大人物，如后来做过首相、陆相等要职的近卫（文麿）、宇垣（一成）、米内（光政）、平沼（骐一郎）、铃木（贯太郎）、南（次郎），以及在第二次世界大战后上台的吉田茂等人，还有一些出名的政客、财阀，此时全都出了面。也许郑孝胥和这些人会谈时，他的'开放全国之策'引起的反应使他太高兴了，所以在伪满成立以后，第一批'客人'已经走进了打开的'门户'，他仍然没有忘记共管的理想，一有机会便向外面宣传'门户开放，机会均等'，这犹如给强盗做底线的仆人，打开了主人家的大门，放进了一帮强盗，当了一帮强盗的大管事，尤感不足，一定还要向所有各帮强盗发请帖，以广招来。这自然就惹恼了已经进了门的强盗，一脚把他踢到一边。[①]

溥仪对日本浪人的理解，存在着几个明显的误区。一是"头山满＝黑龙会首领"的认识，并不符合历史事实。二是将黑龙会跟"和罗振玉、升允来往的那些非文非武的日本浪人"[②]区分开来，等于是将政治化的日本浪人和"流氓化"的日本浪人看成了两个完全不同的群体。其中的原因，正如他自己所说："起初，'日本人'三个字在我心里是一个整体。"[③]对于这样的记忆或认识失实，我们且不必苛求于当事者，但现在可以根据更多的史料和已经判明的史实作为佐证进行必要的订正和说明。

至于围绕着郑孝胥开展活动并试图通过郑对溥仪实施影响的大陆浪人，主要是上文提及的盐田爱之助和佃信夫。从溥仪转录的郑孝胥的活动来看，这些人在这样的"谋略行动"中，担任着迎送接待、穿针引线和传递各方面的条件、愿望等信息的多重任务。

第三节　来自"压力团体"的邪恶压力

1930 年代初期和中期，日军在中国领土上先后挑起九一八事变和七七事变，发动了长达 15 年的侵华战争。对于中国人民和日本人民来说，这场战争是一场巨大的灾难和浩劫，但是对于长期以来积极推动对外侵略扩张路线的大陆浪人来说，反而是一个实现他们在和平时期无法企及的既定目标的"良机"。大陆浪人把侵华

---

① 溥仪：《我的前半生》，248—252 页。
②③ 溥仪：《我的前半生》，235—236 页。

战争的爆发当作他们"黄金时代"的到来而欢呼雀跃,奋不顾身地参与其中。这一时期大陆浪人的活动,可以从日本国内的"铳后(即战争后方)"和中国当地的"侵略战争现场"两个场域加以考察。日本国内的场域更接近政治和军事决策的中心,大陆浪人的活动主要集中在影响外交政策的制定,推动侵华战争的舆论以及后方支援等方面;而在中国当地侵略战争现场,他们则直接从各个方面参与了具体的侵略战争。

一、"铳后"的"大陆浪人"社团与"大政翼赞"

1. "传统型"大陆浪人的"蠢动"

首先来看日本国内"铳后"场域的动向。这是第一类"传统型"大陆浪人最擅长的活动舞台,以他们为中心组织的各种社团自不必说,同属右翼势力的以政治家、文化人、媒体人以及财界、工商界乃至"在乡军人"(直译为"居乡军人",包括预备役、后备役及退役军人)等军方背景的团体之间,此时的政治诉求和活动重心都不约而同地集中到了推动侵华"圣战"的进行和实现"膺惩暴支(意即'惩罚暴戾的支那')"的目标上,在朝的不同派系的政治家、军阀主导下的日本军国主义与在野的大陆浪人在政治诉求上几乎在一夜之间出现了空前的"一致"局面。

九一八事变前后,由于世界性经济危机的爆发、伦敦海军裁军条约的缔结等内外因素的刺激,日本国内一部分军人、政治家产生强烈的危机意识,在所谓"昭和维新"的旗号下,大陆浪人这些民间的右翼势力同体制内最狂热、最性急并且拥有绝对强大政治控制能力的军部联合起来,引发了暗杀滨口雄幸首相事件、三月事件(未遂的军事政变)、十月事件、血盟团事件、五一五事件、神兵队事件等一系列恐怖活动,使得军国主义的躁动和狂热迅速蔓延到整个日本。在大川周明的号召下，建国会①、日本匡民党、急进爱国党、国民战线社等犹存社②系统的团体，以及经纶学盟系统的团体、玄洋社系统的团体联合起来，在 1931 年成立了"全日本爱国者协同斗争协议会"（简称"日协"），提出了"扑灭亡国的议会政治，实现天皇亲政""确立产业大权，打倒资本主义""克服国内的阶级对立，发扬国威于世界"的反民主、反资本主义的政治纲领。在军部和右翼的夹击下，以政党政治为象征的资产阶级民主政治体制迅速萎缩，整个日本社会进一步向法西斯主义化的方向发展。在这个时期，集结了关西地区右翼势力的黑龙会主导下的大日本生产党开始把一部分劳动工会纳入伞下，扩大其活动的社会基础。与此同时，赤松克麿的日本国家社会党③脱离了工人运动，全国劳农大众党成员松谷与二郎、社会大众党成员麻生久、龟井贯一郎等人也宣布脱离工人运动走向右翼。以所谓"在乡军人"为主体的明伦会、三六俱乐部，同农民协会关系密切的皇道会、皇国农民同盟，以司

---

① 1926 年由赤尾敏、津久井龙雄创建，其宗旨中宣称要"我等日之民族先立有色人种之先头，以期实现全人类之世界文明，成就吾人历史之使命"等。奈良县警察部编：《国家主义運動の意義（国家主义运动之意义）》，警察丛书第 23 年，奈良：奈良县警察部发行，1933 年，50—51 页。资料来源：《国立国会图书馆数码收藏（国立国会図書館デジタルコレクション）》(https://dl.ndl.go.jp/info:ndljp/pid/1437013)。

② 1919 年由大川周明、北一辉、满川龟太郎等创立，其宗旨为："一，革命的大帝国建设运动；二，国民精神的创造性革命；三，提倡道义的对外政策；四，为解放亚洲的大军国组织；五，批评、研究各国改造状态之报道，锻炼堪为国家柱石之同元之魂"等。奈良县警察部编：《国家主義運動の意義》，49 页。

③ 创立于 1932 年，其主要宗旨为："一，我党通过国民运动废绝金权支配，以期皇道政治的彻底实现；二，我党以合法手段打破资本主义机构，通过国家统制经济之实现，保障国民生活……"奈良县警察部编：《国家主義運動の意義》，52 页。

法官僚为主要成员的国本社①,以新官僚为主体的国维社等大批右翼团体和大陆浪人的社团,也都在这个时期纷纷出现。但是,右翼提出的所谓"国家改造"的方案,因其主张过激的特点,有时对现存体制的运作也会带来威胁,1936年2月的"二二六事件"发生后,军部在镇压了军队内部的右翼势力——"皇道派青年将校"的同时,对他们的精神领袖——大陆浪人之一的北一辉以及西田税也判处死刑,使右翼有可能危及到现行体制稳固统治的过激行动暂时有所收敛。然而1936年11月下旬《日德防共协定》(《对于第三国际的日德协定》与《秘密附属协定》的总称)的缔结,又大大剌激了"大日本青年党"②"纯正日本主义青年运动全国协议会"等社团,"右翼团体方面,对于日德防共协定之成立举双手表示赞成,且坚持对苏、对支(华)强硬方针,致力于鞭挞政府及唤起舆论。随着此

---

① 国本社创立于1926年3月,其宗旨为:"本社创始之最大使命,乃我日本帝国之兴隆与我民族之安荣;为达成这一使命,力主作兴国民精神与德智之并进"等。创立者为平沼骐一郎。奈良县警察部编:《国家主义運動の意義》,47页。

② 以桥本欣五郎为中心为"重组和振兴国家主义运动"在1936年成立的法西斯主义右翼团体。该党以"由恢弘皇业而建设道义之世界"为建党目标,桥本大佐自任"统领",并欲将"爱国政治同盟""新日本国民同盟""大日本生产党""国民协会""旧神武会"等右翼团体中的青年大陆浪人聚集到自己的旗下(《大阪每日新闻》1936年10月16日,《神户大学经济经营研究所新闻记事文库》政治(55—062)http://www.lib.kobe-u.ac.jp/das/jsp/ja/ContentViewM.jsp?METAID=10105891&TYPE=IMAGE_FILE&POS=1&LANG=JA)。此外,1940年近卫内阁发动号称"新体制"的"举国政治体制",试图模仿纳粹德国建立强有力的"国民组织"之际,大日本青年党也积极响应,宣称"只有这个新体制,才能够不仅在世界混乱局势中,独自将我国八纮一宇之国是发挥至淋漓尽致境界之(法宝),也是转危为安之神机,足以使我国得以握有建设世界新秩序之领导权。如'支那事变'(即七七事变),正是建设世界新秩序之绪战也"。(《新体制の要諦　大日本青年党統領(新体制的要谛:大日本青年党统领谈)》,由井正臣编辑、解说:《資料日本現代史6　国家主義運動》,128页。)

类运动之开展,欲将其导引至大众型国民运动"①。

第一次近卫内阁成立后仅仅一个月的 1937 年 7 月 7 日,卢沟桥事变爆发,8 月 15 日近卫首相发表声明,表示为了"膺惩支那军队的暴戾行动","现今必须采取断然措施",从此,日本在没有发布任何宣战书的情况下开始了为时八年的全面侵华战争。

日本国内的各派政治势力,在这个关头几乎采取了步调一致的支持或者追随侵华战争的态度。在众议院拥有 37 个议席的社会大众党,在战争爆发之际立即宣布支持这场"圣战",并赋予这场战争"是具有从欧美的资本主义统治下解放东洋民族的文化意义的战争""是具有发展日本民族意义的战争""是具有改革资本主义、建设全体主义制度从而带有国家革新意义的战争",表明了支持侵略中国战争的态度。社会大众党本来是 1932 年由全国劳农大众党和社会民众党联合而成的单一无产阶级政党,战争爆发后迅速堕落成为近卫内阁的应声虫政党,其他一般资产阶级政党和右翼以及时刻以"鞭挞"政府对华采取更强硬、更加强硬自居的大陆浪人的态度更是可想而知。

对华全面侵略战争的爆发,使为日本帝国的"国运""奋斗"多年的老一代大陆浪人精神为之一振,如内田良平在所谓"日支事变"爆发后立刻赋诗(和歌)云:

北支那的风云漫卷,日之丸旗(即太阳旗)迎风招展。

漫卷的狂风中,屹立着高举和护卫着日之丸旗的卫士。

若有人胆敢对日之丸旗无礼失敬,大和武士绝不轻饶。

① 茨城县特高课:《最近に於ける右翼運動情勢(最近右翼运动情势)》由于正臣编辑、解说:《资料日本现代史 6　国家主義運動》,4 页。

　　大祸津火之雷霆咆哮吧,支那四百余州觉醒哟!①

　　由于内田良平随后在 1937 年 7 月 26 日就死去了,这四句一方面对日军公然发动战争的行为大唱赞歌,同时也敏感地察觉到这将是波及全中国的重要战事,因而将这场真正意义上的侵略战争美化为"唤醒""支那四百余州"的"义举"的和歌就成了他的绝笔。

　　2."国家主义""日本主义"大陆浪人团体的"暴增"与好战倾向

　　全面侵华战争的爆发,也使旨在进行日本国内"昭和维新""国家改造"运动受挫的右翼势力和大陆浪人重新从对外活动中找到新的活动空间。1937 年"9 月 2 日,网罗了(东京)都内各主力团体、知名人士的对支同志会,在芝公园召开'膺惩暴戾支那剿灭共匪国民大会',大张气势。此外,各地方城市也与中央团体相互呼应,相继召开各种集会,大力开展了慰问皇军和国防募捐等所谓后方援助活动"②,法西斯主义的政治运动通过大陆浪人的活动,开始向民众的层面扩展。

　　据当时日本内务省警保局保安课的统计,七七事变爆发后一个多月的时间里,大陆浪人、"在支有志"等国家主义及日本主义系统的各团体,在日本各地至少开展了下述种种活动。③

---

① 德田龙门子:《内田先生を想ふ(回忆内田先生)》,田川健吾编辑:《内田先生を偲ぶ(回忆内田先生)》(非卖品),吉田益三 1939 年发行,44 页。

② 由井正臣编辑、解说:《资料日本现代史 6　国家主义运动》,16 页。

③ 根据日本内务省警保局保安课:《支那事变に关する情报(其四)(关于北支事变的情报(其四))》《支那事变に关する情报(其六)(关于北支事变的情报(其六))》制成,笔者有剪裁与调整;由井正臣编辑、解说:《资料日本现代史 6　国家主义运动》,13—15,18—20 页。

社团名称(所在地)	活动内容
建国会(东京)	8月15日举行"日曜(周日)讲演会",由大和茂树宣讲"北支事变"背后英美苏动向,强调日本国民需树立"坚强不动之信念",听众达235人;8月20日制成《举国一致打开国难国民请愿运动请愿书》散发给各有关方面;9月1日在荒川区尾久小学举行"露(俄)支膺惩演说会",听众2 500余人;9月4日,该会代表吉浦延治郎以为,在"当下非常时局之际",若仍奔走于万国博览会和奥运会等二国之事业,非皇民之道,二是访问首相官邸,提交"禁止欢告书"。
日本革新党(东京)	8月16日在东京芝区举办"时局恳谈会",由江藤源九郎介绍视察"北支"情形,赤松二唐强调要务必遵行"对支政策三原则"的政府指令。
明伦会(东京)	8月15日,大阪支部联合会在"生国魂神社"举办祭典,祈祷"出征兵士武运长久";8月13日,上形县新庄支部举办"时局讲演会",由大山卯次郎讲演"北支事变",听众达1 000人;8月20日,浅草支部在浅草公会堂举行支部大会暨讲演会,1 000余人与会,由大山卯次郎与二子石官太郎发表关于"北支事变"之讲演并发表声明。
大日本青年党(东京)	8月2日静冈县富士支部举行"膺惩暴支演说会";8月9日,茨城县猿岛支部邀请陶口笃太郎发表支部成立暨膺惩暴支讲演会,听众有600名;8月22日福冈县赤穗饭冢支部召开干部会议,作出"应全免出征士兵家属电灯费"的决议,并将《劝告书》提交昭和电灯株式会社;8月26日在横滨市举行"膺惩暴支演说会",听众300余人;8月30日深川支部举行"皇军慰问战况报告演说会",听众700余人。
东方会(东京)	8月10日,属下"山梨县农民同盟"制作二写有"满洲国后援会"字样的日本国旗40面,计划赠送应召入伍者并在各处悬挂,后被怀疑借机扩张党的势力而被禁止;8月16日,属下"山形县农民司盟"在米泽市石集干部会议,决议"视察北支及满洲,激励皇军,慰问及救援出征将士家属"等事项,于于次日起开始实施;8月24日东方会发表声明,宣称"政府对于支那之决心,总算前进了一步。东方会确信:当此关头,对于列国关系纠缠不清的支那问题,必须毫不踌躇地以快速而彻底之行动,在纠纷未发生之前即行处理",呼吁日本政府立即放弃"不扩大方针",对华发动战争。

续表

社团名称（所在地）	活动内容
锦旗联盟（东京）	8月15日在城东区召开"强化国防军事讲演会"，听众有130名。
大日本正气会（东京）	8月11日在浅草区内举行"第一次国防献金（捐款）街头募集"活动，将征集来的款项交给海军省；8月15日又在明治神宫前举行"第二次国防献金街头募集"活动，将征集来的款项交给陆军省。
大命会（东京）	8月10日在神田区东京俱乐部举行"定期例会"，讨论"北支事变"后之局势并进行协议等。
国策树立协会（东京）	8月16日在麴町区举行"北支问题恳谈会"，作出《决议》称："举国一致对皇军进行支援与感谢，并严守后方之完备"，决定派遣代表前往战场"慰问皇军"，还要"一扫国内矛盾与摩擦，举国一致改善现行经济机构"等。
中央青年俱乐部（东京）	鉴于"以北支事件为中心之当下时局"，于8月16日向首相和内务相提交《要望书（建议书）》，建议"为振作国民精神，扫除亡国淫荡的电影、演剧及颓废的爵士乐、流行歌曲等，关闭所有的舞厅与轻松歌舞剧场等享乐机构"等。
日本社少年队（东京）	8月20日在神田区东京俱乐部举行"北支事变讲演会"和"儿童剧晚会"，由冈田铁三郎发表讲演。
拓大（拓殖大学）魂之会、拓大亚细亚研究会（东京）	有11名学生队员当此次事变之际志愿充任翻译，本月19日，决定全体录用，并各自出发奔赴勤务地点。
原理日本社（东京）	8月20日，"主干"蓑田胸喜就"北支事变"发行题为《永久国防之原理》的小册子。
东天塾（青森）	8月15日在八户市召开"膺惩暴支演说会"，由东天塾福井庄三郎、直心道场中泽直通等发表讲演，并发表宣言与决议，强调"必须彻底膺惩暴支"。听众500人。

续表

社团名称（所在地）	活动内容
中正会（岐阜）	8月9日在大垣市净泉寺举行"北支问题讲演会"，听众110人。
大日本守国会（爱知）	7月23日—8月5日间举行"国防献金募集"活动，将征集来的款项中300元作为"应召士兵家属慰问金"交给名古屋市政府；其余70余元作为"国防献金"交给第三师团。
皇国中坚同盟（兵库）	8月3日在神户市内海员会馆举行"爱国主题演艺晚会"，将收益51元余作为"出征士兵家属慰问金"交给神户新闻社；8月28日在事务所召集总务委员会，决定发起"促进设置航空基地运动"并向有关各方寄送说明信函；9月4日决定向市民宣传"促进设置航空基地运动"，并广泛征集签名，准备提交《请愿书》。
创生会（福冈）	8月13日在《九州日报》大厅举行"北支事变现地报道讲演会"，由顾问清水芳太郎发表讲演，听众100余人；同日于该会办公室召集会员50余人，磋商"救济出征军人家属、烈属""防止外国间谍"等事项。
纯正日本主义青年运动全国协议会（东京）	8月26日计划组织"出征将士慰问团"，后因自治能力欠缺和计划"不纯"等原因，被官方"劝诱中止"；9月2日加盟团体西阵青年同盟编写《整备皇道无敌之国防》小册子300本，在街头散发给普通民众。
内外更始俱乐部（东京）	8月29日制作"宣传道义之日本 举国一致奉公之秋"海报3 000张，分发给各有关团体。
大日本青年同志会（东京）	8月21日在"本部道场"举办"修养会"，由大垣退人末永节发表有关"支那事变"讲演，听众24人。
日本社（东京）	9月1日将"抨击卖国的西洋舞蹈"的广告牌未经许可竖立在神田区和泉桥舞厅前，并又制作"抨击卖国的西洋舞蹈，国防需要精神之统一"的传单等100余张，张贴在舞厅周围电线杆上。
大亚细亚日本青年联盟（东京）	9月3日举行"报告杂谈会"，由此前派往中国的"研究团"派遣员菅原正男、绪方诚一介绍"上海陆战队之情形与事变未来之展望"等。

续表

社团名称（所在地）	活动内容
大日本国民义勇军（东京）	首领佐藤铁马在 8 月 30 日召集协议会，议定："为进一步昌盛皇道，本军将继续存在，奋勇迈进"，并决定在市内召集"时局讲演会"。
大亚细亚协会（东京）	8 月 28 日在川崎市宫前小学召开"膺惩暴支演说会"，听众 300 人。
北海国民道场（北海道）	8 月 26 日在小樽市举行"欢迎座谈会"，由"视察了满鲜北支"地区的"道场长"林贞四郎介绍"北支方面情形"，并复印"拥护国体联合会"编印的《支那对日现状要览》颁发给听众，翌日并寄送给各有关团体。
东总同盟（千叶）	8 月 29 日在总部举行干部会议，就"在支那事变中战死之佐久间中尉葬仪一事"，议决"会员一律实行军葬"等。
栃木革新联盟（栃木）	8 月 25 日在事务所召开常任委员会，办商"出征士兵家属、遗属救援事项"等，并发表声明，称"要将欧美苏联之指导驱逐出支那全国"。
正治同志会（福岛）	从 7 月 31 日—8 月 11 日在庙会及街道集会时摆摊贩卖，将收益金及会员捐款等作为"皇军慰问金"，送往《报知新闻》社；8 月 19 日及 20 日两天，会长及会员 7 人登上饭丰山，"祈祷皇军之武运长久"。
昭和松荫塾（山口）	9 月 1 日决定为"本县出身士兵"赠送写有"百万一心"字样的手巾，为此向有关各方等发放《主旨书》，征集基金。
大日本护国军（首领：山口光藏）（福冈）	就驻华英国大使"奇祸事件"于 8 月 31 日以"久留米地方爱国团体联合会"的名义发"激励"电报给近卫首相及有关各大臣等，要求"以强硬态度对应之"。
佐贺国防协会（佐贺）	为"视察满洲并慰问在满官兵"，市村稚率领会员藤井和男等于 9 月 1 日携带 200 封《慰问信》启程。
创生会（首领：清水芳太郎）（熊本）	8 月 19 日在《九州日报》熊本支局举行"时局讲演会"，讲述"北支事变之现地报道"等。

上述活动，从地域上看，北起北海道，南至九州岛的熊本、佐贺，涵盖了日本本土大部分地区。从形式上看，从"膺惩暴支演说会""时局恳谈会""爱国舞蹈演艺晚会"、发行煽动性小册子等战争鼓动、宣传，到募集"国防献金"和"出征士兵家属慰问金"、派遣大学生充任随军翻译，为战死军人实行"军葬"等，各种各样的"后方支援"活动，无一不缺。从内容上看，从介绍所谓"支那事变""北支事变"（九一八事变）中日本在侵华战场的动向、中国人民抗日活动的"时局报告"到研讨"防止外国间谍"等备战措施，乃至"扫除亡国淫荡的电影、演剧及颓废的爵士乐、流行歌曲"的文化统制等等，几乎囊括了战争后方能够为侵华战争服务的方方面面。且不管是否有官方、军方的要求，这些活动无一不是由大陆浪人和右翼社团成员们主动、积极开展和实施的。这些活动，一方面契合大陆浪人右翼长年以来鼓吹的对外扩张、侵略路线，属于战前"传统型"大陆浪人对华侵略活动的延续；另一方面也反映了侵华战争爆发后大陆浪人右翼势力积极迎合军部的对外政策，迅速向体制靠拢的倾向。

1939 年初，随着日本侵华战争的长期化和战线的不断扩大，围绕着在华权益问题，日本同英美列强各国之间的矛盾也日益激化。这一年的 2 月—3 月间，日本陆海军占领了海南岛和菲律宾西方海域中的无人岛，以便实现对中国沿海地区的封锁和取得进一步南下的跳板。在中国国内，日军也极力从经济上控制各个城市的英法租界，以便全面强化在中国国内的统制力。凡此种种动向，对英法美各国无疑是重大的刺激。4 月 9 日夜晚，天津英租界发生了降日投敌分子天津海关监督程锡庚被抗日游击队处决的事件，游击队员受到了英方的保护。5 月 11 日，上海英租界也发生了类似事件，英美法三国为此出动陆战队在上海登陆。5 月 31 日，日本向英国总领事提出限期引渡犯人的要求，英国方面于 6 月 6 日表示拒绝。

　　消息传到日本国内,大陆浪人等各派右翼社团几乎同时作出反应。维新青年队、昭和义塾、松柏塾等团体组成的爱国战线协议会和对支同志会等团体,宣布:"(支那)事变无法得到解决,乃因蒋政权的背后有英法苏等外国势力的支持。眼下必须毅然收回全部租界",要求日本政府"勒令英法陆战队立即撤退,以实力(武力)收回租界"。6 月 3 日,右翼团体成员等 700 多人在东京上野精养轩召开"反击英美法三国干涉有志之士大会",由原驻德国大使本多熊太郎发表演说,呼吁尽快缔结日德意三国军事同盟,正式行使交战权利。6 月 14 日,日军开始封锁天津英国租界的同一天,在东京两国的国技馆,右翼团体又举行了同样性质的群众集会,并开始酝酿暗杀政府内部的"亲英派"政界要人。

　　6 月 14 日,驻守天津的日军封锁了英法租界。消息传来,日本国内的反英风潮愈演愈汹。6 月 19 日,日本革新党众多的大陆浪人社团纷纷向在中国前线的日军打电报表示"感谢",头山满、三宅雪岭、本多熊太郎、大竹贯一四人联名在 6 月 23 日向宫内大臣提出请愿,要求立即对英法等国"发动交战权"。进入 7 月以后,对支同志会团体的反英运动更是日益高涨,7 月 12 日日比谷公会堂召开的反英大会竟然有 7 000 多人参加。7 月中旬日本同英国方面开始官方会谈,摸索外交解决的途径。由于日方在民间强硬立场的鼓动下采取了强硬的态度,会谈五次仍然不欢而散。8 月 25 日,德国和苏联突然宣布签订互不侵犯条约,三天后平沼骐一郎内阁全体辞职。试图通过反英运动推动日德意三国同盟进程的右翼势力对德国和苏联达成的合作关系大感不解,反英运动于是暂时告一段落。①

---

① 《右翼辞典(右翼辞典)》,东京:三岭书房 1991 年,511—512 页。

关于七七事变之后大陆浪人右翼势力在日本国内的活动状况，当时的日本内务省警保局保安课在向内务大臣说明的"绝密"报告书中，曾作过如下概述，"这样一时似乎陷入守势的国家主义运动，随着面对内外重大时局之变迁（指七七事变），忽然呈现活跃状态，立刻转换为攻势态势的运动"；其原因，据说是"为了达成支那事变这个历史性的圣战，（他们）采取了坚决反击国内外一切阻碍势力的态度"①。也就是说，大陆浪人右翼势力在全面侵华战争爆发后，整体上变得更加好战，更加具有攻击性了。关于右翼势力对内、对外的主要攻击目标，报告书认为："对内（他们）在主张政治、经济、思想、文化等方面进行根本性革新的同时，一扫阻止这一目标实施的国内势力，即共产主义、人民战线乃至自由主义、个人主义思想等。尤其将亲英美派、维持现状阶层看作国内的敌人，开展了果敢的打击运动。""此外在对外方面，在彻底扫荡支那抗日势力的同时，他们还主张打击英、美、苏等援蒋的第三国，另一方面主张与确立世界新秩序的德、意相提携，强化轴心国关系。此次事变，正好给他们实现内外一体的革新提供了绝好的机会，于是彼等的运动顿时活跃起来。"② 这一时期，包括大陆浪人社团在内的"国家主义团体"从组织数量到成员人数都有了大幅度增加。据内务省警保局保安课的估算，当时仅在日本国内，社团数量就大约有 800 个左右，成员人数在 63.4 万人左右。③ 跟辛亥革命前后到第一次世界大战期间相比，这些社团规模的增加速度之快令人咋舌，他们开展的种种活动更是直接推动了侵华战争的进程，并构成侵华战争的一个重要组成部分。

---

①②③ 日本内务省警保局保安课：《思想運動の現況に就て（关于思想运动的现状）》，由井正臣编辑、解说：《資料日本現代史 6　国家主義運動》，7）页。

二、"国民精神总动员"体制下的"大陆浪人"

1. 由"在野"到"翼赞":"浪人"变为"奴仆"

在这场大规模的对外侵略战争中,由于战线的扩大、中国人民的顽强抵抗、日本国力的消耗、日本民众中的反战厌战情绪等种种原因的交互作用,日本的战争指导者们原先以为可以轻易取胜的战争也成了消耗巨大的持久战。为了将日渐力不从心的不义之战持续下去,近卫文麿内阁在 1937 年 8 月 24 日第一次作出实施"国民精神总动员"的决议,计划将全国民众不分党派、不问对战争的赞同与否,最大限度地强制性地纳入到战争机器中来。9 月 11 日,日本政府在东京市内的日比谷公园主持召开"国民精神总动员大演说会",10 月 12 日又发动全国神职会、全国市长会、帝国在乡军人会、日本劳动组合会议、爱国妇人会、国防妇人会等 74 个团体组建了政府的外围组织——"国民精神总动员中央联盟",确定了国民精神总动员运动的三大口号:举国一致、尽忠保国、坚忍持久。1940 年 10 月,"大政翼赞会"作为这个运动在民间层面的扩大和延伸应运而生。

国民精神总动员运动的基本内容,在思想统制方面主要是宣传日本精神和敬神思想,鼓励民众参拜神社,举行明治天皇的《军人敕语》奉读会,为阵亡者举行慰灵仪式和慰问阵亡官兵的家属;在强化后方对前方的支援体制方面主要是迎送伤兵、鼓励练习武道和广播体操、清扫街道、鼓励战争捐款、购买国债、提倡储蓄、爱惜物资和资源等。

在"国民精神总动员中央联盟"里,包括国体拥护联合会(入江种矩为首)、时局协议会(小林顺一郎为首)、纯正日本主义青年运动全国协议会(中川裕为首)、爱国劳动农民同志会(松本勇平为首)

等大陆浪人社团和其他右翼政党、组织，他们是应日本政府邀请参加到这个组织中来的。虽然仍然有个别团体认为这个运动是"反国体"的运动，而对全农（"全国农业协同组合联合会"，即农协的全国性组织）和组合会议（"全国劳动组合会议"，即第二次世界大战前日本右派和中间派工会的统一战线组织）的参与表示不可理解，但绝大多数团体对这个运动的基本方向表示赞成和响应。这是当时大陆浪人社团在日本国内活动的第一个重要特征，即本来至少表面上标榜"在野"立场和"监视""鞭挞"政府的"传统型"大陆浪人及其活动，已在一定程度上纳入到政府制定的战争总动员的轨道上来。

及至 1940 年春近卫文麿内阁推动所谓"新体制运动"，呼吁解散既成政党，建立"大政翼赞体制"之后，几乎所有的大陆浪人社团这些"民间"右翼势力都被吸收到体制内部，成为战争机器的一个重要构成部分，"传统型"大陆浪人的"在野"立场不复存在，对体制方面的监督、弹劾作用也随之消散。大日本赤诚会、东方会、大日本党等团体，甚至试图成为大正翼赞会内部的主导力量。随着东条英机内阁的成立和太平洋战争的爆发，日本政府进一步加强了对国内的政治控制措施，石原莞尔的东亚联盟、中野正刚的东方会和田中泽二的立宪养正会等少数社团试图反抗这个趋势，结果受到来自体制方面的镇压。其余的社团则成为日本政府和军部马首帖耳的爪牙，于是就出现了"在东条内阁（统治）下，（国民）日益加强团结，大力推行内外之经纶。国家主义运动也几乎再无发展余地，从而进入低调化、稳健化的时期"的局面。① 1942 年 1 月 30

---

① 内务省警保局保安课报告：《戦時下に於ける国家主義運動の取締方針（战时下国家主义运动的取缔方针）》，1942 年 7 月，由井正臣编辑、解说，《資料日本現代史 国家主義運動》，176 页。

日举行所谓"翼赞选举"之际,笹川良一、赤尾敏、佐佐井一晁、满井佐吉、桥本欣五郎、中野正刚、木村武雄等大陆浪人和右翼运动的核心人物纷纷当选为议员,直接被体制所吸收。这是当时大陆浪人社团在日本国内活动的第二个重要特征,即他们在组织上也终于和国家机制以及日本军部沆瀣一气,并为一体,以"在野"身份为标榜的大陆浪人们终于沦落为国家体制和军国主义的"奴仆"和忠实爪牙。

2. 侵华战争中的大陆浪人及其团体

侵华战争期间活跃在日本国内的大陆浪人、右翼民间势力的主要团体及其活动状况,还可以以主要团体、组织为纲大致分述如下。

大日本生产党　1931年6月28日由内田良平在大阪成立的组织,党员1 500人左右。内田自任总裁,头山满任顾问。该组织前身为黑龙会关西支部,还吸收了多支工会组织,如大阪印刷职工组合经亲会、大阪市电自动车亲友会、京都市电自动车组合、东京海员组合等。党员人数最多时达到1.6万人(1932年时),1933年以后减少到大约3 000人。支部分设日本各地及萨哈林岛、朝鲜、台湾、"满洲"等地。该党的"主义"为:"以大日本主义为国家之经纶",突出反映了国家主义团体黑龙会的特征。其三条"政纲"的内容分别为,"一,遵守钦定宪法,彻底贯彻君民一致之善政;二,修改不适应国体与国家进程之制度法律,促进政府机构的精简化;三,确立自给自足的立国经济之基础",反映了该党内部传统右翼的黑龙会势力、日本国民党势力、激进爱国党势力三派之间时有对立且政见很难达成一致的状况。该党虽然吸收了工会组织的参加,大多数实际政治行动却是敌视工会组织的。该党同中国有关的活动,主要为1932年6月参与成立"国难打开联合协议会"并呼吁日本政府尽快承认伪满洲国宣传活动,以及1941年战局因日本呈现日益艰难局势之后发起后方防卫运动等。七七事变爆发后的1937年10月10日,该组织通过《决议》称:"必须严格思想之根本,以体会万邦无比皇国国体之原理。即必须歼灭一切反国体之思想,确立绝对尊皇、奉献生命之精神。为此,必须绝对力先发扬保卫国体、翼赞皇道之精神,解放不管有无定论之维新志士者(这里指明治维新初期被定为"反叛"政府的势力,如西乡隆盛等人)……政府与军方当局必须认识到皇国思想国防之本质,大死一番之精神,为应对内外非常之危局而奋力迈进。"①"皇国思想国防之本质"云云、"大死一番之精神"之类连篇累牍的空话、套话此时风行一时,大陆浪人似乎在这种文字排列中找到了心理上的"快感"与"恣意",能够以"先觉者"和"前辈"自居地议论"政府与军方当局"了。其准机关刊物称为《改造战线》。1946年1月1日,该党被美国占领军司令部作为超国家主义团体加以解散。②

　　新日本国民同盟　1932年5月29日下中祢三郎等人天赤松克麿派的分裂,成立国民日本党未果而在东京成立的代替团体。顾问为岛中雄三,下中自任中央委员,书记长由佐仁井一晃担任。③

---

① 内务省:《維新運動犠牲者釈放運動に対する取締方針の件(关于维新运动牺牲者释放运动的取缔方针)》,由井正臣编辑、解说:《資料日本現代史6　国家主義運動》,东京,大月书店1981年版,24页。

② 《右翼辞典》,389—392页;奈良县警察部编:《国家主義運動の意義》,51—52页,资料来源:《国立国会图书馆数码收藏(国立国会図書館デジタルコレクション》,东京朝日新闻论说委员编:《朝日時局読本第二卷　現代政治の動向(朝日時局読本第二卷　現代政治の動向 现代政治的动向)》,东京朝日新闻社1938年,235页,资料来源:《国立国会图书馆数码收藏(国立国会図書館デジタルコレクション)》

③ 或者称"总务委员长"(东京朝日新闻论说委员编:《朝日時局読本第二卷　現代政治の動向》,东京朝日新闻社1938年,235页。资料来源:《国立国会图书馆数码收藏(国立国会図書館デジタルコレクション)》)。

该同盟的"盟誓"为"矢志基于建国之本意,建立没有榨取的新日本";"纲领"的第三条称:"我等旨在创建立足于人种平等资源平衡原则上之新世界秩序"①,强调的一是"民族主义",即极端的扩张主义、帝国主义;二是"国家统治经济"②。该同盟有机关刊物《新日本国民新闻》,在 1932 年 8 月 15 日发行的第二号该刊物上,用一整版多的篇幅刊载了该同盟的《新日本建设计划大纲》,其主要内容是把《大日本帝国宪法》第一条作为基本原则,国会实行一院制,首相由新设的枢密顾问府选择任命,议员由郡会、市会各推举一人(全国约 400 人左右),以及由首相从各职能团体中挑选的 500 名代表充任,天然资源、重要产业、交通、贸易实行国家统制,医疗、丧葬、教育实行公营制,对外联合中国、东亚地区的欧美殖民地以及西伯利亚等地区,建设一个"大亚细亚联邦"等等。③

国难打开联合协议会　　1932 年 6 月 9 日,由日本国家社会党、神武会④、大日本生产党、勤皇维新同盟等右翼团体建立起来的统一战线性质的团体。"国难打开"即"克服国难"之意。虽然没有举办多少突出的活动,但该组织到当年 11 月又得以扩大,大同俱乐部、爱国勤劳党、新日本国民同盟也来入盟。12 月选举铃木善一

①③《右翼辞典》,309 页。

② 东京朝日新闻论说委员编:《朝日時局読本第二巻　現代政治の動向》,东京朝日新闻社 1938 年,235 页。资料来源:《国立国会图书馆数码收藏(国立国会図書館デジタルコレクション)》。

④ 1932 年由大川周明创立,主要宗旨为:"一,阐明日本建国之精神及日本国家之本质与国民之理想,改造本末、主客皆被颠倒之形式主义教育弊病,以期实现能够培养真正日本国民之皇国教育组织;二,遵循天皇亲政之本义,打破党利为主国家为从的政党政治之陋习,以亿兆之心为一心,以期实现将天业恢弘于四海之皇国政治组织之实现……"奈良县警察部编:《国家主義運動の意義》,50 页。资料来源:《国立国会图书馆数码收藏(国立国会図書館デジタルコレクション)》。

（大日本生产党）、金内良辅（神武会）等五人为常任委员。1933 年
1 月 23 日发行的《国协会报》创刊号上，该协议会发表如下"国协宣
言"："我等为皇道大日本帝国之民，内无一名陛下之赤子因于饥
馁，举国皆兵，外施大义于四海。将此等（体制）称为帝国主义，或
者军国主义，或者法西斯主义，荒谬极甚。为了对世界的真正和
平、人类的宁静幸福做出贡献，日本不得不对于一切的国际恶行勇
敢作战。欧美资本家式帝国主义各国，使有色民族呻吟于铁锁桎
梏之下，而以维持这种不正当现状为主旨的国际联盟乃亚洲之
敌、日本之敌。因此我等确信，（日本）退出国际联盟当为维持东洋
和平迈出的第一步。……本协议会将以全国性组织的成立为契
机，全体国民一致奋起，以大河决堤之势，一举断然实行皇国维新。
此正乃我等不惜身命而期待之目的。全体国民诸君！对我等划时
代的国民运动予以暴风雨般的支持吧！"①1933 年 10 月，神武会和
日本国家社会党退出该协议会另起炉灶，国难打开联合协议会事
实上烟消云散。

协和会　1932 年 7 月由协和党改名在中国东北地区成立的
组织。协和党的缘起是 1928 年 5 月 4 日《大连新闻》社主持召
开的"满洲青年会议"，会议选出 90 多名在中国东北地区的日
本青年"议员"组成"模拟议会"。在此基础上，同年 11 月"满
铁"职工 3 000 余人组成"满洲青年联盟"，后来成为"满铁"总
裁和运输大臣的小日山直登被推选为理事长。1931 年 3 月，在
"新满洲政策确立运动"中，该联盟创立人之一的山口重次发表
《满洲问题及其真相》一文，极力提倡"民族协和"，鼓吹在"满
蒙"地区建设"新国家"。同年 9 月九一八事变之后，立木良明、

①《右翼辞典》，224—225 页。

中野琥逸等人组织的大雄峰会团体联合组成协和党,同年7月又改名为协和会。协和会最早试图按照石原莞尔构想的"一国一党制"在"满洲国"建成独一无二的强力政党,由于"执政"溥仪和日本方面官僚们的反对,结果只是以一个御用民间组织的形式出现,主要任务也集中到关东军的指挥下对中国民众的"宣抚"亦即欺骗性宣传一个方面。1936年7月协和会被改造成为"举国一致的国民动员组织",1937年甘粕正彦担任中央本部总务部长,进一步直接掌握了该会的运作大权。1941年协和会同伪满洲国的行政机构融为一体,成为昭示着日本国内即将出现的"大政翼赞体制"的先声。在关东军的全面支持和控制下,协和会规模不断扩大,到1942年,号称拥有会员280万人,其下面还形成了协和青少年团、协和义勇奉公队等二级组织,为日本侵略军在关内地区对华战争的扩大提供了人力和物力上的协助。1945年8月,随着日本战败投降和伪满洲国的崩溃,协和会也土崩瓦解。①

满蒙义塾　1932年11月1日,大日本生产党党员八幡博堂、山田善五郎等在内田良平、头山满等人支持下成立的旨在培养"对外经营"人才的教育团体。塾长为伊藤友治郎,学监为原陆军少将安井义之助。其目的、主义、纲领如下:"一,目的:讲授在满蒙以及南洋各地从事开拓、经营所必须的学科,重点进行统一管理下的身心训练,以造就未来活跃在满蒙及南洋地区的领袖,培养奋进活跃而又刚健务实的青年。二,主义:本义塾实践恭行大日本主义之经纶。三,纲领:① 本义塾旨在恢宏皇祖肇国之宏伟理想,阐扬东方文化之大道,以期成为亚洲民族复兴之领袖;② 本义塾奉行军人敕

---

① 《右翼辞典》,117页。

谕之精神,振作尊祖敬神尚义尚武之风气,以期忠孝两全之大道的完美实现;③ 本义塾打破现代教育刻意模仿欧美之宿弊,以期根源于日本国体之国民教育的健全。"①

明伦会　1933 年 5 月 16 日成立的以在乡高级军人为主体的国家主义团体,创立者为原陆军大将田中国重。日中任总裁,其他主要成员有原陆军中将伊丹松雄、奥平俊藏、二子石宫太郎,原海军中将东乡吉太郎和经济界人士石原广一郎等,会员为 500 人,发行机关刊物《明伦》。日本警方对其成员的调查结果表明:该会成员"以军部为中心,除了号称出资者之一的石原以外 大部分为军部中坚人士和在乡军人等"②。

该会的纲领如下:"一,奉戴皇祖肇国之神敕,尊重天壤无穷之我国国体,以期忠君爱国、献身奉公之至诚与道义观念之彻底普及;二,打破现有政党之积弊,确立天皇政治及实施国家本位之政治(指以所谓"国家利益"为基点的极权主义政治);三,排斥退缩追随外交,断然实施以自主与正义为基调之外交,以期宣传、发扬国威、国权,实现大亚洲主义之理念;四,发动(天皇的)统帅大权,确保国际性军备平等权利,以期自主国防之稳固……"明伦会虽然性质上属于所谓"教化团体",实际上大量参加了当时的各种政治活动。如 1933 年向斋藤内阁提出辞职劝告书,1934 年又主张日本立即退出国际联盟,1935 年的所谓"国体明征运动"中在全国各地发动反击"天皇机关说"的舆论,在京都等府县的地方议会选举中有七名会员一举当选。甚至积极参与二二六事件,以改造日本的财

---

① 《右翼辞典》,554—555 页。

② 东京朝日新闻论说委员编:《朝日時局読本第二巻　現代政治の動向》240 頁。资料来源:《国立国会图书馆数码收藏(国立国会図書館デジタルコレクション)。

政支柱石原广一郎被连坐逮捕,该团体的活动也一度停滞。1940
年大政翼赞会成立之际,该团体又将纲领修改得更为偏激:"一,基
于国体之本义与帝国宪法之精神,扫荡个人主义等多年之积弊,对
行政机构及议会制度进行根本性改革,以确立天皇亲政、臣民翼赞
的国家体制;二,基于八纮一宇之皇谟①,进一步强化与盟邦之提
携,为确立大东亚共荣圈毅然奋进,为世界新秩序的建立作出贡
献;三,明确统率大权,以期扩充军备,且将国家各要素集中于国防
目的,以建立高度国防体制;四,在大东亚共荣圈内推动自给自足
经济和公益本位的计划经济,以期综合国力的充实和国民生活的
稳定;五,大力刷新教学,促进忠君爱国献身奉公精神与道义观念
的提高,并推动顺应时代的科学及技术之振兴。"1941 年田中总裁
死后,该团体因内部对立而解散,一部分成员另外组织了明伦会联
合会。②

　　昭和神圣会　　1933 年 7 月 22 日由大本教的出口王仁三郎在
东京九段军人会馆成立的以大本教为中心的国家主义团体。总裁
由一条实孝公爵出任,出口自任统管,副统管由内田良平等人担
任。其他赞同团体有明伦会、皇道会③、青年日本同盟、神武会等。
出版机关刊物《神圣》,到 1934 年时,会员据说发展到 40 万人。该
会的"主义"和"纲领"如下:"主义:本会基于神圣神国日本之大道、

---

① 谟,即规划;皇谟,即天皇统治国家之计划。
② 《右翼辞典》,572—574 页;奈良县警察部编:《国家主义運動の意義》,48 页。资料来
　源:《国立国会图书馆数码收藏(国立国会図書館デジタルコレクション)》。
③ 1933 年 8 月成立,主要成员有等等力森藏、黑泽圭一、富家政市、平野力三等,以实行
　"皇道政治,打破既成政党之积弊,改废资本主义经济机构,充实国家储备,追求世界
　资源的平衡"等为纲领。东京朝日新闻论说委员编:《朝日時局読本第二卷　現代政
　治の動向》,240—241 页。资料来源:《国立国会图书馆数码收藏(国立国会図書館デ
　ジタルコレクション)》。

皇道,翊赞万世一系圣天子之天业,尊奉肇国之精神,以期达成皇国之伟大使命与皇国国民天赋之使命。纲领:一　基于皇道之本义,以期祭政之一致;二,奉戴天祖之神敕及圣诏,以期神国日之伟大使命之完成;三,阐明万邦无比之国体,以期皇道外交之确立;四,信奉皇道为国教,以期国民教育指导精神之确立;五,宣传发扬神圣皇道,以期实践人类之爱善。"①该会在日本各地成立支部,举行参拜神社、纪念演讲会、皇道讲座、皇道宣传展览会等活动。该会电影部还摄制过一部名为《皇军与少女》的影片,为侵华战争张目。1935年12月发生了第二次大本教事件,教主出口王仁三郎以不敬罪、违反治安警察法、违反治安维持法的嫌疑被捕,昭和神圣会也于翌年3月解散。

东方会有两个同名的组织。一个是1933年1月8日,前陆军大尉片平忠平在石原莞尔指导下在仙台成立的组织。该团体同中野正刚组建的东方会及国民同盟存在着合作关系。该团体宣布的纲领如下:"一,基于建国之大精神,实现万民一君之局面,以期国家基础之确立;二,遵循自主外交精神,首先实现东亚联盟,既而将八纮一宇的皇道精神推向世界。"②

另一个东方会是中野正刚在1936年5月25日组建的国家社会主义系统的政治团体,属于大陆浪人右翼势力中的最右翼组织。该组织的纲领是:"一,上呈草莽之赤诚,依据宪法之条章,大显现皇道政治而挺身;二,发扬纯正之日本精神,振作大东亚,宣布正义于世界;三,建设万民奉献之经济体制,要求全体国民率敢劳作与

①《右翼辞典》,290页。
②《右翼辞典》,440—441页。

牺牲精神,允诺保证其名誉与生活。"①生产力和军事力量的扩张与所谓"国民生活的稳定"是该会的主要政纲,并欲以此创立可长期持续的对外战争体制。成立时,该会号称拥有"首脑中野正刚等众议院议员 32 名,贵族院(议员)2 名,支持者 39 万"等,并发行机关刊物《国民同盟》。② 1940 年 10 月,东方会对于军国主义体制下的日本"新体制"表示积极赞同,发表声明称:"支那事变发生以来,我等主张建设以日、德、意同盟为主轴的新东亚,对内则强调建设以确立新政治体制为基础的高度国防国家,抵抗历代试图维持现状的政府之压迫,亦与来自既成阵营之阻碍势力斗争至今。然而时至今日,由于近卫内阁之出现,三国同盟既成,新政治体制之确立亦已成举国一致之态势,此乃国论终于与我等之主张获得统一之时。我等回顾既往走过来之道路,不胜感激,且愿在此向满天下宣布我等主张之正确矣。"③摆脱了以往不时受到官府和其他势力压制的地位之后,以"新体制"发明者自居的志得意满的心情跃然纸上。但与此同时,东方会也不忘所谓"在野"的精神,认为"新体制"还得由他们来领导,继续对"官僚主义"的"政府衙门"表示不满,继续以"全体国民之爱国热诚"的代言人自居:"由于新体制运动源自我等一贯提倡之主张,我等自然应当参与其中,积极协作。然而我等又不满足于(该运动)当前采取之结构与性质,尤其是官僚主义

---

① 东方会:《东方会纲领·(中野会长)声明》,由井正臣编辑、解说:《资料日本现代史 5 国家主義運動》,156 页。

②《右翼团体的组织》,东京朝日新闻论说委员编:《朝日時局読本第二卷　现代政治の动向》,234 页。资料来源:《国立国会图书馆数码收藏(国立国会図書館デジタルコレクション)》。

③ 东方会:《关于对于新体制全党之态度》,由井正臣编辑、解说:《資料日本現代史 6 国家主義運動》,150 页。

新体制之泛滥与跋扈,使国民甚感困惑。新体制不应出自政府官僚之手,不应由官僚主义的构想和衙门的推行而得以确立,实在只能依靠全体国民之爱国热诚才能得以完成。"①东方会在"官字"的"新体制运动"中受到抑制,1943 年 12 月由于中野正刚的自杀而消亡。

皇国青年恳谈会　1938 年 1 月 26 日,南北会的川夏信一郎、鹤鸣庄的折建一甫、爱国青年联盟的神保幸三郎、维新党末影山正治和国粹大众党②的藤吉雄等人,在东京举行"对支同志各派青年恳谈会",要求日本对中国新出现的伪政权提供支援,于次日向日本政府请愿。2 月 3 日,上述成员们又以皇国青年会名义再次举行组织成立大会,并决定由板仓称三郎、丹羽五郎、友纳昌一、影山正治等七人为该恳谈会的常任干事。当天出席会议者约 80 人。③

对支同志会　1937 年 7 月 15 日,随着中日战争的进展,时局协议会的佐藤铗马纠合黑龙会、爱国社④等东京地区的大陆浪人右翼团体代表 26 人宣布成立的团体。该会提出的口号是:"匡挞政

① 东方会:《关于对于新体制全党之态度》,由井正臣编辑、解说:《资料日本现代史 6 国家主義運動》,150 页。
② 1931 年由笹(世)川良一、田山义雄创立,势力据称大约有 7 万人,机关刊物为《国防》。其宗旨为:"一,维护、发展基于神武肇国精神培育成我国特有之文化,以有利于国利民福;二,革除产业自由竞争之弊端,以期相互扶助精神之实现……"奈良县警察部编:《国家主義運動の意義》,52 页。资料来源:《国立国会图书馆数码收藏(国立国会図書館デジタルコレクション)》。东京朝日新闻论说委员编:《朝日時局読本第二卷　現代政治の動向 现代政治的动向》,235 页。资料来源:《国立国会图书馆数码收藏(国立国会図書館デジタルコレクション)》。
③《右翼辞典》,189—190 页。
④ 1928 年 8 月成立,首领盐田爱之助,据称是"团结坚强的小团体"。东京朝日新闻论说委员编:《朝日時局読本第二卷　現代政治の動向》,241—242 页。资料来源:《国立国会图书馆数码收藏(国立国会図書館デジタルコレクション)》。

府,断然膺惩暴戾的支那。”会长为著名大陆浪人葛生能久,理事长为井田盘楠。7 月 24 日在上野精养轩举行的大会,共召集了 850 多人参加,据说是“囊括了几乎所有以强化鞭挞政府为使命的在京有力团体”①。除了东京地区的右翼势力以外,贵族院和政友会、民政党两党也派代表与会声援。9 月 2 日,该会又在东京的芝公园召开所谓“膺惩暴戾支那剿灭共匪国民大会”,据说聚集了大约 1 万人参加。大陆浪人田锅安之助等在会上发表了演讲,大会通过的《宣言》称,“支那之狂暴残虐愈来愈甚,其罪为天人所共愤。而今,皇军对其予以果断膺惩,而事关东亚全局之安危,吾人须坚持岿然不动之坚强姿态,亿兆一心,为贯彻既定目的勇敢迈进。吾人于兹召开膺惩暴支国民大会,宣明以下之决心:从支那全境扫除人类公敌之共产党及其傀儡政权、军队、党阀及其他一切抗日、辱日之祸根,以期日支两国国民康宁共存之实现,确立东亚和平之基础。吾人确认此乃皇道日本之天职、皇国臣民之使命,故于兹宣示国民之决心”云云②,对日军在华的战争挑衅表示了无条件全面支持的姿态。1939 年,该会又举办“反对三国干涉国民有志之士大会”等,为军国主义气焰的高涨大造声势。1940 年以后,该会活动逐渐低调。③

大东塾 1939 年 4 月 3 日由影山正治、德田惣一郎、藤村又彦、折建一甫、白井为雄等人在东京涩谷区代代木西原町开办的右翼青年教育团体。该团体成立之际发表“宣言”宣布其宗旨为“吾人谨查,奉戴开辟固成的上皇神敕,体味八纮一宇的圣诏神髓,并将神国(日本)之庄严宣示海内外,乃置皇国日本于固若金汤地位

---

① ② 日本内务省警保局保安课:《支那事变に关する情报(其六)》;由井正臣编辑、解说:《资料日本现代史 6 国家主义运动》,17 页。

③《右翼辞典》,361 页。日本内务省警保局保安课:《支那事变に关する情报(其六)》;由井正臣编辑、解说:《资料日本现代史 6 国家主义运动》,17 页。

的具有世界史意义般的重大使命。天津日嗣天皇(上古传说中的天皇,大东塾成员们将其视为具有绝对权威的存在)为这一使命之实现者,皇民为其翼赞者,皇军为其先锋。明治维新为其在国内推行的实证,满洲事变(九一八事变)及支那事变(七七事变)则为其对外之实证。然而,此次圣战前途日益艰难,当此内忧外患交迫之际,正乃吾人拼死一番以更新乾坤之秋。……拯救时艰,最需要殉国之仁人志士。最宜从速培养毅然决死之青年维新者,以成实现内外维新之柱石。远观圣战局势下之满支大陆(中国大陆),目下最最切实需要之人才,既非通晓满语、汉语之专家,亦非事务手腕敏捷之练吏,更非企业家般的辣腕分子,所需者仅为民族使命的行者,仅为传播皇道精神的殉教者而已。吾人深谙这一时代要求,敢以菲材之身,于此创办大东塾,愿在国内外同忧合作局面下,倾一片热肠赤心,以培养屹立于大陆第一线之青年人才……"

这也就是说大东塾创办者们的目的,不是为了培养学问家、"汉学家"或者官僚和商人,而是培养"传播皇道精神的殉教者",即不计成败利钝、甘愿为所谓"民族使命"亦即"国益"的献身者,而且希望这些学生们通过学习、培训都能够前往中国大陆,成为"屹立于大陆第一线"的"青年人才",也就是新一代的大陆浪人。这正是当年玄洋社所发挥过的作用,所以大东塾堪称侵华战争期间集行动与教育为一体的大陆浪人团体。

关于大东一词的含意,该团体通过"塾誓"阐发说,"大东乃大统(两词在日语中同音)世界之谓,吾人以此期待皇道原则下大统世界的实现";"大东乃大东洋联盟之谓,吾人以此期待当为世界大统根基之大东洋联盟的实现";"大东乃大东国日本之谓,吾人以此期待基于神命之大道之国、光明之国大东国日本的实现"。关于塾生资格,该团体也制定了跟一般学校不同的"入塾资格"。即"须为信奉塾誓,能够为塾愿之实行敢死拼命之士";"身心强壮且在二十五岁以下之独身男子";"不问既往学历但必须对(日本)国体抱有信仰者"等。大东塾的学制为一年,学生在校期间由塾方提供学费和生活费,每年招生名额为 20 名,经过推荐和考察后批准入塾。为了实现所谓"大东亚共荣"的愿景,满族人、蒙古族人或者汉人有愿意入塾者,考察后也可以作为"特别生"入塾。学生毕业后,由塾方推荐到协和会、新民会、驻中国当地特务机构或者其他民间机构等供职,构成培养大陆浪人的"一条龙"服务,这种做法甚至比玄洋社更周到、更全面。学生在校期间的学习课程,分为"训育"和"学课"两大门类。"训育"课包括祓禊、神拜、静坐、作文、吟诗、书法、武道、行军、野营等,"学课"包括国体学原论(右翼意识形态的基本原理课)、国防学概论、历史(日本史、东洋史、西洋史)、地理、神典讲义(《古事记》《日本书纪》等日本古典文献与历代天皇的诏敕、御制诗赋等)、皇国古典讲义(《万叶集》《神皇正统记》《太平记》《日本外史》《新论》等古典文献)、本邦古典讲义(本邦原意为日本自称,但这门课程主要讲授《大学》《中庸》《论语》《孟子》《老子》《庄子》《孙子》《韩非子》等中国古典文献)、宗教研究、思想社会研究(包括资本主义、共产主义、法西斯主义、三民主义等)、日本现势/东洋现势/世界现势、自由讲义(内容主要包括东洋联邦论、维新建设论、协和会精神、新民会精神、外交论、教育论等右翼运动主要理论与主张)等课程。

在大陆浪人为主的右翼团体中,大东塾又以最强硬的日本主义或曰皇室中心主义主张闻名于世,不惜为此采取直接的激烈行动,以至于在同一方向上牵引日本社会走上战争道路的军方也时常为该团体的过激行动感到棘手。例如 1940 年 7 月的"七五事件"中影山塾长等 30 名成员被警方绳之以法,1941 年 12 月太平洋战争爆发之际，该团体又因发给东条首相的檄文中有"反**战反军**"色彩，影山塾长等再次被捕。1943 年 6 月，该团体在丰桥市要求市政府为战死者举行共葬。由于上述行动，日本陆军不得不对同大东塾有过接触的陆军士官学校学生采取处罚措施。1945 年日本战败投降之际，影山庄平代理塾长等 14 名该团体成员在 8 月 25 日于代代木原剖腹自杀，自愿为军国主义日本殉葬。1946 年 1 月，该团体被美国占领军司令部作为超国家主义团体指令解散。①

大日本兴亚同盟　1941 年 7 月 6 日由大政翼赞会主持日本内阁 1941 年 1 月 14 日决议"兴亚思想运动，由大政翼赞会加以统合"的精神，"统合"了 53 个团体组成的"国家主义团体"的同盟。主要的加盟团体有：日满中央协会（会长宫田光雄）、东亚同文会（理事长阿部信行）、日华学会（会长细川护立）、日华实业协会（会长儿玉谦次）、东亚联盟协会（顾问石原莞尔）、中央满蒙协会（副会长儿田嘉明）、东亚协会（会长八幡博堂）、东方文化学院（理事长汤泽三一）、东亚研究所（总裁近卫文麿）、大日本同志会（理事长松本福明）、兴亚运动同志会（理事长藤井贵康）、大东文化协会（会头松平濑寿）、兴亚灭共联盟（理事长井田磐楠）、黑龙会（会长葛生能久）、新兴亚会（会长坂西利八郎）、爱国社（会长盐田爱之助）、大亚非亚协会（会头松井石根）、北支那协会、对支同志会（召集人葛生能久）、斯文会（会长德川圆顺）、南洋经济研究所（理事糟谷宗一）、大东亚青年队（队长三木亮兴）、政教社（主干入江种矩）、善邻协会（会长一条实孝）、大和报国运动本部（理事岛本正一）、亚细亚大日协会（会长石原广一郎）等等。在日比谷公园的成立大会上，日本政府派遣

①《右翼辞典》369—372 页；堀幸雄：《戦後の右翼勢力（战后的右翼势力）》，三一书房 2017 年，15 页。

了陆军大臣东条英机,大政翼赞会派遣了副总裁柳川平助、东亚局长永井柳太郎等出席。该同盟的成立被看做建设所谓"国防国家"的一个重要环节,一些革新文化团体被强行编入该同盟中。该同盟发布的《大日本兴亚同盟纲领》宣称:"本同盟基于建国之精神,以掩八纮为一宇,使世界万邦各得其所,亿万兆民悉安其堵为最高理想。以期在此理想之下建设世界新秩序,以确立永久之和平和人类文化之兴隆。""本同盟基于日满华三国共同宣言之主旨,以尊重主权、实现国防合作、经济提携及文化创造为东亚维新的方向标,以期凝结各民族之合力,共创大东亚共荣之大业","本同盟为以兴亚国民运动的前卫而自任的同志之结合,为协助兴亚之国策的推行与实现,坚忍持久,挺身躬行,以期集结国民的全部力量,斩断东亚积年的祸根,将此次圣战的目的贯彻到底"。除纲领之外,该同盟还发布宣言谓:"……反顾大东亚之天地,过去数世纪中,蒙受欧美列强之侵寇劫掠,国土丧失,民众惨遭蹂躏者不可胜数。欲一扫大东亚积年之祸根,确立道义基础下之新秩序,奠定大东亚共荣之基石,促进东洋文化之兴隆,惟有将神之大道光被全球而已,此岂非正是皇国日本之重大使命欤? 事变爆发以来已经五度星霜,挺身参加兴亚圣战的我同胞之热血,浸染大陆的山川田野,捐躯者亦不下十万余人","为了不使这样的牺牲成为无意义之举,惟一的道路就是同大东亚各国民、各民族实现共存共荣。这样做,不仅可以告慰阵亡将士之英灵,也是确立重建大亚细亚的必由之路"。该同盟的顾问名单中,可以看到头山满、小川平吉等大陆浪人代表人物的身影,也可以看到荒木贞夫、小矶国昭、柳川平助、菱刈隆等陆军将领们的身影。其他如总务委员长林铣十郎、总务委员本庄繁、太田耕造、大藏公望、松井石根、水野炼太郎、葛生能久、阿部信行、坂西利八郎等等,也都是军方、"民间"以及政界中所谓关注"支那"局势的头面人物。①

　　1930 年代初期到 1945 年八九月日本战败投降时为止的十五六年间,在外交政策的制定以及推动侵华战争方面较为活跃的包括大陆浪人社团在内的"国家主义团体",按照当时日本大多省警保局警察方面的分类,是将这些社团区分为"纯正日本主义派"(包括大日本生产党[党首吉田益三]、爱国社[党首盐田爱之助]、国体拥护联合会[包括入江种矩、葛生能久等人为首的 80 多个"国体明证派"社团的联合体]等团体)和全体主义派(包括大日本赤诚会[党首桥本欣五郎]、东方会[党首中野正刚]、大日本党[党首佐左井一晃]等团体)两大派系的。所谓"纯正日本主义派",其特点是激烈反对基于立宪主义解释宪法和天皇地位的"天皇机关说",强调"万世一系"的天皇拥有绝对主权的所谓"国体明证(释明国体)"论点,"亦即国粹主义派"②。所谓"全体主义派",其特点则是"努力纠合大众的力量,欲以数量上的优势来推动运动"的各团体。③ 这种分类法只关注到各团体活动的表象,并未使用同一的尺度来比较,自然不尽合理。而《朝日时局读本 第二卷》列出的"①左右编社;②思想团体;③伦理修养团体;④直接行动或各自行动的暴力行为者;⑤行会等职业集团;⑥研究型团体"的分类法④又近于繁

① 《右翼辞典》378—382 页;著作者不明:《全国国家主义团体一览　昭和十六年一月现在(全国国家主義団体一覧 昭和十六年一月現在)》,9—26 页,资料来源:《国立国会图书馆数码收藏》。

② 日本内务省警保局保安课:《思想運動の現況に就て》,由井正臣编辑・解说《资料日本现代史 6　国家主義運動》,70 页。

③ 同上,71 页。

④ 东京朝日新闻论说委员编:《朝日時局読本第二卷　現代政治の動向》,245—246 页。资料来源:《国立国会图书馆数码收藏(国立国会図書館デジタルコレクション)》

琐、细致,反而将具有多种面面、开展过多种活动的大陆浪人、右翼势力团体的活动片面化、绝对化,所以亦不可取。笔者以为,大致可以将这些团体分为以下三类:① 政治活动为主的团体或组织; ② 直接参与、支持、声援和实施暴力行动、战争行为的团体或组织; ③ 垄断或者凭借优势地位谋求经济、物质利益为主的行会或组织。第一类团体多在日本国内活动,但与中国国内各地大陆浪人们有着千丝万缕的组织、人事关联,遥相呼应,声势最大。其主要在中国国内活动的此类团体如下文将要介绍的"满洲青年联盟"的作用,同样也不能忽视。第二类团体在日本国内和中国大陆皆大量存在,在日本国内者往往以暴力行动的手段扼杀反战、"反军"舆论,是法西斯政治、军国主义政治的主要帮凶;在中国国内者多以居留民团、商业会议所(商工会议所)还有马贼、土匪团伙等形式出现,为挑起侵华战争的爆发和战事的扩大发挥了重大作用。第三类则主要在东三省和沦陷区各地活动,是烟枭、毒枭、"不良邦人"的主体,也是大量的走私贩运、强买强卖、欺行霸市行为的罪魁祸首。

第四节　比军人更狂热、更务实的战争推手

在中国当地的"侵略战争现场"的场域,大陆浪人的活动乃至日常生活直接植根于中国社会,两国之间和两个民族之间的任何波澜和纠纷,都会对他们的生活和行动产生直接和间接的影响,因此,他们的政治嗅觉往往比日本国内"铳后"场域的大陆浪人更敏感,对社会冲击的感受更直接、更深切。也由于事关自身的利益,他们更容易将"国益"与"私利"联系起来,当自己的"私利"受到损害时首先想到诉诸"强硬外交"政策以致"战争"的手段加以保护

和挽回,并不惜冠之以保护"国益"的旗号。从193■三代在华大陆浪人、日本居留民为主体的各种民间团体发动的种种"催战"活动就可以看到,他们在这个时期发出的呼吁战争、要求"膺惩"中国民众"反日""排日"运动的政治、外交宣传,声势浩大,参与工会层面广泛,为侵华日军在关键时刻决心发动军事行动(即所谓"事变")事先准备了足够的"民间舆论"的氛围,一旦"事变"爆发又为军事行动提供了几近狂热的舆论支持。从这个意义上说,他们甚至是比为执行命令而活跃在战场的军人还要激烈、还要"疯狂"的战争推手。

鼓动日本关东军悍然发动九一八事变并直接从各个方面参与侵略战争的具体进程与具体行为的大陆浪人、民间右翼与政治社团,可以以"满洲青年联盟"为范例加以考察。

一、"催战"先锋——满洲青年联盟

1. 用"私利"捆绑"国益"的"博徒"们

成立于昭和三年(1928)十一月十三日的满洲青年联盟,早期成员中虽有不少"满铁(南满洲铁道株式会社)"员工,但更多的是当时在中国东北地区"闯荡"的小业主、开业医师、律师、无业游民及各色"邦人"。其核心成员如冈田猛马(本部理事)、小泽三某(长春支部长,著名音乐家小泽征尔的父亲)、大羽时男("满铁"职员)、山口重次("满铁"职员、关东军"嘱托(临时雇员)""清洁协会中央事务局次长"等)、永江亮一(安东支部长)等人,大多是近代日本在华侵略和殖民地统治路线的受益者和支持者。日本殖民地警察系统的"关东厅警务局"在调查报告中称:"满洲青年联盟乃满洲青年同志会鉴于日满形势之推移重建之组织,该会乃欲依据皇道中心主义(即日本天皇中心主义)实现全亚洲共荣之政治主义思想性之团体(即以政治与言论活动为主的团体)。"①构成这个联盟的主要团体有安东青年同志会、公主岭青年同志会、新京青年同志会、沙河口兴亚青年同盟、奉天青年同志会、本溪湖青年同志会等,均为东北各地日本居留民的"少壮青年之士"为主体的组织。

构成这个联盟的核心团体安东青年同志会是一个在"宣言书"中公然宣称要实现"上戴圣天子,下使万民悉得其所,建设鼓腹击壤之乐土。……一旦有缓急之时,则实现国民皆兵之实……"目标的"反左翼的、虽处于现代社会却表明彻头彻尾天皇中心主义倾向之团体"②,因而使这个联盟从成立之日起就带有不亚于头山满等早期大陆浪人的尊皇、保守的政治倾向,以及更傲慢、更激烈的帝国主义、沙文主义对外政策诉求。

该联盟在成立宣言中宣称:"满蒙乃日华共存之地域,兴隆其文化、开拓其富源,彼此相依互益,确保两民族无穷之繁荣与东洋永远之和平,乃我国家一大使命。"③由于长时间以"上等民族""支配民族"在"满蒙地区"生活的经历,这些人有意无意中已经将别国的领土当作了自己的"家园",并自诩为这个多民族家园的主人公。

该联盟的成立使日本对"满蒙地区"的政治干涉、经济控制和文化渗透不断"强化",激起了当地中国人民与地方官府"排日"风潮日益高涨,所以他们在发起宣言中充满危机感地宣称:"如今,吾

---

① 《各国少年团及青年团関係雑件 第一卷 2.青年团 (7)满洲国青年同志会(各国少年团及青年团关系杂件第一卷2青年团(7)满洲国青年同志会)》,JACAR(亚洲历史资料中心),Ref. B04012433400,画像2。

② 《各国少年团及青年团関係雑件 第一卷 2.青年团 (7)满洲国青年同志会》,JACAR(亚洲历史资料中心),Ref. B04012433400,画像3。

③ 满洲日日新闻社编纂:《满洲建国烈士遗芳録》,东京:满洲日日新闻社东京支社出版部昭和十七年(1942)九月刊行,35页。资料来源:《国立国会图书馆数码收藏(国立国会図書館デジタルコレクション)》。

人之圣地满蒙濒临危机。当国家存亡之秋，朝中无对应之策，民间无舆论之发声。坐视现状之演进，则必遭亡国之悲运、祖国之覆亡！于是吾人挺身而起……"①字里行间，透露出了这些将邻国领土当作"吾人之圣地"的外来者们担心自身的私利受到损害，并将其概括到"国益"的角度，不惜为此充任"催战"力量的责任感和决心。

　　该联盟的成员，据说有两成是"满铁"员工，而且在天约 3 000 名初期成员中，"无职业者"并无一人。然而，据其核心成员之一的山口重次后来在《东亚联盟》杂志上陈述，实际情况并不是像该组织自称的那样"纯净"："……我们最感困难的，就是金钱。联盟成员中，有人被公司开除，有人被警察拘留。在长春当开业事务的小泽开策，还被张学良的政府发出带悬赏的缉捕令。象这些苦难有多少也能忍受，但没有金钱的痛苦确实格外痛苦。"②可见，沦落为社会底层的"浮浪人"（流浪者）在会员中其实占有一定的比例。这些人在日本国内生活时，由于大多身处中下层社会，跟上层之间基本上还保持着较大的距离。但是到了国外，到了不得不抛掉自身的前程、家财、亲友等换取人生一博（其实是"一博"，一次人生的大赌博）的殖民地"满洲"，目睹当地中国人民的反日情绪和反日运动有可能将自己的人生赌博推向"满盘皆输"的境况时，他们就成了激烈的民族主义者、"国权主义者"，并且迅速向体制靠拢。他们是一群用"私利"捆绑了"国益"的"赌徒"，是从内部怂恿和支持关东军挑起事端，用军事手段压制中国人民反日和抗日运动的重要

---

① 山田豪一：《満鉄調査部》（日经新书 279），东京：日本经济新闻社 昭和五十二年（1977），97 页。

② 满洲日日新闻社编纂：《満洲建国烈士遺芳録》，37 页。

"民间"政治势力。

2. 返回日本"催战""助战"的"满洲"青年

日本关东军发动九一八事变前夕,"满洲青年联盟"向日本国内多次派遣"游说队"。"五千联盟成员,以满蒙问题之解决为目标,步调一致开展行动。随着时局的日益紧迫,运动愈发带上热度。为向祖国述说满蒙之实情,发起确立新满蒙政策运动,冈田猛马、小泽开策、永江亮二、高冢源一、佐竹令信等联盟代表委员东上(东京),从(1931 年)七月中旬前后开始遍访有关当局和各有关团体,加强联络,又参加'满鲜问题有志(者)大会'。代表们详述(中国)现地之紧张状态,其热烈之演说给与会者极大之感动。"①

这样的游说和演讲活动,其实是早期大陆浪人代表人物和主要团体留下的传统造势手段,在大陆浪人的舆论宣传活动中始终占据最重要的位置。而"满洲青年联盟"的游说活动,加上大量所谓"现地"的实际事例及照片、图标等作为"物证",较之一般的新闻报道更具煽动性。这些游说活动的最终目的,就是推动日本政府和军部尽速下定发动侵华战争的决心。

"满洲青年联盟""游说队"的游说,主要分为面向军政上层人物和面向一般平民两个层面的活动。面向军政上层人物的游说,如 7 月 18 日上午他们在《大连新闻》东京支社长前川良三等人带领下前往东京市中心的首相官邸,"会见首相阁下,述说我日本人在满洲之实情,并就保护我国之权益事项进行请愿"②。下午他们"前往四谷区大久保(利通)公爵府邸访问,面见公爵,述说满洲之实

---

① 黑龙会编:《東亜先覚志士記伝》下卷,73—74 页。
② 外务省外交史料馆:《万宝山農場事件　與論並新聞論調　第四卷(万宝山农场事件舆论并新闻论调　第四卷)》,JACAR(亚洲历史资料中心),Ref. B02030180000,画像 10—11。

情。公爵表示赞同,并允诺本月 23 日以后在贵族院研究会会员中征集尽可能多的会员之赞同,商定(同"游说队"成员的)会见日期,并约定代为斡旋同牧野(伸显)内相(内务大臣)之会见"①。据警方的调查,"游说队"的成员们还安排好了从 20 日开始,"遍访国相、外相(外务大臣)、拓相(拓务大臣,即直接负责所谓殖民地'开拓'事务的内阁成员)、贵众两院议长、犬养(毅)政友会总裁府邸,就满洲问题进行请愿"的日程。② 成员们在东京逗留的时间不长,对政军界重镇的上层人物他们差不多都走访到了。

面向一般民众的活动,显然是"游说队"的活动中心。所到之处,他们广泛散发自己编印的《排日事件事例集》《满铁列车妨碍事件》等宣传册,还有题名为《向祖国朝野诸贤倾诉在满同胞全体之意愿》的传单,混淆日本国内民众视听,造成事变的发生完全是由于中国日益高涨的"排日风潮"所致,日本关东军只是被迫反击,并无"不当行为"的假象。

据 1931 年 8 月 6 日大阪府知事柴田善三郎向内务大臣、外务大臣和拓务大臣所作的报告,满洲青年联盟的"游说队"这年 8 月初就到达大阪,拟在大阪、神户、下关、福冈等地举办讲演会,直接向日本国内舆论诉说旅满日侨的"不安"和"焦虑",以及所谓"满蒙问题"的重要性,为即将到来的日军侵华行动烘托环境,创造日军"不得不还击"中国人民的"排日风潮"的气氛。

8 月 3 日下午,这些"满蒙青年联盟母国游说派遣员"们出席了《大阪经济新闻》《报国新闻》主办的"满蒙事情讲演会",分别以"满

---

① 外务省外交史料馆:《万宝山農場事件　輿論並新聞論調　第四卷》,JACAR(亚洲历史资料中心),Ref. B02030180000,画像 11。

② 外务省外交史料馆:《万宝山農場事件　輿論並新聞論調　第四卷》,JACAR(亚洲历史资料中心),Ref. B02030180000,画像 12。

蒙问题之重要性"(冈田猛马)""日益恶化的排日之真相(佐竹令信)""万宝山事件之真相(小泽开策)""难道放弃满洲之维持吗?(高冢源一)""陷入经济重重包围下的在满日本人(永江亮一)"等题目进行演说。讲演的内容集中在"讲述支那当局压迫下之在满洲同胞之穷困、朝鲜人之悲惨境遇、我国特殊权益日益受到侵蚀之实情,并述说满蒙之事态依靠在满日本人之手已无法调整,惟有等待全体国民之奋起及对满外交政策之确立云云"①。这里被着重强调的"满蒙之事态依靠在满日本人之手已无法调整,惟有等待全体国民之奋起及对满外交政策之确立"等等表述,实际上已经等于直接向日本国内的舆论呼吁战争,呼吁对中国的"排日"采取"断然打击"的手段。

"满蒙青年联盟母国游说派遣员"们8月3日的演说,在会场上据说收到了"以市场从业人员为中心的约四百名听众,看来受到相当之感动"的结果。② 在当时局势下在日本其他各地的类似活动,收效也大致相同,均构成一个多月后的9月18日日本关东军挑起事变并获得日本国内舆论全面支持的社会背景。

由于满洲青年联盟的活动与日本军部的欲求如此"契合",所以他们的活动得到日本军方的多方协助和支持。1931年12月19日,关东军参谋长三宅光治向陆军次官杉山元报告:关东军司令部已经命令满洲青年联盟将其编纂的英文宣传册子印刷和分别赠送给英、法、德、意、俄、美、加拿大、印度、土耳其、墨西哥、爱沙尼亚、暹罗等各国使节,以及中国国内各地日本军政、特务机关各数十部

---

① 外务省外交史料馆:《本邦对内啓発関係雑件　講演関係(本邦对内启发关系杂件　讲演关系)》,JACAR(亚洲历史资料中心),Ref. B02030900500,画像1—4。

② 外务省外交史料馆:《本邦对内啓発関係雑件　講演関係》,JACAR(亚洲历史资料中心),Ref. B02030900500,画像2。

以供散发、宣传；另外还由满洲青年联盟直接向"英美等各外国约一千五百余团体"邮寄散发。① 这个英文的宣传册，正是基于《排日事件事例集》《满铁列车妨碍事件》等宣传册的内容编纂而成，其内容是大量的所谓中国方面"排日""辱日"的照片和文字，以印证日本关东军发动事变动机的"正当性"和"合理性"。以民间团体身份面向国际社会所作的这些宣传，是大陆浪人参与侵华战争的一个重要侧面。

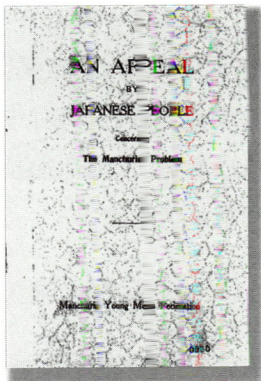

"满洲青年联盟"印制的英文宣传册

　　满洲青年联盟的"催战""助战"活动，除了军部的实际支持之外，也受到日本政界、传媒界和"满洲"日本经济界的一片"称赞"。1932 年 5 月，该联盟在奉天召开第五届联盟议会之际，各界纷纷超出寻常规格地给这个团体发来大量贺电。如政友会总裁犬养毅遥祝他们"活跃并奋斗在满蒙第一线"；《大阪每日新闻》社和《东京每日新闻》社联名称颂他们"满洲事变爆发之前便一直努力处理有关满蒙问题之舆论，事变后继续为实施国策做出绝大之贡献"；"奉天商工会议所"会头（会长）藤田九一郎还临场致辞："贵联盟素来为解决满蒙问题做出不懈之努力，尤其是事变爆发以来，更是坚持不眠不休之活动，吾人无不敬服且深表感谢"云云。②

---

① 《陆军省大日记・英文パンフレット送付の件（1）（陆军省大日记，关于寄送英文小册子之件）》，JACAR（亚洲历史资料中心），Ref. C04011110700，画像 1—4，宣传册封面插图为画像 5。

② 《第五回满洲青年联盟议会议事录（第五回满洲青年联盟议会议事录）》，4 页，资料来源：《国立国会图书馆数码收藏（国立国会图书馆デジタルコレクション）》〈https://dl. ndl. go. jp/info:ndljp/pid/1450133〉。

满洲青年联盟在九一八事变前后开展的各种活动,较之日俄战争前后以内田良平为首的黑龙会的种种"催战""助战"活动,可以说毫不逊色,而对中国人民和东亚各国和平发展的历史进程所造成的危害,则远远超过了当时内田良平和黑龙会等大陆浪人活动带来的危害。

二、平民向"浪人"的"转身"——战时状态下的侨民团体

1. 日本居留民的"浪人化""暴民化"

居住在中国各地的居留民,不乏遵守中国当地法律和规范,从事正当职业并同当地中国人民和平相处的日本人,有些人甚至同中国人精神生活上志趣相通,物质生活上相互关照,如与鲁迅有多年深交的内山完造等。但是,即便是在两国尚未进入战争对立局面的相对"和平"年代,已经跻身于列强之一的强国意只带来的民族优越感,加上治外法权造成的法律地位上的特权,以及经济、文化、教育等各个领域实际存在的种种差别,自然逐渐造就了居留民中普遍存在的蔑视中国、蔑视中国人的傲慢心理。当两国关系出现紧张和对立时,这种心理就极易诱发以暴力、武力"报复""膺惩"中国政府和中国人民的冲动。这种冲动会促使居留民中的"浮浪者"和"好事者"转瞬间变身为浪人,从事"日本浪人"的种种不法和犯罪行为;"居留民会"或者"商工会议所"等居留民团体在反常情绪和经济利益驱动下,也有可能演变为大陆浪人群体开展活动。

例如居留在山东的日本居留民,据当时(1935年)驻青岛总领事西春彦回忆,几乎是相当普遍地存在着希望借可能利用的一切纠纷和事端招来日军的武装干涉,为自身谋取经济利益和改善生存环境的心理:"在青岛,由于之前有过(日本的)山东出兵,居留民们因此大大受益。居留民中的一部分人难忘当时的滋味,就形成

了盼望着日本军找个什么理由（再次）出兵山东。大概因为这个原因，和中方之间哪怕是发生什么政治性的问题，居留民们就首先自己喧嚷起来，内心里大概就是希望华北驻屯军能够以此为口实到济南和青岛来。"①

日本居留民的"浪人化""暴民化"的一个具体例证，就是强行要求罢免青岛市长沈鸿烈的事件。

事件的起因确实是"儿戏"般的小事。有一天，一个日本儿童跟中国儿童吵架被打断了胳膊。但是居留民方面却把这个事情跟曾经在张作霖时代担任过东北海军司令、现在是青岛市长的沈鸿烈的所谓"排日教育"联系起来，使其升级为"政治事件"，并展开了外国侨民公然反对中国当地行政长官的"驱逐沈市长"运动。日本驻青岛总领事西春彦据说劝告过居留民们此时无需盲动，并制止了召开居留民大会的动议。但是他同时仍然就此事小题大做："向中国方面提出严重抗议，提出了道歉、赔偿等一系列解决条款。因为不如此就无法弹压居留民。但是，却无法（将居留民们）弹压到最后关头。"②因为恰在此时，一艘在青岛近海航行的日本船籍的小汽艇因涉嫌走私受到青岛海关监视员的开枪射击。于是，青岛的日本居留民群情大哗，反复向总领事西春彦提出要在"青岛神社"召集居留民大会的要求。据说总领事考虑到如果对居留民的举动弹压"过分"，说不定会引起更多的零星暴力事件，于是以不饮酒、不采取暴力行动为条件答应了召开居留民大会的请求。结果，"大概是群聚心理起了作用的缘故吧，居留民大会上还是砸开了酒樽

---

① 西春彦：《回想の日本外交（回想的日本外交）》岩波新书（青版 550），东京：岩波书店 1965 年，62 页。

② 西春彦：《回想の日本外交》，63 页。

盖开怀畅饮，血气方刚的年轻人乘着酒劲在夜色下袭击了青岛海关”，演出了一场日本浪人袭击青岛海关的闹剧。①

其实，居留民的过激行动，不仅是居留民日益强烈的民族优越意识和以暴力解决问题的"霸道"意识使然，背后还有着日本军方的"谋略操作"和日本"为地"大陆浪人的跳梁。因为总领事西春彦不久就发现，"济南的（日本）陆军特务机关在煽动着居留民，而且还找到了证据"；"总领事馆的司法领事也深深地卷进了这个事件。这个人跟济南的石野机关（即以特务机关长石野为首的日本陆军特务机关）相呼应，唆使自己影响下的律师、犯罪嫌犯还有听命于自己的小喽啰等，煽动居留民们把事件日益扩大"②。日本军部的侵华谋略活动，居然到了日本外务省官员也深感不安的猖狂程度，可见起源于日本陆军大陆政策背景下日益朝着扩张主义、军国主义路线膨胀的所谓"多元外交"，已经一步步地将在华居留民培养成了为日本"国益"冲锋陷阵的"日本浪人"、不穿军装的军国主义"别动队"。

在国际都市上海，同样的情形也在上演甚至有过之而无不及。

据说，关东军在筹划所谓"满洲独立运动"之际，日本受到国际社会的激烈抨击。一心一意要继续推行"满洲建国"的"奉天特务机关长"土肥原贤二找到日本驻上海武官辅佐官田中隆吉少佐，说"为了将内外的监视视线转移到满洲以外的地方，望在上海掀起骚动"，并交给田中两万元"工作费"③。回到上海后，田中就重金雇用华人杀手在江湾路袭击日莲宗妙法寺的日本僧人，造成一死二伤的局面，听到传闻的上海居留民，以青年同志会为中心发起反击，

① 西春彦：《回想の日本外交》，64 页。

② 西春彦：《回想の日本外交》，64—65 页。

③ 户川猪佐武：《昭和外交五十年》，105 页。

袭击了据说藏匿了犯人的中方公司"三友实业社",并召开"抗议大会",发动1 000多人的"示威游行",终至在北四川路上酿成了更大的冲突事件。原本已经被军国主义、民族主义和沙文主义情绪鼓动到亢奋状态的居留民们,在军部的谋略框架下,迅速转化为挑动侵略军事行为、呼唤侵略战争的民间"别动队""宣传队"。而上海事变之际居留民团的一系列促战行动,如利用"商工联合会""町内会""民团""在乡军人会"等既有组织召开居留民大会,召集集会,发表宣言,将《决议书》等送交日本政府、军部首脑,提供发动战争的舆论;甚至召集志愿者大会,举行游行示威,沿途破坏中国商店的橱窗和电车等公共交通工具,与前来制止的工部局警察发生流血事件等等,都显示居住在中国的日本居留民在特殊环境下,极易在整体上"浪人化""暴徒化",成为比海军陆战队更渴望战争的政治势力。① "邦人"居留民从北到南的呼唤战争的行为,证明了"邦人""浪人"对于侵华战争的发生和迅速推进,实际上发挥了很重要的作用,同时也负有更多的不可推卸的"责任"。

　　2. "浪人"外交官的奇特作用

　　战败之前的日本驻华外交官,权限要比后来大得多:"在满洲,除了奉天、哈尔滨、吉林之外,间岛也有总领事馆,长春、齐齐哈尔、满洲里、铁岭、牛庄等地有领事馆。驻华领事不仅仅办理通商事务,还握有警察、司法(领事裁判权)等权限,可以对不受欢迎的居留民发出'退去命令(驱逐令)'。此外,还拥有就保护居留民等问题同中国官府进行交涉的跟公使同样的权利。而且领事原则上直辖于本省(者

---

① 关于上海事变之际日本居留民们的"促战活动",详情请参见高冈博文著、陈祖恩译《近代上海日侨社会史》第三章,"上海事变"与日侨,上海:上海人民出版社2014年。

外务省），直接接受外务大臣的指挥。"①这样，我们对战前和战争期间日本驻华外交官员们往往就多种事务同中方进行交涉谈判，而且动辄对中方举措横加指责的权限背景就容易理解了。

当时驻华外交官员中，类似山座圆次郎一样的"豪杰"型外交官较多，如30岁就当上驻长春领事的西春彦回忆："我的前任是山崎平吉领事。那个时代，外务省有好多豪杰，尤其是驻华的外交官，据说是人杰辈出。"②这些人其实也跟山座圆次郎同样，堪称"选择了外交官职业的大陆浪人"。他们在许多历史关头，不仅蓄意扩大中日之间的外交纠纷，有时甚至鼓动和挑起双方政府和民间的分歧和对立。

与此同时，老一代大陆浪人的子孙们，不少人也继承了父辈的衣钵，接踵来到中国大陆。如玄洋社第一任社长平冈浩太郎的侄子平冈小太郎，据说就曾担任过沈鸿烈市长的顾问③，也算是活跃在中国政界的第二代玄洋社社员的代表。这些浪人的后代或者后裔，在从政或者从事外交、外贸等有关职业时，"浪人"的遗传基因，有时难免会成为左右其思维和决策的背景因素之一。

① 西春彦：《回想の日本外交》，11—13页。
② 西春彦：《回想の日本外交》，13页。
③ 西春彦：《回想の日本外交》，68页。

第六章　时代的"怪胎"为何余音袅袅？

第一节　时代与社会的"怪胎"

一、"草根军国主义"——近代日本社会与"大陆浪人"之形塑

战前和抗战期间有些中文媒体以及政治评论家将"日本浪人""大陆浪人"解释为"流氓""恶棍"，虽通俗易懂，却远远没有概括出这个特殊社会群体的全部特征。综合大陆浪人留在历史记录中的种种言论、主张、活动以及直接和间接的各种影响来看，这个群体中固然有宫崎滔天那样出于纯真的理想和热情投身中国革命的"自由民权主义者"，但毕竟只出现在早期的大陆浪人群体中，而且属于不得志的少数派。1920年代至1945年日本战败投降的数十年中，大陆浪人的主体是意识形态上持国家主义、天皇至上主义、法西斯主义、军国主义主张和思想倾向的右翼、保守并具强烈对外侵略扩张欲求的政治集团。他们行动方式上是以舆论宣传、政策导向、搜集情报、煽动政治纠纷和社会动荡、辅助或直接参与对华军事行动、勾结土匪和马贼等势力发动暴乱及窃掠平民和

毒贩毒乃至偷盗走私、无恶不作的"不良者""复合犯罪者"。他们对侵华战争中的种种行为,负有不应推卸和不可推卸的历史责任。这个社会群体是植根于从明治、大正到昭和时代日本近代社会的一个"怪胎",是近代日本历史的一个重要的负面遗产。

孕育了这个"怪胎"的日本社会,战前和战争期间具有什么样的特征和弊病,战后是否得到了清理和矫正呢?

1. 尊皇、忠君,海外雄飞的学校教育

如果说早期大陆浪人接受的是传统教育,他们的"尊皇""攘夷"观念大多源于幕府统治末年的影响的话,1920—1930年代之后的"新世代"大陆浪人,从形式到内容接受的已经是近代教育,与他们的前辈有所不同。但是,两代大陆浪人之间的共通点也很多,可见形塑了他们的社会环境尤其是教育环境并没有重大的改变。将一个青少年从普通人形塑成为"尊皇""忠君"的保守道德观充斥头脑,并被所谓"海外雄飞"的价值观鼓荡得热血沸腾的大陆浪人,明治、大正以来的学校教育和社会教育发挥了重要的思想灌输和潜移默化的熏陶作用。

在中小学教育中灌输军国主义思想,开始于明治、大正时代。1917年9月设立"临时教育会议"之际,当时的首相寺内正毅就宣称:"我帝国现在蒙受战火之残毒虽不若盟国般严重,但展望战后之经营,前途依然愈益多难。当此之际,须更加发达教育,宣扬国体之精华,涵养坚实之操守,确立自强之方略,以辅弼皇佑。"①这里所谓的"国体",其实包含着近代以来日本保守政治家和右翼势力所赋予的特殊语境,指的就是以"万世一系"的天皇为中心的"八纮一宇"的政治秩序,亦即"天皇极权体制"。寺内正毅担心第一次世

①转引自依田憙家《戦前の日本と中国》,160页。

界大战结束后欧洲列强一旦重返亚洲，国力尚弱的日本无法与之抗衡，于是将教育也纳入军国主义发展的全局规划之中，将"宣扬国体之精华"当作实现这一计划的灵魂与强心针。在第一次大战期间出任陆军大臣的田中义一，更把"宣扬国体之精华"的内涵，具体到明治天皇颁布的《军人敕谕》所阐述的"忠君"精神上，并宣称《军人敕谕》应当成为全体日本人的"国民精神"。他宣称："教育敕谕也好，明治十五年（1882）赐给军人们的军人敕谕也好，其主旨始终如一。……军人精神亦须即是国民精神。"①基于这一精神，日本文部省在 1925 年以《文部省训令第六号》的政策形式向所属各类学校下发《陆军现役配属学校教练教授要目》，宣布在各级各类学校配置现役的陆军军人对学生进行军事训练，同时进行《军人敕谕》的教育："关于下赐军人之敕谕，须与《修身》相联系，随时讲述，以领会圣旨之精神。"②文部省同时还说明这样做的理由是"进行军人敕谕之教育，乃因本敕谕不仅为军人，亦为一般国民应当遵守之圣谕"的缘故。③从此，教育尤其是初等和中等教育便被纳入军国主义的政治体制之中。

在这样的政策导引下，从明治、大正到昭和初期的日本中小学教科书中，充斥着"尊皇""忠君"之类"皇国史观"思想有形无形的灌输。

现以小学使用的《初等科修身 二》为例，开篇即在最显要的位

---

① 转引自依田憙家《戦前の日本と中国》，160 页。

② 《陆军省大日记・現役将校配属学校教練教授要目改正の件（陆军省大日记・陆军现役配属学校教练教授要目）》，JACAR（亚洲历史资料中心），Ref. C01001476300，图像 9。

③ 《陆军省大日记・現役将校配属学校教練教授要目改正の件》，JACAR（亚洲历史资料中心），Ref. C01001476300，画像 29。

置全文刊载明治天皇的《教育敕语》，要求包括少年少女在内的"帝国臣民"们"常重国宪、遵国法。一旦缓急则义勇奉公以扶翼天壤无穷之皇运，如是者不独为朕忠良臣民，又足以显彰尔祖先之遗风矣"①。这册课本共 20 篇课文中，开首第一篇《由春到夏》不是介绍季节的变迁，而是介绍 4 月 3 日是神武天皇（即《古事记》和《日本书纪》所记载的日本第一代天皇）"薨去"之日，宫中要举办"神武天皇祭"，4 月 29 日又迎来"天长节"（1948 年以前对日本天皇生日的称谓，当时是每年的'四大节日'之一），"全体国民都须敬祝天皇陛下的万寿无疆"；课文接着又介绍凡人不得入内的东京皇宫内部设有贤所、皇灵殿和神殿三座殿堂，上述祭祀均在此进行，此即所谓"祭日"。"每逢祭日，学校不上课；但我们必须以恭谨之心情来度过这些日子。"②通过小学生们也能够理解的节假日概念，将天皇给"臣民"们带来了"恩惠"的思维，潜移默化地灌输给少男少女们。

　　第二课《君之代》，即介绍后来的日本国歌。课文不但称这首歌"是世世代代融汇到国民心中的歌曲"，还把这首歌同对外战争联系起来，"据说在战场上，战士们面向遥远的日本，齐声高唱《君之代》时，不知不觉中流淌出的眼泪，浸湿了晒黑的脸颊"③。紧接着的第三课《靖国神社》，在介绍了靖国神社的由来和每年的祭祀活动后，则赤裸裸地向儿童们灌输"为国、为天皇陛下尽忠"的思想："我们在感戴天皇陛下恩惠的同时，还必须学习祭祀在这里的

---

① 中文译文据百度百科：《教育敕语》，https：//baike. baidu. com/item/％E6％95％99％E8％82％B2％E6％95％95％E8％AF％AD，2019 年 6 月 15 日。

② 文部省著作兼发行：《初等科修身 二》，东京：文部省昭和十七年（1942）修正印刷、昭和十八年（1943）翻刻发行；东京：大空社，1990 年复刻版，1—3 页。

③ 同上，5—6 页。

那些人的忠义,为君上、为国家竭尽全力。"①这是在不动声色中教育儿童们如何用具体的行为来"尊皇",而最高尚的行为就是奔赴战场,"为君上、为国家竭尽全力"。第四课的《能久亲王》,介绍日本通过甲午战争攫取台湾后,前往台湾讨"贼"的北白川宫能久亲王的所谓"事迹",公然鼓吹对外侵略战争的"正当性";第六课《日本乃神国》通过600年前的日本抵御所谓"东国贼军"的故事,宣扬"大日本乃神之国,神开辟了这个国家,天照大神庇佑着天皇的大位永远昌盛",将"尊皇"观念上升到迷信的高度,最后又回到"克忠义,舍弃性命,乃臣民之道"的献身精神的灌输。② 第八课《日本乃海之国》本来应当介绍四面环海的日本的地理特性,但这一课最引人注目的文字,仍然不离军国主义的宣传:"舰艇高悬菊花徽章的帝国军舰,沐浴神国之护佑,扬威于从太平洋到印度洋之海域。"③第十三课《明治天皇的高德》,顾名思义是宣传明治天皇所谓"高尚道德"的说教。第十四课《乃木大将的少年时代》中的主人公,是日俄战争中负责攻占俄军旅顺要塞的日军第三军司令官乃木希典。这篇课文描述了晚年夫妻双双为明治天皇"殉死"的乃木是如何在武士的家庭里养成"忠诚"和"朴素"性格的过程。④

　　第十二课《话语的运用》本来是讲授生活技能基本知识的内容,也不忘借机进行"尤其是皇室的诸事,必须心存最恭谨之心,选

---

① 文部省著作兼发行:《初等科修身 二》,东京:文部省昭和十七年(1942)修正印刷、昭和十八年(1943)翻刻发行;东京:大空社,1990年复刻版,7—9 页。

② 同上,20—24 页。

③ 同上,32—33 页。

④ 同上,73—77 页。

择话语的运用"的"尊皇"教育①,告诉学生们从小就须使用最尊敬的词语表述皇室。第十四课《雅澄的研究》虽然讲述土左国(今高知县)学者鹿持雅澄对《万叶集》的学术研究,也把明治天皇对雅澄学术研究的肯定看做学者所应获得的最高奖赏。

这本教科书最引人注目的课文,一篇是第十一课《山田长政》。课文描述了320年前走遍罗国(今泰国)的日本人山田长政在当地创设"日本町"、组建"日本人义勇军"屡建"战功",被授予最高官阶直至最后被泰王任命为"那空王"的"事迹"。教科书的编写者在结语部分特意将山田长政在前途未卜的情形下义无反顾地前往海外闯荡的意义大大拔高,曰:"长政出生于日本的什么地方? 何时去的暹罗? 已无可考证。但他一旦远赴暹罗,就成为日本町的头目,成为海外贸易的关键人物,甚至被任命为当地的高官,将日本的威武名声遍播南方(指东南亚地区)的天地。前往海外的日本人中,像长政这样博得高位、让日本人扬眉吐气的人,可以说还没有第二

---

① 文部省著作兼发行:《初等科修身 二》,东京:文部省昭和十七年(1942)修正印刷、昭和十八年(1943)翻刻发行;东京:大空社,1990年复刻版,51页。

个。"①于是，山田长政作为近代日本人"海外雄飞"的象征性人物和符号，通过学校教育这个人生价值观形成过程中最重要的环节，年复一年地叠印到少男少女们的心中，不断地催生出怀抱"海外雄飞""大陆经纶"等朦胧不清却又似乎触手可得之梦想的大陆浪人的后继者。

另一篇引人注目的课文，是第二十课《大陆与我们》。课文以这样的文字开始："满洲国的诞生，是昭和七年的事情。其后，满洲国的皇帝陛下两度来访日本，秩父宫殿下也代表天皇陛下出访过（满洲国）。通过这样的亲善交往，日本和满洲国就建立了日益无法分割的关系。""满洲国的面积是日本的两倍，居住的人口却只有日本的三分之一。因此，有着许多今后必须进行开发的土地。如果进行开发，谁也不知道能够获得多少农产品、煤炭、铜铁和木材等等。"②只字不提远在大陆的"满洲国"为何"诞生"和为何与日本之间产生了"日益无法分割的关系"，也不说明"满洲国"的土地为何就"必须"等待着日本人的"开发"。尚无明确是非观念的小学生，此后若非通过自身的努力重新辨明历史的真相，自然会产生日本对"满洲国"的"领有""天经地义"的先入之见。这篇课文的最后，还用煽动般的文字向小学生呼吁："如今，从大陆到南方，日本为了重建新的东亚，正在勇敢地战斗和耐心地诱导……我们的父亲和兄长们，远赴大陆和南方，正在殊死地工作。这些都是巨大的、重要的工作，要花费漫长的岁月。不久，我们也会等到取代他们前往大陆，继续他们工作的那一天。为了在那一天能与尸尸接重

----

① 文部省著作兼发行：《初等科修身 二》，东京：文部省昭和十七年（1942）修正印刷、昭和十八年（1943）翻刻发行；东京：大空社，1990 年复刻版，50 页。

② 同上，88—89 页。

担,我们必须从现在起就拥有健康的身体和宽广的心胸!”①这是毫不掩饰地鼓动儿童们从小养成“大陆雄飞”的理想。

　　另一本给稍高学年使用的《初等科修身 三》,编写方针和内容与《初等科修身 二》几乎完全一致。第十九课《北满的朝露》,是对大陆浪人横川省三和冲祯介两名“烈士”“忠勇义烈”“事迹”的直接宣传。如“二烈士在临死关头,还满怀身为皇国臣民之信念,给家人寄去了洋溢着深情的书信:‘在我大日本,对于献身君国者,天皇陛下绝不会不管他的家人,同胞们也一定会悉心关照留下的家人……’。”“二人以直立不动的姿势挺立在木柱之前,遥望东方宫城(指日本皇宫)的方向恭谨而深深地鞠躬。参拜完毕后,脸上又浮现出微笑。静静地下沉的血色夕阳,染红了二人的脸庞。那身姿,让人分不出是人还是神。……与‘瞄准!’的号令声同时,二烈士高举起双手:‘天皇陛下万岁!’喊声还未完,‘射击!’的号令声和枪声同时响起,二烈士终于化为哈尔滨郊外的朝露。”“正是因为有了这种强烈的、至死不忘皇国的信念,日俄战争中的日本军不久就

① 文部省著作兼发行:《初等科修身 二》,东京:文部省昭和十七年(1942)修正印刷、昭和十八年(1943)翻刻发行;东京:大空社,1990年复刻版,92—93页。

通过奉天会战、日本海海战,取得了巨大的胜利。"①通过这种把军人和大陆浪人塑造成"英雄"的手法,军国主义、扩张主义的"尖兵"和"别动队"的成员们,就成了孩子们心目中未来人生的"榜样"。

2. 军国主义、扩张主义者成为"英雄"的社会教育

尊皇思想、军国主义教育的课堂,并不只限于校园天地。学校教育之外,家长、亲友的教诲熏陶,小说、电影、流行歌曲等大众专媒的推动,社会教育的方方面面也发挥着意想不到的"奇效"。

大陆浪人和"邦人""军事侦探""马贼",很早就成为小说家们描写和吹捧的对象。如日俄战争期间接受了参谋次长田村怡造少将"密命"的陆军大尉小松秀夫,化名"松秀夫",在辽阳地区早通冯麟阁部马贼势力刺探俄方军情并扰乱俄军后方,其"事迹"在小松本人还在世的 1940 年 12 月,就被《读卖新闻》记者町田柳塘(笔名"枫村居士")化身为"橘英男('英男'和'秀夫'在日语人名中发音相同)"写成小说在《读卖新闻》上连载,1962 年又成了木村毅的小说《密使》中的主人公,可见此类题材历经明治、大正、昭和三个时代仍是一些作家眼中的"热门"题材。②

如生于九一八事变前一年 1930 年的电影评论家佐藤忠男回忆道:"少年时代的我,非常赞同解放亚洲的理想。因为昭和初期最具代表性的儿童杂志《少年俱乐部》上面,大量刊登了把为实现这个目标而战斗的男子汉作为英雄来描写的作品。山中峰太郎、平田晋策还有海野十三等作家撰写的冒险小说、战争小说、间谍小

---

① 文部省:《初等科修身 三》,东京:日本书籍株式会社,昭和十八年(1943)一月印刷、同年三月翻刻发行;东京:大空社 1990 年复刻版,111—117 页。

② 《碑の周边(第 3 回)知られざる軍事探偵 露探の汚名にまぎらして 馬賊の群に投じ大陆潜入(石碑杂话第 3 回:不为人知的军事侦探 蒙着俄国间谍的污名 潜入大陆投身马贼)》,《あきた(秋田)》通卷 82 号,1969 年 3 月 1 日发行,42—44 页。

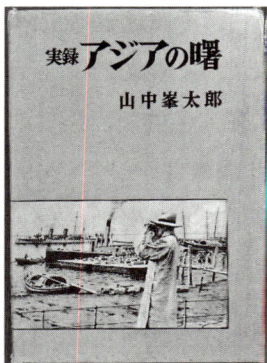

山中峰太郎著《实录
亚洲的曙光》封面

说、科幻小说等等,都是我的最爱。这类意识形态,儿童大众读物上的作品,要比学校、报纸、广播上的宣传激进得多、有意思得多,而且煽动性强。曾经参加过中国革命运动的前陆军军人山中峰太郎的代表作,标题就叫做《亚洲的曙光》。像詹姆斯·邦德一般活跃的本乡义昭,成了少年们心中解放亚洲思想的象征。"①又如后来走上了经营实业之路的佐藤勇,回忆起少年时代之所以走进驹井德三在兵库县宝冢市开办的"康德学院"的原因时说:"我幼年时代就对大陆抱有隐隐约约的憧憬心情,初中时阅读了驹井先生的《大满洲建设录》,对中国的兴趣愈发浓厚。这正好跟老师当年阅读宫崎滔天《三十三年之梦》时的心情相同。尤其是关于日本人在中国的行为,我从书中感受到了对梦想一攫千金的奸商们的忧虑,和对真正喜爱中国、愿意成为建设亚洲础石的青年们的期望,于是产生了我也要去大陆,为亚洲和平尽一份力量的愿望。"②

青少年时代受到的军国主义、扩张主义的熏陶,往往会从思想意识和价值观取向的最深层影响接受者的一生。"大陆雄飞""大陆经纶"之类宣传和所谓"先觉志士"的示范,年复一年不断地诱惑着更多的日本青少年从"向往"到"冲动",又从"冲动"到"行动",最终加入到大陆浪人的队伍之中。至于这些大陆浪人活动的舞台,大陆浪人在宣扬自身"奋斗""功劳"时,也有过这样的概括:"西乡

---

① 佐藤忠男:《草の根の軍国主義(草根军国主义)》,东京:平凡社 2007 年,48—49 页。
② 佐藤勇:《惜春》,兰交会编:《麦秋 驹井德三》,399 页。

南洲（即西乡隆盛）为大陆政策之牺牲，埋侠骨于城山。然而，与大陆政策共鸣，反对退婴外交之志士们，却自草莽中崛起，以日非大陆为中心，前往朝鲜半岛、满洲、暹罗、安南、西伯利亚、印度、南洋群岛等地，或以个人身份暗中运作，或以团体展开活动。明治二十七八年战役（指 1894—1895 年的甲午中日战争）的先驱、三十七八年战役（指 1904—1905 年的日俄战争）的首倡者，韩国合并运动的告成乃至今日满洲国建设事业的发展，无一不仰赖彼辈志士之力量也。"①抛却那些自吹自擂的成分，却也可以看到大陆浪人群体的活动范围之广，对近代日本对外战争与对外侵略活动的关系之深。"与大陆政策共鸣"，就是早期大陆浪人不惜跨洋越海，深入异邦活动的思想动力。

正因为军国主义、国家主义的教育是如此深刻地渗透到当时日本青少年的心中，所以负责"取缔右翼运动"的日本警方也发现，除了要监视那些"著名团体和著名人物"之外，对于"所谓视线外的人物也不能放松注意力"。于是有如下记载："只是对'右翼运动的'团体和所属于团体的人物进行监视是不够的。说句极端的话，国民的每一个人都具有成为右翼运动活动家的素质。"②警方报告中这样率直的自我供认，现在读起来还令人感到深深的震撼。

民族主义原本就是可以自卫和杀人的双刃剑，过了"度"的民族主义，很容易滑进国家主义、法西斯主义的陷阱，成为更有欺骗性和似乎更具有"正义感"的为对外侵略制造理论依据的旗帜和工具。一些知名社会人士如果成为这样的旗手，对整个社会的影响

---

① 川崎三朗：《叙》，黑龙会编：《東亜先覚志士記伝》下卷，4 页。

② 岛村一：《高等警察概要》，68 页。资料来源：《国立国会图书馆　数码收藏（国立国会图书馆デジタルコレクション）》（https://dl.ndl.go.jp/info:ndljp/pid/1499）。

力就会远远超出学校教科书的功用,成为鼓动全民走向狂热民族主义和狂热军国主义的有力宣传工具。因此,即使在言论管制和镇压措施已经十分严厉的当时的日本,仍然还是有一些勇敢的、有良知的知识分子站出来,对这种危险的教育方针和舆论导向以及军国主义理论宣传的"旗手"们进行了批评和指责。如著名的反战评论家清泽洌在他于 1942 年至 1945 年记下的《黑暗日记》中,就激烈地抨击德富苏峰等文化人煽动战争的犯罪行为,认为他们负有不可推卸的历史责任。他说"战争的责任者是谁? 是他,德富苏峰等人是最应该负这个责任的。他们恣意夸张日本历史和日本精神,不估量对方的力量"①。尽管是极有限度的谴责,在那个时代那种环境下,也是难能可贵的。

与此同时,在军国主义气焰甚嚣尘上,"尊皇""忠君""君国"等字眼几乎占据所有话语权的那个时代,也有一些反对独裁和种族、阶级歧视的进步、左翼团体,勇敢地站出来发出不同的声音。如1922 年成立的以反对族群歧视,解放"被差别部落(被歧视部落)"为宗旨的"全国水平社",就曾发表《关于国民教育的意见书(国民教育に関する意見書)》,勇敢地抨击当时的军国主义教育。文章说"当今所谓国民教育,完全是在制造虚伪之国家、虚伪之国民。……试就小学教育而观之,《修身科》所教授者果为何物? 一言以蔽之,在教如何杀人而已。或是赞美利用斗争或权势、垄断国家政治的所谓英雄豪杰,或是赞美征讨杀伐的战争,抑或是以排斥他者、歧视他者为宗旨灌输所谓国民道德者。""日本的国民教育,

---

① 清泽洌:《暗黒日記(黑暗日记)》1944 年 3 月 16 日,清泽洌著,桥川文三编辑、解说:《暗黒日記　戦争日記 1942 年 12 月—1945 年 5 月》,东京:株式会社评论社,1995年。中文译文据陈鹏仁《从甲午战争到中日战争》,台北:"国史馆",民国八十六年(1997)版,334 页。笔者依据原文有所订正。

是锁国主义的教育，是灌输日本人绝不可能在战争中输掉的教育。换言之……也是一意强调自己才是世界第一，所有的敌对国家都是另类的教育。"①将当时日本的学校教育指斥为"杀人教育"、赞颂"杀人英雄"的教育和愚昧而狂妄的"锁国主义"教育，确实是非常精准的概括。我们从1920年代以后的大陆浪人身上，就可以清清楚楚地看到这种教育产生的种种后果：视杀人为快事，视"杀人英雄"为豪杰，同时又愚昧而狂妄地坚持锁国主义、天皇至上主义的价值准绳，这就是大多数大陆浪人的精神世界。大陆浪人就是这样的"狼奶式"教育培养出来的"怪胎"。

著名电影评论家佐藤忠男在其著作《草根军国主义》一书的"序言"中，对近代日本产生"军国主义"这个怪物的社会背景、思想基础作过相当深刻的反思。他说"看来，不得不承认正是我们大多数日本人的那种不合常理的顺从心理，才支撑起了日本的军国主义。有人说原因在于（日本是）警察国家。可是日本的警察，远不强大到在国内到处修建收容所，把不满分子都压制下去。我们实在是太顺从了，太能忍耐了，也太喜欢雷同附和了。（是我们）为那个侵略的军队高声喝彩！军队几乎把国家合为一体，所以军队垮了的时候，国民也垮了。不得不遗憾地说，军国主义不仅仅属于一小部分军国主义者，其实在草根层拥有着广度和深度"②。虽然有冷战时代种种影响和制约的客观因素，但是佐藤忠男对二战后几十年日本一般民众在历史认识问题上的隔膜和利用种种借口自我解脱的心态显然不满，所以提出了"草根军国主义"的命题，希望以此推动一般民众对于战争责任问题的反思与反省。笔者以为，佐

---

① 转引自依田憙家《戦前の日本と中国》，160—161页。
② 佐藤忠男：《草の根の軍国主義》，8页。

藤忠男在这里提出的问题并非无的放矢，即以本书的研究对象——日本大陆浪人而言，"草根军国主义"确实是历史上的真实存在，"民间""在野"不应成为探讨战争责任问题的"免罪符"。从教育背景角度追寻、清理出孕育了大陆浪人这些来自"民间"的战争协从者和参与者的社会环境，也正是历史学不同于政治学和外交学的本来的责任和使命。

二、"不通"的"支那通"与扭曲的"支那观"

与"尊皇""忠君""皇国史观"教育和军国主义思想相并行的，是甲午战争结束后在日本社会蔓延开来、而且日益增幅的"支那蔑视"风潮，以及甲午、日俄两场战争取得胜利之后膨胀起来的"日本优越感"。

1. 扭曲的"对华观"——"支那观"

1894—1895 年甲午战争结束，东方的"蕞尔小国"日本一举打败"老大帝国"的清朝，此后，对"中华"的敬畏之心在日本几乎烟消云散，代之而起的是迅速弥漫全国上下的"蔑视""鄙视"邻邦清国的社会风潮。

自那以后踏上大陆土地的日本人，都会自觉不自觉地带上民族优越感，一些所谓"有识之士""政界要人""名人"也会用这种意识来教育、熏陶刚刚进入中国大陆的日本青年。如 1904 年 11 月 21 日同文会评议员佐佐友房，在东亚同文书院跟学生们以《清国方面对日态度之变迁》为题发表演讲，说他前后四次访华，每次都有不同的遭遇。1884 年第一次到中国时，"予虽不过一介书生，但一见到日本人即被辱骂为东洋鬼子，不但欲见道台、知县等不得接见，即便稍有身份者(指中国人)亦(对予)不屑一顾"；而 1900 年第三次来华时适逢义和团之乱，"李鸿章正应召赴北上之途，予与彼面谈数小时,彼诉说清国当时之状况,向(予)恳求援救清国";而"此次(即第四次)来游虽不愿与操纵政治舆论者相见,却有张之洞前来面会。……我日本现在与俄国作战连战连胜,国威愈益高扬,支那人或者要仰仗日本之鼻息,或者要仰仗俄国之鼻息,好像还在犹豫不决矣"①。佐佐友房本人对"清国"的认识和姿态不月说随之发生了截然不同的变化,而这十年时间里两国国际地位的此消彼长,自然也是"清国蔑视论"发酵膨胀,迅速植入日本青少年心中的关键时期。

"支那蔑视"风潮背后的思想认知,只是朦胧不清的"民族优越感",但是受到民族优越感有形无形的熏陶,又透过先入为主曰"支那人""劣根性"等有色眼镜来观察中国,所得出的"支那""支那人""支那民族"的印象,就只能是片面的、扭曲的折射景像,而且是自以为是的、一旦形成便不屑于修正的假象。于是片面的、丑曲的甚至自以为是的种种"支那观"和"支那人观"纷纷问世,从民俗学、社会学、文化学角度为"支那蔑视"风潮和"民族优越感"作似乎书有真实性、学术性的注脚,几乎构成此后数十年间日本人观察中国基本常识的重要构成部分,也成为日本军部构思和制定狂妄而自负的侵华战略与战术的基本思维。

大陆浪人中既不缺这样的观察者、议论者,更不缺这种扭曲而盲目的"支那观"的信奉者和执行者。

1912年发表的《对支那管见》,是大陆浪人中的"支那通"川岛浪速前后两次发动"满蒙独立运动"的理论依据。在这篇据称是"于长年累月间,以观察支那为务"的"绪言"中,川岛认为日本人容

---

① 大学史编纂委员会编:《東亜同文書院大学史》,东京:社团法人"沪友会"1982年,100页。

易陷入"支那不可解"的认知陷阱，最重要的原因是不了解"支那人通有之性格"，因为从根本上说，"支那的事件多乃支那人通有之性格所激动、所沸涌之产物"，所以日本人对此必须有所了解。①

而所谓"支那人通有之性格"，按照川岛浪速的观察，乃是一种缺少所谓"社会胶结力"的"亡国式性格"。他说：

> 支那人因五千年来旧有之文明已烂熟腐朽，其民族的社会胶结力消耗殆尽。四亿万个分子如同沙砾，到底难以自动造出坚固的团结体。近数百年来，所谓亡国式性格更显著成熟，不远之将来期间内，支那人无论由何人出面，应用何种政体，都决难有望达成统一。②

把中华民族比做一堆"沙砾"，是川岛自觉非常贴切的比喻。他解释说："沙子之个性，乃其个体坚固如石，有顽强的自我保护能力……但亦因其个体过于坚固而使黏着力全失，无法汇集多数分子，使其凝结成整体"，而这正像中国人特有的性格。③产生这种性格的原因，是所谓过分强烈的"利己心"。他说"由来汉民族的最大缺点，在利己心的异常发达，在于巧黠而怯弱。总体观来，是女性的特征而毫无男性之气质"④。因此，川岛武断而片面地称中国"国民性"已出现"阴化"，呈现出"亡国之兆"，中国人"通有之性格"无疑是"亡国式"性格，如果听任这种"自然趋势"发展，不久中国必然出现"亡国状态"，亦即被列强各国所瓜分。⑤

---

① 川岛浪速：《对支那管见》，无出版社及出版年代，应为非卖品。自序写于"大正二年(1913)六月"，当为此时出版。"绪言"1页。
② 川岛浪速：《对支那管见》，3页。
③ 川岛浪速：《对支那管见》，18页。
④⑤ 川岛浪速：《对支那管见》，16页。

　　但是川岛浪速又指出,中国如果遭到瓜分,对日本来说未必值得庆幸。因为一则失去了与欧美列强之间的"缓冲区域",从此与列强各国"肩肩相摩",日本将陷入外交困境。二则日本如果想在大陆获得更多的利益,就会"启白色人种联合之端",压垮发展中的日本。所以从帝国之利益出发,在国力未获充实之前,有必要"弥缝、支持"中国的政权,尽可能推迟其遭受列强瓜分的时间。与此同时,日本还需运用一切手段在中国大陆确立自己的实力,以保证将来无论在什么情况下都能够"占有优胜之地位",以"发挥东方主人公之实力"。① 要实现这个目标的具体提案,就是日本帝国首先要在"满蒙"地区占据一个巩固的"立脚之地",将"满蒙"从中国领土上分割出去。可见,川岛浪速的所谓"支那观"和中国人的"民族性"议论,仅限于一点肤浅的观察和有限度的"亲身体验",完全不具备学术上的价值,却跟他热衷的"满蒙独立运动"紧密地联系在一起,说到底不过是片面、武断且别有用心的政治宣传。

　　内田良平的"支那观",跟川岛浪速几乎同时,而且结论以及藏在其结论背后的政治意图也几乎如出一辙。

　　1913 年 10 月发表的《支那观》,是内田良平在参与了中国革命运动之后的心得之作,也是他的"对华观"即"中国认识"从此开始定型的梳理之作。

　　《支那观》的核心议论之一,是对所谓"支那国民性"的分析。内田良平将中国社会划分为三个阶层:一,"读书社会"亦即"政治社会";二,"游民社会";三,"农工商社会"亦即"普通社会"。这三个社会据说各有不同的特质:"读书社会"因唐宋以来的科举之法,养成了"以贿赂考试及第,收取贿赂营造私产,妒忌排挤贤能,除了

① 川岛浪速:《对支那管见》,4—6 页。

谋求权势私利之外,没有一丝顾及国家存亡、国民休戚的念头",
"自称政治家者言清行浊",实在是"支那国民性之痼疾。"①辛亥革
命前后,这些缺点非但没有减弱,反而是"党争排挤达到顶点",酿
成"南北倾轧","暗杀、格斗、暴乱、亡命等事层出不穷"。究其原
因,无不在于"读书社会"的"国民性之劣恶表现"②。而"游民社
会",是"秦汉以来以豪侠而自任者"为主的社会群体,"平生之职业
在劫夺他人钱财,在盗掘坟墓,在赌博为生";他们的眼中无政治、
无政府、无仁义、无道德,其理想仅仅在于自身的快活,他们的存在
代表了"支那国民性之惨厉狠毒"的侧面。③ 至于构成中国社会主
流的"农工商社会",则是"仅仅为追逐个人利益而生活"的群体。
他认为:"彼等全然以个人为本位,倘若个人之生命财产可得保全,
则其君主拥戴亦可,不拥戴亦可;其国土属于何国所有亦非自己关
心之事也。"④换言之,"农工商社会"在内田看来无非是"所关心事,
只在减少一点租税,只在减轻一点徭役而已",完全是远离政治的
世界,"不解国家为何物、宪法为何物、民权为何物、自主为何物"的
庸碌大众,因而是在讨论"支那政治"和"支那前途"时可以完全不
予理会的社会存在。⑤

　　然而这样的"支那"社会居然爆发了"辛亥革命",未免使上述
分析失去了说服力。因此,内田不惜180度大转弯,尖锐地抨击世
人公认为"支那之觉醒"的革命运动和中国革命党人。他说:"毕竟
不过是一部分外国游学生(指中国留日学生)等生吞活剥外洋书本
(之结果)而已。对于一般国民,为政争而妨害自家之产业,毋宁更

①② 内田良平:《支那观》,东京:黑龙会,大正二年(1913),13—16页。

③ 内田良平:《支那观》,19—20页。

④ 内田良平:《支那观》,31页。

⑤ 内田良平:《支那观》,32、36页。

难以忍耐也。"①在内田看来，由于"支那民众"不希望革命，所以革命对"支那"来讲并无必然性，而包括辛亥革命在内中国所有的革命都无非是"读书社会"争权夺利、改朝换代的"政争"，因而否定了中国可以产生真正革命的可能性。他由此进一步论断："故言创成共和政治社会之希望，甚于缘木而求鱼。即便后退一万步而论，（彼等）于形式上制定宪法，选举大总统，组织了共和新正府，然而欲使支那国民运用其新政治，亦难于水中捞月矣。"②内田以其似通晓"支那事情"的"支那通"的身份，仅仅通过上述浅显而片面的观察和直线式的武断论断，就完成了彻底否定中国通过资产阶级民主革命实现共和政治前途的"论证"。

建立在所谓"支那""民族性"观察基础之上的"支那观"展现出的是内田良平观察同时代的中国人、中华民族时的高傲和自我执，带上这样的有色眼镜观察中国革命运动，自然看不到革命先驱者们的奋斗精神和底层民众的觉醒和崛起。内田本人从认识论的角度，否定了他基于理想和主义上的共鸣参与中国革命活动的一切可能性。

此类扭曲的"支那观"，既是"大和民族"优越感的产物，又能够唤起在甲午、日俄战争后日益高涨的民族优越感熏陶中成长的读者的阅读需求和心理满足，自然在日本国内拥有广泛的市场和众多的附和者、信奉者。这些人来到中国后，自然也会认定"支那"和"支那人"就是如同自己想象中的或者别人告诉他的那般萎靡颓废、鼠目寸光，那般只能拥有"亡国"和任人宰割命运的群体，于是趾高气扬，于是飞扬跋扈。内藤湖南形容这些人是"传奇式幻想

① 内田良平：《支那観》，35—36 页。
② 内田良平：《支那観》，40—41 页。

家"。他说:"从前有志于中国事业的青年们,大都是被这种趣味感染的人。所以,这些人虽然平时嘲笑中国人言辞夸大荒唐,可是一旦遇到有事变发生,往往就根据那些荒唐的言辞而建立起自己的识见,驰骋着传奇般的空想,以为自己对形势了如指掌了。……这些人就是这种传奇式的空想家。"①但是即便是内藤湖南,上述批评其实还是比较肤浅的。这种扭曲的"支那观"最严重的要害,首先还不是将不符合真实的至少是不完全符合真实的中国观强加给读者,使读者最初就带着有色眼镜来观察中国;而是这些读者中的一部分人来到中国后,就会按照这种"支那观"所推导出的结论来实施对"亡国之民"的"教化"、掠夺,来贯彻日本对于中国的所谓"天职",来扶植忠于大日本帝国的傀儡势力。大陆浪人一代又一代绵延不断,这种扭曲的"支那观"也在他们的思想根底处连绵不断,最终没有得到矫正与清除。

另一个严重的后果,就是此类扭曲的"支那观"在日本社会上谬种流传,会通过大陆浪人的宣传和政治活动影响到民间舆论,从而形成对华认识、国际局势认识的"偏见",甚至对政府、军部的政策、战略制定施加不容忽视的影响。

例如通过对"支那国民性"的分析,打消了对中国革命的期待之后的内田良平,就设法通过自己的肤浅论断影响此后日本的对华政策。内田认为,以往标榜"支那保全论"的日本对华政策是外交上的一大错误,好比是"对衰亡腐朽邻国徒然之情死、牺牲,舍本而逐末"的愚行。② 他根据自己对中国社会的认识,提出了"支那以

---

① 内藤湖南:《中国问题和南京北京》,内藤湖南著,吴卫峰译:《燕山楚水》,北京:中华书局 2007 年,206 页。

② 内田良平:《支那观》,60 页。

不保全方得保全"的主张，建议日本政府立刻改变对华政策。"一如列强之所为，冷头冷血，以彼之存亡任彼自求存亡；我对之则专执高压手段，大力扶植我之势力，全面攫取我之利益"①。在这一系则下，如果再对中国社会的各个不同层面采取分化政策，即"一面以高压手段，慑服彼等之政治社会；一面于放任主义之下，保护彼等之农工商社会。如此，则驾驭支那，较之反掌而犹易"②。此后日本军部在制定侵华战争战略和对殖民地、占领地"统制""宣抚"政略之际，大陆浪人透过所谓"支那观"表述出来的对中国社会的认识和理解，都产生了不容忽视的影响乃至误导作用。

　　2. "不通"的"支那通"

　　对于当年日本人包括大陆浪人中所谓的"支那通""中国通"，当时的中国舆论就有过种种批判和指责。如陈冠雄在《奉直战云录》中列举了一些"知名"的"中国通"的名单后批评道："吾人之所谓'中国通'，即日人之所谓'支那通'。意谓非中国人而通中国事也。日本之'中国通'，当中国有事时必发表意见，以指导其国人。此次奉直战争，如大谷光瑞、内藤湖南、稻叶君山之谈话或论文，目为报上必不可少之材料。内藤湖南有文学博士及京都帝国大学教授之头衔，平日以'中国通'自命。实非全通，不过半通。"③其实，大谷光瑞、内藤湖南、稻叶君山等人，多少还算是有学术功底的"当行人"，但是由于时代和环境的种种局限，他们已经很难用客观、诚实的目光凝视"中国"这个考察和研究的对象。至于大陆浪人中的代表人物形成的各种扭曲的"支那观"，更是在学术上和常识的水准

---

① 内田良平：《支那观》，59—61 页。

② 内田良平：《支那观》，66—67 页。

③ 陈冠雄：《奉直战云录》（《近代史料笔记丛刊》），北京：中华书局 2007 年，76 页。

上都属于连"半通"都说不上的"不通",是不值得一驳的"曲解"加"偏见"的谬论。然而,这类人物在政治上和意识形态领域里造成的恶劣影响,绝不下于大谷光瑞、内藤湖南、稻叶君山等人,因此绝不能一笑置之而不进行认真的清算。

以研究近代中国社会、政治、思想、经济为学术使命的"中国研究家"橘朴,对孙中山的活动和国民革命表示过理解和支持,对于日本社会上沽名钓誉的所谓"支那通""中国通"们的"支那观"和"中国理解",也发表过尖锐的抨击和批判。例如,"以往来自日本人方面的中国观,亦即被称为'支那通'的那帮人依据'非科学'的知识来理解中国的做法,已经无法对应中国的急剧的时代变化。已经需要培养'科学'的方法论了";"日本人对中国总是抱着'先行者'的自恋心结,总是把中国看作儒教国家,把中国社会的民族思想看作'道教'(通俗道教)而觉得无法理解,认为中国人没有道德情操,只不过拥有着透过通俗道教可以窥见的功利主义的民族性而已"。① 橘朴把"支那通"们的"支那观"简单明快地归结为三个字"没常识",也算是日本近代"汉学家"通过自己的学识和教养,对大陆浪人的"支那观"作出的学术层面上的清算。

第二节 "反省"有几何?"反思"又如何?

在历史上留下了种种劣迹和黑色记录的大陆浪人群体,时过境迁之后,是否会有人对以往的所作所为加以"反思""反省",或者至少感到自责? 如果有人反省,是些什么人? 他们为何反思呢?

---

① 松野纯:《橘僕の思想形成(橘朴的思想形成)》,《暗河》第 27 号,1980 年,81 页。

一、"两面不是人"——被"一次性消耗"的"发育障碍者"的命运

大陆浪人群体中几乎所有人都是"行动派",外部世界对大陆浪人"形象"的认知几乎可以简化为"为非作歹""贪横傲慢""大言壮语(即狂妄自大、大言不惭)""阴谋家、煽动家"等固定的"印象"或"符号"。能够为自己的行动作出语言或文字上说明的"言论派"为数甚少,这也符合这个社会群体早期成员里下层、没落武士家庭出身者居多、而中后期成员里社会下层出身者居多的社会阶层分布的实情。而为数不多的"言论派"中,能够像头山满、内田良平、宫崎滔天、川岛浪速那样提出各自的亚洲观、世界观的"理论派"成员更是少之又少;中日战争爆发后的大陆浪人群体更是集体陷入"停止思考""大政翼赞"的状态,他们的活动也因此被"收编"或"融汇"到"大东亚共荣圈"的理念之中。丧失了独自的价值观(不管是极左还是极右)而惟政府、军部马首是瞻的大陆浪人群体,随着侵略战争的失败而消亡,自然是情理中事。这三类大陆浪人在群体中的人数分布,其实已向我们展示了他们整体的知识素养低下、不善思辨、容易被感情和突发、危机状况所左右的心理特征。肤浅、暴躁不安、逃避现实的渴望还有重启人生的欲望等等心理因素,在他们身上表现得格外明显。从现代社会心理学的角度来看,或许将大多数大陆浪人看作"发育障碍者"也未必没有道理。他们与生俱来的这种人格缺陷,决定了其"用时方便,用完即失去价值"的"一次性消耗品"的命运。

1. 宫崎滔天的"失败感"与"破灭感"

早期的大陆浪人中,崇奉近代民主主义理念的左翼大陆浪人,由于无法抵御军国主义、法西斯主义思想的狂潮和帝国主义对华政策的步步推进,在力不从心、事与愿违之余,自然会产生挫折感、

失败感,不免会带着悔恨的心情反思走过来的道路。

　　经历了辛亥革命的"狂欢季节","二次革命"也以失败而告终的 1916 年,宫崎滔天在《支那革命物语》的篇首写了一段令人颇感意外的"反思"文字。他说:"我在这个问题(指中国革命)的名义之下,折磨我的老母与同胞,虐待我的妻子和儿女,让前辈、友人为我担心,甚至让跟我毫无因缘的旅店、饭馆、游乐场乃至不得不栖身于可哀职业的艺妓等等受我的牵连,却虚张声势地声称:'看我夺得一个天下让你们看看!'回过头来,自己都觉得面目可憎、无地自容,更无值得自豪之处。"①细读此文,使人不免从中感受到一个人生的"失败者"从心灵深处涌现出来的、酸楚而近乎绝望的破灭感。自然,后世的历史学家们无论中外(日本及其他国家),对于绝大多数大陆浪人在历史上的作用与地位大多持否定态度,然而对于支援孙中山和中国革命事业矢志不渝的宫崎滔天,则几乎都会使用"纯真""纯情""始终一贯""志同道合的友人""同路人"等词汇来形容和概括他的贡献。但是宫崎滔天本人,却似乎并不觉得为中国革命做出了多少值得称道的事情。他说:"然而,让头脑稍稍冷静之后再思考,便知道始终一贯未必可以当作某人名誉之招牌的。赌徒中不乏始终一贯之人,乞丐中也有始终一贯者。因此而获得成功,世人目之为成功者;不获成功的人,则终身没有出头之日。天下之事也许会与此略有不同,但依照功绩的分量来判定始终一贯之价值却是并无不同。然而,我对于新支那之建设,究竟能够举出哪些功绩呢?"②

　　其实,既使在当时,宫崎滔天对于中国革命事业的功绩,不管是

---

① 宫崎滔天:《支那革命物語》,《宫崎滔天全集》第 1 卷,291—292 页。

② 宫崎滔天:《支那革命物語》,《宫崎滔天全集》第 1 卷,291 页。

中国革命党人还是其反对者袁世凯、日本政军各界以及"国权主义派"大陆浪人们，都不存在太多的异议，相关史实本书也曾□□过多例。为何宫崎滔天自己反而如此"过度"地"谦恭自省"呢？

这种"谦恭自省"，其实还要回到宫崎滔天"纯真""纯□□理想主义性格以及为追求"梦寐中的理想乡（'夢寐の鄉国'《三十三年之梦》的小标题之一）"，在种种利益、权力的诱惑、压制下尽可能地以"洁身自好"的姿态反复应对、终致身心俱疲，另辟"获得喜悦"之径时的心理反映。

"让头脑冷静下来细细思考，抛弃了自己的祖国，为他国之革命事业埋头苦干等等，其实是一种醉狂状态，是有常识的人绝不会做的行为。尤其是当行为获得某种程度的成功，身为外国人（我等）却无法参与枢机，实际去实施心中的理想，最后不得不以羡慕的眼光置身事外时，不管别人如何咒骂我愚蠢透顶，我都无言以对。……"①"支那革命主义"的单线思维和一厢情愿的行动计划，固然给宫崎滔天带来了近乎"奇迹"般地与孙中山的革命"结缘"的契机，但也种下了革命经过"狂欢季节"迎来变局和挫折后"不知所指"的种子。把"支那革命"之后的局面想象得一帆风顺的"支那革命主义"存在着诸多非现实的因素，所以在复杂现实状况的冲击下医无法提供哪怕是最低限度变数情况下的预案而瞬间瓦解。其结果，自然要给宫崎滔天带来深深的破灭感和失望感，使他感到自己其实是"勉为其难"的革命者。"支那革命主义"是日本近代思想史上少有的光彩照人的政治理念之一，至此即因无法应对新的复杂政局而寿终正寝。这不只是"支那革命主义"的悲剧，也是和它一同获便鸣金收兵，而后便在自上而下的"国权主义"鼓噪中纷纷主动

---

① 宫崎滔天：《炬燵の中より（被炉通讯）》，《宫崎滔天全集》第三卷，248 页。

"转向",导致"自由民权运动"中途变质,最终未能孕育出更为成熟的"自由民权主义"的"自由民权活动家"的悲剧。原本可以成为"亚洲邻国之友人"的近代日本的历史,在左翼大陆浪人的宫崎滔天这里便提前"触礁"。不仅如此,当"纯真""纯情"的滔天的自省不知不觉中反而成为"毒辣""老练"的头山满之流教育年轻一代大陆浪人的反面教材,就真正地成为时代的悲剧了。

　　然而宫崎滔天的烦恼一直延续到他的晚年。他说:"但是,不管日本怎样表现,我都断定它无法推动五大洲世界之变动。我同时还认为,如果在支那建成理想之国度,以其力量足以号令宇内、道化万邦,于是投身于此,沿着自大妄想狂的道路走到现在。然而时至今日,我已经走到从自我陶醉之梦想中解脱之时日耶?"①

　　宫崎滔天的"反省自恭",在当时的孙中山等中国革命党人看来,确实有无可理喻的地方,所以此后孙中山和宫崎滔天之间暂时处于拉开距离、相安无事的状态。对于左翼大陆浪人而言,辛亥革命之前的秘密活动时期,虽需小心翼翼却也从从容容,因为远方还有一个革命目标在招唤。倒是革命运动后的"轰轰烈烈"使他们丧失了"下一步"的目标追寻,他们对从未设想过的当今局面感到惴惴不安,退徙不前了。相反倒是并未把中国革命的成功看作"终点",而仅仅看作一个可资利用的"平台""中途经过地点"的右翼大陆浪人们,此时胸中还有其他目标,反而能够从较低层次的战术面进行调整,迅速抛弃孙中山等革命党人,而将希望托付在另外的政治势力或者政治利益身上。这种"无节操"行为的泛滥,自然标志着大陆浪人整个社会群体的堕落,"志士"的时代从此从左翼、右翼两个方面逐步消亡,而被"博利之徒"的时代所取代。其实,所有的

---

① 宫崎滔天:《炬燵の中より(被炉通讯)》,《宫崎滔天全集》第三卷,248 页。

大陆浪人都可以说是滔天所指斥的"自大妄想狂"的患者，但是最终几乎只有宫崎滔天一人到达了自觉自省的阶段，其他那些是擅长议论或"创建"理论见长的大陆浪人们都至死执迷不悟。从这个角度来说，只有宫崎滔天一个人，才是大陆浪人中真正的"先知先觉者"。

　　晚年，宗教宿命思想逐渐在宫崎滔天的头脑中占据了上风。对于大陆浪人过去的所作所为，他依然能够进行一些有益的反思和省察。他在 1921 年写成的《广东行》一文中说："世间有所谓浪人者。古时之浪人，不乏可尊可敬之辈，而近世之浪人则斩言堕落，多沦为吹（牛）、饮（酒）之徒。余亦为其中之一员也。然而，时代已急转直下矣，浪人以吹、饮为事而得志于世之时代已过。苏露（俄）国之口号——不劳动者不得食，已风靡全球之人心。浪人之名称亦成过去之事也。倘有人不顾此世势，自顾吹、饮，且恬然以浪人而自任，是落后于时代而至其极也。"[①]这一段话，从生活方式、行动方式上对大陆浪人进行了批判，点出这种寄生于官场政治、外交黑幕及阴谋活动的"浮浪之徒"们已经失去了其存在的价值，即将被历史所抛弃。文中虽然并未从政治意义上对大陆浪人的行动进行评价和批判，但身为大陆浪人一分子的宫崎滔天能在社会主义思想的影响下指出大陆浪人的寄生性与堕落的趋势，并决心自此"远离'浪人'此一侮蔑性名称"[②]，仍是当时其他大陆浪人难以做到或不愿做到的。令人遗憾的是，在宫崎滔天去世后，"以吹、饮为事而得志于世"的浪人愈发增多，不以为耻"且恬然以浪人而自任"的"不良邦人"反而成为大陆浪人的主流，这大概是宫崎滔天不愿想到的结局。

---

①②《宫崎滔天全集》第一卷，582—583 页。

2. 大陆浪人的"节操"

宫崎滔天以外，大陆浪人在公开的场合表示反思的言论简直是凤毛麟角。即便是在私下交往的场合，对于以往的言行或许多少会流露出若干的悔恨，却永远不会承认过失，更不会服输"认罪"。

据薄守次对少年时代的回忆，当他要求前往长春"华实公司"的时候，边见勇彦最初断然加以拒绝，并说"你现在就在大连做点实业的事情就好。不管去哪儿，不管做什么，都能够为国家尽力。不要去长春了"；但是由少年薄守次挑起的"为国家尽力"的话题显然又触动了边见的内心，他说："我们的同道们，某种意义上，就是傻瓜集团。从立志为国家不惜献出身家性命这点上说，倒是挺帅气，但确实是傻瓜所为。"①不知这段话语中，是否含有边见勇彦对自身以往行为多少产生了厌恶感和一丝丝的悔恨，在边见后来的言行上，却没有看到实际的悔恨表现，可猜测至少他内心虽略有自责或不安，却未思悔改，依然沿着"浪人"的生活道路走了下去。

至于"国权主义"、法西斯主义的右翼大陆浪人，以及后来"不良邦人"型大陆浪人中的马贼头目、毒枭和战争爪牙们，则几乎从来就没有反思和反省，甚至连这样的念头也没有出现过。除了前文所分析的政治、道德的原因之外，整个大陆浪人群体的人格堕落和节操丧失，既是他们走向没落的原因，也是其表象和结果。

大陆浪人的"节操"，是最为人诟病的。大陆浪人中固然有如宫崎滔天那样的硬汉，然而他并不能代表大多数大陆浪人，甚至更难遏制人们这样的大胆想象：假如宫崎滔天不是在 1922 年便过早去世，假如宫崎滔天能够存活到日本侵华战争全面爆发的年代，他

---

① 朽木寒三:《馬賊 天鬼将軍伝》23 页。

的初衷、他的节操，能否坚持到最后不变？这样的假设也许迎合了对历史人物的苛求，但用来对大陆浪人进行考察的时候，也大可完全没有必要。因为即使是宫崎滔天的挚友，即使到最后都能够赢得孙中山衷心信任的萱野长知，在政治上失意和生活上窘迫的时期，同样也去参与铁路、矿山的经营，同样也去操办养马公司和满洲赛马"事业"，将"革命"的理念和同志抛到一边，以致与萱野私交极笃的黄兴对在日本开展革命活动一时十分绝望。日本志士的"节操"之低下，就是导致黄兴失望的原因之一。

"节操"或曰"人格"之低下，其实是除宫崎滔天等极少数"性情中人物"之外的大陆浪人的通病。因为"利"或"益"，原本就是激发和支撑这个群体开展活动的主要的乃至根本的动力，"亚洲主义""大亚洲主义"云云，原本就是用起来方便的旗号、工具而已，本人和他人其实都没有当真。个别大陆浪人"巨头"或"领袖"有时也会出面整肃"不良浪人"的行动，但并不是因为这些"巨头"或"领袖"心目中没有"利"或"益"的盘算，而是出于"小利""小益"和"大利""国益"之间的比较。在某些需要就全局利益作出决断的时刻，过分拘泥于"小利""小益"，无疑会损害"大日本帝国"的根本利益，于是大陆浪人"巨头"或"领袖"们便会出面加以整肃。

"不良浪人"丑态百出的"经典场面"之一，是1911年武昌起义后"武汉保卫战"后期发生的事件。1912年2月《大阪每日新闻》分五期连载了《二十五万元的去向（廿五万元の行方）》的系列报道，揭露前往武汉前线"支援"武昌起义的"日本志士"们，在汉阳保卫战失利后向黎元洪提出支付25万元的"慰问费与赔偿费"的要求，其中的20万元据说是战死者的慰问金和负伤者的补贴费，另外5万元则是军需物资的费用。提出这个要求的，据说是预备役中佐大原武庆，他当时是黎元洪都督的军事顾问，又是张之洞任总督时期湖北武备学堂的教官,黎都督曾经是他的学生,自然也就无法拒绝大原这种趁火打劫式的利益要求。同年 3 月—5 月,日本杂志《周日(サンデー)》又分 10 回连续报道《把革命当作敲诈对象的伪国士(革命を食い物にする似而非国士)》,还列出了瓜分这笔钱财的 30 多名"日本志士"的姓名和每人所得金额,更坐实了这帮"不良浪人"的丑恶行为。① 无怪乎连头山满、内田良平等人,都把这些浪人看作"火事场泥棒(即趁火打劫的盗贼)"了。

对于"国权主义派"右翼团体以及"不良邦人"型大陆浪人的丑行,哪怕是在侵华战争期间他们风头正盛的时期,日本国内的正义之士都有人进行过尖锐的抨击。如评论家清泽洌在 1944 年 8 月 7 日的《黑暗日记》中写道:"听到其阵营内对头山满的斥难,说头山送东条(英机)许多钱,又说他的长子秀三是特殊技能者,而不必服兵役;头山没有资格冒充忧国者,因为他也在拍军部的马屁。现今是流氓万岁的社会。笹川良一这个国粹同盟的头子,据说就有数千万的财产。右翼分子都有钱,难怪他们喜欢战争。"②同年 10 月 6 日的日记中又写道:"据说头山满死了。在爱国心的美名之下,这个人犯了太多的罪。与此同时,他也是最能代表日本人弱点的男人。"③清泽关于头山满的言行"最能代表日本人弱点的男人"的批评是耐人寻味的。因为他曾经引用东京帝国大学教授辰野隆的话

① 上村希美雄:《辛亥革命と大陆浪人(辛亥革命与大陆浪人)》上,熊本短期大学:《熊本短大論集》第四十二卷第一、二号,1991 年,217—218 页。
② 清泽洌:《暗黑日记》1944 年 8 月 7 日,清泽洌著,桥川文三编辑、解说:《暗黑日記 戦争日記 1942 年 12 月—1945 年 5 月》,399 页。中文译文据陈鹏仁《从甲午战争到中日战争》,台北:"国史馆",民国 86(1997)年,343 页,笔者对译文有所修改。
③ 清泽洌:《暗黑日记》1944 年 10 月 6 日,清泽洌著,桥川文三编辑、解说:《暗黑日記 戦争日記 1942 年 12 月—1945 年 5 月》,443 页。中文译文据陈鹏仁著:《从甲午战争到中日战争》,345 页,笔者对译文有所修改。

批评东条英机："东条首相的头脑，与中学生差不多，像他这种程度的人，中学生里头多的是（日本的中学生，特指初中生）"；清泽认为东条英机这样的"低能儿"执掌政权，是给日本和其他国家人民以及日本国家带来悲剧的重要原因。"我现在每天都在叹息：在国家面临重大关头之际，由这样的幼稚愚昧的领导人带领着前行，世界上还有第二个这样的国家吗？"①因此归根结底，东条是一个未成熟的、低智能的政治家。此外，清泽也批评过日本驻朝鲜总督阿部信行，说"朝鲜总督阿部，智力也是小学生的程度"②。清泽冽对头山满的观察实际上正像他批评当政的军政核心人物一样，同样也认为这些煽动对外战争的"大陆浪人""民间人士"不仅口是心非，且大多头脑简单、思维单纯还自以为是、蛮不讲理，是借战争虚名或"发财"的"流氓"。这些集中代表了"日本人的弱点"的人物能够在对外战争中兴风作浪，名利双收，自然也是日本和亚洲各国的悲剧。

　　大陆浪人中虽然有宫崎滔天那样难能可贵的一小部分人，却不能改变历史对大陆浪人这个群体的评判与追究。所以清泽冽同时也认为："读完宫崎滔天的《三十三年之梦》。中日关系由卖人开始是一种不幸。虽然我能够充分理解宫崎纯真的心情。"③言外不

---

① 清泽冽:《暗黑日记》1944 年 3 月 10 日,清泽冽著,桥川文三编辑、解说:《暗黑日記 戰争日記 1942 年 12 月—1945 年 5 月》,261 页。中文译文部分据陈鹏仁著:《从甲午战争到中日战争》,333 页。

② 清泽冽:《暗黑日记》1944 年 8 月 23 日,清泽冽著,桥川文三编辑、解说:《暗黑日記 戰争日記 1942 年 12 月—1945 年 5 月》,418 页。中文译文据陈鹏仁《从甲午战争到中日战争》,343 页,笔者对译文有所修改。

③ 清泽冽:《暗黑日记》1945 年 1 月 23 日,清泽冽著,桥川文三编辑、解说:《暗黑日記 戰争日記 1942 年 12 月—1945 年 5 月》,528 页。中文译文据陈鹏仁《从甲午战争到中日战争》,349 页,笔者对译文有所修改。

无对宫崎滔天也是大陆浪人的成员这一事实感到惋惜。

3. 被厌恶与憎恨的大陆浪人

中国人民受到大陆浪人、日本浪人的种种危害时间既长，范围亦广，因此对他们的言行必然感到厌恶与憎恨。1937年2月上海发行的《现世界》半月刊杂志第2卷第1期，为读者附上了一份《舆论测验表》，希望读者们就时政问题坦率地表达意见和要求。仅仅两个星期后的第2卷第2期上，就有了编者整理的《舆论测验的初步揭晓》一文。概观这份舆论测验，可以部分地察知中日两个国家、两个民族的严重对立和战云密布的局势给当时的中国人民投下了多么大的心理阴影。如"你对三中全会有哪些具体的希望？"的回答栏中，"扫除亲日分子及汉奸"为58票，占据第二选择答案的高位；对于"中日交涉如再继续进行，中国人民希望提出哪些要求？"的设问，回答栏的第一位"日本在华军队应立即撤退并取消一切特务机关"（127票）和第二位"制止一切非法行动（走私、贩毒、逮捕、行军等）"（88票）占据了压倒性的多数，大大超出了第三位"立即交还东北四省"（72票）的要求，可见当时的中国人民对于日本的侵华军队、特务机关以及在其操控和支持下活动的包括大陆浪人在内的侵略者及其种种非法活动，是何等的憎恶与痛恨，希望能够扫清这些魑魅魍魉的心情是何等的迫切。①

随着日本侵华政策的持续推行而加速的"辱华""仇华"意识在日本社会各个层面的泛滥，前来中国大陆"淘金"和"寻生路"的大陆浪人中，"不良邦人"的比例日益增大，连许多日本平民甚至统治集团中的人也不得不正视、不得不承认。

---

① 《现世界》（半月刊）第2卷第1期，12页，第2卷第2期83—87页（1937年2月）。感谢臧运祜教授提供资料。

例如第一次世界大战期间,少年薄守次刚到大连,就听到钟表店"平田洋行"老板对于来大陆"闯荡"的日本浪人的不满:"不过,最难办的是,现在的大连呀,满洲这里,最需要的是优秀的人才,可是从日本过来的,都是跟无赖一样的垃圾。不管哪一个,都想在这里空手套白狼。只要能够得手,不义之财也不在乎。都是些卑鄙的赚一票就走的家伙!"①这位钟表店老板的评语,尖刻却不失深刻,可谓一吾中长。

在日本留学、生活多年,跟各方面日本人都有许多交往的周作人,对"日本浪人"有过尖利的批评。他认为,来华的日本浪人与日本华文媒体没有做什么好事,即便是其中一些自称"支那通"的人,对中国的了解也极为浅薄:"日本人来到中国的多是浪人与支那通。他们全不了解中国,只皮相地观察一点旧社会的情形,会吟诗步韵,打躬作揖,叉麻雀打茶围等技艺,便以为完全知道中国了,其实他不过传染了些中国恶习,凭空添了个坏中国人罢了。别一种人把中国看作日本的领土,他是到殖民地来做主人翁,买下土人发挥祖传的武士道的,于是把在本国社会里不能施展的野心力量发露,在北京的日本商民中尽多这样乱暴的人物,别处可想而知。……照现在这样下去,国内周游着支那通与浪人,眼前摆弄着《顺天时报》,我怕为东方学术计是不大好的,因为那时大家对于日本只有两种态度:不是亲日的奴隶便是排日的走卒,这其间更没有容许第三种取研究态度的独立派存在的余地。"②周作人对日本文化和近代文学的理解是极有功力的,可惜他这里对"日本浪人"的"故作风雅"和"为非作歹"行为进行的批判,还不如钟表店"平田洋

① 朽木寒三:《馬賊 天鬼将軍伝》,21—22 页。
② 周作人:《日本与中国》(1925 年 10 月 3 日),周作人:《周作人论日本》,西安:陕西师范大学出版社 2005 年,174—175 页。

行"老板一针见血,还只是停留在表象,未能看到他们对近代中国社会带来的深刻而广泛危害的真实本质。

日本驻关东州以及伪满洲国的殖民地统治机构、"日军占领地"(即沦陷区)的行政人员及官员,接触到大陆浪人群体,也看到了他们的种种丑恶行为,在不得不正视现实或者不得不寻求政治难题解决对策的时候,有时也会对他们的所作所为进行指责和有限度的批判。

如在谈及染手肮脏及罪恶的鸦片、吗啡贸易的日本人人数之多和素质之低下问题时,从1908年起担任关东都督府事务官,此后又历任关东都督府参事官兼民政部事务官、民政部庶务课长、代理民政长官等职的官僚大内丑之助,在1916年撰写的《支那鸦片问题解决意见》中坦承:

> 我邦人在支那居留者虽有十万(原注:关东州除外),但其素质劣于欧美人者颇多。欧美人中固然也有不少无赖汉,但是公然如马贼般行事、从事不正当职业或丑陋业(非卖春业等)或欺诈支那人等行为者,不得不承认首先就是邦人。……按照历来之经验,先驱者首先就是此类邦人。而且彼辈之中大多以卖药(即贩售毒品)为业,不仅足以养活自身,且大多数还能够多少蓄积起财产。然而由于人格上等问题,彼辈又往往同支那民众和支那官府之间酿成种种纠纷。……居留支那邦人中低劣分子居多,因而从事不正当职业者居多也是不得已之结果。盖因敢于冒险、深入(支那)内地者,多为此类低劣分子的缘故。优秀分子洁身自重,自然不屑于此等行为也。……所谓不正当职业者,大多数从事卖药行商,几乎无人不染手"吗啡"与"可卡因"的零售业。此类违禁品之零售其利极大,故从事零售业者滔滔不绝,沁润满洲内地,神出鬼没,毕

竟难以取缔。①

大内丑之助显然是一个敢于正视现实并提出问题的殖民地统治机构的官僚。他看到了"居留邦人"中的种种问题：人格低劣、"从事不正当职业者居多""往往同支那民众和支那官府之间酿成种种纠纷"，因而成为"无赖汉"亦即浪人占了大多数的特殊群体，但他最终只是发出"毕竟难以取缔"的慨叹。因为这些"不良邦人""浪人"的罪恶，就是帝国主义、军国主义侵华政策和侵华战争的罪恶的外在表现，不从根本上排除这些政策和中止侵华战争，也就难以清除这些罪恶。

对于侵华战争期间在中国大陆横行的"日本浪人"，就连为满洲国高级官吏、日本殖民地政策主要推行者之一的驹井德三，也觉得不能继续放纵不管。他说："满洲、支那各处，都有日本的所谓浪人之辈。此辈以豪杰自居，张口闭口天下国家，归根结底，要么是以大话吓人者，要么是私利私欲熏心者。此辈既不能流畅地运用汉语，又没有实务才能，而且也没有一旦到了紧急关头为帝国殉死之赤诚，或者为满（洲）支（那）两国民族献出生命以向他等展示真正的日本人之纯情的积极勇气。这些人，对于日（本）满（洲）支（那）三国之融合与提携，有百害而无一利，我对于众多自日本有为之青年来到满（洲）支（那）却投身于此辈之群伙中，深感大患。"②驹井德三这段话的主旨，当然是站在殖民地统治者当局的立场，希望已经来到中国东北地区和内地的日本人都能够象个殖民地统治者的样子，以利于所谓"日（本）满（洲）支（那）三国之融合与提携"的"事业"。但他以亲身的见闻，证明了在中国大肆活动着这些日本

---

① 大内丑之助：《支那阿片問題解決意見》，200—203 页。

② 兰交会编：《麦秋　驹井德三》，485—486 页。

浪人,其实绝大多数都是虚伪、自私、无才无能,更无牺牲一己以献身天皇之"君国"或"大日本帝国"海外权益的庸劣贪鄙的小人。

　　驹井德三还进一步批评这些日本浪人,认为这些人不但品行恶劣,而且"策动"的种种阴谋活动,实际上妨碍了日本"国策之推行"。他说:"不少人虽然会说(汉语),但是人格品行低劣,性格阴险,忘记了日本人(应有)的立场,偷偷地从后门进入满洲、支那要人们的家里,进行策动谋划。另外,日本的高官、富豪们轻信此辈的妄言加以利用的事例也甚多。此辈的阴险策动,对于推行我国真正的国策造成严重之妨碍。对此,我本人在'满洲事变'中和'满洲建国'后都有亲身的体会。"①尽管驹井德三心目中所谓的"我国真正的国策"其目的仍然是通过"满洲事变"切割中国的领土另辟所谓的"满洲建国",但他仍然视浪人为"人格品行低劣,性格阴险"的顽劣之徒,认为他们鬼鬼祟祟的活动"严重妨碍"了"真正的国策"的实施,可见即便是有时采取默认态度,有时对浪人稍加利用的日本殖民地统治当局,从骨子里对大陆浪人的品行和阴谋活动,还是鄙夷和厌恶的。

　　不仅伪满洲国的日方高级官员持这样的态度,就连有"秘密活动"时对大陆浪人召之即来、挥之即去的日本军方的决策者,内心里其实也是把大陆浪人看作"恶德汉(道德败坏者)"。军人花谷正曰:"当时在满洲的日本人里,好多是在内地(指日本国内)无法谋生的浪人们,哪怕昧着良心也无法说他们堪当领导满洲人的(重任)。不过,后来成为协和会核心成员的满铁以及其他机构的青年中,确实有思想高洁、真心希望实现五族协和、王道乐土的人,初期的满洲国以他们为中心还真出现过一股清新之气氛,但此后权益

① 兰交会编:《麦秋 驹井德三》,486 页。

主义（叙述者为了回护以攫取在华利权为使命的日本浪人所发明的委婉词汇）猖獗，内地的资本家和官僚们也纷纷前来，我们的理想于是完全分崩离析。……觊觎利权的'蚂蚁'们愈聚愈多，结果（把满洲）吃得乱七八糟。"①发动"满洲事变"的肇事者们当然要为自己当初动机之"高洁"和某种程度上必须有所交代的后果作粉饰，但即便是首先打开潘多拉盒子的他们，还是不免被随后出现的大陆浪人妖魔横行的场面感到失望和惊悚，可见大陆浪人的行为猖獗到了何种地步！不仅是当地的中国人民，连"满洲事变"始作俑者的日本军方，也觉得事态已经到了令人堪忧的地步。大陆浪人攫取在华权利欲望之强烈和与之相连的行动破坏力之巨大，超越了关东军决策机构当初的想象和后来的实际操控程度，成为脱逸了潘多拉盒子束缚的名副其实的恶魔。

然而，从另一个角度来看，胡作非为的大陆浪人，其实在某种程度上是替东北地区日本殖民地统治军政当局分担着"罪责"。

因为日俄战争之后随即成立的"关东都督府"，将"南满洲"划分为昌图、铁岭、奉天、辽阳、瓦房店、新民屯、营口、安东八个地区，分置军政署进行统治。当时制定的《满洲军政署实施要领》中，就规定了这样的"军政方针"："军政府的本职业务，在于上掌管区内之军务，保护（日本）居留民，在我国军队、人民与清国官民之间充交涉折冲之任。……不过，若有获得利权之良机，则不可任其逃逸。凡是于达成军事目的有益者，则须断然实行之。……且凡新领土之施政，往往则无视土民（指当地中国人民）……"②如此看来，

---

① 花谷正：《満州事変はこうして計画された》，粟屋宪太郎编：《ドキュメント昭和史2
　　満州事変と二・二六》，89页。
② 山田豪一：《満鉄調査部》，26页。

大陆浪人的所作所为其实在大程度上是忠实执行了殖民地统治当局的"军政实施方针",在当局需要进行外交或舆论搪塞的时候又拿他们来当"替罪羊"。大陆浪人出于利益的需求和虚荣的心理,大多数情况下也鼓起勇气承受了这些"骂名"。所以在某种意义上说,多数大陆浪人,在很大程度上是侵华战争的"加害者",必须为此承担责任;但他们在某种程度上也是这场战争的"被害者",那就是他们实际上充当了侵华战争的"尖兵""打手""别动队",而最终还是随时被日本政府和军部作为"替罪羊"抛出来搪塞"罪责"和欺骗历史的"炮灰""一次性消耗品"。

4. 日本警方、军方与大陆浪人的微妙关系

大陆浪人以及以大陆浪人为主体的许多右翼团体的活动,在中国大陆以及朝鲜半岛殖民地内,多数情况下受到日本占领军、殖民地统治机构的暗中支持和默认的事实,已被大量的史实和史料所证实。但是他们在日本国内的政治活动,有时也会受到警方的防范和"取缔",不能够始终随心所欲,一意孤行。事实上,从玄洋社早期大陆浪人团体诞生之日起直到 1945 年 9 月 3 日日本战败投降,甚至到战后重组的"新右翼"团体,从来也没有飘逸出日本警方的警戒视线。其主要原因至少有以下两点:

其一,是大陆浪人等右翼势力的团体或个人,政治主张偏激、语言激烈,行动方式和手段也不顾社会公德和法律限制,采取非法、暴力、激烈的方式,即使在日本国内也不例外。仅仅是在 1937 年 9 月前后的一两年时间里,据说他们至少就制造了种种"不稳事件(不稳定、危险事件)"。如"预谋暗杀汤浅内府事件""袭击松平宫相及英国大使馆事件""图谋暗杀宇垣大将事件""狙击政友会总裁中岛事件""上海青年会袭击重臣事件""计划袭击米内首相的所谓皇民有志者蹶起事件""图谋暗杀松冈外相事件""狙击平沼国务

相事件"等等。① 这些事件的前因后果，人员、过程等等，都被警方一一备案。这些行为，无疑在任何状态下对当政者都是影响社会秩序稳定和政治体制安定的负面因素，但是在侵华战争全面展开后不久，由于军国主义气焰的高涨，军部的支持以及右翼势力的迅速膨胀，日本警方也难免投鼠忌器，觉得难以找到强行"取缔"的理由。日本警方坦陈："毋庸赘言，国家主义运动的主旨在于拥护国本、发扬和彻底贯彻天皇政治，且声称乃从这一立场出发纠正政治、经济等缺陷。因此，其根本思想并无不稳定或危险，主要并不逾矩，不会立刻成为警察取缔的对象"；"但是如果在不纯目的主导下投身时代潮流、利用此种运动者，自不待言将成为取缔之对象'；"尤其是为了目的不择手段地直接采取非合法行动手段者，则绝对不能被容许"②。据说，当时的警方就是出于这种警戒大陆浪人可能出现的"犯规行为"的目的，"平时即不断地监视和秘密方查这些进分子之行动，以期有所预防"③。可见，日本警方当时对大陆浪人和右翼势力采取"视而不见"的"宽容"态度，基本上是出于政治因素的考量。

其二，是大陆浪人等右翼势力的团体或个人，在组织形态上变幻不定，在个人行为上不顾道德准绳和底线，动辄侈言"尊皇""国益"，实际上是为个人或小团体的利益打算盘的口是心非作派，以及动辄付诸武力、暴力的行动方式，也使警方对他们大多数人的品

---

① 日本内务省警保局保安课：《思想運動の現況に就て》，《資料日本現代史 6　国家主義運動》，74—75 页。

② 日本内务省警保局保安课：《思想運動の現況に就て》，《資料日本現代史 6　国家主義運動》，75—76 页。

③ 日本内务省警保局保安课：《思想運動の現況に就て》，《資料日本現代史 6　国家主義運動》，76 页。

格滋生鄙视和厌恶，最终倾向于对他们中一部分团体及其活动采取"取缔"的对应措施。如内务省警保局保安课在1942年7月提交的《战时状态下国家主义运动的取缔方针》谈及："此外，藉口爱国主义之美名，以作为自己生活手段之伪装团体，亦不在少数"；此辈的"非合法运动分为个人恐怖行动与集团恐怖行动两种。如前所述，从国家主义运动走向活跃期的昭和五年（1930）至今，已发生34件重要不稳事件，其中集团恐怖行动有五一五事件、神兵队事件、救国琦玉挺身队事件、二二六事件、七五事件等，其余均为个人恐怖行动"①。即便是在对华战争和太平洋战争末期的1944年，大阪府警察练习所发行的《高等警察概要》一书中也专门单列了"取缔右翼运动应注意事项"一节，首先告诫警察们"不要被右翼运动的名义所迷惑"。书中写道："右翼运动一般以振兴皇道、勤皇爱国为口号，因此（警方）有可能被其迷惑，放松了监视和侦察。但是（这些人）虽然打出了皇道和日本精神的招牌，但是否货真价实，还需要仔细考察其行动才能够判明"；事实上，"他们在背地里往往策划着恐怖的、前所未有的疯狂计划"②。

　　但即便在这种情况下，警方对于此等伪君子、恶棍团体和个人，还是不敢采取断然"取缔"措施，仍旧把"指导""监督"此辈纠正"恶行"作为对应措施的"重点"。警方认为："国家主义运动本来不是警察取缔的对象。但是实际上，目的虽善而手段不好者有之，一开始就抱有不纯之目的而参加运动者有之，从阻碍国家社会正常

---

① 内务省警保局保安课：《戦時下に於ける国家主義運動の取締方針》，《資料日本現代史6　国家主義運動》，180页。

② 島村一：《高等警察概要》，大阪：大阪府警察练习所发行，1944年，67—68页。资料来源：《国立国会图书馆数码收藏（国立国会图書館デジタルコレクション）》（https://dl.ndl.go.jp/info:ndljp/pid/1449949）。

进展的立场或从维持治安的立场观之,此辈之行为有难以宽忍之处。但是将其视同左翼采取弹压主义亦有不妥,将指导作为重点,将监督作为重点,防患于未然始称妥当。"①

尽管警方不敢认真地"取缔"或者"指导""监督"大陆浪人等右翼势力,但有趣的是,在日本国内的右翼势力在1942年前后,依然陷入了低调化、消沉化的趋势。"由于大东亚战争(即指太平洋战争)的爆发,(国家主义运动)历来揭示的对外强硬政策的目标已得以贯彻,此后便逐渐关注起国内问题。然而如前所述,国内体制在东条内阁引领下得以日益稳固,且足以强力推行国内外之经纶。国家主义运动在此环境下几乎再无进展之余地,于是便逐步低调化、稳健化。"②这也就是说,侵华战争和太平洋战争期间日本推行的"大政翼赞运动",早已从组织形态上碾压了大陆浪人等右翼势力的活动空间;东条内阁疯狂地扩大对外战争的行为,甚至使大陆浪人擅长的"对外强硬"的政治主张都相形见绌。于是,大陆浪人从政策主张到组织上都被东条内阁的军国主义体制所归正、融合,他们当初几近奢望的"梦想"几乎在军部和日本政府的推动下已经"成真"。在这样的局面下,他们的存在逐渐失去意义,一步步走向消沉、没落,并且不久后随着世界反法西斯战争的胜利最终走向全面溃败。

其实不仅警方,日本军方对于大陆浪人群体的态度也是具体行动时加以倚重,微妙局势下则保持距离,内心深处的警戒心理和鄙视心理同时存在,是复杂的关系与复层的认识相互叠加后的

① 内务省警保局保安课:《戦時下に於ける国家主義運動の取締方針》《資料日本現代
　　史 6　国家主義運動》,181 页。
② 内务省警保局保安课:《戦時下に於ける国家主義運動の取締方針》《資料日本現代
　　史 6　国家主義運動》,176 页。

结果。

本书第五章曾提及的《松室"秘密报告"》第三部分《浪人活动》中,将当时在华的日本人区分为"正当日人"和"浪人",并对其各自特点作了以下分析。"正当日人,洞悉中日间之纠纷,顾虑其生命财产,不愿对华进出以冒危险,或进出亦限于都市,不敢作不正当之事业。浪人则不然,无家室之累,有敢干精神,充分地利用汉奸,通力合作。此种浪人,既受帝国之庇护,当然对帝国誓忠,故能遇有所命,虽死不辞。帝国即[便]放纵其行动,中国亦无取缔之[勇]气。"①这里对于浪人的冒险精神、流氓性格以及中国官府在处理有关"日本浪人"案例时投鼠忌器的态度,分析得力透纸背。唯一的不足之处,是没有看到这里所谓的"正当日人"和"浪人"之间,其实存在着极多的身份转换和行动转换的渠道与可能性。

耐人寻味的是,该报告在不经意间,又点明了日本军部与大陆浪人之间"若离实即"的"微妙"关系。"假如浪人活动不正太甚,则帝国以莠民名义监送回国,亦可无碍于帝国威信,以不了了之。……故浪人之活动,由少数军警之掩护,即可任意,不必发动大的力量也。将来如遇中国官府有以实力取缔的决心,则我帝国亦不必过分庇护。"②正又证明了日本军方曾经对浪人采取过的"全

---

① 敬幼如编:《祖国丛书 敌人大陆政策之原形》,《十七,松室"秘密报告",三,浪人活动》,中国编译出版社,出版地点年代不明,150—151 页。资料来源:《抗日战争与近代中日关系史文献数据平台》(http://www. modernhistory. org. cn/detail. htm?fileCode＝a0420919179c4e6ca8cccc1e63a6506a＆fileType＝ts)。考虑到战争期间条件所限和文本传抄环节中的错误,引者判断该文与原文之间的文本应存在较多错译或改窜。惟目下尚未找到日文原本,故原文照录,以下引自本书者同。部分标点,笔者已依照现行习惯修改。

② 敬幼如编:《祖国丛书 敌人大陆政策之原形》,《十七,松室"秘密报告",三,浪人活动》,150—151 页。

面取缔"措施，其实无非是搪塞、敷衍的表面文章而已。尤其是投告中最后的"将来如遇中国官府有以实力取缔的决心，则于帝国方不必过分庇护"一句，说明了日本军方包庇和纵容大陆浪人也有底线，即不能破坏军方的根本利益，从而点破了大陆浪人对于日本军方来说，最终不过是"用着顺手，用毕即丢（使い捨て）"的"一次性消耗品"的命运。

二、路遥任重的历史清算与批判

随着 1945 年 9 月侵华日军向中国无条件投降和日本军国主义的覆灭，大陆浪人在中国大陆的活动也戛然而止，从此定格为历史上的种种画面，而离战后中日两国普通人民的生活愈行愈远。

以"民间人士""民间团体""民间势力"的面貌出现的这个社会群体的绝大部分成员，在跨越明治、大正、昭和三个年代的数十年漫长时段里，从社会生活的各个层面和政治、经济、军事、外交、文化等各个领域，介入和参与国家间的交往与对抗关系，在两国的交往史和对抗史上留下了数不胜数的独自印记，这在世界历史上都是绝无前例的。大陆浪人的活动，贯穿了几乎整部近代中日关系史，也是中日战争史和抗日战争史研究领域中最重要的课题之一。遗憾的是，由于史料的分散、史料运用的环境限制以及史实传承者和解说者们有意无意的"回避""粉饰"，这个研究课题的大部分史料尚未得到应有的汇总、甄别和"批判（主要是学术意义的批判）"，迄今为止，有关"历史叙述"的大部分还停留在通俗、普及甚至"猎奇型"读物的阶段，对史实的"回放"存在着片面、视野狭隘的种种问题，对人名、地名的"误认"也比比皆是。战后日文的有关著述同样存在许多问题。因此，本书对于大陆浪人与侵华战争的研究，只能是在荒芜且"杂草丛生"的天地中开拓出一片"可耕之田"，亦即展开进一步深入研究的"学术苗圃"的尝试。虽然无力对这个领域的所有难题都提出解答或者解决方案,但希望通过笔者有限的学识和努力,使"大陆浪人"的研究自此能够逐步摆脱"情绪化""关系者化(日语单词,即相关人士)"的叙述怪圈,走上学术化的轨道。

　　值得关注的是,日本社会经历了"战败"初期的制度重建、经济困难与再度复兴,以及思想界、学术界对战争创伤痛定思痛的"反思"之后,虽然确立了"战后民主主义"政治体制并由此实现了经济的快速发展直至跻身于"发达国家"的行列,但由于"冷战"时代的到来和以美国为首的西方主要资本主义国家世界战略的需要,大陆浪人等右翼团体、法西斯主义团体等势力只是在组织形式上得到一定程度的取缔和禁止,对这些"民间人士"的"战争责任"并没有进行过法律和道义上的追究与惩治,对他们宣扬的军国主义、扩张主义、民族沙文主义的思想与主张也没有进行过认真的清算和批判。因此,"战败投降"之后不久的日本社会,曾经的大陆浪人或者其子孙、亲属乃至有着千丝万缕联系的"关系者"们,就开始通过编纂或者再版大陆浪人的传记、回忆录、资料集等,变相地纪念当年的大陆浪人的"功绩"。1951年8月,日本政府宣告解除对2 547名大陆浪人等右翼团体人员的"追放公职(从公职岗位上驱逐)"处分,这些人参加政治活动的禁令便告结束。此后,"大陆浪人"的名号虽然无人有勇气重新启用,但是标榜"爱国者""新右翼"的各种保守、右翼团体纷纷复苏或者新建,"新右翼势力"迅速成为同战后"左翼"运动和工会运动相抗衡的重要社会政治力量。①

---

① 参见拙著:《日本右翼与日本社会》,广州:广东人民出版社2007年,205—226页。

1．文学与通俗出版物里的"浪人""还魂"

善良、正直的人们与大陆浪人的"后裔"——战后右翼势力的斗争不仅限于政治和思想领域，需要警惕的还有同战前一样宣传'大陆雄飞""大陆经纶"理念主要战场的文学、文艺与通俗出版物等社会教育。

战后早期的日本影坛，就涌现出一部一举打破战后人们刚刚形成的"反战"价值观的电影——《马贼艺妓（馬賊芸者）》 原作是火野苇平发表在《小说新潮》上的作品，1954 年由导演岛耕二改编为电影。作品的舞台虽然主要在第一次世界大战期间日本国内的九州博多，主人公也是一群善于从发了战争财的暴发户手中收取钱财的艺妓们，剧情本身并没有真正历史意义上的"马贼"登场。但由于"御姐"型的艺妓"阿格"性格倔强且富于侠气，而受人称为"马贼艺妓"，使"马贼"一词所含有的正面、积极的意义 在战后不久的日本人的价值观中开始复活。①

此后，以大陆浪人等右翼团体、人物为原型的小说、戏曲、影视、漫画、绘本等，在以青少年为主要对象的通俗文化领域中，亦开始绵延不断地出现。

比如在大型书店的网站上搜索一下，就能够看到近几年来正在热销或者出售的历史、人文类图书尤其是通俗读物里，"浪人""马贼""大陆""满洲"等等词汇，依然是热度不减。

例如西村甲午的《漱石高徒笔下的满洲物语——西村涛荫（漱石の愛弟子が描く満洲物語—西村濤蔭伝)》（东京：东京图书出版，2020 年），是 2020 年 4 月出版的书籍，笔者还未来得及购买。该书的说明文字称："夏目漱石的高徒西村涛荫，经济石介军当上

---

① 《Movie Walker》,《馬賊芸者》(https://movie.walkerplus.com/mv21125/。

《满洲日日新闻》的记者前往大连赴任。在那里,(西村)遇到大亚洲主义者金子雪斋①,萌生将满洲人民从虐政下解放出来的梦想。然而,由于军部的暴走带来荒唐的战线扩展,他的梦想于是也被击碎。"②这个西村涛荫,1914 年曾于大连的"文英堂书店"出版过《说点什么吧(何物かを語らん)》一书,此外还时时发表政论文章和随笔等,前往大陆的道路与当时"候补"的"新世代"大陆浪人约略相同。他人生道路上的关键人物是培养和扶植了众多大陆浪人、号称"大陆浪人的精神教父""精神脊梁"的金子雪斋。于是一个普通的文艺青年便逐步走上了从"自大、自负"到"自灭"的浪人道路。该书第五部的标题为"五族协和的王道乐土",包含了"新满洲的诸侧面""满洲物语"等部分,也许可以推测是将一个青年"浪人"从"寻梦"到梦幻破灭的过程当作"物语"来撰写的作品。

川田纯之的《徘徊的浪人们——近世下野的浪人社会(徘徊する浪人たち—近世下野の浪人社会)》(栃木县宇都宫市:随想舍,2020 年)③,也是 2020 年 4 月的出版物。从目录上看,作者选取的研究对象"徘徊浪人"们的叙述下限在幕府末年到明治时代。其中的一部分人其实是早期大陆浪人头山满、平冈浩太郎等人的精神

---

① 金子雪斋(1864—1925),本名金子平吉,出生于越前(今福井县)足羽郡。青年时在故乡学习儒学,后至东京学习西学并随中国人王治本学习汉语。后曾短期服兵役,退役后在东京开办英汉学私塾。1894 年以随军翻译跟随侵华日军进入辽东,后在台湾总督府任职数年。1904 年日俄战争爆发再次从军,战事结束后被日本政府任命为"满洲利源调查员""视察"中国东北各地,获"勋六等"褒奖。未几,与末永纯一郎在大连创办《辽东新报》,负责中文栏目。1908 年又在大连创办汉文报纸《泰东时报》,任社长。还创办"振东学社",意在培养"经营大陆"的"后进子弟"。

②《紀伊国屋書店:漱石の愛弟子が描く 満洲物語—西村濤蔭伝》,https://www.kinokuniya. co. jp/f/dsg-01-9784866413075,2020 年 5 月 5 日。

③《紀伊国屋書店:徘徊する浪人たち—近世下野の浪人社会》https://www.kinokuniya. co. jp/f/dsg-01-9784887483804,2020 年 5 月 5 日。

偶像。

安浓丰的《解放了亚洲的大东亚战争——大日本帝国战胜解放论(アジアを解放した大東亜戦争―大日本帝国戦勝解放論)》(东京:展转社,2020 年)①,只看书名便可明了,这是又一本为"大东亚战争""正名"的所谓"论著"。作者安浓丰"毕业于北海道大学文学部农业工科专业,昭和六十一年(1986)获北海道大学农学博士学位,博士论文题目是'SNOWDRIFT MODELING AND ITS APPLICATION TO AGRICULTURE(农业设施的防雪风洞模型试验)',首以总理府(现为内阁府)技术官身份任职北海道开发厅(现为国土交通省)。昭和六十年(1985)任美国陆军寒冷地理工学研究所研究员、新罕布什尔州州立大学土木工学科研究员。……平成六年(1994)任NPO 法人'在宗谷海峡架设桥梁会'代表。平成十二年壬怀三广播电台'董事长,评论家、雪冰学者、广番人等"②。学习理工农业的人是否可以涉足人文社会科学的研究并不在本书的论及范围。但这种各行各业齐出动为"大东亚战争""大陆浪人"的历史"澄清""正名"现象的出现,却是"新历史教科书编纂会"开始活动以来日本社会的"新气象"。而此类在一部分著名书商店面上声势颇为"浩大"的"饰战(笔者造语,指美化和粉饰战争的舆论行为)""攻势",与当年发动对外挑衅行动、侵略战争前夕各地各行各业"居留民团""演讲团"的"催战""促战"攻势,其实涌动着来自同一地下水脉的暗流。试看近年来出版发行的同类书籍:

水野隆德:《安冈正笃先生的天皇论、国家论(安冈正笃先生の天皇論・国家論)》,东京:明德出版社 2019 年。

---

①②《紀伊国屋書店:アジアを解放した大東亜戦争―大日本帝国戦勝解放論》,https://www.kinokuniya.co.jp/f/dsg-01-9784886564979,2020 年 5 月 5 日

高山龙三:《河口慧海——欲行云与水之旅行(河口慧海:雲と水との旅をするなり)》,东京:密涅瓦书房2020年。

野口武彦:《幕末明治　不平士族物语(幕末明治　不平士族ものがたり)》,东京:草思社2013年。

清水克之:《豪快痛快! 改变世界历史的日本人——明石元二郎的生涯(豪快痛快　世界の歴史を変えた日本人—明石元二郎の生涯)》,东京:樱花出版2009年。

中村粲:《走向大东亚战争的道路(大東亜戦争への道)》,东京:展转社1990年。

岩下哲典:《幕末日本的情报活动——"开国"的情报史(幕末日本の情報活動—「開国」の情報史)》,东京:雄山阁2018年。

丰田隆雄:《谁也没有写过的日韩合邦的史实(誰も書かなかった日韓併合の真実)》,东京:彩图社2018年。

朴橿:《鸦片帝国日本与朝鲜人(阿片帝国日本と朝鮮人)》,东京:岩波书店2018年。

前坂俊之:《改变了世界史的"明治的奇迹"——情报之父川上操六的间谍大作战(世界史を変えた「明治の奇跡」—インテリジェンスの父・川上操六のスパイ大作戦)》,东京:海龙社2017年。

岩畔豪雄:《昭和陆军谋略秘史(昭和陸軍　謀略秘史)》,东京:日经BPM2015年。

坪内隆彦:《奔走于维新和兴亚的日本人——当下最想了解的二十名志士(維新と興亜に駆けた日本人—今こそ知っておきたい二十人の志士たち)》,东京:展转社2011年。这本书所列举的20名日本人中,既有西乡隆盛、大井宪太郎、樽井藤吉、杉浦重刚、植木枝盛、陆羯南、冈仓天心、近卫笃麿等对大陆浪人群体的意识形成发挥过重要作用的大亚洲主义者、政治评论家和政治家,也有本

人就是大陆浪人群体代表人物的头山满、福本日南、荒尾青、大岛恒喜、杉山茂丸、宫崎滔天、内田良平等人，作者将他们战前时期的身份称为"志士"，并认为"本书提到的 20 人都是为实现举国的理想与兴亚而活跃在幕末到明治、大正时代的日本人"，而且对他们给予了高度的评价。① 作者和出版者还公开宣布，撰写和出版这本书的目的就是为了当下的现实："这样的人物如果也活在当代，如今的国难也许就可以得以回避。本书是对现今的领导人在批判书，也是期待真正的领导人出现的著作。"② 作者对于以出版读者的方式呼唤"志士"型"真正的领导人出现"的政治目的毫不隐讳。

北野刚：《身姿多彩——围绕着满蒙的人们（フィギュア彩满蒙をめぐる人びと）》，东京：彩流社 2016 年。这本书从几动着手叙述"满蒙"，各章的标题与所叙人物分别是："序章：满州与日本人——石光真清""第 1 章：'满蒙'的先觉者——辻村楠造""第 2 章：满铁与满洲日本人社会——相生由太郎""第 3 章：外交官看到的日俄战争下的远东亚细亚——川上俊彦""第 4 章：中国的动乱与满蒙政策——宇都宫太郎""第 5 章：日本人'马贼'与中国大陆——薄益三""第 6 章：第一次世界大战后的马贼——伊达顺之助""第 7 章：'国策'的最前线——驹井德三""第 8 章：'满蒙问题'与在满邦人——守田福松""终章：理想国家的建设——笠木良明"。本书多数传主是大陆浪人或者与大陆浪人群体有着较为密切关系的历史人物。作者为这些人物立传据说是有着这样的"野

---

①②《紀伊国屋書店：維新と興亜に駆けた日本人—今こそ知っておきたい二十人の志士たち》，https://www. kinokuniya. co. jp/f/csg-01-9784888656365，02 年 月 5 日。

心"："历来的历史研究被漏下的、虽然不知名却一直站在最前线的那些围绕着'满蒙'的人物，追寻着他们的足迹撰写而成的野心勃勃的作品，展示出与以往完全不同的'满蒙史'！""敢于将焦点对准站在日本对满蒙政策第一线的实实在在的小人物，再现'满蒙'所具有的多面性！"①所谓与"与以往完全不同的"的历史叙述、"再现'满蒙'所具有的多面性"等等，基本上是对战后日本历史学界的"主流"意识及其历史叙述感到不满或不足而发起挑战的代名词。

宫胁淳子：《从满洲国看到的真实的近现代史（満洲国から見た近现代史の真実）》，东京：德间书店 2019 年。作者在大学和研究生院期间专攻"东洋史（即东亚史）"，通过蒙语和满语研究"支那史"，后来还学过藏语，研究过西藏史。出版社为这本书作的宣传文案是："中国只有清朝以后才有历史；（本书）从满洲人和蒙古人的侧面，来重新审视包括日本在内的亚洲近现代"，因此在书中还专门开辟了"满族故乡的满洲""流入满洲的汉人们""在满洲国发现理想国家梦想的日本人""移居满洲的朝鲜人""对蒙古人而言的满洲"等章节，据说是号召"日本用历史的事实来反击将历史作为政治道具的中国、韩国"而撰写的读物。②

此外，小说、戏剧、影视作品，由于允许虚构，于是不顾历史事实的验证和时代、场景限制的"虚构"作品纷纷问世。

须贺忍：《芙蓉千里》，东京：角川书店 2012 年。据说是描写怀抱要"成为大陆首屈一指的头牌妓女"的梦想来到"满洲"的一个日本女性，在大陆浪人山村和贵族出身的实业家黑谷环绕下种种经

① 《紀伊国屋書店：フィギュール彩 満蒙をめぐる人びと》https：//www. kinokuniya. co. jp/f/dsg-01-9784779170591,2020 年 5 月 5 日。

② 《紀伊国屋書店：満洲国から見た近现代史の真実》，https：//www. kinokuniya. co. jp/f/dsg-01-9784198644949,2020 年 5 月 5 日。

历的小说。①

　　生岛治郎:《黄土的奔流(黄土の奔流)》,东京:角川书店 1995
年。据说是"32 岁生日之前,决心让自家公司破产"的主人公江真
吾,"与生死与共的无赖之徒大陆浪人们的相逢,与令人可怖的二
匪、军阀的战斗,以辽阔的中国大陆为舞台而展开的冒险
小说"②。

　　此类图书,每年都会有几部"新作"问世,旧作也会翻版重印,
可见在日本社会上拥有较稳定的读者群。

　　2."怀旧歌曲""怀念"的思维样式和生活样式

　　出版物之外,歌曲和歌谣也会打着"战前的流行歌曲""令人不
念的旋律"等等招牌,时时出现在文艺舞台、宣传媒体等公共场合
和私人场合,甚至回荡在校园里,作为教育青少年"立大志""面向
世界"的"正能量"文化素材发出袅袅的回音。这同样是大东亚人
时代留下的文化遗产,而且依然在发挥着"奇妙"的"励志"作用。

　　例如"拓殖大学学友会"(拓殖大学起源于 1900 年创立的"台
湾协会学校",首任校长为曾三度出任总理大臣的桂太郎。1915 年
改称"东洋协会殖民专门学校",第二任校长为《武士道》的作者新
渡户稻造。1918 年改称拓殖大学,后藤新平出任第三任校长,"拓
殖"在日语中意即"开垦和殖民")的网站上,有"拓殖大学歌集"的
专题,看一下这些歌曲名,就会发现"相扑部的应援歌(喔叫人歌)"
居然是"兴亚之雄图",歌词中唱道:

---

①《纪伊国屋书店:芙蓉千里》,https://www. kinokuniya. co □/dsg-01-
　9784041005323,2020 年 5 月 5 日。

②《紀伊国屋书店:黄土の奔流—冒険小説クラシックス》,https://www. kinokuniya.
　co. jp/f/dsg-01-9784334779221,2020 年 5 月 3 日。

③《拓殖大学歌集》,https://takushoku-alumni. jp/kasyu,2020 年 5 月 3 日。

　　"兴亚之雄图藏胸中，红叶丘（为拓殖大学早期所在地地名之一）的一个角落里，聚集于此的健儿们热血沸腾，静待掌握霸权时机之来临。……清晨仰望兴亚岭，傍晚聚集于五丈原（拓殖大学早期所在地的地名之一，即'茗荷谷五丈原头'）；凛凛正气任鼓荡，展示众人在此时！"①令人仿佛感觉似乎又回到了战前的某个时代。

　　此外，这个歌集里，还有《胁光三之碑》②《烈士辞世》③《先辈送别歌》④《拓大精神（拓大スピリット）》《亚细亚之歌》⑤《逍遥歌》《马贼之歌》《新马贼之歌》《吾人之抱负》《青年日本之歌》《蒙疆包头特务机关之歌》《蒙古放浪歌》《星落秋风五丈原》《满洲哀歌》《狼之歌》《亡命者之歌》等等，堪称"缅怀"大陆浪人歌曲的"全集"。

　　《胁光三之碑》其实不是歌曲，而是对 1931 年在该校校园里建立的"烈士"胁光三之碑以及镌刻在石碑上的诗人儿玉花外所写和诗（日本诗）的说明。据说，"胁氏乃本学创立当初的学生，是日俄战争前夕的人。当时的胁氏据说是红颜美少年，学校辍学后远渡外洋，接受驻北京陆军武官青木大佐的秘密命令，南下扰乱俄军后方。与冲祯介、横川省三等五人计划爆炸嫩江铁桥，而前赴敌阵。

_____

① 《拓殖大学歌集：興亜の雄図》,（https：//takushoku-alumni. jp/kasyu/kouanoyuuto，2020 年 5 月 3 日。

② 《拓殖大学歌集：脇光三の碑》,https：//takushoku-alumni. jp/kasyu/wakikouzou，2020 年 5 月 3 日。

③ 《拓殖大学歌集：烈士辞世》,https：//takushoku-alumni. jp/kasyu/resshijise，2020 年 5 月 3 日。

④ 《拓殖大学歌集：先輩送別歌》,https：//takushoku-alumni. jp/kasyu/osusoubetsuka，2020 年 5 月 3 日。"先辈"在日语中指高年级同学，值得注意的是这个歌曲最后两段歌词："拓殖大学大举（出动），化为明日满洲的朝露。干到底！俺走了之后，盼望你为俺传言。干到底！"同样还是在宣扬战争期间的"赴死""成仁"的战争"美学"。

⑤ 《拓殖大学歌集：亜細亜の歌》,https：//takushoku-alumni. jp/kasyu/asiancuta，2020 年 5 月 3 日。

不幸功败垂成，被敌发现而逃亡，终于绝尘于朔北之荒野。由于冲、横川两人也被俄军逮捕，在哈尔滨遭到枪杀，彼等之计划方大白于天下"①。通篇介绍并无任何褒贬，看来似乎是"公正"而不"偏袒"某一方，但为"烈士"建碑本身，已经是建碑人和纪念活动的维持者价值观明确无误的宣示。《烈士辞世》直接介绍了胁光三所写的一首汉诗"一朝宣战，除百年忧。吾党有士，死赞皇猷。兴安西峙，松华东流。侠骨可埋，此山河头"②，更是对胁光三这些"特别行动班"成员无条件的称颂。

《亚细亚之歌》在近代日本有多种版本，这个网站上介绍的是拓殖大学第三十五期学生小川哲雄的作品。歌词的第五段最后是这样的内容："盎格鲁撒克逊的侵略，给故乡带来悲惨的历史；亚细亚为祖宗之天地，定将成为我们的亚细亚。亚细亚的同胞们团结起来，切断那傲慢的铁链！乾坤大变的时机已经到来，高举起真理的火焰！堂堂正正地进军吧，拯救世界的十字军！朔风凌冽冬已去，兰花樱花落缤纷；菩提树上映新绿，亚细亚的春天已来临。"③似乎还是当年身怀"大亚洲主义""憧憬"与幻象的那一代大陆浪人们的情怀。《新马贼之歌》跟本书卷首举出的《马贼之歌》最大不同，是描绘了实际成为"马贼"之后的大陆浪人的感触："北满州的冬夜，马蹄轻蹴雪；铁骑南下一千里，今宵狂风骤雨。帐下两千外邦语（指汉语），穿越风雪片段来；寒意催得马息冻，蒙古沙漠漫漫路。……朝辞长白山，夕越天山脉；隐遁世间男儿心，日东（即日

---

① 《拓殖大学歌集　脇光三の碑》。
② 《拓殖大学歌集　烈士辞世》。
③ 《拓殖大学歌集　亜細亜の歌》。

本)志士梁山泊。……"①战前大陆浪人的文化及其蕴藏在背后的精神内涵,几乎是毫无改变地依然发散着昔日的暗香。

《蒙疆包头特务机关之歌》的歌词共分四段,歌颂对象是直接为日本军部服务的"蒙疆包头特务机关"。"涛涛上升旭日旗,吾等屹立旗帜下;生命永在蒙疆西北角,燃烧吧,包头大机关! 黄河流淌三千里,沙丘连绵鄂尔多斯大草原;汉回蒙族浴皇化,教导民草有吾人。燃烧吧,包头大机关! ……痛彻骨髓严寒里,黄尘万丈朔风中;深入敌阵承使命,工作最前线有吾人。燃烧吧,包头大机关!"②歌词作者篠原市之助是1932年5月15日参加袭击首相官邸等处,发动"五一五事件"的案犯之一,事件后被判"禁锢四年"。而这个学友会的网站在介绍歌词作者的简历时,几乎是带着崇敬的口气写道:"篠原市之助氏,'五一五事件'时挺身而出,出狱后前往满洲,投奔伊达顺之介(介立为'助')帐下任部队参谋。其后在关东军蒙疆五原特务机关从事最前线的工作。受数倍于我方之敌袭击,守备队退却后,身为非战斗人员的特务机关成员,却死守五原城头到最后亦不退却,终于身中数弹失去行动自由。于是切腹将自己内脏投掷敌人,实现惊天地泣鬼神之战死。"③把并非拓殖大学毕业的篠原市之助("五一五事件"时为陆军士官学校学生)的情怀和"事迹"放到这个歌集里重点介绍和击节叹赏,再次说明时至今日,当年大陆浪人们的思维样式和生活样式,在日本社会里仍然有一定的影响,仍然受到一部分人的肯定和欣赏。

---

① 《拓殖大学歌集　新馬賊の歌》,https://takushoku-alumni.jp/kasyu/moukyouhoutou,2020年5月3日。
② 《拓殖大学歌集　蒙疆包頭特務機関の歌》,https://takushoku-alumni.jp/kasyu/moukyouhoutou,2020年5月3日。
③ 《拓殖大学歌集　蒙疆包頭特務機関の歌》。

3. 政治解决不等于意识形态、历史认识的"一刀两断"

战后的日本,对于战败之前的历史,很多人都曾经明确表示:"战败是好事(敗戦して良かった)",对政界的右翼势力时不时寻找各种借口翻历史旧案,试图从已经被历史定案的那场侵略战争中寻找"积极的""正面的"因素的行为表示不同意,甚至厌恶态度。笔者接触过的不少日本人,都持这样的"历史认识"。

从尊重历史、正视历史中的负面因素并从中汲取教训的角度来说,上述态度无疑是令人赞许和肯定的,笔者也为众多的日本人民对历史史实的尊重姿态与心境感到欣慰,认为这正是一个民族正视失败和过失,并能够从中摒弃负面影响,变负能量为正能量、走向成熟的重要标志之一。

但是,"战败是好事"的主张者,往往是"结果论"(即从战后日本的经济复兴和民主主义制度确立的结果来看,"战败"的选择优于"誓死坚持圣战"的选择)的主张者,或者是"政治解决=最终解决"论(即日本已经接受了'战败投降'的政治解决方案,战争责任已经得到清算)的主张者。

这种似乎还带着几分坦然的对历史的"认识",真的可以称作"历史的反思(从尊重历史角度出发的反思)"或者是"对历史的反思(在尊重历史事实基础上对历史教训的认真汲取与借鉴)"吗?问题远远没有那么简单。请看以下几个具体例证:

例如著名剧作家、作词家菊田一夫据说就热心于将"马贼"题材放到作品中反映,而且还曾对研究马贼历史的渡边龙策说过:"我在浅草时代(菊田一夫 1925 年到东京——1933 年期间在'浅草国际剧场'的文艺部就职),从年轻时就想当一个马贼,所以现在至少想通过自己的剧作，遨游一下令我憧憬的满蒙大地……"①虽然是没有付诸行动的"梦想"，却反映了这位剧作家对"马贼"生活方式的"憧憬"至今尚未泯灭。

又如宫崎正弘、内田良平研究会编著的《何谓支那人？——读内田良平的〈支那观〉》（シナ人とは何か—内田良平の『支那観』を読む）》（东京：展转社，2009年）一书。作者宫崎早年早稻田大学肄业后，曾历任《日本学生新闻》编辑长（总编）、《浪漫》杂志企划室主任等职，又经营过贸易公司，1983年出版了《另一个资源战争》后步入国际政治和国际经济的评论领域，时常在电视和平面媒体上露面。这本书的第一章《巨变的中国与受到审视的日本人的中国观》，首先从现实问题入手，探讨"以中国为震中连续发生的各种丑闻""'盛宴之后'的国际金融危机暴露出来的'和谐社会'的现实"等话题，接着又将内田良平的《支那观》翻译成现代日语，介绍给已经读不懂"明治文体"的日本年轻读者。再接下来，作者又以"被内田良平看透了的中国的发展与局限性""没有日本人就没有辛亥革命""动乱的支那与大陆浪人"等内容，完全基于内田良平的"支那观"而构成的"怎样同异质文明的大国——中国打交道？"的主旨论述。②

由于包含着大量的偏见和肤浅、片面认识，引导近代日本社会舆论之一的"支那蔑视论"不断增幅，并对日本政府、军部制定错误的对华政策发挥了作用的大陆浪人的"支那观"，为何在21世纪的此时又被人拿出来提倡精读，甚至被进一步阐述、发挥？据说是因为《支那观》无愧于"再度复苏于当世的内田良平的国家战略著

---

① 渡边龙策：《まえがきに代えて（代序）》，《馬賊頭目列伝 ：広野を駆ける男の生きざま》，《代序》1页。

②《紀伊国屋書店：シナ人とは何か—内田良平の『支那観』を読む》，https://www. kinokuniya.co.jp/f/dsg-01-9784886563408，2020年5月5日。

作",由于其"尖锐地发掘出中国文明的本质,是看穿了时代趋势的'强攻'外交的建议",因而可以"订正日本人错误的对华人云云。① "右翼"和"大陆浪人"的影响,在 90 多年后的当今日本依然存在,而且在不断地更新着版本。所以,大陆浪人代表人物的"支那观"等对华意识,我们仍然不能以时过境迁的"陈词滥调"和已被"清污处理"的"历史垃圾"来看待,它们其实还保有足够的生命力,每隔若干年还会有人将它们定期或不定期地"再度复苏"。

正直、善良的人们与大陆浪人在历史认识、历史评价的对峙、"对决",不会随着政治解决而促成意识形态、历史认识"一刀两断"局面的出现,更不会由于历史事实的逐步澄清而被彻底淘汰,而是在掺杂着诸多民族意识、民族感情、价值观、历史观等因素的交错缠绕中,困难地前移,轻易地反复,然后又困难地前移。路正遥、任仍重。……

---

① 《紀伊国屋書店:シナ人とは何か—内田良平の『支那観』を読む》,https://www.kinokuniya.co.jp/f/dsg-01-9784886563408,2020 年 5 月 5 日。

主要参考文献和书目

回忆录类

东亚同文会编:《对支回顾录》上卷,东京:原书房"明治百年史丛书"第69卷,昭和四十三年(1968)六月复刻发行。东亚同文会编:《对支回顾录》下卷,东京:原书房,1981年6月第2次印刷发行。

东亚同文会编:《续对支回顾录》上卷,东京:原书房"明治百年史丛书"第69卷,昭和四十三年(1968)六月复刻发行。《对支回顾录》下卷,东京:原书房,1981年6月第2次印刷发行。

上田健二郎编:《東亜の風雲と人物(东亚的风云与人物)》,东京:近代小说社,昭和十八年(1943)。

兰交会编:《麦秋 駒井德三(麦秋 驹井德三)》,东京:株式会社音羽服务中心(音羽サービス・センター),昭和三十九年(1964)。其中包括簑内收《四つの断章—駒井德三先生を偲ぶ(四个断片——忆驹井德三先生)》,中島孝夫《駒井さんの憶い出(回忆驹井先生)》等篇。

駒井德三:《指向大陆的悲愿(大陸への悲願)》,东京:讲谈社1952年。

柘植秀臣:《東亜研究所と私—戦中知識人の証言(东亚研究所与我——战争期间知识人的证言)》,东京:劲草书房1979年。

佐藤忠男:《草の根の軍国主義(草根军国主义)》,东京:平凡社2007年。

梨本祐平:《中国のなかの日本人（中国里的日本人）》第 1 部　东京:平凡社,昭和三十三年(1958)。

花谷正:《満州事変はこうして計画された（满洲事变是这样策划的）》,《別冊知性》杂志昭和三十一年(1956)十二月号。转引自粟屋宪太郎编《文献昭和史 2 満洲事変与二・二六（ドキュメント昭和史 2　満州事変と二・二六）》,东京:平凡社 1975 年。

田中健之编:《内田良平翁五十年祭追慕録》,东京:日本兴亚协会皇极社出版部,昭和六十二年(1987),非卖品。

田川健吾编辑:《回忆内田先生》(非卖品),吉田益三,1939 年。

断水楼主人(池亨吉):《支那革命実見記（支那革命实见记）》,东京:金尾文渊堂,明治四十四年(1911)。

北一辉:《支那革命外史》,东京:大镫阁 1921 年。

北一辉著,野村浩一、今井清一解说:《北一辉著作集》第二卷,东京:水筹书房（みすず書房）,1979 年 10 月第十八次印刷发行。

广池千九郎博士:《清国調査旅行資料集（清国调查旅行资料集）》,千叶县柏市:财团法人莫拉罗技(道德科学)研究所（财团法人モラロジー研究所）,1978 年。

D. 克里斯丁著,失内原忠雄译:《奉天三十年》(岩波新书)　上下两卷,东京:岩波书店 1938 年。

晴气庆胤:《謀略の上海（谋略的上海）》,东京:亚东书房 1951 年。

晴气庆胤:《沪西"七十六号"特工内幕》,上海:上海译文出版社 1985 年。

西春彦:《回想の日本外交（回想的日本外交）》岩波新书 青版 5500,东京:岩波书店 1965 年。

佚名:《支那见闻录》,出版社、出版年代不明(从内容上看,大概成书于 1920 年前后)。封面标有"极密"字样,应为"非卖品"。

冈田酉次:《日中戦争裏方記（日中战争幕后记）》,东京:东洋经济新书社,昭和四十九年(1974)。

宗方小太郎:《辛壬日记・一九一二年中国之政党结社》,冯正三译,北京:

中华书局 2007 年。

　　久保田文次编:《萱野長知·孫文関係史料集(萱野长知·孙文关系史料集)》,高知:高知市民图书馆,2001 年。

　　中国人民政治协商会议全国委员会文史资料研究委员会编:《辛亥革命回忆录》,北京:文史资料出版社 1963 年。

　　张国淦编著:《辛亥革命史料》,上海:龙门联合书局 1958 年。

　　冯自由:《革命逸史》全 6 册,北京:中华书局 1981 年。

　　大学史编纂委员会编:《東亜同文書院大学史(东亚同文书院大学史)》,东京:社团法人"沪友会",1982 年。

　　台湾"中央研究院近代史研究所"口述历史丛书 79:《日治时期在"满洲"的台湾人》,台北:台湾"中央研究院近代史研究所",2002 年。

　　文强口述,刘延民撰写:《文强口述自传》,北京:中国社会科学出版社 2003 年。

传 记 类

　　黑龙会编:《东亚先觉志士记传》上、中、下卷,东京:原书房"明治百年史丛书",昭和四十一年(1966)版。

　　对支功劳者传记编纂会编:《对支回顾录》上、下卷,东京:大日本教化图书,1936 年。

　　东亚同文会编:《续对支回顾录》上、下卷,东京:原书房 1973 年版。

　　田中惣五郎:《大陆的先驱者(大陸の先駆者)》,东京:兴亚文化协会,1939 年。

　　头山满翁正传编纂委员会编、西尾阳太郎解说:《頭山満翁正伝:未定稿(头山满翁正传——未定稿)》,福冈:苇书房 1981 年。

　　平井驹次郎:《头山满和玄洋社物语》,东京:武侠世界社,大正三年(1914)。

　　青地晨编辑:《現代日本記録全集 19　大陸を駆ける夢(现代日本记录全集 19　驰骋大陆的梦想)》,东京:筑摩书房 1969 年。

井上雅二：《巨人荒尾精》，东京：左久良书房，明治四十三年（1910），东京大空社 1997 年复刻版。

玄洋社社史编纂会：《玄洋社社史》，东京：玄洋社社史编纂会，1917 年。

薄田斩云：《頭山満翁の真面目（头山满翁的真面目）》，东京：大日本，昭和七年（1932）。

薄田斩云：《頭山満翁一代記（头山满翁一代记）》，东京：平凡书房1937 年。

头山满谈、薄田斩云编著：《头山满直话集》，东京：书肆心水，2007 年。

藤本尚则：《巨人头山满翁》，东京：文雅堂书店，昭和十七年（1942）。

吉田鞆明：《巨人頭山満翁は語る（巨人头山满翁的话）》，东京：辰巳庄，昭和十四年（1939）。

中野刀水编：《頭山満翁の話（头山满翁的话）》，东京：新英社 昭和十一年（1936）。

田中稔编：《頭山満翁語録（头山满翁语录）》，东京：皇国青年教育办会，1943 年。

《头山满翁正传》编纂委员会编，西尾阳太郎：《头山满翁正传——未定稿》，福冈：苇书房 1981 年。

长谷川义记：《頭山満評伝：人間個と生涯（头山满评传：人格与生涯）》，东京：原书房 1974 年。

石泷丰美：《玄洋社発掘：もう一つの自由民権（玄洋社发掘：另一个自由民权）》，福冈：西日本新闻社，1997 年。

都筑七郎：《頭山満—そのどでかい人間像（头山满———个巨大的形象）》，东京：新人物往来社，昭和四十九年（1974）。

铃木善一：《興亜運動と頭山満翁（兴亚运动与头山满翁）》，东京：其文阁，昭和十六年（1941）。

苇津珍彦：《武士道：戦闘者の精神（武士道：战斗者的精神）》，东京：德间书店 1969 年。

苇津珍彦：《大アジア主義と頭山満（大亚细亚主义与头山满）》，东京：日本教文社,1984 年增补版。

黑龙俱乐部编:《国士内田良平伝(国士内田良平传)》,东京:原书房
1967 年。

内田良平研究会编著、(监修者代表中村武彦):《国士内田良平　その思
想と行动(国士内田良平 其思想与行动)》,东京:展转社,平成十五年(2003)。

吉仓汪圣著、清藤幸七郎编:《天佑侠》,东京:长陵书林 1981 年复刻版。

内田良平著,西尾阳太郎解迫:《硬石五拾年譜—内田良平自伝(硬石五拾
年谱——内田良平自传)》,福冈:苇书房 1978 年。

内田良平:《皇国史談　日本の亜細亜(皇国史谈　日本之亚细亚)》,东
京:黑龙会出版部,昭和七年(1932)。

黑龙会编纂:《黑龍会三十年事歴(黑龙会三十年事历)》,东京:黑龙会,昭
和六年(1931)。

黑龙会:《黑龍会四十年事歴(黑龙会四十年事历)》,东京:黑龙会,昭和十
五年(1940)。

葛生能久:《日韩合邦秘史》上卷,东京:黑龙会出版部,昭和五年(1930)。

龙泽诚:《评传　内田良平》,东京:大和书房 1976 年。

小岛直记:《日本策士传》,东京:中央公论社 1994 年。

瀬口吉之助:《宮崎八郎の生涯(宫崎八郎的生涯)》,东京:产业动向研究
所,昭和五十三年(1978)。

上村希美雄:《宮崎兄弟传》日本篇,上、下二卷,福冈:苇书房 1985 年。

上村希美雄:《民権と国権のはざま　明治草莽思想史覚書(民权与国权
的狭缝之间:明治草莽思想史札记)》,福冈:苇书房 1976 年。

渡边京二:《评传　宮崎滔天》,东京:大和书房 1976 年。

近藤秀树编:《宮崎滔天年谱稿》,《宮崎滔天全集》第 5 卷,东京:平凡社,
昭和五十一年(1976)。中文译文载中南地区辛亥革命史研究会编:《辛亥革命
史丛刊》第一辑,禹昌夏译,北京:中华书局 1980 年。

宮崎龙介:《父滔天のことども(先父滔天的一些往事)》,东洋文库版《三
十三年之梦》,东京:平凡社 1967 年。

萱野长知:《中华民国革命秘笈》,东京:皇国青年教育协会,昭和十六年(1941)。

藤村善吉编:《下田歌子先生伝》(非卖品),东京:故下田校长七三年记编纂所,昭和十八年(1943)十月。

高仓彻一编:《田中义一传记》上、下卷,东京:田中义一传记编纂会发行,1958,1960 年。

山浦贯一编:《森恪》,东京:森恪传记编纂会,1940 年。

久原房之助翁传记编纂会编:《久原房之助》,东京:久原房之助翁传记编纂会,昭和四十五年(1970)。

古岛一雄:《一老政治家の回想(一个老政治家的回想)》,东京:中央公论社 1951 年。

梦野久作:《近世快人传》,东京:黑白书房,昭和十二年(1937)十二月。

影佐祯昭:《曽我路走记》,出版者不明,1943 年 12 月打印本。

朽木寒三:《馬賊 天鬼将軍伝(马贼 天鬼将军传)》,东京:德间书店1981 年。

赤间骑风:《满洲马贼》,东京:白永社书房 1928 年。资料来源:国立国会图书馆数码收藏(国立国会図書館デジタルコレクション)》(http://dl.ndl.go. jp/info:ndljp/pid/1452646)。

《碑の周辺(第 3 回)知られざる軍事探偵 露探の汚名にまどろして馬賊の群に投じ大陸潜入(石碑杂话第 3 回:不为人知的军事侦察 蒙着卖国间谍的污名 潜入大陆投身马贼)》,《あきた(秋田)》通卷 82 号,1969 年 月1 日发行。

渡边龙策:《馬賊頭目列伝:広野を駆ける男の生きざま(马贼头目列传:驰骋荒野的男人的活法)》,东京:秀英书房 1983 年。

渡边龙策:《近代日中民衆交流外史(近代日中民众交流外史)》,东京:雄山阁 1981 年。

山内封介:《浦塩と沿海州(海参崴与沿海州)》,东京:日本电报通信土出版部,昭和十八年(1943)。

满洲日日新闻社编纂:《满洲建国烈士遗芳录(满洲建国烈士遺芳録)》,东京:满洲日日新闻社东京支社出版部,昭和十七年(1942)九月。资料来源:《国立国会图书馆数码收藏(国立国会図書館デジタルコレクション)》,(http://dl. ndl. go. jp/info:ndljp/pid/1042940/250? tocOpened=1),请求记号:281-Ma47ウ,书志 ID:000000667234。2019 年 3 月 22 日阅览。

岛田俊彦:《関東軍:在満陸軍の独走(关东军:在满陆军的暴走)》,东京:讲谈社 2005 年。中文译文据徐付群等编著:《"皇军之花"——日本关东军内幕纪实》,北京:京华出版社 1994 年。

河本大作:《私が張作霖を殺した(我杀死了张作霖)》,原载东京《从〈文艺春秋〉看昭和史》第一卷,文艺春秋社 1988 年,现据《青空文库》电子版 56628号(https://www. aozora. gr. jp/cards/001797/card56628. html♯download)。

爱新觉罗·溥仪:《我的前半生》,北京:群众出版社 1964 年。

丁文江:《宣统废帝外史》,台北:春秋杂志社,1976 年。

颜惠庆:《颜惠庆自传———位民国元老的历史记忆》,吴健雍等译,北京:商务印书馆 2003 年。

井上贞治郎:《私の履歴書(我的履历书)》,原载 1959 年 6—7 月《日本経済新聞》,RENGO 株式会社:《RENGO 的历史》(https://www. rengo. co. jp/history/inoue/page12. html)。

户川猪佐武:《昭和外交五十年》,东京:株式会社学艺书林,昭和四十八年(1973),52—53 页。

资 料 类

中国史学会主编:《中国近代史资料丛刊　辛亥革命》,上海:上海人民出版社 1957 年,1981 年 5 月第 4 次印刷发行。

日本外务省编纂:《日本外交文书别册　清国事变(辛亥革命)》,东京:严南堂书店 1961 年。

邹念之编译:《日本外交文书选译——关于辛亥革命》,北京:中国社会科学出版社 1980 年。

外务省编:《日本外交年表並主要文书 1840—1945（日本外交年表并主要文书 1840—1945）》上、下二卷,东京:原书房 1965—1966 年。

宫崎龙介、小野川秀美编辑、解题:《宫崎滔天全集》共 5 卷,东京:平凡社 1971—1976 年。

宫崎滔天著,宫崎龙介、卫藤沈吉校注:《东洋文库 100 三十三年之梦》,东京:平凡社 1967 年。

宫崎民藏撰,丝屋寿雄解题:《土地均享·人类之大权》,东京:冥北二日本社 1948 年。

广东省社会科学院历史研究室等合编:《孙中山全集》共 11 卷,北京:中华书局 1981—1986 年。

台湾国民党"中央党史史料编纂委员会"编:《国父全集》,台北:台湾中央文物供应社 1961 年第 2 版。

《孙中山选集》,北京:人民出版社 1981 年第 2 版。

广东省哲学社会科学研究所历史研究室、中国社会科学院近代史研究所中华民国史研究室、中山大学历史系合编:《孙中山年谱》,北京:中华书局 1980 年。

朱文通等整理编辑:《李大钊全集》全四卷,石家庄:河北教育出版社 1999 年。

湖南省社会科学院编:《黄兴集》,北京:中华书局 1981 年。

毛注青编:《黄兴年谱》,长沙:湖南人民出版社 1980 年。

陈旭麓主编:《宋教仁集》上、下二册,北京:中华书局 1981 年。

原奎一郎编:《原敬日记》3,东京:福村出版株式会社 1981 年。

长冈外史文书研究会编:《長岡外史関係文書 書簡書·類編（长冈外史关系文书 书柬、文件类）》,东京:吉川弘文馆 1989 年。

粟屋宪太郎编:《ドキュメント昭和史 2 満州事変と二·二六（文献昭和史 2 满洲事变与二·二六）》,东京:平凡社 1975 年。

冈部牧夫编、解说:《十五年戦争極秘資料集④ 満州事変における憲兵隊の行動に関する資料（十五年战争绝密资料集 4:有关满洲事变宪兵队行动

资料)》,东京:株式会社不二出版,1987年。

島村一:《高等警察概要》,大阪:大阪府警察练习所发行,1944年。资料来源:《国立国会图书馆数码收藏(国立国会図書館デジタルコレクション)》(https://dl.ndl.go.jp/info:ndljp/pid/1449949)。

小川平吉文书研究会编:《小川平吉关系文书》(1、2),东京:美篶书房(みすず書房)1973年。

大津淳一郎:《大日本宪政史》第7卷,东京:宝文馆1927—1928年,东京:原书房1975年复刻版。

内田良平:《支那观》,东京:黑龙会,大正二年(1913)。

内田良平、吉仓凡农:《露西亚亡国论》,东京:黑龙会本部,1901年。

内田良平:《支那观》,东京:黑龙会,大正二年(1913)。资料来源:《国立国会图书馆数码收藏(国立国会図書館デジタルコレクション)》(http://dl.ndl.go.jp/info:ndljp/pid/949939)。

内田良平:《国策樹立ニ関スル意見書(关于建立国策的意见书)》,小川平吉文书研究会编:《小川平吉関係文書》(2),东京:美篶书房(みすず書房)1973年。

黑龙会本部:《日英国交の危殆　支那解決論(日英国交之危殆　支那解决论)》,东京:黑龙会本部,1916年,非卖品。

西尾阳太郎述,上村希美雄、福元满治采访:《玄洋社その成立と転回—西尾陽太郎氏に聞く(玄洋社的成立及回转——西尾阳太郎采访记)》,《暗河》第四号,1974年夏,55—56页。

川岛浪速:《对支那管見(对支那管见)》,无出版社及出版年代,非卖品。

川岛浪速:《对支外交失败之真因》,出版者不明,1914年,非卖品。

川岛浪速:《支那的病根(支那の病根)》,非卖品。

川岛浪速:《对支並に对满蒙の根本的経綸(对支及对满蒙之根本经纶)》,川岛浪速述,大正五年(1916)印行,非卖品。

卢明辉编:《巴布札布史料选编》,中国蒙古史学会,1979年。

花立三郎等编:《同志社、大江义塾德富苏峰资料集》,东京:三一书房

1978 年。

　　熊本女子大学乡土文化研究所编:《熊本县史料集成第十二集:明治的熊本(明治の熊本)》,东京:国书刊行会 1985 年。

　　宫崎滔天:《三十三年之梦》,林启彦译注,南宁:广西师范大学出版社 2011 年。

　　角田顺编:《石原莞爾資料—国防論策篇(増補版)(石原莞尔资料——国防论策篇(增补版)》,东京:原书房,昭和四十六年(1971)。

　　对支同志联合会:《旨趣书及规约书,满蒙问题理由书》(非卖品小册子)。

　　小寺谦吉:《大亚细亚主义论》,东京:宝文馆,大正五年(1916)。

　　内务省警保局编:《国家主義運動の概要(国家主义运动之概要)》东京:原书房,昭和四十九年(1974)复刻版。

　　奈良县警察部编:《国家主義運動の意義(国家主义运动之意义)》,警察丛书第 23 辑,奈良:奈良县警察部发行,1933 年。资料来源:《国立国会图书馆数码收藏(国立国会図書館デジタルコレクション)》(https://dl. ndl. go. jp/info:ndljp/pid/1437018)。

　　由井正臣编辑、解说:《資料日本現代史 6　国家主義運動(资料日本现代史 6:国家主义运动)》,东京:大月书店 1981 年。日本内务省警保局保安课:《思想運動の現況に就て(关于思想运动的现状)》,内务省警保局保安果:《戦時下に於ける国家主義運動の取締方針(战时状态下国家主义运动的取缔方针)》,

　　著作者不明:《全国国家主義団体一覧　昭和十六年一月現在(全国国家主义团体一览　昭和十六年一月现在)》,资料来源:《国立国会図書館数码收藏(国立国会図書館デジタルコレクション)》(https://dl. ndl. go. jp/info:ndljp/pid/1908568)。

　　堀幸雄:《右翼辞典(右翼词典)》,东京:三岭书房 1991 年。

　　堀幸雄:《戦後の右翼勢力(战后的右翼势力)》,东京:劲草书房 2017 年。

　　满洲青年联盟编:《事変後に於ける満蒙の動向と新国家の建設(事变后满蒙的动向与新国家之建设)》,满洲青年联盟大连事务所昭和七年出版。资

料来源:《国立国会图书馆数码收藏(国立国会図書館デジタルコレクショ
ン)》(http://dl. ndl. go. jp/),请求记号:373—573,书志 ID:000000752824。
2019 年 3 月 23 日阅览。

青地晨编辑:《現代日本記録全集 19　大陸を駆ける夢(现代日本记录全
集 19　驰骋大陆的梦想)》,东京:筑摩书房 1969 年。

政治问题调查会编:《革新政策遂行の為に(为了革新政策的实施,第 3
辑)》,东京:政治问题调查会,昭和十三年(1938)。资料来源:《国立国会图书
馆数码收藏(国立国会図書館デジタルコレクション)》(http://dl. ndl. go.
jp/),请求记号:特 201—234,书志 ID:000000604212。2019 年 3 月 23 日
阅览。

拓务省拓务局编:《満洲青年移民現地訓練参考資料(满洲青年移民现地
训练参考资料)》,拓务省拓务局,昭和十四年(1939)。资料来源:《国立国会图
书馆数码收藏(国立国会図書館デジタルコレクション)》(http://dl. ndl. go.
jp/),请求记号:779—35,书志 ID:000000733896。2019 年 3 月 23 日阅览。

满洲青年联盟编:《第五回　満洲青年聯盟議会議事録(第五届　满洲青
年联盟议会议事录)》,满洲青年联盟,昭和七年(1932)。资料来源:《国立国会
图书馆数码收藏(国立国会図書館デジタルコレクション)》(http://dl. ndl.
go. jp/),请求记号:特 256—451,书志 ID:000000634587。2019 年 3 月 23 日
阅览。

三箇功:《阿片の話(鸦片漫话)》,大连:南满洲铁道株式会社庶务部调查
课,大正十三年(1924)。资料来源:《国立国会图书馆数码收藏(国立国会図書
館デジタルコレクション)》(http://dl. ndl. go. jp/),2019 年 3 月 23 日阅览。

大内丑之助:《支那阿片問題解決意見(支那鸦片问题解决意见)》,封面标
有"代誊写"而无出版社名,当为非卖品,《绪言》写于 1917 年。资料来源:《国
立国会图书馆数码收藏(国立国会図書館デジタルコレクション)》(http://
dl. ndl. go. jp/)。

木下通敏:《人口問題ヲ基調トシテ満蒙拓殖策ノ研究(以人口问题为基
调的满蒙拓殖政策研究)》,东京:外务省通商局,昭和二年。

《昭和八年朝日年鑑（昭和八年朝日年鉴）》附录《满洲国大观》,大阪：大阪朝日新闻社,昭和七年(1932)九月。

《素描　大满洲》,大连：细谷真美馆大连出张所,昭和十六年(1941)。

别所友吉编：《满洲写真大观》,大连：满洲日日新闻社,大正十年(19■■)。

南满洲铁道株式会社编：《满洲と日本（满洲与日本）》,大连：南满洲铁道株式会社,1935 年。

《关东厅要览　昭和二年》,大连：关东厅长官官房文书课,1928 年。资料来源：《国立国会图书馆数码收藏（国立国会图书館デジタルコレクション》(https://dl. ndl. go. jp/info:ndljp/pid/1223799)。

《关东厅要览　昭和六年》,大连：关东厅长官官房文书课,193■ 年。资料来源：《国立国会图书馆数码收藏（国立国会図書館デジタルコレクション》(https://dl. ndl. go. jp/info:ndljp/pid/1223815)。

《关东厅要览　昭和十年》,大连：关东厅长官官房文书课,1935 年。资料来源：《国立国会图书馆数码收藏（国立国会図書館デジタルコレクション》(https://dl. ndl. go. jp/info:ndljp/pid/1187911)。

松冈洋右：《動く満蒙（满蒙在行动）》,东京：先进社 1931 年。资料来源：《国立国会图书馆数码收藏（国立国会図書館デジタルコレクション》(http://dl. ndl. go. jp/)。

滨丘浪三：《少年少女絵入文庫　軍事美談（少年少女插图文库：军事美谈）》,土村正寿画,东京：春江堂,昭和三年(1928)。资料来源：《国立国会图书馆数码收藏（国立国会図書館デジタルコレクション）》(http://dl. ndl. go. jp/)。

盛光社编辑部：《感动美谈三年级学生（感激美谈三年生）》,东京：盛光社,昭和十四年(1939)。资料来源：《国立国会图书馆数码收藏（国立国会図書館デジタルコレクション）》(http://dl. ndl. go. jp/)。

米山隆夫：《黄金王之死》,东京：相叶又一郎编纂兼发行,大正十年(1921)。资料来源：《国立国会图书馆数码收藏（国立国会図書館デジタルコレクション）》(http://dl. ndl. go. jp/)。

大西春翠:《仮面を剥いだ憧憬の都(剥下假面的憧憬之都)》,东京:玉文社出版部,昭和二年(1927)。资料来源:《国立国会图书馆数码收藏(国立国会图書館デジタルコレクション)》(http://dl. ndl. go. jp/)。

东京朝日新闻论说委员编:《朝日时局读本第二卷　现代政治的动向》,东京:朝日新闻社1938年。资料来源:《国立国会图书馆数码收藏(国立国会图書館デジタルコレクション)》(https://dl. ndl. go. jp/info：ndljp/pid/1261435)。

敬幼如编:《祖国丛书　敌人大陆政策之原形》,重庆:中国编译出版社,出版年代不明。资料来源:《抗日战争与近代中日关系史文献数据平台》(http://www. modernhistory. org. cn/detail. htm? fileCode=a0420919179c4e6ca8cccc1e63a6506a&fileType=ts)。

黄美真、张云编:《汪伪政权资料选编　汪精卫集团投敌》,上海:上海人民出版社1984年。

黄美真、张云编:《汪伪政权资料选编　汪精卫国民政府成立》,上海:上海人民出版社1984年。

清泽洌著,桥川文三编辑、解说:《暗黒日記(黑暗日记)　戦争日記1942年12月—1945年5月》,东京:株式会社评论社1995年。中文译文据陈鹏仁《从甲午战争到中日战争》,台北:"国史馆",民国86(1997)年版。

专著专书类

卫藤沈吉、渡边昭夫、公文俊平、平野健一郎:《国际关系论》上,东京:东京大学出版会1981年。

藤井升三:《孫文の研究—とくに民族主義理論の発展を中心として(孙文研究——尤其以民族主义理论的发展为中心)》,东京:劲草书房1966年。

初濑龙平:《伝統的右翼内田良平の研究(传统右翼内田良平的研究)》,福冈:九州大学出版会1980年。

中见立夫等:《満洲とは何だったのか(满洲为何?)》,东京:藤原书店2004年。

高桥正雄监修：《日本近代化と九州　九州文化論集四（日本近代化と九州　九州文化论集 4）》，东京：平凡社 1972 年。

松本三之介：《明治精神の構造（明治精神的构造）》，新 NHK 市民大学丛书 8，东京：日本放送出版协会，昭和五十六年（1981）。

桥川文三：《ナショナリズム—その神話と論理（民族主义——其神话与论理）》，东京：纪伊国屋书店 1970 年。

唐木顺三、竹内好共编：《近代日本思想史讲座第八卷　世界中的日本（近代日本思想史講座第八巻　世界のなかの日本）》，东京：筑摩书房 1962 年。

平井一臣：《地域ファシズム）の歴史像—国家改造運動と地域政治社会（"区域法西斯"的历史原像——国家改造运动与区域政治社会）》，东京：法律文化社，2000 年。

渡边修次郎：《民情如何》，东京：松井忠兵卫，明治十四年（1881）。《国立国会图书馆数码收藏（国立国会図書館デジタルコレクション）》（https://dl. ndl. go. jp/info：ndljp/pid/798688）。

竹越与三郎：《新日本史》，东京：民友社，明治二十四年（1891）。《国立国会图书馆数码收藏（国立国会図書館デジタルコレクション）》（http://dl. ndl. go. jp/info：ndljp/pid/1082731）。

竹内好编辑、解说：《现代日本思想大系第九卷　亚细亚主义（アジア主義）》，东京：筑摩书房，1963 年。

山田豪一：《满铁调查部》（日经新书 279），东京：日本经济新闻社，昭和五十二年（1977）。

山田豪一：《满洲国の阿片専売（满洲国的鸦片专卖）》，东京：汲古书院 2002 年。

大内丑之助：《支那鸦片问题解决意见》，1916 年。

藤原铁太郎：《阿片制度調査報告（鸦片制度调查报告）》冈田芳政、多田井喜生、高桥正卫解说：《続・現代史資料 12　阿片問題（续现代史资料 12鸦片问题）》，东京：美嬬书房 1986 年。

芳地隆之：《ハルビン学院と満州国（哈尔滨学院与满州国）》，东京：株式会社新潮社 1999 年。

　　曾村保信:《近代史研究—日本と中国(近代史研究——日本与中国)》,东京:小峰书店,1962 年校订增补版。

　　依田憙家:《戦前の日本と中国(战前的日本与中国)》,东京:株式会社三省堂,1976 年。

　　大江志乃夫、浅田乔二、三谷太一郎编辑:《岩波讲座　近代日本与殖民地 4 统合与支配的论理》,东京:岩波书店 2005 年。

　　栗原健编:《对满蒙政策史の一面—日露戦争より大正期にいたる(对满蒙政策史的另一面——从日俄战争到大正时期)》,东京:原书房 1966 年。

　　宇治田直义著,西川隆元监修:《日本宰相列传 17　币原喜重郎》,东京:时事通信社 1985 年。

　　小野信尔:《五四运动在日本》,东京:汲古书院 2003 年。

　　加藤圣文:《満蒙開拓団—虚妄の「日满一体」(满蒙开拓团——虚妄的"日满一体")》,东京:岩波书店 2017 年。

　　高冈博文:《近代上海日侨社会史》,陈祖恩译,上海:上海人民出版社,2014 年。

　　沈味之编:《近百年本国史》,上海:世界书局 1940 年。资料来源:《抗日战争与近代中日关系史文献数据平台》(http://www. modernhistory. org. cn/index. htm)。

　　秦宝琦:《清末民初秘密社会的蜕变》,北京:中国人民大学出版 2004 年。

　　戚其章:《中国近代史新讲》,北京:中华书局,2011 年。

　　刘建辉:《魔都上海——日本知识人的"近代"体验》,甘慧杰译,上海:上海古籍出版社 2003 年。

　　胡玉海:《九一八事变前东北境内外国军事势力研究》,北京:中国社会科学出版社 2006 年。

　　田彤编:《1914 涩泽荣一中国行》,武汉:华中师范大学出版社 2013 年。

　　[美]魏菲德:《上海歹土(The Shanghai Badlands)》,芮传命译,上海:上海古籍出版社 2003 年。

连玲玲主编:《万象小报 近代中国城市的文化、社会与政治》,台北"中 □研究院近代史研究所",民国 102 年。

添田知道:《演歌の明治大正史(演歌的明治大正史)》(岩波新书),东京: 岩波书店 1963 年。

学术论文类

渡边京二:《侠与狂之间(侠と狂のあいだ)》,《季刊暗河》5 号,1971 □□。

石沈丰美:《高场乱小传》,《季刊暗河》18 号,1978 年春。

光冈玄:《福沢諭吉の国権論・アジア論(福译谕吉的国权论和□亚 仑)》,《季刊・三千里》第三十四号,东京,1983 年 5 月。

清水亮太郎:《満洲国統治機構における宣伝・宣撫工作(满洲国□治机 构的宣传、宣抚工作)》,防卫省防卫研究所:《战史研究年报》第 17 号 □ 4 年 3 月。

佐藤元英:《中国中北部における在留邦人保護対策の変容—幣□外交 から田中外交へ(中国中北部在留邦人保护对策的变迁——从币原外交到田 中外交)》,《驹泽史学》第 64 号,2005 年 2 月。

MH,田端守:《鸦片,其药物史与功罪》,日本生药学会:*Natural medicines* 第 50 卷第 2 号,1996 年 4 月。

上村希美雄:《辛亥革命と大陸浪人(辛亥革命与大陆浪人)》上,熊□短期 大学:《熊本短大论集》第四十二卷第一、二号,1991 年。上村希美雄□亥革 命と大陸浪人(辛亥革命与大陆浪人)》下,熊本短期大学:《熊本短大□集》第 四十二卷第三号,1992 年。

《井上侯爵家より交附書類(井上侯爵家提供文件)》,转引自藤井□亥辛 亥革命時期の孫文関係資料:「満洲問題」をめぐる森恪書簡(辛亥革命时期有 关孙文的资料——围绕着"满洲问题"的森恪书简)》,东京:亚州经济研究所所 内资料,1982 年。

高野洁:《扛着长枪的修学旅行(鉄砲かついだ修学旅行)》,《□(THE FUMI)》(现代史恳话会)第 95 号 1997 年 11 月。

野口武:《日清貿易研究所出身者の「立身」と教育機会（1）》,爱知大学《国研紀要》147 号(2016 年 3 月)。野口武:《日清貿易研究所出身者の「立身」と教育機会 (2)》,爱知大学《国研紀要》148 号(2016 年 10 月)。

野间清:《日清貿易研究所の性格とその業績—わが国の組織的中国問題研究の第一步(日清贸易研究所的性质及其业绩——我国有组织的对华研究的起步)》,《历史评论》第 167 号,1964 年。

藤田佳久:《「幻」ではない東亜同文書院と東亜同文書院大学(并非虚幻的东亚同文书院与东亚同文书院大学)》,《東亜同文書院大学と愛知大学——一九四〇年代・学生たちの青春群像(东亚同文书院大学与爱知大学——1940年代,学生们的群像)》,爱知县,爱知大学东亚同文书院大学纪念中心 1993 年10 月。

三木民夫:《宮崎滔天における初期の思想遍歴(宫崎滔天早期思想的演变)》,民众史研究会编辑发行:《民众史研究》第 13 号,东京,1975 年 5 月。三木民夫:《宮崎滔天における「三十三之夢」前後の思想遍歴(宫崎滔天在〈三十三年之梦〉前后的思想演变)》,民众史研究会编辑发行:《民众史研究》第 14号,东京,1976 年 5 月。

松竹纯:《橘樸の思想形成(橘朴的思想形成)》,《暗河》杂志第 27 号,1980 年。

寇振锋:《日俄战争与日本第二次军用汉语热——以日本军用汉语教科书出版为中心》,《抗日战争研究》,2018 年第 3 期。

津久井弘光:《漢口と日本人居留民—概観と関連史料紹介(汉口与日本人居留民——概观与相关史料介绍)》,大里浩秋、内田书藏、孙安石编著:《東アジアにおける租界研究　その成立と展開(东亚租界研究——其成立与展开)》,东京:东方书店 2020 年。

霍耀林:《漢口・兗州・南京事件についての一考察(关于汉口、兗州、南京事件的一个考察)》,国际中国学研究中心:《ICCS Journal of Modern Chinese Studies Vol. 10 (1) 2017》(http://iccs. aichi—u. ac. jp/archives/report/054/5959ec2a9f7f8. pdf)。

吴佩军：《竹内正一が描いたハルビンの都市表象——「ギルマン、ア□□点描」「馬家溝」を中心に》，（https://www.bcjjl.org/upload/pdf/bcjjl—6—1—83.pdf），2019 年 5 月。

《上海和横滨》联合编辑委员会、上海市档案馆编：《上海和横滨——近□亚洲的两个开放城市》，上海：华东师范大学出版社 1997 年。

权京仙（神户大学大学院文科学研究科）：《青岛日本商業会議所「□斉周報」解題　近代日本人の青島進出と経済活動（青岛日本商业会议所《□济□报》解题　近代日本人的青岛渗透与经济活动）》，（http://www.lib□obe-u.ac.jp/kichosyo/qingdao/intro.html），2020 年 3 月 14 日。

《日独戦役後の青島の混乱（日德战役之后青岛的混乱）》，《青岛物□续编（青岛物语续编）》（http://tad.world.coocan.jp/Qindao-2/story-212.□□□），2020 年 3 月 14 日。

副島円照：《戦前期中国在留日本人人口統計（稿）》，《和歌山大学□育学部紀要　人文科学》第 33 集（1984 年）。

松野純：《橘僕の思想形成（橘朴的思想形成）》，《暗河》第 27 号，1□□ 年。

报刊杂志类

《民报》，中国同盟会机关报，1905 年 11 月 26 日创刊。科学出版□ 1957 年影印版。

《革命评论》，综合性报纸，四开八版，半月刊，1906 年 9 月 5 日□东京发行。

《兴亚公报》《兴亚会报告》，兴亚会机关刊物，明治十三年（1880）于东京□□。

《黑龙》，黑龙会机关刊物，月刊，明治三十四年（1901）三月于东□创刊发行。

黑龙会本部编：《内外时事月函》，黑龙会本部发行。

《太阳》，综合性杂志，月刊（一度改为半月刊），1895 年 1 月创刊□东京博文馆出版发行。

《新日本》，综合性杂志，月刊，1911 年 4 月创刊，东京富山房出版发行。

《现世界》(半月刊)第2卷第1期,第2卷第2期(1937年2月)。感谢臧运祜教授为笔者提供该资料。

《爱知大学东亚同文书院大学纪念中心报》创刊号,爱知县,爱知大学东亚同文书院大学纪念中心,1994年3月。

《同文书院纪念报》第10号,爱知大学东亚同文书院大学纪念中心,2002年3月。

《孙中山在福冈》,中国社会科学院近代史研究所编:《近代史资料》总第55号,北京:中国社会科学出版社1984年。

文学作品类

赵无眠:《赵无眠辣说历史》,广州:花城出版社2010年。

小山宽二:《江南碧血记》,东京:新正堂,昭和十七年(1942)。

内藤湖南:《燕山楚水》,吴卫峰译,北京:中华书局2007年。

佐藤彦吉:《満洲・ハルビンの雷鳴(满洲:哈尔滨的雷鸣)》,东京:近代文艺社1996年。

工具书类

《日本史大事典》第6卷,东京:平凡社1994年。

《世界大百科事典》第30卷,东京:平凡社1988年。

森冈清美等编辑:《新社会学词典》,东京:有斐阁1993年。

小学馆:《日本大百科全書(ニッポニカ)(日本大百科全书)》数码版,东京:小学馆,(https://kotobank.jp/dictionary/nipponica/34/)。

高柳光寿、竹内理三编:《日本史辞典》,东京:角川书店1976年。

南满洲铁道株式会社东京支社运输课编:《鲜满支旅行の栞(鲜满支旅行指南)》,东京:鲜满案内所,昭和三年(1928),1—2页。

《コンサイス満洲国地図(袖珍版满洲国地图)》,东京:地形社,昭和十五年(1940)。

大连都市交通会社等共同发行:《満洲の観光バス案内(满洲的观光巴士

奕内)》,大连：大连都市交通株式会社,昭和十四年(1939)。

资料网站类

《国立公文书馆,亚洲历史资料中心》(https://www.jacar.go.jp/）。JACAR(亚洲历史资料中心)。

《国立国会图书馆数码收藏(国立国会図書館デジタルコレクション》(http://dl.ndl.go.jp/)。

《抗日战争与近代中日关系史文献数据平台》(http://www.modernhistory.org.cn/index.htm)。

《中国历史文献总库　近代报纸数据库》(http://bz.nlcpress.com/library/publish/default/Login.jsp)。

中国国家图书馆、中国国家数字图书馆(http://mylib.nlc.cn/web/

《冀东抗战研究的博客》(http://blog.sina.com.cn/wangwang648)。一书参阅部分：《抗战时期毒品在唐山的泛滥(2017—12—12 15:25:23)》(http://blog.sina.com.cn/s/blog_1793798770102wzje.html),2019 年 5 月 1 日。

教科书类

文部省著作兼发行：《初等科修身　二》,东京：文部省,昭和十七年(1942)十二月修正印刷、昭和十八年(1943)一月。东京：大空社,1990 年复刻发行。

文部省著作：《初等科修身　三》,东京：日本书籍株式会社,昭和一八年(1943)一月印刷、同年三月翻刻发行；东京：大空社,1990 年 6 月复刻发行。

中村纪久二解说：《复刻　国定修身教科书　解说》,东京：株式会社大空社 1990 年。

书 评 等

上村希美雄：《书评：崎村义郎著、久保田文次编〈萱野长知研究〉》三泽丰编辑出版：《近邻(近きに在りて)》第 33 号,1998 年 5 月。

索 引

后　记

　　"日本浪人"在中国国内的读者尤其是在一般媒体的受众面前,似乎是一个已经形成固定形象的历史符号,约略等于中国的"流氓""黑社会""间谍特务"等概念复合而成的一个特殊群体。在近代中日关系史上尤其是日本侵华战争史上,它又是一个无恶不作并积极充当近代日本侵华政策的"尖兵""打手"的"恶棍"团伙。这个固定形象,是大陆浪人"自作孽,不可恕"的种种历史罪行积累而成的必然结果,符合他们中的大多数人在历史上留下的言行记录和周边人们由此对他们产生的复合感知,绝非毫无缘由的"历史问责"。本书各个章节的史实阐述与分析,已可证明上述结论。另一方面,正如本书《导论》中所述,迄今为止我们对"日本浪人"的固定形象,也存在着"界限不明""概念不清"以及"细节过疏"等种种不足,因而使这个历史符号过于朦胧、过于抽象,造成了说起"日本浪人"似乎谁都知道但又谁都说不明白的局面。这自然有史料发掘和史实解读等多种客观因素的限制,同时也是历史研究者们努力不够造成的后果。

　　日本浪人在日本一般称为"大陆浪人"或"支那浪人",相关的原始史料和回忆录之类参考资料相当丰富,但是在日本的学术界同样存在着学术研究不足和偏重于个别领域、个别人物的缺陷，而对于侵华战争中大陆浪人作为一个群体的整体性研究，基本上还是空白。作为从硕士研究生时期就关心这一课题的学者，我感到有责任、有必要对这个群体在侵华战争中有关各个侧面进行跨时段和多角度的整理与澄清工作。因此，当北京大学历史学系臧运祜教授代表本丛书编辑委员会征求我是否愿意承担这个课题的研究任务时，我毫不犹豫地答应了。

不过，此次承接的课题跟我过去的研究方向也有不完全吻合之处，为此我又重新搜集和清理了大量的新旧资料，并按照本丛书要求的体例从头撰写。虽然如此，毕竟还身担其他教学和科研工作，写作时间有限，自己感到有一些章节还有进一步充实的空间，有些材料还没有来得及使用，有些观点还有待进一步精准提炼。但愿以后还有机会，对本书作些增订工作，以期完善。

本书能够以"抗日战争专题研究"丛书之一的形式与各位读者见面，要特别感谢臧运祜教授自始至终为本书的撰写提供的大量有益的建议和具体的修改意见，还要特别感谢以张宪文教授为首的丛书编写委员会团队的各位老师，尤其是洪小夏老师在规划、联络、书稿整理、文本体例统一方面作出的贡献！愿以本书稿的顺利完成，向各位老师答谢和致敬！

赵军

于富士山麓鸣泽村